# Découvrez l'histoire par les archives de presse

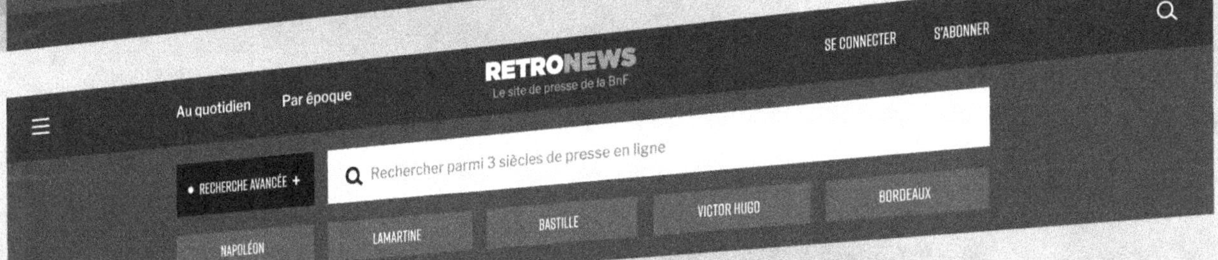

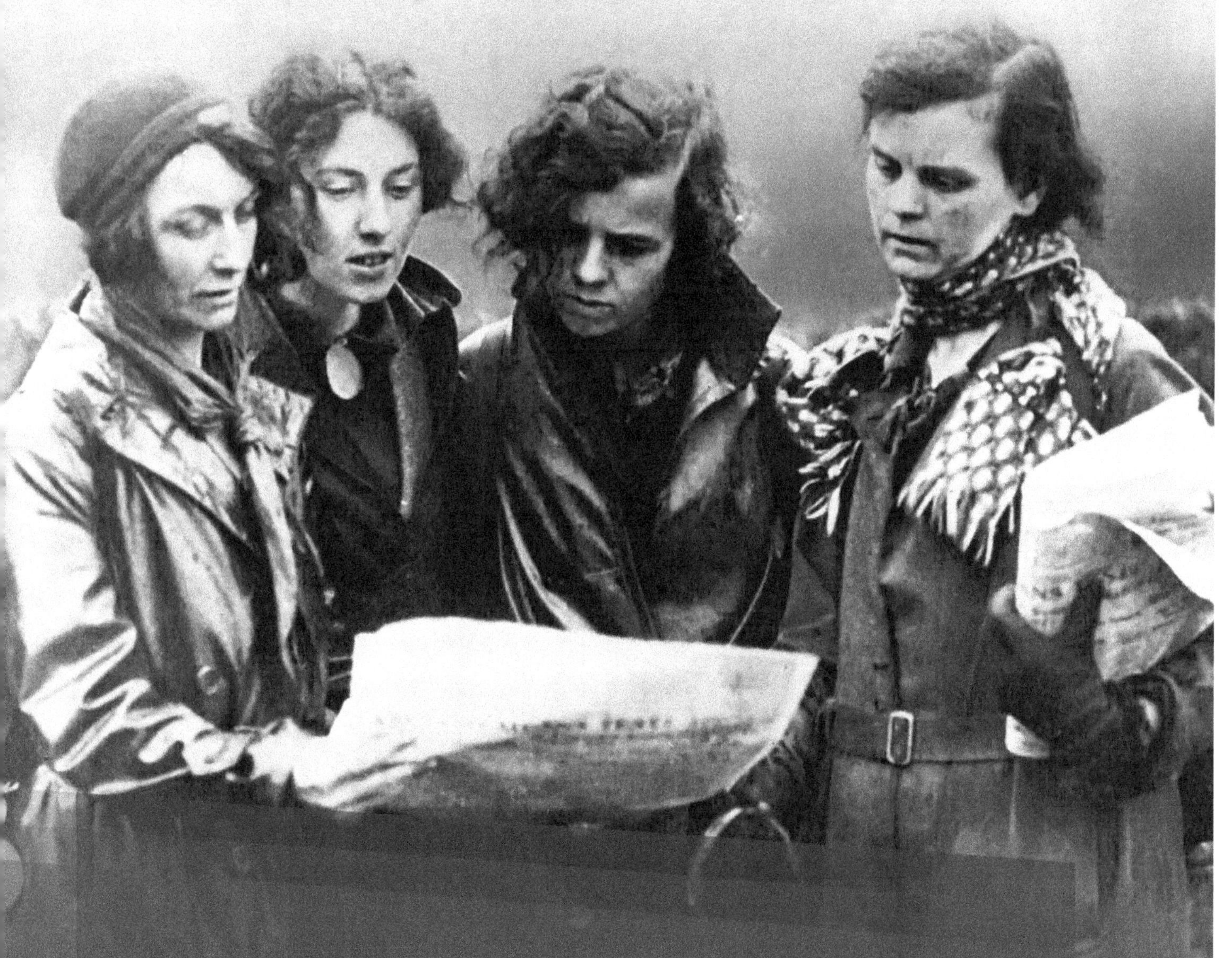

**RETRONEWS**

Le site de presse de la BnF

www.retronews.fr

LE

# CHRONIQUEUR DU PÉRIGORD ET DU LIMOUSIN.

# LE
# CHRONIQUEUR
## DU PÉRIGORD ET DU LIMOUSIN,
## REVUE HISTORIQUE, ARTISTIQUE ET RELIGIEUSE,

SOUS LA DIRECTION, POUR LA DORDOGNE, D'UN COMITÉ AINSI COMPOSÉ :

MM. de Mourcin, chevalier de la Légion-d'Honneur, ancien conseiller de préfecture, membre de plusieurs sociétés savantes.

Lapeyre, bibliothécaire de la ville de Périgueux.

MM. Alfred de Froidefond.

E. Vauthier, architecte, inspecteur des travaux des édifices diocésains de Périgueux.

Amédée Matagrin, avocat, docteur en droit, rédacteur en chef du *Périgord*.

POUR LE LIMOUSIN,

De M. Maurice ARDANT, archiviste de la Haute-Vienne.

*Ars non sinit perire.*

## DEUXIÈME ANNÉE.

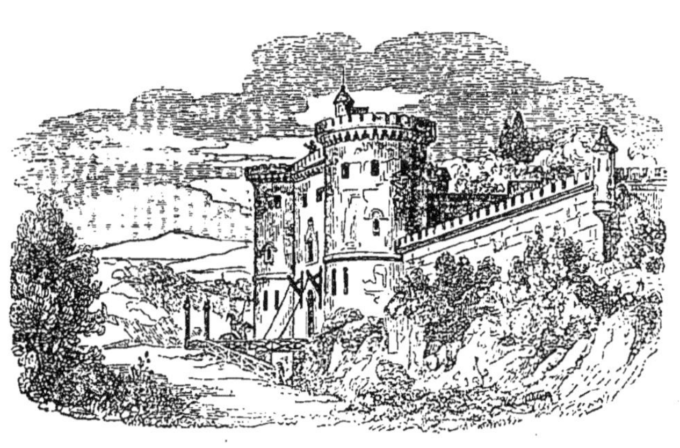

## PÉRIGUEUX,

AUGUSTE BOUCHARIE, IMPRIMEUR-ÉDITEUR, N° 6, RUE DE LA MISÉRICORDE.

1854.

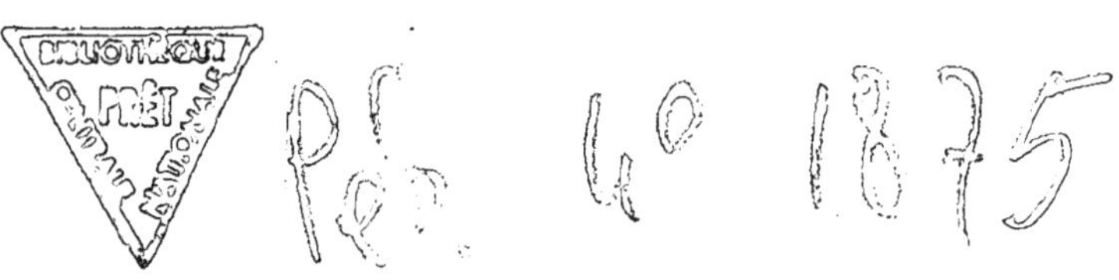

# LE CHRONIQUEUR

## DU PÉRIGORD ET DU LIMOUSIN.

### LA GAULE ET LES GAULOIS [1].

(Fragments inédits.)

Trois peuples se montrent parmi les ruines des Gaules : les Franks, les Visigoths et les Bourguignons. Les Franks, d'abord les plus faibles, subjuguèrent bientôt les deux autres; assez long-temps isolés au milieu de leurs conquêtes, ils finirent par se fondre avec les Gaulois et les Romains, ou, si l'on veut, avec les Gaulois devenus Romains. Pour mieux connaître le peuple français d'aujourd'hui, examinons les sources qui, en se réunissant, ont formé ce fleuve d'un si long et d'un si noble cours. Les Normands dans la Neustrie, les Gascons au-delà de la Loire, les colonies grecques sur les bords de la Méditerranée, ont introduit quelques variétés dans la race française, mais sans en changer le caractère général.

Héraclide de Pont, cité par Plutarque, est le plus ancien historien qui ait parlé des Gaulois. La nouvelle arriva d'occident — écrivait-il — qu'une armée, venue du pays des Hyperboréens, avait pris une ville *grecque* nommée *Rome*. Les mots recueillis par hasard dans les ouvrages perdus d'un historien obscur annoncent singulièrement, sur la scène du monde, *Rome* et les *Gaulois*.

Ce furent encore les Grecs qui découvrirent, pour ainsi dire, les Gaules, et pourtant le véritable nom des Gaulois ne fut connu des Grecs que sous Alexandre.

(1) Nous devons à notre collaborateur M. Jules Delermes la communication de ces notes *inédites* de Châteaubriand. C'est probablement à ce travail que le grand écrivain a fait allusion dans la préface de ses *Études historiques*.

(A. DE S.)



Une colonie de Phocéens, fuyant devant les armes de Cyrus, vint aborder à l'embouchure du Rhône, 539 ans avant Jésus-Christ. Le jour où Semos et *Protis* arrivent à ce fleuve inconnu, Nonnus, chef des Gaulois-Segobrigiens, avait préparé le festin des noces de sa fille sur le bord de la mer. L'usage était que, pendant le repas, la jeune gauloise désignait elle-même son époux, en présentant de l'eau à celui des convives qu'elle avait choisi. Nonnus avait invité les étrangers à la fête, et Gyptis (ou Gypte), sa fille, offrit l'eau nuptiale à Protis. Le roi Nonnus l'adopta pour son gendre, et Massalie, ou Massilie, aujourd'hui Marseille, fut fondée.

Les Phocéens eurent cependant beaucoup de peine à se maintenir sur le rivage où ils étaient descendus. Obligés, pour se défendre, d'armer les Gaulois les uns contre les autres, ils élevèrent des forts qui devinrent des villes; telle fut l'origine des premières villes des Gaules, parmi lesquelles on compte Agde, Olléis, Taurence, Antibes et Nice.

Si les Phocéens reçurent une épouse des Gaules, ils leur firent, à leur tour, un présent inestimable en leur donnant la vigne et l'olivier. Notre sol natal multiplia et perfectionna les fruits de la Grèce. Dès le temps de Pline, les vins gaulois étaient renommés à Rome. Probus augmenta les vignes en plantant les côteaux de la Bourgogne, et l'on trouve, aux environs d'Albi, une vigne heureuse qui échappait presque aux gelées, en prenant et perdant sa fleur dans un jour. Les Phocéens ne dépassèrent guère la limite du bois où ils bâtirent Marseille; le reste des Gaules conserva sa nature primitive. C'était un pays entrecoupé de pâturages et couvert d'immenses forêts consacrées par les druides et pleines de ces grands arbres qui semblaient être les dieux des Barbares. Strabon dit, pourtant, que ces bois n'étaient pas aussi vastes ni les arbres aussi hauts qu'on l'a écrit. Toutes espèces d'arbres croissaient dans ces futaies; le bouleau, le tilleul, le frêne, l'orme et le chêne gaulois étaient renommés.

Ces bois étaient remplis de buffles et de porcs sauvages très-dangereux, de loups-cerviers, de grands lièvres, de bêtes fauves et de troupeaux. Les anciens nous ont décrit les rivières des Gaules telles que nous les connaissons aujourd'hui; ils font le Rhin impétueux et la Saône tranquille; mais Julien dit que les eaux de la Seine étaient claires et transparentes et ne croissaient ni ne décroissaient jamais. Cependant Grégoire de Tours parle des inondations de la Seine.............

Le climat des Gaules, qui variait sans doute selon les provinces, passait pour être moins tempéré que celui de l'Angleterre : « Froid comme un hiver des Gaules, » était un proverbe chez les Romains. Néanmoins, Julien vante la douceur du climat de Lutèce. Il tombait beaucoup de neige, l'hiver, dans les Gaules, et les rivières y gelaient si fortement, qu'elles servaient de ponts aux armées.

Le climat s'adoucit et le pays changea de face à mesure que la civilisation grecque et romaine resserra les frontières des Gaules, et en réchauffa, pour ainsi dire, le sol. Nous voyons qu'avant l'invasion de Jules César la Gaule était assez bien cultivée, ce qui venait moins de l'industrie que de la grande population du pays. César trouva des blés et des fourrages en abondance pour faire subsister son armée. Les Éduns se chargèrent de les lui fournir dès sa première expédition contre les Helvétiens. Les récoltes de millet, de blé et de glands étaient abondantes, et, par ce mot de glands, il faut entendre tous les fruits des arbres glandifères. Le froment des Gaules était, avec celui de la Thrace, le plus léger de tous. Deux espèces de grains étaient particulières à la Gaule, le bracem et l'ariaqne. On engraissait la terre avec de la marne, qui faisait une partie de la richesse des Gaules. Dans les grands pâturages, on ne fauchait l'herbe qu'à moitié, et l'on se servait pour cela d'une énorme faulx, connue des anciens sous le nom de *faulx gauloise.*

Les Gaules étaient fécondes en bétail de toutes sortes, surtout en troupeaux de moutons. La laine de ces moutons était rude, et on en fabriquait des soies à poils connues des Romains sous le nom de *lœnes.* Néanmoins, dans le nord des Gaules, la laine était plus douce, parce qu'on prenait soin de couvrir les moutons avec des peaux.

Les Alpes, la Méditerranée, les monts Pyrénées, enveloppaient les Gaules à l'orient et au midi, et sur cette limite se trouvait le monde civilisé ; elles étaient bornées à l'occident et au nord par le Rhin et par une mer inconnue, et là se rencontrait le monde barbare, tandis que les galères de la Grèce voguaient dans le golfe de Lyon et que les monuments des arts couvraient les côtes de Marseille. On ne voyait sur la mer, aujourd'hui animée par les vaisseaux et les villes de la Hollande, que des nations sauvages qui vivaient de poissons et d'œufs d'oiseaux et qui se chauffaient avec de la terre séchée. Les huttes de ces peuples, placées sur des éminences, ressemblaient à des barques en pleine mer, quand le flux couvrait la grève, et à des barques échouées sur le sable, quand les eaux se retiraient. Les vagues détachaient souvent du rivage des morceaux de terre tout entiers avec leurs arbres ; les vents poussaient ces îles flottantes qui, long-temps après, épouvantaient les vaisseaux des Romains. De ce même côté des Gaules, les forêts de la Germanie formaient une autre barrière impénétrable ; les arbres de ces forêts étaient si grands et si vieux, que leurs racines décharnées sortaient de la terre, montaient aux branches inclinées, et formaient, en s'entrelaçant avec elles, des cavernes et des portiques. — Tels étaient le sol, le climat, l'aspect de notre ancienne patrie dans son état primitif.

Ce vaste pays des Gaules se divisait en trois parties connues sous le nom d'Aquitanique, de Celtique et de Belgique. La Gaule, habitée par les Aquitains, s'étendait depuis le pied des Pyrénées jusqu'à la Garonne. La Gaule belgique commençait au bord de la Seine et de la Marne, et se terminait à la rive gauche du Rhin ; de sorte que Lutèce et les Parisiens faisaient partie des peuples belges. Entre ces deux Gaules se trouvait la Gaule celtique, qui occupait tout l'espace bordé par la Seine et la Garonne.

Cette dernière partie, qui formait le centre des Gaules, et dont les habitants, appelés Celtes en langue gauloise, et Gaulois proprement dits dans la langue latine, donnait son nom générique à toute la nation. La république de Marseille et les colonies romaines occupèrent de bonne heure la Provence, le Dauphiné et une partie du Languedoc, qui furent ainsi détachés du grand corps des Gaules, tandis qu'une partie de l'Helvétie, jusque vers les sources du Rhin, était comprise dans les limites de la Gaule celtique. Les trois divisions générales des Gaules admettaient ensuite des divisions particulières résultant de certains usages ou de la position des lieux..............................

Selon César, les peuples des trois Gaules n'avaient

ni les mêmes mœurs, ni les mêmes lois, ni le même langage ; mais pourtant il résulte de ses propres Commentaires et des autres renseignements que les anciens nous ont laissés sur les Gaulois, que ces différences devaient être peu de chose. Tous les Gaulois avaient certainement un fond de mœurs semblables et un langage commun, varié seulement par des dialectes, comme, aujourd'hui, les Français de nos diverses provinces se ressemblent, quoiqu'ils aient quelques usages et des patois différents......................................

La population des Gaules ne peut être exactement fixée; mais elle devait être considérable. Jules César nous donne plusieurs dénombrements qui peuvent nous faire juger de la totalité de la population susceptible d'être évaluée à peu près à quinze millions d'individus, en y comprenant la partie soumise aux Marseillais et aux Romains. Quand Vérangetorius souleva les Gaules contre la domination nouvelle des Romains, les États-généraux de la Gaule ordonnèrent que chaque peuple, au lieu de prendre entier les armes, fournirait, pour éviter la confusion, un nombre de guerriers choisis. En relevant ce nombre de soldats d'élite auquel chaque peuple fut taxé, on trouva une armée de deux cent soixante-six mille hommes. César omet encore de nommer divers peuples de l'Armorique qui fournissaient des soldats pour cette généreuse entreprise, et il paraît que la troisième partie des Gaules, l'Aquitaine, n'entra point dans cette conjuration.....................

Les Gaulois avaient la taille haute, la chevelure blonde, le teint blanc, les couleurs vives, les yeux bleus, le regard terrible. Les femmes gauloises surpassaient en force leurs maris; elles avaient aussi le regard sauvage; leurs cheveux blonds étaient si beaux, qu'on en faisait un grand commerce à Rome pour orner la tête des Romaines; elles avaient les bras blancs comme la neige, et, pour entretenir la blancheur de leur teint, elles se frottaient le visage avec du beurre ou de la levure de bière. Elles étaient fort belles.

Comme chez tous les peuples barbares, les femmes étaient chargées des soins domestiques; les hommes ne trouvaient dignes d'eux que les fatigues de la guerre. Quand ils ne se battaient pas, ils vivaient oisifs, s'occupant à se parer, à manger et surtout à boire; ils étaient bons chasseurs, moins pourtant que les Germains. Ils se servaient, pour abattre les oiseaux, d'un javelot qu'ils lançaient, avec la main, aussi loin qu'une flèche.....................................

Grands parleurs, ils aimaient les choses exagérées, l'enflure et l'obscurité du langage. L'hyperbole dominait dans leurs discours; ils réussirent à l'école aussitôt que Rome leur eut apporté les lettres qui les civilisent. Imitateurs et industrieux, ils apprenaient vite ce qu'ils voyaient faire; curieux, amateurs de nouveautés, ils arrêtaient souvent, malgré eux, les voyageurs, pour s'informer des choses qu'ils pouvaient savoir. Dans les hameaux et dans les bourgades, le peuple environnait les marchands, leur demandait d'où ils venaient, où ils allaient et ce qu'ils avaient appris. Sur les nouvelles les plus frivoles, ils décidaient des affaires les plus graves et ne tardaient pas à se repentir de ces résolutions précipitées. Parmi leurs mauvaises qualités, il faut mettre la raillerie : le Gaulois qui défia un ennemi en combat marcha à lui en riant et en tirant la langue, circonstance que Tite-Live n'a pas dédaigné de raconter. Cette légèreté naturelle n'empêchait pas chez eux des emportements de colère; les femmes mêmes étaient sujettes à des accès de fureur. Leur gorge s'enflait, elles grinçaient des dents et agitaient leurs bras blancs et fermes; elles portaient, dit un historien, des coups aussi vigoureux que s'ils eussent parti d'une machine de guerre.

Faibles sous les revers, les Gaulois étaient insolents dans la prospérité. Ce furent eux qui osèrent ajouter le poids de leur épée au poids de la victoire, et qui prononcèrent, à Rome, ces mots impies si souvent retombés sur la tête des oppresseurs : *Malheur aux vaincus!* Leur maxime était que le brave a ses droits à la pointe de son épée. — « Ma lance, mon épée, mon bouclier, sont tout mon bien, disait un vieux Celte; avec eux je laboure, je vendange et je moissonne. »

Malgré les sentiments inspirés par la fureur guerrière, les Gaulois n'étaient pas sans vertus. Dans l'enivrement du succès, ils avaient l'air de ne connaître que le droit de la force, et pourtant l'injustice excitait leur indignation ; l'injure les faisait courir aux armes sans calculer l'événement, le péril, la supériorité de l'ennemi. Ce sentiment d'équité leur annonçait une longue existence comme peuple : il n'y a de durée que dans la justice.

L'hospitalité était en grand honneur dans les Gaules. Quand on recevait un hôte, on ne le laissait point poursuivre son voyage qu'il ne se fut assis au festin de la famille ; on lui disait : « Ne me fais pas l'affront de sortir de chez moi sans manger. » Les voisins en venaient quelquefois aux mains, pour se disputer la faveur de l'étranger, et les nations par où il passait répondaient de sa vie.

La supériorité du courage gaulois était reconnue même

des Romains. Les Celtes se soumettaient à leur propre valeur, comme à une sorte de noble fatalité ; ils tenaient à déshonneur de sortir d'une maison croulante, de fuir devant un incendie ou un débordement des flots. Pendant les tempêtes, ils se jetaient dans la mer, l'épée à la main, comme pour blesser et épouvanter les vagues. Les Gaulois ne se turent devant Alexandre, devant qui le monde se taisait : — Que craignez-vous? leur dit le fils de Philippe. — Nous ne craignons que la chute du ciel !

Mais la valeur des Gaulois, plus qu'humaine au premier choc, tombait si elle n'emportait pas tout d'abord : ils avaient plutôt l'impatience que l'amour de la gloire.

Cet extrême courage avait encore un autre inconvénient pour les Gaulois : il dégénérait, en eux, à un mépris hideux de la mort qui les conduisait à chercher le duel parmi leurs compatriotes et à amuser l'étranger du spectacle de leur agonie. Annibal fit battre des soldats gaulois, en promettant un cheval à celui qui tuerait son adversaire. Dans la suite, les Romains tirèrent des Gaules la plupart de leurs gladiateurs. L'abrutissement, comme la vertu, produit le mépris de la vie ; mais on n'est pas digne de mourir parce qu'on est indigne de vivre.

CHATEAUBRIAND.

*(La fin prochainement.)*

——∞∙⚹∙∞——

## LES SAINTS DU PÉRIGORD.

*(Suite.)*

On le conçoit, nous indiquons à peine les aspects de cette étude hagiographique sur les saints du Périgord, où se concentrerait l'intérêt, où se rattacheraient les principales branches de l'histoire, où reluiraient les lumières de la science et les gloires du pays. Nous indiquons le chemin à travers les champs de notre histoire, de loin et sans exposer le léger bagage de notre science et de nos études. On voudra bien nous pardonner d'espérer que l'attention de quelques-uns de nos savants et pieux compatriotes se tournera vers ce sujet si plein d'intérêt, de grandeur et de poésie, et l'on nous regardera comme un de ces jeunes pâtres qui montrent aux voyageurs le chemin et indiquent le site des monuments en ruines sans en pouvoir parcourir les détours et expliquer les secrètes beautés. En parlant de l'intérêt que cette étude aurait pour l'esprit,

nous avons laissé deviner le charme qu'y trouveraient le cœur et l'imagination ; nous entendons le cœur chrétien goûtant les choses de la foi, et l'imagination portée sur ses ailes aux régions supérieures du surnaturel et de l'idéal. Or, quoi qu'on dise, la foi n'est pas tellement déracinée dans les âmes et la piété tellement éteinte dans les cœurs, qu'il faille désespérer d'intéresser par de pieux récits et de charmer par de simples hagiographies.

Après tout, les saints personnages qui nous ont précédé dans le chemin du ciel ont vécu comme nous dans le temps et le changement, aux mêmes lieux et avec la même nature ; ils avaient un corps pétri de boue comme le nôtre, ils ont éprouvé les mêmes tentations, souffert quelquefois des mêmes passions, sont revenus des mêmes égarements, mais, mieux que nous, convertis et pénitents. D'autres âmes, pourvues d'une grâce plus abondante et mieux secondées, se sont immolées par la pénitence, victimes innocentes de la charité, offrant pour le monde coupable, pour les sociétés et les âmes ravagées par le mal, l'expiation de leurs larmes et le secours de leurs prières. Car, on doit le savoir, et c'est la grande loi de l'unité et de la solidarité chrétiennes, les œuvres méritoires et les satisfactions de la pénitence, de tous les points de la terre et de tous les bouts de l'horizon montent toujours au ciel, au cœur de Dieu, pour redescendre sur le monde en grâces, en bienfaits, en miséricorde, comme les vapeurs des eaux qui s'exhalent des vallées secrètes et des fontaines, attirées par le soleil, et qui retombent en pluies et en rosées pour rafraîchir et féconder la terre. En étudiant ainsi la vie des saints, on comprend quelle est leur fonction sublime dans le monde moral ; intercesseurs et médiateurs secondaires, on voit alors que leurs pénitences et leurs prières, plus elles sont cachées dans le secret de la face de Dieu, plus elles sont puissantes et attirent de grâces. Et puis, leur exemple devient une leçon de vertu, une prédication de l'évangile, leçon vivante, irrésistible prédication pour les cœurs généreux qui se sentent saisis du besoin d'admirer et d'imiter les grandes actions et les nobles sacrifices.

Sans insister et sans donner à ce travail un air trop austère, on pourrait trouver, en considérant les vertus et les grâces de la sainteté, un charme tout intime qui dilate et serre le cœur selon ses besoins secrets de larmes et d'amour, un de ces charmes divins par où s'insinue la grâce pour saisir tout à coup les âmes, les frapper comme le rocher du désert frappé par la verge de Moïse, pour lui faire répandre des larmes d'ineffable tendresse et de délicieuse componction : Dieu seul a le secret de ces larmes, comme lui seul sait mêler leur amertume d'une inexprimable douceur, comme aussi lui seul peut les consoler, les faire fructifier et les bénir. Mais si nous insistions sur l'influence toute morale que doit avoir sur notre âme la vie de nos saints, nous semblerions trop composer un traité d'ascétisme, tandis que nous ne faisons que solliciter l'attention sur un sujet trop dédaigné, et qui peut fournir des grâces ainsi que de pures jouissances à l'esprit et au cœur. D'ailleurs, il faut ménager notre siècle et ne lui montrer qu'un peu dans l'ombre et le lointain certaines vérités qui lui sembleraient trop sévères, vues de face et en pleine lumière. Et puis, il est certaines jouissances morales qui ne peuvent être appréciées que par des organisations préservées de l'amollissement des jouissances matérielles et de la satiété des joies mondaines. Parler du charme saisissant que le cœur éprouve à contempler dans leur austérité les pratiques de la mortification et de la pénitence, parler de l'abondance de paix céleste, des suavités divines qui habitent la cellule des moines; parler de la lumière mystique qui couronne, dès ici-bas, le front macéré des vierges chrétiennes, de l'atmosphère éthérée qui flotte autour d'elles, du parfum de pureté qu'exhale le lys de la solitude, c'est parler de merveilles inouïes à des esprits peu crédules, et revenir d'un monde inconnu.

Prenons donc à côté de l'intérêt moral et de l'utilité pratique qui peuvent servir au renouvellement des mœurs chrétiennes. Notre province a des eaux, des ombrages et des sites, et nous aimons, de temps en temps, pour peu que toute poésie ne soit pas éteinte en nous, à jeter sur la nature un coup d'œil plus ou moins distrait par les affaires, plus ou moins charmé des œuvres de Dieu. Nous avons des sites variés et des paysages pittoresques, des eaux limpides et de fraîches vallées, des bois ombreux et des solitudes pleines de silence et de rêverie; mais ces lieux ne sont pas vides et déserts; ils ont leurs souvenirs historiques et légendaires, et, que nous y pensions ou non, la vie et la mémoire de nos saints, l'écho de leur nom et la trace de leurs œuvres s'y trouvent mêlés pour ajouter à leur charme et sanctifier leur poésie. Car enfin, ce qui rend le sol de la patrie si vénérable, c'est qu'il est mêlé et pour ainsi dire tout sanctifié des cendres paternelles; ce qui nous attache par le fond même des entrailles et par toute la poésie de l'imagination aux

lieux où nous avons vécu, ce sont surtout les souvenirs pieux et les croyances ferventes du jeune âge.

Au temps de la mythologie païenne, dont nous avons trop long-temps refroidi notre littérature, monts et vallées, bois et prairies, fontaines et ruisseaux, fleuves et mers, étaient encombrés d'une multitude de dieux, tous aussi niais qu'impurs, de tout sexe et de tout âge, de toute forme et de toute figure. La lumière du christianisme est venue, qui a chassé toutes ces larves hideuses, comme le lever du soleil chasse le val épais, le chant lugubre des oiseaux de nuit pour le vol matinal et les gais refrains des alouettes. Après avoir assaini l'atmosphère, purifié les eaux et les bois, la terre et les cieux de ces troupeaux de dieux immondes, l'Église les remplaça par les lumineux habitants de la céleste Jérusalem : anges gardiens et tutélaires, saints patrons et puissants protecteurs. Dès lors, chaque édifice sacré, comme chaque nation, chaque peuple, chaque famille, eut son ange gardien, chargé d'en écarter les esprits impurs, et d'y entretenir la flamme de la prière; chaque habitation et chaque paroisse eut son protecteur spécial, comme chaque fontaine et chaque fleuve, chaque vallée et chaque montagne eut son esprit de lumière et de pureté chargé de servir l'homme, de gouverner la nature et de représenter la Providence de leur Dieu. Et, plus le paganisme avait multiplié ses dieux ridicules, plus le christianisme multiplia autour de nous ses célestes protecteurs, car l'erreur n'a jamais été que la contrefaçon de la vérité. En outre de leur ange gardien, les chrétiens eurent leur patron, ainsi que les églises; il fallait intéresser à la garde des sanctuaires comme à la garde des âmes, toute la hiérarchie, toute l'église du ciel. Les saints prirent sous leur protection spéciale les lieux où ils avaient vécu, souffert, expiré, les lieux de leur naissance et de leur tombeau; car, enfin, le patriotisme ne se forme pas tout entier dans le foyer de la charité chrétienne, il est béni du ciel comme il est honoré sur la terre. Et, dès lors, les lieux marqués par leur souvenir, empreints des marques de leur passage sur la terre, devinrent pour les saints des lieux privilégiés où ils manifestèrent leur puissance par de nombreux miracles, et récompensèrent par des grâces plus abondantes le culte des fidèles. Dès lors, la nature n'est plus un désert où s'égare l'esprit de l'homme et où se perdent ses solitaires contemplations; elle est toute peuplée du souvenir de ses ancêtres et de la présence des esprits célestes; et si tout à coup tombait à nos yeux le voile matériel qui nous cache l'action divine, nous verrions de la terre au ciel, de chaque lieu béni, de chaque âme chrétienne au cœur de Dieu, monter l'échelle d'or de Jacob, prêtant ses échelons de lumière aux anges gardiens et aux saints patrons, ministres à jamais bénis du commerce divin.

Nos saints nous protègent, nous portons leur nom et ils veillent sur nous. Nos saints veillent sur notre province ; ils aiment encore leur berceau, et ils viennent visiter leur tombe. Les saints, dans la gloire éternelle, ont gardé leur cœur d'hommes. Sous l'action de la sainteté, l'homme ne se *dénature* pas, comme affectent de le croire quelques esprits légers, il se *surnaturalise;* et le cœur humain, élargi, purifié, fécondé par la grâce, se transforme dans l'amour divin sans perdre sa personnalité. Sans doute, et de prime abord, ce sont là des idées de foi, consolation, espérance du cœur chrétien ; mais ne sont-ce pas aussi des idées de poésie capables de charmer les imaginations les plus ardentes, et de leur révéler tout un monde surnaturel et divin? Assez de rêveries dans les nuages et d'émotions sensuelles ; si nous voulons la sauver des profanations de ceux qui se disent ce qu'on nomme poètes, prenons la poésie, la chaste et belle poésie pour ce qu'elle doit être, un commerce de l'âme avec les régions supérieures, l'imagination illuminée d'un reflet du monde éternel; voyons à travers le voile de la nature les traits éternels du visage de Dieu ; entendons les harmonies du monde visible, l'écho des harmonies du monde invisible et divin. Quel charme à contempler près d'une source miraculeuse ou dans une solitude bénie, la chapelle de Marie qui marque le lieu d'une apparition, d'un miracle, d'un souvenir de foi, et qui promet aux cœurs éprouvés que sa miséricorde de mère n'est pas plus épuisée que sa puissance de reine. Quel charme de penser que cette pauvre église que vous connaissez, à peine visitée aux heures de *l'Angelus,* est sous la garde d'un esprit de lumière et sous le patronage d'un saint puissant au ciel ; de penser que les prières que vous y versez avec les amertumes ou les espérances de votre cœur, seront présentées à Dieu par un de ces bienheureux sur lesquels il repose son visage adorable; vous aurez ainsi un intercesseur pour ainsi dire domestique, et qui s'intéresse à votre âme comme les vieillards à l'avenir des jeunes enfants qu'ils ont portés dans leurs bras ! Quel charme de penser que nos maisons et nos campagnes, notre sommeil et notre réveil, notre berceau et notre tombe, la vieille église de notre baptême et de notre première communion, la croix du chemin devant laquelle se signent les passants, ont

leur esprit qui veille, député par le ciel, leur protecteur qui les garde et les bénit ! Ainsi, de la terre au ciel, les saints de notre pays, aidés des anges que Dieu nous a départis, nous dispensent la lumière du soleil et la rosée de la nuit, emplissent l'urne des fontaines et le calice des fleurs, règlent les saisons et président aux éléments, veillent aux fruits de la terre et gardent les moissons, et, selon que nous l'avons mérité, servent de ministres à la bonté ou à la justice de Dieu, dirigent ses fléaux ou répandent ses bénédictions.

Tel est encore un des aspects que nous offre l'étude pieuse et poétique de l'histoire de nos saints. Elle intéresse tout ce qui dans nous a besoin de prendre des ailes pour s'élever au-dessus des réalités de la vie, s'envoler au-delà de cet horizon trop étroit; l'instinct de la poésie, plus ou moins développé dans chaque organisation, a besoin de se déployer dans la pure et sereine atmosphère du monde divin, s'il ne veut pas se laisser emporter au caprice de la fantaisie ou au souffle impur des passions. Que nous le voulions ou non, nous n'échappons pas au besoin du surnaturel; il y a en nous une pente invincible à l'étonnant, au merveilleux, au surhumain. Quelque splendide et vaste que soit l'horizon de nuages ou de ciel bleu qui nous entoure, nous avons besoin de nous élancer plus haut et plus loin encore; un besoin d'aller au-delà, sans cesse au-delà de ce qui se voit, de ce qui se sent, de ce qui se comprend. Heureux ceux qui respectent ce *sens de l'infini,* assez pour ne pas le comprimer et l'étouffer, assez pour ne pas l'égarer et le profaner. Heureux ceux qui l'élèvent droit en haut, suivant l'aile des blanches colombes qui s'envolaient au ciel, quand l'âme de nos saints quittait la terre, brisant son vase d'argile.

Quels sont donc les savants moroses qui prétendaient, au dernier siècle, ravir à la vie de nos saints leur plus vif intérêt, au récit de leurs pénitences sur la terre et de leur gloire dans le ciel, toute leur poésie? Ce n'est pas en vain que nos livres saints épuisent les comparaisons les plus splendides et les images les plus gracieuses pour louer un des saints de l'ancien Testament, ce fils d'Onius qui répara le temple au temps des Macchabées, et dont le type vénérable se pourrait appliquer à plusieurs de nos pontifes. « Comme l'étoile du matin cachée par les nuages de l'orient, et comme la lune dont le disque plein répand toute sa douce clarté, et comme le soleil éclatant, ainsi il a brillé dans le temple de Dieu, et comme l'arc brillant, plein de gloire sur les nuées, et comme la fleur des roses aux jours du printemps, et comme les lys qui croissent au bord des eaux courantes, et comme l'encens qui répand ses parfums aux jours de l'été, et comme le feu brillant dans le sanctuaire, et comme l'encens brûlant dans le feu de l'autel, comme un vase d'or pur, orné de pierres précieuses, comme un olivier fécond, comme un cyprès élevant sa tige sublime, ainsi il est apparu en son manteau de gloire, environné de perfection et de vertu. En montant au saint autel, son vêtement de sainteté paraissait éclatant de gloire. Et, présidant au sacrifice, autour de lui était une couronne de frères, comme une plantation de cèdres sur le mont Liban. (1) » Tels nous apparaissent nos saints dans le lointain des traditions légendaires et dans les profondeurs du ciel ; à nos yeux, ils sont transfigurés par cette beauté morale qui sort de l'âme comme un parfum s'exhale de la fleur ; le souvenir et la reconnaissance leur doivent une couronne dans l'histoire, reflet de cette couronne immortelle que l'Église dans sa liturgie et Dieu dans le ciel ont posée sur leur front glorieux.

L'abbé JEAN.

*(La suite au prochain numéro.)*

### EXPLOITS ET FAITS DE GUERRE

DONT LE PÉRIGORD A ÉTÉ LE THÉATRE AU QUATORZIÈME SIÈCLE,
ET AUXQUELS LES PÉRIGOURDINS ONT EU LA PRINCIPALE PART.

*(Suite.)*

Huit ans s'étaient écoulés à peine depuis que le comte, les nobles, ainsi que les villes et cités du Périgord, avaient dû enfin, quoique à contre-cœur, mais sur des injonctions réitérées du roi Jean lui-même, reconnaître le roi d'Angleterre pour leur seigneur. Le prince de Galles, gouverneur pour Edouard III, son père, méconnaissant le grand intérêt qu'il avait à ménager tout à la fois et ceux des seigneurs d'Aquitaine qui lui avaient prêté un concours si efficace à la bataille de Poitiers et ceux qui ne s'étaient rangés que plus tard et avec répugnance sous sa domination, venait de donner lieu au comte de Périgord, au sire d'Albret, aux comtes d'Armagnac et de Comminge, et à la ville de Périgueux, de lui adresser des réclamations pour *aucuns griefs et molestes indues* qu'ils étaient peu d'humeur à endurer. Sur l'accueil fait à leurs remontrances, ils en avaient hardiment appelé à Charles V, leur ancien

(1) Eccl. liv. 6-13.

suzerain. Un clerc de droit *bien enlangagé*, Bernard Palot et messire Capponel de Chaponval, furent chargés, par ordre du roi, de citer le prince au tribunal des pairs ou au parlement ; mais les deux envoyés furent retenus prisonniers à Bordeaux. Irrités de ce procédé et sachant que le prince de Galles mandait à lui les chefs des compagnies anglaises et gasconnes qui stationnaient sur la Loire, et que messire Thomas de Wakefold, sénéchal de Rouergue, devait chevaucher de Villeneuve-d'Agen à Rhodès avec soixante lances et deux cents archers, pour donner ordre aux réparations de la forteresse, le comte de Périgord, le vicomte de Carmaing et autres seigneurs sus-nommés, *se mirent en embuche sur ledit messire Thomas* avec trois cents lances. Les Anglais, *ébahis*, dit le chroniqueur, se deffendirent toutefois vaillamment, mais ne *purrent porter le faix ni souffrir les gascons du Périgord, de Comminge et de Carmaing. Si se ouvrirent, déconfirent et tournerent le dos*, et y en eut *grand foison* de morts et de pris. Messire Thomas, grâce à la bonté de son cheval, se sauva, non sans peine, et se réfugia à Montauban.

La colère du prince de Galles fut grande en apprenant comment son sénéchal de Rouergue avait été *rué jus* par le comte de Périgord et ses compagnons. Des hommes d'armes et archers furent envoyés de sa part en grand nombre dans toutes ses places et châteaux. Pendant ce temps-là, un varlet du roi apportait et remettait à Edouard III en personne, à Londres, des lettres de défi ou de déclaration de guerre. Les ducs de Berry et d'Anjou, frères du roi, faisaient leur mandement aux gendarmes. Les chevaliers et écuyers d'Aquitaine prenaient parti les uns pour Edouard, les autres pour Charles V. A Jean Chandos, aux chefs de guerre du prince noir, se ralliaient, malgré plus d'un grief, plusieurs barons et seigneurs gascons, tels que le captel du Buch, les frères Pommiers, le soudich de l'estrade, avec les sires de Parthenai, de Pons, de Harcourt, de Poyane, de Tonnay-Boutone. Ceux du Périgord et les seigneurs, auteurs de l'appel dont nous avons parlé, tenaient le parti contraire. On cite même quelques Anglais, entre autres un écuyer appelé le *Poursuivant d'amour*, capitaine, pour le duc de Lancastre, du château de Beaufort, en Champagne, qui *avait si enamouré le royaume de France qu'il se tourna Français*, et avec Yvam de Galles, tint foi et loyauté au roi Charles V. Les capitaines des fameuses compagnies, sollicités souvent des deux partis à la fois, accouraient suivant leur penchant ou leur caprice, sous l'une ou l'autre bannière. Les faits de guerre et hostilités de toutes sorles se renouvelaient déjà des murs d'Abbeville, des marches du Ponthieu et de la Bretagne, jusqu'à celles de l'Armagnac et de Comminge et aux pieds des Pyrénées.

Cependant, le roi d'Angleterre avait envoyé de Londres son second fils, le comte de Cambridge, avec le comte de Pembroke, son gendre, et des renforts considérables, qui furent dirigés immédiatement, ainsi que ces deux chefs si marquants, par le prince noir, contre ce Périgord, non moins difficile à dompter et à contenir qu'au temps du fameux Bertrand de Born; les deux comtes vinrent donc *à grand arroi* courant la contrée, endommageant et brûlant le plat pays, mettre le siége devant la forteresse de Bourdeilles, sur Drône, confiée alors à deux frères écuyers du Périgord, Espandon et Bernardet de Badefols, sortis du château de ce nom, voisin d'Hautefort, l'ancien manoir de Bertrand de Born, *lesquels s'ordonnèrent à eux deffendre* bien et hardiment comme nous le verrons.

Au même temps, *d'autres gascons du Périgord* avec leur comte, accompagnés de ceux de Comminge, de Carmaing, et de beaucoup de chevaliers et autres combattants méridionaux, dont leur troupe s'était grossie après le succès de leur combat contre le sénéchal anglais, s'étaient *dressés et mis en ordonnance* en face de la forte place de Royaumont, en Quercy, défendue par bon nombre de gendarmes des plus braves parmi les Anglais. On fit venir de Toulouse de grands engins qui jetaient nuit et jour pierres et mangonneaux dans la place. Jean Chandos eût voulu secourir les assiégés; mais les assiégeants étaient nombreux et par trop redoutables; d'ailleurs, le gros de l'armée anglaise se trouvait retenu devant Bourdeilles, où elle avait forte besogne sur les bras. Enfin, les Périgourdins et leurs compagnons firent tant, qu'ayant renversé, au moyen d'une mine, un grand pan des murs de Royauville, ils s'élancèrent à l'assaut, emportèrent la place, et mirent à mort sans merci tous les Anglais de la garnison, *dont ce fut dommage*, dit l'historien, *car il y avait là de bons écuyers.*

Un guerrier comme Jean Chandos ne pouvait rester plus long-temps inactif dans cette situation de choses. De Montauban, où il était parvenu à réunir plus de mille combattants d'élite, il vint assiéger Tarrieres, place du Toulousain, et, plus heureux que les assiégeants de Bourdeilles, il la prit en quinze jours. La ville fut pillée et tous ceux qui l'avaient défendue mis à mort. Jean Chandos vit bientôt après accourir à lui de la Bretagne messire Robert de Knolles, avec tout ce qu'il avait pu réunir de gendarmes dans cette contrée, et, fortifié de ce secours et de celui de Perducas d'Albret, qui, sur les exhortations de Robert de Knolles, avait abandonné soudainement le parti français, il s'empara de Moissac, en Agenais. Messire Robert, après plusieurs chevauchées et expéditions faites à part, vint se rabattre sur la petite ville de Domme du haut Périgord. Les Anglais assiégeants *étaient là bien quinze cents hommes d'armes et deux mille tant archers que brigands.* Ils assaillirent la place avec furie, mais leurs assauts redoublés furent sans succès. Il fallut, après quinze jours, faire savoir au prince de Galles qu'ils y perdaient leur temps et leurs forces; et puis, se départant du siége et sortant de ce Périgord où ils rencontraient toujours des résistances si opiniâtres et si décevantes pour leurs projets, ils allèrent chercher des succès plus faciles à Granat, en Quercy, et à Rocamadour, dont ils s'emparèrent, non sans sacrifices néanmoins, après un long et rude assaut.

Mais Bourdeilles était en ce moment le lieu de France où la lutte était la plus vive et où se faisaient les plus grandes appertises d'armes. Autour de cette petite place de notre pays se trouvaient, comme nous l'avons dit, un fils et un gendre du roi Edouard et des seigneurs des plus illustres de la Grande-Bretagne, tels que messire Jean de Montagu, neveu et héritier du prince de Salisbury, avec une foule de nobles écuyers aspirant à la chevalerie, dont messire de Montagne fut là décoré sur le champ du combat par monseigneur de Cambridge. Les vaillants hommes de la garnison, conduits par les deux intrépides frères, venaient tous les jours à main armée jusqu'à leur barrière, hors des portes, et là se comportaient si hardiment et faisaient tant de prouesses, *que de l'ost ennemi même ils avaient grandes louanges.* Plus de neuf semaines sans se lasser, soutenant glorieusement assauts, escarmouches et paletis, ils firent tant et se montrèrent si infatigables et persévérants, que les Anglais, dit le chroniqueur, *se commençaient à tanner*, regardant qu'ils étaient là depuis trop de temps à trop grands frais et *trop peu y conqueraient*, si ce n'est navrures et grevances, et le siége se fut défait sans autre résultat *si orgueil et présomption n'eussent enfin tenté ceux de dedans;* car il advint qu'un jour les Anglais, en grand train de découragement, tinrent conseil sur ce qu'ils avaient de mieux à faire au point où ils en étaient, et il fut proposé de recourir à quelque embûche, en désespoir de cause. Connaissant par expérience l'ardeur et la témérité de leurs adversaires, et notamment des deux écuyers de Badefols, ils pensèrent à les attirer si loin de leurs barrières, qu'on pourrait, en cachant, dans un lieu convenablement choisi, à peu de distance des murs, une forte troupe de gendarmes, leur couper toute retraite et en finir avec eux. Messire Montagu, avec cinq cents combattants, vint donc occuper, pendant la nuit, le lieu désigné, et, de grand matin, deux cents des gens de l'ost allèrent à l'escarmouche donner l'éveil aux sires Bérnardet et Ernaudon, qui, tout joyeux de voir venir leurs ennemis, s'armèrent appertement, sortirent sur les Anglais au *nombre de sept vingt, tous jeunes et légers compagnons*, jetèrent par terre, blessèrent et prirent prisonniers au premier choc plusieurs de leurs adversaires, trop peu alertes à s'esquiver et se faire chasser comme il leur était ordonné, et poursuivirent les autres, criant : *Avant, avant ! par le chef Saint-Antoine ceux-ci sont nôtres !* allant si loin, que, quand il fallut retourner, toute la troupe de l'embuscade leur barra le chemin, et qu'ils se virent assaillis à la fois de tous côtés. Néanmoins, dit le chroniqueur, ils se mirent et recueillirent tous ensemble comme vaillantes gens qu'ils étaient, et commencèrent à combattre et à faire tant de *grandes appertises que merveille serait à les recorder*, et cela durant l'espace de deux heures au moins, toujours *lançant et combattant, entrant et retrayant moult vaillamment de leurs ennemis* à la grande admiration de ces seigneurs d'Angleterre ; finalement, ils furent tous pris ou morts, y compris Ernaudon et Bernardet, qui se trouvèrent prisonniers de messire Montaigu. Bourdeilles fut occupé par les vainqueurs et remis en la garde du sire de Mucidant, resté toujours uni au prince Noir. L'armée anglaise crut avoir assez fait après un succès si chèrement acheté, et ainsi se dérompit toute cette chevauchée, les compagnons d'un côté et les seigneurs de l'autre, qui s'en revinrent vers Angoulême, où grande chère leur fut faite par leur prince et par sa cour.

Cette conquête des Anglais n'avança cependant guère leurs affaires. Les pillages et incendies dont ils avaient fait précéder le siège de Bourdeilles accrurent l'antipathie qu'ils inspiraient déjà, notamment aux habitants de Périgueux. Le traité de Bretigni était regardé comme annulé : Périgueux s'affranchit, peu de jours après la prise de Bourdeilles, d'une domination odieuse.

Nous voyons cette cité, en 1373, combattre les Anglais avec ses propres troupes, assiéger et prendre sur eux la ville de Condat. Nous la voyons, en 1374, désignée par le duc d'Anjou comme le lieu de rassemblement de toutes ses forces et son quartier-général. Dans



la campagne de 1377, ce prince, accompagné du connétable Duguesclin, à la tête d'une armée considérable, vint assiéger Bergerac, occupé alors par Perducas d'Albret et une nombreuse garnison anglaise. De tant de chevaliers, de seigneurs et d'écuyers accourus à l'appel du duc d'Anjou, de tant de guerriers éprouvés, douze ou quinze seulement, et des plus marquants conséquemment, sont nominativement cités dans les vieux récits de ce siége, et nous y remarquons et reconnaissons des noms périgourdins. « Là, dit le chroniqueur, » étaient avec le duc d'Anjou grands gens et nobles : » premièrement, messire d'Armagnac, à grande route ; » le connétable de France, aussi à grande charge ; messire Louis de Sancerre, messires Jean et Pierre de » Beuil, Yvain de Galles, messire Maurice de Tresiguidy, qui jadis fut en Bretagne l'un des trente ; » messires Alain de Beaumont, Alain de la Houssaie, » messires de Moncontour, de Mornay, messire Jean » de Vergt, messire Beaudoin de Cremoux, Thibault » du Pont, Elliot de Calais et plusieurs autres bonnes » gens en grande route (1). »

Nous retrouvons encore ces noms parmi ceux des chevaliers auxquels revient l'honneur de la victoire remportée près d'Eymet sur le sénéchal de Bordeaux, Felleton, et l'ost des Anglais, au retour de la Réole, où messire Alain de Beaumont, messire Beaudoin de Cremoux, messire Pierre de Beuil, les sires de Moncalay et de Bernoz avaient eu mandement d'aller, avec des hommes d'armes de choix, à travers le pays ennemi, prendre et amener devant Bergerac une puissante machine de guerre. Attaqués par le sénéchal du roi d'Angleterre et son ost placé en embuscade sur leur chemin, ils ne s'étonnèrent pas, mais, baissant *leurs lances et éperonnant leurs chevaux, ils entrèrent les uns és autres ;* là, il y eut de *belles joutes,* et *les lances faillies, ils sachèrent les espées dont ils se rencontrèrent fièrement,* et les Français enfin l'emportèrent par beau fait d'armes. *Là furent fiancés prisonniers sur place* les sires de Duras, de Langoirant, de Rosem, de Mucidant, en un mot, dit le chroniqueur, toute la fleur de Gascogne du parti des Anglais, outre un grand nombre de ces étrangers, *dont bien peu fallut qu'ils ne fussent tous morts ou pris.* A la suite de cet exploit, la ville de Bergerac, qui déjà une fois depuis la reprise des hostilités avait su se délivrer seule d'une garnison anglaise, ouvrit ses portes aux Français. Déjà les milices de Sarlat, de leur côté, s'emparant du fort de Vitrac, en face de Dôme,

_______

(1) Route signifie troupe ou suite.

avaient rejeté au-delà de la Dordogne les ennemis du roi de France. Du jour du recouvrement de la ville appelée la clef de la Gascogne, le joug anglais put être regardé comme brisé en Périgord, et ce pays eût été même à jamais affranchi de leurs déprédations et de leur présence, si les démêlés de Périgueux avec le comte de Périgord, où cette cité déploya tant d'énergie et de persévérance à défendre ses droits, n'eussent fourni encore aux Anglais des occasions d'intervention et de tentatives funestes, quoique sans succès.

Barnabé LAGUSIE.

---

## INSOMNIES ET REGRETS,

### Par J.-Lafon Labatut (1).

Singulière époque que la nôtre ! singulier siècle qui a vu naître ou au moins étrangement grandir la nombreuse famille des *incompris :* philosophes incompris, avocats incompris, médecins incompris, inventeurs incompris ! Chaque jour nous apprend le suicide d'un pauvre jeune homme qui eût pu être un homme utile s'il eût voulu rester dans sa sphère, mais qui a voulu s'élever, poursuivre la célébrité, obéir à *l'appel mystérieux de l'avenir et de la gloire,* et qui, au lieu d'être un bon fils, un bon citoyen, un bon époux et un bon père (comme on n'eût pas manqué de le graver sur sa tombe, s'il fût mort plein de jours dans son village), préfère le rôle d'incompris et se brûle la cervelle dans un grenier, le jour où il n'a plus de bois pour se chauffer, de vêtements pour se couvrir, de pain pour mettre sous sa dent. Et il se croit immortel, le pauvre enfant ! parce que, dans la colonne des nouvelles qu'on ne lit pas, un grand journal enregistrera, peut-être, en quatre lignes, sa mort, entre une histoire de chien hydrophobe et un récit de table tournante. Pauvre jeune homme ! ne trouvez-vous pas que cela est profondément triste !

Et les poètes incompris donc ! Il n'y a pas de bachelier refusé pour la septième fois, de lycéen relégué au dernier rang de sa classe, de clerc d'huissier inférieur à ses fonctions, de pauvre diable connu par ses inexactitudes de langage et ses malheurs d'orthographe, qui ne s'imagine qu'on est nécessairement poète parce qu'on ne parle pas français et qu'on ne peut pas s'exprimer en prose. Ah ! mon Dieu ! et voilà pourtant ce qui crée les mécontents, les réformateurs de la société, parce qu'ils n'y trouvent pas leur place faute d'avoir su chercher ou conserver celle qui leur convenait, celle

(1) Paris. — Furne, 1845.

surtout à laquelle ils convenaient, et qui leur eût assuré ce bonheur calme et modeste, qui est le plus réel et le plus sûr !

Et voilà comment naissent ces recueils qu'on rencontre partout, excepté chez les libraires, ces livres intitulés : *Rêveries, Mystères, Fleurs du Sahara, Poésie du désert, Voluptés, Foi et amour !* que sais-je encore?

Ah ! si l'on pouvait désillusionner ces jeunes hommes qui terminent si tristement leur existence à l'âge où la vie n'a encore que des espérances et des sourires ! ah ! si l'on pouvait éclairer ces pauvres mères qu'un amour aveugle entraîne à se priver de tout pour élever leurs fils au-dessus de leur position, et qui, après s'être ruinées pour une éducation au-dessus de leurs forces, leur donnent un jour la dernière obole amassée par un travail de toute leur vie, et meurent de misère et de chagrin, après avoir connu le désespoir, la faim, les douleurs et le suicide de leurs pauvres enfants !

Vous entendez que si j'ai aujourd'hui une bien triste et bien douloureuse existence à vous raconter, elle ne ressemblera sous aucun rapport à celles que je viens de vous rappeler.

Il s'agit d'un poète, d'un vrai poète, sacré par le malheur, et à qui aucune douleur n'a manqué, pas même la cécité. J'ai à vous parler d'un livre qui retrace toutes les tristesses de cette vie, d'un livre plein de cœur, de poésie, de tendresse et de foi. Je laisserai sans cesse parler ce livre, et quand vous le connaîtrez, vous l'achèterez, vous l'achèterez parce que c'est un livre à acheter, parce que c'est un livre à lire, parce que c'est un livre à garder, parce que c'est un livre où la douleur est résignée, un livre où il y a de pieux souvenirs, de nobles sentiments, de pures affections, de gracieuses pensées ; vous l'achèterez, enfin, parce que c'est une bonne œuvre à faire, et qu'on est heureux quand on peut faire du bien à coup sûr, sans se tromper, à un homme qui le mérite.

Ce recueil, ce n'est pas l'auteur qui l'a publié ; sollicité par un jeune officier, son ami d'enfance, il lui a livré ses vers sans les retoucher, ses vers comme ils étaient dans sa mémoire, ses vers, chants de souvenirs et d'espérance, dont il berçait sa douleur.

« Vous le savez (écrivait-il à son ami, le 27 juil-
» let 1845), ce n'est pas un vain désir de célébrité qui
» m'a fait céder à vos instances et consentir à livrer au
» public de mauvais vers que j'aurais voulu garder
» pour moi et pour quelques rares amis qui sont bien
» obligés de supporter quelque chose.
» Si jusqu'à présent je m'étais toujours refusé à me

» faire imprimer, c'est que je trouvais un autre moyen
» de vivre ; il me manque aujourd'hui, et il faut bien,
» malgré toutes mes répugnances et mes craintes, que
» je me décide à prendre ce dangereux parti :

> » La douleur est ma Muse, elle a tous mes secrets ;
> » Aussi, je l'avouerai, ce n'est pas sans regrets,
> » Sans cette pudeur fière, aux malheureux connue,
> » Que je livre aux regards mon âme toute nue.

» Mais il le faut, vous le voulez, et puisque c'est une
» dernière planche de salut, je vais encore m'y hasar-
» der.                     Joseph Labatut. »

Et l'*Épilogue* qui termine son recueil n'est que le
poétique développement de sa tristesse et de ses craintes à la veille de l'impression et de la publicité. Je ne
sais si je me trompe, mais je ne vois pas là la présomption habituelle des poètes, de ces faiseurs de vers
surtout que vous savez.

J'ai hâte de laisser M. Labatut vous raconter sa vie
si gracieusement résumée dans cette citation grecque,
rappelée par un de ses amis :

« La muse qui l'aima lui dispensa le bien et le mal ;
» elle le priva des yeux, mais elle lui donna une voix
» mélodieuse. »

A la fin du siècle dernier, un habitant du Bugue,
devenu soldat comme tant d'autres, avait été porté à
Messine par le hasard des événements, et dans ce pays
de soleil et de passion, il s'était épris d'une belle jeune
fille, et il s'était marié comme on se marie en Sicile,
par amour. Et Dieu avait béni cette union : un fils en
était né. Cet enfant, c'est notre poète, Joseph Lafon-La-
batut. Mais l'amour, mais l'ivresse de la paternité, ce
n'est pas tout pour le cœur, il faut encore la patrie ; il
faut pour témoins de son bonheur, et son vieux père,
et sa vieille mère, et ses amis, et tous ces lieux, discrets confidents des joies de votre enfance. Labatut
dit adieu à Messine, et s'embarqua sur un vaisseau anglais avec sa femme et son enfant, à peine âgé de
cinq ans.

Ce ciel d'Italie qui ne s'oublie jamais, cette lumière
si douce et si pure, ce soleil si chaud et si brillant, ces
horizons aux teintes inconnues de tout autre pays,
cette gracieuse situation de Messine, cette nature si
riche, cette végétation de l'Europe et de l'Afrique encadrée dans la sévère aridité des rocs de la Sicile ; ces
montagnes aux aspects si variés, cette majestueuse
grandeur de l'Etna, cette sombre et lugubre voix du
volcan, ces flammes sortant du sein des neiges pour
jaillir vers le ciel, cette voix mélancolique de la mer,

> Près des îles d'Eole
> Où la harpe des vents rend de si beaux accords.
>                     (*Les Vents.*)

tous ces contrastes, toutes ces grandeurs, toutes ces
harmonies parlant confusément à cette imagination de
cinq ans ; oui, tout cela fut pour Joseph Labatut le premier don de sa Muse.

Puis cette mer, amie de son enfance, il allait la voir
mugissante et terrible, sans limites, élément grandiose,
image de l'infini. Et ce devait être là encore une poétique et grande inspiration ! Quel est le poète dont l'enfance ne s'est pas formée, dont l'esprit ne s'est pas développé à ce grand spectacle de la mer, et qui, après
avoir trouvé un *secret délice* à jouer avec ses brisants,
n'a pas fini par y voir, suivant la belle expression de
Byron, la face du Tout-Puissant s'y réfléchir dans les
tempêtes. Que ne dit pas, en effet, la mer à un esprit
méditatif, à un cœur mélancolique, à une imagination
impressionnable, à une âme élevée, à une nature religieuse, à un poète enfin !

Ce grand spectacle ne fut pas perdu pour le jeune
enfant dont le talent devait se former à l'école austère
de la tristesse et du malheur !

Il y avait déjà long-temps que le vaisseau avait quitté
Messine quand *un roc sinistre* se dressa devant les yeux
de l'enfant. Ce roc sinistre, qu'il n'oublia jamais, c'est
Gibraltar. Il y perdit sa mère ; malheureux petit enfant, comme si un enfant devrait perdre sa mère !

Pauvre mère ! elle était belle et jeune ; et son image
gracieuse et bien-aimée ne quittera jamais Labatut, et
vous la retrouverez présente à toutes ses poésies, à
toutes ses pensées :

> Ses yeux à me quitter ne pouvaient consentir ;
> Puis elle les levait là-haut comme un martyr
>             Peint par sa fervente Italie !
> Et cet enfant plaintif dont on retient les pas
> ..............................................
> C'était moi, qui comptais à peine cinq printemps :
> Tels que Dieu les dispense à ces bords éclatants
>             D'où le vent du malheur m'enlève.
>                     (*Ma Mère.*)

Son père, après avoir versé une dernière larme et
une dernière prière sur cette tombe si remplie de jeunesse, de beauté, d'amour, de tendresse et d'espérance,
s'arracha à ce lieu de douleur, emmenant son fils, qui
devait désormais lui être doublement cher !

> Mon père, vieux soldat, m'entraînant par la main,
> Monte en pleurant dans un navire.

Et le chant maternel qui m'endormait cessa.
Ma mère! à chaque instant, mes cris la demandaient,
Et les pleurs de mon père à mes pleurs répondaient;
    Et le vaisseau fuyait sur l'onde.
                        (*Ma Mère.*)

Et comme l'enfant pleurait toujours, son père, tirant de ce grand malheur un grand et solennel enseignement, éleva la pensée et le cœur de son fils

    Vers ce monde visible
    Où pour toujours nous nous réunissons.

Il fit voir aux yeux de son espérance et de son affection sa mère assise au lieu où l'on se repose des fatigues de la vie :

    Mon père m'apprit qu'aux cieux, à son côté,
    Elle nous gardait une place.
                        (*Ma Mère.*)

Cependant, le vaisseau fuyait toujours, et l'enfant ne pouvait arracher ses regards de cette terre d'Espagne où il ne voyait rien que le tombeau de sa mère.

Le vaisseau toucha aux rivages brumeux de l'Angleterre, et vint ensuite débarquer à Calais ses tristes passagers. Labatut, épuisé de fatigues et sans ressources, arriva à grand'peine à Paris, où la Providence lui fit retrouver un ancien ami d'enfance, occupé auprès de M. Raynouard, l'auteur des *Templiers,* qui était, je crois, alors secrétaire perpétuel de l'académie. Celui-ci fit l'accueil le plus sympathique au père et au fils; l'enfant le charma par la grâce enfantine avec laquelle il parlait cette langue italienne qui à elle seule est toute une poésie.

Après quelques jours de repos, Labatut prit la route du Bugue, où il trouva sa mère morte et son père expirant. Voilà ce qui lui restait de ce bonheur qu'il avait rêvé dans les jours d'ivresse de son mariage sitôt rompu : trois tombeaux et la misère!

Il n'y a que les femmes pour comprendre et pour consoler certaines douleurs. Une bonne veuve attira chez elle le petit Joseph, et lui apprit à lire. La Fontaine fut le premier livre que dévora notre poète : La Fontaine, ce génie en apparence si simple, en réalité si profond, ce philosophe si gracieux et si aimable, ce rêveur si plein de bon sens, cet ami de l'enfance, cet ami de la jeunesse, cet ami de l'âge mûr, cet ami de la vieillesse que chaque âge comprend à sa manière, mais que chacun comprend et qui semble s'élever à mesure que l'intelligence se forme et que la raison se mûrit. L'enfant dévora le livre; puis, comme sa seconde mère ne pouvait pas, faute de science, lui apprendre à écrire, il s'efforça de copier les caractères dont on lui avait enseigné le sens, et, à force d'efforts, il écrivit. Voilà quelle énergique nature c'était à huit ans.

Cependant, son père était allé rejoindre sa mère; l'enfant, une seconde fois orphelin, se trouva seul sur la terre, d'autant plus seul, que la mort n'avait pas épargné non plus cette femme compatissante qui avait voulu lui servir de seconde mère. Son souvenir fidèle inspira à Labatut une de ses plus pures et poétiques inspirations :

    Je n'avais pas encor vidé tout mon calice!
    Pour la seconde fois suis-je donc orphelin?
    Hélas! le sort fatal, par ce grand sacrifice,
        Me le présente encor tout plein!
    ....................................................
    Ma mère, fais-lui place à tes côtés! ma mère,
    Ma mère, devant Dieu dis-lui, dis-lui merci!
    Toutes deux protégez mon existence amère,
        Car elle fut ma mère aussi.
    Dans ce palais où l'âme à sa source première,
        Après avoir quitté la fange d'ici-bas,
    Se nourrit de son Dieu, se revêt de lumière,
        O ma mère! ouvre lui tes bras!
    ..............................,..................
    C'était la femme forte, elle avait dans son âme
    ..................................................
    Cette compassion que Dieu mit dans la femme,
        Cette foi qu'il mit dans l'enfant.
    Ma mère, fais-lui place à tes côtés! ma mère,
    Ma mère, devant Dieu dis-lui, dis-lui merci!
    Toutes deux protégez mon existence amère,
        Car elle est ma mère aussi.
                        (*L'Apothéose.*)

Un vieux curé, son parent, recueillit alors le petit Joseph dans son presbytère; les quatre années passées dans cet asile de paix furent peut-être les meilleures de sa vie.

    Si quelque souvenir résonne dans mon cœur,
    C'est à toi, je l'avoue, ô chaste presbytère,
    Que je dois ces parfums de joie et de mystère.
                        (*Le Presbytère.*)

La jeunesse de Labatut vint vite; son *enfance sans jeux* fut *grave à dix ans,* comme il le dit lui-même. L'homme poussait l'enfant. Curieux, de cette curiosité qui est la racine de la science, il dévorait tout ce qu'il pouvait rencontrer de livres. Un jour, il rencontra, poudreux et oublié, un vieux livre caché sur une armoire; c'était l'*Iliade* d'*Homère.* Ce fut toute une révélation : le livre ne le quitta plus, il le lisait le jour, il le relisait la nuit :

    L'aveugle Homère et ses grandes merveilles,
    De mon jeune repos faisaient d'ardentes veilles.
                        (*Le Presbytère.*)

L'artiste et le poète se révélaient à la fois : un charbon à la main, il couvrit les murs du presbytère de scènes empruntées au poète grec, et passa ses journées à modeler en argile des héros et des dieux :

> Mes précoces mains, d'une luisante argile
> Formaient quelque grand homme ou quelque dieu fragile,
> Et d'informes croquis mes blancs murs habités
> D'un grossier muséum étalaient les beautés.

L'ami qui naguère avait reçu Labatut et son père chez M. Raynouard, le vit un jour revenir seul et abandonné ; le vent du malheur avait encore une fois soufflé ; le bon curé était mort, et il avait fallu quitter le presbytère.

Joseph Labatut était arrivé à l'adolescence, à cet âge de vagues pressentiments, d'aspirations mal définies, où l'on voit, quoiqu'un peu confusément, s'ouvrir les perspectives de la vie, où l'on a des instincts qu'il ne faut qu'un rien pour élever à la hauteur d'une vocation :

> Mon âme sentait en elle une puissance
> Qui la poussait vers l'avenir.
> (*Le Départ.*)

Arrivé à Paris, il parla d'arts, de peinture, de poésie ; on le mena au Louvre. Quelle journée ce fut pour lui ! il comprit que la peinture et la poésie sont sœurs. Rubens le jeta dans des transports de joie et d'admiration, et, s'exaltant par degrés : « Et moi aussi, s'écria-t-il, je serai peintre ! je veux être un Rubens ! »

Il le voulait comme il savait vouloir. En un mois il était devenu assez habile ouvrier lithographe pour gagner quatre à cinq francs par jour ; en quelques mois, sous la direction de M. Sudre, il fit assez de progrès pour entrer dans l'atelier de Gérard.

Il y était depuis six mois, travaillant de ce travail passionné qui fait les grands talents, lorsque la Providence le jugea digne d'une nouvelle et suprême épreuve. Sa vue s'éteignit, et, malgré les traitements les plus énergiques et les plus douloureux, malgré l'influence du midi, qu'on l'envoya essayer au Bugue,

> Une nuit sans étoiles
> Etendant par degrés l'épaisseur de ses voiles,
> Ne *lui* laissa des yeux que pour verser des pleurs.
> (*Ma vision.*)

Il devint complètement aveugle. Cette chute du haut d'espérances qu'il s'était faites si belles faillit le tuer. Il trouva une affection de femme pour le réconcilier avec la vie. La sœur de la bonne veuve qui lui avait servi de mère lui offrit l'asile de sa maison et de son cœur. Cette maternelle et pure tendresse l'arrêta sur le penchant extrême du désespoir et du suicide :

> Avec le désespoir depuis quinze ans j'habite ;
> Pendant le jour, dans mes sommeils,
> Il ne me quitte pas ; il me pousse, il m'excite
> Par d'épouvantables conseils :
> ........................................................
> » La vie est un fardeau, jette-la sur la rive,
> » Elance-toi dans le torrent,
> » Comme il bercera bien, sous sa vague plaintive,
> » Ton lourd sommeil. »
> (*La Tentation.*)

Mais le malheur fait croire à Dieu ; il en rapproche. Quand la vie est sombre et qu'elle n'a que des tristesses, il faut bien croire et espérer en une vie meilleure et en celui qui la donne. Pour épigraphe à cette douloureuse pièce de vers que je viens de citer, Labatut avait choisi ce cri du malheur qui espère : « Seigneur, ayez pitié de moi. » Dieu ne l'abandonna pas ; s'il le priva de bien des choses en ce monde, il lui fit connaître la vraie, la pure, la sainte amitié. Heureux qui la rencontre une fois dans sa vie, cette fille du ciel ! Labatut la connut plusieurs fois. Malheureux, il eut des amis fidèles ; peintre arrêté dans son essor, il resta artiste, il fut poète ; et, comme le rossignol privé de la vue, sa voix devint harmonieuse :

> La Muse et les amis n'ont point laissé mes larmes
> Sans harmonie et sans témoins ;
> Si le soleil n'a plus sa lumière et ses charmes,
> Ses feux me réchauffent du moins.

Alors il se mit à chanter sa vie, ses douleurs, son désespoir ; puis, devenu plus calme, il chanta les souvenirs, l'amitié, l'espérance :

> ..... Fatiguant mon luth, à défaut de couleurs,
> J'ai repris du passé la fuyante chimère,
> J'ai tout chanté, depuis ce trépas de ma mère
> Source et signal de mes malheurs.
> (*Le Départ.*)

Il pleura d'abord sa cécité ; et sa douleur fut éloquente, de toute l'éloquence de la vérité :

> Hélas ! de tous les biens qui font seuls la jeunesse,
> Que me reste-t-il ? Rien. Gloire, espérance, amour,
> J'ai tout perdu ! Mon luth seul berce ma tristesse
> Dans la nuit monotone où s'éteignent mes jours.
> (*Ce qui me reste.*)

> Malheureux, c'est en vain que j'ai dit à la lyre :
> Invente-moi des sons qui trompent mon délire.
> ........................................................
> Des poètes en vain j'emprunte les pinceaux,
> Inutile appareil pour le mal qui me tue !
> Le temps, par qui tout homme aux douleurs s'habitue,

Augmente mes ennuis, et mon triste réveil
Pleure chaque matin l'absence du soleil,
Et ma pensée ardente, indicible prière,
Pour mes regards éteints implore sa lumière.
*(Une Vision.)*

Mais la fleur de mes ans au grand jour s'est flétrie
Coupe fragile, hélas! où je voyais le ciel,
Es-tu brisée?
*(Le Départ.)*

Un instant, sa douleur faillit être injuste; il sembla douter de l'intérêt qu'il inspirait :

La pitié d'un regard, quelques sourires moqueurs,
C'est tout ce que je puis attendre.

Mais cette injustice légère lui inspira un de ses plus délicieux vers :

Mon cœur,
De n'être plus aimé se console en aimant.

Ce n'était qu'une pensée de l'insomnie. Le matin qui ne lui ramenait pas la lumière, lui ramenait, avec la chaleur, l'amitié, constante pour lui comme le malheur. Il connut toutes les amitiés, depuis celle de l'enfant si aimable et si pure, depuis celle de la jeunesse si vive et si durable jusqu'à celle de la femme, plus douce au cœur que l'amour, cette amitié où la femme met tout ce qu'elle a d'affection, de dévouement, de pitié et de tendresse ; cette amitié que Labatut comprenait si bien, lorsqu'il s'inspirait un jour de cette épigraphe : « Puisque les anges ne descendent plus sur la terre, il faut bien se plaindre aux femmes. » — Il revint vite de cet instant de doute, et, demandant à ses meilleurs souvenirs des textes pour ses poésies, il écrivit un jour cette pensée d'une femme trop célèbre et qui eut rarement de ces inspirations du cœur : « N'y eût-il que l'amitié sur la terre, l'homme n'aurait pas le droit de se plaindre! »

Voyez comme Labatut se rattache à la vie par l'amitié :

Il ne t'en souvient pas sans doute, car la vie,
Chargée alors de fleurs, te prodigue ses fruits;
Mais moi qui souffre, ami, j'écoute avec envie
Ces lointains souvenirs et leurs plus légers bruits.

Un sage, en nous voyant, eut deviné, peut-être,
Qu'un jour je reviendrais, pèlerin détrompé,
Te demander, pensif, à l'ombre de ce hêtre,
Tout un rêve d'enfance à ton cœur échappé.
Ce cœur est toujours bon, cette voix toujours franche;
Ma main comme autrefois dans la tienne a frémi.
Ah! des illusions que l'âge nous retranche,
Une seule survit toujours : c'est un ami!

Tant d'infortune et de cœur devait séduire une femme; à côté de toutes les douleurs, il y a une femme pour les apaiser.

Une femme a toujours quelques saintes pensées.

Une jeune fille aima le poète aveugle; OEdipe, Milton, Delille, avaient appuyé leur infortune sur le dévouement d'une femme; une jeune fille voulut

Des fleurs de son printemps lui faire une couronne

à ce pauvre aveugle; il en fut profondément ému, et il eut l'héroïsme de refuser. Et, après avoir chanté naguère :

J'aime les noms d'époux et de père,
L'enfant jouant sur les genoux
Et l'amitié tendre et sincère
Et l'amour plus tendre et plus doux.
*(Une Douleur.)*

il prit l'amitié de cette jeune fille et lui rendit son amour :

Oui, que dans le secret votre cœur s'interroge,
Hélène! Le malheur a fait seul mon éloge;
Enlevez-moi mes pleurs, perdez votre pitié
................................................
Moins généreux que vous, je crains une méprise.
................................................
Peut-être, ô jeune femme! un jour, mal résignée,
................................................
Lasse d'un malheureux que vous crûtes aimer,
Vous aigririez ma peine au lieu de la calmer.
.................. Adieu, vivez bénie!
Des pleurs versés pour moi ne soyez point punie.
................................................
Contre tous les fléaux je me sens assez fort,
L'infortune, savante à nourrir mes alarmes,
Etancha par l'excès la source de mes larmes.
Je n'en ai plus. Pourtant, c'était doux de pleurer!
Et la mort seulement me permet d'espérer.
Mais vous posséder triste, indigente, honteuse,
Et crédule martyr d'une foi trop coûteuse;
Mais vous voir partager mon funèbre linceul,
Non! ce penser m'abîme, et je veux mourir seul!

Je voudrais citer encore, je voudrais vous montrer comment cet homme sait donner des consolations aux infortunes qui l'entourent, et quelles fleurs il jetait sur la tombe d'un enfant de vingt ans, enlevé par le choléra à sa mère :

Pauvre mère! la mort a frappé tes entrailles,
Hélas! car la douleur se mesure à l'amour.

mais des poésies de Labatut je n'ai voulu extraire que ce qui a trait à sa vie, que j'ai voulu raconter.

Je m'aperçois un peu tard que j'ai été peut-être plus long qu'il ne convenait; mais j'ai éprouvé un charme et une douceur inexprimables à prolonger les instants que je consacrais à ce pauvre poète aveugle; je ne le connais pas personnellement ; mais il me semblait être avec lui, il me semblait recueillir quelques parfums de cette amitié qu'il sent si bien, qu'il exprime si divinement. Puisse ce sentiment avoir été le sentiment de ceux qui auront eu le courage de goûter le poète à travers la prose du critique !

J'ai fini; j'ai voulu terminer par une pièce qui fît comprendre tout ce qu'il y a de noblesse, de douleur, d'élévation, de sensibilité, de poésie, dans l'âme de Joseph Labatut.

Montaigne a dit quelque part : « Nous avons bien plus de poètes que de juges et interprètes de poésie; il est plus aysé de la faire que de la cognoistre. »

Les poésies de Labatut sont de celles qu'il est facile de *cognoistre* et de *juger*. Écrites avec le cœur, elles s'adressent au cœur, dont l'intelligence et les jugements sont souvent les plus sûrs.

D'ailleurs, ce n'est pas *comme un écrivain,* ce n'est pas *comme un poète* que Labatut *s'offre aux yeux de l'observateur;* c'est, il l'a dit lui-même, « *comme un* » *exemple des sensations et des idées d'un homme qui* » *n'a reçu d'autres leçons que celles du malheur.* »

Et nous, nous vous disons : Quand vous connaîtrez l'ouvrage, vous aimerez l'homme et vous reconnaîtrez le poète.

F. DE LA B.

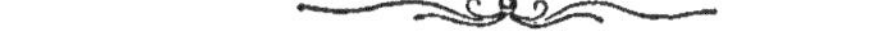

## SOURCES DE L'HISTOIRE ET BIOGRAPHIE DU LIMOUSIN (1).

Sur la foi du premier de nos auteurs comiques, on a pris depuis long-temps l'habitude de rire de notre province. Aux yeux de quelques personnes, le héros d'une farce, spirituelle quoique grossière, serait facilement le type d'une race fort répandue sur les bords de la Vienne. Ceux qui ne jugent pas un pays sur les plaisanteries d'un acteur qu'on y siffla, ceux qui ne sont pas étrangers aux études historiques, savent parfaitement que Béotie et Limousin ne sont pas synonymes. En tous les temps fleurirent dans nos contrées des hommes d'esprit et de savoir. Leur valeur intellectuelle et leur nombre ne redoutent aucune comparaison ; sous ce rapport, nous n'avons rien à envier aux cités les plus renommées.

(1) Cet article a été écrit à l'occasion de la publication récente d'un ouvrage intitulé : *Biographie des hommes illustres de l'ancienne province du Limousin.*

Ce dictionnaire historique, si laborieusement édité, en fournit la preuve : plus de cinq cents auteurs s'y montrent avec des titres durables à l'estime de la postérité. Et cependant la culture permanente des sciences et des lettres n'est pas ce qui nous touche le plus. Un mérite plus sérieux s'y révèle : une grande partie de ces ouvrages est consacrée aux annales de la patrie.

Notre province, en effet, a eu un bonheur particulier. D'âge en âge, des hommes, héritiers ou précurseurs de la science et de la patience bénédictines, s'y succèdent pour accroître le recueil de son histoire. Nulle province, je dirais presque nul royaume, ne présente un spectacle semblable. Les grandes histoires de Dom Vaissète, pour le Languedoc ; de Dom Lobineau, pour la Bretagne , de Dom Calmet, pour la Lorraine , les immenses travaux préparatoires de Dom Fonteneau, sur l'histoire du Poitou, sont des faits isolés qui ont trop souvent clos et arrêté tout travail historique en ces provinces, leurs recueils isolés perdent de leur importance si on les compare à ceux que trois plumes laborieuses consacrèrent à notre pays.

Mais les travaux de nos historiens Labbe, Saint-Amable, Nadaud et Legros, inédits pour la plupart, ou devenus fort rares par l'absence de réimpressions, ne sont connus que d'un petit nombre d'initiés. Des découvertes récentes sont venues les compléter. Tout un côté de l'histoire, ignoré avant eux, s'est révélé à notre époque. Il y aurait quelque intérêt dans la publication d'une notice qui apprendrait aux esprits laborieux les immenses ressources dont disposera celui qui voudrait écrire ou rééditer l'histoire de notre province. Ce serait un hommage tardif rendu au travail sans récompense de nos deux abbés Legros et Nadaud. Peut-être la richesse de cette moisson, que nous révélons au plus grand nombre, tentera-t-elle le patriotisme d'un écrivain moderne. L'or peut reposer sous le sable qui le recouvre ; un peu plus tôt, un peu plus tard, une main avide saura le recueillir. Plus précieux que l'or et aussi plus fragiles, les écrits de nos historiens que n'a pas multipliés l'imprimerie s'en vont feuille à feuille, déchirés quelquefois par une cupidité coupable, usés même par le regard pieux qui veut les consulter.

Le moment serait favorable. Un âge nouveau est commencé. Une révolution a entraîné toute les institutions de l'ancienne France. Recueillons l'enseignement des anciens âges, à présent qu'un fleuve toujours grossissant nous emporte loin d'eux.

Depuis plus de douze ans, celui qui trace ces lignes

a réuni, pour sa satisfaction personnelle, tous les ouvrages qui, de loin ou de près, contiennent des renseignements sur le Limousin et sur son histoire. Sa collection n'est pas complète, tant s'en faut ; et, cependant, elle embrasse déjà plus de sept cents volumes ou brochures. Grâces à des recherches antérieures, nous connaissons tout ce qui y manque. Ces renseignements forment un catalogue assez étendu, que nous voulions publier dans l'intérêt de l'histoire de notre province. Les nombreux manuscrits inédits dont le gîte est connu auraient eu leur place dans ce recueil. C'est donc une Bibliothèque limousine que nous avions le projet d'offrir aux hommes studieux de notre pays.

Pour être complet, ce travail devait embrasser dans une première division, les ouvrages sur le Limousin, et, dans une seconde, les ouvrages faits par les Limousins, quel qu'en soit le sujet. Mais nous avions été devancé. Dès le milieu du xviiie siècle, l'abbé Nadaud avait catalogué une *Bibliothèque limousine;* il avait réuni en corps d'ouvrage des notices sur tous nos auteurs limousins. Ses manuscrits, devenus à sa mort la propriété de M. Garat de Nedde, curé de Saint-Maurice, à Limoges, furent fructueusement étudiés par l'abbé Vitrac. Il y puisa toutes les notices dont la feuille hebdomadaire de Limoges s'enrichit à dater de 1775. Le livre de Nadaud ne se retrouva pas parmi les œuvres acquises par l'abbé Legros et transmises au séminaire de Limoges. On peut se consoler de sa perte. Une transcription de Vitrac et les notices imprimées par ce dernier paraissent aujourd'hui avec des additions qui en doublent le prix. Voici donc une *Bibliothèque limousine,* distribuée par ordre d'auteurs et enrichie des renseignements biographiques indispensables. La littérature, l'histoire et la bibliographie s'y donnent la main. Toutes les sciences y sont représentées. Les études historiques, si honorées de nos jours, peuvent surtout y trouver quelque profit. Nous permettra-t-on de dire à quelles conditions ?

L'histoire, pour les modernes, n'est pas seulement la succession des événements dont l'ensemble forme la vie des grands personnages et des nations ; elle embrasse dans son cadre agrandi tous les faits qui montrent le développement de l'humanité. Les institutions civiles, militaires et religieuses y occupent, sans doute, le premier rang ; mais, à côté et non au-dessous, se placent les arts, qui sont aussi une manifestation de la vie des peuples. Tout se tient ici-bas, et ces choses, en apparence secondaires, étudiées à un point de vue supérieur, révèlent une époque comme les faits plus

précis enregistrés par l'histoire. Nous chercherons donc l'histoire de notre province dans tous les faits de ce genre, et nous appellerons à notre aide le plus vaste recueil de témoignages : chroniques et récits des contemporains, actes de la législation religieuse ou de la féodalité, fondations pieuses, traités sur les arts, pièces littéraires, décrets des conciles, transactions commerciales, règlements des communes ou des corporations, titres de ventes ou d'assence, testaments et donations, œuvres de l'industrie et de l'art sous ses formes si étendues, tout nous sera bon; tout parlera pour nous un langage que nous aurons seulement à résumer, à coordonner et à traduire. Grande est la moisson ; pour s'y reconnaître, il est bon d'y introduire un certain ordre. Deux grandes divisions nous permettront de nous diriger avec méthode :

Nous plaçons au premier rang ce qu'on peut appeler les sources. C'est le nom que nous donnons à un acte contemporain ou au récit d'un témoin oculaire.

Dans la seconde partie, nous classerons ces témoignages mis en œuvre dans des histoires ou dans des traités spéciaux.

La narration des événements, faite par un contemporain, témoin de ce qu'il raconte, a sans doute la plus grande valeur. Ces récits se subdivisent en chroniques générales et en biographies particulières. Leur importance a tout d'abord attiré l'attention des ordres religieux qui ont défriché le vaste champ des sciences historiques. Nous avons fort à faire en ces matières. Grâces aux bénédictins et aux jésuites, nos chroniqueurs échelonnés du ixe au xive siècle : Adémar de Chabannes, Geoffroi du Vigeois, Bernard Itier, ont été édités plusieurs fois. Labbe a imprimé dans sa bibliothèque le sanctoral de Bernard Guy ou Guidonis, évêque de Lodève, au xiiie siècle, et les vies de saint Israël et de saint Théobald I. La vie de saint Éloi, écrite par saint Ouen, son ami et son successeur, a trouvé deux places dans le spicilége de d'Achery, et la vie de saint Étienne d'Obasine, racontée par un moine contemporain, a été publiée dans les miscellanées de Baluze. Saint Martial et nos autres saints occupent une place importante dans le précieux recueil des *Bollandistes.* Tout récemment, M. Arbellot a édité avec succès la chronique du chanoine Maleu.

De nombreuses chroniques attendent encore un éditeur. Les manuscrits du bénédictin Estiennot, conservés à la bibliothèque nationale, en gardent quelques-unes qui ont de l'intérêt pour nous. Nous citerons dans le nombre celle de Gérard de Frachet, dominicain de Limoges au xiii<sup>e</sup> siècle, et celle du moine Coral, abbé, au xiv<sup>e</sup> siècle, de l'abbaye de Saint-Martin-lez-Limoges.

Plus près de nous, la bibliothèque du séminaire possède une chronique de l'abbaye de Grandmont en grande partie inédite. Ce manuscrit sur vélin, orné de miniatures, accuse en diverses parties le xiii<sup>e</sup> siècle, et relate par conséquent les événements accomplis au temps de la plus grande splendeur de cet ordre célèbre.

Cet ordre trouva plus tard un autre historien. Vers le milieu du xvi<sup>e</sup> siècle, le frère Pardoux de la Garde, sacristain de l'abbaye de Grandmont, éprouva le besoin de relever à sa manière les ruines entassées par le protestantisme dans son monastère bien-aimé. Son travail inédit résume avec talent les faits principaux de l'histoire de ce monastère.

Plus curieux des œuvres de l'art qu'on ne l'était en ces temps de désordres civils, notre moine décrit avec amour les reliquaires, les tombes émaillées et le magnifique autel de même matière qui décoraient l'église de Grandmont. Sa plume dessine les armoiries des bienfaiteurs. Ce manuscrit sur papier enrichit aussi la bibliothèque du séminaire de Limoges.

Disons, pour épuiser tout ce qui regarde cette célèbre abbaye, que l'*Itinerarium fratrum*, curieux récit d'un voyage en Allemagne, fait au xiii<sup>e</sup> siècle par deux moines de Grandmont, a été édité par nous. La publication des inventaires de cette abbaye faits aux xiv<sup>e</sup>, xv<sup>e</sup>, xvi<sup>e</sup> et xvii<sup>e</sup> siècles, le sera prochainement. L'histoire de l'art a beaucoup à recueillir dans ces textes, dont nous devons la communication à la bienveillance de M. Nivet-Fontaubert.

Ces publications entameront à peine une matière effrayante par sa richesse. Des cartulaires, des obituaires ou nécrologes nombreux, des actes de toutes sortes provenant de nos abbayes attendent, dans les bibliothèques ou les archives, la main pieuse qui doit secouer leur poussière séculaire. Mettons au premier rang cent cinquante manuscrits précieux, provenant de saint Martial de Limoges, et acquis, en 1730, par la bibliothèque royale. Là se trouve un curieux recueil de mystères et une des plus anciennes notations musicales connues.

Le cartulaire de l'abbaye de Beaulieu, édité prochainement aux frais de l'État, par M. Deloche, nous fournira les renseignements les plus précieux sur les divisions géographiques et sur l'état des personnes de notre province aux ix<sup>e</sup> et x<sup>e</sup> siècles.



Tous ces renseignements et beaucoup d'autres, que les temps et les révolutions ont fait disparaître, n'étaient pas ignorés des érudits du xvii<sup>e</sup> siècle. C'est là que les Robert ont épuisé les matériaux de leurs savantes compilations. Justel en a tiré son histoire de Turenne, Baluze y a trouvé son histoire de Tulle, ses mélanges et son histoire de la maison d'Auvergne.

Un religieux laborieux et modeste y puisa pendant trente ans les éléments de l'histoire provinciale la plus considérable qui existe. Je veux parler de la *Vie de saint Martial*, en trois volumes in-f°, qui a pour auteur le carme Bonaventure de Saint-Amable. Les deux premiers volumes sont presque constamment, un long panégyrique de l'apôtre d'Aquitaine. Des faits curieux s'y voient dans une amplification sans terme. Le troisième volume, infidèle à son titre, est une histoire longue et détaillée de notre province. On peut reprocher à cet ouvrage le défaut d'ordre, l'absence de critique, la langueur du style. Les faits de l'histoire générale s'y réunissent constamment aux faits particuliers de l'histoire de la province. Il est tel chapitre de la table des matières où la crédulité de l'auteur prête matière à d'interminables plaisanteries. Nous reconnaissons tous ces défauts, et nous n'en proclamons pas moins cet ouvrage le plus savant, le plus complet, le plus utile qu'on ait publié en aucun temps sur l'histoire d'une province. La candeur naïve de l'auteur est une qualité de plus ; il recueille tous les témoignages anciens. Son livre est une déposition historique qui, dans cette grande cause qu'instruit l'histoire avec des aperçus si changeants, conserve toujours sa valeur. Les archives des monastères et des villes ont été brûlées. On serait tenté de le regretter peu. Bonaventure a tout lu, tout transcrit, tout analysé. Généalogie des familles, histoires des abbayes, faits honorables ou tristes, vie des cités, renseignements commerciaux, son livre impayable embrasse tout avec une abondance et une bonne foi qui jamais ne se lassent. Si notre annaliste se trompe, c'est qu'il répète l'erreur d'un chroniqueur contemporain. Nous ne connaissons pas de sincérité plus entière.

Du Boys, de Cordes, Collin, accompagnent utilement Bonaventure. De Cordes représente la critique du xvii<sup>e</sup> siècle, et, malgré sa science, la bonne grâce lui fait défaut. Moins érudit, Collin accepte tout ; mais nous lui devons des pages gracieuses, charmantes. Collin est un bon écrivain, dont les titres littéraires sont trop oubliés.

Plus tard, Frémont Levesque pour Grandmont

Oroux pour Saint-Léonard, ont mis à profit les travaux de leurs devanciers.

L'étendue et la variété de ces travaux ne découragèrent pas un érudit modeste, dont les œuvres inédites effacent tout ce qui les a précédées. Retiré dans son presbytère de Teyzac, l'abbé Nadaud songea à tourner au profit de la science les longs loisirs que lui laissait l'administration de sa petite paroisse. Il apprit l'histoire dans les grandes collections bénédictines. A la même école, il s'instruisit dans l'art plus utile que glorieux de lire et d'interpréter les vieux textes. Bientôt tous les établissements qui possédaient des archives réclamèrent son secours, et c'est à cette circonstance que nous devons sans doute tant d'ouvrages précieux pour l'histoire de notre province. Pouillé, nobiliaire, histoire des abbayes et des collégiales, histoire littéraire, critique liturgique, il mena tout de front sans que l'étendue de ses recherches lui permît jamais d'entrevoir la publication de ses immenses travaux. Il faut un robuste courage pour créer ainsi des œuvres qui n'ont que la chance de vivre pour un possesseur unique, dans un unique manuscrit. Qu'on lise, pour se faire une idée de son courage et de sa persévérance, la courte notice que nous lui consacrons dans le second volume de ce dictionnaire.

A la mort de Nadaud, arrivée en 1775, ses manuscrits furent acquis par l'abbé Legros, humble vicaire de la collégiale de Saint-Martial, aux appointements de soixante livres. Laborieux et infatigable, dévoré de patriotisme, Legros eut le courage de transcrire tous ces manuscrits, en y ajoutant, heure par heure, ses recherches personnelles, continuées jusqu'à sa mort, arrivée en 1811. Jamais on ne vit foi pareille en l'avenir. Menacé de mort et incarcéré comme non assermenté, en 1792, Legros eut le courage de continuer ses études dans sa prison. Nous possédons un manuscrit de sa main qui a cette date. Ses œuvres, réunies à celles de Nadaud, forment vingt-cinq volumes in-f°. Pour la première fois, le public va connaître l'œuvre de ces deux savants modestes. Deux notices qu'Allou a consacrées dans sa statistique monumentale de la Haute-Vienne et dans l'Annuaire historique, ne donnent qu'une idée très-insuffisante de leurs travaux. Puisse la paix des temps permettre la publication de tant de recherches utiles! Ce serait l'éternel honneur de l'administration municipale, qui, à l'exemple de la ville de Lyon, ferait ce généreux sacrifice.

A l'inventaire de ces œuvres si intéressantes doit succéder l'analyse des archives publiques et particulières. Malgré mille causes de destruction, nos hôtels de villes, nos préfectures, les châteaux et les paroisses sont plus riches qu'on ne croit en documents historiques. Ainsi, j'ai trouvé dans le grenier d'un modeste manoir trois cents chartes des xii$^e$, xiii$^e$ et xiv$^e$ siècles que le propriétaire a bien voulu me céder généreusement. Un testament de Foucaud de Saint-Germain, chevalier en 1302, est caractéristique de l'époque par les détails étranges de naïveté qu'il contient. La statistique religieuse de ce temps a beaucoup à y apprendre. Un inventaire en rouleau de parchemin mesure une longueur de cinquante trois mètres.

La vie municipale de notre ville a marqué son passage en de nombreuses ordonnances, édits, coutumes et règlements. Trois gros registres consulaires des xiii$^e$, xiv$^e$, xv$^e$ et xvi$^e$ siècles, conservés à l'hôtel-de-ville (1), sont un précieux monument des mœurs et de la langue de nos frères. M. Leymarie a beaucoup pris dans ce recueil, où tout est intéressant à des titres divers. Des renseignements sur ces archives et sur celles de toute la province compléteront utilement le second volume de ce dictionnaire.

Les hommes qui aiment l'histoire locale trouveront donc dans ce livre la réunion la plus précieuse et la plus étendue d'informations exactes.

Les savantes recherches de Nadaud sur nos écrivains, revues par Vitrac et Legros, complétées par MM. Auguste Du Boys et Arbellot, voient enfin le jour, réunies en corps d'ouvrage.

La publication par volumes séparés donne la facilité de rectifier les omissions et les inexactitudes qui s'y laissent apercevoir. Elles seront la matière d'un supplément. Déjà nous y avons retenu place pour trois hommes distingués dans trois carrières bien diverses : le carme Bonaventure de Saint-Amable, le général Beyrand et le prêtre Dignat. On y rectifiera la liste beaucoup trop courte de nos anonymes. Celle de notre école d'orfèvrerie profitera des découvertes importantes que nous venons de faire. Nous n'ajouterons pas un mot d'éloge. Les liens qui nous unissent aux éditeurs nous ferment la bouche, et le succès de cette publication n'est pas douteux. Elle n'a, selon nous, qu'un défaut grave : c'est de n'être tirée qu'à deux cents exemplaires. C'est trop peu pour la gloire et le patriotisme de notre province.

Le Dorat, 30 novembre 1853.    TIXIER,
Supérieur du Séminaire du Dorat.

(1) Le conseil municipal vient de décider que ces registres seraient déposés à la bibliothèque communale.

## RECHERCHES HISTORIQUES

SUR LE TRACÉ ANCIEN ET MODERNE DE LA ROUTE DE LYON A BORDEAUX (1),

**Par M. G. de Merlhiac.**

Tous les voyageurs qui ont parcouru les régions centrales et méridionales de la France connaissent cette belle route qui établit une communication directe entre Lyon et Bordeaux, et qui traverse les villes de Tulle, de Brive, de Terrasson et de Périgueux.

Elle fut tracée sur les plans du célèbre Perronet, directeur-général des ponts et chaussées, et d'après les études du savant Brémontier, depuis inspecteur général, et auquel nous devons aussi l'inappréciable bienfait de la fixation et de la fertilisation des dunes et des sables du golfe de Gascogne et des côtes de la Gironde.

On l'ouvrit, en 1770 (2), au pied des rochers de *Malemort*, bourg dont il est souvent question dans l'histoire du Limousin et du Périgord; il est situé à l'est, et à trois kilomètres de Brive, et précisément à la limite où finissent, par une transition soudaine, et sur des déclivités abruptes et rapides, ces chaînes continues et agglomérées de montagnes et de collines qui se développent sur le reste du Limousin et sur l'Auvergne. Mais à Malemort, et en allant vers Brive ou vers l'ouest, commence cette longue plaine ou vallée, emplacement de la route actuelle, et qui s'étend jusqu'aux plages sablonneuses où l'Océan borne et menace toujours d'envahir notre vieille Aquitaine.

Le travail de Brémontier ne fut conduit que jusqu'à Terrasson, en Périgord, c'est-à-dire sur un parcours de dix-huit kilomètres, et il resta interrompu pendant près de cinquante ans. Il fut enfin repris en 1822, et achevé, entre Terrasson et Périgueux, dans les années suivantes; mais c'est un devoir de rappeler que nous sommes particulièrement redevables de cette importante solution aux soins et aux démarches de M. le duc de Doudeauville et de M. le marquis de Rastignac. La ville de Terrasson leur en a témoigné sa reconnaissance en désignant par leurs noms sa place publique et une de ses rues.

D'après les plans de Brémontier, la projection de cette route vers l'est, et depuis Malemort jusqu'à Tulle, devait être dirigée sur l'une des rives de la Corrèze, et

(1) Ce travail est extrait d'une intéressante brochure que vient de publier notre savant collaborateur, M. G. de Merlhiac.
(2) Leymoncrie. *Histoire de Brive et de ses environs*, p. 184.

par conséquent toujours en plaine. Mais en 1819 et 1820, par suite de ces considérations d'intérêts particuliers qui, malheureusement et trop souvent, exerçaient tant d'influences sur les plans des travaux publics, on préféra continuer la route de Malemort à Tulle, à travers ces chaînes de montagnes dont je parlais tout à l'heure. L'on a suivi ainsi, et très probablement, comme nous le verrons bientôt, l'ancien tracé de la voie romaine de *Tintiniac* à Vésone; elle longeait les crêtes ardues et escarpées des montagnes qui forment cette gorge affreuse dite *Tutela*, et au fond de laquelle se sont élevées, depuis, l'abbaye et ensuite la ville moderne de Tulle.

Mais ce travail de nos ingénieurs ne fut pas plutôt terminé et livré au public, que l'on ne tarda pas à ressentir, principalement dans le service des postes et des messageries, les nombreux et graves inconvénients qui en résultaient, surtout en hiver. Il avait coûté des sommes énormes, et cependant l'on a été forcé, il y a sept ans, de l'abandonner et de recommencer de nouvelles dépenses, qui ont été très-considérables, pour revenir aux plans de Brémontier. La route, ou la continuation de la route de Lyon à Bordeaux, entre Malemort et Tulle, a donc été reportée sur les rives de la Corrèze. Cette rectification est aujourd'hui entièrement achevée, mais elle eût été cependant beaucoup moins dispendieuse, plus solide et mieux appropriée à tous les intérêts publics et privés, si elle avait eu lieu sur la rive gauche de la rivière; c'est précisément la rive droite qui a été préférée. L'inspiration, en matière de travaux publics, était-elle donc comme la rime en poésie ?

Souvent, j'ai beau rêver, du matin jusqu'au soir
Quand je veux dire blanc, la quinteuse dit noir.
(Boileau, *Satire* 2.)

Les ingénieurs modernes, en adoptant leur premier et vicieux tracé à travers les montagnes et les rochers, n'avaient pas les motifs et les excuses qui ont forcément dirigé, comme nous allons le voir, les Romains, lorsque ceux-ci établirent, entre l'Avernie et Vésone, leur route qui passait à Tintiniac, cette station ou cette ville romaine, qui était située près de Tulle actuel, et dont on retrouve souvent encore de magnifiques débris. En effet, pour construire une route sur les bords d'une rivière, dans un sol droit et solide, de *Tintiniacum* jusqu'aux ténements des gorges de *Tutela*, et de ce dernier point à *Briva-Curretia* et à Vésone, il fallait, avant tout, une rivière qui fût encaissée dans un lit, et dont les prétendus rivages ne formaient pas de larges et inextricables marais. Or, cet état normal n'a existé que beaucoup plus tard, pour la Corrèze et pour la Vézère. Mais nous ne nous occuperons que de la portion de cette route, comprise entre Malemort et Périgueux, surtout entre Brive et Terrasson, et cette exploration nous fournira assez de détails intéressants pour y restreindre le plan et le but de ce Mémoire.

Il est évident que la voie romaine, entre Malemort et Brive, suivait exactement le tracé de la route moderne. La nature des localités démontre, d'abord, qu'il eût été impossible de l'établir dans une autre direction, à partir du point où elle descendait de la montagne dans la plaine, et ensuite l'on n'a jamais trouvé ailleurs aucun vestige, aucun indice qui puissent contrarier cette opinion. La rive droite de la Corrèze sur laquelle passe cette portion de la route dont le parcours est, comme je l'ai déjà dit, de trois kilomètres, était renforcée, depuis un temps immémorial, par des chaussées et de larges endiguements dont on a retrouvé des traces nombreuses et incontestables, aux diverses époques de l'élaboration et des réparations de la route actuelle. Ces travaux étaient indispensables pour assurer et maintenir la communication entre Malemort, ou les portes de la montagne, et *Briva-Curretia*, aujourd'hui Brive, bourgade gauloise qui, très-probablement, et selon des inductions qui paraissent bien fondées, était un entrepôt et un point de transit assez important, du commerce entre l'Avernie (l'Auvergne) et Vésone (Périgueux).

En sortant de Brive, pour se diriger sur la vigie ou le poste romain de Terrasson, et sur Vésone, la route quittait les bords de la Corrèze, et s'en écartait, même considérablement. Cet ancien tracé subsiste encore, et il est connu sous le nom de *Vieille route de Bordeaux*. Abandonné depuis 1770, il est entretenu, tant bien que mal, comme chemin vicinal, par la ville de Brive et quelques autres communes. Il rejoint la route moderne sur le territoire de la commune de Saint-Pantaléon, canton de Larche, à peu de distance d'un pont dit de *Négrelat*, construit sur un ruisseau qui traverse la grande route et se jette dans la Vézère, et près d'un hameau appelé *Puy-Jubert (Podium Wiberti)* (1), où, selon d'anciennes traditions, et même de fortes présomptions qui ressortent de quelques titres de censi-

ves, a existé le siége d'une commanderie de l'ordre célèbre des Templiers.

Au pont de *Négrelat*, nous perdons les traces de l'ancienne voie romaine, mais nous les soupçonnons plus loin, et dans la commune de Saint-Sernin, canton de Larche, à côté des débris d'une *villa* et d'un *sacrarium* romains dont nous nous occuperons plus tard; nous les retrouvons au-delà de Saint-Sernin, en Périgord, sous les formes les mieux caractérisées et les plus certaines, comme nous allons le voir. Observons, de suite, que la position de ce dernier point de rencontre ne permet pas de supposer que l'ancienne voie romaine suivait, entre Puy-Jubert et Larche, le tracé moderne qui, du reste, a été conquis sur les rivages de la Vézère, avant et depuis 1770, c'est-à-dire lorsque les asséchements progressifs de la plaine, entre Larche et Terrasson, ont permis d'y pratiquer un chemin ou un passage, mais bien des siècles après l'extinction de la domination romaine dans les Gaules; c'est ce que la suite de l'exposé de nos explorations prouvera suffisamment, nous le croyons.

L'on remarque aussi, dans l'ancien tracé, depuis Brive, que l'on s'était appliqué à s'écarter constamment des rivages et des plaines de la Corrèze et de la Vézère; tous les vestiges qui en subsistent encore, après la lacune de Puy-Jubert, s'étendent sur les sites les plus âpres et les plus montueux. C'est surtout dans les communes de Larche (Corrèze), de Lafeuillade et de Pazayac (Dordogne), que la projection bizarre de cette route primitive cause de l'étonnement. Elle se rapproche en effet, et beaucoup, dans ces localités, de la plaine et de la Vézère; elle n'en est même plus qu'à une faible distance; mais il semble qu'on s'est obstiné à l'en détourner, et nous la voyons gravir ou contourner les flancs ou les sommets de montagnes et de rochers élevés et rapides. On ne peut assigner à cette direction le motif d'abréger le parcours, car il aurait été bien plus direct et moins dispendieux à travers la plaine.

J'ai retrouvé les traces de ce tronçon de voie romaine, après une interruption de quatre à cinq kilomètres, depuis le pont de Négrelat et Puy-Jubert, sur un tènement dit le *Colombier*, situé au-dessus du village des Buges, commune de Lafeuillade *(Fanum Fo-*

---

(1) Les noms latins des diverses localités dont il est question dans ce Mémoire ont été trouvés dans des fragments de vieux titres et registres terriers et de censives que j'ai vus, et qui existaient encore en 1824, au presbytère de Pazayac. J'en ai recueilli quelques-uns aussi dans un dépôt de contrats fort anciens, qui appartenait à feu M. Lescure, juge au tribunal de Brive, et j'en ai découvert d'autres, grâce à l'obligeance de feu M. Baudemon de Lamaze, notaire à Larche, dont l'étude, très-ancienne, possède des titres ecclésiastiques et féodaux qui remontent à des époques déjà très-reculées.

*liaceum)*, à l'extrême limite du département de la Dordogne et de la Corrèze. J'y ai reconnu, sur le flanc septentrional et très-allongé d'une masse de rochers abruptes, des débris évidents de murs de soutènement que j'ai estimés à huit et douze mètres de hauteur, et qui servaient à former et à appuyer la route dans sa progression ascendante le long des flancs du rocher. Des cultivateurs ont trouvé sous ces débris de murailles, dont il reste à peine quelques vestiges aujourd'hui, des médailles ou des monnaies en cuivre et en argent, très-bien conservées, de Vespasien et des Antonins. Ce chemin avait laissé aussi, au sommet du *Colombier*, des traces que j'ai vues pendant longtemps, et qui sont à présent entièrement défrichées, sur un plateau qui termine un grand rocher au pied duquel passe la route départementale actuelle, de Brive à Agen (1). La voie romaine atteignait et longeait ensuite, et à une faible distance, la base qui s'étend sur une longueur de trois cents mètres environ, d'une autre chaîne de rochers calcaires, abruptes, et tombant à pic, comme une muraille, sur une colline dont la pente est excessivement rapide, et au bas de laquelle est situé le village de *Latreille* (2), commune de Lafeuillade; au pied de cette chaîne ou de cette muraille de rochers se trouve, aujourd'hui, un tènement encore appelé le *Mas de Latreille (Mansio Trelicena)*. Les vignerons et planteurs de vignes ont, pendant long-temps, trouvé sous le sol de ce tènement, et j'y ai reconnu moi-même, des tuiles, des briques et des vestiges de maisons. Les traditions du pays qui assignent à cette localité l'emplacement d'un ancien village de dix-huit feux, seraient donc bien fondées. Il est évident que les avantages que l'on trouvait à demeurer sur le bord d'une route très-fréquentée sont les principaux motifs qui ont pu déterminer quelques particuliers à bâtir et à fixer leur résidence au pied de cette ceinture de rochers, et sur le versant d'une montagne dont la déclivité est réellement aussi brusque que rapide dans cet endroit. Cependant, il y existe, et à de faibles profondeurs, des sources.

Lorsqu'en 1806, l'on ouvrit le tracé et les travaux préliminaires de la route départementale actuelle, que

(1) Le procès-verbal de ces observations et explorations a été relaté dans un rapport adressé, au mois d'avril 1851, à M. le sous-préfet de Sarlat, sur le classement des chemins vicinaux et ruraux de la commune de Lafeuillade.

(2) Le *Trelicia*, le *Locus Trelicenus*, mentionnés dans des fragments d'anciens titres de censives et de dîmes, de l'abbaye de Terrasson.

nous devons à la bonne administration de feu M. le baron Rivet, premier préfet de la Dordogne, l'on trouva au lieu dit de la *Virade*, qui, nécessairement, devait être aussi le parcours de la voie romaine, depuis le *Colombier* jusqu'au *Mas de Latreille*, une grande quantité de pièces de monnaies anciennes et modernes; ces dernières dataient, en grande partie, des règnes de Louis XII, de François I<sup>er</sup>, de Louis XIII et de Louis XIV, rois de France; madame Chivaille-Menesclou, propriétaire du sol, les recueillit et les vendit au poids à des orfèvres; elle m'a dit plusieurs fois qu'elle en avait retiré une bonne somme, et plus que suffisante pour l'indemniser de la perte de son terrain. Ce fait est encore bien notoire et avéré dans le pays.

*(La fin au prochain numéro.)*

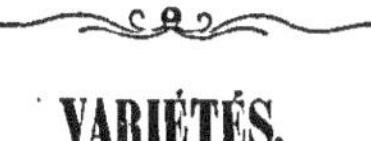

## VARIÉTÉS.

### UNE EXPÉRIENCE MAGNÉTIQUE.

Il est un sujet sur lequel chacun, quel que soit d'ailleurs la stérilité de son imagination ou la paresse de son esprit, est en mesure de trouver toujours facilement quelque chose à raconter; c'est sa propre histoire intérieure ou extérieure; le récit de ses aventures, ou l'analyse de ses impressions. Ces études personnelles ont toujours un certain charme pour celui qui les fait, et souvent de l'intérêt pour celui qui les écoute; mais ce ne peut être qu'à la condition d'inspirer une entière confiance dans la minutieuse exactitude des détails et dans la sincérité parfaite du conteur. On peut, en effet, inventer des circonstances probables, une mise en scène ingénieuse pour faire jouer des personnages de fantaisie; mais quand c'est soi-même que l'on veut mettre en scène, il y a une espèce de tricherie à mêler la moindre apparence de fictions avec ce que l'on donne pour réalité. L'exagération ou le mensonge dans ces circonstances sont doublement coupables; car leur conséquence est d'égarer, de jeter dans une fausse voie ceux qui cherchent sincèrement et sans parti pris à percer les mystères au milieu desquels nous vivons en soumettant à une analyse consciencieuse des phénomènes bien constatés.

Cette profession de foi garantit suffisamment l'exactitude des détails qu'on va lire. Quoiqu'ils se rapportent à une époque déjà ancienne, mes souvenirs sont restés très-présents. Pendant une des dernières années de notre séjour à Vienne, en 1839 ou 1840 (je ne me rappelle pas la date précise), mon père avait invité à dîner à l'ambassade, avec quelques personnes de la ville et de notre intimité habituelle, un M. Del....., négociant et agent consulaire d'une puissance allemande dans une ville du midi de la France, lequel allait à Berlin, et s'arrêtait, chemin faisant, dans toutes les capitales, pour traiter d'un procédé en faveur duquel il avait pris un brevet d'invention pour la soudure des métaux.

Ce M. Del... était un jeune homme d'une agréable figure, de manières distinguées, montrant de l'esprit et l'habitude de la bonne compagnie; il était de taille moyenne et élégante; son teint, d'une pâleur un peu mate, semblait de la porcelaine. Le front large et très découvert; les cheveux d'un blond presque tout-à-fait blanc, mais surtout des yeux extraordinaires, petits, ronds, un peu enfoncés, très-perçants, et qui répandaient sur sa physionomie une de ces lumières douteuses et un peu étouffées, à peu près pareilles à celles de ces lampes, à la mode dans mon enfance, que l'on enfermait dans un vase d'albâtre pour en amortir l'éclat. Il est certain que cette physionomie m'avait paru remarquable avant même l'incident qui a contribué sans doute à la graver encore plus profondément dans mon souvenir. Il y avait à dîner peu de personnes étrangères à l'ambassade, si ce n'est notre ami le duc de Raguse et M. de Bockelberg, ministre de Prusse. Les convives étaient assez peu nombreux pour que la conversation pût être générale. Elle tomba sur le magnétisme. M. Del..... parla de *sa puissance* et de plusieurs occasions qu'il avait eues de la constater; il racontait sans exagération et avec toute la simplicité d'une foi qui ne semble pas chercher dans la controverse des excitants pour dissimuler son insuffisance. Nous convînmes de la mettre à l'épreuve après dîner, s'il voulait s'essayer sur l'un de nous. M. Del..... fixa successivement ses petits yeux sur chacun, et, ayant trouvé que j'avais toutes les apparences d'un *bon sujet*, il me choisit pour tenter son expérience.

Ce n'était pas la première fois que je faisais du magnétisme. Plusieurs années auparavant, à Rome, nous avions eu également à l'ambassade un convive qui s'était annoncé comme magnétiseur; immédiatement après le dîner, il avait tenté de nous endormir, et avait échoué sur tous. Cependant, un de nos camarades, après s'être soumis pendant quelques minutes aux passes qui devaient provoquer le sommeil magnétique, se plaignit d'un violent mal de tête qui lui vint subitement et

qu'il conserva, nous dit-il, pendant toute la journée, sans pouvoir l'attribuer à aucune cause antérieure. C'était un garçon sincère et positif; sa déclaration me fit une certaine impression, et a confirmé les observations que j'ai faites plus tard sur moi-même. Mais comme, au bout du compte, aucun effet très-sensible et vraiment extraordinaire n'avait immédiatement suivi les promesses qui nous avaient été faites avec un certain charlatanisme, cet essai nous porta plutôt à l'incrédulité, et je n'en aurais probablement pas gardé souvenir sans une circonstance plus remarquable que l'effet apparent de ce commencement d'expérience. « Il n'est pas étonnant que j'agisse difficilement sur vous, nous dit, pour s'excuser, l'opérateur; nous venons de dîner, et le travail de la digestion affaiblit toujours un peu l'action et la sensibilité magnétiques. Sur des colosses comme vous, ajouta-t-il en montrant le grand M. B....., on n'a pas trop de toute sa puissance pour agir; mais des tempéraments moins robustes et des nerfs plus excités que les vôtres auraient déjà cédé. Je sens que la chambre est pleine de fluide... » Quelques secondes après, mon père entra dans le salon où nous étions encore assis et causant de l'expérience manquée. A peine eut-il ouvert la porte, qu'il s'écria : « De grâces, qu'avez-vous fait ici?... C'est un air étouffé et une odeur singulière !... Ouvrez donc les fenêtres !... » On n'avait cependant rien fait d'extraordinaire dans cette pièce où mon père lui-même s'était tenu avec nous un moment après le dîner, moins d'une demi-heure auparavant, et je restai persuadé que ce qu'il avait senti était le fluide qui n'avait pu mordre sur nos nerfs en bon équilibre et nos constitutions de vingt ans, mais qui s'était répandu dans la chambre, comme nous l'avait dit notre magnétiseur.

Je me trouvais dans de moins bonnes conditions de résistance quand M. Del..... m'entreprit à Vienne. Ce jour-là particulièrement, je me trouvais, il m'en souvient à merveille, sous l'influence d'une surexcitation nerveuse assez grande, causée soit par quelque contrariété, soit par les circonstances atmosphériques. La température, extraordinaire pour la saison, était tiède, humide, presque orageuse, quoique nous fussions en hiver. Nous conduisîmes M. Del..... dans un petit salon, éclairé par une seule bougie. Il se fit apporter de l'eau froide, dans laquelle il laissa ses mains plongées pendant quelques minutes. Il s'assit ensuite en face de moi sur une chaise, pressant mes genoux entre les siens et tenant mes deux mains dans les siennes, ses deux pouces appliqués sur les miens. Immédiatement, je sentis comme une coupure faite en long dans la partie interne de mes deux pouces, et par cette coupure s'introduire un fluide qui sortait de son corps pour entrer dans le mien, et circulait dans toutes mes veines. Ma respiration devint très-pénible, bruyante, et je sentis dans le creux de l'estomac un petit craquement, comme d'un ressort qui s'ouvre. Ma tête tomba sur mon épaule droite. J'entendis M. Del..... dire : « Mettez un coussin sous sa tête. » Et puis je n'entendis plus rien, je ne voyais plus rien ; mais j'avais encore le sentiment de ce qui se passait autour de moi. Je voulais parler ; je ne le pouvais pas. Je me rappelle que je voulais dire : « Appelez le duc de Raguse, » que nous avions laissé dans le salon à côté, et qui avait témoigné le désir de voir l'expérience. Mais impossible d'articuler une parole. M. Del..... avait lâché mes mains, et je crois qu'il avait fait quelques passes encore, après que j'eus les yeux fermés. Quand il vit l'effet produit, il eut peur de quelque accident nerveux, et me réveilla, mais sans que je puisse dire comment il s'y prit pour cela. Je me rappelle seulement qu'après que j'eus repris connaissance, il me demanda comment je me trouvais ; et comme je me plaignais d'avoir la tête un peu lourde, il fit quelques passes comme pour rejeter le fluide derrière son épaule. Quand je fus remis, je regardai la pendule, et je constatai que l'opération toute entière avait duré un peu moins de quatre minutes. Mon père, que nous n'avions prévenu de rien, entra par hasard, et fut inquiet de la figure toute décomposée qu'il me trouva. Nous lui racontâmes tout ce qui s'était passé ; je restai souffrant pendant toute la soirée d'un grand mal de tête, et je dormis mal la nuit suivante, malgré les prédictions de M. Del..... qui m'avait annoncé qu'il m'enverrait un sommeil paisible. Comme je ne paraissais pas beaucoup compter sur cette promesse, il m'expliqua et prétendit me persuader que l'influence magnétique exercée par lui sur moi était désormais indépendante de la distance qui nous séparerait ; que, de près comme de loin, à tout jamais, il me magnétiserait quand il voudrait ; que je tenterais vainement de me soustraire à l'action de sa volonté...... et autres charlataneries du même genre qui me parurent autant de bêtises, sauf son respect, et malgré tout ce que ma récente aventure devait m'inspirer de crédulité.

Je me soumis deux fois encore, entre les mains de M. Del..., à des expériences du même genre. Mon excellent et respectable ami, l'abbé B....., auditeur de la nonciature, à qui j'avais demandé si cette espèce de sorcellerie n'avait pas été l'objet de quelques censures ecclésiastiques, me rassura complètement à cet égard, et me témoigna même le désir d'assister à une des séances dont je consentirais à faire les frais. Je ne sais pourquoi, je négligeai de le prévenir. Du reste, ces séances eurent moins d'intérêt. Une fois, M. Del..... essaya inutilement de m'endormir ; je n'éprouvai absolument rien, quoiqu'il m'eût manipulé assez long-temps. Une autre fois, j'éprouvais très-distinctement cette même sensation d'un fluide coulant de son corps dans le mien, au moment où il me toucha la main, et au bout de quelques secondes, le craquement à l'épigastre ; mais le sommeil ne vint pas, et je ne perdis pas connaissance. Peu de temps après, M. Del..... quitta Vienne, et son départ mit fin à nos expériences. Mais voici qui est plus singulier.

Plusieurs années se passèrent pendant lesquelles je ne crois pas avoir une seule fois pensé ni au magnétisme ni à M. Del....., que je n'avais jamais revu. Un jour, j'étais sur mon banc à la chambre des députés, assistant avec distraction à une séance peu intéressante ; mes yeux se portèrent sur un huissier qui entrait les mains pleines de lettres qu'il se disposait à distribuer dans la salle. Ce n'était pas quelque chose d'extraordinaire. Il y avait sept ou huit huissiers qui ne faisaient que cela pendant toute la durée des séances. « *Dans les lettres que tient cet huissier, il y en a une pour moi ;..... de qui est-elle ? Ah ! que cela est singulier, elle est de ce M. Del..... »* Tout cela passa en un clin d'œil dans ma pensée, sous la forme de demandes et de réponses avec la netteté d'une telle certitude, que, lorsque l'huissier me remit en effet un mot de M. Del....., je n'en fus pas surpris et ne m'en étonnai que de souvenir. Mon premier mouvement en prenant la lettre, et avant même de l'avoir ouverte, fut de me lever pour me rendre au rendez-vous qu'il me donnait en effet dans la salle des Pas-Perdus, où il m'attendait. Il me reçut avec ce petit sourire terne qui donnait à sa physionomie une certaine originalité. Nous causâmes quelques minutes. C'était une simple visite de politesse qu'il avait voulu me faire. Peut-être avait-il eu seulement la fantaisie d'essayer ce prétendu ascendant que lui donnait sur ma pensée sa puissance magnétique. Quoi qu'il en soit, je ne lui parlai pas de ce singulier accident sympathique. Il était trop évident que si je lui avais fait à ce sujet quelque question, il y aurait répondu en exaltant sa puissance ; et, d'un autre côté, tout ce qu'il aurait pu me dire n'aurait rien ajouté au sentiment que j'avais de la réalité comme de la singularité du fait, surtout ne me l'aurait pas expliqué, du moins n'aurait pu me prouver l'explication qu'il aurait essayé de m'en donner. Je n'ai plus revu M. Del..... ni entendu parler de lui depuis cette époque; je pense à lui le moins possible, ayant conservé de cette dernière circonstance l'idée que je vais le voir apparaître toutes les fois que son souvenir traverse ma pensée.

Sérieusement, il m'est resté de cette histoire, non pas cette foi aveugle et fanatique pour tous les prodiges attribués au magnétisme, mais la conviction qu'il y a là tout un ordre de phénomènes que la science n'a pas encore expliqués, peut-être parce qu'ils sont en dehors des lois connues de la nature, qu'une saine philosophie ne doit cependant pas nier et rejeter avec mépris; car nous ne connaissons qu'une très-petite partie de ces lois générales, et bien des choses qui nous paraissent toutes simples, parce qu'elles se renouvellent tous les jours, ne sont cependant, au bout du compte, ni plus *naturelles* ni mieux expliquées. Quoi que l'on me raconte en ce genre, j'avoue que je ne dirai jamais *à priori* : « C'est impossible! » parce que j'ai la conviction que nous ne connaissons pas les limites du possible sur cette frontière-là. On prétend, par exemple, que certains somnambules ont la faculté de lire par l'épigastre pendant le sommeil magnétique. C'est une des allégations qui font le plus sourire de pitié les savants. C'est peut-être un des faits que je serais, pour ma part, le plus disposé à admettre. J'ai parfaitement éprouvé par deux fois que cette partie du corps est directement affectée chez celui qui subit l'influence magnétique. Et puis, je me demande de quel droit on peut soutenir que cela est impossible?... L'organe de la *vue* nous a été donné spécialement pour voir, cela est certain. Mais il ne l'est pas moins, que ce n'est pas l'*œil* qui *voit*. L'*œil* est un instrument qui sert à *la vue*; mais il n'est pas *la vue*, et rien ne prouve que les perceptions qui arrivent ordinairement au cerveau, centre de toutes nos sensations, par l'intermédiaire de cet organe-là, ne puissent pas, dans des circonstances exceptionnelles, arriver au rendez-vous commun par une autre voie. Dans certaines maladies qui affectent la bouche ou le gosier, on trouve bien le moyen de se passer d'eux pour l'alimentation du malade; et cependant la bouche est aussi bien faite pour manger que l'œil est fait pour voir.

Quoi qu'il en soit, je n'ai jamais eu la curiosité d'assister aux séances de ces magnétiseurs qui opèrent à Paris pour de l'argent. J'ai tout juste assez de foi pour sentir du *respect*. Je trouve d'ailleurs que les mystères sont dans ce monde pour nous édifier; et s'il en est quelques-uns que nous pouvons espérer de pénétrer par des efforts d'intelligence ou par de nouvelles découvertes scientifiques, il n'est, à mon avis, ni sage ni permis d'en faire jamais un objet d'amusement et de plaisanterie.

Le marquis DE SAINTE-AULAIRE.

## EXPLICATION DE LA GRAVURE.

La belle gravure de M. Léo Drouyn, qui accompagne cette livraison, représente le clocher et l'église de l'abbaye de Brantôme, tels qu'ils étaient avant la grande restauration commencée en 1849. Cette abbaye, l'une des plus anciennes du Périgord, comprenait dans son ensemble un monastère formant l'habitation des religieux, un cloître, une église probablement à coupoles, accompagnée d'un clocher accolé au mur septentrional.

Quant à l'époque certaine de sa fondation, elle est inconnue; nous savons seulement qu'elle existait déjà vers le commencement du ix° siècle, et qu'elle appartenait aux bénédictins de Saint-Maur. Du reste, il n'existe plus rien des bâtiments construits à cette époque reculée, et les parties les plus anciennes ne remontent pas au-delà de l'an 1050. On a bien dit, il est vrai, que l'église fut bâtie par Charlemagne, qui y déposa les reliques de saint Sicaire; mais cette supposition rentre plutôt dans le domaine de la légende que dans celui de l'histoire.

En résumé, le clocher de l'église en est la partie la plus antique, surtout sa base, qui renferme intérieurement des chapiteaux fort anciens, des pilastres singulièrement ajustés, et, de plus, une colonne en marbre rouge. Cependant, cette base est plutôt byzantine que latine, et les débris carlovingiens que l'on y trouve doivent provenir d'un autre monument. Quant aux parties supérieures, c'est du roman pur, mais barbare.

L'église fut détruite presque entièrement par les Anglais, puis rétablie vers l'an 1390, et détruite de nouveau vingt années après. L'abbé de Piédieu la fit rebâtir presque complètement en 1465, et c'est à lui qu'on doit la curieuse fenêtre en forme de croix qui éclaire le sanctuaire. De nouvelles dévastations eurent lieu vers la fin du xviii° siècle, et, quelques années après la révolution de 1789, l'antique église des Bénédictins fut réduite à l'état de ruine, représenté par la gravure.

Le cloître qui précède l'église est une construction du xv° siècle, sans caractère et sans mérite. Il est, du reste, très-mal conservé; son isolement et sa position pittoresque plairont peut-être aux poètes et aux paysagistes, mais non à l'archéologue.

Les grands bâtiments faisant face à la Drône et joignant l'église du côté ouest étaient l'habitation des moines; ils furent bâtis, sous le règne de Louis XV, par les derniers abbés de Brantôme.

Nous devons terminer cette courte notice en disant que l'affreuse charpente, les brèches et les ruines que l'on voit dans la gravure n'existent plus. L'édifice ayant été classé parmi les monuments historiques, le gouvernement le fit complètement restaurer; et aujourd'hui, grâce au talent de notre savant et digne maître, M. Paul Abadie, architecte du gouvernement, les ruines de Brantôme sont devenues une église des plus remarquables dont le Périgord doit être fier, car elle est une de ses gloires.

E. Y.

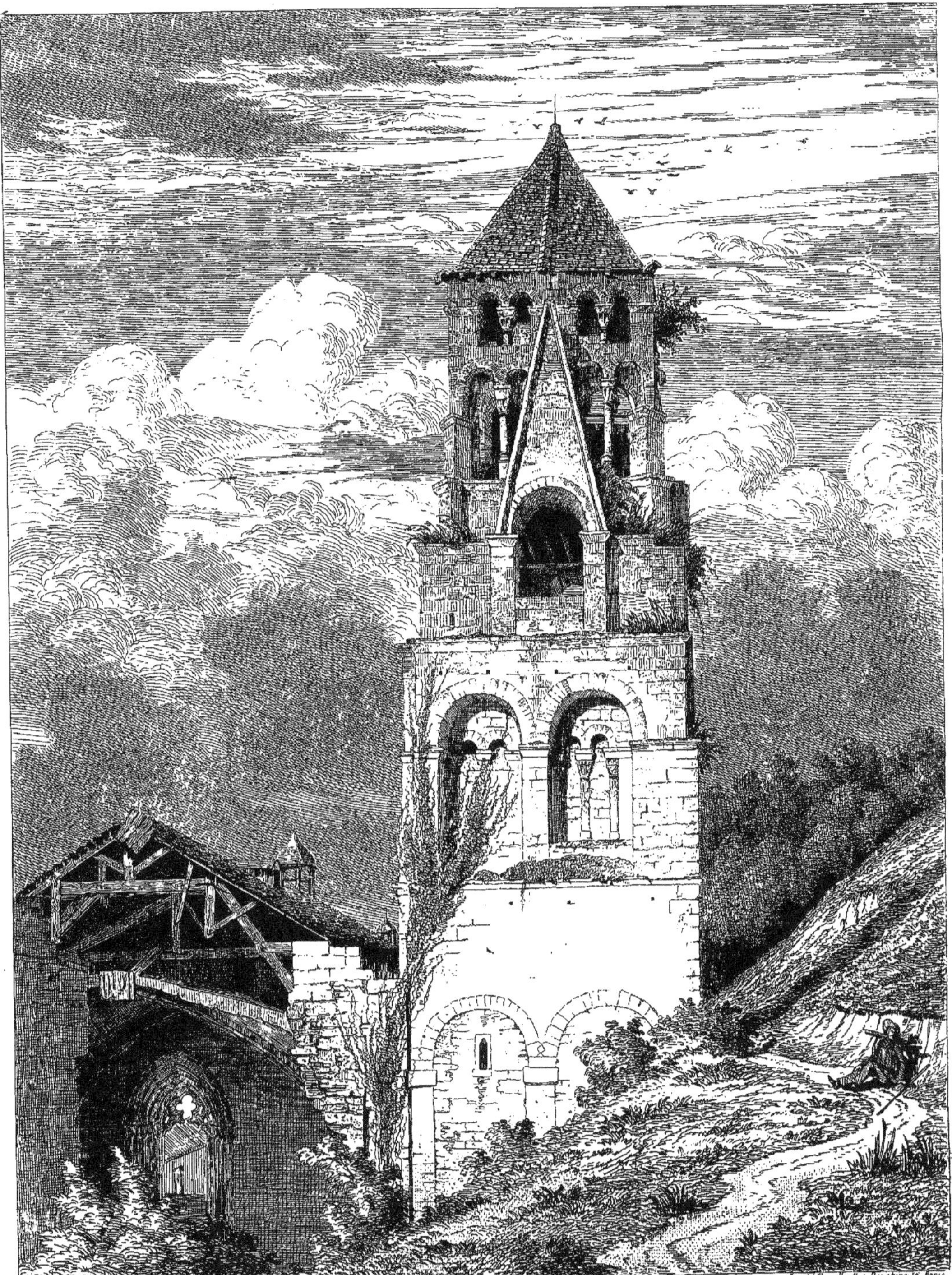

CLOCHER DE BRANTÔME
près de la garenne au dessus des carrières

## TESTAMENT D'ÉTIENNE DE LA BOETIE (1).

Les documents sur Étienne de La Boëtie sont si rares, que nous regardons comme une bonne fortune de pouvoir communiquer à nos lecteurs, grâce à l'obligeance de M. Jules Delpit, la pièce suivante, supplément nécessaire du chapitre de *l'Amitié*, dans les *Essais*. Ceux qui voudront connaître La Boëtie tout entier, devront lire l'admirable lettre de Montaigne sur la mort de son ami, et le travail si consciencieux que M. le docteur Payen vient de publier sous ce titre : *Notice bio-bibliographique sur La Boëtie, suivie de la* Servitude volontaire, *donnée pour la première fois selon le vrai texte de l'auteur :*

. « Au nom du Père, et du Filz, et du Sainct-Espérit, ains[in soit-il. Saichent] tous présens et advenir que aujourd'huy soubz escript, datte de ces présentes, par-devant [moy N**] Raymond, notaire et tabellion royal en la ville et cité de Bourdeaulx et sénéchaussée [de Guyenne], présens les témoingtz cy soubz escriptz et nommés, a esté présent et personnellement cons[titué] maistre Estienne de Laboëtie, conseilher du roy en sa court de parlement de Bourdeaulx, [présentement] détenu mallade de malladie au villaige de Germinhan, en la paroisse de·Teilhan, et au (2) lo[gis de] monsieur de Lestonna (3). Toutes foys estant en son bon sens, bon propoz et bonne memoyre, [voulant] pourvoir de ce que Dieu luy a donné en ce monde, a faict et ordonné, de sa propre bouche, [son présent] testament et ordre de dernière volunté, en la forme et manyère que s'en-suyt : [Ledict sieur] de Laboëtie, conseiller du roy en la court du parlement de Bourdeaulx, en présence de moy n[otaire et des tesmoings a faict son testament noncupatif, en là forme et manyère que s'ensuyt : [Premièrement, ledict sieur a vouslu estre enterré là où et en la manyère qu'il plairra à son hériclier et à sa [bien aymée expouse], et a declairé qu'il est bien marry qu'il ne puisse faire quelque grand adventaige à [ses deux] aynnées (4) seurs, Clémence et Anne de Laboë-

(1) Le parchemin sur lequel est écrit ce testament a été rongé par les rats qui ont enlevé la fin de toutes les lignes. Nous avons restitué et mis entre crochets tout ce qui manquait.

(2) La copie qui nous a été communiquée porte : *bo.*

. (3) Richard de Lestonnac, conseiller au parlement de Bordeaux. Il avait épousé Jeanne Eyquem de Montaigne, sœur de l'auteur des *Essais.*

(4) La copie porte : *Aynnées;* ne faudrait-il pas lire *aymées, ses deux bien aymées sœurs?*

2ᵉ Année.

tie, mais il s'asure tant de leur bonté, [qu'il pense qu'elles] prendront en bonne part ce qu'il faict pour ne pouvoir ni ne devoyr aultrement faire. Item [ledict sieur] nomme de sa bouche son hérittier universel en tous et chescun ses biens meubles et immeubles, [raisons et actions], son oncle et perrin, Estienne de Laboëtie (1), vrayement son aultre père, [et en tout ce dont] il est tenu de son institution et de tout ce qu'il est et pourroit estre, et [supplie son bien aymé oncle] Estienne de Laboëtie très-affectueusement en bailher à sa bien aymée femme et expouse, [Marguerite] de Carle (2), la somme de douze cens livres tournoyses; six cens livres dans la [fin de l'année] présente, et les aultres six cens dans la fin de l'aultre année prochaine. Le [dict sieur de Laboëtie supplie] monsieur maistre Michel Ayquem de Montaigne, conseilher du roy en la court de parlement [de Bourdeaulx], son inthime frère et immutable amy, de reculhir, pour un gaige d'amytié, ses livres [et papiers qui sont à] Bourdeaulx, des quels luy faict présent, excepté de quelques ungz de droict qu'il [donne à son cher] cousin (3) fiz légitime et hérittier du feu seigneur président de Calvimont (4), l[ui (5) ayant toujours] trouvé beaucoup de fidélité et

(1) Étienne de La Boëtie, que Montaigne, dans sa lettre sur la mort de son ami, appelle sieur de Bouilhonnas, était frère d'Antoine de La Boëtie, seigneur de la Mothe-lez-Sarlat.

(2) Marguerite de Carle avait épousé en premières noces N**, seigneur d'Arsac, en Médoc, dont elle eut deux enfants, Gaston d'Arsac et Jacquette, à qui La Boëtie fait un legs. On ignore l'époque du mariage de La Boëtie.

(3) Jean IV de Calvimont, seigneur de Lherm, de Tursac, la Double, etc. Il épousa, le 22 septembre 1582, Anne d'Abzac de la Douze.

(4) Jean III de Calvimont mériterait une notice spéciale pour les hautes fonctions qu'il a occupées et les services qu'il a rendus. Il fut envoyé par Louis XII à Rome, en 1512, pour négocier la paix avec le pape Jules II, et à Genève, en 1514, pour traiter avec les Suisses. Il était alors président au parlement de Grenoble.

Il obtint de François Iᵉʳ la place de second président au parlement de Bordeaux, et fut, en 1527, son ambassadeur en Espagne auprès de l'empereur Charles-Quint. Il avait ordre de demander la liberté des enfants de France qui étaient en ôtage à Madrid, et d'offrir deux millions d'écus d'or pour leur rançon. L'affaire traînant en longueur, et le succès de la négociation devenant de jour en jour plus incertain, il déclara la guerre à l'empereur, conformément aux instructions qu'il avait reçues de François Iᵉʳ, et le même jour il fut arrêté, contre le droit des gens, par ordre de Charles-Quint, qui le fit conduire à Poza, village de Castille. On lui donna des gardes, mais, peu de temps après, la liberté lui fut rendue, et il revint en France. *(Généalogie manuscrite de la maison de Calvimont, et Dictionnaire de la noblesse, par Courcelles, t. III, p. 430.)*

(5) La copie porte : *le.*

4

de bonne volunté. A Sainct-Quentin (1), sa niepce, qui [est présentement] norrie avecques sa femme, il luy donne deux cens livres tournoyses, payables l'heure [et le jour] qu'elle se mariera. A Jacquete d'Arssac (2), sa belle-fille, luy donne cent livres t[ournoyses], payables l'heure et le jour qu'elle se mariera. A laissé son exécuteur son dict [oncle et perrin], a cassé et adnullé tous testamentz qu'il pourroyt avoir faict par cy devant, [et veult] que le présent testament ayt valleur et non aultre, et s'il n'avoit valleur par forme de [testament], qu'il ayt valleur par forme de codicille et laisse faicte et irrévocable, et a appellé, à [témoignage de ce], Thomas de Montaigne, escuyer, seigneur de Beauregard, maistre Nicollas Bourdeau, docteur en [médecine], Charles Bastier, maistre apoticayre de Bourdeaulx, Francoys Gaillard, Fardon Viault, Raymond [N**], Pothon Chayret, tesmoingtz congneuz ad ce appellez et requis.

» Audict lieu de Germin[han, paroisse] du Teilhan, en Médoc, le quatorsième jour du moys d'aoust mil cinq cens soixsa[nte trois]. Ainsin signé : E. Delaboëtie, Thomas de Montaigne, Nicollas Bordeau, C. Ba[stier, et] Francoys Gailhard.  RAYMONT, not. royal. »

L.

## LA GAULE ET LES GAULOIS.
(Suite et fin.)

Strabon parle de la manière dont les femmes gauloises élevaient leurs enfants; ceux-ci, quel que fût le rang de leur père, étaient laissés en pleine liberté. Jamais le père ne se montrait dans la compagnie du fils; toutes les peines et toutes les joies de l'enfance étaient confiées à la tendresse de la mère. Lorsque l'enfant ap-

(1) Une des sœurs de La Boëtie avait épousé N*** Gérard du Barry, seigneur de Saint-Quentin, près Sarlat. On trouve le nom de cette famille dans les charges les plus importantes de la ville de Sarlat, de même qu'il est mêlé de la manière la plus honorable aux événements publics de la province, pendant les XVI<sup>e</sup>, XVII<sup>e</sup> et XVIII<sup>e</sup> siècles. (Communiqué par M. Escande, avocat.)

(2) Jacquette d'Arsac épousa Thomas de Montaigne, sieur de Beauregard, frère de l'auteur des *Essais*, et l'un des témoins du testament de La Boëtie.
Thomas de Montaigne, après la mort de Gaston d'Arsac, son beau-frère, se qualifia « seigneur des nobles maisons d'Arsac, du Castéra, de Lilhan et de Loirac, en Médoc. » (*Variétés bordeloises*, par Beaurein, t. II, p. 270.)

prochait de l'âge viril, si on le consacrait à la religion, il était livré aux soins des druides; si on le destinait à la vie guerrière, son père lui donnait des armes au milieu d'une assemblée publique. Dans le premier cas, l'éducation était longue; dans le second, elle était courte; on apprend lentement à servir les hommes, on sait vite les opprimer.

L'histoire ne nous apprend rien du mariage chez les Gaulois, à moins d'appliquer à ces peuples ce que Tacite raconte du mariage chez les Germains. Les cérémonies funèbres étaient somptueuses dans les Gaules; les hommes trouvant, qu'il n'y a de certain et de durable pour eux que la mort, ont pris soin, en tous pays, d'orner leurs tombeaux.

Les Gaulois vivaient dans des hameaux dispersés le long des fleuves et des vallées. Leurs maisons étaient de forme ronde et recouvertes d'un toit de chaume; d'autres, plus considérables, étaient construites d'une manière particulière. De grosses poutres couchées de leur long et parallèlement disposées et séparées les unes des autres à des intervalles de deux pieds, étaient retenues les unes aux autres par des traverses. Les vides de deux pieds étaient remplis en dedans par de la terre et, sur le front du mur, par de grosses pierres. Ces lignes égales de pierres et de poutres produisaient un effet agréable à la vue. Quand ces sortes de murailles étaient employées à la défense des villes, elles avaient quarante pieds d'épaisseur, comme les poutres avaient quarante pieds de long, et étaient, par leur mélange de terre et de pierres, à l'abri du feu et du bélier.

La nourriture des Gaulois était du lait, des viandes de différents animaux, et particulièrement du cochon frais ou salé. Ils fournissaient de cette dernière viande Rome et toute l'Italie. Ceux qui habitaient le long de la mer mangeaient aussi du poisson qu'ils faisaient griller ou qu'ils assaisonnaient avec du sel, du carmel et du vinaigre, mais sans y mêler d'huile, qu'ils n'aimaient pas.

Ils prenaient leurs repas assis sur de la paille, du foin ou des peaux de chiens et de loups. Ils étaient servis, dans ces repas, par de jeunes enfants de l'un et de l'autre sexe, ordinairement les enfants de la maison. Ils mangeaient en cercle, sur des tables de bois peu élevées du sol. Les plats étaient de terre, de bois, de cuivre ou d'argent, ou des corbeilles faites de branches d'arbres. Auprès des convives étaient allumés des feux garnis de broches et de chaudières où cuisaient et rotissaient de grands quartiers de viande, à la façon des héros d'Homère. Ils mangeaient peu de pain et déchiraient la chair avec leurs dents comme des lions, en saisissant les morceaux des deux mains. Un long couteau qu'ils portaient dans une gaine, à leur ceinture, leur servait à découper les nerfs et les os. Dans quelques endroits, on usait de charbon, faute de sel, ou plutôt on faisait du sel avec du charbon pilé. Le plus distingué des convives par ses exploits militaires, sa naissance ou ses richesses, était déclaré le *roi du festin;* après lui, venait l'hôte qui traitait l'assemblée. Chaque invité prenait place dans l'ordre et selon la supériorité de son rang. Les meilleurs morceaux du repas étaient offerts aux plus braves. Derrière les premiers guerriers, se tenaient des guerriers d'un rang inférieur, et qui portaient pour arme défensive le long bouclier, et les écuyers ou lanciers s'asseyaient en rond en face de leurs maîtres, mangeaient et étaient servis comme eux. Les serviteurs donnaient à boire à la ronde dans des vases de terre à gros ventre, ou dans des cornes d'Uroch ornées d'argent. La boisson était d'un vin venu d'Italie ou des environs de Marseille, ou de la bière appelée *korma* ou *cervoise.* Les convives buvaient à la même coupe, peu à la fois, mais souvent. Cette règle n'était pas toujours bien observée; il en résultait des querelles qu'un roi saxon crut éviter en faisant diviser également par des lignes de métal l'intérieur de la coupe du banquet, et il défendit, sous des peines graves, de boire d'un seul trait plus de vin que la quantité comprise dans l'intervalle de deux de ces lignes. Tout servait de prétexte à des banquets; cérémonies religieuses, traité de paix ou d'alliance, jour de naissance, mariage, enterrement. On ne se retirait que quand toutes les provisions étaient consommées. Arcanne, riche Gaulois, donna un repas qui dura un an tout entier. Les étrangers étaient admis à ces fêtes; à la fin du repas, on leur demandait leur histoire. L'ivresse finissait presque toujours par ensanglanter ces festins.

L'habillement des Gaulois consistait en de larges brayes, dans une espèce de tunique à carreaux de couleurs et chamarrée de morceaux de pourpre, et dans une saye rayée appelée *sagum,* qui se mettait par-dessus la tunique. Les fourrures, qui furent d'abord le premier vêtement de ces peuples, en devinrent ensuite l'ornement. Ils aimaient singulièrement la propreté et la parure, et il est probable qu'ils inventèrent le savon. Ils portaient des bracelets et des colliers d'or. Ils tenaient leur barbe soigneusement rasée, ne la laissaient croître que sur la lèvre supérieure, où elle devenait longue et incommode. Pour corriger un défaut naturel et pour rendre la taille plus élégante, ils mettaient à leurs enfants une étroite ceinture qui les empêchait de grossir.

Les armes offensives des Gaulois étaient l'épée, le mataris, la saunie et le javelot.

L'épée longue et large se portait sur la cuisse droite, suspendue par une chaîne de fer ou par un baudrier. L'épée du Gaulois ne le quittait jamais; mariée pour ainsi dire à son maître, elle avait le même sort qu'avait eu jadis l'épouse de ce maître; elle l'accompagnait pendant la vie; elle le suivait sur le bûcher funèbre et descendait avec lui au tombeau. On ne pouvait pas prendre en gage l'épée d'un noble Gaulois, comme la harpe d'un noble Breton ne pouvait pas être saisie pour dettes.

Le mataris était une espèce de pique plus courte que la lance; la saunie, une sorte de trait tantôt droit, tantôt recourbé, toujours extrêmement pointu, qui servait à hacher les chairs et à augmenter la largeur de la blessure. Les Gaulois, comme nous l'avons dit, n'employaient guère le javelot qu'à la chasse. Quelques-uns usaient de l'arc et de la flèche et quelques-uns encore combattaient sur un char à deux chevaux, comme les Bretons. Les chars servaient aussi en voyage.

Pour armes défensives, ils avaient le bouclier, le casque et quelquefois la cuirasse. Le bouclier était de la hauteur d'un homme et orné de différentes figures d'airain relevé en bosse. Le casque, du même métal, était surmonté d'un haut panache, de cornes d'animaux, de têtes d'oiseaux ou de bêtes sauvages. La cuirasse était composée d'anneaux de fer; mais plusieurs Gaulois, par ostentation de courage, combattaient nus.

Au moment de l'attaque, ils frappaient sur leurs boucliers avec leurs lances, pour défier l'ennemi; ils marchaient à la charge en poussant des hurlements ou en soufflant dans une trompe qui rendait un son belliqueux et barbare. Ils chantaient aussi, au moment du combat, des hymnes où, vantant leur valeur et celle de leurs maîtres, ils rabaissaient la gloire de leurs ennemis.

Dans les camps, les Gaulois se faisaient des huttes couvertes de chaume. Ils entendaient merveilleusement l'art de miner pour détruire les ouvrages qu'on élevait autour des villes assiégées. Leur cavalerie, supérieure à leur infanterie, devint une des principales forces de l'armée romaine; on la tirait surtout de la Gaule celtique. Cette cavalerie était quelquefois entre-mêlée de fantassins qui suivaient les chevaux et qui secouraient les cavaliers dans le combat. Les nobles Gaulois aimaient à paraître couverts d'or dans les batailles; ils suspendaient au cou de leurs chevaux les têtes des ennemis qu'ils avaient tués et leurs vassaux portaient devant eux les dépouilles sanglantes de la bataille. Ces trophées s'attachaient aux portes des maisons, avec les carcasses des bêtes féroces, comme on cloue encore les pieds de ces animaux et les oiseaux de proie à la porte des vieux châteaux.

Quelques arts grossiers étaient connus des Gaulois. Ils lavaient leurs vêtements de lin ou de laine en diverses couleurs. Ils imitaient surtout la pourpre avec le suc du *vaccinium*; mais cette teinture tenait peu et s'affaiblissait au blanchissage. D'autres plantes étaient pour les Gaulois un objet de commerce. Ils vendaient aux marchands romains une espèce de nard appelé *celtique*, et aux habitants une espèce de pastel connu sous le nom de *glast*.

Les Gaulois n'ignoraient pas l'art d'employer l'or et le fer, puisqu'ils en faisaient usage pour leurs armes, leurs vêtements et leur parure. Les Aquitains, voisins de l'Espagne, passaient pour posséder de riches mines du premier métal et pour trouver l'or vierge en plaque et très-pur, à peu de profondeur dans la terre. Les mines de fer abondaient partout, mais pourtant, l'épée gauloise n'avait pas la même réputation que l'épée d'Ibérie.

Les Gaulois armoricains s'adonnaient à la marine, et les Vénitiens étaient distingués dans cet art. Ils étaient depuis long-temps en possession du commerce de l'Angleterre, et ils se déclarèrent contre César, dans la crainte, justement fondée, que ce conquérant, en passant en Angleterre, ne leur enlevât le commerce de cette île. Leurs vaisseaux étaient faits de bois de chêne, abondant dans l'Armorique; ils avaient le fond plat, la poupe et la proue élevées. Les intervalles des planches étaient calfeutrées avec de la mousse de mer. Leurs voiles étaient formées de peaux, et leurs ancres attachées à des chaînes de fer. Toutefois, les voiles de peaux n'étaient pas d'un usage général; Pline nous représente les Gaulois de son temps occupés à travailler à des voiles de lin. Strabon penche à croire que les Vénitiens du golfe Adriatique sont une colonie de Vénitiens de l'Armorique. Reste à savoir si ces derniers auraient fondé cette illustre colonie en passant les Alpes avec les autres Gaulois, ou s'ils auraient étendu leur navigation jusqu'aux mers d'Italie.

...................................................................

Tous les peuples de la Gaule, au moment de l'invasion de Jules César, formaient un corps fédératif sous l'autorité d'un pontife, chef suprême de l'ordre des druides; c'était une sorte de théocratie aristocratique semblable à celle des tribus juives, à l'époque de leurs sortie d'Egypte. On comptait trois ordres ou trois classes de citoyens : les druides, la noblesse et le peuple. Si nous en croyons Jules César, ce dernier était esclave; mais il se contredit lui-même dans ses *Commentaires*. Les nobles avaient si peu la haute puissance, que, souvent, le peuple les forçait à lui obéir. On voit encore la multitude s'attacher à des grands qui, à la vérité, prenaient alors sur elle une autorité absolue; mais cela prouve du moins une volonté libre dans ces clients populaires, et suppose non la servitude, mais la distinction de fortune et de rang. S'il était vrai, comme le dit Strabon, que le peuple nommât, tous les ans, un général pour le commandement des troupes, la question serait péremptoirement décidée; mais il paraît que Strabon se trompe. Le général, comme on va le voir, était nommé par les Etats-généraux des Gaules, où n'entrait point la classe plébéienne.

Tout porte à croire que le peuple des Gaules était gouverné, dans l'origine, par des rois. César, par politique, rétablit dans leur dignité des familles gauloises qui avaient eu le pouvoir souverain. L'abus de ce pouvoir, l'ambition des nobles et des druides, quelques révolutions inconnues, firent sans doute passer dans la suite tous ces petits royaumes à cette constitution aristocratique où César les trouva réduits lorsqu'il entreprit la conquête des Gaules, comme s'il avait voulu apprendre à vaincre sa patrie chez les anciens vainqueurs de Rome.

Les Etats-généraux des Gaulois se réunissaient tous les ans. César les convoqua lui-même plusieurs fois. Il craignait peu des orateurs soumis à la verge du centurion romain, et laissait parler sans inquiétude leur éloquence tributaire. On réglait, dans ce conseil supérieur des Gaules, les affaires générales de la nation, et l'on y nommait un chef suprême pour les grandes entreprises. Les druides et les nobles assistaient seuls aux Etats-généraux; ils avaient sans doute des droits divers, mais nous ignorons de quelle nature étaient ces droits et quels rapports ils avaient entre eux. Nous savons seulement que les druides décidaient particulièrement de la paix et de la guerre. Considérés comme un ordre dans l'Etat, leur pouvoir paraît avoir été plutôt civil et moral que politique. Ils ne payaient ni impôts ni contributions; ils étaient exempts de tout service militaire. Les nobles, au contraire, étaient obligés de prendre les armes, de marcher à la guerre et d'entretenir à leurs gages, selon leur naissance ou leurs richesses, un plus ou moins grand nombre de compagnons ou de vassaux.

Outre l'assemblée générale de la nation, il paraît que chaque peuple confédéré avait des assemblées particulières où on élisait un magistrat suprême appelé *Vergobret*. Ce magistrat avait droit de vie et de mort dans toute l'étendue de sa juridiction. On trouve encore un conseil suprême composé de femmes dans quelques cantons de la Gaule. Un traité d'Annibal avec les Gaulois portait que, si quelques Carthaginois avait lieu de se plaindre d'un Gaulois, l'affaire serait jugée par le conseil suprême des femmes gauloises. Lorsque, dans les assemblées des Gaulois, on parlait trop haut ou trop long-temps, un héraut avertissait deux fois l'orateur de reprendre le silence; au troisième avertissement, il lui coupait un pan de sa saye, de manière que le reste lui devint inutile.

Le lieu du conseil général était souvent fixé dans les villes; mais, selon l'occurrence et pour les affaires importantes et secrètes, il s'assemblait dans les bois et les lieux déserts. On choisissait à cet effet une terre vierge que l'on semait de pierres et de cailloux, pour la rendre inaccessible à la faulx et à la charrue. Il est difficile aujourd'hui d'expliquer l'esprit de cet usage vraisemblablement religieux. Croyait-on à l'inspiration de la nature sauvage, ou pensait-on que la terre, mère des hommes, conseillerait mieux ses fils, là où elle n'était pas trempée de leurs sueurs et déchirée par leurs mains?

Au milieu de l'enceinte sacrée appelée *mallus*, on plantait quelquefois une épée nue; quelquefois, c'était un tronc dépouillé qui réunissait les Gaulois autour de lui, et l'image de la mort présidait au conseil. On délibérait dans les ténèbres, soit qu'on regardât la nuit comme plus propre au recueillement, soit que les Gaulois reconnussent *Dis* ou Pluton pour leur père..........

La religion joignait ses sacrifices et ses terreurs à l'importance politique de ces assemblées.

On délibérait à l'ombre de ces grands chênes, vieux monuments de la patrie, vieux témoins des temps et des races qu'ils avaient vus passer à leurs pieds. Les racines de ces arbres étaient arrosées de sang humain, et à leurs branches étaient suspendus des armes, des colliers et des offrandes. Ainsi se trouvait réuni tout ce qui peut inspirer du sérieux aux conseils : la présence de la divinité, les souvenirs du pays, la tradition de la gloire des ancêtres. Le sacrifice humain ajoutait à ces sentiments celui de la fragilité de la vie, ainsi que des mérites cachés et des mystérieuses destinées attachées au sang de l'homme.

CHATEAUBRIAND.

---

## RECHERCHES HISTORIQUES

SUR LE TRACÉ ANCIEN ET MODERNE DE LA ROUTE DE LYON A BORDEAUX.

**Par M. G. de Merlhiac.**

*(Suite et fin.)*

---

Des vieillards, morts depuis vingt-cinq et vingt ans, et qui ont transmis leurs traditions à de nombreux témoins encore existants, m'ont souvent, et invariablement assuré, que dans leur jeunesse, et avant que la nouvelle route de Lyon à Bordeaux fût ouverte ou livrée à la circulation, ils avaient pratiqué, à pied et à cheval, pour se rendre d'un village ou d'une métairie à l'autre, cette portion de voie romaine que je viens de décrire, et qui se conservait encore par les prestations des paroisses du Périgord et du Limousin. Elle est rapidement tombée en ruines et en désuétude depuis 1770, époque de la confection de la route actuelle, dans la plaine de la Vézère.

Ainsi, l'existence de cette ancienne voie romaine, de Malemort à Vésone, me semble incontestable, d'après l'état encore subsistant des lieux, les nombreux indices archéologiques, et les témoignages traditionnels que je viens de citer. Son tracé n'a point changé, de Malemort à Brive; il est toujours ouvert et praticable depuis Brive jusqu'à une faible distance du pont de *Négrelat* où il rejoint la route moderne; il était encore, pendant les trois quarts du siècle dernier, comme chemin vicinal ou rural, à l'usage des habitants du pays, dans une partie de la commune de Larche (Corrèze), et celles de Lafeuillade et de Payazac (Dordogne), où ses vestiges, absorbés sur plusieurs points par la route départementale actuelle, se sont long-temps maintenus et apparaissent encore.

Nous perdons de nouveau les traces de cette route romaine, depuis le *Mas de Latreille* jusqu'à Pazayac et à Terrasson; mais il est probable et presque certain que les mêmes exigences statistiques qui avaient fixé sa projection entre le pont actuel de *Négrelat* et le *Mas de Latreille*, sur les montagnes et les crêtes de rochers, parallèles à la rive gauche de la Vézère, ont continué cette direction jusqu'à Terrasson. A ce dernier point, la route arrivait dans la plaine de la Vézère, mais elle ne la suivait pas. Un vieux pont qui subsiste encore la portait sur la rive droite de la rivière ; bientôt, et à une petite distance de ce pont, elle se jetait encore, et dans les cantons actuels de Thenon et de Saint-Pierre-de-Chignac, arrondissement de Périgueux, au milieu d'une longue forêt et sur des montées et des descentes rapides de collines et de rochers, et elle parvenait ainsi à Vésone. Cette dernière portion de l'ancienne route, quoique abandonnée, existe toujours, et elle a été, jusqu'en 1824, la seule voie de communication entre le Bas-Limousin et Périgueux. Les archives des anciennes intendances de Bordeaux et de Limoges fournissent quelques documents sur l'entretien de ce chemin depuis Brive jusqu'à Périgueux, mais aucun sur son origine.

Heureusement que nous la retrouvons encore dans le procès-verbal des explorations et des découvertes archéologiques, en Limousin, d'un savant antiquaire, M. Delmas. Cet acte important, rédigé et publié en 1769, vient non-seulement corroborer nos observations et nos conjectures, mais il leur imprime encore un caractère incontestable de certitude. Il a fourni à M. Marvaud, dans le premier volume de son *Histoire du Bas-Limousin*, les aperçus suivants qui me paraissent très-justes :

« On a cru trouver, dit M. Marvaud, les restes as-
» sez bien conservés de la route qui faisait communi-
» quer *Tintiniacum* avec *Rastiatum*, mais ce n'est, à
» tout bien considérer, qu'un embranchement qui ve-
» nait de l'*Avernie*, passait par Eygurande, Ussel,
» après avoir longé Tulle, où un autre embranchement
» prenait la direction d'Uzerche ; le reste passait par
» Brive, où se rencontrait une nouvelle route allant à
» Limoges *et un autre embranchement qui conduisait à Vé-
» sone.* »

C'est ce dernier dont nous venons de reconnaître et d'explorer les vestiges.

Mais il est évident, au premier aperçu du moins, que le tracé de cette ancienne route a été fait en dépit du bon sens, et l'on se demande comment les idées de Perronet et de Brémontier ne sont pas venues plus tôt, et par quel étrange aveuglement l'on a attendu tant de siècles pour comprendre que la projection de ce chemin sur la plaine de la Vézère était bien plus avantageuse et plus courte que celle qui franchissait les crêtes ardues, les déclivités brusques et dangereuses de ces chaînes de rochers qui, du côté du midi, bordent cette plaine et contournent les communes actuelles de Larche et de Saint-Cernin (Corrèze), de Lafeuillade, de Pazayac et de Terrasson (Dordogne)? [La raison en est

simple, et les Gaulois ou les Romains doivent être absous sur cet article de toute accusation d'ignorance ou d'ineptie. Cette plaine n'existait pas, et il eût été fort imprudent, même impossible, d'établir alors, et sur le sol où elle est apparue depuis, les moindres fondations. Des preuves géologiques et archéologiques changeront cette hypothèse en certitude, mais avant de les exposer, il sera utile et intéressant de nous retracer l'état probable du sol, dans une grande partie de la Gaule, avant la conquête des Romains, et les motifs qui nous autorisent à croire que cette situation n'avait pas changé, ou ne s'était guère améliorée, sous la domination romaine, dans les contrées qui s'étendaient sur les bords de la Corrèze et de la Vézère, entre Tintiniacum et Vésone.

De nombreuses et vastes régions de la Gaule étaient, alors, couvertes de forêts que le culte et les rits sanguinaires de la religion druidique constituaient même comme sacrées. *Luci sævis superstitionibus sacri* (1). Les rivières, et surtout les moins considérables, obstruées par d'énormes amas d'arbres déracinés, étaient presque toujours débordées et formaient à de grandes distances des marécages impraticables. Ailleurs, des plaines immenses restaient à l'état de landes, de friches et de bruyères ; elles étaient entrecoupées de cours d'eaux vagabonds, larges et rapides, de fondrières et de lacs fangeux, car les Celtes ou Gaulois s'adonnaient peu à l'agriculture, encore moins aux arts industriels. Le témoignage de Columelle, célèbre agronome romain, et qui florissait au premier siècle de l'ère chrétienne, nous donne une triste idée de l'agriculture des anciens Gaulois, et cet écrivain est d'accord, en cela, avec les autres autorités historiques. Les Gaulois furent donc souvent dans la nécessité d'expatrier de nombreux essaims de leur population qui allèrent chercher fortune et des établissements en Italie, en Germanie et jusque dans l'Asie-Mineure.

Une de ces hordes errantes qui cependant s'était divisée en plusieurs tribus, revint, après huit siècles d'exil, reprendre possession de son ancienne patrie dont elle avait conservé la langue, les lois et les mœurs, dans les solitudes glaciales des forêts Hercyniennes. Après avoir chassé les Romains de la Gaule, elle donna à ce pays le nom de *France* que cet antique rameau de la souche gauloise avait pris ou reçu au-delà du Rhin (2).

(1) Tacit., *Annal.*, lib. xiv, § 30.
(2) *Art de vérifier les dates depuis Jésus-Christ*, tom. v, p. 359. — Edition de 1848.

Mais les tribus gauloises qui négligeaient l'agriculture et l'industrie voyageaient et trafiquaient cependant beaucoup, même dans l'intérieur de leur pays. D'ailleurs, il est certain qu'elles faisaient un commerce très-considérable, et surtout lucratif, des produits naturels de leur sol, tel que celui des pelleteries, des métaux, des laines et des bestiaux avec l'Italie, les Phocéens établis à Marseille, l'Espagne et les Carthaginois.

Remarquons pourtant que les voyages devaient être aussi longs que pénibles dans beaucoup de régions de la Gaule, surtout avant l'établissement des grandes voies romaines. Il fallait, en effet, et quelquefois, pour parcourir les moindres distances, faire des détours énormes, afin d'éviter ou de contourner des rivières, des torrents et des marais, dépourvus de chaussées et de ponts, et sur lesquels l'isolement de toute population, une fange inextricable, des bois amoncelés ou des rochers, formaient autant d'écueils dangereux, et ne permettaient pas d'établir un bac.

Un pont, qui facilitait et établissait les communications était donc, à cette époque, une espèce de merveille, une ressource précieuse, qui devenaient promptement célèbres, car, sans compter les difficultés qu'offrait l'état des rivières, la plupart mal encaissées, l'industrie était si peu avancée, que ces sortes de moyens de communications se rencontraient, comme l'attestent Jules César et bien d'autres témoignages historiques, très-rarement dans l'ancienne Gaule. Une localité qui jouissait de cet avantage était dès-lors, et bientôt, le but d'un transit et d'une affluence considérable, et dans toute la contrée on ne la désignait que sous le nom de *Briva*, mot celtique ou gaulois qui signifie *pont*, et on y joignait le nom de la rivière sur laquelle ce pont était jeté. Cet usage s'est perpétué sous la domination romaine et jusque dans le moyen-âge, bien long-temps après l'extinction de la langue celtique. De là, plusieurs villes se nomment encore *Pontoise*, *Pontorson*, etc. Telle est, aussi, l'origine de Brive, chef-lieu actuel de l'un des arrondissements du département de la Corrèze, et qui était, bien certainement, comme nous l'avons dit plus haut, et comme l'attestent aussi son nom qui n'a jamais varié et d'autres preuves historiques, une bourgade gauloise (1). C'est là qu'était le premier pont de cette route de Malemort ou des confins de l'Avernie à Vésone; voilà pourquoi Brive est connue et de toute antiquité sous le nom de *Briva-Curretia*, mot à

(1) Duchesne, *Antiquité des villes de France.* — Taillefer, *Antiquités de Vésone.*

mot *Pont-Corrèze* ou *Pont-sur-Corrèze*. Le surnom de *Gaillarde* ne lui fut donné que beaucoup plus tard; nous commençons à le voir *(Briva dicta Gaillarda)* sur de vieilles inscriptions tumulaires, et dans des fragments d'anciens titres, mais dont les époques sont comprises entre le dixième et le quatorzième siècles; il se reproduit aussi dans la plupart des anciens chroniqueurs.

## NOTICE SUR L'ABBAYE DE CHANCELADE.

Vers le commencement du XII<sup>e</sup> siècle, quelques ecclésiastiques, touchés du désir de mener une vie plus parfaite, se retirèrent dans une agréable vallée située près de Périgueux, et se fixèrent aux bords d'une fontaine, appelée *Fons-Cancellatus*, parce qu'elle était entourée d'un treillis en fer. Ils y construisirent une modeste habitation qui prit le nom de Chancelade, et, afin de mieux connaître les saintes obligations du nouvel état auquel ils se dévouaient, ils prièrent un vertueux religieux de l'ordre de Saint-Augustin de venir les former aux pratiques de la vie monastique. Ce religieux était Pierre Foucauld, abbé de Celles-Foin, et ses premiers soins furent de bâtir un oratoire qu'il dédia à la sainte Vierge. Le siége épiscopal de Périgueux était alors occupé par Guillaume d'Auberoche, et ce prélat, pour donner à cette congrégation naissante une marque d'estime et de protection, voulut bénir lui-même l'oratoire et le cimetière qui l'adjoignait, car la piété de nos pères aimait à déposer les dépouilles mortelles de ceux qui les précédaient en l'éternité près du lieu de la prière et de l'autel du sacrifice. Quelque temps après, le même évêque céda aux moines de Chancelade l'église de Boru, et lorsque Pierre Foucauld, ayant accompli sa mission, crut devoir entrer en son monastère, il leur désigna pour abbé Géraud, prêtre d'une éminente sainteté. Nul choix ne pouvait être plus heureux, et bientôt le monastère de Chancelade acquit une juste renommée de piété et de régularité. Ce fut Géraud qui jeta, en 1128, les fondements d'une belle église, sous le vocable de Notre-Dame, et qui commença aussi la construction des bâtiments et lieux réguliers. Cinq années suffirent à l'achèvement de ces divers édifices, et alors Géraud et ses religieux firent une profession publique de la règle de Saint-Augustin, et revêtirent l'habit des chanoines de cet ordre.

Parmi les abbés qui gouvernèrent Chancelade, on trouve le fameux Hélie de Talleyrand-Périgord, évêque d'Auxerre, cardinal et légat du saint siége. C'est lui qui, par testament, légua à cette abbaye une somme suffisante pour élever à soixante le nombre des religieux que la modicité des revenus avait contraints de fixer à vingt-deux. Ce testament est de l'année 1364, et ce legs, ainsi que quelques autres qu'il contenait en faveur de cette abbaye, furent fidèlement acquittés par son héritier, Talleyrand de Périgord, chevalier et gouverneur de la Guienne, au nom de Charles V. Ce secours permit à la congrégation de Chancelade de s'étendre et de former de nouvelles maisons. Ainsi, elle donna successivement des religieux à l'abbaye de Fontenelle, au diocèse de Luçon, et à plusieurs prieurés dans les diocèses de Bordeaux, de Périgueux, de Sarlat et de Rhodez. Ces diverses fondations relevaient toutes de l'abbé résidant à Chancelade, et étaient représentées aux chapitres généraux de l'ordre. Mais, au xve siècle, cette abbaye ne put échapper aux ravages des calvinistes. Ils réduisirent en cendres tous les lieux réguliers et abattirent l'église, dont il ne reste aucun vestige. Les domaines qui assuraient les revenus du monastère furent pillés, et puis partagés comme un butin et une prise de guerre. Et, afin qu'on ne parvint jamais à les recouvrer, on enleva et on brûla les titres et archives. Lorsque des jours meilleurs s'élevèrent sur la France, quelques religieux, faibles restes d'une communauté florissante, se réunirent au milieu des ruines, et Chancelade sembla renaître de ses cendres. Hélas! le trouble et la licence de ces temps malheureux avaient introduit dans la société un esprit de relâchement qui ne pénétra que trop jusque dans l'intérieur des monastères. Celui-ci n'en fut pas exempt, et les observances régulières y dégénérèrent au point qu'en 1647 il n'y avait que trois chanoines et l'abbé qui tous vivaient à leur gré, et oublièrent dans la chasse et le jeu les saintes occupations du ministère et de l'office divin.

Mais Marie, qui avait été choisie pour patrone de cette congrégation naissante, se ressouvint de ses enfants, et au moment où l'état de cette abbaye était le plus déplorable, elle lui suscita, en la personne d'Alain de Solminiach, un second fondateur. Il était le plus jeune de trois frères, et avait reçu le jour au château de Belet, proche Périgueux, le 5 novembre 1593. Son père, Alain de Solminiach, joignait à l'illustration du sang celle, plus précieuse, d'une piété sincère, et sa mère, Marguerite de Marquessac, ne le cédait en rien à son époux sous ce double rapport. Le jeune Alain fut élevé dans la maison paternelle jusqu'à l'âge de vingt-deux ans, et ses parents, qui le destinaient au monde,

ne l'avaient fait instruire que dans les exercices propres à le faire briller parmi les gentilshommes de son âge et de son rang. Mais la Providence avait ses desseins, et elle permit que l'abbé de Chancelade, oncle du jeune Alain, l'ayant mandé près de lui, fut si satisfait de son caractère et de ses heureuses dispositions, qu'il résolut de le choisir pour son successeur. Il se démit donc de son abbaye entre les mains du roi, et le supplia d'en pourvoir son neveu. Celui-ci n'avait jamais eu la pensée d'embrasser l'état religieux, et peut-être son oncle ne voyait en la cession qu'il faisait en sa faveur qu'un de ces moyens, trop employés alors, de conserver à un aîné toutes les richesses patrimoniales. Quoi qu'il en soit, le nouvel abbé n'eut pas plus tôt reçu le brevet royal et les bulles de la cour romaine, qu'il prit possession de l'abbaye, et se sentit fortement inspiré d'y rétablir la discipline régulière. Les bornes de cet article nous interdisent d'entrer ici en des détails bien intéressants sans doute et bien édifiants, mais qui dépasseraient les limites d'une courte notice. D'ailleurs, les travaux et les succès d'Alain de Solminiach et dans son abbaye de Chancelade, et sur le siége épiscopal de Cahors, méritent d'occuper une place distinguée dans l'histoire et la vie des saints et des personnages célèbres que le Périgord a fournis à l'Église.

Il suffira donc de dire qu'il commença la réforme l'an 1623, la même année que la congrégation du Sauveur prit naissance en Lorraine, par le zèle du bienheureux Pierre de Matincourt. Les obstacles et les difficultés ne faillirent point à l'épreuve de son courage et de sa persévérance, et quand on dit que de tous les anciens religieux vivant à Chancelade ou résidant en les autres maisons, un seul, Pierre Cauve, se montrait disposé à revenir à la règle première, l'on crut qu'il n'obtiendrait jamais l'heureux accomplissement de ses desseins. Cependant, il se présenta bientôt un grand nombre de fervents novices qui, attirés par la haute réputation de sainteté et de régularité d'Alain de Solminiach, vinrent remplir les vides du monastère, et s'instruire sous sa direction en la science et la pratique de toutes les vertus religieuses. Deux choses néanmoins pouvaient beaucoup préjudicier à la réforme de Chancelade, et même la ruiner dans la suite des temps: l'une, si les chanoines avaient la liberté d'accepter des bénéfices sans permission du supérieur; et l'autre, si les abbés n'étaient toujours pris parmi les religieux réformés. Pour obéir à ces deux graves causes de relâchement, il obligea d'abord tous les profès à faire serment de ne rechercher aucun bénéfice et de se soumettre en cela, comme en tout le reste, à l'approbation du supérieur; puis il obtint de Louis XIII qu'il se démettrait de son droit d'élection à l'abbaye, et le transmettrait aux religieux. Par lettres patentes du mois de novembre 1629, et qui furent enregistrées au grand conseil le 7 janvier suivant, ce prince ordonna que la dignité abbatiale de Chancelade, venant à vaquer par le décès ou la démission volontaire de l'abbé, les chanoines lui présenteraient une liste de trois d'entre eux, afin qu'il en choisit un pour abbé.

Cependant, le cardinal de la Rochefoucault, qui venait d'être nommé par le pape Grégoire XV commissaire apostolique pour la réformation de plusieurs ordres religieux en France, eut la pensée de réunir la congrégation de Chancelade à celle des chanoines réguliers de la réforme du père Charles Faure. C'était un de ces hommes que Dieu suscite en sa miséricorde, afin de les opposer comme un mur d'airain au relâchement de la discipline monastique. Nommé par le cardinal visiteur supérieur des maisons réformées, il en réunit un grand nombre sous le titre de congrégation générale de France, et établit en chacune d'elles la plus édifiante régularité. Trois fois il fut élu supérieur-général, et, épuisé prématurément par les fatigues et les austérités, il mourut à Paris, en le couvent de Sainte-Geneviève, le 4 novembre 1644, à l'âge de cinquante ans. Sans doute, Alain de Solminiach eût été heureux de voir sa réforme placée sous la garantie d'un si excellent religieux; il crut néanmoins qu'il était de son devoir de lui conserver le rang et l'indépendance dont Chancelade avait jusqu'alors joui. C'est pourquoi il s'opposa à l'ordonnance du cardinal de la Rochefoucault, et plaida devant plusieurs tribunaux. Ce procès, dont il serait inutile de mentionner les divers incidents, ne se termina qu'après la mort du pieux réformateur, et en l'année 1670, il y eut un arrêt rendu au conseil privé qui ordonna que les prieurés de Sablonceaux et de St-Pierre-de-Verteuil, au diocèse de Bordeaux, avec ceux de Notre-Dame de Cahors et de Saint-Cyprien de Sarlat seraient maintenus en la règle et dépendance de Chancelade, mais qu'à l'avenir il serait interdit à l'abbé de fonder de nouvelles maisons.

Depuis plusieurs années, l'opinion publique désignait au roi Louis XIII, et au cardinal de Richelieu, Alain de Solminiach comme un sujet bien digne de l'épiscopat. Aussi sa nomination au siége de Cahors fut-elle approuvée de tous, excepté de lui-même. Il fallut presque lui faire violence pour le contraindre à accepter, et il ne se soumit que parce qu'il reconnut que telle était la



volonté de Dieu. Il voulut alors se démettre de son abbaye, mais le cardinal de Richelieu insista pour qu'il la garda, afin d'y poursuivre et achever l'œuvre de la réforme. Il continua donc de diriger ses religieux, et il le fit avec un succès toujours croissant. S'il était absent de Chancelade, le souvenir de ses vertus et ses sages avis y maintenaient la plus sévère régularité. Cependant, comme il se sentait épuisé par les fatigues de l'épiscopat, il chargea l'abbé de la Brousse, grand-vicaire de Sarlat, de remettre en son nom aux chanoines de Chancelade une démission pure et simple. Ceux-ci firent alors usage pour la première fois du droit d'élection, et présentèrent les pères Jean Garat, Pierre du Teilz et François Navières. Le choix du prince se fixa sur le premier, et il fut pourvu de l'abbaye en 1658. L'année suivante, l'église de France perdit en l'évêque de Cahors un de ses plus illustres prélats. La douleur fut grande dans son diocèse, mais plus grande encore à Chancelade. On l'y pleura comme un bon père, et l'on y vénéra sa mémoire comme celle d'un saint. Sous le gouvernement de l'abbé Jean Garat, Chancelade soutint sa première ferveur, et y persévéra long-temps encore. La vie de ce pieux abbé a été donnée au public, et elle est comme la suite et la continuation de celle du saint réformateur.

Quoique, par arrêt du conseil privé, comme nous l'avons dit, il eût été défendu à la réforme de Chancelade d'acquérir de nouveaux établissements, nous voyons néanmoins qu'en l'année 1698, les religieux de cet ordre prirent possession de l'hôpital d'Aubrac, au diocèse de Rodez. Cet hôpital était desservi par des religieux qui formaient une congrégation particulière; mais comme ils n'étaient plus assez nombreux pour se soutenir, l'abbé dom Louis Gaston de Nouilly, depuis évêque de Châlons-sur-Marne, y appela les chanoines de Chancelade, sur le refus que firent les membres de la congrégation de France d'accepter cette maison. L'affaire offrit des difficultés qui la firent un peu traîner en longueur, car il fallut obtenir le consentement du général et du procureur de cette congrégation, puis se pourvoir auprès du conseil du roi, afin de faire régulariser par lettres patentes cette nouvelle fondation. Depuis cette époque jusqu'au jour désastreux, où Chancelade périt avec le trône et l'autel en l'abîme des révolutions, nous n'avons pu recueillir aucuns faits utiles ou intéressants à signaler. Mais ce serait manquer à la gloire de cette célèbre abbaye que de ne pas écrire en ces pages les noms des martyrs qu'elle a fournis à l'ère nouvelle des persécutions. L'abbé Beauregard, Chanceladais, mourut en Espagne, dans les douleurs et les privations de l'exil, et trois autres religieux périrent en rade de Rochefort, où ils avaient été réunis, ainsi qu'un grand nombre d'autres prêtres, pour être transportés à Cayenne. Ce sont Junien Bernard, mort le 21 septembre 1794, à l'âge de soixante ans ; François Lanausse Demoy, prieur d'Aubrac, né à Mussidan, et mort le 29 juillet 1794, à l'âge de cinquante-un ans ; et Guillaume Pastoureau, né à Nontron, curé à Saint-Cyr (Charente-Inférieure) et mort sur les vaisseaux, le 22 septembre 1794, à l'âge de quarante-deux ans.

L'habillement des chanoines réguliers de Chancelade consistait en une robe de laine blanche et un petit scapulaire de linge par-dessus, lié avec une ceinture de laine. Quand ils assistaient au chœur, ils portaient le surplis avec l'aumusse noire sur le bras, en été, et en hiver une chape de même couleur. Ils se levaient à minuit pour dire matines, puis se recouchaient jusqu'à cinq heures. Ils se rendaient alors au chœur, afin d'y réciter prime, et d'y faire ensuite une heure d'oraison mentale. Ils pratiquaient l'exacte observance de la pauvreté religieuse, et l'abbé vivait en commun avec ses religieux. Il mangeait à la même table, couchait au même dortoir, et ne portait les marques de sa dignité qu'aux jours où il officiait solennellement. Aujourd'hui, l'église abbatiale est devenue l'église de la commune, et il subsiste encore quelques restes des anciens bâtiments réguliers. Mais qu'il me soit permis en terminant d'émettre le vœu qu'un zèle généreux réunisse ces débris et leur donne une nouvelle vie. Tandis que sur le sol de notre France refleurissent ces ordres anciens et majestueux de l'église qu'ont fondés les Dominique, les François d'Assise et les Ignace de Loyola, serions-nous indiscrets en demandant que près d'eux, et comme à leur ombre, Chancelade puisse renaître de ses cendres et mûrir encore des fruits de salut et de sainteté ! Sans doute les temps et les mœurs nécessiteraient quelques modifications en la règle et le costume ; mais l'essentiel serait conservé, la vie commune et les vœux de religion. C'est avec une entière confiance que nous portons ces désirs jusqu'aux pieds du trône épiscopal. Là siége cet évêque qui, nouveau Solminiach, ne respire que la gloire de Dieu et le bien des âmes. Combien de ruines sa main industrieuse n'a-t-elle pas déjà relevées ! Combien de sanctuaires elle a rouverts au culte et à la piété ! Il n'est pas une œuvre qui ne s'épanouisse sous un heureux succès dès qu'il daigne la féconder de sa puissante inspiration. Monseigneur, faites un appel à vos prêtres, et Chancelade, devenue encore la maison de la prière, s'ajoutera comme une perle précieuse au riche diadème de vertus et de mérites qui, aux yeux de Dieu et des hommes, couronne votre front.

J. D. DE LA ROCHE.

# ÉTUDES

## SUR L'HISTOIRE DU PÉRIGORD,

### PENDANT LA DOMINATION ANGLAISE EN AQUITAINE.

Henri Plantagenet avait à peine pris possession de l'Aquitaine en y établissant ses *baillis* et gens d'armes normands et angevins au lieu et place des *sénéchaux* et des *chevaliers* français, que Louis VII, redoutant les suites de son imprudence fatale et de sa politique imprévoyante, se ligua avec le roi d'Angleterre Etienne, et Henri, comte de Champagne ; mais il ne fut pas difficile au duc d'Aquitaine, prince habile, énergique, obstiné, redouté à la fois comme guerrier et comme politique, de rompre ce faisceau d'éléments hétérogènes qu'aucun lien bien solide ne tenait réunis.

Cette ligue servit à sa puissance, car loin d'avoir à lutter contre le roi Etienne, il sut obtenir de lui un traité qui lui assurait après sa mort le trône d'Angleterre.

Réduit par ses propres fautes et par l'habileté de son adversaire à courber la tête sous le joug de la nécessité, Louis VII dut accepter ce qu'il ne pouvait empêcher, et reçut, par ambassadeur, l'hommage de Henri II pour le duché de Guienne.

Un an plus tard, Etienne mourut, et le duc d'Aquitaine, devenu roi d'Angleterre, fut pour le roi de France un vassal très-supérieur en force et peu sincère dans ses déclarations de foi et hommage, dans ses protestations de fidélité.

Henri II, sans renoncer à la souveraineté de ses possessions continentales, les partagea entre ses trois fils : Henri, au Court-Mantel ; Richard, célèbre depuis sous le nom de *Cœur-de-Lion* ; et Geoffroy. Richard reçut le titre de duc d'Aquitaine, que son père lui accorda en faveur d'un mariage convenu entre ce jeune prince et une fille du roi de France, nommée Alix.

En 1167, les barons d'Aquitaine et les populations du nord de cette province, « fatiguées, dit un chroniqueur, » de voir des officiers de race étrangère violer ou dé- » truire les coutumes de leur pays par des ordonnan-

» ces rédigées en langue angevine ou normande (en
» langue d'oïl) » se soulevèrent contre Henri II, à l'instigation du roi de France, et ravagèrent le pays; mais
battus dans différentes rencontres, ils furent obligés de
reconnaître la souveraineté du roi d'Angleterre.

Quelques historiens affirment que le comte de Salisbury, sénéchal de Henri II, en Aquitaine, fut tué par
les rebelles; d'autres, au contraire, assurent que le
gouvernement de la province lui fut confié après la défaite des révoltés (1).

On ignore quel rôle joua dans ces événements Hélie VI, dit Talleyrand, qui, en 1166, avait succédé au
comte Boson, dit *Grainol;* tout porte cependant à croire
qu'à l'exemple des autres seigneurs d'Aquitaine, il dut
recevoir le mot d'ordre du roi de France, et prendre
part à la révolte que Henri II, toujours favorisé par la
fortune, réussit à comprimer.

Mais, à la révolte des seigneurs d'Aquitaine contre le
roi d'Angleterre, ne devait pas tarder de succéder celle
des propres fils de Henri II contre leur père (1173).

La Guienne s'insurge à la voix de Richard et la Bretagne à celle de Geoffroy. Henri, au Court-Mantel, fils
aîné du roi, couronné dès l'an 1170, et mécontent de
sa royauté sans couronne, s'unit à ses frères. Henri II
se rend à Limoges et voit ses enfants et sa femme
Eléonore s'enfuir à son approche, ses enfants dans les
états du roi de France, sa femme en Guienne, où elle at-
tise la révolte et irrite les populations contre son mari.

Le roi de France se déclare pour les trois frères révoltés et refuse de rendre les fugitifs; mais Eléonore
est arrêtée et enfermée pendant plusieurs années. Les
enfants de Henri II engagent dans leurs intérêts le roi
d'Ecosse. Une révolte générale éclate tout à coup en
Guienne, en Normandie, en Anjou, en Bretagne et dans
le Northumberland; les rebelles sont vaincus en Bretagne. Des conférences pour la paix sont ouvertes à
Gisors; elles sont infructueuses et la guerre continue.

En 1174, Henri, croyant que le bras de Dieu s'appe-
santissait sur lui pour le punir du meurtre de Thomas
Becket, archevêque de Cantorbéry, célèbre par l'héroïque résistance qu'il opposa aux empiétements de son
maître sur les priviléges ecclésiastiques, prit le parti
d'implorer la clémence divine, alla nu-pieds au tombeau du saint prélat et se soumit à la pénitence qui lui
fut imposée.

Dès ce jour, Henri reprit courage et sut se rendre la
fortune favorable; ses fils révoltés rentrent dans le

devoir; le roi d'Ecosse est battu et fait prisonnier; enfin
la paix est conclue avec le roi de France.

Cette guerre est célèbre à plus d'un titre; elle l'est
surtout, à cause du rôle qu'y jouèrent les troubadours
dont les chants entretenaient dans les esprits cette ardeur belliqueuse, ces goûts et ces besoins d'indépendance, cet amour du sol natal et cette haine instinctive
de l'étranger dont les mœurs, dont la langue même
était une humiliation pour ces esprits méridionaux si
jaloux de leurs coutumes, si fiers de leur nationalité.

« La trompette de cette guerre était Bertram de
» Born, seigneur périgourdin, le plus célèbre des trou-
» badours. C'était un homme tout feu et mouvement,
» la tête aussi active que la main, ne respirant que
» l'amour pour le bruit, pour le sang, pour les armes,
» appelant tout le monde au combat par des *sirventes*
» hardis, sonores, impétueux, où l'on sent l'odeur du
» carnage. « Si les rois avaient paix ou trève, il se
» peinait et travaillait jusqu'à ce qu'on eût défait cette
» paix (1); » il mettait en lutte les fils contre le père,
» les frères entre eux, les rois ensemble. La Guienne
» apparaissait au milieu de ces querelles avec sa tur-
» bulence, son ardeur de combats, sa passion d'in-
» dépendance. « Réjouissons-nous, Aquitains, réjouis-
» sons-nous! disaient les méridionaux, en prenant les
» armes contre Henri II; le sceptre du roi du Nord s'é-
» loigne de nous (2). » Ils exaltaient le roi du Sud, le
» roi de France, parce qu'il n'était plus leur maître; ils
» pleuraient sur le sort d'Aliénor, la fille de leurs anciens
» ducs, la femme habile et populaire, qui avait donné
» des libertés aux villes, des lois au commerce, et dont
» le nom avait un grand retentissement dans le Midi.
» Reviens, disaient-ils, reviens à tes villes, pauvre
» captive. On t'a enlevée de ton pays et conduite dans
» une terre étrangère; tendre et délicate, tu jouissais
» d'une liberté royale, tu te plaisais au chant de tes
» femmes, au son de leurs guitares; maintenant tu
» verses des larmes amères, tu te consumes de chagrin.
» Où est ta cour? Où sont tes compagnes? Où sont tes
» conseillers? Elève ta voix pour que tes fils t'enten-
» dent, car le jour approche où tu verras ton pays (3). »

Les fils de Henri II rentrèrent dans le devoir; mais
la paix ne devait pas durer long-temps. Richard, mis
par son père en possession du gouvernement d'Aquitaine, ne tarda pas à se rendre aussi impopulaire, à ir-

(1) Voyez *l'Art de vérifier les dates.*

(1) *Poét. des troub.,* t. v, p. 76.
(2) *Chron. hist. de France,* t. xii, p. 420.
(3) Thierry. *Chron. hist. de France,* p. 420.

riter les seigneurs et barons contre son arrogance et ses emportements.

En 1177, une nouvelle révolte des Aquitains met en péril l'autorité de Richard. Bertram de Born prend part à cette lutte en poète et en soldat; il chante et il combat, il exhorte les populations à prendre les armes, il encourage la résistance et l'attaque, prend les armes, résiste et attaque lui-même avec toute la fougue de l'enthousiaste et de l'homme intrépide qui s'inspire de son imagination et de son courage; il est le Tyrtée de cette guerre entreprise contre l'étranger, contre la domination des hommes du nord, la personnification héroïque et poétique à la fois de cette nature méridionale, ardente, pleine de fougue et de pétulance, audacieuse, prompte, parole de feu, cœur d'or.

Les barons ligués sont vaincus par Richard qui s'empare des chefs et les envoie captifs à son père. Le castel d'Hautefort, refuge de Bertram, résiste au vainqueur et peut abriter encore la muse indépendante du soldat-poète. Une ligue nouvelle s'organise entre les seigneurs Gascons Bernard d'Armagnac, Gaston de Béarn, Vézian de Lomagne, le vicomte de Tartas et Bertram de Born pour secouer le joug de la domination anglaise. Richard partit en 1177 de Bordeaux, siége de son gouvernement, et marcha sur Dax où Centule III, comte de Bigorre et Pierre, son gendre, vicomte de Dax, s'étaient fortifiés. Il assiégea cette place le lendemain de Noël et la força de se rendre au bout de dix jours. Continuant son expédition, il s'empara de Bayonne et pénétra chez les Basques et les Navarrais qui firent leur soumission (1).

En 1182, la guerre recommence. Cette fois, la noblesse d'Aquitaine, toujours poussée par Bertram, entraîne dans son parti Henri au Court-Mantel et Geoffroy, les frères de Richard. Attaqué de deux côtés, celui-ci implore le secours de son père, le roi Henri II, qui arrive avec une armée pour le délivrer. A cette nouvelle, Henri et Geoffroy feignent de vouloir se réconcilier avec Richard et conspirent contre la vie de leur père. Le complot est découvert et la guerre entre le père et les enfants continue.

Hélie VI, dit Talleyrand, fils et successeur du comte Boson, gouvernait alors le comté de Périgord. Il prit parti pour Henri et Geoffroy contre Richard, leur frère, et fut secondé par le comte d'Angoulême, le vicomte de Limoges, le comte de Toulouse, Centule d'Astarac, Gaston de Béarn.

Richard vint assiéger le Puy-Saint-Front, dont ses ennemis avaient fait leur principale place d'armes. Geoffroy du Vigeois raconte que cette position fut prise le mardi qui suit le deuxième dimanche d'après Pâques (11 avril 1182).

Le comte Hélie l'ayant reprise, Richard en fit de nouveau le siége la même année, après la Pentecôte.

La lutte se prolongea jusqu'en juin 1183. A cette époque, Henri au Court-Mantel étant tombé malade, fit supplier son père Henri II de le venir voir au Château-Martel, dans le Quercy. Rendu défiant par de précédents complots, le roi refusa la prière de son fils et apprit sa mort quelques jours plus tard, le 11 juin 1183. Ce trépas inattendu de l'un des chefs de la révolte, mort dans de grands sentiments de pénitence, déconcerta les projets des rebelles en réconciliant le vieux roi et le duc Geoffroy également frappé d'une vive douleur. L'armée des mécontents fut dispersée. Hélie, comte de Périgord, rendit au duc Richard le château de Puy-Saint-Front après l'avoir fait démanteler.

Henri II alla mettre le siége devant le château d'Hautefort, où résidait Bertram de Born. Assailli par une armée nombreuse, Bertram fut fait prisonnier et conduit devant le monarque irrité mais encore accablé par la douleur que lui avait causée la fin inopinée du fils qu'il avait refusé d'aller embrasser à son lit de mort.

« Eh bien! Bertram, dit le monarque, vous préten-» diez n'avoir en aucun temps besoin de la moitié de » votre sens pour vous tirer du péril; mais sachez » qu'aujourd'hui vous aurez besoin du tout. — Sei-» gneur, répliqua Bertram, je l'ai dit et je maintiens » mon dire. — Et moi, dit le roi, je crois que votre » sens vous a failli. — Oui, seigneur, reprit lentement » Bertram de Born, il m'a failli le jour où le vaillant » jeune roi, votre fils, est mort; ce jour-là, j'ai perdu » sens, savoir et connaissance! »

Au nom de son malheureux fils, le roi Henri fondit en larmes et s'évanouit.

« Ah! Bertram! Bertram! reprit-il en revenant à » lui, vous avez bien droit et raison d'avoir perdu le » sens pour mon fils; car il vous voulait plus de bien » qu'à nul homme en ce monde. Je vous rends mon » amitié et mes bonnes grâces et vous octroie cinq » cents marcs d'argent pour les dommages que vous » avez reçus (1). »

L'insurrection fut désarmée partout et la paix con-

---

(1) Introduction à la *Guienne historique et monumentale*, Rogeri Hovedini, scrip. rer. anglic., p. 560.

(1) *Choix des poésies des troub., t. v.*

clue en l'an 1185. Richard-Cœur-de-Lion conservait le gouvernement de la Guienne, et Eléonore rentrait en possession du Poitou, sa mise en liberté ayant été ordonnée par Henri II.

L'an 1188, la guerre éclate entre Philippe-Auguste, roi de France, et Henri. Richard se jette entre les bras de Philippe. Abandonné de ses sujets de Guienne, et battu partout, Henri est obligé de faire la paix à des conditions très-dures et très-humiliantes pour un prince si fier et jusqu'alors presque toujours heureux. Cette paix fut conclue à Azai, sur le Cher. Accablé par le chagrin et la maladie, le vieux Plantagenet meurt à Chinon, le 6 juillet 1189, deux jours après la ratification du traité (1).

Une nouvelle croisade, provoquée par la ruine de Jérusalem et du royaume fondé par la vaillante épée de Godefroy de Bouillon, est décidée par le concile de Paris. Les troubadours exhortent à la guerre contre l'infidèle :

« Seigneurs chevaliers, s'écrie Geoffroy Rudel, de » Blaye, par nos péchés la puissance des Sarrasins » s'est accrue; Saladin a pris Jérusalem et on ne la » point encore recouvrée! Laissons-là nos héritages, » allons contre ces chiens de mécréants pour éviter la » perdition de nos âmes. Barons de France et d'Alle- » magne, chevaliers anglais, bretons, angevins, béar- » nais, gascons et provençaux, soyez sûrs que de nos » épées, nous trancherons leurs chefs maudits (2). »

En 1190, Richard, qui a succédé à Henri II, s'embarque à Gênes avec Philippe-Auguste. Les flottes des Génois, de Pise, de Marseille portent leurs troupes; les deux monarques passent l'hiver en Sicile, mettent à la voile et arrivent le 20 avril 1191 devant Acre, qu'ils assiégent et réduisent le 13 juillet suivant.

Peu de jours après, Philippe rentre en France et profite de l'absence de Richard pour faire irruption sur les terres de Normandie et exciter les populations de la Guienne à la révolte. Elie de Talleyrand, comte de Périgord, le vicomte de la Marche et Raymond, comte de Toulouse, se mettent à la tête des milices et attaquent les châteaux qui tiennent pour Richard.

Le sénéchal de Guienne et de Gascogne bat les rebelles, se rend maître de plusieurs forteresses, et remporte même de nombreux avantages sur Raymond (1).

Richard remporta victoires sur victoires en Palestine; mais la retraite des ducs de Bourgogne et d'Autriche, la diminution de ses propres troupes et la crainte que Philippe ne profite de son absence pour ruiner sa domination sur le territoire français, l'empêchent de poursuivre ses succès. Ayant conclu avec Saladin une trêve de trois ans, il s'embarque en octobre 1192, fait naufrage près d'Aquilée, s'engage imprudemment dans les états de Léopold, duc d'Autriche, qu'il avait mortellement offensé au siége d'Acre, et le 21 décembre est arrêté près de Vienne, déguisé en Templier.

L'an 1194 il recouvre sa liberté, après quatorze mois de prison, moyennant 250,000 marcs d'argent, et arrive en Angleterre le 20 mars.

Jean-Sans-Terre, son frère, qui avait comploté de s'emparer de la couronne, s'était retiré en France, et ses partisans ne tardèrent pas d'être dispersés par les forces du roi.

La guerre recommence encore. Richard passe en Normandie; la Guienne se soulève, Bertram de Born qui avait juré à Henri II une fidélité éternelle, ne se croit pas obligé de maintenir son serment vis-à-vis de Richard et excite la guerre entre les deux rois.

Mais une trêve est conclue pour dix ans, trêve insupportable aux Aquitains, toujours frémissants sous le joug de l'étranger.

Bertram de Born en fut plus *iré* (irrité) que nul des autres, parce qu'ils ne se plaisait qu'en la guerre, surtout en la guerre des deux rois. « Francey et Berguan- » hon, chantait-il, ont échangé honneur et couardise... » Le roi Philippe veut bien la guerre avant que d'être » armé; mais sitôt qu'il a ses armes, il n'a plus le cou- » rage (2). »

La paix est violée au bout de quelques mois, puis décidée de nouveau. Cette fois Richard cède la souveraineté de l'Auvergne à Philippe.

L'an 1197, et le 6 avril, Richard meurt d'un coup de flèche, reçu devant le château de Chalus, dont il faisait le siége.

« Voulant visiter son duché d'Aquitaine, il s'était arrêté, chemin faisant, à l'abbaye de Grandmont, où il

---

(1) Henri eut de la reine Éléonore, qui mourut en 1204, quatre fils et trois filles : Henri, mort l'an 1183; Richard, qui lui succéda; Geoffroy, duc de Bretagne, mort en 1186; Jean-Sans-Terre, successeur de Richard; Mathilde, Éléonore et Jeanne.

(2) Introduction à la *Guienne historique et monumentale*.

(1) *Hist. génér. du Languedoc*, t. III, p. 85.

(2) Bertram de Born ne cessa de combattre que dans un âge avancé. Las d'une vie si agitée, il alla terminer sa carrière dans un monastère où il prit l'habit de l'ordre de Citeaux. (Sauveroche, *Les célébrités du Périgord*.)

avait passé quelques jours et laissé de grandes largesses.

De là, ayant appris que le vicomte de Limoges, Aymard V, son ennemi, avait trouvé un riche trésor dans le château de Chalus, il voulut s'en saisir. Ce trésor consistait, à ce qu'on prétend, en des statues d'un empereur ou proconsul romain assis avec sa femme et ses enfants autour d'une table, le tout en or massif. Richard assiégea cette place (le château bas) et, dans une reconnaissance, fut blessé à l'épaule d'un coup d'arbalète. On croit que cette blessure n'était pas mortelle, mais qu'elle le devint, par l'incontinence de Richard. Après la prise de la tour d'où le trait était parti, il s'y trouva trente-huit hommes qui furent tous mis à mort, excepté Bertrand de Gourdon, qui l'avait tiré. Richard, en présence duquel il fut mené, lui demanda pourquoi il en voulait à sa personne. — Vous avez tué mon père et mes deux frères, répondit Gourdon, j'ai voulu les venger; puisque je suis en votre pouvoir, faites de moi ce que vous voudrez. — Richard, désarmé par cette réponse, avait ordonné de le relâcher; mais Mercaders, basque de naissance et chef d'un corps de Brabançons, le retint en secret et le fit écorcher tout vif après que Richard eut expiré (1). »

La mort de ce prince commença à saper les fondements de la domination anglaise en Aquitaine.

Amédée MATAGRIN,
Docteur en droit.

## LES SAINTS DU PÉRIGORD.

*(Suite et fin.)*

Nous sommes loin cependant d'avoir montré tout l'intérêt qui se rattache au spectacle de la vie de nos saints, aux luttes et aux combats de la chair contre l'esprit, de l'enfer et des bourreaux contre l'invincible héroïsme de la foi. Les imaginations impressionnables aiment le mouvement, la lutte et l'effort, le *drame* avec ses émotions et ses péripéties; elles aiment les choses émouvantes; et souvent, hélas! ces émotions et ses surprises, elles les vont chercher dans des spectacles, dont la frivolité est le moindre danger. Eh bien! rien de merveilleux et de dramatique comme la vie des saints; pour nous surtout, comme la vie de nos saints du Périgord, de nos pénitents, de nos vierges et de nos martyrs. Nous avons vu que l'imagination pouvait s'y intéresser et la poésie y trouver de touchantes et gracieuses inspirations; même au point de vue tout spéculatif de ceux qui sont avides d'émotions, cette étude a son intérêt puissant et dramatique.

En elle-même, chaque vie de saint est un drame, drame intérieur entre le vieil homme qui se dissout et l'homme nouveau qui s'édifie; entre les ténèbres et la lumière, entre la chair et l'esprit. L'âme est un champ de bataille où le ciel et l'enfer se disputent la victoire; l'âme sainte est celle qui, à force de luttes et de combats, d'énergie et de courage, a vaincu les milices infernales dans la triple concupiscence de l'orgueil, de la convoitise et de la volupté, a réjoui les milices célestes, auxiliaires et gardiennes du tabernacle immaculé de la conscience, et le ciel n'est pour ces âmes que le *Te Deum* éternel de leur victoire. En outre de cette lutte toute personnelle et intime qui se traduit souvent à l'extérieur par les rigueurs de la pénitence, les larmes de la componction, l'intervention sensible du secours divin, il est une autre lutte, une autre action, un autre drame, puisqu'on aime le mot, et qui se passe entre les saints et le monde, entre les martyrs et les membres de Satan, les persécuteurs, les tyrans et les bourreaux. On parle beaucoup de liberté de conscience; eh bien! les saints, maintenant l'inviolabilité de leur foi contre les caresses de l'apostasie et les tourments de la persécution, les saints étaient les véritables défenseurs de la liberté de conscience contre le despotisme satanique qui, depuis Caïn, combat sans cesse la liberté des enfants de Dieu.

Mais, à la suite de ces réflexions qui se pourraient étendre bien loin, et qui s'appliquent, dans une juste mesure, à notre sujet plus restreint, il y a les émotions de la lutte, le spectacle de la rage des bourreaux acharnés contre l'inaltérable douceur des victimes; il y a de jeunes et pudiques vierges, défendues contre l'ignominie par l'énergie virile de leur âme, abandonnant au fer et à la flamme leur corps immaculé comme le vase embaumé où fume l'encens de leur sacrifice; il y a des enfants, combattant comme des héros avec la force invincible de la foi et la simplicité de l'innocence, s'élançant des bras de leur mère, à travers la mort effrayante et cruelle, dans les bras du Dieu qui les appelle, disant : « Laissez venir à moi les petits enfants; » il y a les vieillards, retrouvant la force et le courage pour confesser le Dieu qui réjouit leur jeunesse; il y a de jeunes hommes, montrant la sagesse des vieillards pour rester

(1) *Hist. d'Aquitaine*, par M. de Vernelh-Puiraseau.

attachés, malgré les supplices, au Dieu qui doit multiplier les jours de leur récompense dans le ciel; il y a enfin ce drame étonnant et terrible qui exalte l'esprit et brise le cœur, qui fait tressaillir la grâce et pâlir la nature, entre le bourreau et la victime, entre le fer qui frappe et déchire, la flamme qui brûle et dévore, le sang qui coule, le corps palpitant, défiguré, s'en allant par lambeaux et par membres, et l'âme sereine et patiente, luttant de prières et de mansuétude, d'amour et de pardon, et s'envolant enfin, radieuse et souriante comme une colombe, d'un filet rompu, vers la liberté, la joie et les cantiques du ciel.

Voilà du drame pathétique et touchant; voilà des émotions tendres et terribles, et qui valent bien peut-être les drames que jouent les comédiens et les émotions que jouent les romanciers. Voilà le spectacle qu'offrent en général toutes les vies des saints. Mais ce spectacle devient plus saisissant dans la vie de nos saints du Périgord, parce qu'ils furent nos ancêtres par la génération de la lumière et de la foi, par la transmission de l'exemple et des vertus, sinon par la transmission du nom et de la génération du sang. Et puis, ce qui augmente l'intérêt, ils ont souffert, pour la plupart, aux lieux que nous habitons, que nous connaissons; la trace de leur sang a laissé parmi nous un sillon de vertus et de lumières, de miracles et de poésie. Pourquoi chercher dans le domaine de l'imagination des héros fictifs et des aventures concertées avec art? Pourquoi chercher du terrible, de l'émouvant, du dramatique, parmi les produits industriels d'une littérature toujours frivole et le plus souvent dangereuse? Il y a là des héros mille fois plus admirables que nous ne pourrons les rêver, des aventures qui déconcertent tout l'art des romanciers et toute l'imagination des poètes; il y a des émotions aussi fortes, et mille fois plus saines, de l'intérêt aussi palpitant, et mille fois plus moral que dans les productions éphémères dont ce repait une dangereuse curiosité.

Mais ne prêchons pas, et contentons-nous d'indiquer, de montrer de loin et de faire pressentir; à d'autres de prouver et de démontrer, en mettant en lumière les trésors cachés de vertus et de miracles, d'histoire et de poésie que contient la vie des saints du Périgord. Notre cycle hagiographique et légendaire est assez étendu pour que sa variété ne fatigue pas même les esprits légers, qui ne sauraient se prêter ni à la continuité d'un récit, ni à la méditation d'une idée; il est assez abondant pour que sa richesse puisse suffire, même à la curiosité la plus exigeante. Des temps apostoliques jusqu'à notre siècle, du pied de la croix au pied de l'échafaud révolutionnaire, où périrent de saintes victimes, nous possédons toute une suite de saints apôtres et martyrs, vierges et confesseurs, dont les palmes et les couronnes nous invitent, nous exhortent et nous protégent. D'un coup d'œil nous pouvons apercevoir quelques-uns de ces saints les plus illustres et les plus connus.

Saint Front, l'apôtre du Périgord, envoyé du siége de la foi et de l'unité, et dont le nom s'est conservé dans notre Périgord plus vivant que les marques de son apostolat. L'époque de sa mission est restée une conjecture; conjecture probable, il est vrai, et que de savants travaux, renouvelant et vivifiant la science moderne, tendent à fixer aux temps apostoliques, en nous montrant saint Front parmi cette légion d'apôtres qui pénétrèrent dans les Gaules sur les pas de Lazare, de Marthe et de Madeleine. Ce serait là une question intéressante à étudier, à dégager des préjugés de la science courte et chagrine des derniers siècles, à déblayer des ruines du passé, à éclairer des lumières d'une science plus saine et plus soumise.

Après saint Front, et autour de lui, se pressant pour recueillir de ses lèvres la divine doctrine et de son apostolat la mission et le caractère sacré, vient le chœur de ses disciples, saint Silain, saint Séverin, saint Sévérien, saint Frontaise, qui évangélisèrent, sous la conduite de leur maître, diverses parties du Périgord, et donnèrent leur sang pour le témoignage de leur foi. Saint Front, le père de cette nouvelle légion de martyrs, recueillit pieusement leurs corps pour les ensevelir avec des prières, ou plutôt avec des actions de grâce.

Saint Agnan, disciple et successeur de saint Front, et dont la mémoire seule des vertus nous est restée.

Saint Léonce, un des saints évêques de Périgueux, successeur de saint Front, dont la dépouille vénérée reposait autrefois dans l'église de Saint-Pierre, aujourd'hui détruite, et dont la mémoire remonte bien haut et toujours vivante dans le culte de nos saints.

Saint Just, que nous donna la province du Limousin, sœur de la nôtre par les traditions de la foi comme par les traditions orientales de nos monuments; saint Just, instruit dans la foi par saint Hilaire de Poitiers, et qui reçut le dernier soupir de cette grande âme, après avoir répandu dans le Périgord les trésors de foi et de doctrine que lui avait enseignés le grand docteur des Gaules au ive siècle.

Saint Avit, dont le nom vit encore dans une de nos bourgades, d'une illustre famille des Gaules; soldat d'Alaric, fait prisonnier dans la déroute du roi des Visigoths, il revient dans sa patrie, où il prend l'habit de moine avec son compagnon Benoit; chrétien fervent sous le vêtement de la pénitence, comme sous la casaque militaire, il change souvent de retraite pour trouver une solitude plus profonde et se dérober à la vénération des peuples; il meurt plein de mérites, et ses reliques donneront plus tard le nom du saint pour vocable à l'une des plus remarquables églises de notre Périgord, inspirée du style oriental de saint Front.

Saint Eusice, né au bourg de Jumilhac, et dont la vie présente d'étonnantes vicissitudes. Vendu comme esclave par ses parents réduits à mourir de faim, devenu victime de l'amour filial, ses vertus lui méritent la grâce du sacerdoce; retiré dans un lieu désert du Périgord, où il étonnait les anges même des rigueurs de sa pénitence, il prédit à Childebert sa victoire sur Alaric, devint l'objet des faveurs de ce prince, et mourut abbé d'un vaste monastère, répandant la bonne odeur de sa sainteté par une foule de miracles.

Saint Cyprien, que nous envoyait l'Auvergne, la patrie des âmes fortes et des mœurs chrétiennes, avec ses compagnons, saint Sor et saint Amand. Les trois saints se séparèrent en arrivant en Périgord, afin de répandre dans toute la province la semence de leur parole et l'exemple de leurs vertus. Saint Sor choisit sa retraite aux bords escarpés de la Vézère, qu'il fit fleurir quarante ans des plus admirables vertus; les peuples accouraient vers lui; le roi Gontran, que l'antique église des Gaules compte au nombre de ses saints, vint demander au nôtre la guérison d'une maladie; la reconnaissance du saint roi fonda pour lui un monastère à Terrasson, qu'il gouverna le reste de sa vie, et où il mourut plein de jours et de mérites; l'église de Saint-Julien garda ses reliques. Près de lui, saint Amand avait placé sa cellule, qui devint bientôt un populeux monastère, où mourut le saint abbé au milieu des larmes de ses frères, et son corps resta au milieu d'eux, comme une source de consolations et de miracles. Saint Cyprien bâtit sa cellule aux bords enchantés de la Dordogne; nos saints aimaient la solitude fleurie et le bord des eaux; les merveilles de la création leur rappelaient les merveilles de la grâce, et les fleurs de la terre les faisaient songer aux fleurs du Paradis; les eaux courantes étaient pour eux une image de la vie, et pour leur cellule une clôture plus infranchissable. Saint Cyprien termina sa sainte vie dans un monastère, et saint Grégoire de Tours nous rappela son éclatante sainteté et ses miracles non moins éclatants.

Saint Cybar, qui florissait vers la fin du vi[e] siècle, né d'une famille illustre, prévenu dès son enfance par les saintes préférences de la grâce, et quittant son monastère du Périgord, où son humilité ne pouvait se dérober à l'empressement des populations attirées par sa sainteté, pour se retirer près d'Angoulême, où l'on montre encore la grotte où vécut le saint. Mgr l'évêque d'Angoulême (Mgr Cousseau), éclairant son ardente piété d'une vaste érudition hagiographique, a signalé et ouvert cette grotte au culte des fidèles, pèlerinage plein d'intérêt, pour nous surtout, compatriotes du saint qu'honore l'église d'Angoulême.

Saint Astier, disciple de saint Cybar, né païen, mais instruit dans les lettres et dans la foi par un saint prêtre; il alla se former à la vie monastique et à la sainteté dans le monastère de saint Cybar, revint dans sa patrie pour porter à sa famille le trésor inestimable de la lumière évangélique, et se retira dans la solitude, où il mourut. Son tombeau plein de miracles vit se former autour de lui un bourg considérable et s'élever une église, digne autrefois de ses reliques vénérées.

Sainte Menne et sainte Galle, vierges et martyres, toutes deux couronnées des lys de la pureté unis aux roses de la charité; la tradition n'a guère conservé que leurs noms, et nous indique leurs reliques virginales reposant avec bien d'autres dépouilles sacrées dans l'église du monastère de Brantôme, fondé par le glorieux empereur Charlemagne, aux bords de cette Drône fraîche et limpide, qui ne murmure plus le nom de ces deux vierges de la suite de l'agneau. Les révolutions sont venues dévaster l'antique église qu'un zèle intelligent répare aujourd'hui, et jeter aux vents ou aux flots la cendre des martyres qu'on n'a plus retrouvée dans leur confession vide et désolée.

Saint Antime, un des premiers abbés du monastère de Brantôme, et dont le nom seul s'est conservé après la perte de sa mémoire et la profanation de ses reliques.

Saint Eumaque, dont le nom oriental symbolisait les heureux combats de la pénitence et de la grâce, d'esclave élevé à la royauté du sacerdoce, pratiquant la plus austère pénitence, exerçant la plus abondante charité, et attirant auprès de son tombeau glorieux de miracles, de nombreuses habitations qui conservèrent le culte de sa mémoire, moins défiguré que le souvenir de son nom.

Sainte Alvère, autre vierge qui teignit sa blanche tunique de la pourpre du martyre, protégeant parmi nous le culte des bonnes mœurs et la générosité de la foi. Son nom est resté à l'un de nos bourgs, au lieu peut-être où elle mourut, et où se conservèrent ses reliques.

Saint Sacerdos, fils d'un des premiers citoyens de Bordeaux et d'une sainte qui naquit aux bords de la Dordogne ; moine et abbé du monastère de Calviac, il fut appelé par la renommée de sa sainteté à gouverner l'église de Limoges, à laquelle le Périgord payait la dette de saint Just. Sentant venir la mort, il voulut voir une dernière fois les bords de sa Dordogne et les lieux sanctifiés par le souvenir de sa mère ; ses reliques seules y reposèrent, et l'église de Sarlat, le désirant pour patron, les plaça plus tard dans sa belle cathédrale.

Sainte Mondane, la mère de saint Sacerdos, noble et riche dame, née aux bords de la Dordogne. La vertu et les miracles de son fils l'attirèrent à la pauvreté volontaire, à la séparation des joies du monde, à la pratique la plus austère de la pénitence. En face du monastère où s'était sanctifié son fils, elle se retira dans une grotte que l'on montre encore et qui est le but de quelques rares pèlerinages. Affligée de cécité, son fils mort lui rendit la vue ; le corps qu'elle avait porté dans son sein et dans ses bras lui rendit en miracles ses prodiges d'amour. Dans cette grotte, aux bords de cette fontaine long-temps miraculeuse, lorsque la foi et la piété des populations méritaient encore des miracles, dans cette église qui porte le vocable de la sainte, non loin du château où notre suave Fénelon recueillit sans doute les derniers parfums de ces saintes mémoires, vit encore le nom et le souvenir de sainte Mondane.

Saint Pierre Thomas, ce carme intrépide, ce glorieux patriarche de Constantinople, qu'il suffit de nommer maintenant que le *Chroniqueur* a fait connaître les pieux détails de son enfance nécessiteuse, les fatigues et les gloires de son apostolat, le calme de sa mort et les prodiges de son tombeau. Cette sainte et noble figure qui se détache au xive siècle de toute la vigueur de la foi et de toute l'onction de la piété, continue ainsi dans notre Périgord la tradition des vertus chrétiennes et des miracles de la sainteté.

On pourrait sans doute, en fouillant plus attentivement les secrets de l'histoire, trouver dans les siècles qui suivent de saintes vies de pontifes, de moines, de vierges et de simples fidèles, et nous arriverions ainsi jusqu'à l'échafaud de la révolution. Cette affreuse persécution, qui renouvela parmi nous la rage et l'ignominie des premiers bourreaux de l'église, fit parmi nous de nombreux martyrs, à la tête desquels les Dulau et



les Chapt de Rastignac nous ont montré toute la plénitude de la foi, toute la générosité du sacrifice, toute la mansuétude de la charité des premiers temps. Certes, voilà une belle suite de saints personnages, et nous pourrions dire une belle guirlande de fleurs célestes, s'étendant de la confession de saint Front à l'église des Carmes ; et nous sommes fiers de tels ancêtres, nous sommes fiers de leur héritage, de leur courage et de leurs vertus, comme nous espérons participer à leur couronne en perpétuant leur souvenir, en gardant leur mémoire et leur culte.

Cette simple nomenclature que nous venons de parcourir peut faire comprendre de quel intérêt, de quel charme, de quelle utilité seraient pour tous nos vies de saints, exposées avec la gravité lumineuse de la science, racontées avec les vives sympathies de la foi, l'enthousiasme de la poésie et l'onction de la piété. Il faudrait que chaque mois eût sa légende, sa vie de saint, et le *Chroniqueur* remplacerait au foyer de famille, sous la lampe du soir, les productions légères, nous ne voulons pas dire immorales, qui amusent les veillées, sans les nourrir de bonnes leçons ni les sanctifier de pieux exemples. Ce serait là une lecture de famille intéressante et profitable, qui enseignerait l'enfance en consolant la vieillesse, assainirait l'imagination et purifierait le cœur de l'adolescence, exhortant, instruisant, racontant, priant avec la plus pénétrante des éloquences, les plus convaincantes des preuves, le plus dramatique des récits, la plus onctueuse des poésies : l'exemple, les vertus, la passion, les miracles de nos saints.

A ceux qui, parmi nous, voudraient nous intéresser et nous charmer de ces récits pieux, nous dirons, non point pour leur donner de conseils, mais pour les déterminer à ce travail de patriotisme chrétien : A l'œuvre, étudiez vos vieilles histoires, consultez les vieux documents et les antiques traditions, non plus avec l'inquiète et superbe curiosité des demi-savants du dernier siècle, non plus avec le parti pris de diminuer les miracles, de retrancher les légendes, et de naturaliser, pour les faire accepter de la philosophie, toutes les manifestations du monde surnaturel, non plus avec les labeurs inféconds et les sèches divagations des rationalistes mythologues, mais avec la simplicité de la foi, la droiture de la science véritable, avec l'intérêt que l'on prend à retrouver et à remettre en honneur les titres de noblesse de sa famille, avec le charme qu'on ressent à constater la réalité vivante et pleine de fraîcheur des croyances naïves de l'enfance. En un mot, à la véracité du chroniqueur, à la science du Bollandiste, joignez la piété du légendaire. Si vous voulez puiser la vérité dans de graves et sérieux documents, l'immense et inappréciable collection hagiographique des Bollandistes, les *acta sanctorum*, les pages savantes et devenues trop rares de la *Gallia-Christiana* vous fourniront de précieux renseignements.

Saint Grégoire de Tours éclairera d'un rayon les ténèbres de l'époque mérovingienne, pendant laquelle vécurent la plupart de nos saints. Consultez, quoique avec précaution, le père Longueval et le père Daniel, que ne feront pas oublier les travaux de l'école historique contemporaine sur les origines de notre histoire. Le père Dupuy, dans son *Etat de l'église du Périgord*, nous racontera, comme un chroniqueur naïf, la vie et les miracles des saints que vous nous ferez admirer. Parmi les travaux récents sur les origines des différentes églises des Gaules, l'abbé Faillou, dans son précieux travail sur l'apostolat de Marie-Madeleine, de Marthe et de Lazare dans les Gaules, jettera un jour nouveau sur l'apostolat de saint Front. Mais si vous rencontrez sur votre chemin la pieuse et poétique légende, ne la méprisez pas, comme les prétendus philosophes ; ne la disséquez pas, comme les faux savants ; ne la redoutez pas, comme les faibles croyants ; rapportez-la dans toute sa simplicité et dans la mesure de foi historique que nous lui devons. Quand même elle n'aurait d'autre fondement que l'imagination toujours impressionable du peuple, ni d'autres documents à fournir que le souvenir et les récits de l'aïeule, racontez toujours. Cette poésie jettera son éclat et son parfum sur votre récit, sans compromettre ni la stabilité de ses preuves ni la gravité de son enseignement.

Ce n'est pas trop pour une œuvre semblable. Au récit de la vie, des vertus, des miracles du saint, il faudrait joindre la vue des lieux qu'il habita, et comme l'encadrement du paysage qui garde son souvenir ou son nom. Souvent et d'ordinaire, il y a une mystérieuse correspondance entre les manifestations de Dieu par la sainteté et ses manifestations par le monde matériel et visible ; la grâce et la nature se pénètrent, s'expliquent, se révèlent l'une par l'autre. Certaines vies se comprennent mieux par la vue des lieux où elles s'écoulèrent. Les rochers et les bois expliquent et, pour ainsi dire, complètent les pénitents ; les vallons retirés nous montrent le solitaire ; le bord des eaux, la pente des collines, le creux des vallées nous redit le calme de la vie cénobitique. D'ailleurs, les lieux sanctifiés par la mémoire des saints, font partie désormais de leur légende et de leur héritage ; les lignes du paysage, en se gravant dans notre imagination, nous représenteront mieux les lignes calmes ou majestueuses, glorieuses ou cachées de leur existence sur la terre.

Ce n'est pas tout encore : les monuments que bâtirent ou inspirèrent nos saints devraient s'entrevoir au fond du récit hagiographique, les monastères qu'ils ont fondés, et dont il reste encore quelques ruines, reliques de l'art chrétien et d'un passé plus fécond que le nôtre en œuvres pieuses ; les écoles qu'ils fondèrent, et où ils enseignèrent la science des choses divines et humaines ; les hospices et maladreries que la charité bâtit en leur souvenir et mit sous leur protection ; enfin, les oratoires et les églises qui germèrent sur leur tombe, qui furent consacrés sous leur vocable, et gardèrent leurs reliques, titre et monument de leur culte. Le profil archéologique de ces monuments apparaîtrait au second plan du tableau avec les horizons de la patrie. En entremêlant la science et la poésie, comme les lierres et saxatiles qui germent sur l'estrados des voussures profondes et sur les galeries de l'édifice sacré, on montrerait la figure du saint, évêque ou confesseur, martyr ou cénobite, vierge ou veuve, encadrée d'une arcade romane, aux riches archivoltes, nageant dans le ciel d'or d'une coupole byzantine, ou nimbée d'une ogive au trèfle symbolique dessinée dans un firmament constellé. C'est ainsi que tout se rattache à nos saints ; et notre foi et nos mœurs, et les institutions du passé, et nos traditions, et nos souvenirs, et notre gloire véritable, et nos espérances d'avenir, les noms même que nous portons, et l'atmosphère chrétienne où nous respirons, nos monuments et notre civilisation, et finalement la pratique de notre culte, et l'inspiration de nos rares vertus.

L'abbé JEAN.

## LISTE CHRONOLOGIQUE DES ÉVÊQUES DE LIMOGES (1).

1. S. Martial, apôtre de l'Aquitaine, annonça la foi chrétienne non-seulement dans le Limousin, mais encore il prêcha l'évangile dans les provinces de Bordeaux, de Toulouse, de Poitiers, de Saintes, etc. Il mourut en 73.

(1) En dehors de cette liste, nous devons dire que le Limousin a donné naissance à trois papes, à un grand nombre de cardinaux, archevêques, évêques et ecclésiastiques distingués qui ont illustré d'autres diocèses.

2. S. Aurélien, disciple de saint Martial, mort en 89.

3. Ebulus ou Evolius, mort en 134.

4. Atticus, mort en 171.

5. Emerinus, mort vers 210.

6. Hermogenianus, mort en 247.

7. Adelphus I<sup>er</sup>, mort en 276.

8. Dativus, mort en 295.

9. Adelphus II, mort en 319.

10. Exuperius, mort en 410.

11. Astidius, mort vers 473.

12. S. Rorice I<sup>er</sup>, fit bâtir une église, en l'honneur de saint Augustin, à l'endroit où plus tard l'on construisit une abbaye, et où se trouve aujourd'hui la maison centrale de détention. Les Bollandistes ont imprimé de lui *deux livres de lettres*. Il fut nommé en 481, et mourut vers 507.

13. S. Rorice II construisit les églises de Saint-Pierre de Limoges et de Saint-Junien. Il fut nommé en 549, et mourut en 553.

14. Exotius ou Exochius, mort en 569.

15. S. Ferréol. Cet évêque sauva la vie, dans une sédition populaire, à Limoges, à Marc, référendaire de Chilpéric. Il fut nommé en 579, et mourut vers 597.

16. S. Asclep, nommé en 612, et mort en 613.

17. S. Loup, gardien du sépulcre de saint Martial, fut élu évêque par le roi pour le miracle qu'il avait fait en guérissant un de ses fils. Il fut nommé en 614, et mourut vers 632.

18. Simplicius, nommé en 632, et mort en 637.

19. Félix, nommé en 640, et mort en 650.

20. Adelphus III, nommé en 644, et mort en 668.

21. Hertgenobertus, mort en 670.

22. Cæsarius, mort en 672.

23. Hermenus, nommé en 673, et mort en 704.

24. Salutaris, mort en 709.

25. Rusticus, nommé en 712, et mort en 714.

26. Aggericus, mort en 745.

27. S. Sacerdos, nommé en 716, et mort en 720.

28. Ausindus, nommé en 720, et mort en 724.

29. S. Cessateur, nommé en 742, et mort vers 742.

30. Ebulus, mort en 786.

31. Regimpertus, nommé en 793, et mort en 820.

32. Audacher, nommé avant 835, et mort en 843.

33. Stodilus, nommé en 843, et mort en 861.

34. Aldo, nommé en 843, et mort en 866.

35. Gerlo ou Zerlo, nommé en 866, et mort en 869.

36. Anselme, nommé en 869, et mort en 898.

37. S. Turpin d'Aubusson, ordonna prêtre saint Odon, et fit rebâtir l'abbaye de Saint-Augustin. Il fut nommé avant 905, et mourut en 944.

38. Eubolus de Poitiers, fit bâtir un palais épiscopal et les murs de la cité de Limoges. Il fut nommé en 944, et mourut en 966.

39. Hildegarius de Limoges fonda les monastères d'Uzerche et d'Eymoutiers. Il fut nommé en 988, et mourut vers 990.

40. Hilduin, frère du précédent, fit bâtir une partie de la cathédrale de Limoges. Il fut nommé en 996, et mourut en 1012.

41. Gérald I<sup>er</sup>, de Limoges, nommé en 1014, et mort en 1022.

42. Jourdain de Larron ou de Loron, tint à Limoges, en 1029, un concile où il fut décidé que saint Martial serait honoré comme apôtre. Un second concile, tenu dans la même ville en 1031, confirma cette décision. Il fut nommé en 1023, et mourut en 1051.

43. Hicterius de Chalas, de Fressengeas, nommé en 1052, et mort en 1073.

44. Guy de Larron ou de Loron, assista au concile de Rome, en 1079. Il fut nommé en 1073, et mourut en 1086.

45. Humbauld (Elie), de Sainte-Sévère, reçut à Limoges le pape Urbain II. Il fut nommé en 1086, et mourut en 1095.

46. Guillaume de Uriel, nommé en 1098, et mort en 1109.

47. Pierre Viroald, nommé en 1100, et mort en 1121.

48. Eustorge d'Escoraille, fonda Châlusset, près Limoges, en 1130. Il fut nommé en 1106, et mourut en 1137.

49. Gérald II (Hector), de Cher, fit bâtir à Limoges la maison du prieuré de Saint-Gérald et l'ancien hôpital du même nom. Il fut nommé en 1138, et mourut en 1177.

50. Sebrand-Chabrot, contribua puissamment à délivrer le Limousin des brigandages de six mille Brabançons. Il fut nommé en 1178, et mourut en 1198.

51. Jean de Veyrac. Le pape Innocent III écrivit au roi d'Angleterre pour se plaindre des exactions nombreuses qu'il commettait envers cet évêque, qui avait été forcé de se retirer dans la Terre-Sainte. Il fut nommé en 1198, et mourut en 1218.

52. Bernard de Savenne fut curé de Saint-Hilaire-Bonneval et chanoine de l'Artige. Il accompagna à Avignon le roi Louis VIII. Il fut nommé en 1219, et mourut en 1226.

53. Guy de Cluzel ou Clossel, nommé en 1226, et mort en 1236.

54. Guillaume du Puy, nommé en 1235, et mort en 1236.

55. Durand d'Orlhac, prévôt de Saint-Junien, fit des dons considérables à plusieurs églises de son diocèse. Il fut nommé en 1240, et mourut en 1245.

56. Aimeric de la Serre de Malemort, donna une somme considérable pour bâtir sa cathédrale et fonder des églises ou des établissements religieux dans son diocèse (1). Il fut nommé en 1246, et mourut en 1272.

57. Gilbert de Malemort, nommé en 1275, et mort en 1294.

58. Régnaud-de-Laporte, né à Allassac, *cardinal*, reçut à Limoges Clément V (1306). Il fut nommé en 1294, et mourut en 1325.

59. Gérald Roger contribua à la construction de la cathédrale. Il fut nommé en 1317, et mourut en 1324.

60. Hélie de Talleyrand-Périgord, nommé en 1324, et mort en 1364.

61. Le B. Roger-le-Fort des Termes. On conserve quelques-uns de ses ouvrages parmi les manuscrits de la bibliothèque impériale. Il fut nommé en 1328, et mourut en 1367.

62. Nicolas de Besse, *cardinal*, nommé en 1343, et mort en 1369.

63. Guy de Comborn, de Treignac, nommé en 1344, et mort en 1357.

64. Jean de Cros de Calimafort, *cardinal*, fut fait prisonnier par le prince de Galles; le pape Grégoire XI le réclama et paya sa rançon. Il fut nommé en 1348, et mourut en 1383.

65. Aimeric de Chatti-de-la-Jauchat, en 1372, le duc d'Anjou le nomma gouverneur général du Limousin. Il sacra l'église de Jacobins de Limoges. Il fut nommé en 1374, et mourut en 1389.

66. Bernard de Bonneval, nommé en 1390, et mort en 1403.

67. Hugues de Magnac, né au Chatelard, nommé vers 1404, et mort en 1412.

68. Ranulphe de Pérusse d'Escars (2).

69. Pierre de Montbrun, nommé en 1427, et mort en 1456.

70. Jean Barthon de Montbas I<sup>er</sup>, fit construire une partie de la nef de la cathédrale. Il fut nommé en 1457, et mourut en 1497.

71. Jean Barthon de Montbas II, fit continuer la nef de la cathédrale. Il fut nommé en 1486, et mourut en 1510.

72. Réné de Prie, *cardinal*, nommé en 1510, et mort en 1519.

73. Philippe de Montmorency de Beaugency contribua à la construction de la cathédrale. On voit les armes de ce prélat sur le grand portail de l'église. Il fut nommé en 1517, et mourut en 1519.

74. Charles de Villiers-de-l'Isle-Adam fit continuer la cathédrale. Il fut nommé en 1519, et mourut en 1535.

75. Antoine de Lascaris de Tende, nommé en 1530, et mort en 1544.

76. Jean de Langheac (1) fut chargé d'ambassades importantes, fit construire dans la cathédrale la belle crypte où est son tombeau, ainsi que le magnifique jubé, aujourd'hui si mutilé. Il faisait bâtir le palais épiscopal lorsque la mort l'empêcha de l'achever. Pour donner une juste longueur à la cathédrale, il fit élever à six mètres de terre les parties inachevées qui séparent l'église du clocher. Il fut nommé en 1533, et mourut en 1541.

77. Jean du Bellai, *cardinal*, nommé en 1541, et mort en 1560.

78. Antoine Sanguin, *cardinal*. Le gouvernement de Paris fut confié à cet évêque durant les guerres de 1544. On l'employa pour rétablir la paix entre Charles V et François I<sup>er</sup>. Il fut nommé en 1546, et mourut en 1559.

79. César de Borgnonibus, auteur d'un *bréviaire* pour son diocèse, imprimé en 1555 et 1557, par Claude Garnier. Il fut nommé en 1547, et mourut en 1559.

80. Sébastien de l'Aubespine I<sup>er</sup>, rendit à la France d'importants services, et fit des dons considérables à la cathédrale. Il fut nommé en 1559, et mourut en 1582.

81. Jean de l'Aubespine II, nommé en 1583, et mort en 1596.

82. Henri de La Marthonie I<sup>er</sup>, nommé en 1587, et mort en 1618.

83. Raymond de La Marthonie II, publia des *statuts* et des *règlements* pour son diocèse. Il fut nommé en 1615, et mourut en 1627.

84. François de Lafayette fit construire le séminaire

---

(1) La société archéologique du Limousin a publié, en 1853, le testament de cet évêque. C'est une pièce précieuse pour l'histoire du Limousin.

(2) Ne se trouve pas dans Nadaud.

(1) On vient de découvrir dans les archives du département le testament de cet illustre évêque.

des Missions, celui des Ordinands et la maison de l'hôpital général, et publia des *ordonnances cynodales*. Il fut nommé en 1627, et mourut en 1676.

85. Louis de Lascaris d'Urfé publia des *ordonnances synodales,* donna à son clergé un *rituel* et un *pastoral* très-estimé, enfin, un *catéchisme*. Il fut nommé en 1677, et mourut en 1695.

86. François de Carbonel de Canisy, fit imprimer des *ordonnances synodales* (1696), alla à Paris solliciter pour les pauvres de son diocèse qu'une grande famine affligeait alors. Il fut nommé en 1695, et mourut en 1723.

87. Antoine de Charpin de Génétines. On doit à ce prélat des *avis synodaux*. Il fut nommé en 1706, et mourut en 1759.

88. Benjamin de l'Isle-du-Gast. En 1736, il renouvela le *bréviaire,* et, en 1738, il donna un *missel*. Il fut nommé en 1730, et mourut en 1739.

89. Jean Giles du Coëtlosquet, nommé en 1739, et mort en 1784.

90. Louis-Charles Duplessis-d'Argentré, construisit le palais épiscopal actuel ; fit tous ses efforts pour achever la cathédrale, et publia le *rituel du diocèse de Limoges* (1774). Il fut nommé en 1758, et mourut en 1808.

91. Marie-Jean-Philippe du Bourg, rétablit les autels renversés par la révolution, et en 1811, reçut à Limoges le pape Pie VII. Il fut nommé en 1802, et mourut en 1822.

92. Jean-Paul Gaston de Pins, nommé en 1822, démissionnaire en 1824.

93. Prospert de Tournefort, nommé en 1824, et mort en 1844.

94. Bernard Buissas, nommé en 1844.

Nous devons à notre évêque actuel les belles et importantes réparations qui se poursuivent à la cathédrale.

Quatre listes étaient en présence, nous avons adopté presque toujours de préférence celle de Nadaud, ancien curé de Teyjac, parce que les chronologies données par les autres écrivains nous ont paru moins complètes, et offraient des additions et des variantes inexactes ou en désaccord entre elles (1).

A. D.

(1) Voir et comparer le *Gallia-Christiana*, le *Rituel du diocèse*, Nadaud ou Legros, *mss*, l'*Indicateur* de M. Maurice Ardant, le *Calendrier du Limousin* de 1770, les *Ephémérides* de 1837, etc.

**TRAITÉ DE RÉUNION**

DE LA CITÉ ET DE LA VILLE DE PÉRIGUEUX.

(Année 1240.)

Le chapitre de Saint-Étienne, et tous les clercs, chevaliers, damoiseaux et autres laïcs citoyens de la Cité de Périgueux, les consuls et la communauté de la ville de Puy-Saint-Front de Périgueux, à tous ceux qui ces présentes lettres verront, salut, au nom de la Sainte-Trinité, etc. Nous déclarons et notifions, à tous ceux qu'il appartiendra, que voulant procurer l'utilité et l'avantage publics du diocèse de Périgueux, nous avons fait et contracté alliance en la manière qui suit, savoir : Que nous nous remettons, et nous pardonnons mutuellement, en général et en particulier, tous sujets de haine, vengeance ou altercation respectives, lesquels nous pouvions avoir les uns contre les autres au temps du présent traité ; sous la réserve cependant qu'on sera obligé de payer en la manière accoutumée les cens, rentes et revenus à ceux à qui ils appartiennent. Nous avons statué que ledit traité sera perpétuellement observé ; et que, de nous et de nos successeurs, il sera fait une université ou corps composé de l'universalité de tous les citoyens de la ville et de la Cité ; lequel sera gouverné suivant les coutumes anciennes de la ville du Puy-Saint-Front, qui seront exactement observées, de manière que pour le gouvernement de ladite université, on élira, de l'avis et du consentement de tous, un maire et des consuls, ou des consuls seulement auxquels cette même université obéira, et par lesquels se fera l'administration de la chose publique ; ainsi, tous ceux qui auront atteint l'âge de quinze ans, seront obligés de promettre et jurer soumission et obéissance auxdits maire et consuls, excepté les clercs, dans les cas où ils ne peuvent se soumettre à la jurisdiction laïque ; et si quelqu'un de la Cité refuse de se soumettre et d'obéir aux consuls, il ne sera pas regardé comme membre de ladite université.

*Item.* Il demeure convenu que, tant la Cité que la ville de Puy-Saint-Front de Périgueux, auront toujours leurs murs séparés, leurs tours, leurs portes, leurs fossés et avant-murs ; cependant, il sera fait une clôture et une enceinte contiguës depuis la Cité jusqu'à la ville, et ceux qui habiteront au-dedans seront membres de l'université, et obéiront, en toutes choses, aux consuls, comme les autres citoyens de la Cité et de la ville du Puy-Saint-Front; et afin que ladite université soit à l'abri de recevoir aucun tort ni dommage, il ne sera permis à personne de construire, au-dedans de ladite enceinte, aucune espèce d'édifice, soit maison ou autre bâtiment quelconque, duquel il puisse résulter du dommage ou du danger pour ladite université, et les consuls seront chargés d'y veiller

*Item.* Comme la Cité est libre et n'est assujétie à la jurisdiction de personne, comme elle exerce la justice, dans les cas de vol, homicide, combat, fausse mesure ou autres crimes et injustices, il a été arrêté et statué que les consuls auront pleine jurisdiction et le droit de connaître de tous les cas, dans la Cité et dans la nouvelle clôture ou enceinte, et d'infliger des peines aux coupables, selon qu'ils le jugeront convenable; excepté les causes féodales, lesquelles, à raison des fiefs particuliers, seront discutées et jugées devant les seigneurs desdits fiefs.

S'il arrive que quelqu'un soit dépouillé par un autre ou chassé de ses possessions sans le concours et l'autorité de son juge, les consuls rétabliront dans ses droits celui qui aura été dépossédé, et le ravisseur sera puni de la manière que le consulat le jugera à propos.

*Item.* Ni dans la Cité, ni aux environs, ni dans la nouvelle clôture ou enceinte, aucun clerc ni laïc ne fera hommage à qui que ce soit s'il n'est de la famille propre; en cela, on suivra la coutume observée depuis long-temps dans la ville du Puy-Saint-Front.

*Item.* Il a été statué qu'aucun de ladite université, clerc ou laïc, ne citera ou ne fera citer une autre personne d'université, devant aucun juge ecclésiastique ou séculier, hors de la Cité ou de la ville du Puy-Saint-Front, ou de la nouvelle enceinte; pourvu cependant que celui qui sera appellé devant un juge étranger soit disposé à reconnaître la jurisdiction des juges ordinaires, délégués ou subdélégués, ecclésiastiques ou laïcs, et à se soumettre à leurs jugements, en toutes les choses qui pourront être de leur compétence.

*Item.* Si quelqu'un des citoyens possède une maison forte ou quelqu'autre édifice, et qu'à cause de ce il soit justement suspect au consulat, il doit prendre les précautions nécessaires, et de l'avis du consulat, pour qu'il n'arrive ni tort ni dommage à l'université; si au contraire il ne peut ou ne veut prendre à cet égard les mesures convenables, le consulat s'emparera de ladite maison ou forteresse, et la gardera aux dépens de celui à qui elle appartiendra; et si le seigneur de la maison refuse de fournir aux dépenses nécessaires, cette for-

teresse ou maison sera mise au niveau des murs, avec une porte du côté de la Cité, le tout, ainsi que le consulat le jugera à propos.

*Item.* On tiendra le marché au lieu accoutumé dans la ville du Puy-Saint-Front.

*Item.* On mettra un beffroy dans la Cité et dans la ville du Puy-Saint-Front, et on donnera en même temps le signal dans l'une et dans l'autre à l'entrée de la nuit; et pour lors, les portes, tant de la Cité que de la ville, seront fermées.

*Item.* Si on ferme la Cité de murs, depuis la porte des Boucheries jusqu'à la porte du Bourreau, la ville du Puy-Saint-Front ne sera nullement tenue de contribuer à cette première dépense; mais si dans la suite il est nécessaire de réparer ces murs, ces réparations, ainsi que les autres de la Cité et de la ville du Puy-Saint-Front seront à la charge et aux frais de l'universalité des citoyens.

*Item.* Les hérauts feront les cris et publications de la part de la communauté et du consulat, tant dans la ville du Puy-Saint-Front, que dans la Cité et dans la nouvelle enceinte.

*Item.* La communauté se servira du seul et même sceau dont le consulat et la communauté de la ville du Puy-Saint-Front avaient accoutumé de se servir, au temps de ce traité, avec toute plénitude de droit.

*Item.* Les poids du bled et de la farine doivent être mis à la porte de la Cité, comme ils sont à la porte de la ville du Puy-Saint-Front; et les moulins ne prendront pour leurs droits que la seizième partie du bled qu'ils feront moudre.

*Item.* Toutes les mesures seront égales, ainsi que les poids, dans la Cité, dans la ville du Puy-Saint-Front et dans la nouvelle clôture, et tous les droits en provenans seront convertis en fonds pour le bien public.

*Item.* L'armée de l'université marchera et sera conduite selon la volonté et la disposition du consulat.

*Item.* La maison du consulat sera, dans la ville du Puy-Saint-Front, à la volonté de ceux qui seront établis pour le gouvernement et l'administration dudit consulat.

*Item.* Les hommes de l'universalité pourront, au-dedans de ladite clôture ou enceinte, se transporter, quand ils voudront, d'un lieu à un autre, et y faire leur séjour.

*Item.* L'universalité payera, tous les ans à Noël, les vingt livres qui sont dues au comte; mais pour cela, néanmoins, ledit comte n'acquerra aucune jurisdiction dans la Cité ou nouvelle enceinte, ni sur les habitans d'icelle.

Il a été convenu encore et arrêté que l'universalité contribuera, et tous en commun, à toutes les dépenses nécessaires, de manière que, lorsqu'on devra imposer des tailles sur les biens meubles et immeubles des laïcs, les clercs de la Cité paieront la moitié de la somme imposée sur les laïcs ; en sorte que si ces derniers sont obligés de payer quarante sols, les clercs doivent en payer vingt, etc. Et ainsi l'universalité et le consulat s'obligent de défendre la personne des chanoines et des clercs de la Cité, leurs hommes et leurs droits, avec le même zèle et la même attention que les hommes et droits seigneuriaux des citoyens de la ville du Puy-Saint-Front ; et en conséquence, et de la même manière, les chanoines et les clercs de la Cité seront tenus de défendre les hommes de ladite ville et de veiller à la conservation de leurs droits. Les biens meubles, quelque part qu'ils soient, et les immeubles, à la distance d'une lieu, seront évalués.

*Item.* On ne fera dans les murs, ni dans les tours de la Cité, aucune poterne ou fausse porte, ni autres ouvertures qui puissent causer aucun dommage ni préjudice à l'universalité.

*Item.* Si on fait des fossés ou autre fermeture pour la nouvelle enceinte, et que pour cela on prenne le fonds de quelqu'un, on le paiera, ainsi qu'il sera jugé et réglé par le consulat.

*Item.* Toutes les fois que le consulat le jugera à propos et nécessaire, il pourra s'emparer des forteresses de la Cité et de la nouvelle enceinte et de la ville du Puy-Saint-Front ; et personne ne doit introduire dans aucun de ces trois endroits des gens suspects et de qui l'universalité puisse avoir à souffrir quelque dommage.

*Item.* Si quelqu'un demande à être reçu dans le corps de l'universalité des citoyens et bourgeois, il y sera admis, malgré l'opposition que pourrait y former quelqu'un des citoyens, pourvu que, cependant, dans le cas qu'il sera porté quelques plaintes contre lui, il se soumette, en présence des maire et consuls, aux choses de droit, selon l'usage observé, en pareil cas, dans le consulat.

*Item.* S'il arrive quelque nouvelle circonstance ou événement qui intéresse la communauté, c'est au consulat à y pourvoir et à disposer toutes choses à cet égard, et tout ce qu'il aura arrangé et disposé formera une obligation indispensable pour l'universalité de tous les citoyens. Nous voulons et entendons que toutes les choses réglées et arrêtées ci-dessus soient stables et durables à jamais, sans entendre préjudicier à la suzeraineté ni souveraineté du roi de France, auquel nous faisons profession d'être soumis et attachés.

De plus, nous chanoines et ecclésiastiques, chevaliers et damoiseaux, et autres laïcs citoyens de la Cité de Périgueux, engageons et affectons tous nos biens, meubles et immeubles présens et à venir, aux consuls et à la communauté de la ville du Puy-Saint-Front, pour garantie inviolable de l'exécution constante de tous les articles contenus au présent traité ; et afin qu'il puisse subsister à jamais, dans toute son intégrité ; nous chanoines et ecclésiastiques, chevaliers, damoiseaux et citoyens de ladite Cité, et nous consuls et communauté de ladite ville du Puy-Saint-Front, nous sommes respectivement promis par serment d'en observer en tout temps et à jamais, et de point en point, toutes les clauses et conditions que nous regarderons toujours comme sacrées et inviolables ; et pour leur donner toute la force et l'authenticité requises, nous avons muni le présent traité du sceau du vénérable père, Pierre, évêque, et de celui du chapitre de Saint-Étienne, et les noms des chanoines qui lors étoient du chapitre de Saint-Étienne, sont ci-après, savoir : Ytier de Périgueux, doyen ; Guilhaume de Salles, Bertrand de Biron, Pierre de Longuevau, archidiacres ; Hélie Despes, chantre ; Ademar Hélie (ou Pompadour), Lambert Laporte, Ademar de Melet, Aymmeric de Mareuil, Willehm Mimet, Bernard de Geneste, Grimoard de Salles ; et les consuls du Puy-Saint-Front étoient Hélie de Roche, Chevalier, Hélie Espes, Arnaud de Salles, Ademar d'Armanhac, P. de Bachallaria, Willehm de Beon, B. Blanquet, Hélie Vaschiers, Hélie Fabre, Étienne de Pons, Jean de Clarens, Hélie Autorts ; fait et passé l'an du Seigneur, mille deux cent quarante, au mois de septembre, et le jour du dimanche avant la fête de saint Mathieu, apôtre.

—◦●◦—

Territoire de la seigneurie de la ville de Périgueux, avec les noms de tous les fiefs qui en relevaient, et que l'on trouve référé dans l'aveu et dénombrement de 1679.

I. Les maisons appelées de Bourdeilles.

II. Les maisons de Barrière et de Limeuil, possédées par M. de Beaufort, chevau-léger.

III. Le monastère des dames religieuses de la visitation.

IV. L'enclos des prêtres de la mission.

V. Le repaire noble de la Gauderie, possédé par M. de Mèredieu d'Ambois le fils.

VI. Le repaire noble de la Rampinsolle, possédé par M. de Langlade, ancien capitaine au régiment de Piémont, infanterie.

VII. Le repaire de Montgaillard, possédé par M. de Jay de Beaufort, chevau-léger.

VIII. Le repaire noble de Beaufort, possédé par M. de Jay de Beaufort, chevau-léger.

IX. Le repaire de Chevrier, possédé par M. Sauve-Roche.

X. Le repaire d'Adian, possédé par les dames religieuses de Saint-Benoît.

XI. Le repaire de Pronsaud, possédé par M. d'Alair, ancien garde du roi.

XII. Le repaire de Pouzelande, possédé par M. de Froidefont des Farges, garde du roi.

XIII. Le repaire de Barat, possédé par M. de Roche, officier au régiment de Saintonge.

XIV. Le repaire de Boulazac, possédé par M. de Mèredieu d'Ambois le père.

XV. Le repaire noble du Lieu-Dieu, possédé par M. le marquis de Bailly.

XVI. Le repaire de la Filolie-l'Amourat, possédé par M. de Saunier de la Filolie.

XVII. Le repaire de Treillissac, possédé par M. de Treillissac, officier dans le régiment de Boulonnois.

XVIII. Le repaire de Bori-Porte, possédé par M. Déjean.

XIX. Le repaire noble de la Motte, possédé par M. de la Motte d'Empine, ancien garde du roi.

XX. Le repaire noble de Caussade, possédé par M. de la Martonie, évêque de Meaux.

XXI. Le repaire de Lauterie, possédé par M. le marquis d'Abzac de la Douze.

XXII. Le repaire de Borie-Boudit, ou Borie-Petit, possédé par M. de Cremoux, officier au régiment de Touraine, infanterie.

XXIII. Le repaire de la Roussie, possédé par M. le comte de la Rochaimont, ci-devant maire de Périgueux.

XXIV. Le repaire de Borie-Bru, possédé par M. de Mèredieu d'Ambois.

XXV. Le repaire noble de la Rolphie, possédé par M. le marquis d'Allogny.

XXVI. Le repaire noble de la Jarte, possédé par M. le comte de la Rochaimont, ancien capitaine de cavalerie, chevalier de l'ordre royal et militaire de Saint-Louis.

---

## NOTE RELATIVE AUX LETTRES DE HENRI IV

### A M. DE VIVANS.

Les deux dernières lettres de Henri IV à M. de Vivans, publiées dans le *Chroniqueur*, tome 1er, p. 247, devraient porter en note qu'elles ont été adressées à Jean de Vivans, fils de Geoffroy, — ce dernier étant mort d'une blessure qu'il reçut au siége de Villandraud, le 21 août 1592.

---

Il vient de paraître chez Michel Lévy, éditeur à Paris, un nouvel ouvrage de M. le marquis de Sainte-Aulaire, intitulé : *Les derniers Valois, les Guise et Henri IV*. Nous donnerons dans une de nos prochaines livraisons des extraits de cette production historique, qui est digne à la fois du nom de l'auteur et du sujet qu'elle traite.

ARMAND DE SIORAC.

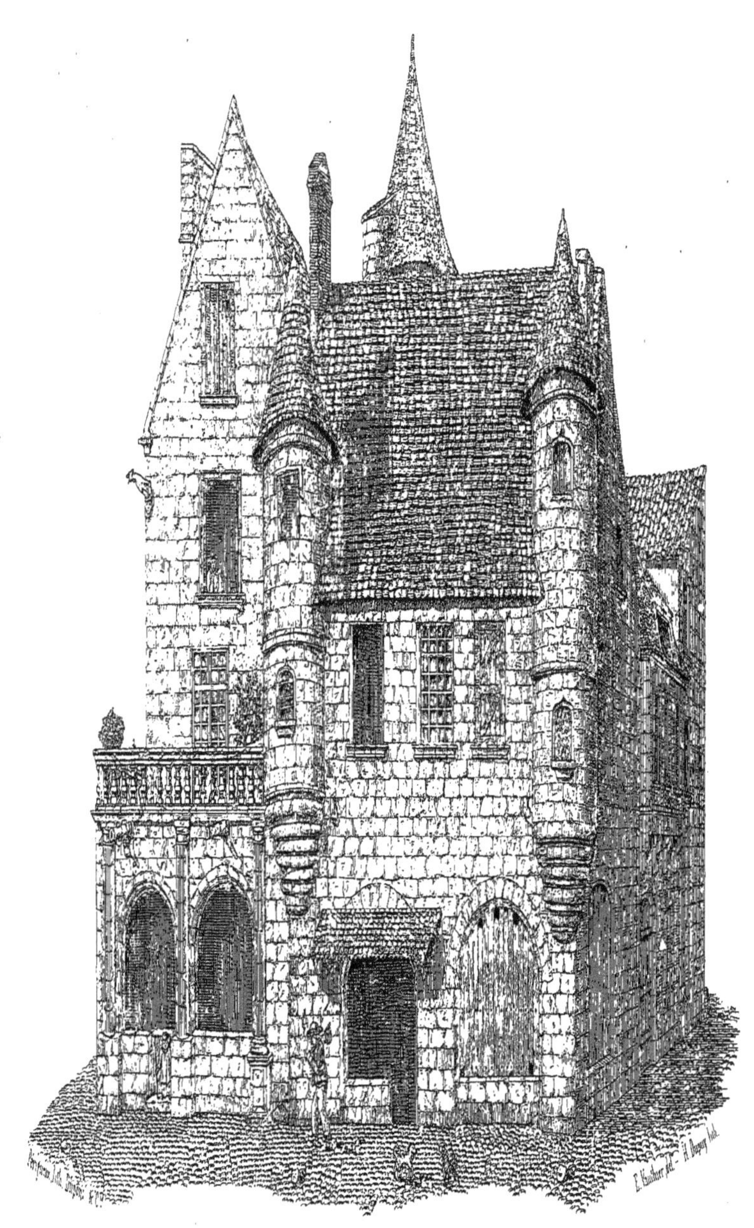

MAISON DU XVIe SIÈCLE, PLACE DU GREFFE, A PÉRIGUEUX.

## UN DERNIER ÉPISODE DE LA FÉODALITÉ.

### LA LÉGENDE DE GLANNE.

L'institution féodale avait trouvé son principe et sa justification dans la résistance à opposer aux dernières invasions des Barbares. L'action monarchique, défaillante aux mains des héritiers de Charlemagne, fut ainsi divisée : elle passa aux seigneurs immédiatement préposés à la conduite de ces armées d'occupation qui s'essayaient à former des nationalités distinctes sous la double influence de l'Église et de la royauté déjà séculaire. De ce fractionnement des forces sociales durent naître de nombreux désordres, auxquels résistèrent les rois, — les rois, selon l'expression de Louis XII, « débiteurs de justice à leurs subjects, » — en créant et développant les juridictions des bailliages. Longue fut la lutte : jusqu'au milieu du xviie siècle, tandis que se dégageait à l'extérieur d'une manière éclatante et définitive la nationalité française, l'unité intérieure se constituait difficilement. — L'unité de langue existait à peine, l'unité de droit était à fonder, et il y avait au fond de nos provinces plus d'un château où n'avait pas encore pénétré le rayonnement du *royal-soleil* de Louis XIV, plus d'un seigneur qui n'avait pas échangé sa rapière contre l'épée du gentilhomme et du courtisan.

Voici une petite légende, toute empreinte du caractère de cette époque, si forte dans ses vertus et ses vices ; elle appartient à notre Revue par le lieu qui en a été le théâtre et par les personnages qui en ont été les auteurs :

« L'an 1666, noble Pierre de Laguionie, seigneur de Lempzours et autres lieux, épousa noble damoiselle Marie de Raynier de Glanne, fille de noble François Pierre de Raynier, chevalier, seigneur de Glanne, et de noble damoiselle de Lafaye de la Martinie.

» Ce mariage se fit au château de Glanne, paroisse de Coulaures. — Deux ans après, Pierre de Laguionie mourut, ne laissant qu'un fils Yon, ou Léon.

» Devenue veuve, Marie de Raynier ne pensa qu'à son fils et repoussa tous les prétendants que lui attirait sa grande beauté. Parmi les plus assidus, se trouvait un parent de Pierre de Laguionie, François Lenormand, seigneur de Négrondes, que dans ces temps de troubles sa violence avait rendu redoutable. L'amour n'était pas son seul moteur ; il avait aussi en vue la tu-



telle de l'enfant, dans l'espoir de s'emparer de sa fortune, qui était assez considérable.

» Aussi, dès qu'il vit qu'il n'avait rien à espérer de Marie de Glanne, lui jura-t-il une haine sans bornes. Sachant qu'elle avait tout à craindre de François Lenormand, Marie de Glanne manda à MM. de Raynier, ses frères, de la venir quérir, elle et son enfant, pour les mener au château de Glanne, qui, par ses nombreux fossés, pouvait offrir une grande résistance, tandis que le château de Laguionie, qui avait été brûlé dans les guerres précédentes, était incapable de résister à un coup de main.

» Son appel fut entendu ; deux de ses frères accoururent avec leurs gens, et, le lendemain de leur arrivée, se mirent en route pour revenir à Glanne.

» La belle et courageuse veuve, entourée de ses serviteurs, tenait son enfant sur le devant de sa selle, et, le pistolet à la main, était prête à tout événement.

Le départ se fit sans encombre, et déjà la petite troupe espérait ne pas être inquiétée dans sa marche, lorsqu'arrivée près de Négrondes, au milieu d'un bois taillis qui existe encore, de nombreux cavaliers se précipitèrent sur elle. Dès le premier choc, l'aîné de MM. de Raynier fut tué ; mais, loin d'être découragé par sa mort, son frère fit une vigoureuse résistance, et parvint à repousser les assaillants, qui se sauvèrent dans toutes les directions, laissant plusieurs des leurs morts sur la place. Marie de Glanne, sans se laisser intimider, avait fait feu sur François Lenormand, qui pendant l'attaque avait cherché à s'emparer d'elle et de son enfant.

» Désolée de la mort de son frère, elle fit porter son corps au château de Glanne (1). Quant à François Lenormand, il passa en Espagne pour éviter la sévérité des lois. »

L'intéressant épisode que nous venons de raconter en quelques mots devait naturellement exciter l'enthousiasme de quelque poète ; on a retrouvé, ces temps derniers, les fragments d'un poème en vers latins où sont célébrés les vertus et le courage de notre belle héroïne.

ARMAND DE SIORAC.

---

(1) Le château de Glanne appartient aujourd'hui à M. le comte Paul de Malet, par suite de l'alliance de sa famille avec celle de Raynier.

## MONUMENTS

### RELIGIEUX, CIVILS ET MILITAIRES DE LA CITÉ DE VÉSONE
#### SOUS LA PÉRIODE GALLO-ROMAINE (1).

La conquête des Gaules n'enleva rien à la puissance de la capitale des Pétrocoriens, et ajouta même à sa splendeur. Les débris de ses temples et de ses édifices somptueux nous l'attestent. Les vainqueurs semblent avoir voulu faire oublier à cette cité qu'elle était tombée sous leur joug.

De tous les édifices qu'élevèrent les Romains, les temples sont, sans contredit, ceux où ils étalèrent le plus de grandeur, de luxe et de magnificence. En effet, les formes qu'ils leur ont affectées, le choix et la richesse des matériaux qu'ils y ont employés, les dépenses en marbres, en métaux, en sculptures et autres ornements de toute espèce qu'ils y ont prodiguées, témoignent assez qu'ils n'épargnaient rien pour rendre ces monuments dignes de leur destination, dignes de l'Empire.

Cette somptuosité, qui n'était qu'une fastueuse profusion en Italie, devenait une prodigalité politique dans les pays vaincus où les Romains voulaient faire dominer leur religion.

Quelques villes des Gaules, qui furent moins en butte que Vésone aux dévastations des Barbares, ont conservé un plus grand nombre de monuments antiques; mais aucune, à coup sûr, ne peut fournir la preuve d'avoir possédé autant d'édifices publics ou particuliers, et surtout de plus riches temples. On peut prouver, en effet, par des inscriptions ou par des fragments d'architecture, et surtout de sculpture, qu'elle en comptait plus de douze dans son enceinte ou fort près de ses murs.

#### MONUMENTS RELIGIEUX.

Quatre inscriptions, déposées au musée et relatives à l'apothéose de l'empereur Auguste, semblent attester que les Vésoniens avaient consacré un temple à Rome et à Auguste; l'une d'elles témoigne de l'existence d'un collége de prêtres augustaux ; or, on sait que ces colléges étaient destinés à faire le service des temples dé-

(1) Cet article est extrait du beau livre de M. le comte Wlgrin de Taillefer sur les *Antiquités de Vésone* (*passim*).

diés à cet empereur; on ne peut assigner la place des temples d'Osiris, de Bacchus, de Neptune, de Vénus; mais notre musée possède des preuves non équivoques de leur ancienne existence.

On rencontre sur le sol de l'ancienne ville beaucoup de débris d'édifices, ornés de pampre et de raisins, soit des portions de frises employées dans des constructions, soit des fûts de colonnes ou des fragments de chapiteaux dispersés çà et là. Comment ne reconnaîtrait-on pas dans ces divers ornements les attributs du dieu des vendanges, du Bacchus des Grecs et des Romains?

Il existe deux blocs de colonnes dont les emblèmes sont, la panthère, le lierre et les griffons, attributs particuliers d'Osiris, le Bacchus égyptien.

Toutefois, ces temples n'étaient pas, on le présume du moins, aussi somptueux que celui de Neptune.

Le musée de Périgueux conserve la partie supérieure d'une corniche d'entablement du temple dédié à cette divinité. Les proportions de sa cymaise et de ses modillons annoncent que l'édifice devait avoir de soixante à soixante-dix pieds d'élévation totale. Les coquillages et les plantes marines qui y sont sculptés ne laissent aucun doute sur la destination de ce temple.

M. Beauménil a dessiné, en 1763, un bloc de colonne de sept pieds, huit à dix pouces de haut, sur quatre pieds de diamètre, tout orné de coquillages et de plantes marines, en très-beau marbre blanc.

Beauménil est si étonné des fortes proportions et de la beauté des sculptures de ce bloc, qu'il le regarde comme ayant fait partie d'un monument isolé, que, dans son admiration, il compare à la colonne Trajane.

L'existence à Vésone d'un temple consacré à Junon n'est pas aussi certaine; il n'en reste d'autre preuve qu'une fort belle tête de la déesse : le corps a été détruit. M. Wlgrin de Taillefer raconte qu'il se souvient d'avoir vu la statue entière.

Quant à un temple de Vénus, non-seulement la tradition s'en est perpétuée jusqu'à nous, mais il y a environ quatre-vingt-dix ans, en creusant les fondements d'une sacristie qu'on voulait ajouter à l'église des dames de la Visitation, on découvrit une superbe statue de cette divinité, en marbre blanc et d'une hauteur de sept pieds. Il n'en existe plus qu'une main mutilée. La courbure du poignet fait croire qu'elle avait l'attitude de la Vénus pudique. On ne saurait trop regretter la destruction d'une statue dont les formes et le dessin étaient si parfaits, que, mieux peut-être que la Vénus d'Arles, la nôtre aurait mérité d'être placée à côté de celles de Florence et du Capitole.

La beauté de ce morceau de sculpture, le haut prix du marbre dont était faite cette statue, sont un garant presque certain que Vénus avait un temple à Vésone.

Il existe un temple dans l'enceinte même de la ville actuelle, dont l'emplacement se trouve compris dans celui de l'antique Vésone. L'antique église de Saint-Silain, qui fut abattue dans la révolution, avait été bâtie sur les ruines et avec les matériaux d'un ancien monument, retrouvés dans ses fondements lors de sa démolition.

Des deux côtés de la porte où commençait la rue Iliéras, on voyait, avant la révolution, des restes de constructions antiques, faciles à distinguer et parfaitement conformes à ce que les Romains nous ont laissé. On y a retrouvé depuis un chapiteau corinthien avec plusieurs autres débris antiques.

Il paraît également certain qu'il a existé un temple sur l'emplacement de l'ancien cimetière, qui datait d'une époque très-reculée. On y voyait, encore avant 1820, une très-vieille chapelle sous l'invocation de St-Pierre-l'Ancien. C'était là que l'Evêque prenait possession de son diocèse.

Avant la révolution, il existait près du château de Beaufort, paroisse de Coulounieix, un grand amas de colonnes, d'entablements et d'autres morceaux d'architecture appartenant évidemment à un temple antique.

De vieilles chroniques, suppléant au défaut ou à l'incertitude des monuments, attestent que Vésone possédait des temples consacrés à Jupiter et à Mars (1). Nous ne savons où était placé le temple de Jupiter ; mais il n'en est pas ainsi de celui de Mars, dont un passage d'une autre chronique (2) détermine très-exactement la position, qui est celle de l'église actuelle de Saint-Étienne de la Cité. « Le temple de Mars, y est-il dit, dépouillé de ses vaines idoles, fut consacré au culte de Saint-Étienne, premier martyr. C'est de ce temple que Fronto (Saint-Front) fit sa cathédrale. »

On ne peut donc révoquer en doute que l'église de Saint-Étienne n'ait été construite sur les ruines du temple de Mars, car elle est encore et a toujours été sous l'invocation du même saint, à la même place que notre premier Evêque lui avait choisie, et ce n'est que depuis environ cent cinquante ans qu'elle n'est plus

cathédrale ; quoique souvent rebâtie, elle offre partout encore le plan antique, c'est-à-dire qu'elle conserve la forme du parallélogramme rectangle.

Ce temple dut être le plus grand de tous ceux que les Romains élevèrent à Vésone ; et si l'on considère que c'était ordinairement la *cella* de ces sortes d'édifices qui servait d'église ou de fondement aux reconstructions des premières basiliques chrétiennes, il faudra en conclure que notre temple de Mars fut un des plus vastes de toutes les Gaules.

L'église actuelle de la Cité ne conserve plus aucune trace des constructions antiques. Mais lorsqu'en 1805 on voulut fouiller l'emplacement de la partie ruinée pour en extraire des pierres de taille, on tira de terre une grande quantité de matériaux et d'ornements antiques, tels que fragments de colonnes de marbre et de granit.

Ce temple de Mars avait une enceinte vaste et fortifiée, ornée d'un péristile dans tout son pourtour intérieur, et décoré de beaux ornements d'architecture.

M. de Taillefer n'hésite pas à ranger parmi les monuments religieux de notre vieille Cité la Tour de Vésone. Sa forme ronde, sa capacité, sa construction, son imposante majesté, tout, en un mot, prouve que c'était un temple ; mais rien ne dit à quel dieu il était consacré ; seulement, si on en juge par les débris de marbres découverts dans les fouilles pratiquées à différentes époques, il semble qu'on peut affirmer que c'était un des plus beaux temples de la Gaule et peut-être de tout l'empire romain.

M. de Taillefer, contrairement à l'opinion qui fait de ce monument un temple de Vénus, croit que la Tour de Vésone a été un édifice religieux consacré à Isis. « Nous sommes assez heureux, dit notre savant » compatriote, pour que le hasard nous ait conservé un » témoignage qui convertit presque en certitude cette » probabilité. En effet, il existe, au château de Bar- » rière, une grosse pierre taillée de façon qu'il est im- » possible de douter qu'elle ne provienne de la Tour » de Vésone et qu'elle n'ait fait partie des ornements » intérieurs de sa porte d'entrée. Or, le devant de cette » pierre offre, parmi d'autres sculptures, deux ibis » fort bien conservés, et l'on sait que ces oiseaux » étaient l'emblème d'Isis. »

M. de Taillefer croit pouvoir faire remonter la construction de ce temple aux commencements du règne d'Auguste ; quant aux ibis et aux arabesques dont le fragment qui vient d'être signalé porte de si évidentes traces, ils datent très-vraisemblablement de la restau-

<hr>

(1) *Acta sanctorum, a Boll.*, t. 1er, p. 7 et 8. *Antuerp*, 1695.
(2) *Gall. eccles., hist.*, t. II, ch. 15, f° 25-32. *A Bosquetto. Parisiis*, 1636.

ration du temple, due à un Marcus Pompéius, ainsi que l'atteste une inscription trouvée, au mois de décembre 1820, sur l'emplacement d'une vieille tour, au château de Barrière.

On attribue la ruine de ce temple à l'édit de Constantin (an 331), qui ordonnait de détruire les temples des idoles, et, postérieurement, aux Barbares qui ont précédé l'établissement des Goths dans le midi de la France. Comment cette tour s'est-elle conservée jusqu'à nous? M. de Taillefer en donne une explication que nous croyons très-plausible :

« La *cella* de notre temple d'Isis étant bâtie en très-» petites pierres taillées en pointe, ses matériaux ne » pouvaient guère servir à de nouvelles constructions; » aussi existe-t-elle encore. Mais ses décorations, ses » colonnes et ses revêtements de marbre, ses bronzes, » les grosses pierres de sa colonnade, celle de sa porte » d'entrée, de son porche et de ses perrons, pouvaient » être employés ailleurs ou être vendus chèrement; » aussi n'en retrouve-t-on sur les lieux que quelques » faibles vestiges. »

Vésone devait contenir beaucoup d'autres monuments religieux. En effet, les blocs de colonnes se rencontrent si fréquemment dans son enceinte, après quinze siècles de destruction, qu'il est à présumer qu'ils faisaient partie d'un bien plus grand nombre d'édifices qu'il n'est possible d'en mentionner avec des preuves à l'appui.

Jules de M...

## LA SEIGNEURIE DE PILES.

L'intérêt qui s'attache au célèbre Armand de Clermont de Piles, l'un des chefs les plus connus de la Réforme sous les Valois, et dont se sont occupés tous nos historiens, qui figure d'une façon si brillante dans les récits du P. Dupuy *(Estat de l'église du Périgord)*, de Théodore de Bèze, de Mézeray, de M. L. Mary-Lafon et de toutes nos chroniques modernes, me fait présumer que les lecteurs du journal archéologique du Périgord et du Limousin accueilleront avec plaisir des renseignements inédits sur la terre de Piles, où naquit Armand de Clermont dit de Piles.

L'acte le plus ancien que je connaisse est le suivant, dont je donne la transcription accompagnée de la traduction mot à mot. Au dos se trouve la suscription suivante, tracée de la main même du savant abbé de Lespine, qui, je ne sais pourquoi, ne put où n'eut le loisir d'en dire autre chose :

23 novembre 1431 (1).

« Acte par lequel Mondot de Bodas, bourgeois de la ville de Marmande, agissant au nom de Catherine de » Peuch, sa femme, donna et céda à fief perpétuel à Hélie Mercey donzel de Bergerac, la seigneurie de Piles, près la même ville de Bergerac. »

<table>
<tr><td>TRADUCTION FRANÇAISE.</td><td>ORIGINAL.</td></tr>
<tr><td>

Connue soit cette chose, que Mondot de Bodas, habitant et bourgeois de la ville de Marmande, procureur au nom de Catherine de Puch, sa femme, et ayant plein pouvoir et spécial mandement de la dite sa femme, pour faire présent et octroyer toutes et chacunes, les causes en cette présente charte contenues comme il appert clairement, par une charte publique de procuration, ouïe et reçue par Jean de Olerus, notaire public et de son signe accoutumé signée, de laquelle charte la teneur de mot à mot est inscrite à la fin de cette présente charte, écrite et insérée; voyant et connaissant suivant ce qui plus bas s'en suit et est dit, faire le profit et utilité et amendement et amélioration de sa

</td><td>

Coneguda causa sia que Mondot de Bodas, habitant et borgues de la vila de Marmanda, procurador au nom de na Kathelina de Puch sa molher et avent plein poder et especiau mandament de la dicta sa molher a far et autreyar totas et singlas las causas en aquesta present carta contengudas per ayssieu appeyre claramen per una carta publica de procuracion audida, recebuda per Johan de Olerus notari public et de son senhau (1) acostumat signada de laquala carta la tenor de mot à mot est demis en la fin d'aquesta present carta escriuta et inserada; vedent et conoyssent secum disso en asso que plus bas s'en set, far lo profeit et utilitat et esmendament et amelhorament de la dicta sa molher

</td></tr>
</table>

(1) 23 novembre 1431, c'était cinq mois et vingt-sept jours après le supplice de Jeanne d'Arc.

dite femme, et de ses biens et choses, de sa bonne et agréable volonté, au nom, au lieu et personne de la ci-devant dite sa femme, et elle y consentant, et pour tous ses hoirs et pour toute leur suite, a donné, donne, baillé, livré, cédé et octroyé, et par la teneur de cette présente charte donne, baille, cède et octroye, perpétuellement en fief et féodalement, suivant les fors et coutumes de Bergerac au diocèse de Périgord avec les droits et devoirs inscrits plus bas et en cette présente charte contenus et nombrés, à Hélie Mercey donzel, demeurant à Bergerac. Ici la dite présente.

Et cette baillance et infeudation et toutes et chacunes des choses en cette présente charte contenues et déclarées et chacune d'elle, pour lui et ses hoirs et pour leur suite. Stipulant et recevant, la seigneurie de Piles, laquelle est en la châtellenie de Bergerac, avec toutes les terres et vignes, prés, aubarèdes, dépaissances, padouins, rives..... et autres bois, landes, choses quelles qu'elles soient, de quelque nature et manière qu'elles soient, à la dite Sgrie appartenant et appartenir devans ou pouvants en toute maniere et en propre avec tout le droit et toutes les raisons, pétitions, actions et demande, reçus personnels et autres et toute la tenue possession et saisine de quelque condition que soit, qui à la dite Catherine de Puch peuvent ou doivent appartenir ou appartiennent, sur l'avant-dite seigneurie avec toutes les avant dites appartenances, entièrement en tout et en partie en la propriété ou en la possession pár aucun titre ou de quelque maniere que ce soit, et pour cela l'avant dit procureur au nom que dessus a fait et constitué le dit Hélie Mercey, pour vrai et certain seigneur, possesseur, propriétaire, procureur et demandeur comme de la sienne propre chose, et cela et tout a cédé et transporté l'avant dit procureur au nom que dessus de la personne de la dite Catherine, en la personne du dit Hélie Mercey et de ses hoirs et de leur suite.. Saufs et reservés cependant à la dite Catherine de Puch et à ses hoirs et à leur suite, les droit et devoir plus bas inscrits.

En cette présente charte contenus et declarés de laquelle dite seigneurie de Piles, avec toutes ses avants dites appartenances l'avant dit Hélie Mercey de sa bonne et agréable volonté, a pris et reçu du dit procureur au nom que dessus; et l'avant dit procureur au nom que dessus de la bonne et agréable volonté en la présence de moi notaire public et de deux témoins dessous nommés l'ainvesti féodalement du tout, avec droit d'un *feu* et du devoir y attaché. C'est à savoir de cinq deniers de la monnaie courante à Bordeaux, chaque an-

et de sous bens et causas, per sa bona et agradabla voluntat, en nom, en loc, et en persona de la medissa sa molher, et pladecta sa molher (2) et per tots sous hers et per tot son ordenh, a dat, donat, balhat, liurat, cedit et autreyat, per la tenor d'aquesta present carta, da, dona, cedie et autreyat, perpetuamment en feu, feuament seguent los fors et las costumas de Bragueyrac en la diocesa de Peregort ab los dreyts et devers demis plus bas en aquesta present carta mentagutz et nompbratz, à Hélias Mercey donzel, demeurant à Bragueyrac, aqui medis present et aquesta balhansa et infeudacion et totas et senglas las causas en aquesta present carta contengudas et declaradas et cascuna d'eas, per seu et seus hers et per son ordenh (3), stipulant et recebent, la senhoria de Pilas, laquau es en la castelania de Bragueyrac, ab totas las terras et vinhas, pratz, aubaredas, pasteux, paduentz, bostz, landas, paduensas, ribeyras et autras causas quaus que sian, de quauque condicion et maneyra que sian, a la dita senhoria appartenentz et apptenir devens et podens en aucuna maneyra et en propra ab tot lo dreyt et tota la razon, action, peticion et demanda reçeu psna et autra et tota tenor, pocession et sazina de quauque condicion q sia, que a deyta Kathelina de Puch, pogues o deguos appartenir et appartenentz sobre l'avant dicha senhoria ab totas sas avant dichas appartenensas, enteyrament, en tot es en partida en la proprietat o en la possession p aucun titre, en aucuna maneyra, et en asso l'avant deyt procurador au nom que dessus a feyt et constituet lo medis Helias Mercey vray et certain senhor, pocessor, propetary, procurador et demandador cum en la sua ppra' causa et ac a tot, cedit et transportat l'avant deyt procurador en nom que dessus de la psona de la dta Kathelina, en la psona deu dt Helias Mercey et de sous hers et de son *ordenh*, sauvats et reservats empero à la dta Kathelina de Puch et à ses hers et à son ordenh les dretz et devers demis plus bas en aquesta pnt carta contegutz et declaratz, de laquau avant deyta senhoria de Pilas, ab totas sas avant deytas appartenensas l'avant dt Helias Mercey per sa bona et agradabla voluntat prengo et recebo den deyt procurador, en nom q dessus de bona et agradabla volontat en la pnce de mi notari public et deux testimoins deius escriutz, l'en vestit feuament deu tot a d. de 1 feu secum dever; soes assaber ab cinq dencys de la moneda corssabla (4) à Bordeu cascun an de renda e dublias seguent los dits fors et costumas de Bragueyrac, rendus et payans cascun an per lo dt affermet an deyt, lo jorn dé la festa de sen Johan-

née de rente et doubles (ou *d'oublies* sorte de monnaie du moyen-âge), suivant les dits fors et coutumes de Bergerac, rendus et payés chaque année par le dit arrenteur au dit, le jour de la fête de saint Jean-Baptiste, avec moitié.d'acapte au seigneur à chaque mouvance, portés et rendus chaque année par le dit acensitaire au dit jour, à l'hôtel ou au commandement de la dite Catherine et de ses hoirs et de leur suite, en la ville de Bergerac, et de plus pour le prix et la somme de quatre marcs d'argent d'entrée et de gracieuseté, lesquels quatre marcs d'argent le dit procureur au nom que dessus,

Y présent, reconnaît et confesse l'en avoir actuellement pris et reçu bien loyalement entierement, du dit Hélie Mercey avant l'entiere insinuation de cette présente charte, de maniere que le dit procureur au nom que dessus s'en est tenu et tient pour bien payé et content du tout, comme il a été dit; et en rendra sur ce le dit procureur au nom que dessus, l'assertion d'en avoir eu le prix et reçu les avant dits quatre marcs d'argent bien loyalement et entierement du dit Hélie Mercey. Comme dessus est dit, de fraude, de dol, de derobé, de toute deception, de tout mauvais compte et d'engan (ici un mot qui sans doute veut dire exempt) de laquelle avant dite seigneurie de Piles avec toutes ses appartenances entièrement l'avant dit procureur au nom que dessus a reconnu et confessé que au nom que dessus, il a mis et posé présentement l'avant dit Hélie Mercey ses héritiers et leur lignée, en bonne vraie, pacifique, corporelle teneur, possession et saisine de parole, de droit et de fait, et par la teneur et concession de cette présente charte voulant et octroyant le dit procureur au nom cy dessus, que le dit Hélie Mercey soit et demeure d'ici en avant (ou pour l'avenir) en cette dite possession et saisine de lavant dite Sgrie de Piles, avec toutes les avant dites appartenances entierement, en laquelle la dite Catherine etait et devait et pouvait etre avant l'entiere concession de cette présente charte, et que le dit Hélie Mercey ou son procureur au nom de lui, puisse prendre et accepter la possession réelle et actuelle de l'avant dite seigneurie avec toutes ses appartenances entierement à toutes heures et toutes les fois que au dit Hélie Mercey il plaira et sera avis de faire ou à faire, sans demander, requérir ou obtenir autorité ou licence de d'aucun autre sgr ou juge ni d'aucune autre personne, sauvés et reservés encore à la dite Catherine et à ses hoirs et à leur lignée, les droits et devoirs ci dessus en cette présente charte contenus et specifiés, et ceci en son tout expliqué, a mandé,

Baptista, ab meytat d'acapte à senhor cadona mudat, portatz et rendutz cascun an lo deyt affermet au deyt jorn à l'ostar o au comandemet de la deyta na Kathelina et de sous hers et de son ordenh, en la vila de Bragueyrac, et plus per lo pres et la somà de quatre marcs d'argent d'intradas et de caritatz, losquau quatre marcs d'argent, lo medis procurador en nom q dessus aqui medis, recognosto et confesset s'en aver actuel pres et recebut ben loyament et entegrement, den deyt Helias Mercey avant l'entey insignaon d'aquesta pnt carta, en maneyra q lo medis procurador au nom q dessus s'en teney et tenc per ben paguat et content deu tot secum disso; et en rendret sobre asso, lo medis procurador en nom que dessus, l'assercion d'en aver agutz pretz et recebutz los avant deytz quatre marcs d'argent ben loyalement et entegrement deu deyt Helias Mercey, cun dessus est deyt. de frau, de dol, d'aorat, de tota deception, de tot mench compte et dengan de laquau avant deyta senhoria de Pilas ab totas sas appartenensas enteyrement l'avant deyt procurador au nom q dessus a recognoyo et confesset, q en nom q dessus a mes et pauzat présentement l'avant deyt Helias Mercey et sous hers et son ordenh, en bona, vraya, pacifica corporau tenor, possession et sazina de parola, de dreyt et de feyt, et per la tenor et concession d'aquesta pnt carta volent et autreyant lo medis procurador en nom que dessus, que lo medis Helias Mercey sia et remanza d'assi en avant en aquesta medissa possessiou et sazina de l'avant-deyta senhoria de Pilas ab totas sas avant deytas appartenensas enteyrement, en laqual la medissa Kathelina ne era et deve et pode estre avant l'entey concessiou d'aquesta pnt carta, et que lo medis Helias Mercey o son procurador au nom de luy, pusca prendre et aceptar la pocession réal et actuel de l'avant deyta senhoria ab totas appartenensas, enteyrement totashoras et totas vetz que au deyt Helias Mercey plaira et sera vist fazedor ou fazera, sens demendar, requerir ni obténir autoritat o licensa de aucun senhor o jucge, ni d'aucuna autra persona, sauvatz et reservatz empero à la deyta Kathelina et à sous hers et à son ordenh, los dreyts et debers dessus en aquesta pnt carta contenuts et declaratz, et hac de teut contegut, a mandat, convent et promets l'avant deyt procurador au nom que dessus, tot far, aver, tenir, bsar et possedar bonament, pacificament, quietament en patz, et scus et tos contrats delivrar et deffandre et desempachar de tot pleyt et de tot context et de tot empachament o torbament (5) que li fos feyt, mis o mangut per aucuna

convenu et promis l'avant dit procureur au nom que dessus le tout faire avoir, tenir, observer et posséder bonnement, pacifiquement, avec quiétude, en paix et les siens et tous les autres contrats délivrer et deffendre et préserver de toute plaidoierie et de tout conteste et de tout empêchement ou trouble qui pourrait lui être fait, mis ou maintenus par plusieurs, en aucune manière ni en aucun temps.

Et s'en appelant, il a mandé, convenu et promis l'avant dit procureur au nom que dessus que la dite Catherine lui sera bonne châtelaine et lui portera bonne et ferme garantie du tout, contre tout rapace, demandeur et autres en toutes cours d'église ou de tout gens séculiers, et en dehors de cours, et par tout autres lieux et par en tout temps, de la propriété ou de partie, de seigneurie sur seigneurie et de ses hoirs et de leur lignée, saufs et exceptés les droits et devoirs ci-dessus maintenus et expliqués et tous les autres droits et devoirs ci-dessus, comme acapte au sgr du fief, lots à payer, qu'elle peut avoir en son fief et en ce qu'elle afferme, suivant les avant dites lois et coutumes de Bergerac. — Et si faute de porter la dite garantie bonne et ferme, de tenir observer et accomplir les choses ci-dessus dites ou aucunes d'elles, en la forme et manière que dessus, il est dit et déclaré à l'avant dit Hélie Mercey, ou à ses hoirs ou à leur lignée, que si par aucun temps à venir, il vient à lui être fait ou qu'il ait à souffrir aucun dépens, dommage ou intérêt, auquel cas, ledit procureur au nom que dessus a mandé, convenu et promis, defaire, amender et payer au dit Hélie Mercey ou à ses hoirs ou à leur lignée, les dits dépens, dommages et intérêts, sans aucune conteste ; — et pour la dite garantie porter et faire bonne et solide, et pour les autres choses déjà dites, tenir, observer et accomplir en la manière et forme que dessus le dit procureur au nom que dessus, a obligé et oblige au dit Hélie Mercey, la personne de la dite Catherine et tous ses biens et choses meubles et immeubles présents et advenir, où qu'ils soient, et en tous lieux, soumettant quant à cela, le dit procureur au nom que dessus, la dite personne de la dite Catherine et ses avant dits biens et choses, à juridiction, coertion et compulsion des honorables et discrets sgrs, messeigneurs les officiers de Bordeaux et de Périgueux, du noble et puissant seigneur, monseigneur le senéchal de Guyenne, du prévôt de chambre de Bordeaux, ou de tout autre de la cour, ou de leurs lieutenants et de tous autres seigneurs ou juges d'église ou séculiers, par devant ou jusqu'à qui clameur ou plainte ou querelle sera faite ou exposée en

persona o per aucunas personas, en aucuna maneyra, ni en aucun temps.

Et no *remench* que a mandat, conven te t promes l'avant deyt procurador en nom q dessus q la dta Kathelina li sera bona *dona de feu* (6) et l'y portera bona et ferma garantia de tots emparador, demandador et autres, en totas cortz de gleyza et de secglars et de fors de cortz et per totz autres lochxz et per tot temps de la proprietat et de part, senhoria sur senhorias et de sous hers et de son ordenh, sauvas et sous debers saupre dessus mentagutz et declaratz et totz sous autres dreyts et devers saupre, *acaub ab senhor* (7) de feu, los à dar, q pot aver en son feu et sou affenat, seguent los avant dt fors et costumas de Bragueyrac. — Et si per fauta de portar la deyta garantia bona et ferma de tenir et observar et complir las causas dessus deytas, o aucunes d'oas, en la forma et maneyra qu dessus, es deyt et déclarat à l'avant-deyt Helias Mercey, o à seus hers, o à son ordenh, en aucun temps à venir, convenc far o suffrir aucun despens, dampnages o interestz en aquest cas, lo medis procurador en nom q dessus a mandat, combent et promis *ressarcir* (8), esmendar et payar au dt Hélias Mercey o à sous hers o à son ordenh, los deyts despans, dampnages et interetz sens aucuna contdiction ; — per laquan avant deyta garantia portar bona et ferma, et per las autras causas dessus deytas, tenir, observar et complir en la maneyra et forma que dessus, l'avant deyt procurador en nom q dessus, a obligat et obliga au dit Hélias Mercey, la psna de la deyta Kathelina et totz sous bens et causas mobles et no mobles, pns et advendrs ou q sian, p totls lochxs, sotmettans quant à dasso, lo medis procurador en nom q dessus, la deyta persona de la deyta Kathelina et seus avants deytz bens et causas à la jurisdiction, cohercion et compulcion deus honorables et discrets senhors, mosghrs los officiers de Bordeu et de Periguers, deu noble et poyssant senhor, mosghr lo senescau de Guyana, deu perbost de combreyra de Bordeu et de cascun de cor et de leurs loctenans et totz autres senhors c jucges de gleyza et secglars, per davant o ausquaus clamor o plaincta o querelha sera feyta o expauzada en aucun temps à venir, per fauta de venir observar et cplir las causas dessus deytas o aucuna d'oas en la forma et maneyra q dessus es deyt et contengut, sens aucun reclam de senhor ni d'autra senhoria : Et sobre asso a renunciat et renonce lo dte procurador au nom que dessus de son bon grat et de sa certa sciencia, à tot dreyt escriut et no escriut, aucun temps à venir, par faute de venir, observer et remplir les conditions ci-dessus dites ou aucunes d'elles en la forme et manière que dessus est dit et contenu, sans aucune réclame d'autre sgr ou d'autre sgrie :

Et sur cela a renoncé et renonce le dit procureur au nom que dessus de son bon gré et de sa science certaine, à tout droit, écrit ou non écrit, canonique et civil, spécial et général, à tous privilèges et justices de cours prises ou à prendre à toute exception de feu, de corps, de lieu et de temps, à tous fors et à toutes coutumes, à tous établissements faits ou à faire, à toutes lettres de grâce données ou à donner obtenues ou à obtenir, à toutes appellations faites ou à faire, à toute dispense ou relaxance de serment, d'un écrit, à la relevance d'un accord, accord fait ou d'autre manière écrit et de surplus fait et passé dans un mauvais esprit, et pour lors contraire au droit et aux lois.... à tous bénéfices de restitutions, à toutes franchises et libertés de bourgeoisie et autres actions en fait ou condition sans cause, à delivrance libre de copie, et à la lacération de cette présente charte, à tous jours fériés, à tous jugements, etc. (car c'est à n'en plus finir.) — A toutes autres revendications, exceptions, défenses, cancellations et chicanes de droit et de coutume, par lesquelles on puisse oser venir ou faire venir à l'encontre des choses dessus dites ou d'aucune d'elles....

Et a mandé, promis et juré l'avant dit procureur au nom que dessus sur les saints évangiles de Dieu corporellement touchés au nom que dessus sur l'âme de la dite Catherine, que la dite Catherine, toutes et chacune de ces conventions dessus dites et chacune d'elles tiendra, gardera, observera et accomplira et que contre elles ni aucune d'elles, ne viendra ni fera venir par elle-même ni par aucune autre personne, au bon œil, ou au mauvais œil, en aucun temps ni en aucune manière, et de ces choses furent faites et octroyées deux chartes d'une même teneur, c'est à savoir, une à la dite Catherine dame féale, et l'autre à l'arrenteur Hélie Mercey....., etc., etc.

Nous ne continuons pas cette transcription, que la sagacité de nos lecteurs complétera aisément.

canonic et civil, especiau et général, à totz privileges et justices de cortz, presa et à prendre, à tota exception de for, de loc et de temps, à totz fortz et à totas costumas, à totz establissementz fayts o à far, à totas lettras de graçia dadas o a dar, empetradas o à empetrar, à totas appellationes feytas o à far, à tota dispensacion de sagrament deu escrit, à la exception d'una causa feyta et autrement escriute et de plus feyt en mench escriupt et per lo contrari aux dreyts et à las leys..... à totz beneffices de restitution, à totas franquessas et libertatz de Borguesia et autras aactions en feyt et condicion sans cause, à oblacion de libra copia, et *impuginacion* d'aquesta pnt carta, à *totas ferias* (9), à totas judicias... etc, (ici j'abrège). — A totas autras revendications, exceptions, deffensas, cancellations et cauthelas de dreyt et de costumas per lasquaus se poscos audar à venir o far venir en contre las causas dessus deytas o aucunas d'oas.....

..... Et a mandat, promes et jurat l'avant dit procurador en nom q dessus sobre los saincts evangiles de diu corporament toquats, en nom q dessus *en l'arma* (10) de la deyta Kathelina, q la medissa Kathelina totas et singlas las causas dessus deytas et cascuna d'oas tendra, gardara, obsarvara, et complira et que contra aqueras ni aucuna d'oas, ne vendra ni fara venir per sey ni per aucuna autre persona, *ab bon guils, ni ab mau guils* (11), en aucun teps ni en aucuna maneyra, et d'aquestas causas foren feytas et autreyadas doas cartas d'una tenor, so es assabir, una à la deyta Kathelina *dona de feu* et autra à l'affermet Helie Mercey.

Acta et concessa fuerunt hœc Burdeg die vicesima tertia mensis novebris, anno dni, millesimo CCCCXXX primo (1431), regnante serenissimo principe et duce, nostro dmno Henrico Dei gratia Anglie et Francie rege, duce que Aquitanie et duo Ybernie, reverendissimo in christo patre et dno, petro (nom que nous n'avons trop su lire mais que nous croyons pourtant : eâdem gratiâ). Burdega archepco presidente, présentibus ibid, Guillermo Ayciat mercatore prochano *sancti Michaelis*, Burgense Burdigalense; Arnaldo de Massinis qui morat Burdig. et Garssia Massonie presbtro (presbitero) eccles. beate marie de platea Burdeg. testibus ad premissa vocatis specialiter et rogatis. Tenor vero carte procurationis de quâ supra fit mentio sequitur in hunc modum..... Coneguda causa sia que *na Kathelina de Puch*, molher de Mondot de Bodas, habitant et borgues en la vila de Marmanda, laqual Cathelina a fet ab la voluntat et *autrech* (12) (autorisation) del dit Mondot de B..., son marit, aqui medis pnt, et consentent en pnciâ de my notari et dels testimoins deius (dessous) escriutz, prsnmt constituda dentz la vila de Marmanda, en la diocesa d'Agenès, de son bon grat et de sa bona et agradabla voluntat, à feyt et pauzat, constituet et ordenat per son vray certain et loyal procurador so es assabir, lo dt Mondot de Bodas, son marit, alqual Mondot de Bodas la deyta constituet, de sa bona et agradabla voluntat, a donat et dona, ab la tenor et per la tenor d'aqueste pnt carta, plen planeys et liberal poder et especial mendament de sotzmettre et obligar la prsona de la medissa constituet et totz seus bens et causas tant mobles quant no nobles, a tota personna o personas alqual o ab lasquals lo dt Mondot fara promission, o en leurs contracts, en nom de la medissa constituent, ab carta o ab cartas en la melhor forma et maneyra que far se deya o se pusca, ab conselh et deliberacion de *sabis* (13) en dreyt o en costumas, al proffeit et utilitat de la persona o de las prsonas à qual o ansquals se devra et peyra appartenir (*peyra* il apparaitra) etc.... Et de plus la deyta constituet, à donat et dona plenor et liberal poder al dt son marit procurador de demandar et de exeguir (exiger) recebre, levar, recobar (recevoir) et cuilhir en jucgament et foras de jucgament en nom de la deyta et per leys (suivant les lois), tots deuttes (dettes) rendas oblias (rentes oubliées) soux-reyrages (sous-arrerages), et totas autras causas que à la medissa constituente fossen o seran degutz o degudas, per totas prsonas en las vilas locxs poder et senhorias que son en las diocesas de Bordalès, de Bazadès, d'Agenès et de Condomès, et en totas autres parts et de assensar, arrendar et de reconeysse *fintsateys* o *fintzateyras* (14) et de locgar et balhar à fatzenda, sos herectaiges et acensas et recebre présentacions de ses *feux* (et recevoir présentations ou hommages de ses fiefs) et de recebre d'investicions et de en vestir los crompadors et fentzateys satisfera (et satisfaire les tenançiers) empero a les de tot son dreyt, et de portar bona et ferma garantia, et de so que levera per nom de leys, donar quictansa, o quictansas opportunas et necessarias et far exprès comvent de ne plus rès demandar, et plus la medissa constituet generammetz (gégéralcment) a donat et done poder à l'avant-deyt son procurador, de vendre, alienar, empenhar (mot à mot empoigner), quictar, sotz mettre et obligar tota la terra, renda, bens et causas que la medissa constituet, a et aver deu en los lochs de *la Renla, de Montségur, de Meilhan, de Bocglon* en la diocésa de Bazades etc... »

J'abrège pour arriver à la fin, car il me semble, par les extraits que je viens de citer, avoir fourni suffi-



sante et assez longue matière pour pouvoir juger de la contexture des anciens actes.

...... « Et per la tenor d'aquest pnt et public instrumet a jurat la medissa constituet, sobre lo saincts evangiles de Dieu toquatz corporamet de sa main dextra nuda que e montra, a quest put public instrumet ne vendra, ni venir, ne fera, per sey ni per nulha aytra entrepauzada prsna, en jucgemont, en for de jucgemont en degunt cor, secglar ni de gleysa, *ab bon guils o mau guils*, en nulha maneyra, de lasquals causas dessus deytas, la medissa constituet requero à my notari jus escriut, que l'en fessi public instrumet et carta en autrari as partidas, loqual los autreyet per bertat de mon offici : testes sunt dominus Johannes de Cambis, *Ranuldus de la Gasbertia* (15) Petrus de Rupe, et magister Johannes de Olerus, notharius publicus qui hoc instrumentum retinuit et inquisivit et in sua papira notavit, quod aliis ut dixit negociis occupatus, per me Petrum Aubery clericum quem *ad mercatorium suum* (16) grossare et scribere fecit. Actum fuit hoc Marmande die XII mensis octobris anno domini millesimo CCCCXXX primo (1431), etc....... comme plus haut, puis le notaire finit par dire : Et ego Johannes de Olerus notharius publicus me suscripsi et signum manu hic apposui assuetum in fidem et testimonium premissorum, ut me Petro Massonis, clerico Xantonis diocesis (du diocèse de Saintonge), *in domo sui ducatus aquitanie*, auctoritate regia notario publico, qui presentem cartam audivi, inquisivi et recepi quam scriptam per alium, *aliis arduis negociis*, occupatus, in hanc formam publicam redigendo, hic me subscribens fideliter ppa manu meâ, signo meo solito et consueto signavi, rogatus et requisitus in testimonium et bertat omnium et singulorum premissorum (17). »

———

Bien antérieurement à cette date de 1431, nous voyons au livre de M. Jules Delpit, intitulé : *Collection générale des Documents français qui se trouvent en Angleterre*, qu'en 1363, c'est-à-dire 68 ans avant l'acte d'arrentement consenti à Hélie Mercey, par *Kathelina de Puch*, MM. de Puch vinrent prêter serment au fameux Prince Noir, à Bergerac ou à Ste-Foy.

Trente ans environ après l'arrentement ou vente dont nous avons donné la transcription, c'est-à-dire de 1460 à 1467, le château de Piles était passé aux MM. de Clermont, dont sortait le fameux Armand de Clermont de Piles ; et enfin cent ans plus tard, en 1563, il est curieux et digne d'attention de retrouver aux récits des évcnements les plus saillants qui se soient passés

— 58 —

dans Bergerac, les noms des mêmes possesseurs, ou anciens détenteurs du château de Piles. C'est Armand de Clermont de Piles qui assaillit nuitamment Bergerac, qui y surprit la garnison catholique, laquelle ne laissa pas que de se défendre courageusement et long-temps, et c'est un *de Puch*, gouverneur de Bergerac et commandant la ville et la dite garnison qui fut obligé de se rendre avec sa troupe.et fut passé au fil de l'épée, ainsi que le curé de la ville (um peyrarède). Voyez les récits du père Dupuy, de Théodore de Bèze et de tous les historiens.

Vers 1680 la terre de Piles qui avait maison à Bergerac, passa aux MM. de Durfort, branche de l'ancienne et illustre maison de Duras, qui eut aussi entre ses mains l'importante châtellenie de Clérans (ou Clarens) près des bords de la Dordogne et le marquisat de Boissière dans le Sarladais. — Et, enfin, au commencement de ce siècle elle est devenue la propriété de M. le comte de Lapanouze (1), Pour terminer, rapportons, en finissant, la légende de Piles.

Un des plus anciens seigneurs de Piles, pour obtenir un pont sur la Dordogne et au-devant de son château, avait promis sa fille à l'esprit des ténèbres, sa fille, belle, brillante, seule et unique héritière (ajoute encore la légende afin de rendre sans doute la chose plus dramatique et plus saisissante). Voilà donc l'esprit infernal, le prince du mal qui se met à l'œuvre. Il bâtit, transporte ses matériaux tout bruts arrachés aux rochers environnants, et qui ne manquent point sur les rives de la Dordogne ; il enlève à ses rives ou aux côteaux voisins de Creysse et de Mouleydier, des masses énormes de granit, de calcaire et de grés ; il construit ses piles et ses arches ! Encore quelques efforts et le pont est fini, prêt à être livré, et avec lui la jeune châtelaine..... Mais tout à coup, au moment où Lucifer mettait la dernière main à son œuvre, les coqs des environs élèvent leur voix matinale de tous les côtés, appelant et saluant l'aube du jour. Alors, désespoir et rage chez les noirs habitants des enfers qui précipitent dans le fleuve tout le gigantesque ouvrage qui devait être parachevé uniquement dans la nuit et avant le retour du jour. De là l'encombrement de rochers qui a long-temps barré la rivière à Piles ; de là *las Pilas* et le château de *las Pilas*.

F. Adolphe, comte de LARMANDIE.

(1) Père de M. le comte Anatole de Lapanouze, et beau-père de M. le comte Maxence de Damas.

(1) *Senhau*. Le cachet ou seing avec paraphes.

(2) *Pladicta su molher*. Latinisme sorte d'ablatif absolu.

(3) *Ordenh*. J'ai traduit par suite, lignée, mais il va sans dire que ce terme comprend tout l'ordre de succession, ligne collatérale, parents quels qu'ils soient, à quelque degré qu'ils soient, à qui peut arriver l'héritage.

(4) *Corssabla*. Ayant cours, courante et mieux mot à mot, coursable si le mot était reçu.

(5) *Torbament*. Pour trouble.

(6) *Dona de feu*. La dame du fief, féale, seigneuriale ou châtelaine.

(7) *Acaub al senhor*. Acaub, acapte ; nous n'avons pas encore rencontré cette expression.

(8) *Ressarcir*. Pour refaire, recomposer, reconstituer ; expression que nous n'avions rencontré nulle part.

(9) *Ferias*. Cela signifierait-il : renonçant à tout moyen dilatoire tiré d'un jour de fête, d'un jour *ferié ?* C'est l'explication qui m'a paru la plus naturelle et à laquelle je me suis arrêté.

(10) *En l'arma*. Ce mot est une de nos plus vieilles expressions patoises : *Per moun arme !* par mon âme ! sorte de jurement vulgaire ; en même temps ce terme rend bien le grand fonds d'idées religieuses qui régnait chez nos pères, à moins que quelque étymologiste plus savant que nous ne voulût y voir une idée guerrière : *Par mon arme !* Un peuple essentiellement guerrier pourrait effectivement jurer par ses armes ; mais ici, il ne peut y avoir de doute, et il ne pouvait être question des armes de Catherine de Puch. C'était bien son âme.

(11) *Ab bon guils o ab mau guils*. J'ai traduit par bon et mauvais œil, ou pour mieux dire, bon et mauvais regard ; M. Jules Delpit m'a désigné le terme *guils* comme dérivant du mot *ingenium* bon ou mauvais esprit.

(12) *Autrech*. Autorisation, vieux mot perdu même en patois.

(13) *Sabis*. Savant, savant en droit et coutumes.

(14) *Fintzateys et fintzateyras*. Masculin et féminin de feudataires.

(15) *Ranuldus de la Gasbertia*. Serait-ce Lagaubertie ?

(16) *Mercatorium*. La boutique des notaires ; une réflexion sérieuse à faire sur ces temps dont j'aime à déchiffrer les vieux actes, c'est que, malgré le ridicule dont on a cherché à les couvrir de nos jours, et surtout au xviiie siècle, les gens y étaient d'une simplicité et d'une modestie vraies. Le notariat était *la boutique* ou officine des actes. Les marchands se disaient *marchands*, et un pied de rouge ne leur montait pas au visage quand ils s'entendaient qualifier ainsi. Les *Bourgeois* étaient souvent de hauts seigneurs, témoins en cet acte ledit Mondot de l'odas et sa femme Catherine de Puch qui nous apparaissent comme ayant des biens partout : à La Réole, Montségur, Meilhan, Bouglon, etc.; aux diocèses de Bazas, Bordeaux, Agenais, Condomois, etc....

(17) A la fin de l'acte, on trouve parmi les signataires un officier du roi d'Angleterre (et cela est évident puisqu'il dit qu'il demeure *in domo sui ducatus Aquitanie*), lequel officier donne à entendre qu'il a bien d'autres affaires à pourvoir qu'à collationner un acte : *Aliis arduis negociis occupatus*.

En 1431, on était effectivement encore au plus fort de la guerre avec les Anglais, puisqu'ils ne furent définitivement chassés qu'après 1450.

## RECHERCHES HISTORIQUES

SUR LE TRACÉ ANCIEN ET MODERNE DE LA ROUTE DE LYON A BORDEAUX,

**Par M. G. de Merlhiac.**

———

Les Romains avaient embelli la Gaule de monuments utiles et somptueux, mais, à l'exception de la route dont nous avons exploré les vestiges, bien des motifs nous engagent à croire que les soins et la munificence de l'administration romaine ne s'étendirent pas à la contrée comprise entre Tintiniac et Vésone. Ce pays était pauvre comme il l'est encore, et rien n'indique que les Romains y aient entrepris de grands travaux. En effet, depuis les restes très-remarquables de Tintiniacum, qui était situé près de Tulle moderne, jusqu'aux ruines des superbes monuments qui ornaient Vésone ou Périgueux, c'est-à-dire précisément sur la portion de l'ancien et du nouveau tracé de la route de Lyon à Bordeaux, on n'a jamais rencontré aucune espèce de débris de cirques, de temples, de palais, de grands aqueducs, car je compte pour rien les restes de cette petite villa romaine découverte il y a vingt ans près de Larche, et dont nous devons parler ; je ne m'arrête pas non plus à ces vestiges ou à ces indices d'un poste ou d'un camp fortifié, sur la montagne d'Issandon (*Isidis dunum*), à quelque distance de Larche, et qui dénotent un établissement peu important, du moins en ce qui concerne le luxe des constructions. Cette contrée paraît donc avoir été très-négligée par l'administration romaine, qui ne lui accordait qu'une faible attention.

D'après ces aperçus, qui vont bientôt être confirmés par d'autres observations, nous voyons encore, et de plus en plus, pourquoi les Gaulois et les Romains suivaient, pour se rendre de Tintiniac et de Brive à Vésone, non pas un parcours direct sur les plaines droites et unies de la Corrèze et de la Vézère, mais cette direction bizarre et détournée, à travers plusieurs chaînes consécutives de montagnes et de rochers, qui tantôt s'éloignaient et tantôt se rapprochaient des rives de ces deux rivières.

En effet, il est probable, même certain, que pendant long-temps, et peut-être pendant une longue suite de siècles, avant et après l'établissement des Romains dans les Gaules, la Corrèze et la Vézère n'étaient point encaissées et formaient presque partout, dans les plaines actuelles de Brive et de Terrasson, d'immenses et profonds marécages.

Cette situation primitive, qui aurait rendu impossible l'entreprise et la fondation d'une route ou d'une chaussée sur des terrains marécageux et presque toujours submergés, se manifeste encore par de nombreux indices, et les limites de cet ancien marais sont aussi certaines que bien tracées. Beaucoup de tènements dans la plaine de Brive sont toujours marécageux et peu salubres. Le nom de l'un d'eux, *Malar (Malus aer)*, *mauvais air*, est un témoignage subsistant de cette immémoriale insalubrité, à moins que ce lieu n'ait été l'emplacement d'une ancienne *maladrerie;* mais cette seconde étymologie me paraît douteuse, et la première, déjà plus directe dans le sens grammatical, est aussi plus rationnelle et plus probable, car ce tènement est encore marécageux et fiévreux, conditions qui sont peu convenables à l'établissement d'un hôpital.

La plaine comprise entre Larche et Terrasson, qui est la continuation de la première et qui s'étend sur les deux rives de la Vézère, offre le même caractère, à l'exception des qualités du sol, qui est généralement meilleur et plus fertile que celui des environs de Brive. En fouillant le terrain, à de médiocres ou à de grandes profondeurs, dans toutes les sections basses des communes actuelles de Saint-Pantaléon, de Larche, de Mansac et de Cublac (département de la Corrèze), e Lafeuillade, de Pazayac, de Terrasson et de Lavilledieu (département de la Dordogne), on trouve des masses de sable et de cailloux blancs, et plus on approche de la Vézère, moins ce terrain est compact. Un de mes voisins, feu M. Majorel, m'a dit souvent que pour bâtir la belle maison qu'il possédait dans le bas de la commune de Lafeuillade, il avait employé, pour parvenir à un sol un peu ferme, presque autant de pierres dans les fondations que dans les constructions supérieures ; mais du côté de la rive gauche de la Vézère, et aux limites exactes le long desquelles cette plaine est bornée et se prolonge, l'on rencontre la ceinture ou la chaîne de montagnes et de rochers où l'on avait pratiqué, par nécessité, l'ancienne route de Tintiniac et de Brive à Vésone, dont nous venons de relever le tracé. Là, le sol change brusquement de nature ; il devient solide, compact, et il est encombré de pierres calcaires.

A l'extrémité orientale de ce vaste marécage, formé par les rivières de Corrèze et de Vézère, qui, obstruées d'arbres, de sables et de rochers, roulaient à droite et à gauche leurs eaux vagabondes, s'élevait, comme une station militaire ou peut-être comme une barrière fiscale, entre la région montagneuse et la plaine, cet *op-*

*pidum* ou cette forteresse de Malemort, dont nous avons déjà parlé, et qui a laissé de nombreux vestiges. On y a retrouvé souvent des tuiles, des briques et autres objets qui constatent évidemment les traces des Romains, et voilà pourquoi nous n'hésitons pas à le considérer comme un *oppidum* ou une citadelle romaine (1). Peut-être aussi, mais cette opinion est très-conjecturale, que le véritable nom de ce château qui, placé sur un rocher de très-forte assiette, dominait complètement l'ancien et commanderait encore le nouveau tracé de la route, s'écrivait-il et se prononçait-il, dans l'origine, *Male More*, ou. *Mala Mora* en latin, c'est-à-dire *halte, séjour* ou *retard périlleux?* Cette épithète n'existait pas, sans doute, pour ce poste, dans le langage administratif des Romains; elle a été conservée par la tradition populaire, et seule elle est restée.

Mais si déjà sous les Romains les marchands et autres voyageurs qui venaient de l'Avernie ou de Vésone, et qui n'avaient d'autre passage que Malemort, subissaient quelquefois, sous ces *oppidum* des vexations et des avanies, cette coutume se perpétua et prit même une déplorable extension lorsque les bannières féodales eurent remplacé sur les tours et les murailles de ce château l'aigle du capitole et les insignes du sénat et du peuple romain. Les chroniques du Limousin et du Périgord nous retracent, à toutes les époques, des détails affreux sur les déprédations exercées par les barons de Malemort, ou de *Malemore*, contre tous leurs voisins, et particulièrement contre la ville de Brive. Vainement, par des transactions ou des arbitrages même onéreux pour elle, tels que ceux de 1267 et de 1342, cette ville espéra plusieurs fois acheter un peu de calme et de sûreté pour son commerce et ses relations avec l'Auvergne et le Périgord, rien ne pouvait contenir la haine furieuse que les barons de Malemort lui avaient vouée. Leur château devenait, selon les occasions, le repaire et la place d'armes de ces *routiers*, de ces *malandrins* et *écorcheurs* qui, pendant les xiv$^e$ et xv$^e$ siècles, pullulèrent en France. L'histoire nous a conservé les récits de ces combats sanglants et désespérés qui eurent lieu souvent aux environs de Brive, de Donzenac et de Malemort, entre les milices, les archers des communes et ces bandes de pillards.

Enfin, le mal devint intolérable; un grief nouveau et inattendu porta l'irritation au comble. L'un des consuls de Brive, maître Reynal, homme riche et très-estimé, voyageant sur la foi d'un traité de trève ou d'un arbitrage qui venait d'être conclu, fut arrêté et enlevé sur la grand'route par un détachement de soudarts du baron de Malemort; conduit au château de Malemort, Reynal fut plongé dans un cachot, et on lui signifia que si, dans un délai fixé, il ne payait pas une énorme rançon pour racheter sa liberté, il serait pendu.

Ce dernier affront exaspéra les consuls et les habitants de Brive, et on résolu d'en tirer une vengeance éclatante. On fit des dépenses et des efforts extraordinaires pour assembler et armer des troupes. On voulait d'abord commencer par ruiner le château du vicomte de Turenne, l'ennemi implacable et perpétuel de Brive, et qui était de moitié dans toutes les vexations que les barons de Malemort exerçaient contre cette ville, mais *l'os était trop dur à ronger.* On se borna donc à attaquer le château de Malemort et ceux de Lagarde et de Lachapelle, qui appartenaient au vicomte de Turenne; ce prince, disent les chroniqueurs du temps, *y entretenait des larrons, des meurtriers et routiers qui, par leurs incursions journalières, désolaient le voisinage de la ville* (1). Les milices de Brive, après cinq semaines d'assauts et de combats, enlevèrent, en 1397, ces trois châteaux, les saccagèrent et en massacrèrent les garnisons, mais elles ne purent pas empêcher dans la suite que les ruines n'en fussent relevées en grande partie. Elles détruisirent aussi un pont, qui cependant ne fut jamais rétabli, et que les barons de Malemort avaient jeté sur la Corrèze, au pied du rocher où s'élevait leur château, afin de diriger simultanément et de divers côtés des attaques contre Brive. On voyait encore, il y a peu d'années, quelques débris de cet ancien pont. Il est très-probable que l'église de Malemort, qui tenait au château, et qui, on le présume, était dans l'origine un *sacrarium* païen, fut ruinée et démolie dans cette même expédition. On fut obligé alors de transporter le siége de la cure et de la paroisse de Malemort de l'autre côté, sur la rive gauche de la Corrèze, dans les bâtiments et dans l'église du prieuré de Saint-Xaintin, où il est encore.

A l'occident, à un myriamètre de Brive, et à deux kilomètres et demi environ de l'ancienne voie romaine de Tintiniac à Vésone, s'élevait, au confluent de la Couze dans la Corrèze, un grand rocher, complètement isolé, au milieu de ce vaste marécage qui s'étendait jusqu'à Terrasson et bien au-delà, sur les deux rives

_______

(1) M. Marvaud. *Histoire du Bas-Limousin.*

(1) Leymonerie. *Histoire de Brive-la-Gaillarde et de ses environs*, chap. viii, p. 58 et 59.

de la Vézère, sur l'emplacement actuel de la grande route moderne de Brive à Périgueux ou de Lyon à Bordeaux.

Nous voyons, dès les époques les plus reculées du moyen-âge, et jusqu'en 1794, un château fort construit sur ce rocher, dont la position était formidable, même après les assèchements des plaines de la Vézère. D'un côté, en effet, il était toujours défendu par la Couze, qui descend en cet endroit avec rapidité, de cette grande région qui s'étend sur une partie des arrondissements actuels de Brive, de Sarlat et de Gourdon, et qui, à raison de son sol calcaire, est vulgairement désigné sous le nom de *Causse*, corruption évidente du mot latin *calx*, chaux.

Ce rocher était protégé, d'un autre côté, par la Vézère, qui baignait sa base septentrionale. C'est probablement après les premiers assèchements que s'agglomèra autour du château un bourg qui, de temps immémorial, s'est toujours appelé *Larche*. Mais ce nom ne serait-il point, par une de ces euphonies si communes dans les dialectes du midi de la France, une transformation du mot *arx* qui, en latin, signifie *forteresse, citadelle?* Cette étymologie nous paraît aussi directe que naturelle, d'autant plus que le pont d'une seule arche, jeté en cet endroit sur la Couze, qui sépare sur ce point aussi les départements de la Corrèze et de la Dordogne, est tout-à-fait moderne et ne remonte pas au-delà de 1770. Il a été construit pour la route actuelle n° 89, de Lyon à Bordeaux. Il n'y avait avant, sur la Couze, comme l'attestent de nombreux témoignages administratifs et traditionnels, qu'une petite passerelle formée de deux poutres et de quelques planches. D'ailleurs, du temps où la localité était déjà désignée par le nom de *Larche*, l'établissement d'un pont ou d'une arche de pont sur la Couze, y eût été impossible, puisque toute cette plaine n'était qu'un marécage.

Ce qu'il y a de certain et d'incontestable, c'est l'existence, sur le rocher dont je viens de décrire le site, d'une forteresse très-ancienne, qui subsistait encore en 1794, et dont l'origine se perd dans la nuit des siècles. Dès-lors, la dérivation de *Larche* du mot *arx* me paraît presque évidente.

Mais cette étymologie et d'autres considérations qui vont être exposées nous autorisent à admettre, comme une opinion très-probable, qu'il faut encore reporter aux Romains la fondation de cette citadelle. Remarquons, en effet, qu'elle se trouvait placée dans une situation presque inexpugnable, à une très-faible distance d'une route militaire et commerciale; qu'elle

commandait et pouvait fermer sur ce point les communications entre Vésone et Brive, comme Malemort, et de l'autre côté de cette dernière ville, pouvait protéger ou intercepter, selon les exigences de la politique, les relations entre l'Auvergne et le Périgord: qu'enfin ces deux forteresses de Malemort et de Larche étaient parfaitement situées pour surveiller et retenir dans la soumission une grande bourgade gauloise, Brive ou *Briva-Currelia*, peut-être très-séditieuse, et dont tous les mouvements exigeaient une active surveillance car cette ville, placée à l'intersection, comme elle l'est encore à présent, de plusieurs routes qui se dirigeaient chez les *Lemovices* (le Haut-Limousin), chez les *Cadurques* (le Quercy), les *Avernes* (l'Auvergne) et les *Pétrocoriens* (le Périgord), était très-probablement un point de transit, d'entrepôt et de marchés assez importants.

Du reste, on retrouve en plusieurs lieux de la France des traces ou des preuves de ce genre de précautions de la politique des Romains, qui convenaient si bien d'ailleurs à la surveillance d'un pays conquis. Nous voyons, en ce qui concerne celui dont nous nous occupons, que sans compter la grande et forte station militaire de Tintiniac, la contrée était encore gardée et cernée par d'autres postes, tels que celui de Turenne, où, selon de fortes probabilités, les Romains avaient établi, peut-être dès le temps de Jules César, une vigie fortifiée; nous avons des indices qui nous permettent de croire qu'il en a existé d'autres à Nespouls et à Terrasson, mais on a retrouvé les traces évidentes d'un camp retranché sur la forte position d'Issandon, près Larche, où, sans doute, des fouilles bien dirigées découvriraient les ruines d'un temple d'Isis qu'une tradition constante indique, et dans laquelle nous trouvons un rapport frappant avec le site élevé et l'étymologie du nom de cette localité, *Isidis dunum*.

Toute cette région qui s'étendait autour de *Briva Curretia*, dans le territoire des Avernes et des Cadurques, était d'ailleurs et plus qu'une autre, remarquons-le aussi, la véritable Gaule turbulente et séditieuse, ou, selon l'expression de Jules César, la *Gallia ardens*. Les Romains, après l'avoir subjuguée, ont dû conserver un souvenir fâcheux de la longue et terrible résistance que leur avaient opposée les tribus gauloises de cette contrée qui avaient le fanatisme de l'indépendance et de la liberté. Les Romains n'avaient pas oublié la coalition formidable de tous les peuples de cette *Gaule ardente* avec Vercingétorix, le plus habile et le plus implacable ennemi de Rome; ils se souvenaient qu'après la défaite de cet illustre chef des Avernes ou Auvergnats, les mêmes tribus gauloises ne crurent point que la cause de la liberté nationale était perdue, et que, ralliées autour de *Brenn* ou chef *Lucterius* de la région des *Cadurques* (le Quercy), l'élite de leurs guerriers s'ensevelit avec lui sous les ruines d'*Uxellodunum*.

Il n'est donc pas étonnant que les Romains, qui ont dédaigné d'orner des monuments de leur magnificence ce pays pauvre, mais toujours disposé à la révolte, y aient multiplié les postes militaires, tels que ceux de Malemort, de Turenne, de Nespouls, d'Issandon, et il serait impossible qu'ils eussent, dans ce système bien avéré, négligé le point si important et si facile à fortifier d'*Arx* ou de Larche actuel.

En effet, indépendamment de l'existence immémoriale de cette citadelle ou de cet *oppidum*, et du témoignage étymologique de son nom, un heureux hasard a fait découvrir dans la commune de Saint-Sernin, à trois kilomètres de Larche, les ruines d'un édifice qui, bien certainement, était romain, et dont l'existence incontestable et la destination presque évidente, même exclusive, corroborent toutes nos conjectures.

L'emplacement de cet édifice se trouvait très probablement sur l'ancienne voie romaine dont nous avons déjà vu les vestiges se perdre à Puyjubert, commune de Larche, et reparaître sur les flancs de ce rocher dit le *Colombier*, au-dessus du village des Buges, commune de Lafeuillade (Dordogne). J'ai exploré avec beaucoup de soins les ruines de ce monument dont l'origine est, comme je viens de le dire, romaine ; c'est un point sur lequel les observateurs qui m'ont précédé et suivi, sont unanimement d'accord. On n'y a trouvé, il est vrai, aucune inscription, aucune médaille, mais on y a recueilli beaucoup d'objets de parure, d'ustensiles de médiocre valeur, et qui tous attestent les usages et l'industrie des Romains. La forme et les marques des tuiles et des briques, la disposition et la destination évidente des *cellæ* ou chambres démontrent aussi la fondation romaine. J'ai adressé à la société des antiquaires de France un mémoire et un plan très-complet sur ces ruines ; mais comme ils n'exposent que des détails purement archéologiques et qui peut-être paraîtraient arides ou trop sérieux à beaucoup de lecteurs, je ne les transcrirai pas ici ; il me suffira de reproduire sommairement mes observations.

Je crois donc, et mes conjectures sont fondées sur des observations attentives et minutieuses, que cet édifice pourrait remonter aux époques de Vespasien ou de Trajan. Il a été bien certainement rasé à fleur de terre, et tous les matériaux supérieurs en ont été enlevés ou dispersés. Il se compose encore de huit chambres ou de huit excavations dont les murs sont très-bien conservés ; l'une d'elles, la plus considérable, renferme trente-six petites colonnes carrées en grosses briques, qui, comme les murailles, ne s'élèvent pas au-dessus du niveau du sol, mesure où les unes et les autres semblent avoir été exactement rasées. Plusieurs indices m'ont convaincu que l'on aurait trouvé, si l'on avait continué les fouilles, plusieurs autres compartiments ou chambres dont j'ai marqué sur mon plan et par un pointillé le gisement probable.

Tout l'édifice, situé, comme je l'ai déjà dit, à trois kilomètres au sud-est de Larche, est cependant sur un terrain dont le niveau est beaucoup plus élevé que celui de la plaine où est bâtie cette bourgade. Son emplacement est une espèce d'amphithéâtre qui descend, par une pente très-douce, jusque sur les bords d'un grand ruisseau appelé le *Ladou*, et qui se jette, très-près de là, dans la rivière de Couze. Ce ruisseau, qui est presque aussi considérable à sa source qu'à son embouchure dans la Couze, sort d'une chaîne de collines qui préservait l'établissement romain des vents d'ouest et du nord, et rien n'a été plus facile que d'en conduire les eaux à cet édifice par un aqueduc souterrain et pratiqué sur les flancs et les crêtes progressivement déclives de ces collines. Quelques explorations feraient peut-être découvrir les traces de cet autre monument.

Les habitants du pays m'ont fait voir encore une source, située à quelque distance et à quinze mètres environ d'élévation au-dessus des ruines, mais que des travaux agricoles ont presque entièrement tarie. Ce qui reste de l'eau de cette source a une forte saveur minérale ; il est probable qu'elle a été plus abondante et mieux entretenue autrefois. L'on sait que les Romains recherchaient avec empressement toutes les sources thermales et minérales près desquelles ils formaient des établissements dont on retrouve, en France et ailleurs, les vestiges dans presque toutes les localités où il existe de ces sortes de sources.

Le territoire ou, comme l'on dit dans le pays, le *ténement*, où sont situées ces ruines, était très-anciennement connu, comme il l'est encore, sous le nom de *Lac Rouge*, mais la nature du sol et des rochers n'ont pu donner lieu à cette désignation ; la déclivité du terrain ne permet pas non plus de supposer qu'une masse quelconque et stagnante d'eaux a existé dans cet endroit. Peut-être doit-il ce nom de *Lac Rouge* à la tradition confuse de quelque combat terrible ou de quelque affreux carnage, à la suite duquel l'édifice dont les ruines subsistent encore a été rasé, comme il l'est réellement à fleur de terre. Cette catastrophe, dont les indices sont visibles, doit être attribuée à l'invasion des Barbares dans les Gaules, et elle est peut-être survenue dans le cours de la célèbre et sanglante expédition qui, de 507 à 509 de l'ère chrétienne, valut à Clovis la conquête de l'Aquitaine.

La pièce de terre où s'élevait l'édifice dont les débris nous occupent, s'appelle *al Vial* ou *au Vial*, et il faut remarquer que par un genre de transformation qui était très-fréquente dans la langue romane, et qui s'est conservée dans le patois du Limousin et du Périgord qui en dérive, la syllabe *il* se change en *ail*, comme dans ces mots : *fial, abrial*, pour *fil* et *avril*. Il s'en suivrait que cette désignation de *vial* pourrait être un vestige et une corruption du mot latin *villa*, maison de campagne.

L'ordre, la disposition et les dimensions des chambres ou *cellæ*, dont j'ai examiné les vestiges, m'ont donné en effet la conviction que c'était un édifice de ce genre, mais, de plus, je crois y avoir reconnu les indices certains d'un *sacrarium* ou petit temple, qui en était une partie intégrante. J'y ai constaté même les constructions accessoires et nécessaires pour l'immolation des victimes.

J'ai conclu de toutes mes observations dont, je le répète, j'expose simplement ici le résumé, que ces ruines sont les derniers débris d'une *villa* ou maison des champs du propriétaire ou du tribun légionnaire chargé du commandement de cette *Arx*, aujourd'hui *Larche*, mais alors un *oppidum* ou *castellum*, destiné à assurer la domination romaine dans la contrée, et que même cette *villa*, située sur la voie romaine de Tintiniacum et de Brive à Vésone, pouvait être fortifiée, car ses abords étaient déjà naturellement défendus par le grand ruisseau du Ladou et la rivière de Couze.

Mais ce *sacrarium* adjoint à l'édifice indique aussi que cette *villa* était à l'usage de la garnison romaine d'*Arx*; c'est là sans doute que les malades venaient se rétablir dans un air pur, et en usant des eaux de la source voisine et minérale, des maladies causées par l'insalubrité de la plaine marécageuse de Larche. C'est là aussi, et dans le *sacrarium*, que le propréteur et la garnison venaient, à certaines époques de l'année, observer les aruspices, et, comme nous l'apprend Pline le jeune, renouveler les serments, les vœux et les sacrifices que les légions offraient pour le salut de César et de l'empire romain : *fides et vota legionum*. En supposant, ce

qui est probable, que la garnison de l'*Arx* se composât tout au plus d'une demi-cohorte, les dimensions du local dont les murs existent, et que j'ai reconnu pour être celui qui devait renfermer le sanctuaire, nous prouvent que la plus grande partie de cette garnison, c'est-à-dire cent cinquante ou deux cents hommes, pouvaient facilement assister à toutes les cérémonies religieuses.

On objectera qu'en général on n'offrait guère de sacrifices sanglants dans les *sacraria* ou chapelles domestiques, et que l'on ne pratiquait, dans ces sortes d'oratoires, que des rits fort simples, tels que des libations, des offrandes de parfums, de fleurs et de fruits. Je pourrais citer bien des exceptions, chez les Grecs et même chez les Romains, à cette règle habituelle; mais observons, en ce qui concerne les localités, que quoique, selon le témoignage de Grégoire de Tours et les preuves offertes par divers débris qui subsistaient encore il y a peu de temps, le culte de Saturne et des autres divinités du capitole était déjà établi à Brive. avant le deuxième siècle de l'ère chrétienne, il n'eût été ni prudent ni possible à la garnison romaine, chargée de se maintenir dans le *Castellum* de Larche, d'abandonner ce poste pour aller offrir des sacrifices dans le temple de Brive, ville entièrement gauloise, et dont la population était très-probablement, et comme toutes les tribus de cette région de la Gaule, toujours disposée à des séditions ou à des complots contre les Romains.

La *villa* romaine de Saint-Sernin, que je viens de représenter comme une dépendance nécessaire de l'*Arx* ou de l'*oppidum*, autour duquel s'est élevé le *Larche* moderne, me paraît avoir couvert une étendue de cinq cents mètres carrés. Je dis me *paraît*, car les fouilles ont été si limitées, que très-probablement elles n'ont mis à découvert que la moindre portion de cet édifice. Ces fouilles ont même été promptement interrompues, et l'impatience du propriétaire du sol, qui n'a reçu aucun encouragement de l'administration, a sans doute, depuis long-temps, fait disparaître sous le travail de la pioche et de la charrue le peu de débris qui avaient été présentés à mon examen.

L'antique *oppidum* ou château de Larche a été détruit en 1794. Toutes les pierres, toutes les fondations en ont été complètement enlevées, et depuis soixante ans l'on ne cesse d'extraire du rocher, sur lequel il était situé, des pierres de taille; ce rocher ne tardera pas sans doute à être entièrement rasé au niveau du sol, d'où il surgissait dans un isolement complet au milieu du vaste marais de la Vézère.

Larche, ancienne baronie, qui dépendait d'abord de

la vicomté de Turenne et en partie de la censive des abbés de l'antique abbaye de Dalon, devint ensuite le siége d'une justice seigneuriale dont le ressort s'étendait en Limousin et en Périgord, et qui fut un des fiefs avec lesquels on forma, en 1663, le duché d'Ayen, érigé pour la maison de Noailles. Ses curés portaient le titre de *prieurs;* mais il paraît que, malgré cette dignité, ils furent pendant long-temps très-pauvrement logés, car la porte du presbytère actuel offre encore l'inscription suivante, dont le type et les accessoires sont évidemment de la fin du quinzième siècle :

> Ie te trovvai de terre,
> Ie te larray de pierre.

L'église paroissiale jointe à ce presbytère, et qui touche les bords de la Vézère, est le seul débris de l'ancien manoir féodal qui avait remplacé l'*oppidum* romain, dont elle était la chapelle. Cette église, très-exigue, humide et malsaine, est devenue insuffisante pour la population. Larche est aujourd'hui un chef-lieu de canton du département de la Corrèze.

# ÉTUDES

## SUR L'HISTOIRE DU PÉRIGORD,

### PENDANT LA DOMINATION ANGLAISE EN AQUITAINE.

*(Suite.)*

Richard mourut sans postérité. Jean-Sans-Terre, autre fils de Henri II, lui succéda. La couronne fut disputée au nouveau monarque par Artur de Bretagne, fils de Geoffroy, soutenu par le roi de France et par les Aquitains; mais battu à Mirebeau, en Poitou, Artur tomba au pouvoir de son ennemi. Non content d'avoir dépouillé son prisonnier, qui était son neveu, Jean-Sans-Terre lui ôta la vie. Cité, au sujet de ce meurtre, devant la cour des pairs de France, l'usurpateur refusa de comparaître. Il fut condamné par contumace, dans un parlement tenu à Étampes en 1203, à la peine capitale et à la confiscation de tout ce qu'il possédait dans le royaume. L'Aquitaine, qui, depuis la mort de Richard, avait fait retour à Éléonor, se livra comme d'elle-même à la France, excepté toutefois la Saintonge et la partie située au-delà de la Garonne, que les Anglais continuèrent de posséder.

Jean entreprit de rentrer en possession des provinces confisquées par l'arrêt du parlement. Profitant de l'absence de Philippe-Auguste occupé en Flandres contre l'empereur Othon, il débarqua à La Rochelle avec sa femme, Isabelle d'Angoulême, enlevée au comte de la Marche et une belle et nombreuse armée. Plusieurs barons de la Gascogne se joignirent à lui. Louis, fils de Philippe-Auguste, s'avança avec des forces considérables à sa rencontre, et remporta sur lui en Anjou des avantages considérables. Le roi lui-même vint en Poitou et accorda à Jean-Sans-Terre une trève dont ce dernier se hâta de profiter pour repasser en Angleterre (1208).

La ville de Limoges s'était empressée, après la mort de Richard-Cœur-de-Lion, de reconnaître le roi de France pour son légitime souverain; quelque temps après, elle en fut cruellement punie. Bérangère, veuve de Richard, qui déjà croyait avoir à se plaindre des Limousins, vint surprendre cette ville en 1209, et y exerça de grandes cruautés. Les mémoires du temps disent qu'après l'avoir pillée et livrée aux flammes, cette reine vindicative fit semer du sel dans les rues, en signe de malédiction; mais à peine avait-elle assouvi ses vengeances, qu'elle mourut chargée de la haine publique (1).

Là se place le récit de la fameuse croisade contre les Albigeois. Le Périgord se ressentit des violentes secousses que cette guerre longue et terrible imprima à tout le midi de la France.

Une guerre politique peut avoir des conséquences religieuses d'une portée immense. Il n'est pas rare non plus de voir une guerre religieuse produire des résultats politiques qui étonnent l'observateur superficiel, mais ne surprennent nullement quiconque a étudié les lois de l'humanité, et a puisé dans cette étude la conviction que la Providence mène le monde, et que Dieu fait servir à ses fins les passions et les erreurs de l'homme.

La sanglante croisade contre les Albigeois, préparée par un pape de génie, Innocent III, et dirigée contre l'hérésie qui infestait les contrées méridionales et menaçait de détruire l'unité catholique en même temps qu'elle était un obstacle à la complète assimilation des races, peut être définie la lutte du nord et du midi de la France, du nord germain contre le midi romain, du nord féodal contre le midi municipal, du nord catholique fervent contre le midi impie et hérétique; elle prépara l'homogénéité, l'unité de la France.

(1) Son corps fut inhumé sous le porche d'un ancien clocher des Bénédictins (aujourd'hui la maison centrale de détention). Plusieurs siècles plus tard, en 1612, on croit avoir trouvé, en creusant dans cet endroit, sa couronne avec quelques bijoux. (*Hist. d'Aq.*, par de Verneilh-Puiraseau.)

L'hérésie des Vaudois, ainsi appelés du nom de Waldo, leur chef, marchand de Lyon, en fut la cause; elle consistait en la croyance en deux principes : celui du bien et celui du mal, et avait cela de commun avec le manichéisme, qu'elle niait les principaux dogmes, qu'elle rejetait les sacrements, le baptême, la communion, la suprématie de l'église romaine. Tout le midi de la France, depuis les Alpes jusqu'aux Pyrénées , s'était épris de ces erreurs dangereuses.

Le scandale des mœurs, disent les historiens, venait encore ajouter à l'horreur qu'inspiraient ces doctrines subversives. Les seigneurs du pays faisaient continuellement la guerre aux églises, confisquaient les biens des ecclésiastiques , avaient des sérails, des harems à la manière orientale; quand les clercs paraissaient en public, ils cachaient leur tonsure. « La nuit » d'ignorance couvrait tout le pays, et les bêtes de la » forêt du Diable s'y promenaient librement. »

Innocent III envoya des légats aux princes , mais surtout à Raymond VI, comte de Toulouse , le plus puissant de tous, pour les déterminer à rester fidèles aux doctrines fondamentales du catholicisme. Raymond promit à Pierre de Castelnau, l'un d'eux, de diriger toutes ses forces contre les hérétiques ; mais il ne se pressa pas de tenir sa parole, et fit assassiner le légat qui lui avait reproché ses lenteurs et sa perfidie.

A cette nouvelle , Innocent III mit l'interdit sur le comté de Toulouse, et prêcha la croisade; il accorda à tous ceux qui se croiseraient contre Raymond VI et les Albigeois les mêmes priviléges qu'aux croisés d'Orient, et il y eut dans la France du nord un enthousiasme général.

« Il était bien plus commode, disent malicieusement les historiens, d'aller gagner le pardon de ses péchés, là, tout près, dans ces riches et fertiles contrées du midi, que de s'aventurer dans un lointain voyage, d'où l'on ne revenait guère. » D'un autre côté, les impiétés, les hérésies des Albigeois excitaient une indignation profonde qui fit éclater les haines assoupies des races.

Le roi de France envoya quinze mille hommes sous la conduite de Louis, son fils aîné; et tel fut le succès des prédications des légats, qu'en peu de temps les croisés se trouvèrent au nombre de cinq cent mille. Bourges était le lieu du rendez-vous. L'armée était commandée par l'abbé de Citeaux, légat apostolique, qui prit pour lieutenant Simon de Montfort , homme fortement trempé, ambitieux, énergique, courageux. La ville d'Avignon voulut résister, mais elle fut contrainte à donner deux cents ôtages; ses murailles fu



rent démolies, ses fossés comblés. Toutes les villes , jusqu'à quatre lieues de Toulouse, se soumirent, sauf Béziers. Raymond VI, effrayé, se hâta de se soumettre, et se croisa lui-même pour aller faire le siége de cette ville.

Béziers est emporté d'assaut et livré au massacre et au pillage. Enflé de ses succès , le comte de Montfort s'abat sur les terres du comte de Toulouse lui-même , envahit l'Agenais, le Quercy. Raymond réclame l'appui du roi de France et du pape qui le renvoie à ses légats; mais les conditions de ces derniers lui paraissent inacceptables; mieux vaut pour lui courir la chance des batailles; il compte d'ailleurs beaucoup sur le roi d'Aragon, don Pedro II, qui, à la demande des comtes de Foix, de Comminges et de Béarn, s'avançait contre Montfort avec une armée de près de cent mille hommes. Celui-ci se jette dans Murat; l'armée gasconne et aragonaise investit la place ; Montfort résiste longtemps; il demande à capituler et ne peut l'obtenir. Alors, furieux et désespéré, il sort à la tête de la garnison, et culbute l'armée ennemie, étonnée d'une pareille audace (1213); le roi d'Aragon fut trouvé parmi les morts.

Les succès de Simon de Montfort lui facilitèrent la conquête du Rouergue, de l'Agenais, du Limousin, du Périgord, enfin, de toutes les places d'Aquitaine où s'étaient réfugiés les rebelles. Casseneuil, ville de l'Agenais qui se trouvait sur le chemin de l'armée victorieuse marchant sur le Périgord, fut prise sur l'ennemi.

Là , dit la *Chronique de la guerre contre les Albigeois*, on apprit à Simon , comte de Montfort , qu'il y avait dans le Périgord des places fortes occupées par les ennemis de la paix et de la foi (*quod in episcopatu Petragoricensi erant castra , in quibus habitabant pacis et fidei inimici*). Le chef des croisés résolut alors d'avancer, d'envahir ces places, et, par la défaite des rebelles, de rendre la paix aux églises et à toute la contrée pétrocorienne. Mais les ennemis de l'Église, à la nouvelle de la prise de Casseneuil, furent frappés d'une telle crainte, qu'ils n'osèrent attendre l'arrivée du comte, même à l'abri de leurs positions les plus fortifiées. En quittant Casseneuil, l'armée se dirigea sur l'une des places occupées par les hérétiques, appelée Domme, et la trouva abandonnée par ses défenseurs; c'était, dit la *Chronique*, une position redoutable sur la Dordogne, dans un site agréable *(Erat autem castrum nobile et fortissimum, super Dordoniam fluvium in amænissimo loco situm)*. Montfort ordonna aussitôt qu'on en abattit la tour, qui était très-haute, très-belle et armée presque jusqu'à son sommet (1).

Un peu au-delà de Domme s'élevait un château dit de *Montfort,* commandé par Bernard de Casnac, hérétique cruel dont la femme, sœur du vicomte de Turenne, était plus cruelle encore; abandonné comme celui de Domme, il subit le même sort, et fut livré à l'Évêque de Carcassonne pour être démoli. La *Chronique* raconte que Simon de Montfort, à son arrivée à Sarlat, trouva dans le monastère plus de cent cinquante pauvres catholiques réfugiés, auxquels Bernard avait fait couper les mains et les pieds, arracher les yeux, endurer, enfin, tous les supplices.

Le château de Castelnau tomba également au pouvoir des croisés; mais le comte Simon ne le fit pas démolir; il donna des ordres pour qu'on y construisit une citadelle où il mit garnison.

Le château de Beynac est le quatrième qui tomba au pouvoir des croisés; ses tours et ses murailles furent démolies.

La prise de ces quatre places fortes où l'hérésie avait cherché un dernier refuge rendit la sécurité aux églises et la paix à l'Agenais, au Quercy et au Périgord.

Tous ces épisodes de la croisade se rapportent aux années 1215 et 1216.

Quoique la guerre contre les Albigeois ne prit fin en réalité, ainsi que le comté de Toulouse, que sous le règne de saint Louis, les Chroniques ne s'accordent pas moins à considérer nos provinces comme pacifiées dès l'époque dont nous venons de raconter les principaux événements.

Les comtes de Comminges, de Foix et de Béarn firent au légat leur soumission, demandant grâce, s'en remettant corps et biens, sans conditions, à la miséricorde de l'Église; ils furent absous, mais le concile de Montpellier, dont les décrets furent confirmés par celui de Latran, autorisa Montfort et les autres chefs de la croisade à garder les fiefs dont ils s'étaient emparés; et le chef des croisés fut admis par le roi Philippe à lui en rendre hommage.

La misère des populations égalait l'humiliation des seigneurs; aussi une sorte de retour ne tarda pas à s'opérer dans le midi au profit des vaincus, de Raymond de Toulouse et de son fils. « La désolation de ces contreés, naguère si florissantes, était inexprimable; des campagnes désertes, des ruines noircies par les flammes, des castels écroulés et vides, des villes saccagées et dépeuplées, » tel était le triste spectacle qu'offrait presque partout la terre de la Langue d'Oc. Çà et là, on rencontrait, mornes, abattus, montés sur de méchants roussins de paysans, ces châtelains, ces chevaliers, ces consuls qui brillaient naguère dans les tournois et les cours d'amour; maintenant, ils ne pouvaient demeurer dans leur patrie esclave, ni passer sur les terres qu'ils avaient autrefois possédées, à moins de se soumettre à n'entrer jamais dans une place murée, à ne chevaucher sur un destrier de combat... Les voix joyeuses et brillantes des troubadours avaient fait silence, ou, si elles s'élevaient, c'était pour murmurer des chants pleins de regrets amers et d'une douleur profonde. « Ah! s'écrie l'un deux, Toulouse et Provence, et la terre d'Agen, Béziers et Carcassonne, *quelles je vous vis et quelles je vous vois!* »

> AÏ! Tolosa et Proensa
> E la terre d'Agensa
> Bezers et Carcassey ,
> Quo vos vi et quo us vey (1).

Le comte Raymond parvint à rentrer dans Toulouse; il y fut reçu au milieu de la joie publique. En 1218 Montfort vint l'assiéger de nouveau; mais il fut tué d'un coup de pierre à la tête, dans une sortie que firent les Toulousains.

Amaury, son fils, reçut l'hommage et les serments de l'armée; mais la révolte des villes du Quercy, de l'Agenais, le força à lever le siége de Toulouse et à rentrer à Carcassonne.

L'hérésie triomphait de nouveau; mais le pape Honorius pressa instamment le roi de France de s'armer contre elle, et ordonna que la moitié d'un *vingtième,* levé sur les biens du clergé, serait employée à assister Amaury.

Philippe-Auguste prévoyait que cette grande querelle devait tourner au profit de la royauté, sans qu'il fût obligé d'épuiser ses trésors et son royaume; aussi se souciait-il fort peu de combattre pour ou contre les hérétiques albigeois; il ne se croisa pas; mais, désirant ménager la papauté, il laissa partir son fils Louis avec une foule de seigneurs et d'évêques, six cents chevaliers et dix mille archers. Au printemps de 1219, Louis arriva devant Marmande, où se trouvait déjà Amaury de Montfort. La garnison et les habitants de cette ville

_____

(1) *Recueil des Histoires des Gaules et de la France,* t. 19, p. 98.

(1) *Poésie des troubadours,* Reynouard, t. IV, p. 192. Intr. à la *Guienne hist. et monumentale.*

demandèrent et obtinrent une capitulation; mais la division s'étant glissée parmi les croisés, il fut impossible d'empêcher le massacre de la population. Le comte de Saint-Pol et l'archevêque d'Auch tentèrent vainement d'arracher la ville aux horreurs d'une véritable boucherie.

Cette odieuse exécution ne profita nullement aux croisés, qui, après dix mois de combats, furent obligés de battre en retraite sur tous les points. Incapable de supporter plus long-temps le fardeau du commandement que son père lui avait légué, Amaury offrit ses états à Philippe-Auguste; mais le roi de France, toujours fidèle à la politique prudente et sage qu'il avait adoptée, et redoutant d'être obligé d'entrer directement et activement dans la lutte, les refusa, même aux sollicitations du pape (1222).

Bientôt, Raymond VII comte de Toulouse, chassa Amaury de Carcassonne; celui-ci se réfugia en France, et céda au successeur de Philippe-Auguste (1), qui venait de mourir, toutes les conquêtes de son père dans le Languedoc, l'Albigeois, le Quercy, l'Agenais.

A partir de cette époque, la guerre des Albigeois revêt un caractère moins exclusivement religieux; elle devient la lutte de la royauté française contre les grands fiefs du midi (1224) (2).

Il ne suffisait pas de combattre les hérétiques, il fallait lutter contre l'hérésie, réfuter ses doctrines funestes, les convaincre d'erreur et de mensonges; c'est dans ces temps que prirent naissance les deux ordres de Saint-François et de Saint-Dominique. Raoul de Lastours, alors évêque de Périgueux, y provoqua l'établissement des frères de Saint-François, qui, au bout de peu de temps, se répandirent dans le diocèse. Le couvent qu'ils fondèrent fut le trentième de la province d'Aquitaine; six autres du même ordre en relevaient : celui d'Aubeterre, fondé par le seigneur d'Aubeterre; ceux de Sainte-Foy, d'Excideuil, de Sarlat, de Montignac, de Bergerac.

C'est en l'an 1220 que notre Évêque posa la première pierre de l'église du couvent de Périgueux, « bâtiment » qui fut très superbe, dit le P. Dupuy, comme nous » lisons dans le relief de masures qui sont encore sur » pied. »

« Je juge qu'ensuite, au même temps, continue l'historien de l'église du Périgord, l'établissement des filles de Sainte-Claire fut fait par le don que le chapitre de Saint-Etienne fit de l'église et bâtiment de l'hôpital Saint-Jacques, tout proche la rivière de l'Isle, où jadis un pont la traversait; cette église, bâtiments et clos leurs furent donnés, à la charge qu'à la muance d'abbesse elle porterait par hommage, au grand autel de Saint-Etienne, un cierge d'une livre allumé durant la grande messe; comme aussi que tous les ans elle donnerait de rente un marbotin d'or, valant vingt sols, et deux livres d'encens; ce qui me fait conjecturer que ce monastère fut établi pour les religieuses qui vivaient sous les modifications de la première règle que saint François donna à sainte Claire et à ses filles. Choppin, dans son *Monasticon*, fait mention d'un arrêt du grand conseil, donné le dix-huitième janvier l'an 1595, par lequel l'abbesse de ce couvent, nommée par les suffrages des religieuses, est confirmée contre celle qui avait été nommée par le roi; d'où il infère que cette abbaye, ni toutes celles des pauvres dames de Sainte-Claire, ne peuvent tomber sous la nomination des rois de France. »

De cette époque datent les plus anciens titres connus, constatant l'origine et les droits de la seigneurie de la ville de Périgueux, possédés, à titre indivis, par tous ses citoyens et bourgeois.

Nous avons prouvé, par l'histoire même de l'ancien municipe de Vésone, son antique liberté et ses droits comme puissance publique, sous les deux premières races de nos rois; il nous reste maintenant à expliquer comment cette cité a passé de l'état ancien à l'état féodal et seigneurial.

La plupart des anciens municipes qui, sous nos rois de la première et de la seconde races, avaient encore conservé leurs lois, le droit de se défendre par leurs propres forces, n'étaient plus, à l'avènement des Capétiens, que de simples associations soumises à la puissance des ducs et des comtes; mais la ville de Périgueux conserva ses anciens droits et priviléges, et ne voulut jamais relever que de la royauté; elle n'eut aucun seigneur; « car l'autorité que le roi conserva sur » elle, ne fut point le pouvoir de la seigneurie, mais » celui de la souveraineté (1). »

Quand vint le moment où la royauté reconnut que, pour grandir et se fortifier, elle devait s'appuyer sur les communes, des lettres de bourgeoisie furent concédées à certaines villes, des chartes d'affranchissement à d'autres; mais ces lettres et ces chartes prou-

---

(1) Mort en 1223.
(2) Introd. à la *Guienne hist. et monumentale.*

(1) *Mémoire sur la constitution politique de la ville et cité de Périgueux.*

vent que ces villes et communes avaient été dépouillées de leurs anciens droits; on n'en retrouve aucune trace dans l'histoire du municipe de Périgueux, corps politique formant une espèce de petite République, composée d'ecclésiastiques, de chevaliers, de damoiseaux et de citoyens jouissant d'une liberté pleine et entière, exerçant la puissance publique, ne connaissant que le roi pour supérieur, lui reportant sa constitution politique, tous les droits qui en dépendent, sous le même serment que prêtent tous les vassaux nobles immédiats du souverain, avec les mêmes obligations qu'ils reconnaissent.

Le premier titre concernant la ville de Périgueux que l'on rencontre dans le célèbre Cartulaire de Philippe-Auguste, est de même nature et conçu à peu près dans les mêmes termes que celui par lequel le roi reçoit le serment des grands vassaux. Ainsi, c'est dans le même instant, par deux actes séparés, mais exactement semblables, que Philippe-Auguste reçoit, au mois de mai 1204, dans son camp, devant la ville de Rouen, l'hommage et le serment de fidélité du comte de Périgord et de la cité de Périgueux (1). Il existe dans le Cartulaire de Philippe-Auguste quatre-vingt-six chartes accordées aux différentes villes du royaume; mais l'hommage de 1204 est le seul de son espèce, le seul qui suppose entière, parfaite, immémoriale liberté de tous les hommes de la ville de Périgueux, et qui exige d'eux le devoir rendu au monarque par la noblesse immédiate, et par les grands vassaux, qui tous, comme elle, étaient tenus *facere fidelitatem regi*.

Le fils de Jean-Sans-Terre avait été proclamé, à la mort de son père, roi d'Angleterre, sous le nom de Henri III. Ce monarque ne voulut point assister au sacre du roi de France Louis VIII; il protesta même contre la sentence de confiscation qui avait enlevé le duché d'Aquitaine à son père, et envoya à Bordeaux son frère Richard avec trois cents navires, pendant que Savary de Mauléon tenait pour lui la campagne en Poitou.

Louis VIII marcha à la rencontre des troupes anglaises, prit Niort, Saint-Jean-d'Angély et plusieurs autres places; La Rochelle, abandonnée par Henri III, ouvrit ses portes aux Français. Savary s'était enfermé dans cette place. Les Rochellais envoyèrent demander en Angleterre des secours et de l'argent pour payer la noblesse gasconne et poitevine qui avait suivi les en-

seignes de l'étranger. Quelques jours après, on en reçut des coffres bien fermés, mais ne contenant que des cailloux au lieu d'argent. Savary, indigné de cet affront, capitula et se rendit au roi de France, qui *lui fut bon maître, comme lui-même lui fut bon serviteur.*

Pendant ce temps l'armée de Richard prenait d'assaut Saint-Macaire, et allait assiéger la Réole qui lui opposa une vive résistance. Le roi Louis VIII dépêcha en Périgord un corps d'armée commandé par d'Argentan et destiné à arrêter ses progrès. La ville de Limeuil, située au confluent de la Vézère et de la Dordogne, est prise par les troupes royales qui descendent vers Bergerac, et s'en emparent.

Ces victoires amenèrent la soumission des villes et des seigneurs de la Saintonge, du Limousin, du Périgord et de la moitié du Bordelais. « Les Français n'eurent qu'à recueillir partout des serments d'allégance, et ne s'arrêtèrent qu'aux rives de la Garonne, vis-à-vis de Bordeaux, que son archevêque parvint à maintenir dans l'obéissance du roi anglais. Les villes soumises conservèrent leurs libertés et leurs priviléges (1). »

Le P. Dupuy raconte que c'est à l'occasion de cette guerre que le roi de France, Louis VIII, « ayant besoin » de la faveur du Périgord pour le passage de son ar- » mée contre ses ennemis, donna au sénéchal de cette » province commandement expédié, l'an 1223, de con- » server et honorer les habitants de Périgueux, parce » qu'il les avait retenus perpétuellement annexés à la » couronne de France. »

Voici la traduction de cet acte :

« LOUIS, par la grâce de Dieu, roi de France, à » tous ses amés et féaux, qui ces présentes lettres ver- » ront, SALUT. Sachez que le maire et l'universalité des » bourgeois du Puy-Saint-Front de Périgueux, sont » nos vassaux et qu'ils nous ont fait le serment de » féauté qu'ils nous doivent. C'est pourquoi nous vous » enjoignons d'avoir exactement pour eux tous les » égards, toute l'affection dûs à nos vassaux, et de leur » porter honneur par rapport à nous, parce que nous » sommes convenus avec eux de retenir ladite ville et » de l'unir à notre couronne à perpétuité, de manière » que nous ni nos héritiers ne pourrons jamais la sor- » tir de nos mains. Fait en Lorraine, au mois de jan- » vier, l'an du Seigneur, mil deux cent vingt-trois. »

Ce titre, comme celui de 1204, que nous avons précédemment signalé, est au nombre de ceux qui établis-

---

(2) Voir ces actes au *Recueil des titres et pièces justificatives à l'appui du Mémoire sur la constitution politique de la ville et cité de Périgueux.*

(1) Introduction à la *Guienne hist. et monumentale.*

sent que la ville de Périgueux n'a jamais relevé que du pouvoir royal.

Amédée MATAGRIN.

## LA BRODERIE DE LA MARQUISE DE BEYNAC.

Il m'est passé naguère sous les yeux un de ces fragments curieux à double titre, et par leur travail et par leur histoire. C'est une sorte de mousseline de soie, jadis blanche, aujourd'hui légèrement roussie, malgré le soin avec lequel elle est conservée dans un cadre d'acier doré, derrière une glace de Bohême. Elle a la forme d'un carré, long de soixante centimètres environ, large de cinquante.

En quelques mots, voici son histoire :

Vers le milieu du siècle dernier, au château de Beynac, près de Sarlat (en Périgord), vivait la onzième marquise de Beynac. Veuve à vingt-sept ans, elle passait sa vie à pleurer et à prier. Retirée dans une chambre que nous avons vue, pratiquée au premier étage de la tour octogone du château, qui a une vue ouverte sur trois points de l'horizon, elle passait ses jours à rêver de ses souvenirs en contemplant la campagne, ses nuits à songer à ses regrets, en sommeillant aux bruits des champs déserts.

C'est dans cette contemplation solitaire qu'elle trouva le sujet des quatre tableaux que nous allons décrire.

Un matin de décembre, la marquise, en ouvrant sa fenêtre au nord, entendit un son de trompe éloigné. La campagne était couverte de neige. Des nuages gris cachaient le soleil, en ne laissant tomber sur la terre qu'une lumière blanche qui donnait au paysage un ton pâle et vaporeux. Rien ne dispose à la rêverie comme un pareil spectacle. La marquise se laissa rêver ; et le lendemain, elle prit sa broderie, copia le tableau qu'elle avait sous les yeux ; mais comme elle allait lentement, elle se trouva ne l'avoir achevé qu'à l'automne suivant. Elle avait représenté, en broderie de soie blanche, une campagne couverte de neige, çà et là quelques sapins pleins de givre, et dans le fond un chasseur sonnant de la trompe et suivi de ses chiens. Ces dernières figures, en soie et en paillettes d'argent, se détachent brillantes avec l'effet le plus gracieux sur ce premier médaillon.

On prétend que la marquise de Beynac a eu l'inten-
tion de reproduire, dans la figure du chasseur, les traits de son noble époux.

A l'automne, la campagne allait dépouillant sa verdure sous les premiers vents d'hiver. La marquise broda, à côté du tableau précédent, le même paysage vu sous un autre aspect. Une rivière, que couvrent la neige et la glace, coule lentement entre des rideaux d'arbres. Une chèvre attardée broute quelques tiges oubliées. Des paillettes d'or simulent des fruits pendant aux branches ; et dans le fond, presque à l'endroit où apparaît le chasseur dans le tableau d'hiver, sur une colline éclairée des derniers rayons du soleil couchant, on voit deux ombres d'homme et de femme se dessiner légèrement.

Ce médaillon ne fut achevé qu'au printemps suivant. A cette saison, la marquise broda au-dessous une troisième vue du même paysage, toujours avec de la soie blanche et des paillettes d'argent et d'or. Les arbres sont moins dépouillés, l'herbe est plus touffue ; un troupeau anime le paysage ; le soleil est pâli par quelques rayons d'argent et de soie. La bergère qui garde le troupeau a un maintien triste et rêveur. Peut-être a-t-elle voulu se peindre elle-même, jeune fille ou jeune veuve.

Puis à côté, le même tableau se reproduit encore ; mais la campagne est dans tout le luxe de la végétation ; le soleil la remplit de lumière. Le chasseur fatigué se repose, assis au bord de la rivière, appuyé sur l'un de ses chiens.

Enfin, entre ces quatre médaillons, il en est un plus petit où l'on voit une figure de femme, les yeux levés au ciel, encadrée dans une fenêtre ogivide, au-dessous de laquelle est un écusson portant deux cœurs enchaînés, dont l'un est percé d'une épée.

Autour de ce travail est brodée une guirlande de roses blanches et de chèvre-feuille.

On dit que lorsque la marquise eut achevé sa broderie, un beau soir d'automne, elle contempla le site où elle s'était représentée avec son noble époux, resta long-temps accoudée à sa fenêtre, et dans la nuit elle expira.

Après sa mort, cet ouvrage passa entre les mains du duc de ***; il l'a légué à la famille de L***, qui le possède aujourd'hui.

Ce travail est sans doute d'une exécution souvent incorrecte ; il est néanmoins, comme on peut le voir d'après notre description, précieux au point de vue de la tradition et de l'archéologie.

P.-D. BEZIAT.

## PIERRE DE LANCRE

### ET LA SORCELLERIE EN GASCOGNE (1).

Vers la fin du règne de Henri IV, la province du Labourd se plaignant d'être infectée de sorciers, le roi nomma une commission pour informer. Pierre de Lancre en fut le président. Malheureusement pour sa mémoire, il déploya, dans l'accomplissement de sa tâche, une activité, une rigueur, qui font encore moins l'éloge de son cœur que de son esprit, et qui doivent le faire classer au rang des plus célèbres fanatiques. Montesquieu n'avait pas dit encore. « Maxime importante : il faut être circonspect dans la poursuite de la magie et de l'hérésie. » Il aurait pu dire de Pierre de Lancre ce qu'il a dit des Grecs : « Il aurait été bon d'être magicien pour se préserver de la magie. Tel était l'excès de leur idiotisme, qu'au crime du monde le plus incertain, ils joignaient les preuves les plus incertaines. » Le nombre des victimes envoyées au bûcher fut d'environ cinq cents, et Pierre de Lancre devint conseiller d'état (2).

Les écrits de Pierre de Lancre forment quatre volumes, que le curieux peut consulter à la Bibliothèque publique de Bordeaux. Ce sont :

1º Tableau de l'inconstance, et instabilité de toutes choses, où il est monstré qu'en Dieu seul gist la vraye Constance, à laquelle l'homme sage doit viser. Paris, l'Angelier, 1610, in-4º.

2º Tableau de l'inconstance des mauvais anges et démons, où il est amplement traicté de la sorcellerie et des sorciers; avec un discours contenant la procédure faicte par l'Inquisition d'Espagne à la ville de Logrogne en Castille, le 9 novembre 1610. Paris, Buon, 1612, in-4º.

3º L'incrédulité et mescréance du sortilége pleinement convaincue. Paris, Buon, 1622, in-4º.

4º Du sortilége, où il est traicté s'il est plus expédient de supprimer et tenir soubs silence les abominations et maléfices des sorciers, que de publier et manifester s'il y a quelque chose de véritable en ce qu'ont dict des sorciers, ou si ce n'est que prestige ou illusion, et s'il y a quelques remèdes contre les charmes et les enchantements. 1627, in-4º.

En général, il ne faut souvent lire P. de Lancre que

dans la disposition d'esprit où l'on serait si on allait se promener au milieu d'aliénés.

Voici par quelle pratique on devient sorcier et comment on peut prendre part au sabbat.

« D'autres ont dit, et non sans grande apparence de raison, que les sorcières insignes étaient premièrement ravies en extase par des onguents, herbes ou suffumigations, lesquelles leur ourdissaient les sens et leur faisaient voir pendant leur ravissement tout ce qui se passait au sabbat, ou chose semblable au sabbat; tout ainsi que fait l'herbe Cohoba aux Indiens en l'île espagnole. Puis après un sommeil violent et forcé, ils s'éveillent et content merveilles (1). »

La description du sabbat est des plus curieuses. Combien elle laisse loin derrière elle les représentations que quelques maîtres de ballet ont tenté de faire passer sous nos yeux !

Un des volumes (2) du président de Lancre contient un curieux arrêt pris par le parlement de Bordeaux, le 6 septembre 1603, contre un sieur Grenier, de Saint-Michel-Léparon, sénéchaussée de Laroche-Chalais, convaincu d'avoir été loup-garou. C'était, selon toute évidence à nos yeux, un aliéné du genre des monomanes homicides. Il avait tué plusieurs enfants; peut-être, un vrai loup s'était-il mis de la partie et était-il venu compliquer, d'une manière fort fâcheuse, la position de l'accusé. L'arrêt, fort long, dut être considéré à l'époque comme un chef-d'œuvre d'érudition; et il le serait, en effet, si, pour mériter ce titre, il suffisait d'entasser, de la manière la plus incohérente, des citations d'auteurs sacrés et profanes, grecs et latins. Plaute, Horace, Aristote, saint Augustin, les conciles, les pères de l'Église, sont successivement mis à contribution et fournissent chacun son contingent. O Racine, Petit-Jean, l'Intimé! combien vous êtes ici distancés !

On est presque étonné de voir sortir une conclusion rationnelle d'une telle œuvre : Pierre Grenier, le loupgarou, fut en effet condamné à être renfermé pendant sa vie dans un couvent de Bordeaux.

Au milieu de pages d'une lecture fastidieuse, cet arrêt en renferme une assez intéressante sur l'extase, dont les caractères sont bien définis. Sous les noms d'extase divine et d'extase diabolique, la distinction est assez bien posée entre l'extase qui survient par des moyens naturels et celle qui est produite par l'excitation artificielle du système nerveux. Voici cette

<hr>

(1) Cet article est extrait, ainsi que le précédent, d'un intéressant recueil récemment fondé à Bordeaux, sous le titre de *Revue de Bordeaux.* (*Note de la rédaction.*)
(2) *La Sorcellerie*, par Ch. Louandre.

(1) *Tableau de l'Inconstance*, p. 88.
(2)       *idem.*      p. 58.

page, que nous abrégeons en supprimant les hors d'œuvres, tels que des passages de saint Thomas, saint Augustin et Virgile :

« Ce n'est pas à dire que l'esprit se sépare du corps
et aille errant comme l'âme de Hermotime, celles d'A-
ristée, d'Éros Arménien, de Piménides de Crètes et de
Tymarcus, car l'âme n'est jamais hors du corps tant
qu'il est vivant. Et y a grande différence entre l'extase
et la séparation de l'âme. Car en l'extase, l'âme ne
délaisse son corps, quoiqu'elle semble en être absente,
étant le corps privé des fonctions de l'âme sensitive,
mouvante et intelligente.

» Mais la différence est grande entre les extases divines et les diaboliques : celles-là impriment, dit Tertullien, l'amour divin, la sapience, la piété; celles-ci
l'impiété, le blasphème. L'extase divine va aux choses
surnaturelles, et saint Thomas la définit en ces mots :
*Elevatio mentis ad supernaturalia à Deo cum abstractione
à sensibus.*

» La diabolique rampe çà bas, et abuse les esprits.
Telles sont les extases des sorciers Lapiens dans Olaus,
qui, pour rapporter des nouvelles des pays éloignés,
se graissent et tombent comme morts sur la place, et
demeurent vingt-quatre heures assoupis et immobiles
en cet état; et éveillez, disent avoir fait un long chemin, et content des nouvelles. Telle est l'extase que
récite Torquemada en la troisième journée d'une sor-
cière, laquelle n'ayant bougé de sa chambre, voire y
ayant esté trouvée comme morte jusqu'à la brûler à un
pied sans aucun sentiment, comme elle fut esveillé,
marquait le lieu dont elle disait venir et en donnait de
certaines enseignes. »

Il serait facile et curieux d'établir des rapprochements
entre les pratiques qui viennent d'être définies et celles
indiquées par d'autres écrivains anciens et modernes.

Mais n'est-ce pas plus d'attention qu'il ne faut, prê-
tée à de déplorables égarements de l'esprit humain?
Non peut-être, en présence des judicieuses réflexions
d'un éminent philosophe moderne :

« Chose étrange! c'est au sein même du mysticisme
du xvi⁰ siècle qu'ont eu lieu ces grands travaux des
alchimistes, véritables antécédents de la chimie et de
la physique moderne, qui, en développant l'esprit
d'observation, devait ruiner à jamais l'autorité des anciens. Il semble, au premier abord, difficile d'expliquer
comment ces recherches expérimentales ont pu s'accomplir au sein du mysticisme, qui, par sa nature et
ses tendances ordinaires, repousse l'observation, et
surtout l'observation sensible.

» On peut cependant s'en rendre compte, si on songe
à la source néoplatonicienne d'où le mysticisme du xvi⁰
siècle a découlé ; car une partie essentielle du néopla-
tonisme de Plotin, et surtout de Porphyre et de Jam-
blique, consistait en des opérations théurgiques ou des
pratiques propres à évoquer les démons, à provoquer
une révélation divine de cette vérité que l'homme dé-
sespérait d'atteindre par ses propres forces. C'est de
ces opérations théurgiques, de ces pratiques diverses
pour évoquer les dieux et les morts, qu'est née en partie l'alchimie, et voilà pourquoi elle a d'abord prospéré
au sein du mysticisme. »

L. LAMOTHE.

Par décision de M. Ach. Fould, ministre d'Etat et de
la Maison de l'Empereur, une somme de cinq cents
francs vient d'être accordée pour les réparations à ef-
fectuer à la *Lanterne des morts* du cimetière de la commune d'Atur.

Un article de M. E. Vauthier, notre collaborateur,
avait, on se le rappelle, révélé l'existence de ce curieux
monument, dont il nous a donné une description aussi
exacte que détaillée.

Le don que vient de faire S. Exc. M. le ministre
d'Etat à la commune d'Atur nous prouve que nous
avions raison d'attacher quelque prix à la conservation
de cette œuvre d'art.

A. DE SIORAC.

## NOTICE SUR LE CHATEAU D'HAUTEFORT.

Le château d'Hautefort est situé sur le sommet et
vers l'extrémité d'une étroite et haute colline, au point
de rencontre de plusieurs vallons d'un aspect riche et
pittoresque. De fertiles prairies et de grands massifs
d'arbres, au milieu desquels s'élèvent de nombreuses
habitations, donnent à la contrée un caractère remarquable d'animation et de grandeur.

Une longue et belle route, bordée de rosiers de Ben-
gale et tracée en pente douce, conduit au château en
longeant une grande futaie qui couronne la partie la
plus élevée de la colline formée de bancs de roches
calcaires d'un aspect pittoresque.

C'est sur les bancs de roches mêmes que furent établies, à une époque restée inconnue, les premières fondations d'un château-fort entouré de tous côtés d'es-

carpements recouverts aujourd'hui par d'immenses terrasses soutenues au moyen de hautes et épaisses murailles; aux pieds desquelles le bourg d'Hautefort est venu chercher un abri et s'établir.

Il n'est pas douteux que la forteresse d'Hautefort, ainsi que l'indique son nom, n'ait été, dès les premiers siècles du moyen-âge, l'une des châtellenies les plus considérables de la province de Périgord. La situation particulière de ce château a dû, dans tous les temps, lui donner une importance incontestable.

Le château actuel semble devoir appartenir aux XVIe et XVIIe siècle. Il fut rebâti successivement sur l'emplacement et même sur les fondations de l'ancien château dont les traces ne se trouvent plus qu'à la base des murailles et notamment de la grande façade du nord, où les fondations posent sur les bancs de roches qui, dans d'autres endroits, ont été creusés pour y établir des souterrains ou en extraire la pierre nécessaire à la construction de la forteresse. On peut encore reconnaître dans les fossés, le travail de nivellement que l'extraction des matériaux a motivé, soit pour en égaliser la profondeur, soit pour faire les remblais s'appuyant aux grandes murailles d'enceinte.

Tracée depuis quelques années seulement, la belle route qui mène au château du côté de l'ouest, arrive par une longue courbe à une première entrée, qui conduit par une terrasse bordée de grands murs à parapets, au pont de pierre qui franchit le premier fossé creusé en avant du côté accessible du château.

Après avoir traversé ce pont, qui date du XVIIe siècle, on pénètre dans une vaste cour ou esplanade, bordée sur ses quatre côtés d'un parapet surmontant une muraille d'une élévation considérable et construite en larges pierres de taille. Ces grands murs, du côté du bourg, offrent un aspect remarquable de force et d'ancienneté.

Un fossé profond sépare l'esplanade du château, dans lequel on ne peut pénétrer qu'en traversant un second pont de pierre, que prolonge un pont-levis défendu par deux tourelles et une muraille crénelée et percée de larges meurtrières. La porte du château réédifiée sur l'emplacement de l'ancienne, présente sa date de construction, 1588. C'est vers cette même époque que furent refaites dans leurs étages supérieurs et leurs toitures, les deux grosses tours qui dominent le bourg d'Hautefort. Ces toitures, qui précédemment devaient être aiguës, sont arrondies en forme de dômes et surmontées d'un campanile ou lanternon. L'extrémité opposée de chacune des deux façades latérales s'appuie en retour d'équerre à deux immenses pavillons carrés faisant l'angle de la grande façade du nord. Cette façade a environ soixante-quinze mètres de longueur; elle semble avoir été rebâtie, ainsi que les deux pavillons d'escaliers donnant sur la cour intérieure, vers les premières années du XVIIIe siècle. D'importants travaux de reconstruction ont été faits, il y a quelques années, au corps de logis central. D'immenses toitures en ardoise surmontent la grande façade, dont l'aspect extérieur offre une extrême sévérité mais aussi un beau et rare caractère de force et de véritable grandeur monumentale.

----

Les premiers titres relatifs au château d'Hautefort remontent à l'an 1000, époque à laquelle le vaillant seigneur Guy-le-Noir, de la maison de Lastour, en était possesseur.

Golfier de Lastour dit le Grand, se distingua dans la Terre-Sainte, en 1126.

Agnès de Lastour ayant épousé Constantin de Born, fit passer la terre d'Hautefort dans cette maison.

En 1212, Bertran de Born fit hommage à Philippe-Auguste en même temps qu'Archambault de Périgord, l'un pour la forteresse d'Hautefort, l'autre pour le comté de Périgord.

Marguerite de Born, dernière héritière de cette maison, fit en 1260 passer la terre d'Hautefort, à son mari Aymard de Faye (de la maison de Latour-Maubourg.)

Cette branche de la maison de Faye s'éteignit en 1388 dans la personne de Mathe de Born, qui avait fait passer la terre d'Hautefort à Elie de Gontaut, son mari, lequel prit dès lors le nom et les armes d'Hautefort.

En 1614, la terre et seigneurie d'Hautefort fut érigée en marquisat. C'est à cette branche de la maison d'Hautefort qu'appartient Marie d'Hautefort, dite Mlle d'Hautefort et qui épousa le maréchal de Schomberg. Elle était fille du marquis d'Hautefort et de dame Renée du Bellay.

L'hôpital d'Hautefort fut fondé en 1669 par Jean-François, marquis d'Hautefort, chevalier des ordres du roi, premier écuyer de la reine.

Enfin, en 1848, Sigismonde, Charlotte-Laure d'Hautefort, fille du comte Amédée d'Hautefort et de dame Alix de Choiseul-Praslin, a porté le château et la terre d'Hautefort dans la maison de Damas, en épousant le baron de Damas.

Le château et la terre d'Hautefort appartiennent aujourd'hui au comte Maxence de Damas.

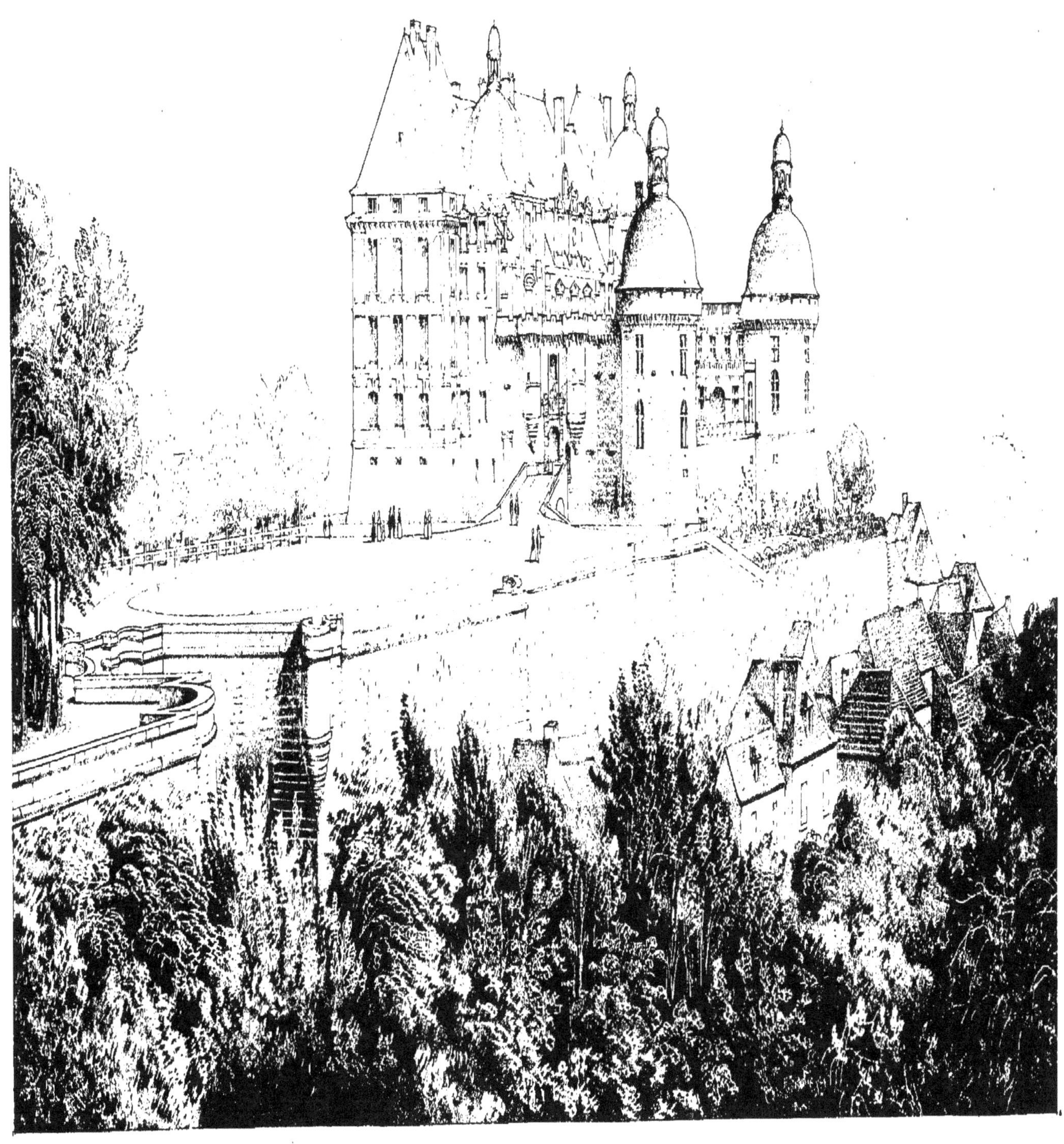


CHATEAU D'HAUTEFORT

Vue prise du Pavillon du Parc.

La lettre suivante a été adressée par M. Armand de Siorac à M. Amédée Matagrin, rédacteur en chef du *Périgord :*

« Mon cher ami,

» L'impossibilité où je me trouve, par suite de ma résidence à Paris, de surveiller activement par moi-même la rédaction et l'administration de la *Revue* que nous avons réussi à fonder, grâce à la persévérante sympathie de nos lecteurs et à la précieuse collaboration de tant d'écrivains distingués, jaloux, comme moi, de faire revivre les glorieuses et chères traditions de notre Périgord, m'oblige à confier la direction du *Chroniqueur* à M. Alfred de Siorac, mon frère, auquel j'adjoins un comité de rédaction que je suis autorisé à composer ainsi :

» MM. de Mourcin, *chevalier de la Légion-d'Honneur, ancien conseiller de préfecture, membre de plusieurs sociétés savantes.*

» Lapeyre, *bibliothécaire de la ville de Périgueux.*

» Alfred de Froidefond.

» E. Vauthier, *architecte, inspecteur des travaux des édifices diocésains de Périgueux.*

» Amédée Matagrin.

» Cette combinaison nouvelle ne pourra qu'ajouter à l'autorité d'une rédaction qui a su déjà se concilier les sympathies de tant de lecteurs éclairés, dont le dévouement à une œuvre que j'ai entreprise dans un but tout patriotique, m'a pénétré de la plus cordiale, de la plus vive reconnaissance.

» Grâce à elle, il m'est plus que jamais permis d'espérer que mes compatriotes voudront bien continuer à soutenir de leur concours si honorable et si précieux un Recueil qui, dans ma pensée, doit servir à l'histoire générale de notre pays, en jetant un jour nouveau sur une Province laissée jusqu'ici dans une obscurité trop profonde.

» Veuillez, je vous prie, mon cher ami, accorder à cette lettre la publicité de votre excellent journal, et croire à mes sentiments les plus affectueux.

» Paris, le 1er mai 1854.

« ARMAND DE SIORAC. »

2e ANNÉE.

## ANCIENNE DESCRIPTION DES ANTIQUITÉS DE PÉRIGUEUX.

Vers le milieu du dernier siècle vivait, près de Chalus en Périgord, un gentilhomme qui possédait aussi quelques domaines près de Monpont, M. Jourdain de Lafayardie. Ce gentilhomme était à la fois littérateur, archéologue et dessinateur. Ces diverses qualités lui procurèrent l'honneur de devenir collègue de Montesquieu à l'Académie de Bordeaux ; cependant il est resté complétement inconnu jusqu'ici. Son nom ne figure dans aucune des biographies périgourdines, et, chose singulière, ses travaux ne se trouvent même pas indiqués dans le registre des mémoires présentés à l'Académie, à l'époque où M. de Lafayardie présenta les six documents qui nous ont révélé les détails les plus anciens concernant l'amphithéâtre, la tour, les bains et les autres monuments antiques de Périgueux. Je m'explique assez aisément cette circonstance, en apparence inexplicable. M. Jourdain de Lafayardie joignait à ses autres mérites celui d'un calligraphe remarquable. Il écrivit ses observations sur de grand et fort papier, en bas et autour des dessins qui les accompagnaient, en caractère imitant ceux de l'imprimerie, en sorte que le secrétaire de l'Académie, trouvant que ces papiers participaient davantage de la nature des dessins que de celle des manuscrits ordinaires, les classa dans une collection de gravures où je les ai découverts.

Quoiqu'il en soit, nous avons pensé qu'il pouvait être utile de publier ces anciennes observations sur les antiquités de Périgueux, non-seulement parce qu'elles renferment des renseignements curieux, mais aussi parce qu'il est bon de rappeler quelquefois aux archéologues présents les bévues des archéologues passés, même les plus illustres, et de leur montrer que si des théories séduisantes et même des mots vides de sens peuvent quelque temps faire illusion à des lecteurs inattentifs ou peu instruits, tôt ou tard le masque tombe et les bévues restent.

JULES DELPIT.

La première de ces pièces, au dos de laquelle est écrit par le secrétaire de l'académie des sciences et belles-lettres de Bordeaux : « N° 1. *Lu et présenté à l'Académie par M. Jourdain de la Fayardie, académicien correspondant, le 25 août 1759,* » est un grand dessin à la plume, lavé de diverses couleurs, et représentant au milieu de l'espace compris entre la vue perspective des ruines de l'amphithéâtre de Périgueux telles qu'elles étaient alors : 1° plan géométral de l'amphithéâtre; 2° vue perspective de l'amphithéâtre comme il devait être ; 3° la coupe de l'amphithéâtre restitué.

On lit en grandes lettres au milieu du plan géométral : « Plan géométral de l'amphithéâtre dont les mazures existent dans la cité de Périgueux. Les marques rouges représentent les six masures qui subsistent et qui forment l'enceinte. Le grand diamètre est de deux cent soixante-quatorze pieds, le petit diamètre de deux cent quatorze pieds. La première enceinte de huit cents pieds, la seconde de onze cent cinquante pieds, la troisième de douze cents pieds. »

La légende qui est au bas du dessin, et fut lue à l'Académie, est ainsi conçue :

On n'a point encore fait la découverte de la fondation de l'amphithéâtre ci-dessus, ni par aucun auteur qui en traite. Ce qu'il y a de certain , c'est que ce magnifique monument, les inscriptions latines, la découverte moderne des bains antiques et celle des médailles qu'on a trouvées éparses dans l'ancienne ville prouvent assez que les Romains faisaient grand cas de Périgueux. Ce que l'on peut conjecturer de plus apparent touchant cette fondation, c'est que la province étant restée tranquille sous la domination des Romains, il aurait bien pu avoir été bâti environ l'an 138 ou 140 par les ordres de l'empereur Antonin Pie , sous lequel celui de Nismes fut construit et plusieurs autres.

Corneille Tacite rapporte que le premier amphithéâtre qui parut à Rome fut bâti par un particulier qui , voyant l'embarras dans lequel se trouvaient les peuples avides de spectacles, soit pour leur donner un moyen commode, ou par l'appât du gain, le fit construire, mais malheureusement ce fut en bois , car, se trouvant un jour surchargé , il s'écroula et entraîna dans sa chute vingt mille spectateurs de tout âge et de tout sexe, tant de Rome que des environs. En sorte que l'on s'avisa d'en construire de plus solides en pierre. Rome, alors capitale du monde, en fut ornée la première , et cette commodité passa depuis dans un plus grand nombre de villes à son imitation. Celui de Périgueux n'était pas un des moindres; on peut en juger par l'étendue de ses diamètres marquée ci-dessus.

Selon le plan perspectif qui en fut tracé sur les lieux, le 11 août 1757, la première masure marquée A, dont la grande porte d'entrée est directement au midi, a trente-deux pieds huit pouces d'étendue en face. La porte a six pieds de largeur et treize pieds six pouces

de hauteur et vingt-cinq pieds six pouces d'enfoncement. C'est l'entrée du grand diamètre au midi. La petite grotte qui est à côté est d'environ quatre pieds par le bas et soutenait un degré.

La seconde station marquée B , à gauche de la première, vers le couchant : l'enceinte de sa porte est de sept pieds de largeur et neuf pieds de hauteur. La troisième station de la masure marquée C, sur la droite, a trente-quatre pieds de face. Il y a trois voûtes dont la hauteur de chaque ceintre a dix pieds. La voûte qui est découverte et qui va en pente contient vingt-deux pieds huit pouces; au fond de la voûte, les masures qui sont au-dessus sont presque couvertes d'arbustes et de lierre. La quatrième, marquée D, distante de la troisième de cinquante-sept pieds, a sa voûte de neuf pieds de hauteur et vingt-un pieds de profondeur.

La cinquième voûte, marquée E, distante de la quatrième de soixante-sept pieds six pouces, la largeur de sa voûte est de cinq pieds six pouces et dix pieds six pouces de hauteur, et de profondeur, trente-deux pieds et demi : *Nota*, c'est l'extrémité du petit diamètre dont la direction est exactement du levant au couchant.

La sixième masure, enfin, distante de la première de cent quarante pieds , a de face cent vingt-cinq pieds jusqu'au lierre six F. Le chiffre 4 signifie l'autre porte du grand diamètre dont la direction est tout juste du sud au nord. L'escalier qui est à la droite dans la première est au levant et celui-ci à la droite (*sic*) est au couchant.

Enfin, les colonnes de cet amphithéâtre étaient d'ordre corinthien, quoiqu'il n'en paraisse aucune sur pied ; on en a trouvé des fûts et un chapiteau qui le vérifient. Les galeries étaient à deux étages, l'une sur l'autre. La solidité qui soutenait les escaliers ou sièges des spectateurs devait être de la hauteur du premier étage, mais tout d'une pièce. Elle était sur les voûtes qui allaient en pente depuis le portique extérieur jusque dans l'arène, et ces voûtes avaient soixante pieds de profondeur, sans aucune division ni séparation; elles étaient jointes ensemble et les murs qui les soutenaient avaient quatre pieds d'épaisseur. Toutes ces masures sont dans l'enclos de la Visitation, et tout ce qui paraît en quartelage a été fait par les religieuses. Ce sont des arbres fruitiers et de la vigne qui occupent l'intérieur des masures.

Le second dessin, présenté à l'académie de Bordeaux, le 25 août 1760, est, pour ainsi dire, divisé en deux par la représentation du cours de la rivière de l'Isle. Dans la partie supérieure, au-dessus de la rivière, s'élève perpendiculairement un monticule couvert d'arbres, au-dessus duquel est écrit : Camp de César. La partie du dessin, inférieure au cours de la rivière, est intitulée : Ancien Périgueux ou la Cité ; elle représente des champs labourés et des prairies, entièrement plats, sans habitations et au milieu desquels s'élèvent en perspective deux vues de la tour de Vésone, puis : *Cimetière près du grand séminaire, Bains des anciens nouvellement découverts à Périgueux, fourneaux dans lesquels on a trouvé du charbon, caves de maçonnerie dure de sept pieds de diamètre dans lesquels on a trouvé une couche de cailloux et la dernière de sable, fontaine d'eau chaude*, le tout accompagné d'une échelle de proportion et signé : *Jourdain de Lafayardie invenit et delineavit*. Au-dessous du dessin on lit la légende suivante : représentation de la tour de la vésune et des bains des anciens nouvellement découverts.

---

*Discours sur la tour de Vésune et les bains des anciens nouvellement découverts à Périgueux par M. Jourdain de Lafayardie, en 1760.*

Cette tour admirable, qui est encore sur pied après tant de siècles, est bâtie en rond. Son diamètre est de quarante-huit pieds ; l'épaisseur de son mur n'en a pas plus de trois. Plusieurs anciens lui donnent plus de quatre-vingts pieds de hauteur, et cela est assez croyable, car depuis ce temps-là les immondices et les transports de terre ont haussé considérablement son pied, en sorte qu'elle ne paraît en avoir aujourd'hui que soixante.

Elle est construite de petites pierres carrées, dont les trois font un pied juste, ce qui m'a facilité d'en connaître la hauteur sans instrument, en comptant les rangs des quartiers, depuis le bas jusqu'en haut.

Il n'y a aucune fenêtre en dedans, mais seulement la figure de celles qui paraissent en dehors, qui sont construites en brique très-artistement, et qui ne percent point au dedans.

Ce qui donne encore de l'attention, ce sont des barres de fer ou de cuivre qui traversent et lient le mur par intervalle, depuis le haut jusqu'en bas, dont les deux bouts se terminent en crochets pointus en dehors et en dedans, où l'on prétend que les Vésuniens qui s'étaient voués au dieu de la guerre, sous le nom d'HESSÉ, suspendaient les dépouilles prises sur leurs ennemis. On y voit aussi trois cordons de briques qui règnent tout autour en symétrie vers le haut.

On remarque encore par le bas des quartiers de pierre grise très-dure, de la longueur de plus de quatre pieds, qui lient l'édifice et le traversent, sortant de plus d'un pied en dedans. Enfin, l'on connaît par sa structure qu'on n'avait rien oublié pour rendre ce temple aussi durable que le monde. Il y en a cependant à dire un quart du côté du levant, du haut en bas. Mais, sans avoir recours au miracle contenu dans la légende des vieux breviaires, qui attribuent cette ruine à saint Front, l'apôtre du Périgord, on peut penser que cette partie étant la plus faible (parce que la porte et les fenêtres étant vraisemblablement de ce côté-là) a bien pu s'écrouler par artifice ou autrement. Les quartiers de pierre qu'on voit par le haut et quelque ouvrage de maçonnerie de briques, telles qu'elles paraissent encore, en démontrent assez la cause.

Elle subsistait donc au temps des anciens Gaulois, et dans cette obscurité antique on ne saurait discerner si c'est le temple qui avait donné le nom à la ville ou la ville au temple ; quoiqu'il en soit, ils l'avaient consacré à leur dieu tutélaire ; et à leur imitation, lorsque Secundus Soter, affranchi de Néron et proconsul à Périgueux, eut fait bâtir les deux basiliques dont on voit encore les restes, il les consacra à l'auguste Vésune, comme il paraît par les inscriptions que j'ai lues : TVTELAE. AUG. VESVNNAE. SECVNDVS SOTER. D. S. D. Lesquelles lettres initiales M. l'abbé Venuty explique ainsi : LOCVS. DATVS. SENTENTIA DECVRIONVM. au lieu de : DE. SVO. DEDIT.

La seconde inscription, qui paraît entière, est écrite ainsi : SOT. LIB. NER. BASILICAS. DVAS EDIFICAVIT CVM ORNAMMENTIS.

Ce temple, dans la suite, aurait bien pu encore avoir été dédié à la déesse VENVS, comme je l'avais écrit ci-devant, puisque sa statue de marbre blanc, parfaitement belle, fut trouvée pas bien loin de là, dans une des caves de l'amphithéâtre, où sans doute elle avait été cachée lors des incursions des Goths, des Vandales et peut-être des Normands, qui saccagèrent la ville. Les dames religieuses de la Visitation la découvrirent par hasard, il y a environ trente ans, la mutilèrent et la mirent en pièces. Qu'il est douloureux pour le public d'être privé d'un monument aussi précieux !

Il s'agit à présent de la découverte des bains publics des anciens.

Je me rappelle que l'année dernière j'eus l'honneur de présenter à l'Académie quelques fragments de ces bains, que j'avais découverts ci-devant ; je n'y avais alors remarqué qu'une figure imparfaite qui m'avait donné lieu à bien des conjectures; le reste étant alors presque couvert de terre. J'avais encore représenté que, l'année dernière, j'avais sondé avec une perche si j'y trouverais de l'eau, et qu'en effet je l'avais retirée mouillée. Que j'avais trouvé des sièges autour d'un carré, et qu'il y avait des canaux de terre cuite vernissée qui fournissait l'eau au bain.

Mais depuis ce temps-là, et au mois de juin dernier, étant retourné à Périgueux pour visiter le même endroit, au lieu du bain en question, j'en ai remarqué un autre à trente toises du premier, dont chaque côté a vingt pieds.

Il y en a un d'eau froide et l'autre d'eau chaude. On a trouvé dans le bain froid des peintures de différentes couleurs; mais je n'ai pu connaître ce qu'elles représentaient ni en quel endroit elles étaient placées, attendu qu'elles se sont trouvées détachées et mêlées avec le reste des décombres.

Il a aussi été découvert dans le même endroit des pièces de marbre gris, moucheté de brun, taillées en parallélogramme, de l'épaisseur d'un bon pouce et de différentes grandeurs, les unes de quatre pieds de longueur sur trois pieds de large, et d'autres d'environ deux pieds et moins. Tout cela était accompagné des restes de corniches de la même matière; mais on ne peut savoir en quel endroit du bain elles étaient placées; tout ce qu'on peut conjecturer, c'est que ces pièces, par leur figure, annoncent qu'elles servaient aux mêmes usages que les boiseries dont on orne aujourd'hui nos salles.

On a remarqué encore, à six pieds de la muraille du bain froid, du côté du nord, deux fourneaux où l'on a trouvé du charbon : et au-dessus de ces fourneaux, on a remarqué la figure de deux caves, de maçonnerie dure, qui peuvent avoir environ six ou sept pieds de diamètre, dont le fond s'est trouvé occupé d'une couche de cailloux et l'autre de sable. On a aussi rencontré dans le même bain une espèce de chauffe-pieds, de brique, percé au-dessus de petits trous.

On peut croire que ces cuves pleines de sable pouvaient servir à filtrer l'eau du bain, et que passant par les fourneaux on les échauffait pour l'usage.

Mais, pour revenir au principe de ces bains, ne peut-on pas penser que cette belle fontaine, qui fut découverte en creusant une des ailes du grand séminaire, qui n'est qu'à deux cents pas de là, dans laquelle il fut trouvé une pierre dure d'environ six pieds de long avec cette inscription très-bien conservée : L. MARVLLIVS. L. MARVLLIARABI FILIV QVIR. AETERNVS II. VIR

AQVAS EARVMQVE DVCTVM. D. S. D. pourrait bien être aussi l'auteur de ces bains magnifiques d'où la source vient.

C'était un Romain, en dignité et sans doute très-puissant, duquel j'ai remarqué dans une muraille le buste de sa fille avec l'inscription MARVLLA ; ne pourrait-il point aussi avoir été le fondateur de la petite ville de Mareuil, sur la R. de Drone, à quatre lieues de Périgueux : comme Lucius Plancus, consul romain, l'avait été de Chalus en Limousin et du fort de Chalus dans mon voisinage, tous deux ayant jusqu'à présent conservé son nom CASTRVMLVC II. J'espère que le temps nous fera encore découvrir quelque chose d'intéressant pour tous ces objets.

Le même jour, j'allais visiter les casernes, à cent pas du séminaire, où l'on voit encore les restes des palais romains que Secundus Soter avait fait bâtir et dont il a été parlé ci-dessus. Ce fut ce Soter qui découvrit la conspiration de Pison, qui fut affranchi de Néron et envoyé proconsul dans cette province. J'y remarquai aussi plusieurs figures en bas-relief, et surtout la portion d'un convoi funèbre composé de cinq ou six personnes, avec des enfants, dont l'expression affligée est très-bien marquée malgré le temps. Et à vingt pas de là, on y admire un bassin de pierre dure, en ovale, dont le grand diamètre peut avoir sept pieds. A chaque bout, il y a quatre mufles de lions, avec leur crinières très-bien sculptés aussi bien que les moulures. Il y a aussi un trou quarré dans le milieu, ou était enchassée une pyramide creuse, qui servoit sans doute à un jet d'eau.

Enfin l'on y voit encore trois bustes, aussi en bas-relief, au bas desquels est écrit le nom des triumvirs Octave, Lepidus et Antoine. Ce qui peut faire croire que les Vésuniens étaient alliés du peuple romain, du temps même de la République, et que César né fit assiéger l'ancien Périgueux, qu'attendu que cette ville avait pris sans doute le parti contraire.

J'espère d'offrir encore à l'Académie, dans quelque temps, la représentation de toutes ces figures, telles qu'elles m'ont paru.

M. Jourdain de Lafayardie ajoute à cette dissertation la liste des auteurs anciens qui parlent de Périgueux, et la relation d'un phénomène qui se présente dans le puits d'une métairie qu'il possède près de Montpon. Ce puits a plus d'eau quand il fait sec que quand il pleut et l'eau se clarifie quand il doit faire beau temps et devient trouble quand il doit pleuvoir.

*Opération faite le 11 août 1757, pour mesurer exactement l'amphithéâtre de Périgueux dans l'enclos de la Visitation, envoyée à l'académie de Bordeaux, par M. Jourdain de Lafayardie, en 1759.*

Après avoir reconnu le contour de l'ovale qui formait autrefois cet édifice, qui est encore bien marqué, soit par les ruines éparses, soit par une large élévation qui règne tout autour de l'enceinte et qui s'est formée des débris, on s'assura par la boussole que la direction du grand diamètre était précisément du nord au sud, et celle du petit diamètre du levant au couchant, et l'on résolut de tirer le plan géométrique et perspectif de chaque masure encore subsistante. On en compte six isolées, la plupart fort éloignées l'une de l'autre comme on va voir :

La première station fut devant une masure qui fut nommée A, dans la basse-cour de la Visitation, vis-à-vis du pensionnat, nous regardions le nord tel qu'il est indiqué par la boussole, sans avoir égard à sa déclinaison. Cette masure nous présentait une grotte voûtée dont on a fermé l'entrée par un petit mur avec une porte et une fenêtre. La largeur de l'ouverture était de douze pieds; la hauteur du cintre, treize; celle des ruines solides qui surmontent le cintre, vingt-quatre pieds, c'est-à-dire douze au-dessus du cintre.

L'épaisseur des piliers qui soutiennent la voûte, environ quatre pieds. La profondeur de la voûte, qui allait en pente bien sensible, droit du midi au nord, trente-six pieds. Nous jugeâmes à cette direction juste de la boussole que c'était l'extrémité du grand diamètre, et notre conjecture fut bien vérifiée comme on verra.

A la droite de la grotte ci-dessus, c'est-à-dire vers le levant, est une ouverture de quatre pieds de large., dans l'endroit où les pierres sont parées, elle est profonde de vingt-six pieds. Au fond, on trouve à droite un retour de la même largeur, dont les pierres sont aussi parées, et plusieurs vestiges de marches, en sorte que nous y trouvâmes un escalier qui montait aux différents étages des bancs de l'amphithéâtre. Sous la seconde course, qui tourne droit, comme nous avons dit, nous vîmes une petite voûte dont le cintre avait quatre pieds de diamètre, et d'élévation cinq pieds. En sorte que toute cette masure nous offrait une face de trente-six pieds environ dans la plus grande étendue, du levant au couchant. Dans le pilier le plus oriental de la petite voûte, à douze ou treize pieds au-dessus, nous vîmes la naissance d'un autre cintre.

Notre seconde station fut à soixante-dix-huit pieds de la première à gauche, c'est-à-dire vers le couchant en tournant sud-ouest, toujours dans la basse-cour, assez près d'une galerie qui conduit de la porte d'entrée au vestibule du chœur. Cette seconde masure fut nommée B. Elle nous offrait une face de treize pieds, dans laquelle nous remarquâmes le cintre d'une autre grotte aussi bouchée d'un mur récent; l'élévation est de treize pieds. Les masures dont il est surmonté vont jusqu'à seize. L'épaisseur de la voûte, qui va pareillement en pente, et qui a sa direction entre le nord et l'est, est de vingt pieds.

Notre troisième station fut à la droite de la première masure, devant laquelle nous repassâmes toujours dans la même basse-cour à soixante-huit pieds de la masure A. Vers l'orient, en tournant sud-est, nous trouvâmes cette troisième qui fut nommée G. Elle nous offrit une face de trente-quatre pieds. Nous y trouvâmes trois grottes voûtées en pente, séparées par des piliers d'environ quatre pieds d'épaisseur. Leur direction était entre le nord et l'ouest; les cintres étaient à dix pieds de hauteur; les masures dont ils sont surmontés s'élèvent à dix-huit pieds, et la mieux conservée, qui est la plus orientale, et sert à la volaille des religieuses dans une petite cour fermée de murailles, fut trouvée avoir vingt-quatre pieds de profondeur.

Notre quatrième station fut dans le jardin des religieuses, en tournant par sud-est, à cinquante-sept pieds de la masure précédente, prise à son bord oriental, nous trouvâmes la quatrième masure qui fut nommée D. Elle nous présentait neuf pieds de face seulement. Nous y vîmes une grotte qui n'avait que six pieds de large; le cintre était à dix pieds; les ruines qui le formaient étaient à quinze ou seize. La voûte était en pente et avait sa direction entre le nord et l'ouest; la profondeur avait vingt-deux pieds.

Notre cinquième station fut dans le même jardin en tournant sud-est à soixante-sept pieds de la quatrième masure, prise à son bord plus oriental, nous trouvâmes la cinquième qui fut nommée E. Elle nous présentait une face de neuf pieds. Nous y vîmes une grotte large de six. Le cintre a dix pieds d'élévation. La voûte en pente a sa direction tout juste du levant au couchant, en sorte que nous reconnûmes l'extrémité du petit diamètre; sa profondeur est de trente-deux pieds et demi; un peu plus loin sont quelques masures informes et très-peu élevées sur lesquelles les religieuses ont assis un pigeonnier.

Notre sixième station fut dans le jardin, en tournant du levant au nord, à cent quarante pieds de la cinquième masure; nous trouvâmes la sixième qui est la plus considérable; elle fut nommée F. Elle nous offrit cent vingt-cinq pieds et demi de face. Nous y remarquâmes, à l'orient, une grotte de treize de large, dont le cintre a vingt-quatre pieds d'élévation. La voûte est en pente et dirigée entre le sud et l'ouest; la profondeur n'est que de huit pieds.

A côté de cette première grotte est une seconde de treize pieds de large, dans laquelle nous distinguâmes une particularité au premier cintre qui se présentait à nous, qui n'avait que quinze pieds d'élévation; la voûte n'allait point en pente, mais à neuf pieds de profondeur on trouvait un autre cintre de vingt-neuf pieds d'élévation qui a sa pente et sa direction vers le sud, un peu à l'ouest.......

A côté de cette seconde caverne, sont deux autres défigurées par des récentes. On distingue cependant assez bien les cintres en plusieurs endroits. Leur face est de vingt-huit pieds d'élévation; l'élévation des anciens murs, vingt-six.

Après ces cavernes, 3 et 4, la cinquième est la mieux conservée. Elle offre une ouverture de vingt-un pieds de large; le cintre, dix-neuf pieds d'élévation; hauteur des ruines qui le couvrent, vingt-neuf pieds. La voûte qui va en pente a quarante-cinq pieds de profondeur. 'Sa direction est tout juste du nord au midi, et par conséquent elle est opposée présisément à celle de notre première station, et elles sont, l'une et l'autre, les extrémités du grand diamètre. Ce qui suit le prouve encore très-bien.

A droite de cette cinquième caverne, c'est-à-dire à l'ouest, est une petite voûte parfaitement semblable à celle du n° 3 de la première station ou de la masure A... Après cette voûte est une course d'escalier de quatre pieds, et une course, en tournant à la gauche; les marches sont mieux marquées par de grosses pierres; elles ont quatre pouces d'épaisseur et environ dix pieds de largeur.

A droite de cet escalier est une sixième caverne de dix pieds de large; le cintre a dix-sept pieds d'élévation; la voûte va en pente, dirigée entre le sud et l'est; sa profondeur est de vingt-cinq pieds. Il ne reste plus rien de l'enceinte depuis cette sixième masure jusqu'à celle nommée B, mesurée à la seconde station, si ce n'est une élévation formée par le débris qui répond très-bien à la circonférence de l'ovale.

La mesure des diamètres, depuis l'endroit où la pente de la voûte dirige tout droit du nord au sud n° 4, masure F, paraît se perdre dans l'arène jusqu'à l'endroit où la pente de la voûte dirige tout droit du nord au sud n° 4, masure A, semble aussi se perdre, nous trouvâmes deux cent soixante-quatorze pieds de distance.

Masure E, depuis l'endroit où la pente de la voûte dirige tout droit d'orient en occident paraît se perdre dans l'arène jusqu'au talus de l'élévation qui marque l'enceinte à l'opposite, nous trouvâmes deux cent quatorze pieds.

Dans l'arène, vers l'enceinte opposée à la masure E, est un puits nouveau dans lequel se trouve une ouverture vers le nord, à dix-huit pieds environ de profondeur; cette ouverture tournant à gauche, au rapport de ceux qui y sont descendus, conduit dans des grottes souterraines qui sont sous l'élévation formée par les débris, et sous la salle de la communauté des religieuses dans l'endroit de l'enceinte opposée à l'espace qui est depuis E jusqu'à F.

Les cavernes souterraines étaient sous d'autres, semblables à celles qui subsistent et qu'on a détruit; elles aboutissent à l'arène par ce canal pour le service de jeux de bêtes et de gladiateurs.

Tout l'amphithéâtre est bâti de moellon menu, et les pierres qui font le revêtement n'ont jamais que trois à quatre pouces en carré; le moellon est de toutes pierres; les cintres et le revêtement sont de craie ou pierre blanche calcinable.

Nous avons vu dans l'enceinte, près de la porte des religieuses et un peu au-delà, des fragments de colonnes de craie cannelées et rudentées que nous avons jugé avoir appartenu à l'amphithéâtre.

La tranche la plus épaisse avait deux pieds quatre pouces de diamètre. Une autre qui a trois pieds de haut n'avait à la tranche supérieure que vingt-un pouces; et une troisième dans le jardin des religieuses, dix-huit. Mais au coup-d'œil les cannelures et les rudentures aussi bien que le grain de la pierre nous parurent évidemment les mêmes en les supposant d'ordre corinthien, selon l'analogie des autres amphithéâtres et la proportion des cannelures rudentées. Le demi module étant pris de la plus grande tranche, quatorze pouces.

La hauteur de la première galerie sera de cinquante pieds deux pouces.

*Nota.* Le 19 novembre de l'année dernière, 1758, étant allé à Périgueux, je découvris dans une muraille moderne, un chapiteau d'ordre corinthien qui me parut justement en proportion des colonnes ci-dessus.

Comme nous n'avons trouvé dans aucune face des six masures les pierres parées, nous pouvons juger certainement que nous n'avons eu la véritable épaisseur d'aucune des voûtes; mais en prenant la plus profonde, qui est la dernière n° 6, masure F, nous l'avons trouvée de cinquante-deux pieds. Nous pouvons donc supposer au moins cinquante-cinq à toute l'épaisseur de l'édifice lors de son premier état; d'autant mieux que la fin de cette voûte, vers l'arène, est trop élevée pour le podium, et nous en avons trouvé de plus basse n° 4, masure F. Le portique qui régnait autour de l'amphithéâtre nous a paru bien marqué par une élévation qui ressemble à un rempart. J'y ai trouvé quinze pieds depuis l'entrée de la caverne ci-dessus jusqu'à son talus vers la campagne.

Le portique avait au moins douze cents pieds de tour ; ce qui se connaît en en prenant la moitié de l'enceinte, pour cela nous avons additionné les faces des masures et l'espace qui est entre elles depuis le milieu de la voûte, dirigée exactement du midi au nord n° 1, masure A, jusqu'au milieu de celle qui est dirigée du nord au midi n° 4, masure F, nous avons trouvé quatre cent quatre-vingt-dix pieds, ce qui n'est pas la moitié, parce que l'épaisseur ayant été certainement plus grande, la circonférence de l'ovale augmentait à proportion.......

---

*Dissertation sur les anciens monuments de la ville de Périgueux avec la représentation des médailles qu'on y a trouvées et la découverte des bains publics, par M. Jourdain de Lafayardie, 1759.*

Tous les anciens auteurs, comme André Duchêne, François Deme, les itinéraires d'Antonin, les cartes de Ptolomée..... attribuent son origine aux temps des anciens Gaulois, enfant de Gomer, qui la nommèrent *Japhet*. Il reste encore dans son voisinage un lieu habité qui a retenu le même nom.

Cette ville fut ensuite appelée *Vésunna* ou *Visonna*, *Bisonium*, qui veut dire *Vallis utilis*. En effet, elle était située dans une fertile vallée entre des montagnes qui l'environnent. César, dans ses commentaires, la nomme *Vesunna Petragorium* ; et ses peuples, du temps de Sidonius, étaient appelés *Vésuniens*. Elle a subi le sort de bien d'autres par les différentes incursions des Goths et des Vandales, et en dernier lieu par les Normands qui la brûlèrent, ce qui obligea les habitants à bâtir la nouvelle ville au Puy-St-Front. Le seul temple qui subsiste encore a conservé le nom de l'ancienne sous le nom de la tour de *la Vésune*.

Les sentiments sont partagés au sujet de ce temple. Les uns mettent sa fondation au temps que la ville fut nommée *Vésuna*, d'autres l'attribuent aux Romains. Cette dernière opinion n'est guère vraisemblable, attendu qu'elle subsistait long-temps avant leur domination, et que Secundus Soter, affranchi de Néron et proconsul à Périgueux, consacra les deux palais qu'il fit bâtir à l'*Auguste Vésune*, comme l'inscription trouvée sur les lieux nous l'apprend : TVTELÆ AUG. VESVNNÆ SECVNDVS SOTER D. S. D.

Cette tour, au contraire, qui selon certains auteurs et la tradition même, avait été ci-devant consacrée au dieu Mars, comme les crochets que l'on y voit encore, destinés à suspendre les dépouilles des ennemis, peuvent le faire penser, pourrait bien aussi avoir été consacrée depuis à la déesse Vénus par le nouveau culte des Romains. Ce qui pourrait encore le faire croire, c'est la découverte qui fut faite dans le voisinage, il n'y a pas long-temps, d'une parfaitement belle Vénus de marbre blanc très-bien conservée, mais qui fut presque anéantie par le zèle indiscret des religieuses de la Visitation qui la mirent en pièces.

Tout annonce que les Romains faisaient grand cas de cette ville, puisqu'ils en avaient fait une seconde Rome. L'amphithéâtre, les restes de palais, les bains publics qu'on a découverts depuis peu, les ouvrages de marbre qu'ils faisaient venir à grands frais, les inscriptions latines où l'on trouve un triumvir, les aqueducs et les médailles qu'on y découvre sont des monuments plus que suffisants pour faire voir que les plus grands de Rome s'y plaisaient beaucoup, et qu'ils y portaient la richesse et l'opulence.

Mais aujourd'hui quel changement ! cette province et sa capitale, si florissante autrefois, sont devenus par le malheur des temps les plus pauvres du royaume. Ses peuples d'à-présent n'ont retenu de tant de magnificence qu'un cœur noble, généreux, et fier avec cette urbanité romaine qui les fait distinguer dans l'occasion et les rend encore recommandables.

Suit : *Représentation des médailles qui ont été trouvées à Périgueux*. Elles sont au nombre de onze et sans commentaires.

A la suite : *Autres médailles trouvées tant dans le Bourdelois que dans le Périgord*. Il y en a dix-neuf.

---

*Découverte des bains publics de l'ancienne ville de Périgueux.*

La présente année 1759, un particulier ayant voulu labourer son champ un peu plus profond qu'à l'ordinaire, trouva beaucoup de résistance à cause d'une maçonnerie dure, qu'il rencontra. Cela lui donna lieu d'employer d'autres outils, et enfin à force de travail il découvrit un grand quarré, distribué en compartiments, coupé dans le milieu par des canaux de terre cuite vernissée. Ayant creusé plus bas, il découvrit en de- dans des siéges uniformes qui régnaient tout autour. Cela donna à penser que c'étaient les anciens bains pu- blics. En effet, m'étant trouvé à Périgueux, j'eus la cu- riosité d'examiner de près cette antiquité. Je sondai avec une perche pour savoir s'il pouvait encore y cou- ler de l'eau; l'ayant enfoncée droit au milieu du bas de la muraille de son quarré, du côté du nord, je la retirai mouillée, ce qui me confirma que c'était la source qui se distribuait dans chaque bain et qu'étant chargée de terre elle ne pouvait pas encore faire ses. fonctions comme autrefois. On y a trouvé quelques médailles, mais indéchiffrables à cause de la rouille.

Il est encore à remarquer que messieurs du grand séminaire, qui est fondé dans l'ancienne ville, voulant faire creuser les fondements d'un des corps de logis, trouvèrent, en 1751, une grande pierre en parallèlo- gramme qui est figurée ci-dessous, et tout près une fontaine qui avait deux branches qui coulaient de l'o- rient vers l'occident, qui, selon toutes les apparences, fournissait non-seulement à la ville, mais aux bains pu- blics. On peut d'autant mieux le penser que cette dé- couverte est à peu de distance du canal ci-dessus et qu'il y a une pente naturelle. On peut croire aussi que toutes ces eaux viennent d'une espèce de gouffre qui est plus haut vis-à-vis, tirant vers le nord, appelé le Toulon, qui fait moudre trois moulins toute l'année, à cent cinquante pas de là.

L". MARRVLLVS"L"MARVLLI
ARABI FILIVS QVIR"ÆTERNVS
ĪĪ VIR"AQVAS EARVMQVE
DVCTVM" D" S" D"

------

*Copie d'une lettre, sans signature, adressée à M. Jourdain de Lafayardie par un autre archéologue.*

J'ai vu, monsieur, avec un plaisir infini les plans des antiquités de Vernodes et de Chalup, en Périgord, que vous avez eu la bonté d'adresser à mon confrère, avec vos observations sur les monuments et l'empreinte de quatre médailles trouvées dans les ruines du second. Je vous rends mille grâces de votre bonne volonté, j'en profiterai de mon mieux, si je prends une fois des en-

gagements pour le vaste dessin dont on vous a parlé. Je me propose de visiter incessamment les tours de Vernodes, j'y ferai peut-être quelque découverte et j'aurai soin de vous en donner avis.

Je souscris volontiers, monsieur, à votre jugement sur la forteresse de Chalup. La structure que vous dé- crivez, les rangs de grandes briques, cette affluence de médailles sont les caractères d'un ouvrage des Ro- mains. Vous avez eu raison d'en rapporter la fondation au temps de Lucius Minutius Plancus; mais vous per- mettrez que j'appuie vos conjectures de quelques ob- servations. Vous y trouverez, je l'espère, la solution d'une difficulté qui paraît vous tenir à cœur, et l'expli- cation de la médaille très-curieuse qui vous a jeté dans l'embarras. Je parle de la troisième, qui porte un texte avec la légende Plotius, et pour revers un homme près d'un brasier entouré de fumée, avec le mot Plancus. Les trois autres s'expliquent d'elles-mêmes, comme vous l'avez remarqué. La première, en moyen bronze, est évidemment celle de Nismes. Les deux autres sont de Julie, avec le titre d'Augusta, quelque soit la tête de femme jointe à la sienne dans la seconde, soit Agrip- pine, soit Scribonia, soit Livie, tout le monde convien- dra, je pense, avec vous, que la troisième indique quel- ques rapports dans la fondation de votre fort avec les magistratures de Plancus. J'ajouterai même à vos obser- vations que ce lieu lui fut dédié particulièrement et qu'il porta dès-lors son propre nom qu'il conserve encore aujourd'hui. *Castrum Lucii Planci* et par abréviation Cas. Lu., P. dont on a fait *Chalup*, rien de plus naturel. Nous avons un Chalus dans le diocèse de Limoges, con- fins du Périgord, qui s'appelle en latin *Castrum Lucii*, comme je l'ai trouvé dans de vieux titres et dans l'acte de fondation du monastère de Saint-Pardoux (1).

Il m'a paru, monsieur, que vous datiez l'établisse- ment de votre Chalup près Monpont, du consulat pre- mier de Lucius Plancus, second de Marcus Æmilius Le- pidus, l'an de Rome 712, mais, selon mon calcul, cette époque s'accorde mal avec l'histoire et vos propres mé- dailles; jugez-en vous-même. Si les deux textes de la première sont d'Auguste et Tibère avec la legende *imp. divi. f.* comme vous le dites, peut-on croire que le dernier eût quelque part ou quelque prétention à l'em- pire la seconde année du triumvirat? C'est précisément celle de sa naissance. Lucie, sa mère, n'était pas alors la femme de Tiberius Néron, elle ne fut arrachée que l'an

------

(1) Bern. Guidonis, *Trésor d'anecdotes de Martene*, t. VI, col. 528.

715 d'entre les bras de son époux. Octavien lui-même ne portait point le titre d'empereur, il ne le prit qu'en 716. Il avoit.encore moins la qualité d'Auguste qu'il ne s'arrogea qu'en 726, après la mort de Marc-Antoine, par le conseil de Lucius Plancus. Julie, sa fille, n'était donc point Augusta.

D'ailleurs, cette chaîne de châteaux que vous vous figurez en Périgord ne fut sans doute établie qu'après les victoires d'Agrippa et de Messalla sur les Aquitains et après le voyage politique et militaire d'Auguste dans les Gaules, c'est-à-dire après l'an de Rome 727.

Telles sont, monsieur, les raisons qui m'engagent à reculer la fondation de Chalup jusqu'en 765, deuxième consulat de Plancus avec Caïus Silius. C'est ainsi qu'il faut fixer l'origine de ce monument, à moins qu'on ne voulut la rapporter à quelque autre magistrature de notre Lucius. Il fut censeur, préfet de Rome et préteur dans les Gaules. C'est en cette qualité qu'il rétablit ou fonda Lyon, au témoignage de Sénèque. Quoi qu'il en soit, le concours de vos médailles nous empêchera toujours de remonter avant l'an 727 de la fondation de Rome.

Il me reste à vous expliquer le Plotius Plancus qui vous a paru si singulier. Je vous prie, monsieur, de vous rappeler que les premiers magistrats de Rome n'ont jamais mis leurs effigies sur la monnaie qu'ils faisaient frapper; c'est un fait attesté par les monuments et un principe adopté par tous les antiquaires. César lui-même, au milieu de ses triomphes tant qu'il fut citoyen, n'usurpa point ce droit, qui n'appartient qu'aux souverains. Les médailles de son premier consulat ne sont marquées que d'un éléphant. C'est ainsi qu'elles portaient son empreinte par une équivoque assez connue. Mais pour l'ordinaire, les consuls obtenaient du sénat la permission de consacrer la mémoire de quelques personnages célèbres de leur famille. C'est par cet artifice de leur vanité qu'ils nous ont restitué tous les rois de Rome, excepté Tarquin-le-Superbe et les anciens héros de la république. Il n'est donc point étonnant que la tête de Munatius ne se trouve point sur ses médailles. Il nous suffit de chercher le Plotius Plancus de l'inscription parmi les illustres de sa maison. Il ne sera pas difficile à trouver, monsieur, c'est le propre frère de Lucius, mis à mort l'an de Rome 710 par ordre des triumvirs. Son histoire est très-remarquable et c'est ce qui rend, à mon avis, votre médaille plus intéressante. Pline rapporte ainsi son aventure : « Plautius Plancus, » frère de Lucius Plancus qui fut censeur et deux fois » consul, étant proscrit par les triumvirs, fut découvert



» à Salerne par la fumée des parfums. » Valère Maxime ajoute qu'on mit ses esclaves à la torture pour découvrir l'entrée secrète de la chambre où il se tenait caché. Les domestiques fidèles résistèrent à tous les tourments, mais leur maître, attendri des maux qu'ils souffraient, pour lui, vint les arracher aux supplices en s'exposant lui-même au glaive des satellites. Ce combat de générosité n'était-il pas, monsieur, un événement dont le souvenir devait être perpétué dans la famille Plancia. C'est, si je ne me trompe, le sujet de votre médaille, peut-être unique aujourd'hui. Vous y voyez d'un côté Plautius Plancus dans la fumée des parfums qui le trahissent, et de l'autre sa tête tranchée par les bourreaux. Je soumets cette explication à vos lumières ; si vous l'approuvez, je serai charmé de vous avoir procuré l'intelligence de votre médaille que j'estime beaucoup. Il serait à souhaiter que toutes les autres nous rappelassent de pareils traits de grandeur d'âme et d'humanité. L'étude en deviendrait aussi propre à former le cœur qu'à orner l'esprit. Continuez, je vous prie, monsieur, à me communiquer vos connaissances. Toutes les remarques qui viendront de votre part me seront infiniment précieuses.

J'ai l'honneur d'être, monsieur, avec beaucoup de reconnaissance et de respect.....

## CHRONIQUES DU LIMOUSIN.

—

(Sixième siècle.)

—

### LES AVENTURES DE GONDOWALD-BALLOMER.

Voici un intéressant épisode qui, jusqu'à présent, nous en sommes étonné, a échappé au crayon de nos Walter-Scott, anglais et français. L'imagination avait cependant peu de frais à faire dans ce sujet, qui est entièrement historique ; mais ici l'histoire ressemble à un roman. Essayons de combler cette lacune. Nous allons réunir en un seul faisceau les traits divers et épars dans une foule de Chroniques, mais sans nous interdire, pourtant, les conjectures vraisemblables et propres à jeter quelque lumière sur ce curieux incident des premiers âges de la dynastie Mérovingienne.

Clovis Iᵉʳ, dit le Grand, n'existait plus ; les vastes états dont il avait formé la monarchie française étaient partagés entre les enfants provenus de son mariage avec sainte Clotilde. Le plus jeune, Clotaire, était roi de Soissons. *Ce prince, dit M. Fiévée (1), courageux, libéral et politique habile, entra dans les desseins ambitieux de ses frères, comme s'il eût prévu qu'ils ne travaillaient qu'à sa propre élévation. Aussi cruel que les rois ses contemporains, ses rivaux et ses parents....., il surpassa tous les princes de son temps par ses débauches. Les historiens varient sur le nombre de ses femmes; on croit qu'il en eut six..... Il força la veuve de son frère Clodomir, dont il venait d'égorger les enfants, à partager son lit; il avait aussi épousé Radegonde, sa captive, dont il avait tué le frère, et qui se sépara de lui à cause de la dissolution de ses mœurs.*

Mais ces volages et barbares amours s'étendirent beaucoup au-delà des familles de ses *leudes* et de ses nobles, et nous allons les voir descendre jusqu'aux derniers rangs de la société; ils furent l'origine des événements, objet du tableau que nous allons retracer. Clotaire, ligué en 543, avec son frère Childebert, roi de Paris, envahit l'Espagne et porta la guerre contre Theudis, roi des Visigoths de cette contrée, expédition qui, du reste, fut sans gloire comme sans résultats; car, après avoir échoué devant Saragosse, où ils perdirent la moitié de leur armée, les deux rois français se retirèrent, chacun de son côté, dans leurs États.

C'est au retour de cette malencontreuse expédition que Clotaire, dont les troupes avaient été vigoureusement harcelées par les Visigoths, alors établis dans diverses parties du Languedoc et de l'Aquitaine, s'arrêta quelque temps pour réorganiser son armée et prendre un peu de repos aux environs de Brive, ville qui depuis fut annexée au Limousin, mais qui, à cette époque, appartenait au Périgord et au diocèse de Périgueux (2). Clotaire n'était jamais oisif ou désœuvré en amour comme en politique, et il se laissa séduire, sur les rives ombreuses de la Corrèze, par les grâces naïves d'une jeune beauté plébéienne, la fille d'un boulanger, qui faisait aussi le métier de cardeur de laine. C'est du moins ce qui fut affirmé depuis, et sous serment, par Gontran, fils légitime de Clotaire et roi d'Orléans et de Bourgogne. Mais il est à remarquer pourtant que Grégoire de Tours, si exact dans tous les détails historiques, n'indique pas le nom et positivement la condition de cette maîtresse de Clotaire, ce qui induit plusieurs écrivains à présumer qu'elle était d'un rang plus relevé que celui où la haine et la jalousie de Gon-

tran voulaient la rabaisser. La conduite et l'énergie de cette femme ont semblé, depuis, donner quelque probabilité à cette dernière supposition. Quoi qu'il en soit, elle eut de Clotaire un fils dont la naissance peut, par conséquent, être fixée à l'an 544 ou 545.

Il fut nommé Gondowald ou Gondebaud, et reçut, dans la suite, le surnom de *Ballomer;* mais on ignore le motif et l'origine de cette désignation. Sa mère lui donna une éducation royale et lui conserva la longue chevelure, genre de distinction réservé aux princes descendants de Mérovée et de Clovis (1). Le témoignage de tous les historiens ou les inductions probables qu'il est permis d'en extraire constatent que la haute naissance de Gondebaud n'était l'objet d'un doute pour personne, pas même, comme nous le verrons, pour ses oncles et ses frères, à l'exception pourtant du roi d'Orléans et de Bourgogne; mais ce dernier, comme nous le remarquerons, aussi, était intéressé plus qu'aucun autre à méconnaître ce frère naturel. Clotaire lui-même ne s'opposa point à ce que Gondebaud fût élevé et respecté comme un prince du sang de Clovis, et l'on peut croire qu'il ajoutait à cette tolérance un apanage suffisant pour subvenir à une éducation aussi distinguée. Des arrière-pensées secrètes, dont l'histoire découvre plusieurs indices, dictèrent sans doute, tant qu'elles eurent quelque force ou de l'utilité, cette conduite de Clotaire, homme égoïste, horriblement cruel et sans entrailles pour ses parents et pour ses enfants.

Vers l'an 557 Gondebaud, âgé de treize à quatorze ans, quitte les bords de la Corrèze et se dirige, avec sa mère, vers Compiègne, où résidait Clotaire. Les chroniqueurs et les annalistes qui nous ont transmis quelques détails sur ce jeune prince s'accordent à le représenter comme doué d'une rare beauté, type qui, du reste, fut très-commun dans les hommes adolescents de la race mérovingienne. Il brillait singulièrement chez Mérovée lui-même, la souche la plus certaine de cette dynastie, et, selon un historien contemporain, *Priscus-Panités,* il aurait contribué à avancer les hautes destinées de cet enfant de la barbarie (2). Mérovée obtint la protection de l'empereur Valentinien III, et il eut le bonheur d'être adopté par Aétius, l'un des derniers, mais des plus illustres grands hommes de l'empire romain. Il se montra digne de ces glorieuses dis-

---

(1) *Biographie universelle,* t. IX, p. 123.
(2) Brive et son territoire furent distraits du Périgord et unis à l'évêché de Limoges en 1376, par le pape Grégoire XI. — Leymonerie. *Hist. de Brive,* p. 41 et 42.

(1) Leymonerie. *Hist. de Brive,* ch. 4.
(2) *Protrepticon de scriptoribus byzantinis,* du p. Labbé. Paris, 1648.

tinctions, surtout dans les plaines catalauniques où il combattit, avec sa *légion mérovingienne*, sous les étendards d'Aétius et dans les rangs des Romains, contre le célèbre et terrible Attila, qui fut complètement défait.

Avouons cependant, en passant, que M. de Chateaubriand est tout-à-fait contraire à cette opinion sur l'origine des Mérovingiens. *Il est prouvé*, dit-il, *que Mérovée n'était pas ce jeune et beau Franc qui portait une longue chevelure blonde, qu'Aétius adopta pour fils, et que Priscus avait vu à Rome* (1). Mais, malgré notre respect pour l'autorité de M. de Chateaubriand, nous sommes convaincu que ce grand écrivain est ici dans l'erreur. Les preuves historiques sont plus que suffisantes pour établir l'identité personnelle des fondateurs de la dynastie mérovingienne avec le *jeune et beau Franc à la longue chevelure blonde*, que, selon l'aveu de M. Chateaubriand lui-même, Aétius *adopta pour fils*, et *que Priscus avait vu à Rome*. La discussion de ce point de critique offrirait sans doute de l'intérêt; mais ce n'est pas le lieu de la développer, et je reviens aux aventures de Gondebaud.

Ce jeune prince et sa mère espéraient être solennellement reconnus par Clotaire, et peut-être admis au partage futur du royaume. Cette ambition n'avait rien d'extraordinaire ni de chimérique, et plusieurs antécédents l'autorisaient dans la famille mérovingienne. Le grand Clovis lui-même n'avait été qu'un bâtard adultérin; son fils Thierry Ier, qui reçut en partage le royaume d'Austrasie, était né d'une concubine. Enfin, Clotaire même destina pendant long-temps le trône, ou du moins une grande partie de la monarchie, à Chramme, un de ses bâtards, mais qui, par son esprit actif, son courage et son admirable beauté, avait captivé les plus chères affections de son père et amolli réellement le cœur de bronze de ce barbare despote.

Mais cette prédilection elle-même et la conduite de Chramme étaient, chez Clotaire, la cause de cruelles anxiétés, et dirigeaient ses idées vers des déterminations et une division de sa succession qui n'avaient rien de favorable aux vœux et aux intérêts de Gondebaud. Les révoltes continuelles de Chramme, qui, toujours vaincu et toujours pardonné, ne cessait, par de nouveaux attentats, de violer les serments les plus sacrés et d'insulter à la tendresse paternelle, inquiétaient la politique et déchiraient le cœur de Clotaire. Soit qu'il ne voulut pas augmenter les chances et les ali-

ments de la guerre civile pendant son règne et après sa mort en donnant à Chramme un auxiliaire dont la position et les intérêts eussént été analogues à ceux de ce fils rebelle, soit, comme l'ont dit plusieurs historiens, qu'il fut honteux de reconnaître publiquement un fils dont la mère était d'une si basse extraction, il ne permit pas à Gondebaud d'arriver jusqu'à la cour. Celui-ci vint demander un asile à son oncle Childebert, frère de Clotaire et roi de Paris, qui n'avait pas d'enfants. Childebert accueillit Gondebaud comme son neveu, et il lui accorda le rang et les honneurs convenables à un prince du sang de Clovis. Mais Clotaire, qui n'aimait pas son frère et qui n'en était pas aimé, sentit que le royaume de Paris pourrait lui échapper, et qu'il se trouverait un jour dans les périls qu'il avait voulu éviter en refusant de reconnaître Gondebaud, si Childebert choisissait ce jeune homme pour son héritier. Dès-lors, employant à la fois la ruse et l'intimidation, il obtint que Gondebaud lui fut livré. Le sort de ce dernier pouvait être funeste, puisqu'il dépendait de la volonté d'un prince habitué à se défaire de ses parents et même de ses enfants par le fer, le poison et le feu. Cependant, au grand étonnement de toute la cour, Clotaire se contenta de faire raser les cheveux de son prisonnier et de l'exiler loin de la France.

Selon quelques annalistes, la condition de Gondebaud et de sa mère devint alors si misérable, que, pour subsister, ils se mirent aux gages de certains peintres qui ornaient les murailles des églises, et dont ils broyaient les couleurs (1). Gondebaud sut pourtant profiter des leçons de ces artistes, et il acquit un talent qui, depuis, à la cour de Constantinople, lui valut beaucoup de considération; mais trois années s'étaient à peine écoulées que les circonstances semblèrent redevenir favorables à ses desseins.

On était en 560; les frères de Clotaire et leurs enfants mâles n'existaient plus, et, en vertu de la loi ou des coutumes *saliques*, dont la première application eut lieu alors en France, mais qui étaient déjà fort anciennes chez nos ancêtres, Clotaire avait réuni sous son sceptre les membres épars de la vaste monarchie de Clovis. Il est vrai que ce prince avait prodigieusement aidé par des crimes exécrables au bénéfice éventuel en sa faveur des dispositions ou de l'esprit de cette loi organique. Il avait poignardé lui-même, et jusque dans les bras de sainte Clotilde, sa mère et leur aïeule, les jeunes enfants de Clodomir son frère, roi d'Orléans,

---

(1) Chateaubriand. — *Analyse raisonnée de l'Histoire de France*, t. III.; des *Etudes historiques*, p. 204, édition de 1837.

(1) *Biographie universelle*, t. XVIII, p. 54.

qui venait d'être tué dans une grande bataille. Un seul fils de Clodomir avait échappé à ce carnage parricide : c'était Clodoalde, qui, depuis, se rasa les cheveux, prit les ordres sacrés et se retira dans un hermitage, sur les bords de la Seine, près de Paris. Il est honoré comme saint sous le nom de saint Cloud.

Mais à peine Clotaire était-il parvenu au comble de son ambition en devenant l'unique roi des Français, qu'une affliction mortelle, digne fruit de ses colères atroces et habituelles, vint briser son cœur. Chramme, ce fils chéri, le seul rival que Gondebaud pouvait redouter dans sa position et dans les affections de son père, avait péri par une mort affreuse. Il s'était plusieurs fois, à l'instigation de ses oncles, révolté contre son père, et, comme nous venons de le dire, aucune de ces coupables tentatives n'avait réussi. Il s'était vu souvent à la discrétion de Clotaire, dont l'aveugle tendresse l'avait sauvé ; mais ce fils ingrat, entraîné peut-être aussi par d'incessantes et perfides suggestions, ne tardait pas à se révolter de nouveau. Un dernier attentat lui fut fatal ; Clotaire, entre les mains duquel il était tombé, n'écouta plus cette fois que les impulsions d'une fureur qui, chez lui, était ordinairement aussi implacable que sanguinaire. Il ordonna que Chramme fut attaché sur un banc et battu de verges pendant une heure ; ensuite, il l'enferma avec la jeune épouse et les enfants de ce prince dans une chaumière à laquelle il fit mettre le feu. Ces infortunés périrent dans les flammes, et les satellites de Clotaire les y rejetaient chaque fois qu'ils essayaient de leur échapper. Mais cette horrible vengeance était à peine accomplie, que tout l'amour que Clotaire avait ressenti pour ce fils bien-aimé se réveilla avec une nouvelle force dans son cœur. Dès ce moment, il fut dévoré de remords et de regrets qui devinrent ses bourreaux, et moins de dix-huit mois après il expira, navré de chagrins et de remords.

C'est peu de temps après la mort de Chramme que Gondebaud essaya encore de se rapprocher de son père ; mais Clotaire, en proie à une sombre douleur, craignant peut-être aussi d'élever un autre ingrat, fut sourd à cet appel, et comme il avait déjà hautement méconnu Gondebaud, il appréhenda sans doute que les titres qu'il lui conférerait ne fussent contestés et ne devinssent les prétextes de guerres civiles, la monarchie devant être encore assez divisée et affaiblie après sa mort entre ses quatre fils légitimes. Loin donc de vouloir admettre Gondebaud en sa présence, il commanda de l'arrêter. La fin récente et tragique de Chramme avait vivement frappé toutes les imagina-tions, et le caractère trop connu du roi rendait cet exemple encore plus effrayant. Cependant, soit que les remords eussent rendu Clotaire moins cruel, surtout, si, comme cela est probable, il reconnaissait secrètement lui-même, et avec toute la France, que Gondebaud était réellement son fils, il ne fit point périr ce jeune prince ; il se borna, lorsqu'il l'eut en son pouvoir, à lui faire raser de nouveau les cheveux et à l'enfermer dans un monastère (1).

Mais la mort de Clotaire vint bientôt rendre quelques espérances à Gondebaud, et la fortune sembla décidément lui sourire. La monarchie française fut encore partagée, après Clotaire, entre les enfants de ce prince. Caribert eut le royaume de Paris, Gontran celui d'Orléans et de Bourgogne, qui comprenait l'Aquitaine ; Sigebert Ier régna sur l'Austrasie, et Chilpéric Ier dit le *Néron Français* eut en partage le royaume de Soissons. De tous les princes du sang royal, Caribert, actuellement roi de Paris, était celui qui n'avait jamais cherché à nuire à Gondebaud, et qui même avait été vivement touché des aimables qualités de ce jeune frère, qu'il avait vu à la cour de Childebert, roi de Paris, leur oncle. Le monastère où Gondebaud était relégué dépendait du royaume de Paris, et l'un des premiers soins de Caribert, en montant sur le trône, fut de l'en tirer et de le fixer à sa cour, où il eut le rang et les honneurs de frère du roi (2).

Mais cet heureux changement dans les destinées de Gondowald, que nous continuerons à appeler *Gondebaud,* parce qu'il est généralement plus connu sous ce nom, inspirait autant d'inquiétudes que de jalousie à ses autres frères, surtout à Sigebert, roi d'Austrasie. Il n'eut été ni facile ni prudent de l'enlever par la force à l'amitié de Caribert, et l'on eut recours à la ruse. Sigebert feignit d'approuver la conduite de son frère, le roi de Paris. Il témoigna le plus vif désir de voir Gondebaud et de le reconnaître aussi devant toute la cour d'Austrasie comme un frère bien-aimé, comme le fils de Clotaire. Ces dispositions bienveillantes, dont rien ne devait faire suspecter la sincérité, séduisirent Caribert lui-même ; il voyait avec satisfaction que, non-seulement la famille royale ne s'offensait pas des soins qu'il prenait de Gondebaud, mais encore qu'elle désirait concourir avec lui à réparer envers ce jeune prince les injustices du feu roi. Gondebaud sentait aussi tout ce que cette nouvelle situation avait de fa-

----

(1) Leymonerie. *Hist. de Brive*, ch. 4.
(2) *Mémoires de l'Académie des inscriptions*, t. xx.

vorable à ses intérêts, et il se décida à en profiter. Il obtint donc sans peine de Caribert la permission de quitter Paris pour se rendre à l'invitation de Sigebert, qui l'engageait à venir passer quelque temps avec lui à Metz, alors la capitale du royaume d'Austrasie.

Mais à peine était-il arrivé dans cette ville que Sigebert, jetant le masque qui voilait sa détestable perfidie, le fait arrêter et l'envoie prisonnier, après lui avoir rasé les cheveux, dans un monastère, près de Cologne (1). S'il n'osa pas le faire périr, ce fut seulement sans doute dans la crainte d'exaspérer Caribert et de s'attirer l'indignation de toute la France, même celle des grands d'Austrasie. De nombreux embarras et de graves considérations politiques mirent Caribert dans la nécessité de dévorer cet affront, auquel d'ailleurs il survécut peu. Il mourut, comme tous les princes de la race mérovingienne, dans un âge peu avancé, et il est même à remarquer que les derniers rois de cette dynastie, dits les *rois fainéans*, n'ont guère dépassé l'âge de vingt-cinq ans; cependant, il est à observer aussi que les *maires du palais*, qui régnaient sous le nom des rois fainéans, n'avaient aucun intérêt à abréger les jours de ces fantômes de monarques.

Caribert, naturellement pacifique, ami des lettres et des arts, et fidèle observateur de la justice, mais aussi peu réglé dans ses mœurs que l'avait été Clotaire I<sup>er</sup> son père, ne laissa aucun enfant mâle des quatre épouses auxquelles il s'était uni, et dont deux n'avaient pas un rang supérieur à celui de la mère de Gondebaud, car l'une était la fille d'un tisserand et l'autre d'un gardeur de troupeaux (2). Ce défaut d'héritiers lui rendait encore plus cher son jeune frère Gondebaud, qu'il aurait probablement adopté, mais exposait d'autant plus ce dernier à la haine de ses autres frères. Débarrassés de cette concurrence, ils se partagèrent les états de Caribert après la mort de ce prince, mais avec cette singulière stipulation que les trois rois co-partageants posséderaient la ville de Paris par indivis, et qu'aucun d'eux n'entrerait dans cette ville sans le consentement formel des autres (3). La chétive et boueuse Lutèce des Romains commençait donc à acquérir quelque importance, du moins dans l'opinion populaire.

Mais pendant que ces grands intérêts s'agitaient en France, et que les intrigues, les crimes, la discorde et la débauche troublaient et déshonoraient les cours des rois fils de Clotaire, l'existence et les destinées de Gondebaud se compliquaient de nouvelles vicissitudes. Il avait langui peu de temps dans sa prison, près de Cologne, car à peine y avait-il été renfermé, que l'énergie et la sollicitude de sa mère lui avaient préparé des moyens de délivrance, et il parvint ainsi à se dérober à la vigilance de ses gardiens. Fatigué et découragé de cette série incessante et fatale de revers qui, sur la scène du monde, torturaient et flétrissaient sa jeunesse, il résolut de chercher l'obscurité et le repos loin de sa patrie, et c'est avec ce projet qu'il passa en Italie (1); heureux s'il lui avait été possible de le réaliser ! Mais, nouvel Œdipe, une fatalité invincible le suivait partout; elle prit cette fois les formes du génie de la politique, et elle annula les sages résolutions de sa victime. Le nom, la naissance et les antécédents, déjà connus de toute l'Europe, d'un jeune prince, descendant de Clovis, pouvaient être utilisés dans bien des combinaisons, et il en était une à laquelle Gondebaud devait servir.

A cette époque (566), l'eunuque Narsès, exarque de Ravenne ou vice-roi d'Italie, était au comble de sa gloire. Il fut le dernier soutien du nom et de l'éclat de l'empire romain, et c'est de cet eunuque que l'histoire a dit avec justice : *Celui auquel on ne pouvait assigner un rang parmi les hommes en prit un parmi les héros* (2). Généralissime des empereurs grecs ou d'Orient, qui, depuis la chute de l'empire d'occident, sous le jeune Augustulus, occupaient le trône et exerçaient les droits des anciens Césars, il avait, par son habileté et par de mémorables victoires, arraché Rome et l'Italie aux Lombards, aux Visigoths, aux Germains et à tous les barbares qui dévastaient cette contrée depuis plus d'un siècle. Ce magnifique fleuron de la couronne impériale commençait à reprendre, sous la sage administration de Narsès, son ancienne splendeur. Cet habile politique, aussitôt qu'il fut instruit de l'arrivée de Gondebaud en Italie, comprit tout le parti qu'il pouvait tirer de la position, des droits et de la renommée d'un jeune prince mérovingien qui devait avoir en France pour partisans tous les mécontents, et qui avait de cruelles injures à venger sur ses frères.

Les rois français étaient les alliés naturels ou secrets des Germains et autres barbares, adversaires et pillards implacables de l'empire romain; les princes mérovingiens eux-mêmes avaient déjà enlevé toute la Gaule au sceptre des Césars, et Narsès les considérait comme des ennemis fort dangereux ou des amis très-

---

(1) *Biographie universelle*, t. xviii.
(2) *Ibid*, t. vii. Le p. Daniel. *Hist. de France.*
(3) Le président Hénaut. *Abrégé Chr. de l'Hist. de France.*

(1) *Biographie universelle*, t. xviii.
(2) *Biographie universelle*, t. xxx, p. 571.

suspects. L'occasion était on ne peut plus favorable pour les contenir ou du moins s'assurer de leur neutralité sincère en les plaçant sous la menace continuelle et imminente des entreprises d'un compétiteur de leur famille, que toutes les forces de l'empire pouvaient appuyer au moment le moins prévu ou le plus critique pour les héritiers de Clotaire.

Dirigé par ces hautes pensées politiques, Narsès fit venir à Ravenne Gondebaud, qui, déjà trop éprouvé, par le malheur, ne cherchait, avec sa mère et au pied des Alpes, qu'une solitude ignorée où il pourrait vivre obscur et se dérober pour toujours au dangereux éclat de sa naissance. Ce ne fut donc que malgré lui et contraint par une puissance supérieure à sa volonté, qu'il vint à Ravenne, où Narsès le combla d'honneurs, de richesses et de distinctions. L'exarque, après avoir, dans le cours de ses conquêtes, enlevé Bénévent aux Lombards, avait érigé cette ville et son territoire en duché, et il donna pour épouse à Gondebaud le fille du premier titulaire de ce grand fief ; cette union fut courte, mais heureuse. La princesse Gondebaud mourut après deux ans de mariage, laissant un fils qui a sans doute été enveloppé dans la dernière catastrophe de son père, et dont on ignore les destinées (1). Gondebaud reconnut les bienfaits de Narsès en combattant avec distinction dans les rangs des légions romaines qui avaient souvent à repousser des invasions partielles de barbares.

Mais le faible Justin II, prince indolent, voluptueux et même cruel, avait succédé à Constantinople, sur le trône des César, à Justinien Ier. La cour impériale fut bientôt livrée aux délateurs, à des ambitieux de bas étage, à des bouffons et aux scandales des mœurs les plus dépravées. Des revers honteux, bien réparés depuis, il est vrai, par le général Justinien, accablèrent, en Perse et en Syrie, les aigles romaines, et les facultés intellectuelles de l'empereur en avaient été altérées. Le mérite et la gloire d'un héros tel que Narsès étaient autant de crimes aux yeux d'une cour aussi corrompue. Ce grand homme, accusé par les délateurs de concussions et de vexations, tomba dans la disgrâce du faible Justin II, qui lui ôta la vice-royauté d'Italie et lui ordonna de revenir à Constantinople. Gondebaud voulut partager le malheur et l'exil de son protecteur et de son ami ; mais, arrivés à Naples, où ils devaient s'embarquer tous les deux, Narsès mourut, en 568, comblé de jours et de gloire.　　　G. DE MERLHIAC.

*(La suite prochainement.)*

(1) *Biographie universelle*, t. XVIII.



### MONUMENTS CIVILS.

Parmi les monuments civils destinés à l'utilité publique, les ponts tiennent, sans contredit, au point de vue des avantages qu'en retirent les populations, un des premiers rangs. Il y en avait chez les Assyriens, chez les Égyptiens, chez toutes les nations de l'antiquité, et les *Commentaires de César* nous prouvent que les Gaulois en avaient construit non-seulement aux abords de leurs villes, mais encore sur presque tous les points de leur territoire.

Il dut en exister à Vésone dès la plus haute antiquité gauloise. Le nombre de ceux qu'on y voyait sous les Romains est un témoignage qu'il y en avait avant la conquête. Les vainqueurs en construisirent de nouveaux, et tout porte à croire que notre métropole en eut sept sous l'empire des maîtres de l'univers, six sur l'Isle et un sur le ruisseau du Toulon.

Ce dernier pont que l'on voyait encore avant l'été de 1821, époque à laquelle il fut détruit, était à droite de celui que l'on a fait depuis sur la route d'Angoulême ; il était composé de six arches extradossées, dont la plus grande avait un peu plus de quatre mètres de large, et paraissait avoir été reconstruite dans le VIIIe ou dans le IXe siècle.

Le premier pont sur l'Isle, en partant de l'ouest et en remontant le cours de la rivière était placé au-dessous des Isards.

Voici la description qu'en a faite M. de Taillefer à la suite des recherches faites sur les lieux mêmes, de concert avec M. de Mourcin, le 20 septembre 1821 :

« Sa position sur le cours de la rivière est oblique, » c'est-à-dire qu'il se dirige de l'est à l'ouest. Une es- » pèce d'îlot ou atterrissement semble avoir recouvert » les fondations d'une de ses piles du côté du couchant. » Au milieu de la rivière, on en trouve une seconde » dont la hauteur est de deux pieds huit pouces, et qui, » pendant les chaleurs de l'été, est presque toujours à » découvert. La longueur de cette pile, dans la direction » du courant, est encore d'environ onze pieds ; sa lar- » geur est de cinq pieds et quelques pouces. Le pare-

» ment de cette construction se distingue vers l'ouest.
» Les pierres qui le composent ont dix pouces d'épais-
» seur, sur un pied deux pouces de large ; elles s'enfon-
» cent également d'un pied et quelques pouces dans le
» massif intérieur, qui, se trouvant lui-même composé
» de petites pierres brutes et d'un ciment rougeâtre
» fort dur, offre encore une bonne conservation. A
» quinze ou seize pieds de cette pile, au levant, on en
» reconnaît une troisième ; mais ce ne sont que de fai-
» bles restes, quelques pierres de parement jointes en-
» semble et quelques débris de ciment. Plusieurs vous-
» soirs des arches de ce pont se remarquaient naguère
» dans les eaux ; mais ils ont été enlevés. »

Le deuxième pont occupait l'emplacement où fut bâti plus tard le pont de la Cité, dont on voit encore deux ou trois arches restées debout et qui s'avancent jusque vers le milieu de la rivière.

Le troisième était à Campniac ; il faisait communiquer la ville avec la citadelle gauloise d'Ecornebeuf, devenue sans doute alors une maison de plaisance, dont on retrouve encore de nombreux vestiges, et la vieille cité. On remarque encore sous les eaux des débris de ce pont, principalement du côté de la plaine.

Le quatrième était au sud-est de Vésone.

Le 25 septembre 1821, MM. de Taillefer et de Mourcin en reconnurent les restes, à côté de l'ancien couvent de Sainte-Claire, qui, on le sait, avait remplacé l'église et l'hôpital de Saint-Jacques. Il se dirigeait du côté de l'ouest, et communiquait à deux faubourgs, dont l'un se prolongeait directement dans la plaine jusqu'au faubourg actuel de Saint-Georges, et l'autre se dirigeait à droite vers le vallon de Bergerac.

Le cinquième était très-rapproché du précédent. On croit en remarquer les débris sous les eaux à côté du Pont-Neuf.

A l'est nord-est de Vésone était le sixième et dernier pont jeté sur l'Isle. Il était placé où est maintenant le Pont-Vieux, et avait aussi son faubourg appelé depuis de Tourne-Piche et les Barris.

Des sept ponts dont nous venons de parler, quatre seulement ont été entretenus ou refaits et subsistent encore : 1° le Pont-du-Toulon ; 2° le Pont-de-la-Cité qu'on a souvent rétabli ; 3° le Pont-Neuf, totalement reconstruit à côté de l'antique vers l'année 1756, et terminé en 1767. Les trois autres ponts ne subsistent plus ; mais lorsque les eaux de l'Isle sont très-basses, on en découvre les vestiges.

Jules de M...

## L'ÉGLISE SAINT-JACQUES, A BERGERAC.

Au moment où une nouvelle maison de prières va surgir à Bergerac, il n'est pas sans intérêt pour nos lecteurs de connaître le passé du vieil édifice qui est à la veille d'être délaissé. Le marteau le respectera peut-être quelque temps encore ; mais la belle basilique projetée le constitue presque déjà à l'état de ruine. L'heure de l'histoire a sonné pour lui. Il nous semble que nous retraçons une notice nécrologique, et nous sommes animé du sentiment de respect dû à une œuvre qui s'efface pour ne rester que dans les souvenirs.

Le manuscrit des Jurades de Bergerac, qui contient des documents si précieux pour les annales de notre pays, s'occupe de loin en loin de l'église St-Jacques, et nous montre les transformations diverses qu'elle a subies au travers des siècles.

En 1352, alors que nous étions sous la domination anglaise et que la ville de Bergerac avait été concédée à Henry, comte de Lancastre, par Edouard III, roi d'Angleterre, nous trouvons la mention suivante :

« L'église St-Jacques, la Maison de Ville, le pont de
» Dordogne, le pont St-Jean et le pont de Pombonne,
» furent *raccommodés* aux dépens du consulat, et les
» consuls donnèrent au seigneur une tasse d'argent
» qui coûta sept écus, le jour de la Madelaine, suivant
» la coutume. »

Il y avait alors huit consuls, dont deux du faubourg de la Madelaine, choisis par le seigneur, sur une liste de douze bourgeois, présentée au nom de la communauté, et « devant administrer, les consuls sont tenus
» de jurer en l'église de St-Jacques, en présence et ès-
» mains dudit seigneur, ou de son baillif, ou des an-
» ciens consuls, de se porter loyalement en la charge
» du consulat et garder fidèlement les droits tant dudit
» seigneur que de la communauté. »

Il existait du reste, à cette époque, d'autres églises à Bergerac, telles que celles des Jacobins, Carmes, Cordeliers, Mineurs et Frères prêcheurs, et l'église Ste-Catherine, au Mercadil, où fut tenue une Jurade en l'an 1414. L'église du Château, sur le bord de la rivière, remonte aussi vers ce temps, mais n'est mentionnée qu'en 1487.

Il paraîtrait que l'église St-Jacques fut retouchée dans les premières années du XVe siècle, car nous retrouvons, à la date de 1405, que, « pour contribuer aux
» fortifications de la ville, les consuls prirent deux

» poutres qui *avaient resté* de la bâtisse de l'église St-
» Jacques. »

Nous voyons pour la première fois, en 1456, la mention des processions faites en l'honneur des élections consulaires. Elles avaient lieu tantôt dans un des couvents, tantôt à St-Jacques. Tous les ordres religieux y assistaient et recevaient, selon l'expression du temps, leur *réfection*.

En 1501, à l'occasion d'une peste qui décimait la population, une cérémonie curieuse et intéressante eut lieu dans notre ville. Laissons parler, à ce sujet, la chronique manuscrite :

« La communauté fit vœu, cette année, à Dieu, à la
» Vierge et à Saint-Antoine, et à tous les saints du pa-
» radis, vu le grand danger de mortalité et de peste,
» qu'on enverrait un homme dévot dans l'église de
» l'hôpital St-Antoine, au faubourg de la Madelaine,
» qui porterait la ville contrefaite en cire, ce qui fut
» exécuté. La représentation était la ville de Bergerac
» en cire, avec quatre tours et une girouette sur cha-
» cune, et en dedans se voyait la maison du consulat,
» l'église St-Jacques, l'église Notre-Dame du Château
» et celle de Ste-Catherine, au Mercadil ; le tout fut
» porté en procession le 17 mai 1501 par les consuls
» accompagnés des officiers et des chefs de famille. »

Le naïf narrateur s'arrête là. Nous sommes sûr que cette solennité, qui ferait sourire un esprit fort dans un temps calme, inspirait alors un sentiment de vénération, comme ces vœux des marins, éclos dans la tempête, qui portent au ciel un cri de foi parti du fond des abîmes.

« Le 22 avril, veille de St-Georges, de l'an 1505, la
» première pierre du chef de l'église St-Jacques, fut
» posée par Pierre Duqueyla. »

Il est probable que l'édifice, *raccommodé* en 1352 et repris en 1405, n'avait pas été complété et que le *chef* restait à faire. Ce qui va suivre prouve que l'œuvre entière devait être le fruit du temps.

« Le 25 juillet 1537, la première pierre du clocher
» de l'église St-Jacques fut mise par noble Jean de
» Clermon, curé, et la seconde par Me Jean Beaurieu,
» baillif, Berthoumieu, Gaulchier, Jean Pinet et Ber-
» nard Delpoujol, syndics de ladite église. »

St-Jacques était composé d'une communauté de prêtres, ainsi qu'on peut le voir par un acte capitulaire, énoncé dans une donation de 1538, et le prieur, curé de St-Jacques, était commandeur du St-Esprit.

Nous trouvons, sous la date de 1521, un vœu fait à Saint-Jacques, qui mérite d'être rapporté :

« Les consuls vouèrent une lampe d'étain au-devant
» de la custodie de notre Seigneur, en l'église St-Jac-
» ques, afin qu'il plût à Dieu préserver la ville de dan-
» ger et les illuminer pour le bien et le profit de la
» ville. »

Malheureusement, le vœu des consuls ne devait pas être exaucé, et on arriva bientôt à une époque fatale qui coûta, pendant deux siècles, bien des larmes et bien du sang à notre malheureuse cité.

Nous passons sous silence ces événements déplorables, sur lesquels, du reste, le manuscrit donne des détails historiques assez intéressants. Nous ne voulons parler ici que d'un monument de notre ville et non des guerres de religion. Ce dernier sujet est trop vaste et trop au-dessus de nos forces pour essayer même de le crayonner.

En 1589, on décida que le clocher de St-Jacques, commencé en 1537, s'achèverait et que l'horloge y serait mise. Ce projet s'effectua en 1590.

En 1592, les consuls firent bâtir deux boutiques au-devant de l'église St-Jacques.

En 1643, l'horloge de St-Jacques fut portée au temple qui avait été construit, en 1636, sur la place qui a conservé ce nom, et reportée sans doute à St-Jacques après la démolition du temple, qui eut lieu en 1682.

Enfin, ce fut en l'année 1685 que l'église St-Jacques, telle a peu près que nous la voyons aujourd'hui, fut reconstruite. Ecoutons à cet égard le livre des Jurades :

« Cette année 1685, l'église de la paroisse de St-
» Jacques fut entièrement démolie hors le clocher, pour
» être rebâtie, le roi y ayant contribué, l'Hôtel-de-
» Ville et M. Jean Dufau, prieur de St-Martin de Ber-
» gerac, pour une somme considérable. Le service fut
» transféré dans l'église des pères Récollets de ladite
» ville. M. l'évêque de Périgueux vint diverses fois
» prêcher, confesser, confirmer et donner l'absolu-
» tion, etc. »

Le 13 juin 1701, Mgr Daniel de Francheville, évêque de Périgueux, fit l'ouverture du jubilé universel à St-Jacques par une procession solennelle.

L'église St-Jacques renfermait des tombeaux, dont plusieurs sont encore parfaitement conservés. On cessa d'y inhumer en vertu de la déclaration du roi, du 19 novembre 1776, enregistrée au sénéchal de Bergerac le 16 novembre 1778.

Tels sont, en abrégé, les documents fournis sur l'église St-Jacques. On voit par là que le clocher, qui est la partie la plus ancienne, a environ 260 ans, et que le reste de l'édifice est postérieur d'un siècle.

Quel sera le sort de ce monument de la piété de nos pères ? Il serait difficile de le prévoir. Cependant, d'après les votes répétés des divers conseils municipaux qui se sont succédé depuis quelques années, on est généralement d'avis de le conserver, malgré la construction de la nouvelle église, afin de former à Bergerac deux paroisses distinctes. Le développement que prend chaque jour cette ville, et l'augmentation toujours croissante de la population, rendent ce projet désirable. Nous croyons que l'administration locale est entièrement dans ces idées. Il ne s'agira que de les faire partager au gouvernement, qui ne reculera pas, nous l'espérons du moins, devant quelques dépenses occasionnées par un personnel un peu plus nombreux.

Quant à l'église nouvelle, tant désirée depuis quarante ans, elle est enfin commencée, et les travaux sont poussés avec vigueur.

Nous appelons ce moment de tous nos vœux. La consécration de l'église sera une des journées qui marqueront dans les annales de notre ville. Nous pensons que lorsque cette heure sera venue, on se souviendra que l'édifice est bâti à peu près à l'endroit où se trouvait autrefois le temple modeste placé sous l'invocation de sainte Catherine, et qu'on n'oubliera point que, dans ses œuvres d'avenir, la religion ne brise pas ce qui la rattache aux traditions du passé.

JIBÉCÉER.

## NOTICE SUR DE CYRANO BERGERAC.

Savinien de Cyrano Bergerac, naquit en 1620, au château de Bergerac ; son père, brave gentilhomme, plus soucieux de ses chiens et de la chasse que de ses enfants, le plaça, dès qu'il eût atteint l'âge de raison, chez un bon prêtre des environs qui faisait profession d'instruire les enfants qu'on lui confiait.

Cyrano nous raconte que ce prêtre n'était point très-savant ; on apprenait chez lui à lire, à écrire et un peu à compter. Peu d'années après, Cyrano, qui n'avait point fait de grands progrès, et qui s'ennuyait, malgré de fréquentes écoles buissonnières, abandonna les premières leçons de son enfance, et resta quelque temps à Bergerac. Vers l'âge de quinze ans, ses parents l'envoyèrent à Paris ; il étudia au collége de Beauvais, dirigé alors par Grangier. Cyrano, ayant appris que Gassendi avait pour élèves Bernier, Molière et le fameux Chapelle, n'eut ni paix ni patience qu'il ne se fut



fait admettre, bon gré, malgré, à cette école ; il y fit des progrès d'autant plus rapides, qu'il était avide de savoir et doué d'une très-heureuse mémoire.

C'était l'époque des duels, des femmes et des aventures. Cyrano, vif et turbulent, se lia avec quelques jeunes gentilshommes, et eut à se mesurer avec de nombreux adversaires, duellistes comme lui. Il avait le nez très-long, et on s'en moquait ; mais, à son tour, il avait la prétention de trouver que ce nez, quelque long qu'il fût, ne déparait pas son visage, et il ne souffrait pas qu'on l'en plaisentât, et surtout qu'on le regardât de travers. Il eut à cette occasion plusieurs duels ; mais, très-habile dans l'escrime, il tua ou blessa plusieurs de ses adversaires, si bien qu'on finit par ne plus rien dire et par trouver son nez d'une perfection irréprochable. Dans son *Histoire comique de la Lune*, Cyrano fait une sorte d'apologie des grands nez. Un habitant de la lune, auquel il demande pourquoi, dans le pays lunatique, les hommes ont le nez si prodigieux, lui répond : « Tout enfant qui, au bout d'un an, n'est pas » jugé avoir le nez assez long, et s'il est trouvé plus » court qu'une certaine mesure que tient le syndic, il » est sensé camus et mis entre les mains de gens qui » le mutilent..... Vous me demanderez la cause de cette » barbarie ; sachez que nous le faisons après avoir observé, depuis trente siècles, qu'un grand nez est le » signe d'un homme spirituel, courtois, affable, généreux, libéral, et que le petit est un signe du contraire. »

À l'âge de dix-neuf ans, Bergerac prit du service comme cadet dans le régiment des gardes ; il entra dans la compagnie commandée par M. de Corbon Castel-Jaloux ; ce fut le beau temps de ses duels et de ses aventures ; il était courageux, et ses camarades le nommèrent le démon de la bravoure ; il se distingua en diverses occasions, et reçut des blessures honorables au siége de Mouzon, où il fut atteint d'un coup de mousquet au travers du corps, et au siége d'Arras, en 1640, où il reçut un coup d'épée dans la gorge.

Blessé, convalescent, dégoûté du service militaire et n'ayant point de protecteur assez puissant pour le faire parvenir, Cyrano abandonna sa carrière et se voua tout entier au travail et à l'étude des lettres ; ce fut alors qu'il composa l'*Histoire comique de la Lune*, l'*Histoire des états et Empires du Soleil*, œuvres pleines de verve et d'esprit que Voltaire dans *Micromégas*, Fontenelle dans ses *Mondes*, Swift dans les *Voyages de Gulliver*, n'ont pas dédaigné d'imiter ; souvent même ils en ont pris des phrases entières et des pensées qu'ils ont, il est vrai,

**12**

rendues différemment pour dissimuler leurs emprunts.

Un avantage des grands génies et des grands écrivains, c'est de pouvoir impunément prendre des idées, des phrases, des pages même dans les auteurs connus du second ou du troisième ordre et de se les assimiler, de se les rendre propres par leur supériorité même. Peut-être ne sait-on pas que Molière, pour ne citer qu'un exemple, a pris une scène entière du *Pédant joué*, comédie de Cyrano, qu'il a adaptée à la comédie des *Fourberies de Scapin*. C'est la scène ou Scapin annonce à Géronte que son fils a été pris par les Turcs, qui ne veulent le rendre que contre bonne rançon; tout est copié presque mot pour mot, depuis la fureur comique de Géronte jusqu'à son fameux mot : « Que diable allait-il faire en cette galère? » devenu proverbe populaire, et dont l'honneur de l'invention appartient à Cyrano. Cette scène est la quatrième du deuxième acte dans la comédie de Bergerac, et la onzième du deuxième acte dans celle de Molière, on peut les comparer et s'assurer que Molière a largement usé du droit, si c'en est un, de prendre ce qu'il a trouvé de mieux chez son ancien camarade d'école. Dans quelle fureur seraient entrés Molière, Voltaire, Fontenelle, s'ils eussent été victimes de pareils larcins? Que d'épigrammes ils eussent décochées contre leurs audacieux plagiaires!

Dans la comédie du *Pédant joué*, Cyrano a introduit un rôle de matamore, bravache fanfaron, parlant et criant beaucoup, mais se battant le moins possible; de son temps, c'était une espèce assez commune, s'il faut en croire les auteurs. Le langage des matamores est ampoulé, d'une affectation ridicule; leur mine est haute et fière; on les bat, on les étrille, on les rosse, mais leur épée, qui n'a jamais pourfendu que des montagnes, percé que des géants, abattu que des bataillons entiers, ne peut pas se salir, s'abaisser jusqu'à tuer un pauvre homme; écoutez-les, ils aiment mieux pardonner que de se battre avec un homme qu'ils sont toujours sûrs de tuer.

Le capitaine Chateaufort parle ainsi au pédant Grangier, dont il veut épouser la fille : « Il est vray, Dieu » me damne, que votre fille est folle de mon amour; » mais quoy! c'est mon faible de n'avoir jamais pu re- » garder une femme sans la blesser. La petite a si bien » sçu fripponner mon cœur; ses yeux si bien sçu cap- » tiver ma pensée, que je lui pardonne quasi la har- » diesse qu'elle a prise de me donner de l'amour....... » J'avais de la peine à me rendre entre les bras de » cette passion; mais enfin je vainquis, en me vain- » quant, tout ce qu'il y a de grand au monde, c'est-à-

» dire que je l'aimay..... Humiliez-vous en votre néant » que j'ay voulu choisir pour faire hautement éclater » ma puissance; vous craignez, je le voy bien, que je » ne méprise votre pauvreté; mais quand il plaira à » cette épée, elle fera de l'Amérique et de la Chine une » basse-cour à votre maison..... »

Grangier, qui n'était autre que le principal du collège de Beauvais, et contre lequel Cyrano avait sans doute quelque vieille rancune, Grangier, dis-je, bourré de citations latines qu'il applique à tous, lui répond : « O microscôme de visions fantastiques! *vade retro*, au- » trement après vous avoir apostrophé du bras gau- » che, *addetur huic dexter, cui sincopa fiet ut alter* et pour » toute emplâstre de ces balafres vous serez médica- » menté d'un *sic volo, sic jubeo, sit pro ratione voluntas.* » Loin donc d'ici, prophane, si vous ne voulez que je » mette en usage pour vous punir toutes les règles de » l'arithmétique, — ma colère, *primo*, commencera par » la démonstration, puis marchera ensuite une position » de soufflets, *item*, une addition de bastonnades... etc., » si épouvantables, qu'après cela l'œil d'un lynx ne » pourra pas faire la moindre division ni subdivision » de la plus grosse parcelle de votre misérable indi- » vidu. »

*Chasteaufort*. — « Et moy, chétif excommunié! j'au- » rais déjà fait sortir ton âme par cent plages, sans la » dignité de mon être, qui me défend d'ôter la vie à » quelque chose de moindre qu'un géant, et même je » te pardonne, car infailliblement l'ignorance de ce que » je suis te jette dans ces extravagances..... Sachez » donc, messire Jean, que je suis celuy qu'on ne peut » exterminer sans faire une épitaphe à la nature, et le » père des vaillants puisqu'à tous je leur ay donné la » vie. »

*Grangier*. — Pardonnez, grand prince, à mon peu de foy. Ce n'est pas.....

*Chasteaufort*. — « Relevez-vous, je suis content; » choisissez viste, viste où vous voulez régner, et cette » main vous bâtira un trône dont l'escalier sera fait » des cadavres de six cents roys. » (Sc. i, Ac. i.)

Ceci peut donner une idée du style et des façons des matamores. Nous allons voir maintenant quel était le courage de quelques-uns, et entre autres celui de Chas- teaufort. Dans la deuxième scène du deuxième acte, Chasteaufort rencontre un paysan, et lui demande où il va et s'il a beaucoup de chemin à faire; Gareau, le paysan, croit avec raison, que le capitan veut se mo- quer de lui, ils font des calembourgs et des jeux de mots; enfin, Gareau n'y comprenant plus rien et per-

dant patience, frappe le brave capitan qui répond : « Ce
» coup ne m'offense point, au contraire, il publie mon
» courage invincible à souffrir. Toutefois, afin que tu
» ne te rendes pas indigne de pardon pour une seconde
» faute, encore que ce soit ma constance de donner
» plutost un coup d'épée qu'une parole, je veux bien te
» dire qui je suis. J'ay fait en ma vie septante mille
» combats et je n'ay jamais porté botte qui n'ait tué
» sans confession..... Mais que cet avertissement ne
» t'effraye point ; je suis tout cœur, et il n'y a point
» par conséquent de place sur mon corps où tu puisses
» m'adresser tes coups sans me tuer..... Mais viste,
» viste, je n'ayme pas tant de discours, mordieu !
» depuis ce temps je me serais mis en garde, j'aurais
» gagné la mesure..... J'aurais ébranlé, empiété, en-
» gagé, volté, porté, paré, riposté, carté, passé, dé-
» sarmé et tué trente hommes. »

*Gareau.* — « Quel embrocheux de Limas ! et quien,
» quien vela encor pour t'agacer. (Il le frappe.) »

*Chasteaufort.* — « Je ne sçais, Dieu me damne, ce
» que m'a fait ce maraut, je ne me sçaurais fâcher
» contre lui (Gareau le frappe encor). Foy de cavalier,
» cette gentillesse me charme ; voilà le faquin du plus
» grand cœur que je vis jamais (il est encor frappé) ; il
» faut nécessairement que ce bélistres soit mon fils ou
» qu'il soit démoniaque (il est frappé derechef). D'égor-
» ger mon fils à mon escient, je n'ay garde ; de tuer un
» possédé, j'aurais tort, puisqu'il n'est pas coupable
» des fautes que le diable lui fait faire. — Toutefois,
» ô pauvre païsan, sache que je porte à mon côté la
» mère-nourrice des fossoyeurs, que de la tête du der-
» nier (Sophy) je fis un pommeau à mon épée, et que
» du vent de mon chapeau je submerge une armée na-
» vale, et que qui veut sçavoir le nombre des hommes
» que j'ai tués n'a qu'à poser un neuf et tous les grains
» de sable de la mer ensuite, qui serviront de zé-
» ros, etc..... » Citer encore serait abuser de la patience
du lecteur. Le *Pédant joué* est une assez bonne comédie,
pleine d'esprit et de verve, malgré des défauts de
style, les calembourgs et jeux de mots dont a abusé
Cyrano.

Cyrano a donné au théâtre une tragédie en cinq actes et en vers, *Agrippine*, qui parut en 1653. Cette tragédie a pour sujet la conspiration de Séjan, favori de
Tibère, contre cet empereur, et à laquelle participe
Agrippine ; la conspiration fut découverte, et, convaincus de leur crime, Séjan et Agrippine furent condamnés à mort. On sait comment la sentence fut exécutée.
Ce poème est follement conduit, rempli de vers durs

et enflés ; mais on y remarque des endroits pleins d'i-
mages et vigoureusement touchés. On a reproché à Cyrano d'avoir introduit dans sa pièce des pointes fades
et des impiétés, ce qui est un de ses principaux défauts. Cependant, dans Agrippine, remarquons-le bien,
ces impiétés sont placées dans la bouche de païens et
de personnes ne croyant à rien ; ainsi, l'on a beaucoup
blâmé une certaine scène entre Térentius et Séjan, dans
laquelle ce dernier nie l'immortalité de l'âme ; on n'y
a pas voulu voir l'athée, le païen, l'homme pétri de
sang et de boue, on n'a pensé qu'à l'auteur, et on lui a
attribué ce qui devenait tout naturel dans la bouche de
Séjan. Dieu me garde d'excuser les légèretés de Cyrano !
Mais je voudrais que les lecteurs ou les spectateurs fissent sans passion, sans partialité, la part de l'auteur et
les exigences de son œuvre, et ne missent pas dans sa
bouche et dans son cœur des paroles ou des pensées
qu'il n'a jamais dites ni senties que parce qu'elles
étaient nécessaires au rôle de ses personnages.

Quoi qu'il en soit, la mauvaise réputation de l'auteur
donna lieu, rapporte M. de la Monnoye, à une aventure
assez plaisante : Un jour qu'on jouait *Agrippine*, des
badauds, avertis qu'il y avait des endroits dangereux,
les avaient tous ouïs sans émotion ; enfin, lorsque Séjan,
résolu de faire périr Tibère, qu'il regardait déjà comme
sa victime, vient à dire à la quatrième scène du quatrième acte :

« Frappons, voilà l'hostie..... »

ils ne manquèrent pas de s'écrier : « Ah ! le méchant ! ah ! l'athée ! comme il parle du Saint-Sacrement ! »

Nous avons laissé Cyrano abandonnant le service
militaire pour se livrer à l'étude des lettres, il n'était
point riche ; aussi le maréchal de Gassion, qui aimait
les gens d'esprit et de cœur, souhaita de l'avoir près
de lui ; mais il refusa, désirant conserver son indépendance pleine et entière. Cependant, quelque temps
après, cédant aux instances de ses amis, il se retira
chez M. le duc d'Arpajon, en 1653, l'année même où il
fit paraître *Agrippine*.

Rentrant un soir, il reçut par accident une pièce de
bois sur la tête ; il resta malade pendant quinze ou seize
mois. Abandonné en cet état par le duc d'Arpajon, il fut
secouru par le grand prévôt de Bresse, Renaud de
Boisclairs, qui le garda chez lui près de quatorze mois ;
de là, Cyrano, espérant que l'air de la campagne le sou-
lagerait, se fit transporter à la maison de campagne
de M. de Cyrano, son cousin ; il y mourut cinq jours
après, en 1655, âgé de trente-cinq ans.

A la fin de sa vie, Bergerac renonça aux maximes dangereuses qu'il avait émises sur la religion ; il renonça aussi au libertinage, grâce aux sages avis d'une de ses parentes, religieuse aux Filles-de-la-Croix ; il voulut être enterré dans leur église, située au faubourg Saint-Antoine.

Savinien de Cyrano, outre les ouvrages déjà cités, a composé aussi un *Recueil de lettres* sur différents sujets, des lettres satyriques et des lettres amoureuses.

Le plus grand reproche que l'on puisse adresser à Cyrano comme écrivain, est de n'avoir ni justesse dans les idées, ni jugement ; son style est un peu matamore ; il écrit avec imagination, avec audace, avec feu ; peu lui importe comment il exprime ses idées et comment elles lui viennent pourvu qu'il les rende ! Ce sont surtout ses lettres qu'il faut lire pour s'en faire une juste idée, par exemple, sa lettre contre les médecins, celle contre un faux brave, et celle contre les frondeurs, écrite pendant le siége de Paris, et dans laquelle il fait l'éloge du cardinal Mazarin, dont il vante la naissance, la justice, l'administration, la bonté et les largesses. Le ministre en fut-il reconnaissant et surtout fut-il généreux ? Cyrano ne s'en explique point, et je crois fort que sa lettre ne lui valut pas ce qu'il en espérait, c'est-à-dire quelques pistoles.

De R.

———◇◇◇———

## DERNIÈRES ANNÉES DE MONTAIGNE.

Entre la clôture des états de Blois (janvier 1589) et la mort de Montaigne (septembre 1592), il s'est écoulé près de quatre années. Pendant ce temps, le philosophe est-il resté complétement étranger aux affaires publiques ? A-t-il cessé toute relation avec les princes ou avec les personnages politiques ? S'est-il renfermé dans la solitude de son château, occupé seulement à feuilleter sa *librairie*, à retoucher ses *Essais*, à gérer ses biens et à soigner sa colique ?

Les biographies ne disent rien de cette époque ; deux lignes de De Thou, et le récit de la mort de Montaigne par Étienne Pasquier, voilà tout ce qu'on avait recueilli ou remarqué. Un mot oublié dans les œuvres de M<sup>lle</sup> de Gournay, quelques faits négligés, quelques conjectures, et les deux lettres à Henri IV, découvertes depuis peu d'années, remplissent imparfaitement cette lacune, mais suffisent pour montrer que Montaigne n'avait pas rompu avec le monde politique.

Revenu dans sa province après les états de Blois, il n'alla pas, comme on l'a dit, s'enfermer immédiatement à Montaigne. Il passa une grande partie de l'année 1589 à Bordeaux. En effet, selon le récit de Roche-Maillet, c'est en arrivant dans cette ville que Charron, après avoir prêché pendant tout le carème de 1589 à Angers, *fit connaissance et vécut familièrement* avec Montaigne.

Autre preuve. Envoyés, en 1589, vers l'empereur et les princes d'Allemagne pour une négociation militaire et politique importante, au moment où Henri III s'unissait enfin au roi de Navarre contre la ligue, Schomberg et De Thou avaient été obligés, pour éviter les embuscades des ligueurs, de changer leur itinéraire, et d'allonger leur voyage, en passant par la Guyenne. Le château de Montaigne était sur leur chemin, et ils ne manquèrent pas de s'y présenter : « Schomberg (écrit son compagnon De Thou) continua sa route par Jonsac et par Coutras ; d'où, après avoir examiné le lieu où la dernière bataille s'était donnée, il vint à Montagne en Périgord ; c'est de là que Michel de Montagne et sa famille tirent leur nom. *Montagne était alors à Bordeaux ;* sa femme, sœur de Pressac, qui accompagnait Schomberg, les reçut très-poliment. » (*Mémoir.*, liv. 4.)

Montaigne n'était pas retenu loin de son domaine, de sa femme et de sa fille, uniquement par l'attrait de ses entretiens philosophiques avec Charron, ou par quelque autre motif d'agrément personnel ; les ordres et le service du roi l'avaient rappelé en Guyenne, et c'était à Bordeaux qu'il pouvait se rendre le plus utile. Le maréchal de Matignon, qui lui avait succédé dans la marine, exerçait la charge de lieutenant-général du roi : il ne fallait pas moins que toute son expérience, sa finesse, sa fermeté, pour maintenir intacte l'autorité royale. Les circonstances étaient assez délicates pour lui avoir inspiré le désir d'avoir auprès de lui un homme tel que Montaigne ; il connaissait son habileté, son dévouement ; ils avaient concouru ensemble à déjouer les premiers mouvements de la ligue en 1585. Pendant les troubles, il l'admit dans les conseils où se traitaient les grandes affaires de la province : « *A Jacobo Matignone Aquitaniæ præside consiliis de rerum summa per hos motus adhibitus.* » Ces paroles de De Thou ne paraissent pas s'appliquer à l'époque de la mairie ; lorsque Montaigne était maire et gouverneur de Bordeaux, il avait un titre pour participer aux affaires. D'ailleurs, après la prise du château Trompette et l'arrivée des armées du roi, en 1585 et 1586, les ligueurs bordelais n'avaient plus remué ; le pays était ruiné par la guerre, désolé par la peste, mais calme. Il n'en était pas de même en 1589, et alors, plus que jamais, le lieutenant-général dut s'estimer heureux de pouvoir introduire dans ses conseils les lumières et la fidélité de Montaigne. Il n'avait fait en cela que se conformer aux intentions du roi ; en effet, c'est par ordre du roi que Montaigne était venu servir sa cause ; M<sup>lle</sup> de Gournay, qui avait été à même de bien savoir tout ce qui le concernait à cette époque, dit : « Retourné qu'il fust en Guyenne, où la guerre de la ligue, qui lors embrasoit toute la France, l'attacha par le commandement et pour le service du roy... » (*Copie de la vie de la demoiselle de Gournay*).

L'année 1589 s'ouvrait sous de tristes auspices. Délivré, par l'assassinat, de son plus redoutable adversaire, Henri III s'était hâté de congédier les états généraux ; Catherine de Médicis, la protectrice constante de Matignon, venait de mourir, effrayée de la position où elle laissait son fils et le royaume. La Ligue furieuse levait l'étendard de la guerre civile sur le cadavre de son chef, de son héros. Paris, enflammé par ses *prescheurs*, s'était mis à la tête de la révolte ; d'autres villes avaient suivi le mouvement ; les affiliations que les Guise s'étaient ménagées de longue main à Bordeaux s'efforçaient d'entraîner cette importante cité : les nouvelles qui arrivaient de toutes parts y excitaient l'agitation. Matignon résolut de prévenir, dès l'abord, toute sédition ; il s'entendit avec les gentilshommes dévoués au roi, se montra dans les rues, suivi de la noblesse et de ses gardes, empêcha les séditieux de prendre les armes, et conserva le calme , dit de Caillère, parmi des gens qui mouraient d'envie de remuer.

Pour imposer aux têtes chaudes du parlement, il provoqua une assemblée des chambres, s'y rendit, accompagné d'un bon nombre de gentilshommes, parla avec énergie, et obtint un arrêt ordonnant des poursuites contre ceux qui se révolteraient contre le roi.

Exaspérés de la réconciliation des deux rois, les ligueurs de Bordeaux résolurent de tenter un dernier effort ; ils décidèrent qu'on prendrait les armes aux processions de Pâques , et qu'on s'emparerait d'une porte de la ville, par où on introduirait des troupes attendues du dehors. Le maréchal, averti, laissa faire les processions ; les conjurés ayant crié aux armes , il sortit avec ses amis et ses gardes , marcha droit aux mutins le pistolet au poing, et, accompagné de la noblesse à cheval, donna dans le gros des révoltés, qu'il dispersa. Quelque temps après , dans une séance solennelle, où il se présenta avec une suite extraordinaire de noblesse, Matignon, par ordre du roi, prit des mesures sévères à l'égard du parlement : mais bientôt il en obtint la révocation , et usa de clémence envers les conjurés. Montaigne ayant été renvoyé en Guyenne pour le service du roi, on doit admettre, comme extrêmement vraisemblable, sa présence dans toutes les démonstrations qui eurent lieu à Bordeaux pour l'intérêt de la cause royale.

Après le crime de Jacques Clément, Henri IV écrivit à Matignon qu'il comptait sur lui. Les circonstances qui assuraient au maréchal la confiance du nouveau monarque augmentaient aussi les embarras de sa position. C'est du parlement que lui vinrent alors les principales difficultés, et c'est là aussi que son habileté temporisatrice obtint les plus heureux succès.

Montaigne, qui appréciait toute l'importance des services du maréchal, voyant la Guyenne en paix, se retira, vers la fin de 1589 ou au commencement de 1590, dans son château.

Après la bataille d'Ivry, en 1590, le parlement envoya au roi une députation pour le féliciter et pour le prier de remplir l'engagement qu'il avait pris de se convertir à la religion catholique ; la députation était composée du premier président Daffin, des conseillers Dalesmes, *Montaigne*, Sessac et Dessaignes, procureur-général. Ce conseiller Montaigne n'était évidemment pas l'auteur des *Essais*, retiré de la magistrature depuis vingt ans. Ce doit être son cousin, Geoffroy de Bussaguet, fils de Raymond de Bussaguet, frère de Pierre Eyquem, père de Michel. Ce Geoffroy était conseiller au parlement de Bordeaux dès 1576, et c'est lui qui, après un procès, fut autorisé, par arrêt rendu en 1795, à porter le nom de Montaigne, qui lui avait été contesté. M. le docteur Payen possède des documents qui établissent la preuve de ces faits de famille.

Montaigne n'aurait pas eu besoin de la circonstance d'une députation extraordinaire pour se rappeler au souvenir d'Henri IV. Il lui avait écrit récemment ; le roi lui avait répondu le 30 novembre 1589, en le priant de venir le voir à Tours. C'est à cet appel bienveillant que Montaigne a fait la belle réponse contenue dans une lettre du 18 janvier 1590, trouvée par M. Achille Jubinal à la Bibliothèque impériale, dans la collection Dupuy, tome 62-63. En voici le texte :

« Sire,

» C'est estre au-dessus du pois et de la foule de vos grans et importans affaires que de vous sçavoir prester et desmettre aus petits a leur tour, suivant le devoir de vostre authorité royalle qui vous expose à toute heure à toute sorte de degré d'homes et d'occupations. Toutefoys, ce que votre maiesté a deigné considérer mes lettres et y comander responce i'eime mieus le devoir à la benignité qu'a la vigur de son ame. I'ay de tout temps regardé en vous cette mesme fortune ou vous estes et vous peut souvenir que lors mesme qu'il m'en faloit confesser a mon curé ie ne laissois de voir aucunement de bon euil vos succez. A présent aveq plus de raison et de liberté ie les embrasse de pleiné affection. Ils vous servent là par effaict mais ils ne vous servent pas moins icy par reputation. Le retentissement porte autant que le coup. Nous ne saurions tirer de la iustice de vostre cause des argumans si fors a meintenir ou reduire vos subietz come nous fesons des nouvelles de la prospérité de vos entreprises et puis assurer vostre maiesté que les changemans nouveaus qu'elle voit pardeça a son advantage son heureuse issue de Diepe y a bien a point secondé le franc zelle et merveilleuse prudance de monsieur le mareschal de Matignon. duquel ie me fois accroire que vous ne recevés pas iournellement tant de bons et seignalez service sans vous souvenir de mes assurances et espérances. I'atans de ce prochein esté non tant les fruits a me nourrir come ceus de nostre commune tranquillité et qu'il passera sur vos affaires aveq mesme tenur de bon heur faisant evanouir come les precedantes tant de grandes promesses de quoi vos adverseres nourrissent la volonté de leurs homes. Les inclinations des peuples se mainent à ondées. Si la pente est une fois prinse a vostre faveur elle l'emportera de son propre branle jusques au bout. I'eusse bien désiré que le guein particulier des soldats de vostre armée et le besoin de les contanter ne vous eut desrobé noméement en cette ville principale la belle recommandation d'avoir traité vos subiets mutins en pleine victoire aveq plus de solagement que ne font leurs protecteurs, et qu'à la différance d'un crédit passagier et usurpé vous eussiéz montré qu'ils étoient vostres par une protection paternelle et vraiement royalle. A conduire tels affaires que ceus vous avés en mains il se faut servir de voies non communes. Si s'est-il toujours veu qu'on les conquestes par leur grandur et difficulté ne se pouvoient bonement parfaire par armes et par force elles ont esté parfaictes par clemance et magnificence, excellans leurres a attirer les homes, spécialement vers le iuste et légitime parti. S'il y eschoit rigur et chastiement il doit estre remis après la possession de la maistrise. Vn grand conquerur du temp passé se vante d'avoir doné

autant d'occasion a ses ennemis subjuguez de l'eimer qu'a ses amis. Et icy nous sentons desia quelqu'effaict de bon prognostique de l'impression que reçoivent vos villes desvoiées par la comparaison de leur rude traitement a cellui des villes qui sont sous vostre obéissance. Désirant à vostre maiesté une félicité plus presante et moins hasardeuse et qu'elle soit plustost cherie que creinte de ses peuples et tenant son bien nécessairement ataché au leur je me réiouis que ce mesme avancement qu'elle faict vers la victoire l'avance aussi vers des conditions de paix plus faciles. Sire, vostre lettre du dernier de novambre n'est venue à moi qu'asture (1) et audela du terme qu'il vous plaisoit me prescrire de votre séiour à Tours. Je reçois à grace singuliere qu'ell' aie deigné me feire sentir qu'elle pranderoit à gré de me voir, personne si inutile mais siene plus par affection encore que par devoir. Ell' a très louablement rangé ses formes externes a la hauteur de sa fortune, mais la débonaireté et facilité de ses humeurs internes elle faict autant louablement de ne les changer. Il luy a pleu avoir respet non seulement à mon eage mais à mon désir de m'appeler en lieu ou elle fut un peu en repos de ses laborieuses agitations. Sera ce pas bientost à Paris, Sire, et y ara il moiens ni santé que ie n'estande pour m'y randre.

« Votre tres hûmble et tres obeissant serviteur et subiet.

             » Montaigne.

» De Montaigne, le 18 de janv. »

Par sa lettre de novembre 1859, le roi invitait Montaigne à venir le trouver. Montaigne répond, le 18 janvier suivant, avec respect, mais sans promesse de départ, sans engagement; il semble même disposé à attendre que l'agitation de la guerre soit calmée, et que le roi ait fait son entrée à Paris. Alors rien ne lui coûtera pour se rendre à la cour. Henri, peut-être trompé sur les motifs qui retenaient Montaigne, et, craignant que la dépense ne fut un obstacle, lui écrivit de nouveau, d'abord en lui donnant une mission pour le maréchal de Matignon, ensuite le 20 juillet. Dans cette dernière lettre, il paraît avoir fait quelque ouverture relative aux affaires d'argent. Montaigne reçut la missive du roi, le 2 septembre, et, quoique malade, il répondit le même jour. Sa réponse, trouvée par M. Antonin Macé, à la Bibliothèque impériale, dans le tome 64-63 de la collection Dupuy, a été publiée, pour la

(1) A cette heure.

première fois, dans le *Journal de l'Instruction publique* du 4 novembre 1846. Montaigne n'a rien écrit de plus beau que cette lettre :

« Sire, celle qu'il a pleu a vostre majesté mescrire du vintiesme de juillet ne ma este rendue que ce matin et ma trouvé engagé en une fiebure tierce tres violente, populaire en ce païs depuis le mois passé. Sire, je prends à très grand honneur de recevoir vos commandements et n'ay poinct failly descrire a monsieur le mareschal de Matignon trois fois bien expressement la délibération et obligation en quoy j'estois de laler trouver, et jusques a lui marquer la route que je prendrois pour laler joindre en sureté s'il le trouvoit bon. A quoy n'ayant eu aucune response, j'estime qu'il a considéré pour moy la longueur et hazard des chemins. Sire, vostre majesté me fera s'il lui playt ceste grace de croyre que je ne plaindray jamais ma bourse aus occasions ausquelles je ne voudrois espargner ma vie. Je nay jamais receus bien quelconque de la libéralité des roys non plus que demandé ny mérité, et nay receu nul payement des pas que jay employés à leur service desquels vostre majesté a heu en partie cognoissance. Ce que j'ai fait pour ses prédécesseurs, je le feray encores beaucoup plus volontiers pour elle. Je suis, Sire, aussy riche que je me souhaite. Quand iauray espuisé ma bourse auprès de vostre majesté, à Paris, je prendray la hardiesse de le luy dire, et lors, si elle mestime digne de me tenir plus long-temps a sa suitte, elle en aura meilleur marché que du moindre de ses officiers.

» Sire, je suplie Dieu pour votre prospérité et santé.

» Vostre tres humble et tres obeissant serviteur et subjet.

» MONTAIGNE.

» De Montaigne, ce second de septembre. »

Il y a dans cet écrit deux parties bien distinctes. Montaigne rend d'abord compte au roi des démarches qu'il a faites dans le but de s'acquitter de sa commission pour le maréchal de Matignon. La seconde partie concerne Montaigne personnellement ; elle n'a besoin d'aucune explication et ne saurait recevoir trop d'éloges. Le philosophe s'était déjà félicité, dans ses *Essais*, de son indépendance ; mais le gentilhomme n'avait pas encore montré au roi lui-même cette noble susceptibilité. Peu d'hommes de son temps auraient eu le droit et le courage de parler ainsi : aucun peut-être n'aurait su allier, dans un langage aussi ferme et aussi habile, l'expression de la dignité avec celle du dévouement.

Henri IV s'est-il fatigué de répéter un appel auquel on répondait toujours par des retards ? Montaigne s'est-il renfermé dans sa susceptibilité, ou a-t-il voulu attendre que le roi eût fini de guerroyer, pour aller le trouver à Paris, vivant jusque-là dans une solitude dont nous ne connaissons plus aucun détail ? Quels que soient les motifs, ces deux hommes, qui se comprenaient, s'estimaient et s'aimaient, ne parvinrent plus à se joindre. Une esquinancie frappait l'un de mort, tandis que la Ligue fermait encore à l'autre les portes de la capitale. Une rencontre dans les salons du Louvre, le jour de l'entrée triomphale d'Henri IV à Paris, eût été une gloire de plus pour le roi, et une vive joie pour le serviteur loyal. La Providence en avait décidé autrement.

A. GRÜN.

———◇———

## LA NUMISMATIQUE.

———

Il est souvent question, dans les anciennes provinces du Périgord et du Limousin, de la découverte de monnaies ou médailles se rapportant aux époques les plus reculées de l'histoire ; nous croyons donc utile de publier quelques notions sur la numismatique :

« La numismatique est la science qui a pour objet l'étude et la connaissance des médailles, notamment les monnaies des peuples de l'antiquité. Cette science doit ses premiers développements à Nonnius, Husius, Erizzo, Strada, Hemmelarius, Paruta, Vico, Occon, etc.; mais quel perfectionnement n'a-t-elle pas reçu depuis de Mezzabarba, Patin, Ducange, Vaillant, Jobert, Hardouin, Spanheim, Morel, Bellori, Buonarotti, Boze, Velasquez, Winckelmann, Frœlich, Eckhel, Zoëga, Millin, Mionnet, et de quelques autres modernes qui ont apporté dans l'explication des médailles la plus grande érudition !

» L'usage principal des médailles est de constater les faits historiques et d'en perpétuer le souvenir ; et, bien que la découverte de l'imprimerie y puisse suppléer avec un grand avantage, on frappe encore de nos jours des médailles, dans la confiance qu'elles survivront à tous les autres monuments.

» Comme les autres sciences, la numismatique a sa technologie. On considère dans une médaille : la *face*, côté principal de la pièce, offrant la tête du prince ou le symbole spécial de la ville qui l'a fait frapper ; le *revers*, type qui est sur le côté opposé au premier ; la *lé-*

*gende*, ou mots gravés autour de la tête ou du revers; l'*inscription*, mots écrits en une ou plusieurs lignes à la place de la tête ou dans le type du revers; l'*exergue*, mots, sigles, ou signes gravés au bas de la médaille, et n'appartenant ni à la légende ni à l'inscription; le *champ*, surface de la médaille qui a reçu les types principaux, et les contre-marques sur les portions que ces types laissent vides; la *tranche*, les bords extérieurs de l'épaisseur de la médaille. On distingue les médailles selon leur grandeur, c'est ce qu'on appelle le module. Le *médaillon* est une pièce d'un plus grand volume que la médaille, et n'ayant pas servi de monnaie.

» Les médailles anciennes étaient fort recherchées déjà du temps des empereurs romains. Chez les modernes, Alphonse, roi de Naples et d'Aragon, est un des premiers qui aient rassemblé une collection considérable de médailles. Son exemple fut suivi à Rome par Antoine, cardinal de Saint-Marc, et à Florence par Côme de Médicis. En France, Budé fit le premier une petite collection de médailles d'or et d'argent; il fut imité par Jean Grollier, Guillaume du Choul et quelques autres.

» Le cabinet des médailles de France remonte au règne de Henri IV. Il fut augmenté considérablement par Louis XVI, qui envoya dans toute l'Europe de savants voyageurs pour recueillir ce qu'ils trouveraient de précieux en ce genre. Par les soins de l'abbé Barthélemy, Louis XVI acheta la collection de Pellerin, qui montait à plus de 30,000 médailles. Depuis ce temps, le cabinet des médailles s'est successivement enrichi par des acquisitions importantes.

» X..... »

## COMMISSION DU SIEUR D'AUBETERRE

### DONNÉE AU SIEUR DE LESTAING.

(*Document inédit.*)

David Bouchard, viscompte d'Aubeterre, chevalier des ordres du roy, cappitaine de cinquante hommes d'armes, conseilher en son conseil privé et d'estat, son sénéchal et gouverneur lieutenant au pays et Compté de Périguort, — nous ayant esté adverty et dheument certifié comme le chasteau bas de Bruzac, appartenant au seigneur de La Marthonnye, servant de retraicte ordinaire à ceux qui portent les armes contre le service du roy, pour ravaiger et préjudicier les bons et fidelles serviteurs de sa majesté, — affin d'empêcher les dites coursses et desseings des ennemys, aurions balhié charge au seigneur de Lestaing, fils aysné du sieur de Laguyonnye, de se saizir dudit chasteau pour le remettre soubs l'obéyssance de sa dicte majesté, ce que despuis ayant esté effectué par ledict sieur de Lestaing, avons advohé et approuvé, advohons et approuvons, par ces présentes, ladicte prinse dudict chasteau bas de Bruzac faicte par ledict sieur de Lastaing, lequel pour sa valeur, expériance et fidélité, avons commis et commectons à la garde dudict chasteau et ce qui en dépand, pour le seuremant tenir contre les ennemys de sa majesté, en son obéyssance, soubz nostre auctorité, et ce avec le nombre des gens de guerre contenus par l'estat que à ces fins en a esté faict et dressé, et, suyvant nos ordonnances, de ce faire luy avons donné pouvoir. Si mandons à tous qu'il appartiendra à l'exécution de ce que dessus luy donner main forte et assistance.

Faict à Aubeterre le dixiesme jour de septambre mil cinq cent quatre vingtz et onze.

Ainsi signé : Aubeterre; — et plus bas : par Monseigneur d'Aubeterre et scellé des armes dudict seigneur.

Extraict et Vidimus nous notaires royaulx soubsignés avons faict de la mesme forme qu'il est au vray original, le quatorziesme jour de febvrier mil cinq cent quatre vingtz et seize.

De MONFANGES, *notaire royal.*
ROUBERT, *notaire royal.*

L'abside sud de la cathédrale, connue sous le nom de *Chapelle Saint-Jean* ou Chapelle de la Paroisse, est complétement terminée. L'intérieur, avec ses colonnes superposées ornées de chapiteaux byzantins, produit le meilleur effet. L'extérieur, d'un caractère sévère, est parfaitement dans le style du reste de Saint-Front.

Nous devons des éloges à notre architecte diocésain, M. Paul Abadie, qui a fait exécuter ces beaux travaux, ainsi qu'à M. Léon Baleyre, sculpteur, savant et modeste artiste, qui a su comprendre avec talent les dessins de l'architecte et le caractère des anciens chapiteaux de notre basilique.

Le cloître de l'ancienne abbaye de Cadouin est une des richesses archéologiques du Périgord; mais il est dans un état de dégradation voisin de la ruine. Nous sommes heureux d'annoncer que le gouvernement a accordé une somme de quatre mille francs pour le consolider, et que les travaux les plus urgents vont commencer immédiatement.

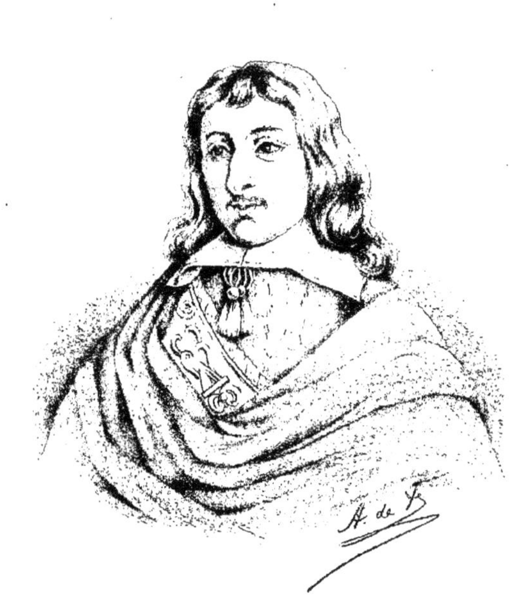

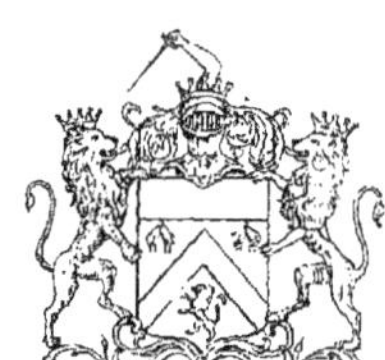

DE CYRANO- BERGERAC

né en 1620, mort en 1655.

## NOTICE HISTORIQUE



L'abbaye des Bénédictines de Ligueux, située à cinq lieues au nord de la ville de Périgueux, fut célèbre en Périgord, dès les temps les plus anciens, par la haute extraction de ses abbesses autant que par la précieuse relique du bras droit de saint Siméon, que l'on y conservait en grande vénération.

Plus tard, un pensionnat de jeunes filles nobles vint augmenter encore la célébrité de cette pieuse maison, qui était classée parmi les abbayes royales, comme valant dix mille livres (1).

Les traditions et quelques anciens auteurs font remonter son origine à l'an 769 (2). A cette époque, disent les vieilles chroniques, Charlemagne, se rendant en Aquitaine pour combattre le duc révolté, traversa le Périgord et y fit plusieurs pieuses fondations, parmi lesquelles on cite les abbayes de Brantôme et de Ligueux. Quelques années après, il dota cette dernière du bras droit de saint Siméon, qui lui avait été envoyé de Constantinople avec d'autres reliques.

Il ne reste aucun document sur cette première abbaye, qui eut, sans doute, le même sort que presque toutes celles qui existaient alors en Périgord. Après avoir été ruinée par les guerres que se firent les successeurs de Louis-le-Débonnaire, elle fut complétement détruite par les invasions des Normands vers 843, et peut-être sur ses ruines éleva-t-on une forteresse (3).

Vers l'an 1115, Gérald de Sales (4), touché de la grâce divine, résolut de fuir les vanités de ce monde, pour jouir au fond d'une solitude de la vie contemplative des saints. Ce fut au milieu d'une vaste forêt qui s'étendait autour des sources de la Beauronne, la forêt de Ligueux, voisine du lieu où il était venu au monde (5), que Gérald se retira, fixant sa résidence dans les ruines de l'ancienne abbaye de Charlemagne.

(1) *Le Clergé de France*, par l'abbé du Tems.
(2) Claude Estiennot.
(3) De Taillefer. *Antiquités de Vésone*, t. II.
(4) *Extrait du Cartulaire de Ligueux;* Mabillon confond ce Gérald avec Giraud de Sales, disciple de saint Robert d'Arbriselle, qui, après avoir prononcé des vœux dans le monastère de St-Avit en Périgord, fonda les abbayes de Cadouin, Grande-Sauve, Dalon, Bornet, Alleux, Absie en Gastine et Chastelliers, où il mourut. (*Annales de l'ordre de saint Benoît*, par Mabillon, bibliot. imp.)
(5) On voit encore, non loin de Ligueux, les ruines d'un vieux château, connu dans la localité sous le nom de Tour de Sales.

2ᵉ ANNÉE.

Mais il ne put jouir long-temps, au fond de sa retraite, de la solitude qu'il y était venu chercher; le bruit de ses vertus se répandit bientôt dans les environs, et de nombreux fidèles, pénétrés d'admiration pour une si sainte vie, vinrent près de lui se consacrer au service de Dieu.

Parmi ces âmes pieuses, on cite Maximira, qui devint la première abbesse, et reconstruisit, de concert avec Gérald de Sales, l'ancienne église ruinée par les Normands.

La piété de ces élus du Seigneur ne tarda pas à se faire connaître dans les alentours, et l'on vit bientôt accourir en foule les seigneurs du voisinage, jaloux d'enrichir cette naissante abbaye.

Hélie de Bourdeilles et son fils Ebolcin, « pour le ra-
» chat de leurs âmes qu'ils avaient souillées au contact
» de ce monde impur, » Pierre de Las Tours « en fa-
» veur de sa femme et de sa fille, qui voulurent se con-
» sacrer à Dieu près de Maximira, » donnèrent à l'abbaye de Ligueux tous les droits seigneuriaux dont ils jouissaient chacun par moitié sur toute la forêt de Ligueux (1). Ils firent, en outre, l'abandon de toutes les terres qu'ils y possédaient en propre, confirmant par avance toutes les donations que leurs vassaux pourraient faire à cette abbaye sur le territoire de leurs chatellenies d'Agonac.

Après eux, Hélie de Bournel, Hélie de Ramnolphe, chevalier d'Agonac, dont la fille Alanis voulut prendre le voile; Arnaud de Pozolès et son frère Stéphane, Foucaut du Chastenet, Hélie de Vige, Guitbores de Chabans, qui se consacra également à Dieu, et une foule d'autres firent de semblables donations (2).

De nombreux priviléges furent accordés à l'abbaye de Ligueux par le pape Clément III, en l'an 1188. Dans la bulle qui contient ces priviléges, le pape place cette abbaye et ses nombreuses dépendances sous la protection et l'obéissance directe du saint siége, ne la soumettant à la juridiction de l'évêque de Périgueux que comme diocésain.

Ce fut sans doute vers cette époque que l'abbaye

(1) *Antiquitates Benedictorum Petragoricensium*, par Claude Estiennot. (M. S. bibl. imp.)
(2) Tous ces dons portent la date de 1115. Ils étaient faits sur l'autel de Sainte-Marie-de-Ligueux et confirmés sur celui de Saint-Astier d'Agonac, entre les mains de l'évêque de Périgueux, Guillaume, et en présence de Bernard de Palasou, Robert d'Auberoche, Hélie de Chambarlhac, B. des Coustures, Guillaume de Saint-Astier, Hélie-de-Poz., Aiz. de Las Bordes, Hélie de la Brande, Guillaume de Chalanhac, Aizon de Boismorin, etc.

prit un caractère régulier et cessa d'être un monastère d'hommes et de femmes tout à la fois, comme beaucoup de monastères du moyen-âge. Cependant, on cite encore, en 1235, un Guillaume, frère de l'abbaye de Ligueux. Peut-être une abbaye d'hommes s'était-elle établie, sous la direction de Gérald, à côté de celle dirigée par Maximira, ce qui expliquerait la présence à Ligueux de deux églises de la même époque. En tout cas, si cette abbaye a existé, elle disparut complétement dès la fin du xiii<sup>e</sup> siècle.

Alais de Las Tours fit terminer vers 1190 l'église dont le clocher porte encore ses armes, que le temps a respectées (1).

De nombreuses donations des seigneurs de Flamenc, de Vigier, de Belet, de Lempzours, de Pons d'Agonac, etc., n'empêchèrent pas l'abbaye de tomber dans une telle pauvreté, que l'abbesse Almois fut obligée, en 1263, de parcourir plusieurs diocèses voisins portant avec elle la relique du bras de saint Siméon, qu'elle exposait à la vénération des fidèles pour en obtenir des aumônes en faveur de son monastère (2).

Les guerres sanglantes dont le Périgord fut le théâtre pendant le xiv<sup>e</sup> siècle furent fatales à l'abbaye de Ligueux. Sa situation entre les châteaux de Burzac, la Chapelle-Faucher, Rochemorin, Agonac, Caussade, les Chabannes, Laxion, et surtout Bourdeilles et Auberoche, deux des plus fortes places des comtes de Périgord, ne pouvait que lui être funeste. Les garnisons de ces châteaux, composées de routiers et des débris des grandes compagnies, durent prendre plus d'une fois pour but de leurs entreprises une abbaye devenue riche et puissante par la possession tranquille, durant deux siècles, de nombreux domaines, et dont les abbesses, appartenant aux plus grandes familles de la province, comptaient souvent parmi leurs voisins les ennemis jurés de leurs maisons.

En 1391, disent les vieux documents, les garnisons d'Auberoche et de Bourdeilles « assaillirent et rompirent » les portes du Moustiers des nonnains du lieu de Li- » gueux, et le pillèrent et portèrent le butin au lieu de » Bourdeilles (3). »

Même sort lui était réservé en 1397, et elle fut pillée

en même temps que les églises de Savignac, Sorges et Négrondes.

Enfin, en 1413, lorsque le comte Archambaud VI, aidé par les Anglais, parvint à s'emparer de quelques forteresses du Périgord, parmi lesquelles Auberoche était la plus considérable, Ligueux fut encore pillé et brûlé. Une bulle du pape Eugène IV, portant la date de 1435, par laquelle il accorde à noble dame Marguerite, abbesse de Ligueux (1), l'autorisation de faire venir dans son abbaye les religieuses des prieurés des Mésures et de Montagu en dépendant, rapporte que « cette abbaye, jadis si riche et si abondamment pour- » vue de biens de toute sorte, que l'abbesse pouvait y » entretenir cent religieuses, est depuis environ vingt- » cinq ans tellement ruinée au spirituel comme au » temporel, par suite des guerres, pestes et autres » terrible fléaux, que l'abbesse Marguerite est restée » seule de toutes les religieuses (2). »

Cependant, l'abbaye de Ligueux ne tarda pas à reconquérir toute son ancienne splendeur. Plusieurs jugements ecclésiastiques contre l'abbé de Chancelade, Hélie de Bourdeilles, Augier de Montaut et quelques autres, remirent l'abbesse en possession des biens qu'ils avaient usurpés (3). En 1460, le roi Charles VII la plaça sous la sauvegarde royale (4), et pendant plus d'un siècle elle put réparer ses ruines.

Les guerres de religion trouvèrent l'abbaye de Ligueux dans l'état le plus brillant; aussi devait-elle exciter la convoitise des troupes protestantes.

En 1569, les reitres allemands qui suivaient l'armée des princes calvinistes passant en Périgord s'en emparèrent, et, après y avoir séjourné pendant neuf jours, ils y mirent le feu en s'en allant. L'abbesse et deux religieuses, échappées seules à ce désastre, furent obligées de se cacher, et les revenus de l'abbaye furent affermés momentanément à plusieurs habitants du bourg, moyennant dix livres par mois, pour la nourriture de chaque religieuse.

A peine commençait-elle à se remettre de cette ruine, que le seigneur des Bories vint en 1580 s'en emparer de nouveau et y tenir garnison.

L'abbesse Louise d'Escars et les religieuses eurent le temps de s'enfuir, et elles se retirèrent au prieuré des

---

(1) Claude Estiennot et M. Leydet. (Cartons des abbayes, Papiers Lespine, bibl. imp. M. S.)

(2) Lettres de Pierre, évêque de Périgueux, à Ponse, évêque de Saintonge, 1263. Autres lettres de Raymond, évêque de Périgueux, à l'archevêque de Bordeaux, etc., 1287. (*Gall. Christ.*)

(3) Papiers Lespine. Bibl. imp. M. S. Carton des comtes du Périgord.

(1) Marguerite V de Cleus, abbesse le 10 décembre 1455, se démit en 1475, dans un âge avancé.

(2) *Inventaire des titres de l'abbaye de Ligueux*, par le chanoine Leydet. (Bibl. imp. M. S. Cartons Lespine.)

(3) *Inventaire des titres*, etc.

(4) *Ibid.*

Allois, dépendant de leur abbaye et situé dans la paroisse de Saint-Megrin (Saintonge), dont la juridiction appartenait au prince de Tarency, seigneur de la Vauguion, père de l'abbesse.

Le seigneur des Bories tint garnison pendant trois mois dans l'abbaye de Ligueux, qu'il convertit en forteresse. Lorsqu'il l'eut quittée, non sans l'avoir pillée, le sieur de *Villedieu*, seigneur de la *Reylhie*, vint en prendre possession au nom des catholiques, et la remit ensuite entre les mains de Jean du *Crouzet*, sieur de la *Noys* et de *Bélat*, homme d'armes de la compagnie des gens d'ordonnance du seigneur de la Vauguion, chargé des pouvoirs de l'abbesse (1).

L'état de ruine de l'abbaye était tel, que l'abbesse et les religieuses demeurèrent long-temps encore au prieuré des Allois. En 1588, Peyrone de Saint-Marsaut, avec l'autorisation des religieuses, aliéna quelques rentes pour faire réparer l'église et les bâtiments réguliers; Suzanne, deuxième de Sainte-Aulaire, fit présenter sans succès plusieurs requêtes aux évêques de Périgueux et de Saintes, pour obtenir le rétablissement de l'abbaye et la reprise des offices. Enfin, découragée, elle remit la crosse entre les mains de sa nièce, Suzanne, troisième de Sainte-Aulaire, qui fut confirmée quoiqu'elle n'eut que vingt-deux ans.

Douée d'une grande piété et de hautes capacités, l'abbesse Suzanne troisième était appelée à régénérer l'abbaye de Ligueux, dont elle peut être considérée comme une nouvelle fondatrice.

Elle obtint bientôt des évêques l'autorisation que sa tante avait sollicitée si long-temps en vain; mais, dans la crainte de nouvelles guerres, elle résolut de transférer son abbaye dans les faubourgs de la ville de Périgueux. Ayant obtenu le consentement des magistrats, elle fit commencer, dès l'année 1617, la construction d'une église et des bâtiments nécessaires; mais quelques religieuses n'ayant pas voulu consentir à abandonner pour toujours la première abbaye de Ligueux, elle fut obligée de changer d'avis et d'interrompre l'exécution de ses pieux desseins. En 1640, le pape lui accorda l'autorisation d'ériger cette nouvelle maison en prieuré triennaire, sous le nom de Saint-Benoît de Ligueux. Douze religieuses s'y rendirent alors sous la conduite de sa parente, Marie de Beaupoil de Sainte-Aulaire, élue prieure pour trois années. Mais des raisons que nous ignorons font encore abandonner Saint-Benoît, et ce ne fut qu'en 1635 que douze religieuses

(1) *Enquête sur l'état de l'abbaye*, etc. (Pap. Lespine.)

s'y établirent définitivement sous la direction de Marie de Sugeals.

Suzanne de Sainte-Aulaire établit dans son abbaye les plus sages institutions et la règle la plus sévère. Par ses soins, un pensionnat de jeunes filles nobles vint lui donner un nouveau lustre. Sa grande piété et sa haute sagesse étaient si connues, que l'évêque de Saint-Flour, Charles de Noailles, l'appela pour établir la règle de Saint-Benoît dans l'abbaye de Fontgauffier, au diocèse d'Aurillac.

Après avoir gouverné pendant quarante-huit ans avec le même zèle l'abbaye de Ligueux et ses nombreuses dépendances, l'abbesse Suzanne y mourut et y fut enterrée dans la chapelle abbatiale (1). On grava sur son tombeau l'épitaphe suivante :

« ICY REPOSE NOBLE REVERENDE DAME
» MADAME
» SUZANNE DE SAINCT-AULAIRE,

» qui s'estant consacrée à Dieu dans ce monastère l'an » MDCII en fust faicte abbesse l'an MDCVII. Sa pre-» mière application fust d'y establir la réforme et y » restablir les lieux réguliers; elle fist bastir le prieuré » de Sainct-Benoist de Périgueux, et après avoir très » bien gouverné ces deux maisons pendant XLVIII » ans, sa bonne vie nous persuade qu'elle la changea » en une meilleure par sa mort arrivée le XVII may » MDCLV.

» *Modicum laboravi et invenii*
» *multum requiem* (2). »

Dès l'année 1645, cette pieuse abbesse s'était attachée comme coadjutrice sa nièce, M$^{me}$ Suzanne quatrième de Sainte-Aulaire, qui termina l'abbaye et fit imprimer les statuts de sa tante qu'elle avait eu soin de faire confirmer par le cardinal légat, Louis de Vendosme. Ces statuts sont revêtus des signatures de trente-sept religieuses professes de Ligueux, et dix-sept de Saint-Benoît. Les voici :

M$^{mes}$ Suzanne de Sainte-Aulaire, abbesse; S. de Sainte-Aulaire, Jeanne des Combes, S. de Saint-Angel, Anne de Carbonnières, S. de Saint-Michel, H. de Sainte-Aulaire, Eléonor des Combes, Renée Dumas de

(1) *Gallia-Christiana et Claude Estiennot.*

(2) On ignore où était placée cette chapelle abbatiale où sont enterrées un grand nombre d'abbesses. Il n'existe aucune trace de caveaux dans l'église de l'abbaye, et les recherches que l'on a pu faire à ce sujet n'ont amené aucun résultat. L'épitaphe rapportée ici n'a été conservée que par l'ouvrage de *Claude Estiennot*, écrit en 1676.

Peysat, Anne du Lieudieu, Jeanne de Fourtel, Françoise de Plassons, M. de la Rampinsolle, M. de Lacmary, M. de Chillaud, Suzanne de Lacmary, F. Goullard de la Faye, A. de Fourtel, M. de Carbonnières, S. de Sainte-Aulaire, J. de Planeaux, Charlotte de Sainte-Colombe, S. de Sainte-Aulaire, H. de la Serre, R. du Mas, Claude de la Marthonie, Angelique de Talerand, Marie-Anne de Martin, Marguerite de la Rochaymont, Elisabeth de Genissat, M.-E. de Martin, Suzanne du Mas, Luce de Talerand, Elisabeth de Bruzac, Anne de Razat, Catherine de Genissat, Henriette de Ste-Aulaire, religieuses professes de Ligueux ; Marie de Sugeals, prieure de Saint-Benoît, Elisabeth Bary, Suzanne du Prat, Marie de Charon, Françoise de Fourtel de Gramon, Anne du Cheron, Françoise de Lagut, Anne de Baudon, Anne de Montagut, Ysabeau de Beler, M. de Lamothe, M. de Valbrune, Hélène de Sugeals de Veillan, E. de Gaulier, P. de Baudon de la Martinie, Y. de Déjean, Louise de Fronier, religieuses de Saint-Benoît.

Quelques années plus tard, vers 1680, l'abbaye de Ligueux eut à soutenir un long et dispendieux procès contre l'évêque de Périgueux, Mgr Guillaume-le-Roux, qui voulut la soumettre à sa juridiction dont elle avait été exempte jusqu'alors, ne reconnaissant que le pape, auquel elle était directement soumise sous la conduite des révérends pères Bénédictins de la congrégation de Cluny. Le prieuré de Saint-Benoît, enrichi par la cession qui lui avait été faite de plusieurs des métairies de l'abbaye, d'un revenu considérable, devenu par suite rival de la maison-mère dont il n'avait plus besoin pour subsister, embrassa avec ardeur le parti de l'évêque, et il fallut se soumettre. Une transaction fixa ensuite les droits de l'abbaye sur le prieuré.

L'abbaye de Ligueux était encore dans toute sa prospérité lorsque la révolution de 1793 vint la ruiner juridiquement. Les religieuses, forcées de l'abandonner, se retirèrent dans leurs familles, et les biens de l'abbaye furent vendus comme biens nationaux. Plus tard, les dépouilles de la chapelle servirent à orner quelques églises du département, lorsque la religion put relever ses autels. On peut encore admirer aujourd'hui le maître autel et la chaire dans l'église du Vieux-Mareuil, les belles stalles en bois sculpté et divers autres objets au couvent de Ste-Ursule, à Périgueux; enfin, un bénitier en marbre blanc dans l'église de Celles.

L'abbaye de Ligueux possédait plusieurs reliques. Le bras droit de saint Siméon, connu et vénéré dans tous les environs, et dont on célèbre le pélerinage encore aujourd'hui, fut sauvé, pendant la période révolutionnaire, par une ancienne élève du pensionnat. Lorsque le calme fut rétabli et les églises rendues au culte, cette relique fut placée dans l'église paroissiale, avec l'autel qui lui était consacré, resté seul debout dans la chapelle de l'abbaye.

Vingt et un prieurés relevaient de l'abbaye de Ligueux, alors qu'elle était dans toute sa puissance; en voici les noms (1) : St-Benoît, près Périgueux ; le Toulon, près Périgueux ; Sept-Fonds, paroisse du Change; Veyrines, paroisse de Lachapelle-Gonaguet; Mille-Graulles, paroisse de Mensignac; Fronchères, près Grignols ; Fouillouse, paroisse de Pressac ou de Champcevinel; Lafaye et Vigiéraud, paroisse de Lachapelle-Faucher; Lagarda-Gallan, paroisse d'Abzac; Belaygues, près Brantôme; Gandumas, près Excideuil; Fresseroux ou des Trois-Sœurs, paroisse des Lèches; Ponteyrault, Petit-Ligueux et Laroquille son annexe, en Agenais ; Clériveix, paroisse de Gensac, en Bazadais; Monguy, en Bordelais; Allois ou Alleux, en Saintonge; Sarclat, paroisse de Nonnainville, Saintonge ou Angoumois, les Mésures, paroisse de Reilhac, en Basse-Marche ; Montagu, paroisse de Comprignac; et Mas-Gondet, paroisse de Mauzac, en Limousin.

Presque tous ces prieurés furent détruits pendant les guerres, et les biens et rentes qui en dépendaient rattachés à la mense abbatiale. Plusieurs d'entre eux furent aliénés dans la suite pour subvenir aux frais des réparations nécessitées par les pillages et incendies dont l'abbaye eut à souffrir.

*Liste chronologique des abbesses.*

1. Maximira, 1115.
2. Alais ou Alice de Las Tours, vers 1185.
3. Imberge, 1<sup>re</sup>....., 1226-1230.
4. Dée ou Déesse de Bourdeilles, 1234-1243.
5. Marguerite, 1<sup>re</sup>, 1254.
6. Almois, 1<sup>re</sup>, 1263.
7. Imberge, 2<sup>e</sup>, 1273-1280.
8. Eyna de Pons d'Agonac, 1281-1287.
9. Imberge, 3<sup>e</sup>, de Goyas, 1293-1301.
10. Jeanne, 1<sup>re</sup>, de Bourdeilles, 1305.
11. Marie, 1<sup>re</sup>, 1306-1311.
12. Agnès, 1<sup>re</sup>, de Chamberliac-Neufville, 1311.
13. Marguerite, 2<sup>e</sup>, d'Agonac, 1313-1316.
14. Agnès, 2<sup>e</sup>, de Chamberliac, 1317-1322.

(1) *Inventaire des titres*, etc., *de l'abbaye de Ligueux*, fait par le chanoine Leydet, en 1790. (Bibl. imp. M. S. Pap. Lespine, cart. des abbayes.)

15. Marguerite, 3ᵉ, de Chamberliac, 1328.

16. Almois, 2ᵉ, de Pons d'Agonac, 1330-1332.

17. Marguerite, 4ᵉ, de Chamberliac, 1335-1365.

18. None de Chamberliac, 1365-1367.

19. Almoise, 3ᵉ....., 1374.

20. Marquise de Jauvelle, 1391.

21. Béatrice du Puy de la Jugie, 1403-1433.

22. Marguerite, 5ᵉ, de Cleus, 1435, meurt en 1475.

23. Louise, 1ʳᵉ, de Cleus, 1475-1503, échange avec :

24. Jeanne, 2ᵉ, de Cleus, 1503, meurt en 1505.

25. Jeanne, 3ᵉ, de Bourdeilles, 1505, âgée de vingt ans, 1532, se démet en faveur de :

26. Suzanne, 1ʳᵉ, de Sainte-Aulaire, 1533. Celle-ci étant morte sans obtenir les bulles, Jeanne de Bourdeilles reprit la crosse jusqu'en 1545, qu'elle se démit de nouveau en faveur de :

27. Françoise de Bourdeilles, 1545-1565, se démet en faveur de :

28. Marguerite, 6ᵉ, de Pérusse d'Escars, fille de François de Pérusse d'Escars, lieutenant du roi en Dauphiné, etc., et d'Isabelle de Bourbon-Carency, 1565-1576, se démet en faveur de :

29. Louise, 2ᵉ, de Pérusse d'Escars, fille de Jean de Pérusse d'Escars, prince de Tarency, seigneur de la Vauguion, chevalier des ordres du roi, et d'Anne de Clermont-Tonnerre, 1576-1583, se démet en faveur de :

30. Claudine de Villatte, 1583-1588. Jeanne de Las Cueilles, élue unanimement, refuse l'abbatiat à cause de sa jeunesse, et le fait accepter à sa parente :

31. Péronne de Saint-Marsaut de Perissat et du Verdier, 1585 ; en 1597, elle se retira à Bonnesaigne, où après avoir vécu dans la plus grande piété, elle mourut dans la vue du Seigneur. Elle avait choisi pour lui succéder :

32. Suzanne, 2ᵉ, de Beaupoil de Sainte-Aulaire, fille de François de Beaupoil de Sainte-Aulaire et de Françoise de Volvire de Ruffec, 1597-1606, se démet en faveur de sa nièce, et mourut en 1642.

33. Suzanne, 3ᵉ, de Beaupoil de Sainte-Aulaire, fille de Germain, baron de Sainte-Aulaire, et de Judith de Carbonnières, 1606 ; elle mourut en 1655 ; elle s'était attachée, dès 1645, comme coadjutrice :

34. Suzanne, 4ᵉ, de B. de Sainte-Aulaire, fille de Henry, baron de Sainte-Aulaire, et Léonore de Talleyrand de Chalais, 1655-1677.

35. Marie, 2ᵉ, de B. de Sainte-Aulaire de Lammary, fille de Marie-Antoine de Sainte-Aulaire, et de Gabrielle d'Alègre, 1677-1698 ; elle mourut en 1707, à l'âge de quatre-vingt-deux ans ; elle s'était attachée comme coadjutrice :

36. Antoinette de B. de Sainte-Aulaire de Lammary, sa nièce, fille de baron François de Ste-Aulaire et d'Anne de la Rochaymond, 1698, meurt en 1739.

Anne-Elisabeth de B. de Sainte-Aulaire, nommée coadjutrice en 1719, mourut en 1730, et fut remplacée par :

37. Julie de B. de Sainte-Aulaire, 1730, meurt en 1745.

38. Philippe-Charlotte de B. de Sainte-Aulaire, par brevet du roi du 23 juillet 1745, provisions par Benoît XIV, du 8 septembre 1745.

39. Marie-Aimé de la Marthonie de Caussade par brevet du roi, 11 juin 1771, provisions par Clément XIV, 8 juillet, prise de possession, 22 août 1771.

40. Charlotte-Thède de Beaupoil de Sainte-Aulaire, par brevet du roi, 1788.

Comte D'ESCARS.

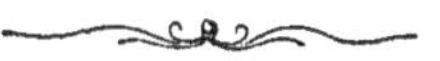

## MONUMENTS

### RELIGIEUX, CIVILS ET MILITAIRES DE LA CITÉ DE VÉSONE

#### SOUS LA PÉRIODE GALLO-ROMAINE.

*(Suite.)*

---

#### GYMNASE ET ÉCOLE DE VÉSONE, CIRQUE, NAUMACHIE, THÉATRE ET AMPHITHÉATRE.

Les principales villes des Gaules faisaient venir à grands frais les savants de la Grèce pour enseigner dans leurs murs. Une vieille tradition et quelques monuments témoignent que Vésone était du nombre de ces villes gauloises :

A l'appui de cette opinion, M. Wlgrin de Taillefer signale une cornaline incise où se voient les têtes accolées de Socrate et de Xantippe, avec l'abréviation, en caractères grecs, des noms de ces personnages.

Un autre monument offre encore moins d'incertitude.

On voit à notre musée un cippe sur lequel sont sculptés en bas-relief trois figures ; sur ses feuilles d'ornements sont gravés les deux noms : *Democritus* et *Heraclitu* (1).

Ces inscriptions sont de beaucoup postérieures au monument, et y ont été ajoutées très-probablement dans le Bas-Empire, lorsqu'on le changea de place.

---

(1) Il ne restait pas sur la feuille de place pour l'S finale.

Alors il orna sans doute la salle de gymnase, où l'on enseignait la doctrine de ces philosophes ou de leurs sectateurs, tel qu'Epicure.

Il n'est pas douteux que les Druides eurent plusieurs académies ou colléges en Périgord.

Il est probable qu'il y en avait à Sarlat, à Villamblard et peut-être dans tous les lieux où ils avaient leurs principaux autels. Il y en avait donc sans doute aussi à Vésone (1).

Le goût pour les belles-lettres se conserva long-temps à Vésone.

Sidoine Apollinaire, mort évêque de Clermont, en 482, loue les habitants de Vésone et d'Agen de se disputer les leçons de rhétorique de Lupus, son ami : « *Quid agunt Nitiobriges? Quid Vesunnici tui? Quibus de te sibi altrinsecus vindicando nascitur semper sancta contentio. Unus te patrimonio populus, alter etiàm matrimonio tenet; cùmque hic origine, iste conjugio; melius illud, quod uterque judicio..... Tu verò utrisque presentiam tuam disposité vicissimque partitus, nùnc* Drepanium *illis, modò istis restituis* Anthedium; *et si a te instructio rhetorica poscatur, ii* Paulinum, *illi* Alcimum *non requirunt.* » (Sid. Apoll., liv. viii, lettre 2.)

« Les expressions de Sidoine, dit M. de Taillefer, indiquent que Loup était né à Agen, et qu'il s'était marié à Vésone ; elles nous apprennent aussi que ce savant rhéteur, ne pouvant contenter seul ces deux villes, se faisait remplacer, non-seulement par Drépanius et Anthédius, mais encore par Paulin et par Alcime. »

Chronope, évêque de Vésone, était connu comme un littérateur éclairé. Fortunat de Poitiers loue, dans une épitaphe, la science et les connaissances littéraires de ce prélat. Enfin, M. de Lespine a trouvé la preuve que l'école de Vésone subsista long-temps, malgré les ravages des Sarrasins, des Normands et d'une foule d'autres peuples barbares (2).

Certains noms de lieux du territoire pétrocorien

semblent prouver l'existence de ces édifices connus sous le nom de *cirques,* où avaient lieu les courses de chars, où les jeunes gens s'exerçaient à la lutte, apprenaient à monter à cheval. Plusieurs localités, en Périgord, portent en effet le nom de *but* (1).

Quant aux naumachies, c'est-à-dire aux édifices consacrés à la représentation de jeux nautiques, il paraît certain qu'il n'en a pas existé de spécialement destinés à cet objet. En ce qui touche les représentations de jeux nautiques, il est permis d'affirmer qu'elles furent instituées à Vésone ; les amphithéâtres servaient en effet quelquefois à cet usage, et le nôtre spécialement y fut destiné. D'ailleurs, le casque athlétique marin qu'on voit sculpté dans les ornements de la corniche de notre temple de Neptune est un antique témoignage que les Vésoniens connaissaient les jeux nautiques.

S'il n'est pas possible d'assigner la place du théâtre de Vésone, du moins il nous reste quelques débris qui très-certainement lui ont appartenu.

Il existe un bas-relief sur lequel est sculpté un beau vase à deux anses ; au lieu des guirlandes qui décorent assez souvent les anses, on y voit très-distinctement deux masques scéniques suspendus par des bandelettes.

Nous avons déjà signalé des cippes où sont sculptés des masques représentant la tragédie, la comédie et la pastorale.

Il est enfin une troisième et dernière preuve de l'existence d'un théâtre dans notre métropole. On a découvert en 1819 et on a transporté au musée un morceau de frise qui, par ses dimensions, annonce avoir fait partie d'un grand édifice. Or, les sculptures dont il est orné ne laissent aucun doute sur sa destination. Le principal objet de ces sculptures est un grand vase d'une forme élégante, et de ce vase sortent deux tiges qui, s'enroulant avec grâce, suivent en rinceaux tout ce qui reste de ce précieux fragment. On sait que chez les anciens les vases étaient l'emblême des jeux, et que souvent le nombre de ces jeux s'exprimait par celui des palmes qui sortaient de l'intérieur.

La perfection de ce morceau de sculpture nous dit assez que le théâtre de Vésone datait du Haut-Empire romain, et qu'il dût être d'une haute magnificence.

Les restes de l'amphithéâtre de Vésone se voient au nord-ouest de l'église paroissiale de la Cité, dans un vaste enclos, jadis la propriété des comtes de Périgord

---

(1) Il existait des monuments gaulois à Ecorne-Bœuf, près du Camp-de-César, près de Marsac, etc. Il devait y en avoir également à l'est de la ville ; ainsi, Vésone était entourée de toutes sortes de monuments druidiques.

(2) Il parait qu'un professeur de cette école s'appelait *Rumpus*, car une maison de campagne, qui est assez près de Vésone, et où nous avons reconnu des débris romains, retient encore le nom de ce personnage : *Rumpiscola* (Rumpi Schola), l'école de Rumpus. C'est le lieu qu'on appelle maintenant la *Rampinsole,* ancien fief situé à la naissance du petit vallon de Borgnac. Nous avons un acte de 1275 où il est fait mention de ce lieu, qui, comme l'on voit, fut, sans doute, jadis une annexe de notre école. (Wlgrin de Taillefer.)

(1) Voir dans les *Antiquités de Vésone* la savante description des cirques romains.

qui y avaient leur *Hôtel-de-la-Rolphie*, connu plus anciennement sous le nom de *Château-des-Arènes*; plus tard, y fut construit le couvent des dames religieuses de la Visitation.

Ce monument était de forme elliptique, comme presque tous ceux de ce genre. Il n'en reste que quelques voûtes et un petit escalier du côté du midi, un grand escalier et quelques pans de mur au sud-est, une voûte au sud-ouest, cinq ou six voûtes et deux petits escaliers au nord; c'est là du moins tout ce qui apparaît au-dessus du sol.

On a calculé qu'il pouvait renfermer environ quarante mille spectateurs.

Si, suivant une vieille tradition, Soter, affranchi de Néron, le fit élever, il remonterait au premier siècle de notre ère. Quant à sa destruction, on ne peut en fixer l'époque. Seulement, il paraît qu'il existait encore dans son entier après la soixante-troisième année du second siècle; car une médaille de l'impératrice Lucille a été trouvée dans le limon du canal circulaire, et nécessairement lorsqu'elle y fut entraînée les constructions supérieures n'étaient point détruites, puisque les divers conduits qui amenaient les eaux dans ce principal égout n'étaient point encore encombrés de débris.

Un moyen bronze d'Auguste et un grand bronze d'Antonin Pie sont les seules médailles qui aient été trouvées sur le sable de l'arène lors des fouilles exécutées par M. de Taillefer; à quelques pieds au-dessus étaient deux petits bronzes de Gallien, et un troisième a été retiré de la première fouille, où il était également à une petite distance de l'ancien sol; ensuite venaient diverses autres médailles du Bas-Empire. Ainsi, il paraît que, vers le milieu du troisième siècle, l'édifice n'était plus dans son état primitif, mais qu'au contraire déjà il était en ruine; rien ne le prouve mieux que les Tétricus et les Constantin retrouvés parmi les débris à une hauteur considérable.

Jules de M.....

## ANTOINE DE ROCHON DE LAPEYROUSE (1).

*Res nec verba.*

Les poètes et les historiens font la renommée des peuples. Ce sont eux qui transmettent à la postérité les faits éclatants et les vertus des grands hommes. Le

(1) Cousin issu de Germain, du comte de Lapeyrouse, chef de l'expédition de Pologne.

Périgord comme la Bretagne, comme les plus nobles provinces de France, a eu ses héros et ses grands hommes; mais les poètes et les historiens lui ont fait défaut, et c'est ainsi que la plupart de ses titres à la gloire sont encore dans la poussière des âges. Attentifs à rassembler tout ce qui peut contribuer à combler cette lacune si regrettable, nous nous faisons un véritable plaisir de rapporter ici une action de guerre bien glorieuse pour un des enfants de notre province, et que le baron Ambert, l'écrivain militaire, cite dans son avant-dernier écrit intitulé : *Res nec verba*. En voici la fin :

« Daignez me permettre, ami lecteur, de vous présenter aujourd'hui quelques-uns de ces héros qui ont pour devise : *Res nec verba*. Vous rappeler ce qu'ils ont fait, c'est vous dire ce que feront nos conscrits, vos enfants..... Au siége de Valenciennes, sous Louis XIV, il y avait dans un régiment un tout jeune homme, timide et pieux, qui venait, en qualité de Cadet, apprendre la guerre; il se nommait de Brienne. On ne savait rien de lui avant le trait que je rapporte; on n'a plus parlé de lui depuis.

» Au moment où ce jeune homme saisissait une palissade de la main gauche, un soldat des gardes anglaises lui fracassa le poignet d'un coup de sabre; de Brienne saisit la palissade de la main droite, on lui coupe cette main. Il saisit alors la palissade avec les dents, on lui frappe la tête de coups de sabre; il serre plus fort encore, cherchant à l'enlever, l'ennemi lui fait sauter la tête d'un coup de pistolet, et l'enfant tombe pour ne plus se relever.

» En février 1793, le général qui commandait les Français jugea que la défense de Valdegesheim, village du Palatinat, importait au salut de l'armée. Il fallait arrêter l'ennemi en se faisant tuer. Un jeune caporal du 1er bataillon de la Corrèze se présente avec *cinquante-trois* hommes de bonne volonté. Ce caporal, né en janvier 1774, se nommait Delmas de la Coste. Il part, combat, arrête l'ennemi; mais lorsqu'on vint relever ces braves volontaires, quarante-neuf sur cinquante-trois avaient été tués. Le caporal rentra au camp avec les quatre survivants. Le bataillon de la Corrèze présenta les armes à ses cinq camarades, et le général écrivit sur un carré de papier : « Le caporal Delmas de la Coste a bien fait son devoir. » Antoine de Rochon de Lapeyrouse, capitaine au régiment de Bourgogne, se trouvait à l'avant-garde, au combat de Mauron, sous Louis XIV. Il y eut dans la troupe quelque hésitation, et le capitaine vit que le moment était décisif. Ce sont de ces moments suprêmes où le héros sent qu'il faut donner sa vie. C'est ce moment suprême qui précéda la mort de d'Assas. Le capitaine Lapeyrouse se précipite vers l'ennemi et crie à sa compagnie : « Bourgogne en avant, et que notre mort assure la victoire. » Ce furent les dernières paroles de Lapeyrouse ; il tomba percé de mille coups. Pour le venger, Bourgogne fit des prodiges, et l'ennemi fut vaincu.

» Après l'action, le régiment recueillit les restes mortels du capitaine, et le fit enterrer solennellement dans l'église de Saint-Nicolas, à Huningue.

» Y..... »

## ÉLOGE HISTORIQUE DE M. J. A. GROS DE BELER,

ABBÉ RÉGULIER DE L'ABBAYE ROYALE DE CHANCELADE, ET
SUPÉRIEUR GÉNÉRAL DE LA CONGRÉGATION DE CE NOM,

Par M. LAMBERT, chanoine régulier de cette abbaye (1).

*A Monseigneur Jean-Chrétien de Macheco de Premeaux,
évêque de Périgueux.*

Monseigneur,

Lorsque j'ai conçu le dessein de faire l'éloge historique de M. l'abbé de Chancelade, je n'ai pas eu besoin d'examiner à qui je devais le dédier ; le nom de votre grandeur se présentait naturellement, et j'ai pris la liberté de le mettre à la tête de mon ouvrage.

C'est, monseigneur, l'éloge d'un homme dont la mémoire vous sera toujours précieuse et agréable, dont vous avez toujours estimé la vertu et aimé le caractère qui faisait son unique plaisir de votre affection, et qui était pénétré pour votre grandeur des sentiments du respect le plus sincère et le mieux mérité.

J'ose espérer, monseigneur, que vous voudrez bien recevoir avec indulgence les prémices de ma plume, que vous aurez plutôt égard à la bonne intention que j'ai eue en composant cet ouvrage qu'à la manière dont

j'ai rempli mon objet, et que vous daignerez regarder l'hommage que je vous en fais comme une marque de la profonde vénération avec laquelle j'ai l'honneur d'être, monseigneur, de votre grandeur, le très-humble et très-obéissant serviteur.

LAMBERT.

Lorsqu'on entreprend de faire l'éloge de quelqu'un de ces personnages fameux qui ont figuré sur le théâtre du monde, on croit ne pouvoir réussir qu'à l'aide de ces actions éclatantes et de ces vertus de parade, que l'imagination de l'auteur développe au gré de ses désirs pour faire briller son héros, sans consulter les intérêts de la vérité. La plupart des hommes ne conçoivent de grandeur véritable que dans ces places sublimes qui humilient leur orgueil en irritant leur cupidité : on ne peut être grand à leurs yeux sans avoir gagné des batailles ou ravagé des provinces, et s'être acquis le titre redoutable de fléau de l'humanité. La raison nous dit cependant que le mérite ne dépend ni de l'opinion ni du hasard ; que le cœur le plus sage et le plus vertueux sera toujours le plus estimable et le plus grand ; que la simplicité d'une vertu paisible est plus sûre de plaire à Dieu que cet éclat pompeux d'actions meurtrières qui flattent la vanité de celui qui les a faites, en fixant sur lui les regards d'un peuple qui ne se gouverne que par ses passions, et ne se décide que selon ses préjugés.

C'est une vérité de tous les temps, parce qu'elle a son origine dans la nature ; et quelque effort que l'intérêt ou l'adulation puisse faire pour l'obscurcir, il sera toujours vrai que la vertu et la grandeur d'âme sont de tous les états et de toutes les conditions. On peut donc rendre l'histoire des grands hommes, qui ont mené une vie privée et qui ont vécu dans la solitude, pour le moins aussi intéressante que celle de ces conquérants superbes qui, après avoir fait pleurer la terre qu'ils ont inondée de sang, viennent se confondre et s'anéantir dans la poussière du tombeau (1). « Un de nos meilleurs écrivains a observé très-judicieusement que l'histoire, qui se glorifie de célébrer les hommes illustres, néglige trop les hommes vertueux ; qu'elle prodigue souvent aux qualités éclatantes l'encens qui est dû aux qualités utiles, et que l'humanité gémit de voir des trophées élevés à la mémoire de je ne sais quels

---

(1) Le *Chroniqueur* doit à une obligeante communication de M. le docteur de Valbrune de pouvoir publier cet *Éloge historique*, dont il reste à peine quelques exemplaires dans nos trop rares bibliothèques.

Nous réimprimons ce travail à cause des indications précieuses qu'il renferme sur la célèbre et antique abbaye, l'une des gloires religieuses de notre Périgord.

(1) M. Marmontel.

héros, qui lui ont été au moins inutiles, tandis qu'on foule avec une dédaigneuse ingratitude la cendre des bons citoyens. » Un reproche si sensé ne tombe que sur l'historien qui se dégrade par l'abus qu'il fait de ses talents : ce n'est plus un historien, c'est un fade adulateur; mais l'histoire se conserve toujours dans sa dignité; elle est toujours regardée comme l'école du genre humain faite pour juger le mérite des hommes, pour épouvanter et pour punir le vice, comme pour encourager et pour couronner la vertu.

D'après ces réflexions, je crois pouvoir entreprendre sans témérité de faire passer à la postérité la mémoire d'un de ces hommes rares qui semblent être faits pour être les images vivantes de la vertu sur la terre. Je n'ai point à raconter de ces événements mémorables qui peuvent seuls rassasier la curiosité du vulgaire; je veux peindre une vertu douce, aimable, paisible, uniforme dans son principe, quoique variée dans ses effets; qui fut la source féconde d'une infinité de bonnes actions; qui ne se démentit jamais dans aucune circonstance; qui rapporta constamment toute chose à la gloire de Dieu, et qui ne parut jamais plus belle et plus brillante que lorsqu'elle quitta la terre pour aller se reposer dans le sein même de la divinité. Je veux parler d'un homme illustre qui possédait dans le degré le plus éminent toutes les vertus de son état, qui réunissait en lui toutes les qualités de l'esprit et du cœur, qui sut être à la fois bon religieux, grand prédicateur, maître habile, supérieur complaisant, aimable dans le commerce de la vie, exact jusqu'au scrupule dans la pratique de ses devoirs, bon ami; et je puis ajouter bon citoyen. Je ne me propose point de détailler toutes ces idées; la symétrie gênerait un cœur plein de son objet, et qui ne cherche qu'à s'épancher; je dirai fidèlement ce que je pense, ce que je sais, ce que j'ai vu; heureux si, en rendant à la vertu l'hommage qu'elle mérite, je puis établir cet éloge comme un monument perpétuel de ma tendre et sincère reconnaissance.

J. A. Gros de Beler naquit à Périgueux, le 13 avril 1680. Sa famille, où la probité et la vertu ont toujours été héréditaires, tenait à plusieurs maisons distinguées de la ville. Son père, Jean Gros de Beler, avait la réputation d'un des meilleurs jurisconsultes de son temps, et s'était rendu encore plus recommandable par sa vertu que par sa capacité. Sa mère, qui était demoiselle de la maison de Mèredieu, avait toujours eu la piété la plus solide, de sorte que le jeune Beler trouva dans le sein même de sa famille le modèle de tout ce qu'il devait imiter. Ses parents prirent un soin

particulier de l'éducation d'un fils dans lequel ils trouvaient les dispositions les plus heureuses. Ils le formèrent, dès son enfance, à la pratique de la vertu; ils lui donnèrent de sages instructions, qu'ils soutenaient par la force de leurs exemples; ils lui répétaient souvent ce que Tobie disait à son fils : qu'il prit garde de tomber dans le péché et de transgresser la loi de Dieu. L'enfant répondit par une heureuse docilité à des soins si vigilants, et toujours ses progrès devancèrent les leçons de ses vertueux parents.

Il fit son cours d'études au collège de Périgueux; il étudia d'abord les humanités et ensuite la philosophie. Quoique son esprit, qui réunissait la justesse et la vivacité, ne trouva rien qui put le contenter dans ce chaos d'idées fausses et de raisonnements compliqués dont l'obscurité fait tout le mérite, il fallut cependant qu'il suivit le train ordinaire et qu'il fit comme les autres. Il se distingua si bien dans toutes les occasions qui sont propres à exciter l'émulation des enfants, que ses maîtres firent tous leurs efforts pour lui inspirer le désir d'entrer dans leur société; mais son goût le portait ailleurs; et sa vocation, qu'il éprouva pendant longtemps, le décida pour un état tout différend.

Il entra, à l'âge de dix-sept ans, dans la congrégation des chanoines réguliers de saint Augustin, de la réforme de Chancelade. Né avec des inclinations sages, et que le souffle du vice n'avait point infecté, avec un cœur pur, ami de la vertu, et qui jouissait encore de toute son innocence, il entra avec le plus vif empressement dans la carrière des épreuves; rien ne fut jamais capable de diminuer son zèle, ni d'affaiblir sa piété; ce fut toujours la même ardeur, parce que la vertu était l'âme de toutes ses actions; semblable à une jeune tige qu'on a plantée sur le bord d'un ruisseau, il crût paisiblement à l'ombre de la solitude, et donna son fruit dans son temps.

Après que son noviciat fut fini, il fit ses vœux entre les mains de M. Valbrune de Belair, qui était alors abbé de Chancelade, et dont la pénitence et les austérités extraordinaires rappelaient à ses religieux celles des fameux solitaires de la Thébaïde.

Après sa profession, le jeune Beler fut faire ses études de théologie dans l'abbaye de Sablonceau, au diocèse de Saintes. On n'étudiait guère alors que les auteurs scholastiques, qui ne portaient pas moins d'obscurité dans la théologie qu'ils en avaient répandu dans cette quantité énorme de volumes qu'ils avaient fait sur la philosophie. Le jeune Beler ne crut pas devoir se borner à ces auteurs; il puisa lui-même les principes de la bonne théologie et de la saine morale dans les sources naturelles, je veux dire l'Écriture, les Pères, les décisions des conciles et les ouvrages de saint Thomas, et il acquit par ces moyens pénibles, dans un âge encore peu avancé, une connaissance exacte et profonde des sciences relatives à l'état qu'il avait embrassé. Il a conservé pendant toute sa vie ce goût décidé qu'il avait pour l'étude, rien n'a été capable de le lui faire perdre, et dans ses dernières années, il s'y est livré plus que jamais.

Lorsqu'il eut achevé son cours d'étude, il retourna à l'abbaye de Chancelade; peu de temps après, il fut ordonné prêtre par M. Clément, évêque de Périgueux; M. l'abbé de Chancelade, qui connaissait son mérite et sa vertu, lui confia la place de maître des novices, qu'il occupa pendant douze ans avec un zèle infatigable. Au milieu des devoirs attachés à son emploi, il commença à s'exercer à la prédication, et ses talents ne tardèrent pas à se développer; il s'était toujours senti un goût décidé pour la chaire, et dès qu'il se vit libre de le suivre, il s'y adonna tout entier. Il entra courageusement dans cette carrière épineuse. Une étude suivie, constante et réfléchie, lui aplanit tous les obstacles, et après quelques années de travaux et d'essais, il devint un des meilleurs prédicateurs de son temps. La méthode qu'il suivit pour se former mérite ici quelques réflexions, et ne fait pas moins l'éloge de sa religion que de son esprit.

Le fameux père Bourdaloue ne faisait que d'achever sa course. La grande réputation qu'il s'était acquise dans un art dont il était pour ainsi dire le créateur avait étonné toute la France, et faisait trembler tous ceux qui osaient suivre la route qu'il venait de tracer. Ses ouvrages, qui furent imprimés après sa mort, donnèrent l'idée d'une éloquence mâle qu'on n'avait pas même soupçonnée jusqu'à lui. On médita, on examina, on connut enfin le plan qu'il s'était formé, la manière dont il l'avait rempli; et, à la faveur des lumières qu'on y puisa, on osa tenter de marcher sur ses pas. Le père Beler prit ce grand homme pour son modèle. A son exemple, il étudia attentivement la sainte Écriture; il lut les meilleurs interprètes, pour se rendre familier ce livre, qu'un païen (1) même a regardé comme la source du vrai sublime; il s'attacha d'abord aux psaumes dont le grand Bossuet a si bien développé les beautés et les richesses dans les admirables discours qu'il a composés sur ces cantiques divins.

(1) Longin.

Il lut plusieurs fois les livres du Sage; mais de tous ceux qui composent l'écriture, il n'y en avait point qu'il posséda mieux que les prophètes, Isaïe, Jérémie, Ézéchiel, et les épîtres de l'apôtre saint Paul. Il était frappé, étonné, ravi de la manière sublime dont ce grand saint traite toutes les vérités capitales de la religion chrétienne; il joignit à l'étude de l'écriture sainte celle des ouvrages des Pères de l'Église qui étaient relatifs à la prédication.

Il lut la plupart des traités de Tertullien et de saint Cyprien, où le génie se montre avec cette force que lui donnait la bonté de la cause que ces deux grands hommes soutenaient. Il lut les discours et les Homélies de saint Jean-Chrysostôme, de saint Augustin, de saint Jérôme et de saint Bernard. Les deux premiers étaient ses deux auteurs favoris; il fit de très-longs extraits de tous ces ouvrages pour les consulter au besoin. Il ne dédaigna pas de lire plusieurs des anciens prédicateurs français où l'on trouve à peine une étincelle de génie; il les compara avec le père Bourdaloue; il distingua encore mieux après cet examen ce qui était bon d'avec ce qui était mauvais, et il connut plus sûrement ce qu'il devait éviter et ce qui pouvait lui servir de modèle.

Sa mémoire le servit heureusement, et lui épargna plusieurs dégoûts inséparables d'une profession si délicate; il avait, d'ailleurs, tous les talents extérieurs qu'on souhaite dans un prédicateur, la taille haute et bien prise, un visage naturellement doux et serein, mais qui savait passer, quand il le fallait, du grave au doux et du doux au sévère, selon le précepte du poète de la raison; il s'exprimait avec beaucoup de précision et de netteté. Ses pensées n'étaient point obscures ni ses expressions recherchées. Il parlait pour convaincre, pour persuader, pour toucher. Ce n'était pas moins l'ouvrage du cœur que de l'esprit; il avait cette éloquence naturelle, cette force de discours, cette heureuse facilité, qui sont nécessaires pour ébranler et pour émouvoir. Son style était pur et correct, mais il ne s'était jamais attaché à y répandre l'académique enluminure et le vernis des nouveaux tours, pour me servir de l'expression d'un auteur moderne (1).

Il était persuadé que la véritable éloquence n'a besoin que d'elle-même pour pénétrer le cœur; que tous les secours de l'art ne sont que des entraves qui arrêtent l'impression qu'elle doit faire. C'est le sentiment

(1) M. Gresset.

de l'illustre archevêque de Cambrai (1) dans ses dialogues sur l'éloquence oratoire; il met en parallèle Démosthènes et Cicéron; il expose d'une manière impartiale leurs beautés et leurs défauts, et après avoir fait de l'orateur romain l'éloge le plus pompeux et le plus juste, il finit par donner la palme à Démosthènes, parce qu'il trouvait en lui cette force, cette véhémence qui entraîne tout, tandis que l'éloquence de Cicéron n'est pour lui que la surface d'un ruisseau paisible dont le cours plein, mais toujours égal et tranquille, ne cause ni surprise ni émotion.

C'est d'après cette décision d'un grand maître que le père Beler préféra constamment d'employer dans ses discours ces grands ressorts qui remuent l'âme et qui peuvent seuls l'arracher à son endurcissement. Il savait cependant se mettre à la portée de tout le monde, et, pour ne pas trop fatiguer ses auditeurs, il prenait de temps en temps ce ton de douceur et de simplicité qui est si propre à persuader. Il parlait aux pécheurs comme saint Augustin voulait qu'on parlât aux hérétiques; il le faisait avec amour et avec douceur, sans dispute et d'une manière toute chrétienne : *Amanter, dolenter, fraterné, placidé.*

Quand il trouvait quelque beau passage de l'écriture ou des pères, qui venait à son sujet, il en faisait les paraphrases les plus touchantes; il les adaptait aux différentes conditions de ses auditeurs, il leur dévoilait les ténèbres épaisses de leurs consciences impures, il y portait le flambeau de la terreur, il parlait sans ménagement, sans dissimulation et avec ce noble courage qui animait autrefois les prophètes lorsqu'ils allaient annoncer aux potentats de la terre l'arrêt de leur mort et les volontés suprêmes du maître et de l'arbitre des rois.

Je suis trop jeune pour l'avoir entendu; mais j'ai conversé avec plusieurs personnes d'esprit qui avaient assisté à ses sermons, et je puis juger par ce que j'ai vu de lui pendant les dernières années de sa vie de ce qu'il faisait lorsqu'il était dans la force de l'âge. Il remplit les stations de la plupart des églises cathédrales qui sont dans les ressorts des parlements de Toulouse et de Bordeaux. On lui avait offert une chaire à Paris, qui est l'épreuve et le théâtre du talent; mais la défiance qu'il avait de ses propres forces la lui fit refuser.

Dans le cours de ses prédications, il eut plusieurs occasions d'exercer son zèle pour le salut des âmes;

(1) M. de Fénelon.

il suivit, par sa conduite, l'exemple du grand homme qu'il avait pris pour modèle dans ses sermons. Il passait, comme lui, de la chaire dans le tribunal de la pénitence, et ne refusait jamais la peine ni le travail dès qu'il s'agissait de procurer le bien des autres. Dans le temps qu'il prêchait à Angoulême, il eut la consolation de ramener dans le sein de l'église une personne de condition qui avait été élevée dans la religion protestante. Il voyait quelquefois M^me de Rhotelin, abbesse de St-Ausonne, où cette demoiselle avait été envoyée par ordre du roi. L'abbesse pria le père Beler de conférer avec elle sur les matières qui ont causé la séparation des protestants; il le fit avec tout le zèle qui était digne d'un ministre du Seigneur, envoyé pour arracher et pour planter, et, dans l'espérance de lui faire connaître et goûter la vérité, il n'épargna rien de ce qui pouvait la convaincre et la persuader. La demoiselle lui demanda un mémoire raisonné des preuves dont l'Église se sert pour autoriser sa créance et pour détruire celle des protestants. Elle ne l'attendit pas long-temps, et aussitôt qu'elle l'eut reçu elle le remit à un ministre, qui fit une réponse qu'elle croyait sans réplique; mais le père Beler réfuta la réponse d'une manière si forte et si solide, que le ministre fut obligé de garder le silence. Cette victoire commença à ébranler une âme que Dieu appelait à lui. Le père Beler acheva de la convaincre, en suivant exactement la méthode dont le grand Bossuet s'était servi avec tant de succès pour convertir M^lle de Duras; il lui rapporta les raisonnements invincibles qui avaient confondu le ministre Claude; ainsi que les instructions que ce savant prélat avait données à M^lle de Duras avant et après la fameuse conférence qu'il eut avec le ministre le plus redoutable de tout le parti, comme il le reconnaissait lui-même dans la relation qu'il fit de leurs disputes. Le père Beler, après avoir achevé d'instruire sa prosélyte dans la doctrine de l'Église qu'on lui avait déguisée pour lui en inspirer de l'horreur, lui fit faire son abjuration, et regarda ce fruit précieux de la grâce comme la couronne de ses travaux et la gloire de ses prédications.

A Toulouse, il fut choisi parmi tous les prédicateurs pour prêcher le lundi de Pâques le sermon d'apparat où tous les corps de la ville et tout le peuple se rendent en foule. Son discours parut si bien composé, que MM. les abbés de Lordac et de Lavaur, vicaires-généraux de l'archevêché, et M. le Comte, avocat-général du parlement, voulaient absolument qu'il fut imprimé; mais le père Beler ne put jamais y consentir, et M. le

Comte, qui a *été* son ami particulier jusqu'à sa mort, voyant qu'il ne pouvait vaincre sa répugnance, fit insérer dans les feuilles publiques tout ce qu'il avait pu en retenir.

Comme le père Beler avait le caractère très-bien fait et les mœurs les plus pures et les plus irréprochables, il sut se faire des amis intimes de tous les évêques dans les diocèses desquels il prêcha. A Cahors, M. de la Luzerne ; à Rhodez, M. de Tourouves ; à Angoulême, MM. de Resé et Duverdier, qui en furent successivement évêques ; à Périgueux, MM. Clément et d'Argouges ; à Limoges, M. de Genetines ; à Bordeaux, M. de Maniban ; à Montauban, M. de Vertamon, l'honorèrent de l'affection la plus tendre et la plus sincère, et voulurent bien entretenir avec lui un commerce de lettres régulier.

(1) Mais celui auquel le père Beler fut le plus constamment attaché ; celui qu'il regarda toujours comme l'ami et le père de la congrégation dont il était le chef ; celui enfin qui fut le héros de son cœur, ce fut un prélat illustre, digne, par sa vertu, d'avoir vécu dans le siècle des Chrysostômes et des Augustins, qui retrace au diocèse qu'il gouverne avec tant de sagesse et de modération une image fidèle des mœurs des premiers siècles de l'Église, qui met tout son bonheur dans la pratique de ses devoirs, et qui, se regardant comme le pasteur et le père de tous les fidèles que la Providence a commis à sa tendre sollicitude, s'est fait un principe invariable de demeurer parmi eux, de crainte qu'en son absence le loup ravisseur ne lui en fasse perdre quelqu'un. Ce dernier trait d'un éloge que la vérité seule a inspiré n'est pas le moins glorieux pour un évêque. Nous aurions peint d'un seul trait ce grand prélat en le nommant ; mais son nom n'eût laissé rien à dire à notre cœur. Ces sentiments de respect, d'attachement et de reconnaissance dont le père Beler fut toujours pénétré pour son évêque, il prit un soin particulier de les inspirer à ses enfants ; et rien ne lui fut plus agréable, il l'a dit très-souvent, que la docilité avec laquelle la justice et l'inclination les leur fit recevoir. Ils sont devenus héréditaires dans tous leurs cœurs, et ils ne croient pas pouvoir en donner de témoignage moins équivoque que celui qu'ils donnent en priant Dieu tous les jours de conserver à son église ce prélat vénérable qu'il a choisi selon son cœur, pour faire trembler le vice et pour faire l'apologie de la vertu.

Après plusieurs années de travaux et de succès apostoliques, le père Beler n'était encore qu'au milieu de sa carrière, parce qu'il y était entré dans un âge peu avancé. Ce fut cependant au milieu de cette carrière brillante qu'il se vit contraint de s'arrêter. La Providence l'appela à un état dont les devoirs devenaient incompatibles avec ceux de prédicateur. M. de Valbrune était, depuis quelques années, comme ce saint évêque d'Hippone, qui eut la gloire d'avoir saint Augustin pour coadjuteur et pour successeur dans le gouvernement de son église. Accablé de vieillesse et gémissant sous le poids douloureux de plusieurs infirmités causées par les austérités rigoureuses qu'il avait toujours pratiquées, il se voyait hors d'état de continuer l'exercice de sa charge. Il cherchait depuis long-temps un homme qui eût du zèle, de la vertu, des lumières, de la prudence, de la capacité, qui fût en même temps doux, bon, affable, compatissant, qui sût, en un mot, se faire tout à tous, et ses regards se fixèrent sur le père Beler, qui était alors prieur de l'abbaye, dont il avait déjà été sous-prieur. Il prit toutes les précautions nécessaires pour faire réussir son dessein. Il écrivit à M. le cardinal de Noailles, archevêque de Paris, qui l'avait toujours tendrement aimé, et qui lui avait donné la maison d'Aubrac dans le diocèse de Rhodez, que sa bienfaisance le portait à le choisir pour le protecteur de sa congrégation dans une circonstance qui l'alarmait moins pour lui que pour ses enfants ; que Dieu l'avait affligé d'une cruelle maladie, et qu'il était le maître de ses jours, mais qu'il verrait approcher ses derniers moments avec la plus douce consolation, s'il avait un successeur dont la probité et la capacité lui fussent connus ; que c'était par cette dernière marque de tendresse pour des enfants qu'il portait tous dans son cœur, qu'il souhaitait de terminer sa carrière, qu'il prenait la liberté de présenter trois sujets au roi selon l'usage, et de lui en demander un pour coadjuteur ; que, quoiqu'ils fussent tous trois d'un mérite distingué, le père Beler était celui qui lui paraissait avoir le plus de talent pour la conduite de la congrégation, et celui qu'il demandait à Dieu et au roi avec le plus d'instances ; qu'il conjurait son éminence, par cette grandeur d'âme qui la rendait si chère et si respectable à tout le monde, d'accorder toute sa protection pour une œuvre si importante à un abbé qui ne cherchait qu'à laisser le dépôt de sa charge en de dignes mains.

M. le cardinal de Noailles et M. de Rastignac, alors évêque de Tulle, et depuis archevêque de Tours, auquel M. de Valbrune s'était aussi adressé comme à son ami particulier, agirent, de concert avec M. d'Argou-

(1) M. de Prémeaux, évêque de Périgueux.

ges, dont la protection était d'autant plus puissante, qu'en qualité d'évêque diocésain il était censé devoir connaître tout le mérite du père Beler, et qu'il avait d'ailleurs trois parents dans le ministère, savoir : M. Fleuriau d'Armenonville, garde-des-sceaux ; M. de la Vrillière, ministre et secrétaire-d'état, et M. le Pelletier des Forts, contrôleur-général, auprès desquels M. d'Argouges eut la bonté de s'intéresser de la manière la plus vive et la plus pressante. Les démarches de ces trois prélats eurent un si heureux succès, que le roi nomma le père Beler coadjuteur de M. de Valbrune. Ces illustres évêques saisirent avec le plus tendre empressement cette occasion importante de donner une marque authentique de l'attachement qu'ils avaient toujours eu pour la congrégation de Chancelade, dont ils choisirent plusieurs sujets pour leur donner des cures dans leurs diocèses.

Ce fut alors que le père Beler, devenu coadjuteur de Chancelade, renonça pour toujours à la chaire. Il prêcha cependant le carème à Toulouse, parce qu'il s'était déjà engagé avant un événement qu'il n'avait ni prévu ni désiré; mais ce fut la fin d'une course qui aurait mérité d'être prolongée encore long-temps. M. de Valbrune se déchargea sur son coadjuteur de toutes les fonctions de sa place pour ne s'occuper que de l'éternité. Il vécut encore huit ans, et il mourut plein de mérite et de bonnes œuvres, laissant à son successeur de grandes vertus et de beaux exemples à imiter.

Après sa mort, le nouvel abbé écrivit, selon l'usage, à la cour, pour l'informer du changement qui était survenu à son état. M. le cardinal de Fleury, qui était alors premier ministre, lui répondit que les bonnes relations qui lui était venues de lui, lorsque le roi l'avait nommé à la coadjutorerie de Chancelade, jointes aux bons témoignages de M. l'évêque de Périgueux, ne lui laissaient aucun lieu de douter qu'il ne remplit dignement la place de celui auquel il succédait, et qu'il ne maintint parfaitement la régularité et l'édification dans son abbaye; qu'il seconderait volontiers en tout ses bonnes intentions, et qu'il serait bien aise de lui marquer dans toutes les occasions l'estime particulière qu'il avait pour lui.

Il reçut aussi plusieurs lettres des plus gracieuses, à l'occasion de sa nouvelle dignité, de la part de quelques seigneurs de la cour et de quelques personnes distinguées qu'il avait eu lieu de connaître dans un voyage qu'il fit à Paris pour conserver la régularité du prieuré royal de Saint-Cyprien, au diocèse de Sarlat, et qui est une maison dépendante de sa congrégation. M. le maréchal de Noailles, qui l'estimait particulièrement, M. de Breteuil, que M. l'abbé avait connu lorsqu'il était intendant de Limoges, et qui était alors ministre de la guerre, le fameux abbé Pucelles, avec lequel M. l'abbé entretint toujours relation, les MM. de la maison de Rothelin, et Descars, s'empressèrent de lui écrire pour lui renouveler les assurances de l'attachement qu'ils avaient toujours eu pour lui.

Le nouvel abbé de Chancelade ne connut jamais mieux toute l'importance de la place qu'il occupait et les difficultés qu'il aurait à en faire les fonctions, que lorsqu'il se vit privé des conseils du respectable vieillard auquel il succédait. Une carrière nouvelle s'ouvrit devant lui et lui présentait bien des obstacles à surmonter; il s'arma d'un courage héroïque, et, afin d'assurer le succès à ses démarches, il établit toute sa conduite sur deux points fixes dont il ne s'écarta jamais, je veux dire la confiance qu'il eut en Dieu et sa fidélité à suivre tout ce qu'une prudence éclairée et chrétienne lui suggéra. On remarqua que, dans le changement qui survint à son état, le personnage de chef ne lui coûta rien, et qu'il soutint sa nouvelle dignité avec tant de force et de lumière, qu'il sentait être né pour elle. Il avait déjà tout le mérite que les places distinguées supposent, mais qu'elles ne donnent pas. Aussitôt qu'il se vit à la tête de sa congrégation, il dit à Dieu du fond de son cœur : « Vous savez, ô Seigneur, si j'ai désiré la place où votre Providence vient de me mettre ; je connais l'étendue des devoirs qui y sont attachés, et c'est là, ô mon Dieu, ce qui me fait trembler; ce n'est point dans les secours de la prudence humaine que je mettrai ma confiance, c'est votre esprit que j'invoquerai; daignez me montrer le chemin que je dois suivre : *Ostende viam bonam*, et faites éclater votre gloire dans l'emploi que vous venez de me confier : *Et da gloriam in loco isto.* »

Avec des sentiments si purs et si chrétiens, l'abbé de Chancelade se défiant toujours de ses propres forces, espéra que la main de Dieu le soutiendrait dans toutes ses entreprises; il se mit sous les ailes de la Providence, il se fit un principe constant de rapporter tout à sa gloire ; et ce Dieu propice qui l'avait conduit jusqu'alors par des voies si sûres dans le chemin de la perfection religieuse ne l'abandonna jamais.

Quatre mois après la mort de son prédécesseur, il fut béni par M. d'Argouges. Cette cérémonie, qui se fit en 1730, et qui est si grave et si touchante par son appareil, ne fit que le confirmer dans ses saintes résolutions, et il ne tarda pas à les mettre en pratique. Persuadé que Dieu, qui conduit tout avec sagesse et dispose de tout avec douceur, veut que l'homme le seconde dans l'exécution de ses desseins; il employa tous les moyens que la saine raison put lui fournir, afin de conduire d'une manière irréprochable la congrégation que Dieu avait confiée à ses soins. La modestie, la douceur, la justice, la charité, l'humilité chrétienne, le suivirent dans toutes ses actions, et gouvernèrent avec lui.

Il pensait qu'afin qu'une communauté religieuse se soutienne dans un état de régularité, il faut en écarter avec soin tout ce qui peut y introduire cette profusion mondaine, qui est la source empoisonnée de tous les vices, et lui procurer cependant le moyen de mener une vie aisée dans le sein de la tempérance et de la frugalité, c'est-à-dire qu'il n'était pas possible, comme il le disait souvent, que le spirituel se soutînt dans un état de force, si le temporel était négligé. Ainsi, ses soins se tournèrent vers cet objet important au même temps qu'il faisait observer, par ses exemples autant que par ses discours, la régularité la plus exacte. Il était persuadé qu'il ne fallait point de richesses, mais qu'il fallait tout le nécessaire à des religieux qui mènent une vie austère, uniforme et toujours retirée, que l'Évangile, qui nous recommande si souvent la pauvreté d'esprit, ne condamne pas le système des maisons religieuses qui, ne s'étant pas obligées à ne vivre que d'aumônes, possèdent une étendue de biens justement proportionnée aux besoins de leur subsistance.

Lorsqu'il prit l'administration de l'abbaye, il en trouva le temporel un peu dérangé, soit à cause de plusieurs affaires importantes qu'on avait eues, soit à cause des bulles qu'il avait fallu payer lorsqu'il fut nommé coadjuteur. Il trouva des dettes à acquitter, des réparations indispensables à faire, de grosses charges à payer, des pauvres à nourrir, et le train ordinaire de la maison qu'il fallait entretenir. Les revenus de son abbaye ne pouvaient lui fournir que de faibles ressources; mais sa prudence, son économie et son habileté semblèrent les multiplier. Les personnes qui connaissent l'état de la maison, qui ont vu ce qu'elle a été et ce qu'elle est à présent, sont étonnées que M. l'abbé, sans jamais rien emprunter à personne, ait pu faire tout ce qu'il a fait; mais ce problème s'évanouira quand on connaîtra la justesse et la combinaison de son système.

Il avait pour maxime principale d'éviter, autant qu'il était possible, tout ce qui pouvait faire naître des discussions et des procès; et pendant tout le temps de son administration, il n'a jamais eu la douleur de plaider qu'une fois, encore trouva-t-il le moyen d'arrêter le cours du procès le plus tôt qu'il fut possible, par un accommodement qui tourna à l'avantage de toutes les parties intéressées; c'était gagner au double, disait-il, que de savoir perdre à propos et selon l'exigeance des cas. Une seconde maxime, qui n'était pas moins censée que la première, c'était de ne faire de dépenses et de réparations que pour des besoins réels et véritables. Il disait que ces édifices superbes, ces tables délicates et cette foule de domestiques qu'on traîne à sa suite pour étaler sa magnificence, étaient l'opprobre de la vertu et le tombeau de l'humilité religieuse, que ce n'était pas ainsi qu'avaient vécu les prélats des beaux jours de l'Église, et que la simplicité avait toujours été l'esprit de la religion chrétienne. Ce sentiment lui venait, et de sa propre conviction, et du bel exemple que lui donnait son évêque diocésain. Il savait cependant, lorsque les circonstances le demandaient, accorder, avec cette simplicité, ce qu'il devait aux bienséances qui étaient attachées à la place, et, comme il était économe sans avarice, il fut toujours honorable sans prodigalité.

Lorsqu'il voulait entreprendre quelque chose, il pesait, la balance à la main, le bien qui pouvait en résulter et les inconvénients qui pouvaient s'en suivre, et examinait tout avec l'attention la plus scrupuleuse. Il combinait tous les moyens et tous les obstacles, et il se déterminait toujours pour le parti le plus sûr, le plus sage et le plus convenable à la décence religieuse. La troisième maxime qu'il suivit constamment ce fut de voir tout par lui-même, d'entrer sans affectation dans le détail, quand il s'agissait de quelque chose essentielle, et de n'associer à l'exercice de son administration que des personnes éclairées et d'une probité reconnue, afin de n'être ni surpris ni trompé par le hasard ou la malice des autres.

Comme il n'avait d'ailleurs ni désirs ni ambition, il n'employait jamais rien pour se procurer les petites douceurs de la vie ou pour s'élever au-dessus de son état; il appliquait tout au bien commun, et il aurait regardé comme un vol fait à la République, dont il était le chef, ce qu'il aurait pris pour son usage particulier au préjudice des autres, il l'a dit plusieurs fois. Ce fut par la pratique de ces maximes judicieuses, dont il ne s'écarta jamais, qu'il trouva dans la médiocrité du revenu de son abbaye des ressources que les plus riches ne trouvent pas dans toute leur opulence. Il acquitta toutes les dettes dont l'abbaye était chargée; il fit défricher une étendue très-considérable de terrain inculte;

c'était moins pour augmenter les revenus de sa maison, qu'il savait être suffisants pour mener une vie frugale, que par un motif de bienfaisance et de charité. Il y avait dans la terre de Chancelade une grande quantité de pauvres qui n'avaient d'autre ressource pour vivre que le travail de leurs mains. En les employant à ces défrichements, il leur fournit les moyens de faire subsister leur famille, et il les arracha au sein de cette paresse, qui est mille fois plus funeste que l'indigence. Il entreprit et acheva successivement plusieurs réparations importantes dont la liste se trouve dans une note ci-jointe (1), de sorte qu'on peut dire sans craindre d'outrer l'éloge, que dans les murs et hors des murs tout parle, tout parlera de sa gloire (2).

*(La suite prochainement.)*

---

## LE CHATEAU DE BIRON (3).

---

> Ato, lebens-nous tous fratré,
> Din lo capélo de Biroun
> Anen prégua pel fils, pel payré,
> Parloun dé lour glorio bien loun.

A quelques kilomètres de Bergerac, au sommet d'une triple rampe de coteaux, s'élève une masse imposante et sévère qui domine la contrée à huit lieues à la ronde; c'est l'ancien château de la famille de Biron; placé sur la limite de deux provinces, il semble n'appartenir à aucune et vouloir les commander toutes deux.

(1) Un très-bel édifice, à l'entrée de la cour, pour contenir les vaisseaux vinaires, et qui attire, par la singularité de sa position, la curiosité de ceux qui viennent à Chancelade. Une porte d'entrée et une suite de bâtiments qui décorent la cour, et servent en même temps de ménagerie. Des chambres à côté de la salle pour loger les étrangers. Les promenades qui sont dans l'enceinte de l'abbaye, qui lui parurent nécessaires pour procurer quelques moments de récréation à des religieux qui ne sortent que rarement, il fallut pour cela combler un précipice qui était extrêmement large et profond. Il avait toujours eu dans l'idée de faire quelque réparation importante à l'église; mais tous les architectes qu'il consulta lui firent sentir que la chose était impossible dans l'état où elle était. Il se borna donc à l'orner autant que sa situation put le permettre. Il fit construire une fort belle chaire, deux autels en marbre, sous l'invocation de saint Pierre et de saint Remy; un troisième sous celle de saint Augustin, une chapelle domestique. Il acheta un rayon et un calice d'un travail fini, et fit faire plusieurs ornements d'un goût parfait.

(2) Pierre Corneille.

(3) Voir la belle gravure de la 12e livraison (première année).

Inhabité depuis deux siècles, le manoir a bien souffert des outrages du temps, mais ces ravages ne paraissent que de près, et à le voir élever au-dessus des forêts la vieille tour de son donjon, on dirait un de ces chevaliers du moyen-âge, revêtu de sa lourde armure, et qui assiste avec étonnement aux scènes d'une époque qui n'est pas la sienne et qu'il ne saurait comprendre. C'est un de ces monuments comme il en faut à l'imagination pour la captiver; l'âme s'émeut et se grandit au calme imposant des souvenirs qui planent sur ces murs brunis par les siècles.

Biron était l'un des plus antiques châteaux du Périgord; ancienne baronnie, il n'avait de rivaux que les manoirs de Beynac, de Bourdeilles, de Mareuil, et, sous le rapport de la position, il leur était supérieur à tous.

Devant lui se déroule le plus vaste et le plus magnifique panorama. Bergerac, Lalinde, Excideuil, une foule de villes et de bourgs apparaissent comme des points semés à l'horizon.

Le château de Biron offre deux époques distinctes. La construction primitive doit être rejetée à la fin du onzième siècle ou au commencement du douzième. Un manuscrit fort rare et très-curieux nous a conservé une intéressante description de ce château au moyen-âge.

« Dedans la salle où logis (car en avoir deux cela tient du grand), la corne de cerf ferrée et attachée au plancher où pendaient bonnets, chapeaux, gressiers complets et lesses pour les chiens; et le gros chapelet de patenostres pour le commun; et sur le dressoir ou buffet à deux étages, la Sainte-Bible, de la traduction commandée par le roi Charles V, il y a plus de deux cents ans; les Quatre Fils d'Aymon, Oger le Danois, la Fée Mélusine, le Calendrier des Bergers, la Légende dorée, le roman de la Rose.

» Derrière la grande porte, force longueur et grandes gaules de gibier, et au bas de la salle, sur bois cousus et entravés dans la muraille, demi-douzaine d'arcs avec leurs carquois et flèches, deux bonnes et grandes rondelles avec deux épées courtes et larges, deux hallebardes, deux piques de vingt-deux pieds de long, deux ou trois cottes ou chemises de mailles; dans le petit coffre plein de son, deux fortes arbalètes avec leurs bandages et garrots, dedans, et en la grande fenêtre près la cheminée, trois hacquebutes et un joignant, la perche pour l'épervier; et plus bas, à côté, les tonnelles, esclotonières, retz, poulières, et autres engins de chasse; et sous le grand banc de la salle, large de trois pieds, la belle paille fraîche pour coucher les chiens, lesquels, pour voir et sentir leur maître auprès d'eux, en sont meilleurs et plus vigoureux. Au demeurant, deux assez bonnes chambres pour les survenants et étrangers, et en la cheminée de bon gros bois vert, lardé d'un ou deux fagots, qui rendent un feu de longue durée (1). »

Voilà donc quels étaient le faste et le luxe de ces hauts barons, qui faisaient quelquefois trembler les rois sur leurs trônes. Là, point de lambris dorés, point de plafonds sculptés avec art ou embellis de peintures; point de ces tapis riches et moelleux, de ces brillantes tentures. Au lieu de tout cela, des armes appendues aux voûtes, ou rangées en faisceaux le long de la muraille.

Ce n'est pas à travers une triple haie de laquais insolents que vous arrivez au seigneur féodal. Maîtres et valets habitent ensemble, prient ensemble, veillent ensemble autour du gothique foyer.

Complétons par quelques détails d'extérieur cette description du château de Biron, qui, sauf quelques légères variantes, pourra convenir à tous les châteaux-forts du moyen-âge. Ces habitations, à cette époque, se montraient encore ce qu'elles avaient été sous les Mérovingiens, composées de grosses tours, soudées ensemble par des murs de face ou courtines. Ici, cependant, on avait donné plus d'extension aux constructions; la tour principale ou donjon formait un véritable château, composé de plusieurs corps de bâtiments, au milieu desquels était une petite cour qui servait à donner du jour et de l'air aux pièces ou galeries, et souvent aussi de salle d'attente à ceux que la méfiance du seigneur n'admettait pas dans l'intérieur.

La porte d'entrée était basse et très-étroite, surmontée d'un médaillon sur lequel étaient gravées les armes du seigneur.

La forteresse avait encore une autre issue ouverte dans la campagne et habilement masquée par des broussailles et des arbres; cette poterne ouvrait dans d'immenses souterrains où étaient renfermées les provisions de guerre et de bouche, mises en réserve en cas de siége; c'était aussi une dernière voie de salut ménagée pour la garnison, lorsque la résistance devenait impossible et qu'elle voulait échapper à une capitulation périlleuse ou peu honorable.

Le donjon avait quatre étages communiquant entre eux par de petits escaliers à vis bâtis dans d'étroites

(1) Archives de l'Hôtel-de-Ville de Périgueux.

tourelles qui semblaient, du dehors, rangées le long de l'énorme tour principale; le rez-de-chaussée et le premier étage étaient consacrés aux gens de service, à l'arsenal et à la garnison du château; ils ne recevaient de jour que par d'obliques meurtrières construites de manière à ne pas laisser pénétrer les flèches, pierres ou autres projectiles lancés par les assaillants. Placé hors de la portée de ces armes, l'étage supérieur était éclairé par de grandes fenêtres à pleins-cintres : un balcon extérieur régnait sur l'une des faces; c'est là que, dans les grandes occasions, dans les fêtes de la famille, le seigneur se montrait à ses vassaux, recevait leurs félicitations ou assistait à leurs jeux ; le quatrième étage enfin servait de plates-formes; de là on dominait au loin sur la campagne; là aussi était la cloche d'alarme qui avertissait les vassaux de l'approche de l'ennemi et les invitait à chercher derrière les épaisses murailles un abri protecteur.

Le quinzième siècle apporta, dans cette construction, d'importants changements dont nous parlerons plus tard; mais l'aspect général du château n'en fut guère modifié; un peu plus de luxe dans l'ameublement, plus de commodités dans la distribution générale, quelques constructions nouvelles, voilà tout ce que nous aurons à signaler.

Jusqu'en 1148, les vassaux de la baronnie de Biron vécurent sous la protection de leurs seigneurs, sans lois et sans coutumes écrites, éclatant hommage rendu à la justice et à la bonté paternelle de leurs maîtres.

A la veille de partir pour la Terre-Sainte, et averti par l'exemple de ses voisins, Gaston de Gontaut craignit qu'en son absence l'orgueil ou la cupidité du gouverneur qu'il laissait à sa place ne vînt troubler la douce sécurité dans laquelle vivaient les habitants de sa terre; dans cette prévision, il leur octroya une charte. Les traditions locales en ont conservé le souvenir comme d'un monument de douceur et d'équité; on n'y voyait aucune de ces coutumes ridicules, de ces obligations bizarres enfantées par l'orgueil de quelques cerveaux capricieux ou malades : tout était grand et simple comme celui dont elle émanait.

Le château de Biron acquit une grande importance pendant les guerres des Albigeois : un chef de routiers, Martin d'Algaï, qui avait déserté les drapeaux de Simon de Montfort pour embrasser le parti du comte de Toulouse, en était commandant. Irrité de cette défection, le chef des croisés vint, en 1212, camper aux pieds de ces murailles; le bourg de Biron fut emporté sans résistance. La garnison, retirée dans le château, fut sommée de se rendre ; trop faible pour résister, elle offrit de remettre la place à condition qu'elle aurait la vie sauve et qu'elle pourrait se retirer où bon lui semblerait. Montfort accéda à ces propositions, mais il exigea que Martin d'Algaï fut livré : les traîtres ne trouvent d'amis nulle part ; les routiers du château s'estimèrent trop heureux d'échapper à ce prix au traitement cruel que les croisés faisaient subir d'ordinaire à leurs ennemis. D'Algaï fut donc remis entre les mains de Montfort ; il fut attaché à la queue d'un cheval fougueux et traîné ainsi dans tout le camp ; une corde et une potence terminèrent le supplice de l'infortuné.

Le commandement du château fut donné à un chevalier nommé Arnaud de Montaigut.

Pendant tout le temps que dura l'occupation anglaise en Guienne, les seigneurs de Biron se montrèrent inviolablement attachés à la cause des rois de France. En 1444, Malrigon, sire de Bidereau, qui tenait le parti des Anglais, s'empara du château. Bientôt averti que Gaston de Gontaut s'avançait en toute hâte pour l'en chasser, il y fit mettre le feu ; Gaston et ses chevaliers arrivèrent à temps pour éteindre l'incendie ; Malrigon fut pris à l'instant où il escaladait les remparts pour se sauver.

Dix ans après, les troupes anglaises pénétrèrent encore dans ce fort ; le comte de Penthièvre se présenta sous les murs de la place, et somma le capitaine anglais de la lui remettre. Sur son refus, il rassemble à la hâte quelques troupes dans la province, en donne le commandement aux deux frères Gontaut, qui rentrèrent victorieux dans le domaine de leurs pères.

Biron tomba de nouveau au pouvoir des Anglais, le 6 juin 1451. Mais cette fois le château et la ville, qui était alors composée de plus de deux cents feux et entourée de fossés, devinrent la proie des flammes.

La famille de Biron contracta des alliances avec les plus puissantes maisons de son époque.

En 1519, Catherine de Biron épouse François de Durfort.

Lorsque la fatale journée de Pavie vint servir de dénouement aux chevaleresques entreprises de François Ier sur l'Italie ; lorsque ce prince fut emmené par Charles-Quint dans les prisons de Madrid, la France, déjà épuisée par les prodigalités de cette cour, eut encore à ouvrir ses coffres pour acquitter la rançon de son roi ; les états du Périgord s'assemblèrent en 1529, dans le couvent des Cordeliers à Périgueux, pour aviser au paiement du contingent de cette province à la rançon du roi. On y arrêta la perception à titre de don gra-

tuit de cinq dixièmes, dont quatre devaient être supportés par le clergé, et le cinquième par la noblesse ; l'église paya sa part ; les nobles offraient quatre mille écus en remplacement de la leur. Une opposition se forma sous les auspices des seigneurs de Bourdeilles, de Biron et de Salignac ; il fallut céder, et les chefs de l'opposition encoururent la confiscation du tiers de leurs revenus.

Armand de Gontaut, dit le *Boiteux*, baron de Biron, naquit en 1548 ; il était destiné à jeter sur cette famille déjà illustre un brillant éclat qui devait, hélas ! être si tôt et si malheureusement terni. Armand de Gontaud fut élevé parmi les pages de Marguerite, reine de Navarre, et choisi par le maréchal de Brissac pour porter le guidon de sa compagnie de cent hommes d'armes ; il se fit remarquer dans les guerres du Piémont, et reçut, au siége du fort de Mazin, un coup de feu à la jambe. Il en conserva pendant le reste de ses jours l'infirmité qui lui valut le surnom sous lequel il est désigné. Capitaine de cent chevau-légers en 1557, il servait dans la compagnie de M. de Guise, qui lui fit obtenir la place de gentilhomme de la chambre du roi ; l'année suivante, il fut promu au commandement d'une compagnie de deux cents chevau-légers, et nommé bientôt après mestre de camp de toute la cavalerie majeure d'au-delà des monts ; il se trouva à la bataille de Dreux, en 1552, et reçut, le 31 mai de la même année, le collier de l'ordre de Saint-Michel. En 1567, il fut nommé maréchal-de-camp de l'armée du roi en Champagne, et servit en cette qualité à la bataille de Saint-Denis, à la tête d'une compagnie de cinquante hommes d'armes des ordonnances du roi. Non moins habile négociateur que vaillant capitaine, il fut chargé, pendant le siége de Chartres, de reprendre, de concert avec M. Malassi, les négociations qui amenèrent la seconde paix des guerres civiles (1). A la bataille de Jarnac et à celle de Montcontour, il remplit, sous le duc d'Anjou, les fonctions de maréchal-de-camp ; il combattit au siége de Saint-Jean-d'Angély, et fut conseiller du conseil privé du roi en 1569. Il prêta serment pour la charge de grand-maître de l'artillerie, le 3 février de l'année suivante, entre les mains d'Henri de France, duc d'Anjou (2). Il était sur la liste de ceux qui devaient être massacrés à la Saint-Barthélemy ; prévenu à temps, il

(1) C'est celle qui est désignée sous le nom de *Paix boiteuse et mal assise.*
(2) Cette charge n'était pas encore érigée en charge de la couronne.

se retira promptement dans l'arsenal et fit pointer à la porte quatre couleuvrines contre les égorgeurs auxquels il refusa de livrer le jeune Caumont de la Force, qui avait échappé comme par miracle au poignard des assassins.

La même année, 1572, le roi le nomma capitaine-gouverneur et son lieutenant du pays d'Aunis, Ile-de-Rhé et La Rochelle. Le siége de cette dernière place ayant été résolu, Biron reçut ordre de s'en approcher avec l'infanterie du général Strozzi; il força les capitaines rochelais d'abandonner les forts de Marans, Noaillé, Laleu et autres, et de se renfermer dans la ville avant que l'armée des princes n'arrivât devant les murs (1); il reçut à ce siége une arquebusade dans la cuisse. Dans un certificat daté du camp devant cette ville, du 12 mars 1573, il est qualifié *seigneur et baron de Biron, chevalier de l'ordre du roi, conseiller en son conseil privé, capitaine de cent hommes d'armes de ses ordonnances, grand-maître et capitaine-général de l'artillerie de France, gouverneur et lieutenant-général pour sa majesté en la ville de La Rochelle, pays d'Aunis et Saintonge, et son lieutenant-général en l'armée mise sus pour le recouvrement de ladite ville de La Rochelle, en l'absence de Monseigneur* (le duc d'Anjou).

Cet acte est signé *Biron,* et scellé en placard du sceau de ses armes, qui sont un écu écartelé en bannière d'or et de gueules surmonté d'un casque entouré du collier de l'ordre, avec deux canons croisés en-dessous.

Lorsque Henri III fit la distribution des places voisines de Paris, il donna à Biron le gouvernement de Saint-Denis, et le nomma maréchal de France en 1576.

Les provisions de lieutenant-général et commandant en chef de la province de Guienne lui furent expédiées le 24 juillet 1580. Pendant son séjour dans cette province, il prit et réduisit soixante-dix villes ou châteaux et leurs garnisons.

Le 1er janvier 1581, Henri III le rappela à Paris pour le décorer du collier de l'ordre du Saint-Esprit. En pareilles circonstances, les récipiendaires avaient coutume d'étaler aux yeux du roi et des commissaires d'énormes liasses renfermant les titres de leurs familles; plus grand et plus simple, le maréchal Biron se contenta d'en produire cinq ou six fort anciens :

« *Sire,* dit-il, *ma noblesse est ici comprise;* » puis, portant la main à la garde de son épée, il ajouta : « *Mais, sire, la voilà encore mieux.* »

(1) *Annales de Belleforet,* t. II, p. 1689.

Le grand collier du même ordre lui fut donné l'année suivante, ainsi qu'une gratification de 25,000 écus.

Envoyé en Saintonge contre le prince de Condé, en 1585, il mit le siége devant Marans; mais, en allant reconnaître cette place, le 10 juillet, il eut un doigt de la main gauche et le bout du pouce emportés par une balle. La funeste journée des barricades le retrouva dans Paris, employant tous ses efforts à apaiser les troubles. Le 20 mai de la même année 1588, il fit entrer dans Paris, par les ordres du roi, 4,000 Suisses et 2,000 hommes de pied de troupes françaises.

Le jour même de l'assassinat d'Henri III, arrivé en 1589, Biron fut l'un des premiers qui se rangèrent sous la bannière d'Henri IV, en assurant qu'il lui dévouait sa personne et toute l'autorité qu'il pouvait avoir dans l'armée. Le prince lui dit en l'embrassant : *C'est à cette heure, mon cousin, qu'il faut que vous mettiez la main droite à ma couronne; ni mon honneur ni le vôtre ne veulent pas que je vous anime par des discours; pour commencer nos affaires, je vous prie, en pensant à ce qui se présente sur nos bras, d'aller tirer le serment des Suisses, comme vous entendez qu'il faut, et puis me venir servir de pair et d'ami, contre ces gens qui n'aiment ni vous ni moi.* Le maréchal lui répondit en peu de mots : *Sire, c'est à ce coup que vous connaîtrez les gens de bien. Nous parlerons du reste à loisir; quant au présent, je vais, non point essayer, mais vous quérir ce que vous demandez.* Il tint parole.

Biron suivit le roi au siége de Paris; il fut chargé, avec Charles de Biron, son fils, d'attaquer les faubourgs Saint-Victor et Saint-Marceau. Il contribua puissamment au succès de la bataille d'Ivry, où il commandait le corps de réserve. Clermont en Beauvoisis, Evreux, Gournay et Caudebec lui ouvrirent leurs portes. En 1592, il enleva aux ducs de Parme et de Mayenne un quartier de cavalerie légère logée au village de Ranson, à six cents pas tout au plus de leur camp. Après avoir réduit une grande partie de la Normandie sous l'obéissance du roi, il se rendit au siége d'Epernay, en Champagne. Un coup de fauconneau termina cette glorieuse carrière, le 26 juillet 1592.

Héritier de son nom et de sa gloire, Charles de Gontaut, duc de Biron, était déjà connu dans l'armée, à la mort de son père, comme l'un des plus vaillants capitaines. Il n'avait pas encore dix-huit ans, lorsqu'il fut élu par les clameurs des soldats pour commander l'armée du roi en Guienne, à la place de son père trop grièvement blessé pour continuer ses fonctions. Plus tard, les Suisses le réclamèrent pour leur colonel à l'expédition de Flandres. A Vendôme, il se fit remar-

-quer par sa brillante valeur ; les faubourgs furent emportés en moins de trois heures, le château forcé, la ville prise par le château. En 1590, il fut fait maréchal-de-camp, et commanda un escadron de deux cent cinquante chevaux à la bataille d'Ivry ; il y reçut deux blessures, une au bras, l'autre au visage. Emporté par sa bouillante ardeur, il se vit un moment entouré par l'escadron ennemi et près de perdre la vie ; Henri IV s'élança à son secours et le dégagea.

Nommé capitaine de cinquante hommes d'armes en 1591, il fut successivement blessé au siége de Rouen, puis à celui d'Épernay, où son père perdit la vie. Pourvu de la charge d'amiral de France et de Bretagne, il fut encore nommé conseiller d'état et conseiller honoraire de la cour du parlement. En 1593, il s'empara de Meung-sur-Loire, de Chelles, et contribua puissamment à la prise de Laon. L'année suivante, il reçut le bâton de maréchal de France, et fut fait gouverneur de Bourgogne, à la place du duc de Mayenne. Baune, Auxonne, Autun et Dijon ne purent lui résister. Le combat de Fontaine-Française fut pour lui l'occasion de nouveaux faits d'armes ; blessé d'un coup d'épée à la tête et d'un coup de lance dans le bas-ventre, il retrouva assez de force et de courage pour rallier quelques cavaliers et voler au secours de Henri IV, imprudemment engagé. L'Artois et la Picardie le virent toujours brave, toujours vainqueur ; la plaine fatale d'Azincourt fut elle-même le théâtre de ses exploits.

Pour de si glorieux services, Henri IV ne fut pas ingrat ; il lui prodigua des richesses et des honneurs. Ce prince avait pour lui l'affection la plus vive et la plus vraie. Dans une lettre qu'il écrivait à Elisabeth d'Angleterre, il appelait Biron *le plus tranchant instrument de ses victoires*. Tant de grâces, tant de bontés ne purent empêcher Biron de manquer à la fidélité qu'il devait à son prince. Une fois déjà, pendant son voyage à Lyon, Henri lui avait généreusement accordé l'oubli et le pardon de ses erreurs ; malgré cette générosité, pour quelques millions, Biron consentit à entrer dans la ligue dont le prince de Savoie était le chef. Vainement Henri IV employa auprès de lui l'influence de tous les seigneurs de la cour pour l'engager à confesser son crime ; il voulait encore lui pardonner. Mais Biron, qui croyait ses projets ensevelis dans le plus profond secret, s'offensa comme d'une injure de cette démarche de son souverain. *Voilà*, dit Henri IV à Sully, *un malheureux homme qui veut se perdre.* Voulant tenter un dernier effort, ce prince le prit lui-même à part, l'assurant d'avance de sa grâce ; il ne put rien obtenir. Il

se retira alors, et le capitaine des gardes, entrant au même instant, demanda au maréchal son épée. Biron se livra d'abord à toute la fougue de son caractère ; un instant de réflexion vint cependant le convaincre qu'il avait été trahi et que les charges les plus terribles pesaient sur sa tête. Il voulut alors parler au roi, mais l'heure de la clémence était passée, et celle de la justice allait sonner. Henri IV ne voulut ni le voir ni l'entendre. Biron fut conduit à la Bastille ; son procès fut immédiatement instruit. Il avait demandé à être jugé par ses pairs, mais le comte de Soissons, le duc de Montmorency, connétable de France, les ducs de Mayenne, d'Epernon, de Montbazon, d'Aiguillon, désignés par le roi, n'ayant pas voulu se rendre à la séance, le parlement délibéra qu'il serait passé outre. Le procès fut instruit par messire Achille de Harlay, premier président du parlement ; Nicolas Potier, président à mortier ; Etienne Fleury et Philibert de Thurin, conseillers à la même cour. Voici l'arrêt qui fut rendu le 31 juillet 1602.

« Vu par la cour, toutes les chambres assemblées, le procès criminel et extraordinairement fait par les présidents et conseillers à ce commis et députés par lettres-patentes des 17 et 22 juin dernier ; à la requête du procureur-général du roi, à l'encontre de messire Charles Gontaut de Biron, chevalier des ordres du roi, duc de Biron, pair et maréchal de France, gouverneur de Bourgogne, prisonnier au château de la Bastille, accusé de crime de lèze-majesté et haute trahison, informations, interrogatoires, confessions, délégations, confrontations de témoins, lettres missives, avis instructions données aux étrangers ennemis par lui reconnus, et tout ce que le procureur-général a produit, arrêt du vingt-troisième de ce mois, par lequel a été ordonné qu'en l'absence des pairs de France appelés, serait passé outre au jugement du procès ; conclusions du procureur-général du roi ; ouï et interrogé par ladite cour, elle a reconnu et reconnaît, déclaré et déclare ledit duc de Biron atteint et convaincu des crimes de lèze-majesté et haute trahison, pour les conspirations par lui faites contre la personne du roi, entreprises sur son état, productions et traités avec ses ennemis, étant maréchal-général de l'armée dudit seigneur ; pour réparation duquel crime l'a privé et prive de tous ses honneurs, états et dignités, et l'a condamné et condamne à avoir la tête tranchée sur un échafaud, qui pour cet effet sera dressé en la place de Grève ; a déclaré tous et chacuns ses biens, meubles et immeubles généralement quelconques, en quelques lieux qu'ils soient situés et assis, confisqués au roi ; la terre de Biron privée à jamais du nom et titre de duché-pairie, et icelle terre, ensemble ses autres terres immédiatement tenues du roi réunies au domaine de la couronne. »

Le soir du jour où cet arrêt fut rendu, la tête du dernier des Biron tombait sous la hache du bourreau.

Jusqu'au dernier instant, Biron espérait son pardon de la clémence du roi ; il ne perdit cet espoir que sur l'échafaud. *C'est donc tout de bon?* dit-il à son confesseur. La seule grâce que Henri voulut accorder à son ancien compagnon d'armes, fut que la sentence serait exécutée dans l'intérieur de la Bastille.

La mort du duc de Biron se répandit bientôt dans tout le midi de la France ; dès-lors, on oublia sa trahison pour se rappeler les services signalés rendus par l'illustre guerrier à son prince et à son pays. Plusieurs gentilshommes s'écrièrent, dans leur indignation, que Henri s'était conduit en bourreau qui frappe toujours, et non en roi qui pardonne.

A cette époque fut composée, sur la mort du maréchal, une chanson populaire, en patois périgourdin, que le bas Quercy, l'Agenais et le Périgord gravèrent dans leur mémoire. Souvent, les jeunes gens de cette dernière province, surtout, se réunissaient en chœur pour chanter la chanson du maréchal, mais bien bas, car la cour avait voulu effacer jusqu'au souvenir de Biron ; et jusqu'à la fin du règne de Louis XIV, des peines sévères attendaient le chanteur assez audacieux pour faire entendre le refrain proscrit.

En 1729, Louis XV érigea de nouveau la baronnie de Biron en duché-pairie en faveur de Charles-Armand de Gontaut.

Armand eut un fils, Louis de Gontaut Biron ; en lui s'éteignit cette illustre branche de la famille de Gontaut. La tête du dernier des Biron roula sur l'échafaud révolutionnaire peu de jours avant le 9 thermidor.

On pénètre aujourd'hui dans les ruines du château de Biron par une vaste cour qui retentit sous les pas du voyageur, parce que la voûte qui la soutient recouvre une immense citerne ; les bâtiments qui l'environnent sont d'une élévation et d'une régularité remarquables.

Il est assez difficile de déterminer laquelle de ces quatre faces était la façade principale de ce beau château ; cependant, sur l'un des côtés, des colonnes hautes de plus de vingt pieds y compris le socle et l'entablement, forment un superbe portique.

Girouettes, créneaux, armoiries, tous ces insignes de la puissance féodale ont disparu pendant la révolution ; ce qui reste est d'une architecture majestueuse, mais simple.

Que d'hommes ont passé là ! que de traces empreintes sur cette poussière et tour à tour effacées ! que de bruits, que de cliquetis d'armes, que de fêtes ont retenti sous ces voûtes aux anciens jours !

Maintenant tout est calme, tout est paisible.

On dit que, dans la chapelle souterraine, l'on voit quelquefois errer les ombres des seigneurs de Biron. Tous les ans, quand revient la fatale soirée du 31 juillet, on assure que des gémissements et des plaintes remplissent le château ; on trouverait difficilement un villageois assez hardi pour s'y aventurer alors. Les plus intrépides cependant prétendent avoir un jour surmonté la crainte que leur inspiraient ces bruits nocturnes ; alors ils ont vu un fantôme sortir mystérieusement de dessous les dalles, s'asseoir sur les marches du tombeau et faire d'inutiles efforts pour effacer une tache indélébile qui souilla le noble écusson des Biron. De temps en temps, il suspendait son pénible travail et murmurait d'une voix faible :

> As aüblida touto la péno
> Qué per tus yeü me suev dounat?
> Car din moun cor neio pas nô béno
> Qué per moun rey n'ascô sônnat.

Il reste peu de choses, à Biron, de la forteresse qu'assiéga Montfort. L'ancienne entrée du donjon paraît avoir été arrondie, avec une cour irrégulière au centre et une tour d'enceinte surélevée à la renaissance, que l'on reconnaît à ses petits contre-forts plats. A ce château roman en a succédé un du quinzième siècle, mal construit, du reste, et peu orné, mais plus vaste qu'on ne croirait, à en juger par les gravures. C'est que les nombreuses tours et les corps de logis irréguliers qui se rapportent à cette époque s'effacent pour le spectateur derrière d'autres constructions. Nous pensons que ce second château, dans son ensemble, date du quinzième siècle, et de la seconde moitié, puisqu'en 1451 les Anglais occupaient encore Biron. La chapelle, que l'on distingue au premier plan, date seulement des premières années du seizième siècle, quoique toute gothique au-dehors. Avant de la décrire, notons, pour ne plus revenir à l'histoire chronologique de l'édifice, que, vers la fin du quinzième siècle, au temps de la plus grande prospérité des Biron, on a entrepris presque à la fois des citernes monumentales, un immense escalier extérieur, et enfin un château neuf de très-grande proportion, dont on ne fit qu'une moitié selon l'usage.

Au point de vue de l'art, la chapelle offre plus d'intérêt que tout le reste du château. Remarquons d'abord sa disposition : elle est de plain-pied avec la cour inférieure; mais au-dessous se trouve une seconde chapelle destinée aux gens du bourg, et sans communication avec la première. C'est le dessin de la sainte Chapelle à Paris; mais ici les proportions sont bien différentes, car l'église basse a dû exhausser ses voûtes jusqu'au niveau du rempart auquel elle est appuyée. Cette chapelle, qu'il ne faut pas confondre avec la paroisse de Biron, située à quelques centaines de pas plus loin, dans l'ancien diocèse d'Agen, était réservée aux domestiques et aux quelques artisans qui vivaient au pied du château, à l'abri d'un rempart particulier. Elle est extrêmement simple; il n'en est pas de même de la chapelle des seigneurs; on l'a décorée et surtout meublée avec la plus grande recherche.

Au milieu de la nef s'élèvent deux magnifiques tombeaux de la première et de la plus fine renaissance, surmontés de statues couchées. On les a profanés; mais, quoi qu'en dise une tradition accueillie par certains auteurs de statistiques, ce ne sont point les cendres du maréchal de Biron qui ont été jetées au vent. On a même peine à concevoir une erreur aussi étrange, car l'une des deux statues est celle d'un évêque, et l'on peut lire encore, à côté de l'autre, cette épitaphe :

« Ci gist mes'ire (avec ce repentir d'orthographe)
» Pons de Gontault, chevalier, baron de Biron, édifica-
» teur de la présent chapelle et fondateur du colleige
» d'icelle, qui trespassa le premier jour de octobre
» M. V⁰ XXIIII. Prions Dieu pour son ame. »

L'autel est du même temps que les tombeaux. Aux deux côtés se tiennent agenouillées deux statues : un chevalier et un prélat. C'est encore le baron Pons de Gontaut, le fondateur de l'édifice, avec son frère Armand, l'évêque de Sarlat.

Entre les contre-forts de la chapelle, l'architecte avait ménagé, à droite et à gauche du rond-point, deux petites chapelles en forme de croisillons. On a sculpté dans l'une d'elles une de ces grandes compositions si fréquemment reproduites, à partir du milieu du XV⁰ siècle, et connues sous le nom de *Saint-Sépulcre*. Dans une arcade richement ornée d'arabesques sculptées et peintes, on voit, au-dessus et en arrière d'un autel, Notre-Seigneur Jésus-Christ au tombeau; alentour se tiennent les figures de la Vierge et des saintes femmes, de saint Jean et de saint Joseph d'Arimathie. Sur l'autel même, on a représenté en bas-relief deux sujets symboliques dont personne ne méconnaîtra le rapport au sujet principal : le sacrifice d'Abraham et la résurrection du prophète Jonas. Ces diverses sculptures, plus heureuses que celles des tombeaux, sont fort bien conservées; elles étaient dignes de révéler sa vocation à Bernard de Palissy, né près de là, à la Chapelle-Biron, et élevé à Montpazier. On a pu juger de leur beauté lors de l'exposition des produits de l'industrie qui eut lieu en 1838; des artistes de Toulouse, qui se sont fait une spécialité de la reproduction en terre cuite des plus beaux spécimens de l'art méridional, y avaient exposé tout le Saint-Sépulcre de Biron, mais sans l'architecture qui l'encadre, et qui, bien qu'inférieure aux statues, présente des détails intéressants.

Parmi les arabesques sculptées et peintes, on remarque la cotte d'armes des Biron, écartelée d'or et de gueules comme leur écusson. Ces armoiries sont celles des Gontaut. Pour le blason des premiers Biron, de ceux du xiᵉ et du xiiᵉ siècle, il nous est inconnu, et nous le regrettons, car il pourrait, à la rigueur, nous fournir un moyen de vérifier si lord Byron, l'illustre poète, descendait en effet, comme on l'a supposé, de cette vieille famille française. Au reste, s'il est certain que tous les compagnons de Guillaume-le-Conquérant, n'étaient pas Normands de naissance, il nous paraît extrêmement douteux qu'ils eussent déjà des armoiries héréditaires.

Nous avons dit que les constructions des ducs de Biron avaient moins de valeur, au point de vue de l'art, que celles des barons de ce nom. C'est grand, c'est majestueux; mais on n'y reconnaît guère de prétentions architecturales. Ce pavillon carré, l'effroi des couvreurs du pays, est trop simple, même pour le règne de Henri IV, et paraîtrait vulgaire s'il ne se dressait pas au sommet d'une montagne exhaussé encore sur des murs de soutenement en talus de 15 ou 20 mètres de hauteur.

Rien ne fait valoir le château de Biron autant que cette situation vraiment extraordinaire. Du côté du Périgord, la vue est bornée par des plateaux boisés, éloignés de 25 ou 30 kilomètres; mais vers l'Agenais, elle s'étend à l'infini et ne s'arrête, dit-on, qu'aux Pyrénées. De toutes les routes qui sillonnent cette contrée, on voit la silhouette du *castel de Biroun* se dresser à l'horizon, et son nom se trouve dans toutes les bouches.

On ne s'étonnera pas de rencontrer encore des machicoulis dans la demeure que s'est bâtie un grand maître de l'artillerie. C'était un entablement comme un autre, et le couronnement obligé des châteaux. La salle à manger n'a guère moins de 30 mètres de long. Elle occupe presque tout le rez-de-chaussée du château neuf. Aux temps de la Ligue, comme encore aux temps de la Fronde, les grands personnages invitaient parfois à dîner plusieurs centaines de convives.

Le château de Biron appartient toujours à la famille de ce nom. Le revenu de cinq ou six métairies qui l'entourent suffit à l'entretien des toits d'ardoise. A cela se bornent les réparations. Cependant, quand nous avons visité Biron, toute la balustrade à jour du côté méridional de la chapelle s'était renversée sur le toit pendant une tempête, et des maçons s'apprêtaient à la redresser.

Malgré la tristesse et la solitude de ce nid d'aigle et du paysage qui l'environne, un pareil séjour ne serait pas sans attrait. Ceux qui portent encore le nom de Biron sembleraient devoir se plaire dans ce pays où vit le souvenir de leurs ancêtres. Nous, indifférents, qui lisons l'histoire du vainqueur de la Ligue, nous nous demandons comment ce roi, si indulgent pour ses ennemis, s'est montré si dur et si sévère pour ses vieux amis les plus dévoués, pour Mornay, pour Turenne, pour Biron. — Dans tous ces châteaux habités par des membres ou par des alliés de Gontaut, parmi ces belliqueuses populations fières d'avoir un héros pour seigneur et pour compatriote, on se fit aussi cette question quand arriva la nouvelle de l'exécution du maréchal. Dans ces temps de gloire et de malheur, le crime de haute trahison avait été celui de tout le monde; l'opinion était prompte à l'excuser sous Henri IV, comme à le condamner sous Louis XIV. Les mieux instruits se disaient, comme ils l'avaient vainement dit à genoux devant le roi : « que, sans doute, Biron avait péché » contre l'Etat, mais que son crime était demeuré dans » sa volonté sans passer à l'action. » Ils se disaient que ce crime avait peut-être été provoqué par les discours peu mesurés du monarque sur son lieutenant. La foule ignorante devait encore moins comprendre pourquoi le maréchal, après tant de services personnels, après les hauts faits et la glorieuse fin de son père, avait mérité le dernier supplice. Une dangereuse révolte était imminente, et le roi ne dédaigna pas de s'avancer jusqu'à Limoges pour faire saisir les principaux chefs, et pour contenir les mécontents par sa présence. — On jugera de l'audace et de l'intraitable fierté de cette famille par la conduite que tint, quelques années après, le propre frère du maréchal, devenu simple baron. Il était en procès avec une dame de Navailles pour la possession

du château de Badefols, sur la Dordogne, et malgré les ordres du roi, malgré les arrêts du parlement, il s'y établit de vive force, si bien accompagné que, pour lui faire vider les lieux, le marquis de Bourdeilles, sénéchal de Périgord, demandait en cour quatre mille hommes et du canon. A cette dernière époque, pas plus qu'auparavant, on ne bougea; mais cette émotion comprimée n'en fut que plus durable, et elle ajoute encore aujourd'hui au prestige d'un grand nom.

X...

## LES ÉGLISES DU PÉRIGORD [1].

### SAINT-PRIVAT.

Le bourg de Saint-Privat est situé à cinquante kilomètres de Périgueux, sur la rive gauche de la Drône; une église très-ancienne, un petit manoir du moyen-âge, annoncent que son origine remonte à une époque assez reculée. Le but de notre travail est de nous occuper exclusivement de l'église, qui est, sans contredit, une des plus remarquables du Périgord, et qui doit intéresser l'archéologue par sa forme primitive et le caractère de ses détails.

Saint-Privat possédait jadis un prieuré [2], relevant d'une abbaye dont l'ordre est inconnu; il est de toute probabilité que notre monument fut bâti par les moines pour servir d'église à leur couvent et réunir aussi la population des communes voisines. Il existe encore sur la façade latérale, non loin du chevet, quelques traces d'un arc de cloître; on y voit également des corbeaux saillants destinés à porter un plancher, ce qui fait supposer l'existence de bâtiments claustraux attenant à l'église et couvrant le cimetière actuel. D'ailleurs, les habitants étaient trop pauvres et trop peu nombreux, à cette époque éloignée de nous, pour bâtir, à leurs frais, un édifice aussi considérable; ils ont peut-être aidé les religieux à exécuter leur œuvre; mais ces derniers sont certainement les auteurs principaux du monument.

Le plan nous indique que l'architecte adopta presque exactement la disposition des anciennes basiliques. Ce savant artiste, qui devait être un des membres de l'ordre, conçut son projet d'après les règles consacrées par

______

(1) Voir, pour l'église de Terrasson, la page 62, et pour celle de Tocane, la page 240 du t. 1er (année 1853).
(2) L'*Estat de l'Église du Périgord*, par le R. P. Dupuy.

ses prédécesseurs, et suivit les types adoptés depuis les premiers siècles du christianisme. Ainsi, l'ensemble se compose d'une nef principale, divisée en trois travées et de deux bas-côtés très-étroits, d'un transcept ne dépassant pas les murs extérieurs des collatéraux, et de trois absides circulaires, dont l'une, celle du milieu, plus grande que les deux autres, forme le chœur et le sanctuaire.

Mais cet édifice présente à l'observateur deux caractères très-différents; les absides, le transcept et sa coupole, bâtie sur pendentifs, sont bien des constructions du xi<sup>e</sup> siècle, tandis que le reste du monument est moins vieux d'environ cent années.

Cette différence de style, que l'on remarque du reste, dans presque tous les monuments religieux de quelqu'importance, peut diversement s'expliquer.

Mais la raison la plus plausible que nous puissions en donner ici est la lenteur apportée dans la construction de l'ensemble. Il est évident pour nous qu'un plan général bien arrêté fut donné au xi<sup>e</sup> siècle par le premier directeur des travaux; on commença d'abord par élever les absides et le transcept, qui était la partie indispensable pour l'exercice du culte, puis il y eut un temps d'arrêt. Quelques années plus tard, de nouvelles ressources permirent de continuer le monument, et les moines firent construire la nef et les bas-côtés, et quand on éleva le portail et la travée intérieure qui lui est contiguë, le xii<sup>e</sup> siècle était arrivé. Alors l'ornementation devint plus riche et plus fréquente, le système des chapiteaux à corbeille unie fut abandonné, on les décora de feuilles enroulées et d'animaux fantastiques; les cordons et les corniches changèrent de forme, et bientôt une série d'ornements sculptés, de dents de scie et de pointes de diamants vint ajouter un nouvel éclat aux parties neuves de la basilique.

L'église de Saint-Privat est donc un monument de l'époque romano-byzantine de transition; aussi nous y rencontrons deux espèces de cintres différents; tous les grands arcs sont en ogives et les petits en plein-cintre; la porte principale, percée dans le mur ouest, présente à elle seule ces deux systèmes d'arcades. Le cintre inférieur, qui est le plus petit, est un demi-cercle pur, puis le sommet des arcs qui le dominent s'élève graduellement pour se terminer enfin par une ogive émoussée très-bien accentuée.

Nous devons ajouter aussi, pour tout dire, que les lignes principales de l'édifice présentent des irrégularités que nous ne saurions expliquer; ainsi, la nef n'est pas perpendiculaire au transcept, elle est plus large à l'ouest qu'à l'est; les piliers ne sont pas en face l'un de l'autre, et le parement extérieur des murs latéraux ne suit pas une ligne parfaitement droite. Pourquoi ces imperfections? L'architecte a-t-il été gêné par des constructions déjà existantes? Les ouvriers, par leur inhabileté, ont-ils mal planté les fondations, puis mal exécuté les parties supérieures? C'est ce que nous ne saurions décider, faute d'indications et de preuves suffisantes.

Quant à l'appareil dominant, tant au-dedans qu'au dehors, il tient le milieu entre le grand et le petit appareil romain, les assises sont réglées à 0<sup>m</sup> 32 de hauteur moyenne. Il y a bien quelques fragments construits en moellons irréguliers, mais ils proviennent tous de restaurations ou d'adjonctions modernes. Malheureusement, les matériaux employés sont d'une mauvaise qualité; aussi leur parement extérieur est-il rongé, troué sur toute la face exposée à l'intempérie des saisons et à l'action de la pluie; mais en revanche ces vieilles murailles ont pris une teinte brune du ton le plus chaud, le soleil a coloré vigoureusement la pierre et lui a donné cette riche nuance bistrée qui rehausse avec tant de bonheur nos antiques monuments.

D'autres dégradations moins importantes, il est vrai, puisqu'elles sont réparables, ont eu lieu à l'église de Saint-Privat. L'affreux badigeon, la lèpre de nos édifices, est venu s'abattre sur l'ancienne basilique; puis, non content de salir et d'empâter les sculptures de l'intérieur, on a jugé nécessaire d'enluminer les trois absides, de les déshonorer par de faux marbres à teintes claires et criardes et par des pilastres ioniques à chapiteaux dorés, toutes choses indignes enfin de la noble place qu'elles occupent et qui nous ont rappelé ces paroles si vraies, prononcées par M. le comte de Montalembert : « Les restaurations, le badigeon, la
» marbrure fleurissent aussi en province; il y a, no-
» tamment dans le Limousin, une famille de peintres
» ambulants, d'origine italienne, les Fiorès, je crois,
» qui s'en vont, d'église en église, de fabrique en fa-
» brique, de sacristie en sacristie, offrant au rabais le
» secours de leur pinceau; et la modicité de leurs prix
» leur vaut une assez nombreuse clientelle (1). »

E. VAUTHIER.

(1) Discours prononcé à Paris le 21 janvier 1846.

## EXPLICATIONS DE LA LITHOGRAPHIE.

Le n° 1 de la planche représente un fragment d'architecture situé dans l'angle formé par les galeries Est et Sud du cloître de la cathédrale de Saint-Front.

Ce curieux débris, qui remonte au xii° siècle, faisait très-probablement partie du tombeau de l'un des abbés du monastère, ainsi que semblent l'attester la croix et la crosse sculptés sur l'archivolte.

—

Le n° 2 reproduit une médaille trouvée, l'an dernier, par M. le docteur de Valbrune, à quinze ou vingt centimètres de profondeur, dans un taillis de sa propriété de Labatut, à Saint-Astier. Elle est en argent.

Ces mots : PETRONIA BONONIA, se trouvent expliqués par cet extrait du *Dictionnaire historique portatif de la géographie sacrée ancienne et moderne* (Paris. — Desaint et Saillant, 1759) :

« Bologne, anc. v. arch. d'Italie, cap. du Bolonez et » la 2° de l'Etat de l'Eglise, en latin *Bononia*. On as- » sure que saint Apollinaire y jeta les premiers fonde- » ments de la religion chrétienne. Saint Zama en fut » ordonné premier évêque, par le pape saint Denis, » vers l'an 265. Elle était alors sous la métrop. de Mi- » lan ; elle fut ensuite sous celle de Ravennes, et enfin » érigée en métropole par Grégoire XIII, qui en était » natif; elle est aussi la patrie de Lucius II, d'Inno- » cent IX et de Benoit XIV. Le siége en a été rempli par » nombre de cardinaux, et par les papes Innocent VII » et Nicolas V ; mais celui qui l'a le plus illustré, est » *saint Petrone*, qui obtint la conservation de cette ville » de l'empereur Théodose, qui l'aurait détruite du » tems de la révolte du tyran Maxime; il obtint encore » de ce prince qu'elle *serait la mère des études et des* » *sciences, comme elle le devint en effet;* aussi Grégoire IX, » Boniface VIII et Jean XXII adressèrent-ils les décré- » tales et les clémentines aux docteurs de son univer- » sité, une des plus célèbres de l'Europe. Il y a quan- » tité d'insignes reliques dans les églises de cette ville, » parmi lesquelles les corps de saint Petrone et de » saint Dominique. Elle a fourni plusieurs grands hom- » mes en tout genre. Le concile de Trente y fut tran- » sféré en 1547, à cause de la peste. Depuis 1754, le » cardinal Vincent Malvezzi en possédait encore le siége » en 1759. »

Saint Pétrone vivait au temps de saint Ambroise et paraît avoir fait à Bologne ce que ce grand saint fit à Milan ; uniquement préoccupé du bonheur des populations, qu'il édifiait par ses vertus, il s'interposa entre Théodose et ceux des Bolonais qui avaient suivi Maxime dans sa révolte contre Valentinien II.

Il réussit encore à obtenir de cet empereur d'Orient, auquel sa haute piété, son zèle pour la foi, son amour pour l'Eglise, ont mérité le surnom de *grand*, de précieuses faveurs.

Saint Pétrone vivait à Bologne de 379 à 388.

Le tyran Maxime eut la tête tranchée le 26 août 388, par l'ordre de Théodose, qui rétablit Valentinien sur le trône d'Occident, après être entré triomphant à Rome avec lui.

Maintenant, comment expliquer la présence, dans les environs de Saint-Astier, de cette médaille frappée à Bologne ?

Nous ne pouvons que faire des conjectures. Peut-être, la médaille, qui a été frappée évidemment au xvi° siècle, a-t-elle été rapportée de Bologne par un des soldats appartenant aux milices que les abbayes étaient obligées de fournir à la cour de Rome ; peut-être en aura-t-elle été rapportée par l'un des abbés envoyés, dans leur jeunesse, à Bologne, *la mère des études*, pour y compléter leurs hautes études théologiques.

L'université de Bologne, la plus ancienne de l'Europe après celle de Paris, fut fondée en 1158. On s'explique aisément qu'au xvi° siècle cette médaille universitaire ait été frappée et portât l'effigie du plus illustre des évéques de la seconde ville des Etats de l'Eglise, avec ces mots : *Bononia mater studiorum*, titre que saint Pétrone obtint de Théodose-le-Grand pour la cité qui fut si chère à son cœur d'évêque.

Le n° 3 figure une des pièces de monnaie du même module récemment trouvées dans un pot, de forme antique, en terre rouge non vernie, enfoui sous les gravois qui encombraient les parties supérieures de la cathédrale.

C'est en terminant le déblaiement du gros pilier central Sud-Est que les ouvriers ont fait cette découverte.

Ce vase, placé dans l'ébrasement de l'une des petites croisées intérieures, contenait environ 1,500 pièces de monnaie de billon de 0,018 millimètres de diamètre, toutes frappées au même type.

L'obvers présente le mot *Lodoicus* intercallé entre deux cercles ; l'intérieur du plus petit cercle est rempli par une croix. Au revers, on lit *Egolissime*, placé également entre deux cercles de grainetis.

Le type est quatre annelets et une petite croix à branches entrelacées.

Amédée MATAGRIN.

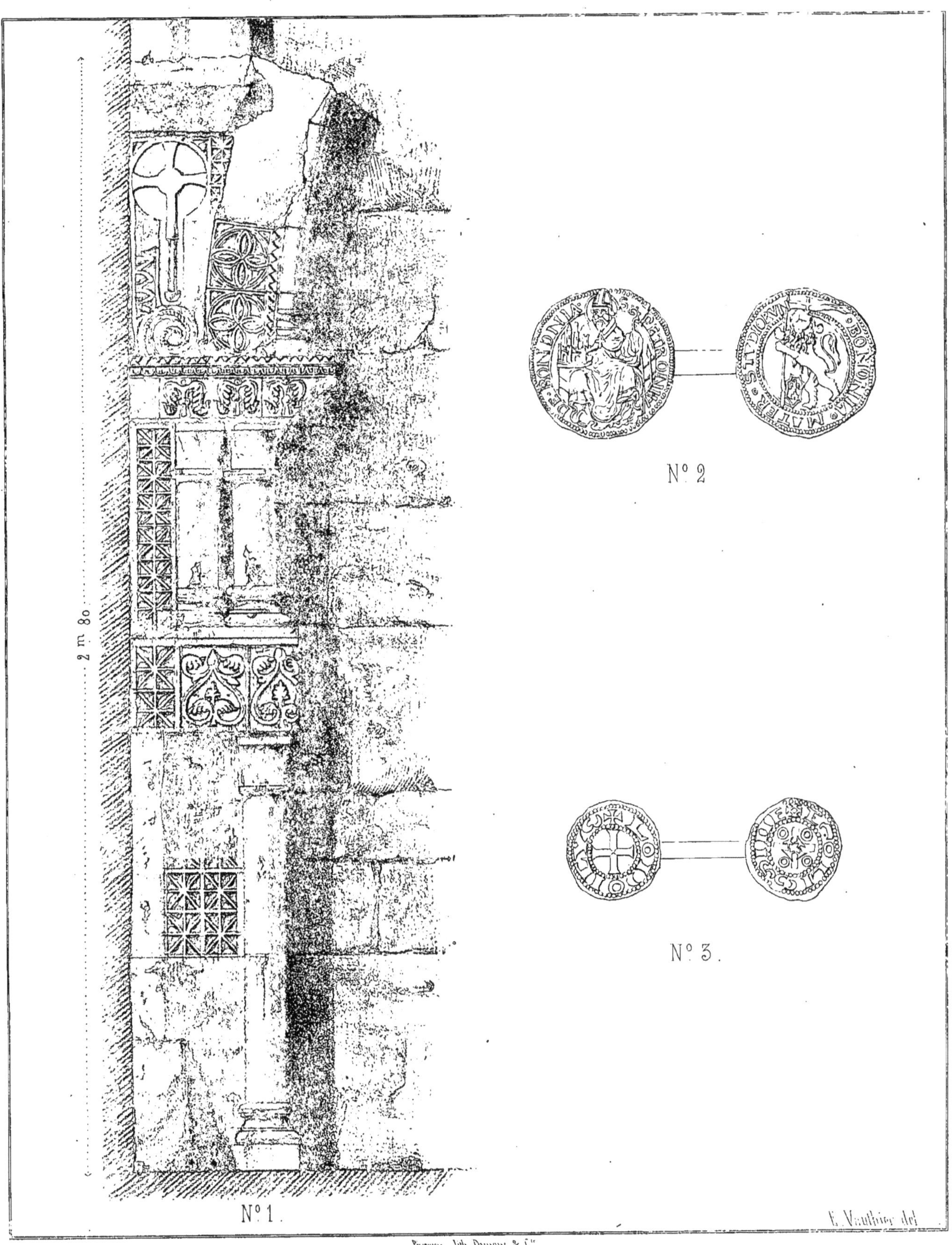

N.º 2
N.º 3.
N.º 1.

## CHANTS POPULAIRES DU PÉRIGORD.

### CHANSON DU MARÉCHAL DUC DE BIRON (1).

.Lou maréchal à lo Bastillo
S'éro endurmit pendant lo net;
Mès feroun del brut ô lo grillo
E tout d'un cop sé rébeillet.
— Qual es bengut, en ô quest'houro,
Cridet tout naü lou grand guerrier,
Per troubla la tristo démouro
E lou soummel del prisonnier?

— Soün toun seignou lou rey de Fronço,
Li respondet lé grand Henri :
— Tu qu'as bien défendut mo lanço!
Tus, rey, per kal boulioi mouri!
Bénes insulta mo miséro,
Riré d'un paoûré coundamnat.
Ah! quand marchaben à la guerro
Me promettios milo bienfàt.

Ay commandat sur mar, sur terro,
E tous cabaliés, en Piémoun,
Disions que n'obio pas en guerro
Un commandan coumo Biroun.
As aüblida touto la péno
Qué per tus yeü me suey dounat?
Car din moun cor néio pas nô béno
Que per moun rey n'ascé sònnat.

Mé soubéni de to compagnio,
Biroun, nou l'oublidoraï pas;
Mès boulias mé vendrè ô l'Espagno
E mé trahi coumo Judas.
— Biroun n'o pas trahit soun rey,
As escoùtat la médisenço;
Mé couparan lou cap, é pey,
Seras morrit de to benjenço.

Ah! que dirio moun paoûré payré
Sé sobio soun fils prisounier!
Bous aütrès reys bous soutias gayré
Dès serbicès d'un grand guerrier.
As aüblida touto lo péno,
Qué per tus yeü me souci donnat,
Car din moun cor néio pas nô béno
Que per mon rey n'ascé sònnat.

E disoun, qu'en fermen lo porto,
Biroun béset lou grand Henri
Ploura déban so fiéro escorto,
Bèleü soun cur éro morri.

(1) Nous avons raconté sa mort dans notre dernière livraison.



Aro, lebens-nous tous fraïré,
Dintr lo capélo de Biroun
Anen prégua pel fils, pel payré,
Parloun dé lour glorio bien loun.

TRADUCTION DE LA CHANSON.

1. Le maréchal Biron s'était endormi à la Bastille pendant la nuit; mais tout à coup on fit du bruit à la grille, et il se réveilla. — Qui est venu à cette heure, cria le grand guerrier d'une voix forte, pour troubler la demeure et le sommeil du prisonnier?

2. Je suis ton seigneur, le roi de France, lui répondit le grand Henri. — Toi qu'a défendu mon épée! Toi, mon roi, pour qui je voulais mourir! Tu viens insulter ma misère, rire d'un pauvre condamné! Ah! quand nous marchions au combat, tu promettais mille bienfaits.

3. J'ai commandé sur terre et sur mer, et tes cavaliers, dans le Piémont, disaient qu'il n'y avait pas au monde un commandant comme Biron. — Tu as oublié toute la peine que je me suis donnée pour toi; car il n'y a pas une seule veine dans mon corps qui n'ai saigné pour mon roi.

4. Je me souviens de tes campagnes, Biron, je ne les oublierai pas; mais tu voulais me vendre à l'Espagne, et me trahir comme Judas. — Biron n'a jamais trahi son roi; tu as écouté la médisance; on me coupera la tête, et puis tu seras marri de ta vengeance.

5. Oh! que dirait maintenant mon pauvre père, s'il voyait son fils prisonnier! Vous autres rois ne vous souciez guère des services de vos guerriers les plus fidèles. — Tu as oublié toute la peine que je me suis donnée pour toi; car il n'y a pas une seule veine dans mon corps qui n'ait saigné pour toi.

6. Et l'on dit que le grand Henri, en fermant la porte, pleura devant ses soldats; peut-être son cœur est-il marri! Maintenant, mes frères, levons-nous tous; dans la chapelle de Biron, allons prier pour le fils et pour le père; on parle de leur gloire bien loin.

---

## LES ÉGLISES DU PÉRIGORD.

### CENDRIEUX (1).

« L'an 1283, Raymond de la maison d'Auberoche
« était Evesque de Périgueux. Ie trouve dans le thrésor
» de la généralité de Guyenne, que cette mesme année
» le Sieur de Bonnes obeyt au iugement de cet Eves-
» que en rendant son hommage au Roi d'Angleterre (2),
» pour la seigneurie de Lymeuil, & chasteau & ville de
» Sainct-Drieux. » Cet extrait du livre du R. P. Dupuy
nous apprend qu'au XIIIᵉ siècle, le sieur de Bonnes était
seigneur de Cendrieux; et comme l'église actuelle n'é-
tait jadis que la chapelle de leur manoir, nous en con-
cluons, avec certitude, qu'elle fut bàtie par un des
membres de cette ancienne famille.

(1) Le P. Dupuy écrit Sainct-Drieux, nous avons trouvé sur la cloche, fondue en 1583, Sandrieux; les géographes de la fin du XVIIIᵉ siècle l'appellent Ceindrieux ou Sendrieux.
(2) Édouard Iᵉʳ, mort en 1306.

Cet édifice, qui remonte aux premières années du xi<sup>e</sup> siècle, renferme dans son plan des arrangements très-remarquables, et que l'on ne rencontre presque jamais. La forme adoptée par son auteur s'écarte des données ordinaires et vient heurter les principes généralement admis sur la disposition des monuments religieux de cette époque. Ainsi, son plan a la forme simple d'un T ou plutôt d'une croix latine sans la tête ; les chapelles latérales remplacent le transcept et viennent affleurer l'extérieur du chevet ; la coupole, que l'on voit toujours à l'intersection de la nef et des branches du transcept, est ici sur le sanctuaire ; les croisées, percées dans le chevet carré, sont en nombre pair, et les chapelles ou le transcept, car nous ne savons quel nom leur convient mieux, ressemblent à des moitiés d'absides hexagonales appliquées l'une et l'autre aux murs sud et nord du chevet.

Tous les murs du monument sont très-épais et très-solidement bâtis ; l'absence des contreforts, indispensables pour maintenir la poussée des voûtes, a nécessité ces énormes murailles qui font de l'église une véritable forteresse. Et, du reste, son aspect extérieur rappelle plutôt les constructions militaires que les constructions religieuses, et la façade Est, avec ses angles rentrants et saillants, ses croisées étroites en forme de meurtrières, est une véritable tour de défense romane, moins les créneaux, moins les machicoulis.

La nef, construite en même temps que le chevet, n'offre rien de singulier ; elle est éclairée par des petites croisées très-longues, fortement évasées. Son parement extérieur est orné d'arcades de décharge, légèrement ogivales, reposant sur des pilastres sans imposte et sans base ; l'intérieur en est complétement nu, et l'on n'y trouve aucune trace de décoration ni de moulures.

De chaque côté de la nef, dans la partie touchant le transcept, s'élève une petite chapelle ogivale ajoutée au monument vers le milieu du xv<sup>e</sup> siècle. A cette époque, la châtellenie de Cendrieux appartenait à noble dame Antoinette de Veyrines, veuve de Jean II Adémar de Lostanges, lequel fut assassiné en 1466 ; nous croyons que ces deux chapelles furent bâties peu de temps après cet événement, et que la dame de Lostanges les fit édifier en mémoire de son mari ; cette opinion, que nous donnons sous toute réserve, nous a été suggérée par l'inutilité de ces deux annexes, car l'église primitive était plus que suffisante pour les besoins du château, d'autant plus qu'il en existait une deuxième dans le bourg, et il a fallu certainement des

circonstances tout exceptionnelles pour en motiver la fondation. Dans l'une d'elles se trouve des armoiries sculptées ; mais elles sont tellement mutilées, que, malgré nos efforts, il nous a été impossible d'en déterminer la forme. Peut-être sont-elles les armes des Lostanges ou bien encore celles du chapitre de Saint-Front de Périgueux, qui possédait sur le territoire de la commune un petit fief du nom de *Las Tapouissias*.

Nous terminerons en ajoutant que le château a été démoli ; il n'en reste plus aujourd'hui que de faibles traces. Quant à la véritable église paroissiale, celle qui s'élevait à l'extrémité du bourg, elle est ruinée de fond en comble ; les guerres et les révolutions ont anéanti pour toujours ce monument, dont il ne reste pas même une pierre qui puisse indiquer aux générations futures que là s'élevait un temple remarquable consacré au Seigneur par la piété de nos aïeux.

E. VAUTHIER.

# LA RENAUDIE.



### CHAPITRE I<sup>er</sup>.

Comment Geoffroy du Barry, sieur de La Renaudie, dit Laforest, gentilhomme périgourdin, sortit de son château. — Entretien qu'il eut avec son écuyer. — Son entrée à l'abbaye de Beauchaud. — Quelle fut sa réception dans cette abbaye.

Le 18 janvier de l'an 1560, le pont de la grande porte du château de La Renaudie (1) se baissa lourdement, et tout aussitôt le châtelain sortit gaîment au petit trot de sa belle mule d'Espagne, tandis que son secrétaire et écuyer, maître Labigne, le suivait, d'un air triste et soucieux, en talonnant une vieille jument borgne.

La Renaudie, chevalier de haute extraction, était d'une riche taille ; il portait la tête haute, sa figure était belle, et ses narines, un peu trop ouvertes, annonçaient une audacieuse intrépidité. Son costume était complétement de la même étoffe, seulement les boutonnières de son pourpoint étaient brodées d'argent,

(1) On voit les ruines du château de La Renaudie sur le chemin qui conduit de Nontron à Villars, à environ un kilomètre de la rive gauche de la Dronne, commune de Saint-Front-La-rivière.
Ce château fut vendu, par arrêt de justice, aussitôt après la mort de La Renaudie ; il devint, plus tard, la propriété de M. le comte des Cars, qui le conserva jusqu'en 1793, époque où il fut acquis, comme bien national, par plusieurs particuliers, qui, pour en enlever les matériaux, l'ont démoli dans presque toutes ses parties.

tandis que celles de son haut-de-chausses étaient en laine rouge : quelques plumes de coq ombrageaient son chaperon, coquettement relevé du côté droit, et une longue et large rapière, à coquille de fer, passée dans un ceinturon de cuir, pendait jusqu'à ses éperons. Cette dernière partie de son équipement était en argent massif et à molettes d'or, indice de la plus haute noblesse.

Labigne, au rebours de son maître, était de petite taille, quoique monté sur de longues jambes; ses bras, surtout, étaient d'une longueur démesurée. Il portait toujours le nez au vent comme pour dissimuler la voussure de ses épaules : néanmoins, sa figure ouverte, au premier abord, inspirait de la confiance. Quoique peu communicatif quand il s'agissait de choses importantes, il savait donner à ses paroles un tour d'érudition et de profondeur dont on ne l'aurait pas cru capable ; d'autres fois, lorsqu'il ne voulait pas se laisser deviner, il jouait le rôle de niais à s'y méprendre. Bien que sur des points capitaux il ne partageât pas la manière de voir de son maître, il lui vouait une affection sans bornes, et s'était fait un devoir de le suivre dans sa bonne et dans sa mauvaise fortune.

Du Barry de La Renaudie était déjà sur le tournant du chemin de Villars, lorsqu'il s'arrêta pour attendre son écuyer.

— Chemine moins lentement et quitte ta figure désolée, dit-il à celui-ci; quand on marche aux honneurs, on doit avoir sourire aux lèvres et front radieux.

— Il est vrai, monseigneur, que les honneurs devraient nous réjouir ; pour nous, c'est chose rare. Mais, ne vous en déplaise, je ne vois que corde et gibet là où vous ne voyez que gloire et fortune. Modérez un peu l'allure de votre mule, et je vous dirai tout ce que j'ai sur le cœur.

— Ma mule n'ira qu'au pas, à condition que tu feras prendre le galop à ta langue et que tu seras bref dans ce que tu as à me dire; autrement, je partirai seul.

— Et je devrais bien vous laisser partir et me tenir coi dans le château, herse basse et pont-levis haut, car, vous le savez, monseigneur, nous sommes de ces gens qui, par prudence, devraient être plus jaloux de se cacher que de se montrer.

— La fièvre te galope, mon écuyer, tandis que tu devrais applaudir à une entreprise qui, en délivrant la France de son stupide roitelet et de la tyrannie des Guises, mettra sur le trône de France le magnanime prince de Condé.

— L'entreprise, mon maître, est assez importante pour qu'on y regarde à deux fois, d'autant plus que,

dans diverses tentatives, vous n'avez pas toujours été heureux. Rappelez-vous ces richesses que vous avez perdues grâce à vos procès, et dont il ne vous reste que ce château que nous quittons peut-être pour ne plus y rentrer. Rappelez-vous la prison de Dijon et votre miraculeuse évasion qui jeta l'étonnement dans la ville, mais dont l'or des Guises, dont vous êtes le détracteur, était tout le secret.

Ici La Renaudie ferma les yeux, en contractant ses lèvres, comme pour réprimer un remords.

— Rappelez-vous, continua l'imperturbable Labigne, votre fuite en Suisse, pour mettre à l'abri votre tête, que réclamaient les justiciers de France.

La Renaudie fronça une seconde fois le sourcil; mais, cette fois, ce n'était pas du remords, c'était de la colère; il se retint, cependant, parce qu'il craignait Labigne, qui n'aurait eu qu'un mot à dire pour le faire pendre. Il dit seulement, en affectant un air calme :

— Eh bien ! qu'est-ce que cela prouve ?

— Cela prouve, monseigneur et maître, que lorsqu'on ne sait pas faire ses propres affaires, on ne doit pas se mêler de celles des autres.

— Par Calvin, fit La Renaudie, comme s'il n'avait pas entendu, mon voyage en Suisse n'a pas été en pure perte; tout le monde n'a pas l'honneur de s'être entretenu longuement et secrètement, à Berne, avec le célèbre évêque de Noyon.

— J'admirerai Calvin, interrompit Labigne, si ce que vous aimiez en lui n'était pas contraire à la foi de nos pères.

— Langage d'apôtre, maître Labigne ; laissons là le jugement des hommes, et rapportons-nous-en à la sagesse de Dieu, qui élèvera le courage des vrais croyants par le triomphe du nouveau culte.

— Ainsi pensaient, il y a cinq ans, répondit Labigne, ceux de Mirandol et de Cabrières, ce qui n'empêcha pas trois mille d'entre eux de périr sous les coups des catholiques.

— Trève à tes observations : tu devrais savoir que je n'aime pas les avocats de messieurs les catholiques.

— Je ne les défends point, je fais seulement la part de tout; je sais que l'effervescence des esprits, en matière de religion, est telle aujourd'hui, que catholiques et protestants se qualifient en quatre lettres : Fous.

— Merci, messire écuyer : cependant, comme j'aime à prouver que ceux du nouveau culte sont les moins fous, j'espère qu'à Nantes, à la conférence du premier du mois prochain, tu tiendras un tout autre langage.

— Quand nous en serons là, mon maître, je serai parfaitement muet, si cela ne vous déplaît pas.

— Ainsi-soit-il, mon écuyer.

En devisant ainsi, nos deux voyageurs aperçurent, à travers les grands châtaigniers, l'abbaye de Beauchaud (1), dont la toiture rougeàtre, recevant les premiers rayons du soleil, avait l'éclat lointain d'une fournaise ardente, tandis que la flèche ardoisée de son léger clocher s'élançait brillante comme le jet d'une flamme.

Toute l'attention de Labigne se porta sur l'édifice, moins pour admirer tout ce qu'il offrait en ce moment de poétique que pour se concentrer sur un seul point situé au sommet de l'angle du bâtiment.

— Que penses-tu de cet effet magique du soleil levant? fit La Renaudie en voyant son écuyer en contemplation.

— Je dis, mon maître, que jamais je n'ai pu voir la fumée de cette grosse cheminée sans me sentir talonner par le plus violent appétit.

— Vous êtes essentiellement positif, monsieur Labigne.

— Que voulez-vous? mon maître, j'aime à voir les choses sous leur point de vue le plus naturel.

— Je me range, dans cette circonstance, à ta manière de voir, judicieux écuyer : aussi mon intention est-elle de faire une halte chez messieurs les moines pour m'assurer si leurs gros chapons de Puyguilhem sont aussi grassement truffés que de coutume; si leurs bartavelles des Saudets ont perdu leur délicieux fumet; si les grosses truites dorées de leur pêcherie du Chalard ont toujours la chair aussi ferme que saumonnée, et si leur vin paillé de Cirier-Bossu fait toujours sauter le bouchon.

— Comme vous, je serais curieux, monseigneur, de voir de près toutes ces bonnes choses; mais la prudence, vous le savez, ne nous permet que de leur donner de loin un grand coup de chapeau : qu'elles reçoivent notre révérence, et prenons ce chemin, à gauche; il nous conduira dans l'hôtellerie de Laviolette, à Villars, où nous trouverons, en échange, quelques châtaignes bouillies, de la piquette et une omelette au lard rance.

— Par Calvin, il n'en sera rien, s'écria La Renaudie; notre estomac ferait appel de cette sotte détermination.

— Sottise vaut mieux que témérité, mon maître; messieurs les reclus de Beauchaud, vous le savez, sont nos plus cruels ennemis; passons outre, si vous m'en croyez, et ne nous exposons pas à être mis à la porte avec accompagnement de gourmades et de horions.

— Poltron, ne sais-tu pas que, pour ne pas être dévoré par les loups, il faut hurler avec les loups?

— S'il ne s'agissait que de hurler pour bien déjeuner, je m'en acquitterais parfaitement. Et Labigne, en portant ses deux mains, à demi-fermées, à sa bouche, fit un hurlement dont aurait pu s'enorgueillir le plus gros loup de la forêt de Pérouse.

Le frère portier s'y trompa, et parut, une arquebuse en main, au haut de la galerie de la grande porte voûtée; mais, à peine eut-il reconnu La Renaudie, qu'il dit : Par saint Benoît, j'aimerais mieux voir rôder autour de nos murs toutes les bêtes fauves du Périgord qu'un tel personnage.

— *Pax sit inter nos*, fit La Renaudie en s'avançant et en plaçant dévotement ses deux bras en croix sur sa poitrine.

— *Nunc et semper, si possible est*, répondit le moine en regardant obliquement le gentilhomme; puis, se redressant, l'arquebuse haute, comme pour se mettre en défense, il ajouta d'une voix forte :

— Geoffroy du Barry, que demandez-vous? que signifie ce hurlement? serait-il un signal pour aviser certains huguenots qui infestent le voisinage? S'il en est ainsi, faites connaître vos projets; nous sommes ici vingt religieux assez bien armés pour ne pas redouter l'attaque d'un ennemi qui se présenterait loyalement et en plein soleil.

— Vénérable frère portier, répliqua La Renaudie en donnant à sa voix un ton de persuasion qui lui était particulier, loin de nous mettre en hostilité contre votre sainte abbaye, mon écuyer et moi venons, au contraire, y chercher cette consolation et cet allégement de conscience que la religion chrétienne sait seule donner au véritable repentir. Pour preuve de nos pacifi-

(1) Cette abbaye, située sur la commune de Villars, était de l'ordre de Saint-Benoît. Elle doit avoir été bâtie sous le règne de Robert-le-Pieux. Son église est digne de l'attention des archéologues. La nef est surmontée de trois magnifiques coupoles qui s'élèvent sur des arcades d'une hardiesse et d'une élégance remarquables. A droite et à gauche de l'autel, on voit deux demi-coupoles qui recevaient des chapelles.

Le clocher, rasé aujourd'hui, s'élevait sur la grande coupole du centre. Le portique, qui devait être d'un beau travail, a été détruit.

De hautes murailles, crénelées sur plusieurs points, défendent l'approche de l'abbaye.

On y remarque une grande porte cochère voûtée, surmontée d'une galerie à machicoulis.

La révolution de 1789 chassa les moines, dont le personnel s'élevait à dix-huit religieux.

ques et pieuses intentions, voici mon épée, que vous ne me rendrez que lorsque nous aurons été purifiés par vos prières et par la puissante intercession de votre saint prieur et abbé, messire Hugues de Romain.

— Vos intentions, toutes pacifiques qu'elles soient, n'expliquent pas ce hurlement que j'ai entendu.

— Je vais vous éclairer sur ce point, interrompit La Renaudie en jetant un coup d'œil sur Labigne et en lui disant de s'éloigner.

— Mon malheureux écuyer, continua le chevalier d'un air de mystère, est possédé du démon, et, dans ce triste état, il lui arrive souvent de pousser des hurlements épouvantables : l'église seule peut le délivrer d'un pareil tourment ; je l'amène à la charité de votre couvent pour qu'il soit livré à toutes les épreuves que réclame sa funeste position.

— Puisqu'il en est ainsi, fit le portier en se signant, permettez que j'aille prendre, pour vous introduire, l'avis de notre vénérable prieur.

Et il se retira, laissant seuls La Renaudie et son compagnon de voyage.

— Qui vient me réveiller si matin ? s'écria d'une voix plaintive et enrouée par le sommeil messire Hugues de Romain, en entendant frapper à la porte de sa chambre abbatiale.

— Mon très-révérend père, dit le portier, le chevalier de La Renaudie attend à la grande porte.......

Hugues de Romain, au nom de La Renaudie, fit un bond et sauta prestement hors de son lit, ce qui, depuis vingt ans qu'il se plaignait d'un rhumatisme goutteux, ne lui était pas arrivé.

— Que dites-vous ? Que dites-vous ? La Renaudie ! La Renaudie ! répétait d'une voix effarée le bon prieur. La Renaudie ! Combien sont-ils ?

— Lui et son écuyer, mon père.

— Mais, au nom de la Sainte-Vierge, à cette heure si matinale, que veut-il ?

— A cette heure, on peut être possédé du démon, interrompit le portier, et faire un heureux retour sur soi-même.

Le prieur secoua la tête en signe de dénégation.

— Cependant, mon père, continua le portier, le chevalier vient, en dévotion, chercher, dit-il, en notre couvent, cette consolation et cet allégement de conscience que l'Église seule sait donner au véritable repentir et soumettre, en même temps, son malheureux écuyer, possédé du démon, aux saintes épreuves que réclame sa funeste position.

— Mensonge ! exclama le prieur, en se revêtant, dans son trouble, de son haut-de-chausses en guise de veste. Mensonge ! La Renaudie est incapable de repentir, son arrivée ici a un tout autre motif.

— Je crois son arrivée ici toute pacifique, mon père, puisqu'il m'a remis son épée en disant : Vous ne me la rendrez que lorsque nous aurons été purifiés par vos prières et par la puissante intercession, auprès du Sauveur, de votre saint prieur, messire Hugues de Romain.

— Il a dit votre saint prieur ? fit Hugues en manifestant une vaniteuse curiosité ; et un sourire d'amour-propre flatté effleura ses lèvres. Puis, après une pause où il parut se recueillir pour prendre une détermination, il ajouta : Les conversions des grands pécheurs sont les plus agréables à Dieu ; qu'on fasse entrer messire Geoffroy du Barry, seigneur de La Renaudie, et son malheureux écuyer ; que tous nos frères se rendent au parloir, moi-même je ne tarderai pas à m'y rendre.

Un quart d'heure s'était à peine écoulé, que tous les moines étaient dans la salle du parloir ; chacun occupait sa stalle en bois de noyer savamment sculptée, quand messire Hugues de Romain vint prendre place sur son magnifique siége dont le dossier représentait, en haut relief, la fuite en Égypte et l'adoration des mages.

— Introduisez le sieur du Barry et son écuyer, dit le prieur.

En entrant dans la salle, le chevalier s'avança avec dignité et assurance, s'arrêta à trois pas en face du prieur, tandis que Labigne se tint dans l'embrasure de la porte, comme pour être plus prompt à prendre la fuite si la position devenait dangereuse.

Seigneur de La Renaudie, fit le prieur d'une voix émue et peu rassurée, apprenez-nous le but de votre visite ; vous savez que nous avons le droit d'en être surpris ?

La Renaudie, en s'inclinant respectueusement, répondit :

» Vénérable père, et vous, respectables frères, vous savez que chaque chose, dans ce monde, doit avoir sa fin, et que l'éternité n'est réservée qu'à la souffrance du damné, comme à la joie céleste du juste.

» Pénétré de cette grande vérité, je viens devant vous faire amende honorable des écarts de ma jeunesse et demander au révérend saint Hugues de Romain une lettre de sauvegarde et de protection pour sa grandeur monseigneur l'évêque de Poitiers, qui me permettra de me prosterner devant la châsse de la bienheureuse sainte Radegonde, reine de France, d'Austrasie, de Turinge, et patronne de votre paroisse.

» Oui, je veux abandonner mes erreurs près de ses saintes reliques, comme elle-même abandonna les pompes de la couronne et le roi Clotaire, son païen époux, pour recevoir le baptême et accomplir cette prophétie de Jésus-Christ, qui lui était apparu grand comme un géant, et l'avait mise sur ses genoux en lui disant : Radegonde, tu seras bientôt dans mon cœur comme tu es sur mes genoux.

» En effet, continua La Renaudie en croisant dévotement ses deux mains sur sa poitrine et en élevant son regard vers le ciel : Heureuse Radegonde, remplie de l'amour divin, tu appartenais à Dieu quand tu fondas le couvent des religieuses de Poitiers, que tu voulus vivre des austérités de ces saintes filles, et que tu obtins de l'empereur de Constantinople ce morceau de la vraie croix, que tu montrais souvent au bon saint Fortunat, ce qui lui inspira le bel hymne de : *Pange, lingua, gloriosi......* »

— Et le *Tantum ergo sacramentum* qui en est la suite, interrompit l'abbé Hugues, en donnant un air doctoral à cette citation.

— Et le *Procedenti ab utroque compar sit laudatio* qui en est la fin, fit entendre Labigne, en prenant l'air le plus niais et le plus maussade, pour établir, malicieusement, un risible contraste entre sa citation et celle du prieur.

Celui-ci en fut déconcerté : La Renaudie vint à son aide en se penchant à son oreille et en lui disant :

— Ce paysan n'aurait jamais parlé de la sorte, si le diable ne lui eut pas soufflé la fin de cet hymne.

— C'est un pauvre possédé, se hâta de dire Hugues à son voisin ; et de voisin en voisin, le mot de possédé fit le tour du cercle.

Labigne, sans le comprendre s'étonna du chuchotement dont il était l'objet, et, d'un regard interrogateur, sembla en demander l'explication à La Renaudie; mais celui-ci fit mine de ne pas faire attention à son écuyer, et continua :

— Respectable prieur, et vous révérends frères, maintenant que vous connaissez mes pieuses intentions....... ici un frère-lai, dont la taille haute et dégagée se dessinait sous sa vaste robe de bure, fit un signe de tête affirmatif.

Le chevalier, dans ce signe, devina, sous le capuchon du moine, un sardonique sourire; il en fut vivement ému et considéra de la tête aux pieds ce mystérieux personnage qui, en rabaissant davantage son capuchon, laissa voir à son poignet gauche un bracelet d'or enrichi d'un brillant de la plus belle eau.

— Par Calvin ! fit, à part, La Renaudie, je dois connaître cet homme, mais le diable ne me dit pas où je puis l'avoir vu.

Ces réflexions passèrent rapidement dans son esprit, et il reprit avec moins d'assurance :

— Maintenant que vous connaissez mes pieuses intentions, vous me permettrez quelques heures de recueillement dans votre couvent.

Et, en parlant ainsi, son regard resta fixé sur le frère au bracelet d'or ; l'immobilité de celui-ci fut celle d'une statue de marbre.

— Hospitalité et bon accueil vous sont acquis, fit entendre sire Hugues de Romain, qui ajouta courtoisement, avec ce sourire d'urbanité qui caractérisait si bien la noblesse d'alors : Mais c'est à cette condition, seigneur chevalier, que vous accepterez notre frugal déjeuner.

Labigne fit trois grands saluts d'assentiment et se disposait à suivre son maître au réfectoire, quand, sur un signe d'Hugues de Romain, deux vigoureux moines l'enlevèrent dans leurs robustes bras et l'emportèrent, en passant par un noir corridor, dans une espèce de cave voûtée, dite salle du repentir.

Au cri que Labigne jeta en se voyant saisir et emporter, La Renaudie tourna la tête et se prit à sourire au spectacle de son pauvre écuyer se débattant entre les mains des moines.

Faites, faites, dit à part le chevalier : tes invectives de ce matin, maître écuyer, méritent une correction, et qu'elle te vienne des moines ou de l'enfer, peu m'importe; et, tout en se parlant ainsi, il prit place à table, à la droite d'Hugues de Romain, qui, à haute voix, récita le *Benedicite*.

Les convives, excités par le délicieux fumet qui s'exhalait de chaque plat, répondirent *amen* avant même la fin de cette courte oraison.

— Mais vous m'offrez un splendide festin ! fit La Renaudie en se penchant vers le R. P. prieur : par saint Benoît, je n'ai vu rien de mieux ordonné, même à la table de la reine-mère, où j'ai eu l'honneur de m'asseoir quelquefois.

Ces bonbons surtout, dans leur charmant assemblage d'archanges et de chérubins, sont d'un fini parfait; on ne saurait mieux représenter un paradis en miniature.

— Ces bonbons, dit le prieur, nous viennent des religieuses de Ligueux et de Saint-Pardoux-Larivière.

C'est ainsi que ces saintes filles aiment à témoigner leur reconnaissance.

— Ah! fit le chevalier.

— Oui, continua le prieur, et leur gratitude nous est bien acquise, car, depuis la fondation de cette abbaye, les religieux de Beauchaud ont constamment été les directeurs de conscience des dames recluses de Ligueux et de St-Pardoux.

— Vous offrirai-je de ce salmi de bécasses et de robertiers (1)? se hâta d'ajouter le prieur.

— Volontiers, j'aime les petits pieds.

— Notre frère cuisinier, reprit le prieur, a un talent tout particulier pour conserver les robertiers dans leur parfait état de fraîcheur, en les couvrant de leur propre graisse, parfumée d'essence de graines de roberte ou mercuriale, graines dont ces oiseaux sont très-friands.

— Délicieux! exclama La Renaudie. Vos robertiers fondent dans la bouche, rien n'est capable de mieux aiguiser l'appétit le plus paresseux. Par sainte Radegonde, mon révérend père, en l'honneur du régime de votre couvent, je veux, au retour de mon pèlerinage, me faire moine de votre ordre.

Tout en parlant, il se servit pour la deuxième fois d'un succulent pâté de perdrix rouges, fit sauter le bouchon d'une bouteille de Cirier-Bossu, et jeta un coup d'œil d'envie sur les sucreries des religieuses de Saint-Pardoux et de Ligueux.

Quittons nos convives et entrons dans la salle du repentir, cave voûtée qui ne reçoit le jour que faiblement par l'ouverture de deux soupiraux, dont l'embrasure est semblable à un entonnoir renversé.

Des blocs de granit, placés de champ et rangés autour de la salle, représentent, autant qu'une grossière sculpture peut le faire, les divers sujets des stations du chemin de la croix.

Vient ensuite un rocher factice qui termine, en simulant un calvaire, la sainte et terrible épopée du fils de Dieu fait homme.

Çà et là, dans l'épaisseur des murs, sont scellés de larges anneaux auxquels sont suspendues de longues chaînes de fer, qui, à leurs extrémités, supportent, celles-ci, des colliers ou carcans en cuir, celles-là, de larges ceintures également en cuir, espèce de cilices dont l'intérieur est hérissé de pointes d'acier fines, aérées et rapprochées entre elles comme les crins d'une brosse.

(1) Le robertier ou grasset, connu seulement sous ces deux noms dans nos contrées, n'est autre que l'ortolan.

En face des deux soupiraux, les pieds et les mains garottés, le malheureux Labigne, assis sur un banc de pierre, jetait un triste et douloureux regard sur ces instruments de supplice et se demandait ce qu'on voulait de lui, quand les deux moines, dont il connaissait toute la vigueur, se mirent à genoux, l'un à sa droite et l'autre à sa gauche, et récitèrent, en tenant un cierge allumé, l'oraison suivante :

*Salve, virgo sapiens, zabulon terribilis, acies castrorum, et refugium is christianorum.*

*Amen*, dit d'une voix forte et assurée l'écuyer, qui, au premier mot de cette invocation, comprit qu'il était victime de la méchanceté de son maître et qu'il fallait, pour sortir de sa funeste position, se prêter aux manœuvres des deux religieux.

A cet *amen* du possédé, les deux moines, stupéfaits, se regardèrent.

Labigne, en les laissant dans leur étonnement, fixa son regard comme s'il eût contemplé un être surnaturel, puis, un instant après, il se prit à sourire : Oh ! merci, merci, s'écria-t-il, vos prières portent leur fruit; le démon, qui occupait, en ne me laissant ni repos ni trève, toutes les parties de mon corps, s'est retranché dans le dernier replis de mon estomac, où son action est presque nulle, puisqu'il n'a pu m'empêcher de contempler le bienheureux saint Benoît qui vient de m'apparaître.

Ici l'étonnement des moines redoubla.

Et de me dire : « Jehan-Thomas Labigne, secrétaire et écuyer selon les hommes, mais très-misérable et très-coupable pécheur aux yeux de Dieu,

» Bénis la sainte ferveur des deux religieux qui ont su te rendre favorable la mère du Sauveur.

» Elle m'envoie vers toi pour t'apprendre que ceux qui savent prier avec tant de zèle, sauront aussi comprendre, qu'outre la prière, il est un produit mystérieux de la terre qui vient souvent en aide aux malheureux possédés........ (de la faim, ajouta à part Labigne).

» Ce produit est en horreur au démon, parce que, grâce à l'instinct du cochon du grand saint Antoine, il a nourri long-temps l'anachorète dans le désert, en dépit du malin esprit qui voulait lui couper les vivres. »

— C'est la truffe, s'écrièrent unanimement les deux moines, fiers de trouver leur perspicacité d'accord avec la révélation de saint Benoît.

Soudain, ils placèrent sur le banc de pierre où était assis l'écuyer le cierge qu'ils tenaient et sortirent précipitamment.

Ils rentrèrent bientôt, l'un portant avec un pain frais une grosse poularde rôtie qui exhalait le délicieux fumet du tubercule périgourdin, l'autre une bouteille de vin dont le verre, couvert d'une couche terreuse, témoignait de la vieillesse du liquide.

Le tout fut placé devant l'écuyer, à qui la liberté des mains fut rendue.

— J'ai toujours pensé, fit le moine qui avait apporté la bouteille, que le vin, bien que saint Benoît n'en ait pas parlé, doit être aussi en horreur au démon, puisqu'il est un des éléments du saint sacrifice de la messe.

Labigne, loin de le démentir, dit, en débouchant la bouteille, qu'il pensait absolument comme lui et se préparait à satisfaire son formidable appétit, sans trop savoir comment tout cela finirait, quand un incident bizarre, inattendu, vint servir merveilleusement notre écuyer.

Une chauve-souris, attirée par la lumière des cierges, effleura, dans son vol rapide, la joue de Labigne et se perdit dans les soupiraux.

— *Retro Satanas!* s'écria l'écuyer qui profita de cette circonstance en ajoutant : Dieu soit loué, le diable est parti, l'avez-vous vu ?

Mais les deux moines, loin de répondre, s'étaient dirigés vers la porte aussi vite que leur ébahissement et leur terreur le leur avaient permis.

Labigne, resté seul, fit honneur à la poularde et attendit les résultats de cet événement.

Après une heure d'attente, un frère parut sur le seuil de la porte, en annonçant messire Hugues de Romain.

— Béni soit Dieu qui a bien voulu, pour votre délivrance, choisir notre abbaye, dit le prieur en s'approchant de Labigne.

Nos très-chers frères Étienne Laurent et François Jérôme, qui vous ont assisté, pauvre pécheur, dans cette salle de repentir, ont dressé, par nos ordres, procès-verbal de l'heureux événement qui enlève une proie aux enfers, en vous réhabilitant dans le giron de l'Église catholique, apostolique et romaine.

Écoutez la lecture de ce procès-verbal que nous avons signé et voudrez bien signer avec nous.

— Très-volontiers, interrompit l'écuyer.

Nous reproduisons ici ce procès-verbal qui se trouvait encore, en 1805, entre les mains du dernier économe de l'abbaye de Beauchaud, le sieur Jean Cailleton, décédé cette même année à Saint-Front-Larivière.

« Ce jourd'hui, 18ᵉ jour de janvier de l'an de Jé» sus 1560 : nous Étienne Laurent et François Jérôme,
» religieux et ordonnés de l'abbaye de Beauchaud,
» déclarons à qui il appartiendra qu'un individu du
» nom de Jehan-Thomas Labigne, confié à notre garde,
» surveillance et prières, en la salle du repentir de la
» susdite abbaye, a, de vers les dix heures du matin,
» eu une vision, en laquelle, soudainement, le bien-
» heureux saint Benoît est apparu lui disant : que nour» riture il y avait souverainement en déplaisir au
» diable qui le possédait : Que nous, sus nommés,
» avons été quérir cette nourriture, que ledit Labigne
» s'est mis en commencement de manger : que tout
» sitôt le démon, en la forme et portraict d'un oiseau
» noir, a dextrement quitté le corps du possédé pour
» s'affronder en l'abisme des enfers, à notre grand
» esmerveillement.

» En foi de quoy avons signé et ont signé avec nous,

» E. LAURENT.  F. JEROME.

» H. DE ROMAIN.  J.-T. LABIGNE. »

Quand Labigne eut signé le procès-verbal, le prieur roula soigneusement le parchemin, et sortit de la salle, en laissant le frère-lai avec l'écuyer.

— Maître Labigne, dit le frère, remercie le bon saint Benoît, qui a bien voulu t'épargner le carcan et le tabouret des damnés.

Et le moine désignait, dans un angle de la salle, un grand fauteuil, doublé en tôle, sur le dossier duquel était écrit, en lettres rouges : *Question ardente.*

Trois réchauds, suspendus aux barreaux inférieurs du siége, attestaient la véracité de l'inscription.

— Je ne croyais pas, fit entendre l'écuyer en jetant un coup d'œil d'effroi sur ce meuble de torture, être si puissamment livré aux griffes du Diable.

— Tu en es délivré, interrompit le religieux en enlevant la chaîne de fer qui s'enroulait autour des pieds de Labigne ; lève-toi, et, crois-moi, change de route ; autrement, ajouta-t-il d'un sourire étrange, tu n'aurais pas toujours, pour te secourir, le bon saint Benoît.

— Nous sommes trahis, fit Labigne à part, en se demandant quel était cet homme à la taille si dégagée au langage si absolu et si pénétrant.

Puis il se remit et reprit tout haut :

— J'ai mille obligations à vous rendre, mon frère, pour les bons conseils que vous me donnez et pour la peine que vous avez prise en débarrassant mes pieds des chaînes qui les meurtrissaient. Levez tant soit peu, s'il vous plaît, votre capuchon, pour que, plus tard, je puisse vous reconnaître et vous témoigner, comme aujourd'hui, toute ma gratitude.

— Va, fit le frère en montrant la porte d'une main, tandis que de l'autre, au lieu de le relever, il faisait descendre davantage son capuchon ; va, ton maître t'attend ; tu le trouveras au haut du jardin, sous les grands marronniers.

Labigne, dominé par l'ascendant de cet homme, ne sut plus rien ajouter, et, tout bouleversé des conseils qu'il venait de recevoir, il se rendit sous les grands marronniers, non sans jeter un dernier coup d'œil sur le frère-lai, qui, le bras toujours tendu vers la porte, laissait voir le bracelet d'or qui brillait à son poignet.

— Et d'où sortez-vous, maître écuyer? fit La Renaudie en voyant Labigne s'avancer vers lui. Vous aurez, sans doute, mieux trouvé de votre goût de déjeuner à l'office avec le frère cuisinier que de venir noblement vous asseoir à la table de messire Hugues de Romain?

— Il est inutile de vous expliquer ce que vous savez aussi bien que moi, interrompit Labigne d'un air boudeur.

Puis, se rapprochant du chevalier, il lui dit bas à l'oreille :

— Nous jouons ici un jeu, mon maître, dont tout le monde n'est pas dupe. Il y a dans ce couvent des gens qui sont aussi rusés que nous. Partons, et sur-le-champ, si vous m'en croyez.

— Tu pourrais dire vrai, mon écuyer, répondit le chevalier d'un air pensif ; va brider ma mule, je vais prendre congé du prieur.

Dix minutes après, Hugues souhaitait bon pélerinage au chevalier, en lui remettant une lettre de recommandation pour monseigneur l'évêque de Poitiers.

Le major DUBUT.

*(La suite à la prochaine livraison.)*

---

### ÉLOGE HISTORIQUE DE M. J. A. GROS DE BELER,

**ABBÉ RÉGULIER DE L'ABBAYE ROYALE DE CHANCELADE ET SUPÉRIEUR GÉNÉRAL DE LA CONGRÉGATION DE CE NOM,**

Par M. LAMBERT, chanoine régulier de cette abbaye.

*(Suite.)*

---

Mais le point de vue le plus intéressant sous lequel on puisse représenter M. l'abbé, c'est dans le gouvernement du spirituel de sa congrégation. C'est là que ce grand homme paraît avec tout l'éclat de sa vertu. Dès l'âge le plus tendre, il avait aimé le bon ordre, et il di-



sait que l'homme, dans quelque état qu'il fût, ne pouvait être tranquille et heureux que par la pratique de ses devoirs. Avant qu'il fût abbé, il avait exactement observé tous les points de la règle qu'il avait embrassée ; lorsqu'il se vit le conducteur des autres, il se crut encore plus étroitement obligé à cette observance, parce qu'il devait l'exemple à ceux qui lui étaient confiés. Ce fut sur cette maxime si juste, si naturelle, et sur laquelle on prend tant de plaisir à se faire illusion, que M. l'abbé établit le fondement de sa conduite. Il instruisit ses religieux dans la science de la vertu, sans être obligé de se rétracter et sans craindre de se condamner lui-même. Ses exemples n'affaiblirent jamais ses préceptes, et il n'eut point à justifier la contrariété de ses mœurs et de ses règles.

Il fut toujours le premier à toutes les régularités qui sont pénibles et multipliées ; il assista constamment à l'office de la nuit, quoique son grand âge fût pour lui une raison bien légitime de s'en dispenser, jusqu'à ce qu'enfin une longue maladie, qu'il eut il y a quelques années, lui ôta la force de suivre l'ardeur de son zèle. Il descendit tous les matins à cinq heures et demie, au chœur jusqu'aux deux dernières années qui précédèrent sa mort, pour faire une heure d'oraison. Il ne manquait à aucune partie de l'office, et il s'y tenait avec la modestie la plus édifiante. Il disait tous les jours la messe, quelque affaire qu'il pût avoir ; et c'était là, disait-il, qu'il trouvait la source d'une joie pure que le monde ne connaît pas. Il venait le matin et le soir, en hiver comme en été, au réfectoire, et ne pouvait souffrir aucune distinction pour la nourriture entre lui et ses religieux ; il voulait qu'on le traitât à quatre-vingts ans comme un novice. Sa chambre avait un air de simplicité décente, qui était une image fidèle de celle de son cœur ; on n'y voyait aucun de ces meubles rares et précieux, qui ne semblent faits que pour contenter le caprice de la fantaisie ; il n'y avait que ce qui était d'une étroite nécessité. Il s'habillait comme ses frères, et ne portait les marques distinctives de la dignité abbatiale qu'aux jours où il officiait. M. de Castries, archevêque d'Alby, lui en ayant demandé la raison, il lui répondit que ses saints prédécesseurs ne l'avaient jamais fait, et qu'il voulait tâcher de les imiter au moins par cet endroit. Ce détail paraîtra peut-être minutieux aux personnes qui ne pèsent le mérite qu'au poids de la somptuosité ; mais les esprits sages et sensés conviendront facilement qu'un homme qui, sans avoir à craindre les remords de sa conscience ni les reproches du public, pouvait se procurer une vie douce

17

et aisée, et qui se réduit néanmoins à une médiocrité si touchante, est un homme humble, pénitent, mortifié, véritablement vertueux ; et c'est là sans doute la solide grandeur du bon, du saint, du parfait religieux.

Un supérieur qui était tel que nous venons de représenter M. l'abbé de Chancelade, avait droit d'exiger que ses religieux, qui avaient les mêmes devoirs que lui, suivissent fidèlement son exemple. C'était le modèle vivant qui leur était montré pour leur rappeler leurs obligations. La consolation de son cœur était de les voir marcher sur ses traces ; mais ce qui lui était le plus doux et le plus agréable (qu'il nous soit permis de le dire ici en passant), c'était ce tendre et respectueux attachement qu'il voyait dans le cœur et dans la conduite de tous les religieux pour le père qui les avait tous enfantés en Jésus-Christ. Hélas ! comment auraient-ils pu ne pas aimer un père si bon, si complaisant ; un père qui les appelait tous ses chers enfants, ses chers frères, qui voulait toujours en avoir quelqu'un avec lui sans préférence et sans distinction, qui avait les bras toujours ouverts pour les embrasser ou pour les bénir, qui allait au devant de tout ce qui pouvait leur faire plaisir, qui n'aurait trouvé d'amertume que dans les refus qu'il aurait été obligé de leur faire, s'ils avaient été capables de lui demander des choses qu'il n'eut pas pu leur accorder ; qui leur parlait avec cette douceur, cette tendresse et cette affabilité qui peignaient si bien l'amour paternel qu'il avait pour eux, qui leur disait que son bonheur était de vivre avec eux, et qu'il le préférait à tous les plaisirs de la terre. Non, non, la mort n'a point détruit ce tendre attachement qui faisait toutes les délices de son cœur ; sa mémoire sera toujours chère et précieuse à leur souvenir ; son éloge est toujours dans leur bouche, et fait la matière de tous les entretiens qu'ils ont ensemble ; ils ne parlent de lui qu'en pleurant, parce qu'ils connaissent la grandeur de la perte qu'ils ont faite, et si quelque chose est capable de diminuer le poids de leur douleur, c'est l'idée consolante qu'ils ont que ce tendre père, qui les a tant aimés pendant qu'il était avec eux, ne les oublie pas auprès de son Dieu, qu'il a le bonheur de voir maintenant face à face.

Je reviens, et je dis que les religieux de Chancelade trouvaient dans l'amour qu'ils avaient pour leur père, dans sa conduite édifiante, dans les bons principes qu'il leur inspirait, et dans la connaissance qu'ils avaient de leurs devoirs, mille motifs puissants d'imiter ses exemples. Leur abbé n'était donc obligé qu'à les y entretenir et à confirmer par ses discours ce qu'il avait si heureusement commencé par sa conduite. Tous les vendredis, il leur faisait une exhortation sur les devoirs de leur état ; il en expliquait l'esprit, il en développait l'étendue avec cette force, cette énergie et cette douce persuasion qui avaient toujours été le caractère de son éloquence, et qui étaient d'ailleurs si séantes dans la bouche d'un vieillard qui parle à des enfants qu'il a tous élevés. Le soir du même jour, il tenait une conférence d'une heure, qui roulait sur les matières de la piété et de la religion ; chacun proposait son sentiment avec une liberté décente, et M. l'abbé, qui parlait toujours le dernier, répandait les plus grandes lumières sur les questions qu'on avait avancées.

Quand on allait le voir, la conversation, sans être gênée, roulait presque toujours sur l'état religieux ; il se mettait à la portée de chacun ; il parlait aux novices avec plus de simplicité qu'aux autres ; il leur distribuait ce lait précieux que l'apôtre saint Paul donnait autrefois aux nouveaux convertis ; il exhortait les étudiants à allier l'amour de l'étude avec l'amour de leur état ; et il leur répétait souvent que la science sans la vertu, n'était rien devant Dieu ; il s'entretenait ensuite avec eux des traités qu'on leur enseignait, et leur faisait part de ses lumières et de ses connaissances ; il parlait aux prêtres de la dignité et de l'excellence du sacerdoce et des obligations infinies qu'il impose ; il traitait avec une force supérieure les matières de la théologie et celles de la morale avec une justesse d'esprit admirable ; c'était le casuiste vivant de la communauté. Comme il possédait parfaitement la sainte Écriture, les ouvrages des Pères et les canons des conciles, on trouvait toujours l'occasion de s'instruire avec lui ; c'était toujours quelque beau passage relatif aux cas de conscience, ou à la prédication pour laquelle il leur traçait des plans sublimes et lumineux, tout cela se faisait sans affectation, sans pédanterie, et avec ce ton aisé et familier qui fait le charme de la conversation.

Mais ce qu'il recommandait à tous en général, et à chacun en particulier, c'était l'amour de la paix, de l'union, de la concorde, qui est le germe et le principe du vrai bonheur ; semblable à l'apôtre saint Jean, il les exhortait sans cesse à s'aimer les uns les autres en Jésus-Christ, et à avoir mutuellement cette charité qui est le vrai lien de la paix. Il faisait souvent de cette vérité la matière de ses discours ; il disait que c'était le grand commandement, que c'était tout l'homme, et qu'un religieux sans charité était un corps sans âme. Afin de mieux inculquer cette importante vérité dont il regardait la pratique comme un des principaux fondements de la perfection religieuse, il s'attacha surtout à écarter des conversations tout esprit d'aigreur et de dispute, et à y introduire ce ton coulant et naturel qui n'est ni pesant ni frivole, qui est gai sans tumulte, et poli sans gêne et sans affectation; personne n'était plus propre que lui à réussir dans ce projet, parce qu'il possédait éminemment le talent de plaire dans la société par sa douceur, sa modestie, et son aversion pour tout ce qui avait l'air de contestation et de dispute. Il disait que ce point était au fond plus sérieux qu'il ne le paraissait; en effet, quel serait l'avantage de la vie sociale pour des personnes qui ne se voyant qu'à certaines heures du jour, et pendant un espace de temps très-borné, ne se réuniraient qu'avec un air d'indifférence, le dégoût dans le cœur et l'aigreur dans les paroles; une solitude continuelle serait sans doute préférable à cette guerre intestine qui cause tôt ou tard la ruine des sociétés; mais la nature, la raison, la religion, tout dit à l'homme qu'il n'est pas fait pour vivre dans un état si violent; il faut donc qu'il se rapproche de ses semblables, puisqu'il ne peut être heureux que dans cette union. C'est là qu'il trouve un préservatif contre ses faiblesses, des lumières dans sa jeunesse, des secours dans l'âge avancé, du soulagement à ses douleurs et des ressources contre toutes les amertumes qui troublent son repos. Otez la sociabilité de la terre, vous détruisez l'union du genre humain, d'où dépend la conservation et le bonheur de la vie ; or, la politesse, les égards, les bienséances, sont l'âme et le soutien de cette sociabilité, et chacun doit contribuer, selon ses forces, à procurer par ce moyen la paix de la société dont il est membre, parce qu'il ne peut trouver la paix du cœur que dans la sienne. *Quærite pacem Civitatis ad quam transgrimare vos feci, quia in pace illius erit pax vestra.* Voilà quel était le système de M. l'abbé, il n'avait rien de plus à cœur que de l'inculquer à ses enfants, et il trouva toujours des disciples dociles qui méritaient d'avoir un tel maître.

Un autre moyen non moins efficace que M. l'abbé employa pour entretenir ses religieux dans l'amour des devoirs de leur état, c'est le goût qu'il leur inspira pour l'étude. Il n'en est pas des chanoines réguliers comme de ces pieux anachorètes qui ne se retirent dans la solitude que pour s'occuper uniquement de leur sanctification propre, sans conserver aucune relation avec le monde qu'ils ont quitté. Leur état, sans être aussi austère dans ses observances, n'est ni moins sublime dans ses motifs ni moins utile dans ses effets; il tourne tout à l'avantage du prochain. Les membres qui le composent sont destinés à toutes les fonctions du ministère évangélique; ils passent alternativement du tribunal de la pénitence dans la chaire de la vérité; or, ce n'est qu'avec le secours de l'étude qu'ils peuvent s'acquitter dignement de l'exercice de ces devoirs pénibles et délicats. Leur supérieur l'avait d'autant mieux compris, qu'il avait fourni lui-même cette carrière pendant plusieurs années; il avait pour lui la raison et l'expérience, et il sentait toute l'importance de cet objet; aussi il s'y attacha d'une manière toute particulière; il acheta une quantité très-considérable de livres sur les matières qui étaient relatives aux devoirs de l'état de ses religieux; il compléta toutes les éditions des Pères de l'église; il acquit tous les livres qui traitent de la théologie positive et morale, tous les ouvrages des bons prédicateurs et les livres élémentaires de toutes les sciences utiles.

Il mit par ces précautions ses religieux en état de contenter le goût qu'il leur avait inspiré pour l'étude, et qui se trouvait d'ailleurs renforcé par leur vie solitaire. Il leur permit d'allier l'étude des belles-lettres avec celle des sciences divines, il leur en facilita les moyens en leur procurant les bons livres qui ont été faits sur ces matières; il n'était même pas fâché de se délasser quelquefois de ses graves occupations en lisant les ouvrages nouveaux qui n'étaient pas infecté de ce germe impur de libertinage ou d'incrédulité qui caractérise la plupart de ceux qu'on imprime aujourd'hui. Mais il voulait que l'étude des belles-lettres fut toujours subordonnée à celle de l'Écriture et de la théologie, parce qu'il était persuadé que ses religieux devaient plutôt être d'habiles prêtres et de bons ministres que de bons littérateurs. Par cette sage et prudente économie, tous les moments étaient remplis; on ne voyait aucun vide dans le cours de la journée; l'oisiveté était inconnue; et chaque exercice varié par son objet, mais toujours dirigé au bien de la religion, réunissait l'agréable et l'utile, selon le précepte du maître du bon goût (1); *omne tulit punctum qui miscuit utile dulci.*

On conçoit aisément que la conduite d'une congrégation dont les membres qui la composent sont toujours occupés, et partagent tous leurs instants entre la célébration de l'office divin, l'étude et les fonctions du sacerdoce, ne devait pas être pénible pour un chef habile, sage, expérimenté, qui était le premier à tout, qui donnait l'exemple de tout ce qu'il commandait, et qui trouvait d'ailleurs dans les dispositions de ses reli-

(1) Horace.

gieux et dans l'attachement qu'ils avaient pour lui des ressources fécondes et inépuisables ; ainsi, se reposant sur la paix et l'exactitude qu'il voyait régner parmi eux, il n'avait que la peine d'entretenir ces vertus précieuses par tous les moyens que la prudence pouvait lui suggérer. Il visitait tous les trois ans les maisons de sa congrégation ; sa présence consolait ceux de ses religieux qui n'avaient pas le bonheur de vivre près de lui. Son train tenait de la simplicité de l'ancien temps ; il n'était accompagné que d'un religieux qui lui servait de secrétaire, et de deux domestiques. Quand il était arrivé, il assistait à toutes les régularités ; il faisait un discours aux religieux sur les devoirs de leur état, il corrigeait les abus, il ranimait le zèle, il excitait à la vertu ; et après avoir fait de sages réglements suivant l'exigence des cas, après avoir exhorté ses enfants à marcher constamment dans la voie qu'ils avaient d'abord suivie, il les laissait tous édifiés par la sainteté des exemples qu'il leur avait donnés. Lorsqu'il était de retour à Chancelade, il leur écrivait de ces lettres véritablement pastorales, où le cœur suit, sans contrainte, la voie de la vertu qui l'anime ; il imitait le langage de l'apôtre saint Paul, il l'adaptait aux circonstances, et ses religieux, qui étaient tous intimement persuadés qu'il les portait tous dans son cœur, recevaient avec la soumission la plus respectueuse tout ce qui leur venait de leur vénérable père.

Il s'occupait nuit et jour du bien de sa congrégation ; ses pensées, ses désirs et ses actions se tournaient toujours vers cet objet important. Nous pouvons, entre plusieurs exemples, en rapporter deux dont le premier fit l'honneur de son administration, et le second faisait, comme il le disait souvent avec la plus vive complaisance, le comble de ses vœux, ainsi qu'il avait été l'objet de ses désirs. M. Alain de Solminihac, qui avait été le premier abbé régulier de Chancelade, depuis la réforme qu'il y avait mise, étant devenu évêque de Cahors, fonda dans sa ville épiscopale une maison de chanoines réguliers du même ordre ; il les fit venir de l'abbaye de Chancelade pour peupler sa nouvelle maison. Par les nouveaux règlements qu'il fit, il ne réserva à l'abbé que le droit d'y faire la visite tous les trois ans, et de présider au chapitre ; mais, du reste, cette communauté avait le droit de recevoir ses novices, et les religieux qui la composaient n'étaient point sujets au changement, ce qui mettait l'abbé de Chancelade dans l'impossibilité de remédier aux abus, supposé qu'il s'y en fût glissé quelqu'un. Tant que M. de Solminihac vécut, il pourvut à la subsistance des chanoines régu-

liers, mais il ne leur donna aucun fonds en propriété. Après sa mort, les évêques qui le remplacèrent, en accordant toujours leur estime et leur bienveillance à une maison qui leur était toute dévouée, ne furent pas aussi zélés à pourvoir à leurs besoins (1), son successeur immédiat excepté. La régularité s'y soutint cependant avec la même force ; mais cette maison, devenue, pour ainsi dire, acéphale, avait besoin d'être réunie à la société dont elle avait été démembrée. Depuis longtemps les religieux, qui la composaient soupiraient après une réunion si nécessaire. On avait déjà fait diverses tentatives qui n'avaient pas réussi ; il était réservé à M. l'abbé de terminer une affaire si délicate ; il disposa d'abord toutes les parties intéressées par sa douceur et son affabilité, il leur fit sentir qu'elles y trouveraient leur avantage dans tous les sens. M. de la Luzerne, qui était alors évêque de Cahors, le seconda dans ses sages desseins, parce qu'il connaissait que c'était la plus grande gloire de Dieu qui le faisait agir ; cette union si désirée et si salutaire combla de joie et de consolation tous ceux qui y étaient intéressés. Le seul motif qui détermina les démarches de M. l'abbé était uniquement le désir qu'il avait de procurer à ses chers enfants le plaisir et le bonheur d'habiter tous ensemble, suivant le roi prophète : *Ecce quàm bonum et quàm jucundum habitare fratres in unum* ; Dieu couronna une entreprise dont sa plus grande gloire était l'unique objet.

Il fit aussi réunir le bénéfice simple de Péroche, situé dans l'île d'Oleron, à l'abbaye de Sablonceaux, parce qu'il savait, par expérience, que le modique revenu de cette maison ne pouvait pas suffire à la subsistance de douze religieux qui la composent. On ne saurait reprocher à M. l'abbé d'avoir agi dans cette circonstance et dans celle dont nous venons de parler, par envie d'étendre la domination ou d'acquérir des richesses et de se procurer du superflu. Sa grande maxime, de laquelle il ne se départit jamais, fut de chercher en tout la plus grande gloire de Dieu, sans consulter les intérêts de l'amour-propre ni aucun autre motif humain ; c'est ce qui lui fit refuser plusieurs établissements avantageux dans différentes villes du royaume, et particulièrement à Tours et à Paris, où M. le maréchal de Belisle, alors ministre de la guerre, voulait attirer des religieux de sa congrégation, pour leur confier la direction, quant au spirituel, d'un établissement

(1) M. de Sevin.

très-brillant; M. l'abbé ne crut pas pouvoir accepter une proposition qui faisait tant d'honneur à sa congrégation, et le motif principal qui décida son refus, ce fut l'éloignement des lieux qui ne lui permettait pas de voir par lui-même la conduite de ses religieux, chose qui lui paraissait si nécessaire dans un emploi si critique.

La seconde affaire qui fit long-temps l'objet de toutes les sollicitudes de M. l'abbé, regardait le choix d'un coadjuteur et d'un successeur présomptif qu'il voulait tâcher d'obtenir de la cour; il y avait déjà quelques années qu'il y pensait. Dès l'âge de soixante-neuf ans, il avait fait plusieurs démarches auprès de l'ancien évêque de Mirepoix qui avait pour lors la feuille des bénéfices; il lui écrivit plusieurs fois, et le prélat lui fit toujours des réponses qui marquaient l'estime particulière qu'il avait pour M. l'abbé; mais en louant les sages motifs qui le faisaient agir, il ne crut pas devoir acquiescer à sa demande. Il lui manda dans une lettre, datée de Versailles le 29 août 1749, qu'il ne pouvait pas lui procurer la consolation qu'il paraissait désirer avec tant d'ardeur, que c'était sur deux ou trois tristes expériences que le roi avait pris le parti de ne donner ni coadjuteurs ni coadjutrices, que si sa santé était trop altérée pour qu'il pût gouverner par lui-même, il eut agréable en lui, en envoyant sa démission, de lui déclarer celui qu'il voudrait pour successeur, qu'il le demanderait au roi, et qu'il se faisait fort de l'obtenir de ses bontés; il ajoutait ces paroles en finissant sa lettre : « Je vous assure, monsieur, qu'il m'en coûte plus qu'à vous de ne pas vous satisfaire sur cet article; je prie Dieu qu'il vous conserve long-temps, et que l'exemple que vous donnez aujourd'hui mette votre maison à couvert des tristes vicissitudes de la faiblesse humaine, qui ne sont que trop ordinaires. On ne peut, monsieur, vous honorer plus tendrement et plus sincèrement que je fais. L'ancien évêque de Mirepoix ; » il écrivit à peu près dans le même goût à Mgr l'évêque de Périgueux, qui avait eu la bonté de lui parler de cette affaire; il lui marquait expressément qu'il connaissait tout le mérite de M. l'abbé de Chancelade, qu'il avait été en relation avec lui, et qu'il avait eu tout sujet d'en être très-content; qu'il méritait une exception à la loi que le roi s'était faite de ne point donner de coadjuteurs aux abbés ni aux évêques; mais que, dans les circonstances présentes, il n'était pas possible de le contenter sur ce point.

Lorsque M. l'abbé eut reçu ces deux lettres, il pensa sérieusement à se démettre de son abbaye, afin de ne pas manquer son objet, qui était d'assurer d'une manière solide le bien de sa congrégation; mais il ne voulut pas se déterminer à une action si importante, sans prendre l'avis de tous ses amis. Ils lui conseillèrent tous, sans exception, de ne pas penser à faire une démarche qui pourrait avoir les suites les plus fâcheuses, et ils lui représentèrent de la manière la plus vive, que si le successeur que le roi lui donnerait venait à mourir, lui-même et toute sa congrégation tomberaient dans un état d'où il ne serait peut-être plus possible de les tirer. M. l'abbé, vaincu par une raison si puissante, sans perdre son objet de vue, prit le parti d'attendre des temps plus heureux, et de les accélérer par ses vœux et ses prières. Il parlait souvent à Mgr l'évêque de Périgueux d'une affaire qui lui tenait si fort à cœur ; ce grand prélat tâchait de le consoler, en lui faisant espérer que les choses pourraient changer de face; il lui promettait d'appuyer vivement sa demande, et d'employer tout le crédit qu'il pourrait avoir à la cour afin de la faire réussir.

Lorsque M. l'abbé se vit âgé de soixante-seize ans, il fit de nouvelles instances auprès de Mgr le cardinal de la Rochefoucaud, qui avait remplacé M. Boyer, et afin de réussir plus facilement, il eut recours à la protection que Mgr l'évêque de Périgueux lui avait promise d'une manière si généreuse; il pria aussi Mgr l'archevêque de Paris de vouloir bien s'intéresser pour sa congrégation auprès du ministre dans une affaire si délicate. Il suffisait de montrer à ce prélat une bonne œuvre à faire pour l'engager à agir; aussi il eut la bonté d'y apporter tous ses soins. Il prit la peine d'aller plusieurs fois à Versailles pour parler à Mgr le cardinal; il lui exposa tous les motifs qui déterminaient la demande de M. l'abbé de Chancelade; il le pressa instamment d'y avoir égard, et ce grand homme qui avait su conserver au milieu de la cour une simplicité de mœurs admirable, promit à Mgr l'archevêque de Paris de faire réussir une affaire qui devait tourner au bien de l'église, et à laquelle d'ailleurs il prenait tant d'intérêt. Ce n'est pas le seul service important que ce grand prélat voulut rendre dans cette circonstance à une congrégation pour laquelle il a toujours eu les sentiments de l'affection la plus sincère, et qui conservera éternellement la plus vive reconnaissance de toutes les bontés dont il a daigné la combler.

Mgr l'évêque de Périgueux, de son côté, écrivit lui-même plusieurs fois à Mgr le cardinal; il lui envoya un mémoire écrit de sa main, où il parle ainsi de M. l'abbé : « Cet homme, véritablement respectable et estimable à

» tous égards, a su, depuis trente-quatre ans qu'il est
» en place, maintenir l'ordre, quant au spirituel et au
» temporel, avec un grand succès, tant dans la maison
» de Chancelade, où il n'y a pas moins de trente sujets,
» que dans les autres maisons de la congrégation. »
Cet éloge de la part d'un prélat qui n'a jamais aimé que
la vérité, qui n'a jamais loué que la vertu, suffit seul
pour éterniser le souvenir de M. l'abbé. Dans la suite
du mémoire, Mgr l'évêque représente au ministre que
les motifs qui font agir l'abbé de Chancelade ne doivent pas paraître suspects ; que ce n'est point le sang
qui le guide, puisqu'il n'a aucun parent dans la congrégation, qu'il ne demande personne en particulier,
que son âge avancé, l'affaiblissement de ses forces, et
la crainte de ne pouvoir plus remplir les fonctions de sa
charge, sont les seules raisons qui le portent à demander un coadjuteur, qui puisse, comme il le dit lui-même,
lui aider à bien conduire pendant le reste de ses jours,
qui, après sa mort, soit en état de réparer les fautes
qu'il a commises, et de faire observer la régularité ;
que d'ailleurs le roi ne sera point gêné pour la nomination, puisqu'en promettant à la communauté de s'assembler, d'élire, et de lui présenter trois sujets, sa
majesté sera toujours libre de choisir celui qu'elle voudra ; que les rois ses illustres prédécesseurs ont accordé cette faveur à l'abbaye de Chancelade depuis la
réforme, et que le père Beler lui-même fut nommé
coadjuteur du P. de Valbrune par le roi, sous la régence de Philippe d'Orléans. Ces raisons firent une
si forte impression sur l'esprit de Mgr le cardinal, qu'il
eut la bonté de marquer à M. l'abbé, en répondant à la
lettre qu'il lui avait écrite, pour le prier d'obtenir du
roi, pour son abbaye, la permission de se choisir un
coadjuteur, que ses motifs étaient trop respectables
pour s'y refuser, surtout étant appuyés du suffrage de
Mgr l'évêque de Périgueux, qu'il avait demandé à ce
prélat quelques éclaircissements dont il avait besoin, et
qu'apparemment il lui demanderait à lui-même, et
que dès qu'il les aurait reçus, il obtiendrait du roi la
grâce qu'il désirait. Peu de temps après, son éminence
envoya à M. l'abbé la permission légale d'assembler son
chapitre ; on élut en conséquence trois sujets pour les
présenter au roi, afin que sa majesté choisit celui
qu'elle jugerait à propos. On envoya à la cour le P. Au-
thefaud, chanoine régulier de la congrégation, comme
député du chapitre pour présenter l'acte capitulaire,
et pour conduire l'affaire à une heureuse fin. Il sut surmonter tous les obstacles et applanir toutes les difficultés par son habileté et sa patience ; il eut l'honneur

de voir plusieurs fois, en particulier, Mgr le cardinal,
qui lui fit toujours l'accueil le plus gracieux. Enfin, ce
grand homme disposa si bien toutes choses, que la nomination était sur le point de se faire l'orsqu'il fut attaqué de la maladie dont il mourut peu de jours après.

*(La fin à la prochaine livraison.)*

## EXTRAIT D'UN MÉMOIRE DU SEIGNEUR D'ALBRET

CONTRE LA DAME DE MONTRÉSOR, QUI DEMANDAIT SA PART
DANS LA SEIGNEURIE DE LA COMTÉ DE PÉRIGORD.

(Papiers Lespine, 2ᵉ carton. — Des comtes Albret, Orléans, Breta.)

*Mémoire sur l'état, la population et l'étendue des terres
de la maison d'Albret en Périgord, vers l'an 1502.*

Au commencement du registre est un long mémoire
contre Mᵐᵉ Charlotte de Bretagne, épouse de Antoine
de Villequier, seigneur de Montrésor, qui réclamait sa
portion dans la comté de Périgord. Le Périgord, y est-
il dit, est un pays « pauvre et maigre, les gens y sont
» merveilleusement pauvres, s'il y en a en France, car il
» n'y a point de mer, rivières navigables ni autre chose
» que guères vaille et les gens y vivent pauvrement
» et peu de fruits y croissent, et de ce que y croist,
» n'y a point de descharge, et n'en y peut venir d'ail-
» leurs par ports et rivières navigables. »
« Pendant les grans guerres et hostilités qui par cy-
» devant ont eu cours en ce royaume et mesmement au
» pays de Guyenne, Lymousin et Périgord, a esté dé-
» truit et fait quasi inhabitable, *terriers*, lettres, do-
» cuments, cens, droits et devoirs d'un chacun, *end...*,
» et perdus. »
« Les places des seigneuries et batiments furent dé-
molis et abattus, et n'y avait de bastiment que ne fut si
vieux et ancien que de soi-même ne soit venu à décadence, qu'il y faut entretenir grand nombre d'officiers
de justice ; que les appellations desdits offices ressortissent pour la vicomté de Limoges, de trois siéges
royaux, selon la situation des lieux, a savoir : Limoges, Brive et Périgueux, et les appellations provenant
des terres de la comté, ressortissent en deux siéges
royaux à Périgueux et à Sarlat ; et desdits siéges, le
ressort est à Bordeaux.
Que lesdits seigneuries ont été de tout temps et sont
de très-petits revenus et *proufits* auxdits défendeurs (le
sire d'Albret et son fils), en ayant regard à ce que dessus. Et attendu qu'il y a en une chacune desdites sei-

gneuries, grand nombre d'églises seculières, collegiales, regulières, et autres nobles, bourgeois des villes, marchands et autre gens tenant parmy lesdictes seigneuries, maisons nobles, repaires, domaines, *feues* et moulins *avant* (à vent), étangs, colombiers, garennes, metairies, mas, villages, *bordaries*, territoires et autres heritages en fondalité et directe seigneurie cens, rentes, droits et devoirs, ou lesdits défendeurs ne prennent que « *solum modo juridictionem*, » qui ne peut être grand chose.

De même, à l'époque de la mort de feu Mgr Guillaume de Bretagne, en son vivant vicomte de Limoges et comte de Périgord, et aussi à l'époque de la renonciation de partie adverse (M^me de Montrésor), lesdites seigneuries étaient quasi inhabitées et en *ruyne*, *absine* et en friches, ne valaient pas de profit la moitié que fait à présent.

Item, et les nobles et autres contredisent et ont contredit de tout temps payer auxdits deffendeurs et à leurs predecesseurs, les droits de vente lors de l'allienation des biens nobles ou autres, soit de la vicomté de Limoges, ou du comté de Périgord. Item pareillement ont contredit dès avant la mort de feu Mgr Guillaume de Bretagne que lesdits deffendeurs et les leurs pussent user de retention et du droit de prestation lors de l'aliénation ou vente de biens quelqu'onques, qu'ils fussent tenus, d'ailleurs, soit roturièrement, soit noblement, desdits seigneurs, soit dans lesdits comté ou vicomté. Que la dame de Montrésor n'avait point été déçue en sa renonciation puisqu'elle avait eu sa part et portion en la somme de dix mille écus que Guillaume de Bretagne, son père, en son dernier testament lui donna pour droit d'institution, et cinq mille écus d'accroissement quand elle fut mariée.

Que c'est la croyance générale et observance des pays de Périgord, Lymosin et Guyenne, qu'une fille raisonnablement dotée par son père, comme la dame de Montresor, ne peut demander part aux biens et supplément de légitime, fors que sa dot, et mesmement, ez les grandes maisons pour la conservation d'icelles, autrement toute grande et bonne maison serait détruite et anihilée pour raison desdits suppléments de légitime.

Et par icelle coutume et observance, tout père ayant plusieurs enfants *naturels* et légitimes en peut faire l'un héritier universel et apportioner les autres, et ladite coutume est raisonnable et légitimément suivie, après avoir été confirmée par des jugements, et mesmement dans les plus grandes maisons et entre les gens les plus illustres. Autrement toute bonne maison pourrait être détruite par procès.

Que la succession de Guillaume de Bretagne ne valait pas bonement vingt mille livres, attendu les dettes des procès qui étaient lors de sa mort intentés pour raison de la totale succession de Jean de Penthièvre a l'encontre du seigneur de Bessac et pour raison de la comté de Périgord par feu M. d'Angoulesme et aussi pour la ville et château de Limoges, a l'encontre des consuls, manants et habitants de Limoges.

Que dame Marguerite de Chamigny, veuve de feu Jean de Bretagne, vicomte de Limoges, vécut longtemps par après le décès de feu Jean de Bretagne et Guillaume de Bretagne, et tant qu'elle *véquit* fut *doerière* et dame des meilleures terres de la vicomté, c'est a savoir : de Segur, Paysac, Prevostés-de-St-Yriez, Excideuil, *Ahent*, Moruscles, Ans et Larches. Dame Isabeau de La Tour, veuve de Guillaume, sa vie durant, fut doerière de la chatellenie de Massere, et n'a que dix ans environ qu'elle mourut; pourquoy lesdits deffendeurs ne purent jouir de grandchose de la succession de Guillaume de Penthièvre, attendu que le seigneur de Bessac prenait et levait tout le revenu des autres seigneuries assises ez pays coutumiers, et prend et lève a présent. »

Suivent les estimations de chaque châtellenie pour répondre aux évaluations qu'en avait fournies M^me de Montresor. Celles-ci sont fournies par les officiers mêmes desdites châtellenies.

### CHATELLENIE DE LARCHE ET TERRASSON.

Primo y est le château de Terrasson détruit et tombé et n'y a nulle habitation. Ledit chatel de grande renommée, mais de peu de valeur, assis en la paroisse de Terrasson, ou est l'abbaye belle et notable mille à douze cents livres de revenu et les justices par tous les fiefs, etc., des paroisses de l'*Arche* et Terrasson. Il y a en cette chatellenie deux gentishommes, Montmège et Du Fraysse, chacun a sa métayrie franche et plus de trente livres de rente.

Le château de l'*Arche* est vieux et ancien, et n'y reste plus guère qu'une tour toute découverte, etc.

### AUBEROCHE.

S'ensuit la réponse faite par les officiers d'Auberoche, pour satisfaire aux articles qu'on leur a baillés pour avertir monseigneur contre M^me de Montresor, pour la diminution de ladite seigneurie d'Aubcroche, a cause de sa légitime que demande.

Et premièrement en ladite seigneurie d'Auberoche n'a point de château ni de maison ni nulle retraite, mais tout démoli et rochers depuis que les Anglais étaient en France, et est assis et situé en la paroisse du *Chambye* et y est en ladite seigneurie quatorze paroisses, a savoir : Le *Chambye*, Blis, *Eylac*, Saint-Pierre-de-*Chinhac*, St-Crespin, Milbac, St-Antoine, Foussemagnè, Abzac, Limeyrac, Montagnac, Cubjac, Sarelliac et Anthone.

### LE CHANGE.

Item au Change a deux gentishommes, le seigneur de Cheyssac qui tient audit lieu du Change, maison noble, moulin, etc. Item il y a aussi audit lieu du Change les trois de Bannes qui tiennent plusieurs domaines et chacun sa métayrie franche, etc.

Item dans la même paroisse M. de Portafé, dit Chantayrac, le repaire noble de Bosredon, etc. Item le seigneur des Bories, le repaire de la Ribeyrole, etc. Item le seigneur de Montlouys, item Giron Golsa, bourgeois de Périgueux, etc. Item *M. Bertrand des* Maisons, de Périgueux, etc. Item le curé du Change tient bien quatre charges de bled et bien trois ou quatre livres tournois de rente.

Item l'abbaye de Chancelade tient en la dite paroisse trois beaux moulins appelés : de la Borda, de la Gardablanca et de Redron, et bien dix livres de rente et plus. Item le seigneur de la Roche-Joubert, etc.

Et le tout que dessus est en fondalité. Item monseigneur laissa seulement en ladite paroisse, de rente, bled et deniers, huit livres, sept sous, froment huit charges un q.., seigle deux charges, avoine quatre-vingt-neuf gelines.

Nombre de feux soixante trois, compris les Borderies, entout.

### BLIS.

La paroisse de Blis, pauvre paroisse et petite.

En ladite paroisse est le repaire noble de Solinhac, du seigneur de Lardimalie, etc. Item le prieur de Born, item l'abbaye de Chancelade, y tiennent moulins, bois et rentes. Item le seigneur de Bannes au village de la JAYA.

Trente-huit feux tout compris.

### EYLIAC.

La paroisse d'*Ayliac*. En ladite paroisse tient noblement le seigneur de Chantérac-Portafé, le repaire noble de Bosredon. Item de Bannes, le repaire de Bordes,

métairie franche, etc. Item le chapitre Saint-Front, des rentes, aussi Chalup, bourgeois de Périgueux.

Item le curé d'Eyliac, les villages d'Eyliac de Broux, de la Beletie et plusieurs autres, etc.

Item le seigneur de Meymy de Périgueux, plusieurs rentes, le seigneur de la Jartha, les villages de Chony, Fontenilh, Lacrose, Ladailha, La Barde, etc. Item le seigneur de Caumont tient la fondalité de la Chalupia et autres rentes.

Item Giron de Golsa, bourgeois de Périgueux, le village du Pradal, item le seigneur de Montlouis.

Feux petits et bons soixante-trois.

### SAINT-PIERRE-DE-CHINHAC.

Saint-Pierre-de-Chinhac. En ladite paroisse y tient le seigneur de Lardimalie, sa maison noble et belle où il fait sa résidence, avec sa métayrie franche de tout guet, qui est de grande étendue, et a cause du repaire de Solinhac qu'il tient aussi noblement en la paroisse de Blis susdite, il y a bien ou environ soixante charges de bled et soixante livres tournois, etc. Monseigneur n'y leva jamais que le droit de justice et de *paymidroit* (droit de greffe).

Cinquante-deux feux petits et bons.

### SAINT-CRÉPIN-D'AUBEROCHE.

Saint-Crépin, pauvre et petite paroisse, le seigneur de Labatut a le repaire noble de Leybardie et celui de Cornazac et de Chaumont. Jean de *Baulion* du Bos, les maisons nobles de Puygolfier et Puychabrol ; Helias Mespoulède, le repaire noble de la Galhardie, etc. Bray de Lambert celui de Rochefort.

Vingt-neuf feux en tout.

### MILHAC.

Milhac, y a en cette paroisse deux gentishommes, le seigneur de *La Besse* et le seigneur de la Rocha et sa femme, noble Félippa de Montlouis. Le sieur de Soleha (ou Solelia), tient le village de Beaulieu, le sieur de la Mothe tient la Feraudie.

Soixante-cinq feux.

### SAINT-ANTHOINE.

Saint-Anthoine, occupée entièrement par les seigneurs de Rastinhac, Lardimalie du Cros, le chapitre de Périgueux, le curé de Saint-Anthoine.

En tout vingt-sept feux petits et bons.

FOSSEMAGNE.

Paroisse de Fossemagne (il cite d'abord plusieurs lieux tenus par divers petits seigneurs, puis) item le seigneur de Rastignac, plusieurs villages; item Bramalfon tient noblement les villages de Chalvia et de Chancelade en toute fondalité et par acquisition faite des *Sudrets et Papus* de Gabilhou, etc. Le seigneur de *Lac*mary dit Cesseron, la fondalité d'une terre et que tient; item la maison noble et le repaire du seigneur de la Mothe, le repaire de Martilhac, etc.

Trente-deux feux petits et bons.

ABZAC.

Abzac, y a deux gentishommes, le seigneur de Lancais qui tient trois maisons nobles, celles de Lacropte, le Breuilh et Mortiers, et possède forets, garennes, vignes, etc; droits de vignerie, signature de mesures et de fornage, etc.

Item aussi le seigneur de la Mothe.

Item aussi en ladite paroisse, M^me de *La Faye*, nonain de Ligueux, tient les villages de la *Garda-Galan*, avec toutes les dixmes et rentes.

Item le curé d'Abzac.

Le nombre des feux est de quarante-quatre, desquels le lieu de Bourzens, et Baussens ou n'y a dix ou douze est en la juridiction d'Ans et aussi les deux villages du Puy.

Item et les villages de Chanseau sont en la justice de Thenon.

Item et le prieur de Bouzens tient tous les rentes et les dixmes a cause dudit prieuré de Bouzens.

LIMEYRAC.

Limeyrac y a de gentilshommes et de maisons nobles, le seigneur de Mayac *par* la moitié et le juge Mage de Périgueux par acquisition du seigneur de Comarque, tiennent le repaire du Chaslard.

Le seigneur de Lacmary a cause de ses maisons nobles du Cluzel et de Laurière; le seigneur de Labatut tient le repaire de Cornazac.

En tout trente-cinq feux.

MONTAGNAC.

La petite paroisse de Montagnac tenue par le chapitre de Saint-Etienne, le curé du lieu, les fières mineurs de Montignac. En tout treize feux.

CUBJAC.

A Cubjac y a des maisons nobles que tient le sieur de Belair, de Périgueux, et le fief de Rhôdes, etc.



L'abbaye de Chancelade, le prieur de Cubjac, les seigneurs de Lacmary, du Pont de Périgueux, dit Caffarel, des Bories, a la Sudia et ailleurs, de Cheyssac sur le *Bourc*, de Saint-Privat, *M. Bertrand des Maisons* de Périgueux, a cause du repaire Dupuy a Cubjac au Faure, y tiennent des rentes. Trente-sept feux bons et petits, dont biens la tierce partie en la terre d'Excideuil.

Sarliac, le seigneur des Bories, le sieur de Solelha, la maison noble de Grasinhac, où il fait sa résidence, le seigneur de Ligne au Cheyron, le seigneur de Trigonan, le seigneur du Pras, le repaire de Gaidela y tiennent des rentes; le prieur du Chaslard plusieurs moulins et maisons et la Feyrière. Item le curé de Sarliac plusieurs rentes. Vingt et un feux dont quatre en la terre de Thiviers.

ANTHONE.

Anthone, y a des gentishommes : le seigneur des Bories lequel y a sa maison, etc., exempt de tailles et de guet; le seigneur de Caussade qui fait sa résidence à Caussade et y a prés, vignes, bois, colombier, four, garennes et sa metayrie noble et franche et plusieurs domaines.

Le seigneur de Lacmary, ses maisons nobles et repaire de Lacmary, prés, bois, vignes, four, colombier, garennes, etc. et sa metayrie franche de guet, etc.

Item le seigneur de Meymy de Périgueux, les maynements de Las Gaunies, etc. Trente-six feux. Et monseigneur ne prend en ladite paroisse aucune chose fors seulement le droit de justice. (Et savoir que tout ce que lesdits nobles et gens d'église lèvent en ladite seigneurie comme est dit dessus, est en fondalité et directe seigneurie) Ecrit en marge et d'une autre écriture, mais de la même époque.

SUIT LA SEIGNEURIE DE VERNH,

*Sur rapport fait par M. de Ladouze et ses officiers.*

Et d'abord n'y a point de château; y a en ladite seigneurie, six paroisses : Sainte-Marie et Saint-Jean, à Vernh; le Salo, Veyrines, Saint-Michel et Saint-Amand. A la fin de ce memoire est la date 1502.

MONTPAON.

Plustot village que ville, point de faubourg, dix a douze maisons du côté de Mussidan et cinq a six du côté du pont. Point de château, une maison batie par le comte depuis qu'il en est le seigneur.

Les habitants ont peine a trouver leur existence

tout le long de l'année ne payent aucuns droits ; il n'y a point d'autre maison noble que celle du comte, bien qu'autrefois il y eut trois chevaliers qui demeuraient aux trois Mothes, dont l'un se fesait appeler messire Guillaume de Montpaon, duquel le seigneur de Cussac se *disait* avoir le *droict*, et disait que luy et les deux autres chevaliers avaient avec le comte part, et autant que ledit comte, en la justice et péage dudit lieu, mais monseigneur a acquit ledit droit.

Le chateau du comte en la seigneurie de Montpaon était autrefois au lieu du Puy-de-Châlup et en avait un autre au lieu du Petit-Montignac près l'église et maison des religieux de Vauclaire mais tous deux par les ennemis anciens furent abattus, et sont encore en ruynes et inhabités, par si long-temps que n'est mémoire du contraire. (En marge écriture de la même époque, dans le mémoire). Les moines de Vauclaire possédaient environ de trois à quatre cents livres de rentes dans la seigneurie de Montpaon, tant en métayries, moulins, domaines, etc., qu'en rentes ; dans les paroisses de Saint-Martin-d'Artensec, Saint-Laurent-de-Prador et Saint-Pierre-de-Menesteyrol ; monseigneur n'avait a Montignac d'autre domaine que les forêts du Puyaublanc, de Châlus, du Busset et de Masragon plus les droits.

En ladite seigneurie sont les paroisses de Saint-Sauveur-de-Lande, de Belpoyet, d'Avanxens, Saint-André-de-Double. Par les autres paroisses de ladite juridiction, sont les seigneurs de Ribeyrac, Cussac, Lagut, Longua, le seigneur des Bories, le seigneur de Jaurat, le seigneur de Montet, le prieur de Saint-Privat, le prieur de Saint-Meard, près Mucidan ; le seigneur de la Faya, les seigneurs de Sufferte, le commandeur du Busset, le seigneur Viguier de Sciorac, le seigneur du Dohet, les seigneurs de Bannes, de la Poytivinie, les curés de Saint-Laurent-de-Pradours et de Menesterols qui tiennent en domaines ou fiefs et maynes que petits que grands jusques à cent-cinquante livres de rentes.

Item du temps de messeigneurs Jean et Guillaume, Montpaon était desert et inhabité, et n'y demeurait que les cerfs, biches, chevraux, lièvres, porcz-sangliers et autres bêtes sauvages, et toute ladite seigneurie ne vallait pas dix livres de rentes ; et encore quand ladite seigneurie vint entre les mains de monseigneur qui maintenant est et de madame que Dieu absolve, ladite terre et juridiction ne valait pas cent livres de rentes.

Et a été augmentée et améliorée par l'industrie, peine et diligence de monseigneur et à grands frais, etc. ; et

pour ce mondit seigneur comit le seigneur de Fraixinet, qui pour lors était nommé messire Bertrand de Lur, lequel y vaqua pour l'espace de six ou sept ans aux gages de chacun an de cent livres.

Après y fut commis Jean de Lur, son fils, qui y vaqua et y fut capitaine bien deux ou trois ans et avait de gages autre cent livres.

Après y furent les seigneurs de La Ferrière, nommés Jacques et François Chaslon, qui *vacarent* a reduire et mettre en valeur ladite terre, deux ans, et avaient chacun cinquante livres tournois.

Après y fut commis gouverneur, noble homme Clinet Taleyrand, seigneur de la Roche-de-Chalais, qui avait chacun an deux cents livres tournois et demeura dix ans environ.

Après lui a été gouverneur, noble homme Janot de Laine (ou mieux de Laire, peut-être de Bane), chevalier, gendre dudit Taleyrand, aux gages de cent livres.

A present est commis pour le gouvernement de ladite seigneurie, noble et puissant seigneur Jean de Taleyrand, seigneur de Grinhol, à mêmes gages.

Item pour le bien et utilité de ladite seigneurie a été expédient et nécessaire tenir les personnages dessus nommés au gouvernement de ladite seigneurie et des habitants d'icelle, parce que le pays est malaisé et sujet à gens bandoliers et vagabonds ; et fallut qu'il vient un homme d'état et d'honneur pour y donner conduite en toutes choses, combien qu'il n'y ait château, ni place ni droit de guet.

Et fut mis gouverneur pour *attendre* aux affaires de ladite comté, noble Jean de Puy-Guyon, seigneur dudit lieu, auquel fut donné la seigneurie de Roussilhe à sa vie et trois cents livres pour ses gages et bons services, lesquelles trois cents livres assignées sur la seigneurie.

MONTIGNAC (1502).

Touchant le château, il est vrai que du temps de monseigneur Guillaume, et long-temps par avant, il était tout détruit, et ne y avait que les vieilles murailles que encore sont, une vieille salle et une petite chambre voutées, toutes découvertes, et pleuvait partout.

Plus y avait et encore est une vieille terrasse, ma cimentée, où il y a deux vieilles chambres, mal logeables et mal acoutrées, et une vieille chapelle toute découverte.

Depuis que mondit seigneur Guillaume fut trépassé, étant feue, madame que Dieu absolve, en tutèlage, monseigneur de Saint-Bonet, fut capitaine, et aux dépents de madite dame, fit bâtir, les deux belles chambres qui y sont ; celle de monseigneur, et celle de mons$^r$ le cardinal, l'une sur l'autre, et fut cimentée ladite terrasse, et fit recouvrir la chapelle et toute la place.

Depuis madite dame, fit bâtir une petite chambre et garderobe derrière sur une *pille*, que peut bien monter toute la réparation dessus dite jusques à la somme de cinq à six cents livres tournois et plus.

Touchant la ville et fauxbourgs dudit lieu, laquelle ville est toute détruite et les habitans y sont pauvres et mal hérités ; sont les habitants de ladite ville, francs de guet, et les clercs ne payent point de commun, soluby ne mariés

Il y a un couvent de Cordeliers qui tiennent de longtemps, et avant le trépas de monseigneur Guillaume, les *fours-baners* qui étaient autrefois de la seigneurie.

Plus il y a trois paroisses ; Saint-Pierre, Brenac et Saint-Thomas, lesquelles de petites valeurs, pour ce que en la paroisse de Saint-Thomas où est le château, n'y est que deux feux pauvres et quasi mendiants.

Touchant les paroisses de Brenac et de Saint-Pierre comprennent le surplus de la ville et des fauxbourgs dudit lieu.

Il y a en ladite ville et fauxbourgs deux gentilshommes ; Feletz et Monès (Moneïs) et chacun tient une metayrie franche de guet, de commun et de chevance. Et la metayrie dite Feletz, nommée Massoulhs, assise en la paroisse d'Aubas, et les metayries de Monès se nomment la Remynye et le Loux, assises en la paroisse de Saint-Pierre, chacune cent livres de rente en fondalité et droite seigneurie, beaux et grands villages, et autres héritages.

En la paroisse de Brenac, il y a trois gentilshommes ; c'est à savoir : Lacoutz, lo Cheylar et lo Breuilh, et chacun tient une metayrie franche de guet, de commun et de chevance.

Plus il y a dans la paroisse de Saint-Pierre, le chastel de Colonges, et a, et tient ses metayries, moulins, etc.

Le comte Jehan vendit ladite justice, aux prédecesseurs dudit de Colonges.

Plus il y a M. de Vilhac qui prend en la ville et terre susdite ; 1° à cause de sa maison noble appelée de la Mothe, assise près le château de Montignac, sa metayrie, moulins, et environ cent livres de rente, et la maison noble du Chaptal, paroisse de Thonac.

Plus il y a en la ville et fauxbourgs, monseigneur de Champagne qui tient une metayrie franche appelée de Vigorre, franche, etc.

Plus il y a dans la ville ou fauxbourgs, dix ou douze bourgeois, marchands ou autres, qui tiennent chacun environ trente livres de rente, etc. ; comme Lencon, Antoine Ramonet de Vins, Jehan Giron, Jacques Arnaud, Heliot de Lespicerie, André Alardin, Antoine Bonvel, Jean Perier.

En la paroisse de Brenac, monseigneur n'y prend nulle dixme ; touchant Saint-Pierre, monseigneur prend la moitié, qui peut monter chacun an vingt charges de bled et autant de vin, etc.



### AUBAS.

En la paroisse du Bas (d'Aubas), pauvre paroisse et de petite étendue, ne paye nul guet, en laquelle y a un gentilhomme nommé Salvebœuf, qui tient sa metayrie franche son hostel noble appelé de Saulvebœuf, et est ladite metayrie franche de guet, commun, en ladite paroisse outre la rente de quarante livres tournois, la rente pour bled trois charges, et n'y prend monseigneur que la moitié du *vielh disme* de bled, que monte environ vingt charges de bled, de vin n'y prend rien, de Novelars les prend.

Plus il y a un autre gentilhomme, nommé Dauvadic qui tient belle metayrie.

### LE CHEYLARD.

La paroisse du Cheylard petite paroisse du nombre de vingt feux et n'y a nul gentilhomme.

### CERN.

La paroisse de Cern, y compris *la Forget*, y a deux gentishommes, Rastinhac et Valette, chacun tient metayrie franche de tout guet et de commun, et grand domaine. Monseigneur n'y prend nuls dixmes, reservé, etc.

### AURIAC.

Auriac y a de gentishommes, La Faye, Delpuey, Seigelars, le seigneur d'Azerac et de la Roche de *Cerno*, chacun sa metayrie franche de guet, etc., et grands domaines chacun cent livre de rente, en fondalité et directe seigneurie et en beaux et grands villages. Monseigneur n'y prend nuls dixmes.

### BARS.

Bars y a gentishommes, M. de la Mothe, le *Baslits*,

Puypegrol, chacun tient sa metayrie franche, etc., et y a plusieurs qui sont francs de commun, comme le Mas du Bosquet, Mabrance, etc.

Monseigneur y prend le dixmes de bled que peut monter par an quarante charges, vin vingt charges. Sur quoy le prieur de Bars prend vingt-quatre charges et le vicaire y prend deux charges de vin.

### FANLAC.

La paroisse de Fanlac y a de gentishommes, **M.** de Saint-Geniez, Saint-Orse, Auberoche, Jean Chat, Bermondie, les hommes de ceux de Bost, le sieur de Bassilhac, le sieur Despercerie, chacun sa metayrie franche du guet et de commun, et bon domaine et portant l'un cent livres de rente ou environ, en fondalité et droite seigneurie, et en villages, etc. Monseigneur n'y prend nul dixme.

### THONAC.

*Tonnac* y a de gentishommes, monseigneur de Peyretaillade, Belcayre, Cazerac, Jehan Bermon, Antoyne Berm et Ramonet Berm, chacun a sa metayrie franche et beaux domaines, chacun cinquante livres de rente, monseigneur n'y prend rien.

### SAINT-LYONS.

Saint-Lyons, paroisse petite et y a de gentishommes, Clarens et *Perigort ;* chacun sa metayrie franche de guet et de commun et bel domaine, chacun soixante livres de rente ou environ.

### VALAJOLS.

Valajols, petite paroisse. y a cinq gentishommes, Saint-Geniez, Comarque, Peyretaillade, Clarens et Vilhac, chacun sa metayrie, etc., vingt livres de rentes l'un portant l'autre. Monseigneur n'y prend nuls dixmes. Pour recapte trente livres.

### MANAURIE.

Manaurie, monseigneur n'y prend rien, seulement dix-sept sols, *blat nichil, polailhe nichil.*

Et nota que huit quartons de tous bleds font la charge en ladite chatellenie de Montignac, réservé d'avoine que douze quartons font la charge.

Le commun de ladite châtellenie, par an XL livres, le peage et prevousté L livres. La font de Granval par an V livres, etc.

Charges d'officiers, le capitaine cent livres et les guets douze charges de froment et 12 charges de vin. Le juge dix livres. Pour les advocats et les procureurs du siége de Sarlat VI livres.

# CHRONIQUES DU LIMOUSIN.

## LES AVENTURES DE GONDOWAL-BALLOMER.
*(Suite.)*

Gondebaud se rendit, alors, à Rome, sur l'invitation du pape Jean III, occupé, à cette époque, d'orner de peintures et de magnifiques mosaïques l'église de St-Jacques et de St-Philippe, travaux d'art que Gondebaud pouvait, mieux que la plupart des hommes de son rang, apprécier et même diriger. Mais ce qui était facile à prévoir ne tarda pas à se réaliser. L'Italie, sous l'administration inepte et rapace des favoris de l'empereur Justin II, devint, de nouveau, la proie des Barbares, et notre jeune prince mérovingien sentit qu'il n'y avait plus, pour lui, de sûreté dans cette contrée. Il porta ses vues sur Constantinople, où il était assuré de l'appui du consul Tibère, ancien ami de Narsès, et qui, depuis, parvint à l'empire sous le nom de Tibère II. Le mérite, les exploits et la haute capacité de Tibère étaient respectés, même dans la cour dépravée de Constantinople, et exerçaient de l'influence sur l'empereur, qui, du moment où il sentit sa raison s'altérer, éleva Tibère à la dignité de César, le désigna pour son héritier, et lui fit épouser sa fille Anastasie.

Confiant dans l'amitié d'un protecteur aussi puissant, Gondebaud partit pour Constantinople avec son fils, alors en bas-âge. Son espoir ne fut pas trompé ; il reçut à la cour impériale un accueil distingué. Tibère lui fit accorder de généreuses subventions, et Gondebaud eut une position digne de sa naissance. La Grèce et surtout Constantinople, quoique désignés, à cette époque, et dans l'histoire, sous le nom collectif de *Bas-Empire,* étaient, cependant, alors, et continuèrent d'être encore long-temps, le foyer de la civilisation, des arts, des lettres, et d'une politesse exquise. L'imagination, toujours vive et exaltée, des Grecs fut facilement charmée à l'aspect d'un jeune et beau prince de vingt-deux ans et d'une race *barbare,* qu'une naissance presque mystérieuse recommandait à l'intérêt et à la curiosité, et qui par ses malheurs, par ses talents, et même par sa beauté, avait des titres acquis aux sympathies d'une nation impressionnable et enthousiaste. Gondebaud passa donc d'heureux jours à la cour de Constantinople, et sa position y devint, encore, plus avantageuse lorsque Tibère, son ami, eut succédé, en 578, à Justin II, son beau-père. Deux ans après commença, pour Gondebaud, une série d'événements qui décidèrent de ses destinées.

Il n'avait cessé d'entretenir des relations avec la France; il y comptait, pour amis, tous ceux qui avaient espéré le voir succéder à Caribert, son frère, dans le royaume de Paris, et qui appréciaient ses hautes qualités, la douceur de ses mœurs et l'amabilité de son caractère : il avait, aussi, pour partisans secrets, mais bien disposés à se déclarer, à la première occasion, un grand nombre de Français et surtout de Gallo-Romains de toutes les classes, qui étaient irrités de la tyrannie, des exactions, des cruautés et des débauches des rois de Soissons et d'Austrasie, crimes et désordres d'autant plus insupportables, qu'on les attribuait, en grande partie, aux deux reines Frédégonde et Brunéhaut, dont l'une gouvernait, réellement, la cour de Soissons, et l'autre celle de Metz, ou d'Austrasie. Or, la masse de ces mécontents était, déjà, très-considérable, et elle s'étendait aussi, et particulièrement, dans les contrées d'Outre-Loire, soumises au roi Gontran, qui se distinguait, cependant, par quelques vertus, mais dont l'insouciance et la faiblesse causaient presque autant de mal que les passions de ses frères.

Du reste, l'irritation ou l'opposition des provinces du midi n'avait pas pour objet unique Gontran qui, même, était généralement aimé de ses peuples. Cette opposition était traditionnelle et permanente, depuis la conquête de la Gaule par les Francks, et dirigée contre la suprématie des *hommes du nord*; elle persista et se manifesta souvent par de terribles collisions, pendant plus de deux siècles encore, après l'épisode qui nous occupe; elle dépendait d'une cause spéciale dans laquelle nous trouvons le nœud des aventures et des destinées de Gondebaud, et qui est aussi intéressante que curieuse pour l'histoire philosophique.

*Les Francks*, dit M. Marvaud (1), *étendirent peu à peu leur domination sur la Gaule, mais la fusion des deux peuples était loin d'être complète... L'Aquitaine, surtout, désirait plus que jamais garder son indépendance et sa nationalité, quand, tout autour d'elle, la barbarie pesait d'un poids si lourd...*

*Mais il fallait à la belle Aquitaine, si long-temps aimée des races italiennes, et pour échapper aux Francks qu'elle avait appelés au cinquième siècle, un représentant de ses idées, un homme ennemi des rois Mérovingiens, et qui aimât les passions du midi. On crut le trouver dans ce Gondowal (Gondebaud) rejeton déshérité de la race de Clovis, renié par son père, persécuté par ses frères, et qui, depuis quelques années, s'était réfugié à Constantinople, l'asile des princes proscrits, ou vaincus du moyen-âge.*

(1) *Histoire du Bas-Limousin,* tom. I, pag. 57 et 58.

Ajoutons à ce rapide et exact aperçu de l'état de l'opinion, en Aquitaine, quelques traits de la situation morale de cette époque au milieu de laquelle apparut, tout à coup, Gondebaud, qui semblait appelé à annuler ou à refouler vers les mœurs et les intérêts gallo-romains toutes les influences, toutes les institutions qui dérivaient de la conquête du Nord sur le Midi; lutte persévérante, mais dans laquelle on serait porté à reconnaître je ne sais quelle fatalité, car tous ses efforts, toutes ses crises, pendant près de trois siècles, aboutirent, en définitive, au triomphe du Nord; ce triomphe ne fut, pourtant, consommé qu'à l'aide du crime; Waïfre, qui, comme Gondebaud, descendait de Clovis, et qui fut le dernier et le plus illustre défenseur de la nationalité et de la liberté de l'Aquitaine, périt, assassiné par les sicaires de Pepin-le-Bref, à Périgueux, dans la nuit du 2 juin 768. C'est ainsi que l'on parvint à vaincre ce héros qui, malgré ses talents, sa gloire et ses vertus, succomba, entraîné par des destinées inflexibles et fatales.

Ce sixième siècle, vers lequel nous reportent, actuellement, nos investigations, n'était plus, il est vrai, en France, la barbarie rude et sauvage des premiers Francks, compagnons de Clodius et de Clovis; cette barbarie, adoucie et régénérée par le christianisme et par le contact de la politesse des mœurs méridionales des Gallo-Romains de l'Aquitaine, s'approchait de la civilisation, ou plutôt la barbarie et la civilisation se mélangeaient ou s'absorbaient l'une dans l'autre; il résultait de ce travail moral, comme nous le voyons à toutes les époques de transition, un chaos encore agité par des impulsions diverses et bizarres. Les mœurs chevaleresques, le fanatisme de la loyauté, l'enthousiasme de la gloire, la galanterie délicate et raffinée qui caractérisèrent le moyen-âge, n'existaient pas encore, et l'on en était éloigné de la distance de plus de quatre siècles. Un sensualisme grossier, des passions fougueuses et féroces, le mépris des convenances et de l'urbanité dans les relations de la vie privée, l'ignorance des beaux-arts, et même, pour me servir d'une expression moderne, du *confortable*, constituait l'existence sociale, surtout dans les provinces du nord et chez la race dominante.

La langue vulgaire était même un symbole, ou plutôt un résultat direct de cette confusion à moitié barbare. Elle n'offrait, d'après les traditions et les indices historiques les plus certains, qu'un amalgame informe de saxon, de celte et de latin, aussi irrégulier que variable, d'un district à l'autre. Il ne nous reste rien, qui soit authentique, du moins, de ces jargons français et indigestes du sixième siècle, puisque tous les écrits et jusqu'aux inscriptions monumentales et monétaires de cette époque sont en latin; c'était même une nécessité d'employer cette langue dans tous les actes publics, car, nous venons de le remarquer, l'idiome national n'était qu'un chaos mouvant et dépourvu de toute fixité et régularité; rien, non plus, n'annonçait, encore, la langue romane qui subsiste toujours, en inflexions diverses, dans les dialectes du Languedoc, du Quercy, du Périgord et du Limousin. Ce n'est que beaucoup plus tard aussi, que se forma le dialecte picard, ou du nord, la souche primitive de la langue qui, après de longues et progressives épurations, devint enfin dominante, c'est-à-dire le français actuel; et cela devait être, puisque l'idiome du nord fut adopté, ou plutôt créé, par la race franque, celle des maîtres de la Gaule; tout, au sixième siècle, était donc encore bien grossier dans les mœurs, dans les habitudes sociales, ou, pour mieux dire, tout flottait encore entre la barbarie et la civilisation.

Qu'il nous soit permis de nous arrêter un instant à une remarque qui pourra offrir de l'intérêt. Ce chaos, ces traditions de la Tour de Babel que nous retrouvons dans les idiomes français du sixième siècle, ont laissé des traces nombreuses et qui ne cessent de se perpétuer. On peut affirmer en effet, que les trois quarts de la France ne parlent pas encore français, c'est-à-dire la langue officielle des actes législatifs. Nous comptons, en France, deux langues mères, le bas-breton et le basque; quatre autres tout-à-fait étrangères au français, savoir : l'allemand, le catalan, l'italien *(parlé en Corse)* et le flamand; ce dernier a même la prétention d'être une langue mère, mais ce n'est qu'un dérivé du saxon et de l'ancien batave; neuf dialectes altèrent d'une manière plus ou moins sensible, la langue officielle ou dominante, dans les provinces du nord et du centre, à l'est et à l'ouest, ce sont : le wallon, le picard, le bourguignon, le champenois, le franc-comtois, le dauphinois, le bas-normand, le poitevin et le saintongeois; enfin, six autres, le provençal, le languedocien, le gascon, le périgourdin, le limousin et l'auvergnat, forment, par d'innombrables ramifications, la base des divers patois de nos départements méridionaux. Observons, cependant, que le dialecte périgourdin et celui d'une grande partie du Bas-Limousin sont à peu près identiques. Je ne parle pas des accents et des solécismes populaires, très-nombreux et particuliers à bien des localités; il serait aussi difficile de les compter que de les classer. Il y avait du moins, dans cette anarchie, aux premières époques mérovingiennes, quelques compensations illustres; les Marseillais, originaires de la Phocide, continuaient à se servir de la langue et de l'alphabet grecs, et les Gallo-Romains de Nîmes, de Narbonne, de Toulouse, de Bordeaux, de Vésone et de Limoges, n'avaient pas encore perdu l'habitude de parler le latin.

Revenons, actuellement, à notre aperçu de la situation morale du sixième siècle. Il nous fera mieux apprécier, qu'un simple récit des événements, quelle aurait été la portée probable de la grande révolution dont Gondebaud devait être le moteur ou le drapeau.

L'Eglise continuait, avec autant de zèle que de courage, son œuvre salutaire de régénération, mais elle avançait péniblement, au milieu d'une foule d'obstacles. Le sixième siècle était, en effet, au fond, plus superstitieux que chrétien. Il était même encore profondément empreint, chez les Francs, dans les populations de l'ouest, et chez les Gallo-Romains, de penchants, d'opinions et de pratiques dont l'origine n'était que trop certaine; on la retrouvait, et en caractères incontestables, dans les mystères druidiques des forêts de la Gaule et de la Germanie, et dans les rits païens des anciens temples de Nîmes, de Toulouse et de Vésone.

Si nous nous reportons aux détails intérieurs, surtout à ceux qui concernent personnellement les principaux acteurs de la scène, nous voyons, en France, tandis qu'un jeune prince Mérovingien se formait, à Constantinople, aux arts et à la politesse des Grecs, un tyran, bel-esprit, Chilpéric Ier, sur lequel avaient déteint quelques nuances de littérature et même de science, autant du moins que l'on pouvait apprendre et comprendre, alors, toutes ces choses-là, ce qui ne l'empêchait pas de conserver et de manifester le levain de sa barbarie native; cruel et impur comme Néron, auquel l'histoire le compare avec justice, il n'employait, selon l'usage trop général de son siècle, son instruction qu'à résoudre de vaines subtilités qui toutes, cependant, avaient un but unique, celui de justifier ses crimes ou d'autoriser ses débauches. Ses goûts l'unirent, mais pour son châtiment, à une épouse digne de lui, l'exécrable Frédégonde. Cette femme, d'une très-basse extraction, d'abord servante dans le palais de Soissons, et qui fut aussi extraordinaire par ses vices que par son génie, subjugua le Néron français, beaucoup plus habilement que Poppée, qui lui ressemble sous plusieurs aspects, n'enchaîna le Néron romain ; tandis qu'elle se délivrait ; par le fer et le poison, des enfants que Chilpéric avait eus d'un premier mariage, et de leur mère, elle-même ; tandis que les assassins et les empoisonneurs qu'elle avait à ses gages frappaient les grands de l'État et les évêques, et tendaient des piéges homicides aux rois, ses beaux-frères, elle perdait deux des trois enfants provenus de son union avec Chilpéric, ou peut-être de ses coupables liaisons avec Landri, jeune et élégant favori du roi, qui parvint, après la mort de ce dernier, et sous la régence de Frédégonde, aux dignités éminentes de maire du palais et de chef des armées (1). Mais étrange et bizarre anomalie des destinées humaines ! le fils de Frédégonde, le jeune Clotaire II, issu de parents abominables, devint, par la deuxième application qui eut lieu, en France, de la loi salique, l'unique maître des royaumes qui formaient, alors, l'immense monarchie des Français, et, phénomène encore plus extraordinaire, Clotaire II fut un bon roi ! Cependant, comme l'observent les savants bénédictins de Saint-Maur, *à travers sa modération affectée, on vit percer de temps en temps le génie féroce de ses ancêtres* (2).

Accordons encore un instant d'attention à Frédégonde ; cette femme en vaut la peine ; elle complète ses crimes ; elle égorge, dans un guet-apens, Sigebert, son beau-frère, roi d'Austrasie, et, quelque temps après, elle fait assassiner Chilpéric, son mari. La voilà donc tout-à-fait reine, la voilà régente de son fils, âgé de quatre mois, et soudain elle se transforme ; rejetant un poignard usé et émoussé dans le cœur de ses victimes, elle saisit le sceptre, et désormais elle déploie tous les talents d'un habile politique. La femme impudique, sacrilége et sanguinaire disparaît, et nous ne voyons plus en elle qu'une princesse dont le génie égale le courage, et qui, pendant quinze ans, conçoit et réalise tous les plans d'une administration forte, sage et heureuse ; elle meurt paisiblement, et peut-être avec gloire, mais du moins l'objet de l'admiration ou du respect des peuples. Les bénédictins de Saint-Maur, que nous avons déjà cités, remarquent, comme une preuve de l'habileté de Frédégonde dans l'art de régner, que toute décriée qu'elle était pour ses mœurs et son caractère, il ne s'éleva aucune sédition contre

elle pendant son gouvernement (1). Jamais, nous le croyons, le cœur humain n'avait offert de vicissitudes plus étonnantes.  G. DE MERLHIAC.

*(La suite au prochain numéro.)*

<hr>

## BIBLIOTHÈQUE DE MICHEL DE MONTAIGNE (2).

L'immortel auteur des *Essais* nous apprend qu'il possédait plus d'un millier de volumes ; il décrit fort en détail la chambre où il les avait rangés, et dans laquelle s'écoula une grande partie de sa vie ; il avait l'habitude de mettre sa signature sur le frontispice des ouvrages qui lui appartenaient ; il est donc facile de les reconnaître lorsqu'on est assez heureux pour en rencontrer quelques-uns ; mais c'est une bonne fortune des plus rares.

Nous ignorons à quelle époque et de quelle façon la bibliothèque de Montaigne fut dispersée, mais nous avons pensé qu'il y aurait intérêt à refaire (bien incomplétement) le catalogue des ouvrages qu'elle renfermait. Tous les auteurs cités dans les *Essais* s'y trouvaient nécessairement ; mais ce n'est pas de ceux-là que nous parlerons ; nous nous en tiendrons aux livres dont l'existence est bien constatée et dont le sort est connu.

Bien peu de dépôts publics ou particuliers ont la satisfaction de posséder quelques-uns de ces volumes si dignes d'envie.

La bibliothèque de la ville de Bordeaux est, en ce genre, au premier rang ; elle renferme, en effet, onze ouvrages divers sur lesquels s'est appuyée la main de Montaigne. Donnons-en les titres :

*Les Essais*, édition de 1588, in-4°. Exemplaire chargé de corrections et additions autographes ; elles ont servi à l'édition publiée par Naigeon en 1802, mais il y aurait encore en ce volume bien des choses utiles à un nouvel éditeur.

*Commentarii P. Victorii in rhetoricam Aristotelis*, 1549, in-f°.

*Masverii Practica forensis*, 1555 in-8°.

*Hygini fabularum liber*, 1549 ; in-f°.

*Practica Joannis Arculani particularium morborum omnium* 1560, in-f°.

*Petri Justiniani rerum venetarum historia*, 1560, in-f°.

*Plotinus de rebus philosophicis*, 1559, in-f°.

*Politiani opera*, 1550, 2 vol. in-8°.

*Gentium ac familiarum romanarum stemmata, R. Streinnio auctore*, 1569, in-f°.

*La Historia universale de suoi tempi di M. Lionardi Aretino*, 1561, in-4°.

<hr>

(1) Président Hénault. *Abrégé chronolog. — Art de vérifier les dates*, t. v.

(2) *Ibid.* p. 404.

(1) *Art de vérifier les dates*, tom. v, p. 396. — *Biographie universelle*, tom. xv, p. 540.

(2) Extrait de la *Revue de Bordeaux*.

– 144 –

*La prima parte delle historie universali di G. Villani*,
1559, in-4°.

M. Payen, docteur-médecin à Paris, s'occupe depuis
longues années, avec un zèle infatigable, de tout ce
qui concerne Montaigne : il a déjà publié une liste du
genre de celle que nous avons entreprise (mais moins
étendue) ; il a montré tout ce que peuvent fournir des
recherches persévérantes faites avec ardeur, en réunissant sept ouvrages divers qui ont fait partie de la
bibliothèque de l'illustre philosophe :

*Histoire de Poloigne*; par Fulstin, 1573, in-4°. (Exemplaire relié en maroquin, et payé 211 fr. à la vente de
la bibliothèque Aimé Martin, en 1847.)

*Munster, Cosmographie universelle*, 1555, in-f°.

*Flave Végèce*, Paris, 1536, in-f°.

*La seconda parte delle lezioni di B. Varchi*, 1561, in-8°.

*Poésies de Baïf*, 1572, 2 vol. in-8°.

*Gyraldus de diis gentium*. 1548, in-f°.

*Philonis in libros Mosis*, 1552, in-f°.

Six autres volumes existent dans deux collections
particulières :

*Cæsaris commentarii*, 1570, in-8°; cet exemplaire est
des plus précieux, car il porte une appréciation auto-
graphe de Montaigne sur le caractère de César ; elle
remplit deux pages. C'est un savant bibliophile pari-
sien, M. Parison, qui est possesseur de ce volume,
ainsi que des deux suivants :

*Cento givochi liberali, da M. In. Ringhieri*, 1561, in-4°.

*Florilegium epigrammatum*, 1531, in-8°.

*Bezæ poemata*, 1569 (dans la bibliothèque de M. Re-
nouard, à Paris. Cette bibliothèque, dont le catalogue a
été imprimé en 1853, doit être vendue à la fin de cette
année.)

*Il Catechismo di Ochino*, 1561, in-8°. (Même bibliothèque).

*Examen d'un discours contre la maison royale de France*,
1587. (Même bibliothèque.)

On trouve quelques volumes disséminés sur divers
catalogues :

*Xenophontis opera latinè*. (Chez M. Huzard, dont la
nombreuse bibliothèque a été vendue en 1840.)

*Homeri Odyssea, græcè*, 1525. (Catalogue des livres de
Mirabeau en 1791.)

*Apollinarii interpretatio psalmorum, versibus heroicis*,
1552, in-8°. (Volume porté au catalogue de la vente
Libri en 1847.)

*Carcer d'amor traduto de idioma spagnolo*, 1546. (Porté
au catalogue de la vente Pont-la-Ville, à Paris, en 1850.)

*Ausonius*, 1517, in-8°. Ce volume fait partie de la
belle bibliothèque formée par M. Roullet, jadis premier
président de la cour royale de Bordeaux.

*J. B. Egnalii de exemplis illustrium virorum*, 1554,
in-16. Chez M. Testas, à Bordeaux.

*Don Silves de la Selva*, 1549, in-f°. (C'est un roman
de chevalerie en espagnol ; M. Payen mentionne ce volume d'après M. Françisque-Michel.)

Il ne faut pas oublier Guichardin, Commines et du
Bellay, que Montaigne (liv. III, ch. 10) dit avoir annotés.

Au mois d'août 1853, on a découvert à Périgueux,
dans un grenier, un volume latin daté de 1558, avec
la signature de Montaigne.

On connaît donc trente et un ouvrages ayant appartenu à Montaigne, et que sa signature rend précieux. La
bibliothèque de Bordeaux en possède onze, et peut-être
en existe-t-il d'autres dans ses rayons ; c'est une recherche que nous recommandons au zèle éclairé de
M. Delas.

Quinze volumes sont en mains de propriétaires connus ; les autres ont passé dans des collections que nous
ignorons.

Nous ne croyons pas qu'une seule des grandes bibliothèques de Paris (si riches d'ailleurs en trésors littéraires) possède de volumes avec la signature de
Montaigne.

Six ouvrages sont en français, un en espagnol, six
en italien, trois en grec, le reste en latin.

Nous ne doutons pas que des investigations attentives ne fissent découvrir, soit dans les bibliothèques
publiques, soit chez des amateurs, d'autres livres ayant
appartenu à Montaigne ; nous serions heureux de recevoir à cet égard des communications qui nous missent
à même de donner des développements tout nouveaux
au catalogue que nous avons entrepris ; les bibliophi-
les, les admirateurs de Montaigne, ne le trouveront
peut-être pas dépourvu d'intérêt, et, comme disait
l'ingénieux Nodier, de semblables recherches ont plus
de charme qu'on ne pense, quoiqu'elles aient encore
moins d'importance qu'on ne le dit.

Gustave BRUNET.

## EXPLICATION DE LA GRAVURE.

La gravure qui accompagne cette livraison est due
à un artiste éminent, M. Léo Drouyn, dont les beaux
travaux ont puissamment aidé au succès du *Chroniqueur*.

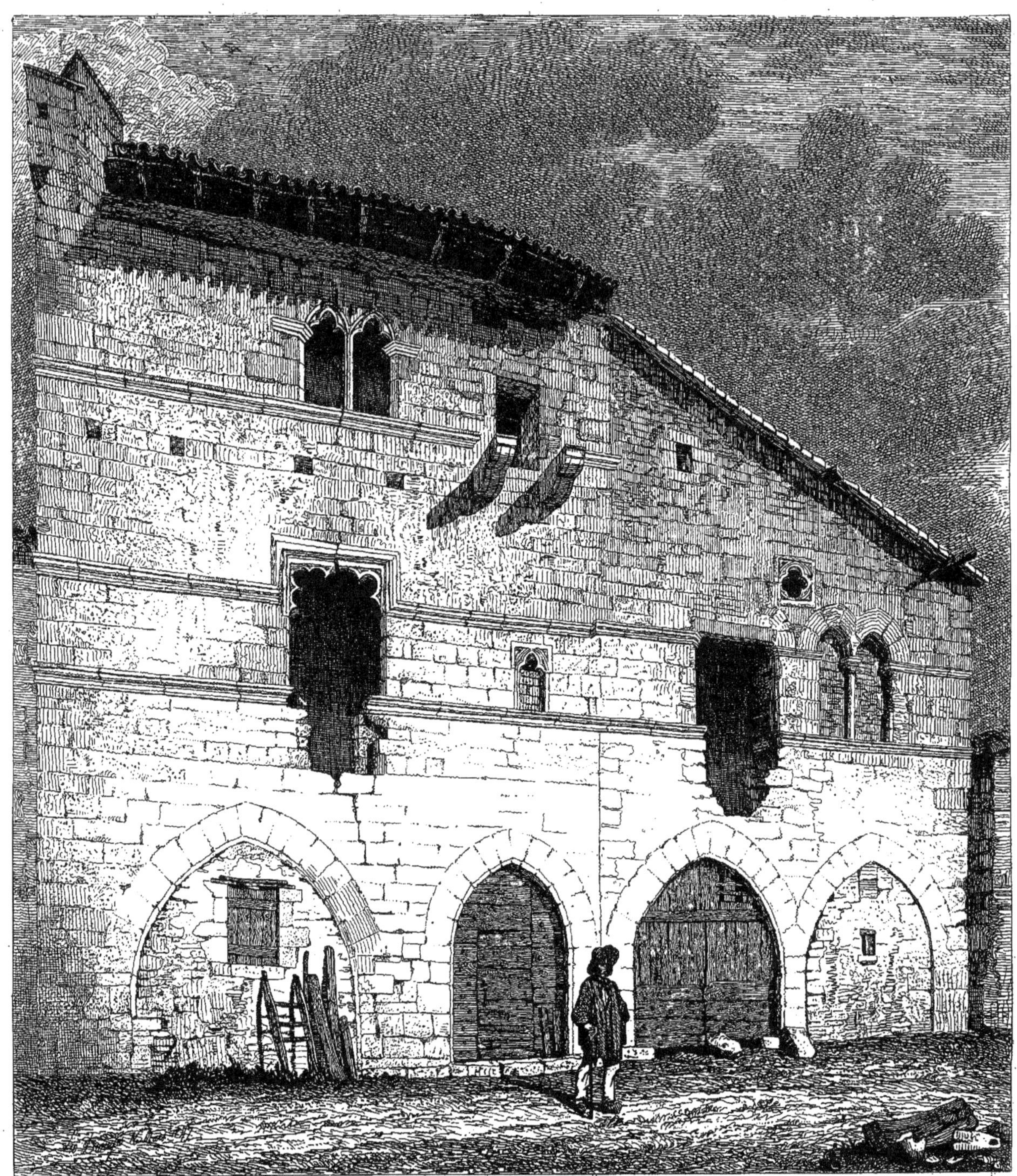

MAISON DU CHAPITRE À MONTPAZIER

## LES PEINTURES

### DES ÉGLISES DE VERGT ET DE SAINT-ÉTIENNE DE LA CITÉ

#### DE PÉRIGUEUX.

La peinture religieuse n'est que l'une des expressions de cet éternel principe qui inspire tous les arts et immortalise les œuvres de l'homme : le Beau ! mais le Beau appliqué à la glorification de l'idée divine.

Par sa nature, la peinture religieuse a toujours exercé un empire irrésistible sur les âmes d'artistes, et il en a été ainsi, non-seulement chez quelques esprits privilégiés, mais chez les masses elles-mêmes, qu'un secret instinct conduit à Dieu.

Nous le disons à la gloire de notre temps, à la gloire de l'État dont la protection s'étend à l'art et aux artistes, à la gloire des populations chrétiennes qui applaudissent à toutes les belles créations de l'art, la peinture religieuse n'a peut-être jamais été, en aucun siècle, plus en honneur que de notre temps ; c'est un fait incontestable : gouvernement et particuliers, tous ceux qui comprennent l'influence de l'art comme moyen de civilisation, comme élément de progrès, rivalisent de zèle pour encourager les productions du talent et du génie.

Peut-être nous sera-t-il donné un jour d'admirer dans Périgueux même, sous les coupoles de notre cathédrale restaurée, le plus magnifique ensemble de peintures religieuses qu'il soit donné à l'homme de contempler. En attendant, constatons les heureux efforts qui viennent d'être tentés de nouveau pour introduire la peinture religieuse dans notre Périgord, et le succès des derniers essais tentés par une infatigable initiative. Les résultats si favorables obtenus à l'aide de ressources si restreintes, loin de rebuter le zèle des nombreux ouvriers apostoliques qui travaillent à *édifier la maison du Seigneur*, les inviteront, nous en sommes sûrs, à marcher dans la voie ouverte à leur pieuse sollicitude.

C'est tout une odyssée, que cette histoire des longues tribulations du pieux et vénérable curé de Vergt. Il n'est personne qui ne connaisse les efforts obstinés et persévérants, les démarches incessantes, le désintéressement, l'abnégation, et, il faut bien le dire aussi, le courage de ce pasteur sans église, auquel la pensée vint un jour de faire tout avec rien, se souvenant de cette parole des Écritures : « La foi transporte les montagnes. » Remplacer l'ignoble grange où se cé-



lébraient les saints mystères par un monument approprié au service divin, fut pendant dix années le rêve de ses nuits, l'unique pensée de ses jours, sa vie de tous les instants ; et, comme pour donner raison à la parole divine, il est arrivé que ce prêtre a réussi, le but a été atteint : lutte sainte qui honore le pasteur et sert de témoignage à sa foi !

Mais ce n'est pas assez d'édifier un temple : il faut le rendre digne de sa destination, digne de celui qui doit l'habiter. A peine sa dernière pierre est-elle posée qu'il faut songer à l'embellir, et vite de se mettre à l'œuvre. Les cœurs désintéressés se comprennent vite. Il fallait à M. le curé de Vergt un peintre à qui il put tenir ce langage : « Venez, vous serez le bien-venu dans mon modeste presbytère ; tous deux nous travaillerons à la gloire de Dieu : moi par l'exercice de mon saint ministère, vous par les créations de votre art. Mais je ne vous promets en retour que ce qu'un pauvre prêtre peut donner : une place à mon foyer et dans mes prières. »

Ce peintre s'est rencontré : c'est M. Brucker ; il a compris et il est venu.

Les peintures murales de l'église de Vergt décorent l'abside devant laquelle est dressé le maître-autel. Elles se composent d'une ornementation architecturale d'un excellent style. Dans les entre-colonnements sont peintes trois niches où sont représentés trois personnages drapés : Sur la gauche du spectateur, David jouant de la harpe ; sur la droite, le prophète Isaïe, et dans le milieu, la Vierge tenant l'enfant Jésus dans ses bras.

Sur le fond de la demi-coupole qui domine l'autel se voient les figures de saint Pierre, de saint Jean et de saint Paul.

L'ensemble de ces peintures est du meilleur goût. Chacun des personnages est représenté avec une grande richesse de coloris et une irrécusable vérité d'expression.

Il reste à M. Brucker à compléter la décoration du chœur de l'église ; la blancheur des murs nuit à l'effet de ses peintures ; elle fatigue l'œil et l'empêche de se reposer dans la contemplation de l'œuvre du peintre.

Rencontrer un artiste de mérite, à la fois consciencieux et modeste, est une véritable bonne fortune. Aussi félicitons-nous le digne curé de Vergt de s'être adressé à M. Brucker ; son église et l'art sérieux y auront gagné en même temps.

Selon nous, il n'est qu'un moyen pour un artiste d'entretenir la pureté de son goût : c'est d'étudier les chefs-d'œuvre que l'admiration universelle a consacrés, de vivre avec l'esprit des maîtres, de s'inspirer de leur inspiration. Il suffit de jeter les yeux sur une des œuvres de M. Brucker pour se convaincre aussitôt qu'il s'est familiarisé avec les meilleurs modèles. Le sentiment du beau se développera encore en lui par la pratique de son art.

Les peintures de l'église St-Étienne de la cité de Périgueux se font remarquer à la fois par leur grand développement et par les brillantes qualités d'exécution que nous venons de signaler dans celles de l'église de Vergt.

Le sujet est des mieux choisis ; il est à la fois religieux et humain. Grouper autour du Christ cette sublime et divine incarnation de la douleur, tous les types des misères humaines, depuis l'aveugle et le mendiant jusqu'au martyr qui a souffert et s'est immolé en témoignage de sa foi ardente, de l'immortalité de cette croyance qu'il a scellée de son sang, c'est une idée pleine de poésie religieuse et de grandeur. M. Brucker l'a très-heureusement traduite. Concevoir un pareil sujet est déjà un indice de talent ; ajouter au mérite de la conception celui d'une exécution qui réunit les suffrages approbateurs des juges les plus compétents, est la preuve qu'une âme d'artiste a inspiré et guidé le peintre.

M. Brucker a très-heureusement tiré parti de circonstances matérielles qui, pour bien d'autres, eussent été un sérieux embarras.

Le fond du sanctuaire de l'église de St-Étienne de la Cité est formé de trois grands cintres ; c'est dans ces trois cintres, séparés les uns des autres, qu'il s'agissait de représenter des personnages dont chaque groupe, quoique distinct, en apparence, devait concourir à l'unité qui était dans la pensée du peintre. Cette difficulté a été surmontée avec bonheur.

Dans le cintre du milieu, se dressent le Christ et la Croix, l'auguste victime et l'instrument de son supplice ; deux mères, l'une reine et l'autre esclave, agenouillées aux pieds du Sauveur des hommes, lui présentent leur enfant ; un aveugle, un vieillard, sont mêlés à ce groupe ; un infortuné, étendu dans la poussière, embrasse les pieds du divin Maître, comme pour le remercier de lui apprendre à souffrir.

Nous ne savons ce qu'on doit le plus approuver dans ces peintures, de la beauté de l'exécution ou de la sévère grandeur du sujet, de la haute portée religieuse, philosophique et morale de la pensée de l'artiste.

Celle des deux mères qui a le front ceint du diadème n'éveille pas dans l'esprit une idée de misère, mais l'enfant qu'elle tient dans ses bras, ce pauvre petit être, fragile comme la fleur que flétrit le moindre souffle, est un type de souffrance qui rapproche du Christ cette femme couronnée, et la fait l'égale, sous ce rapport, de l'esclave noire, que les anxiétés de la mère rapprochent aussi de celui qui a dit : « Quiconque ne » prend pas sa croix et ne me suit pas, n'est pas digne » de moi, et quiconque aura donné seulement à boire » un verre d'eau froide à l'un de ces plus petits, comme » étant de mes disciples, je vous le dis en vérité, il ne » perdra point sa récompense. »

Dans le cintre placé à gauche du spectateur, le peintre a figuré deux martyrs, sous les traits d'une jeune vierge et d'un homme dans la force de l'âge, dont la main est appuyée sur une hache ensanglantée ; sur le premier plan, on voit un Croisé revêtu d'une armure ; sur son oriflamme sont écrits les mots magiques : *Dieu le veut!* Son regard reflète l'intrépidité de son âme, et, comme le martyr, il fait souvenir de ces paroles du Rédempteur : « Celui qui conserve sa vie, la perdra ; » et celui qui aura perdu sa vie pour l'amour de moi, » la retrouvera. »

Dans le cintre de droite, nous voyons un évêque courbé sous le poids des années et vieilli au service de Dieu ; un docteur qui a veillé pour étudier, instruire et exhorter ; une jeune mariée qu'attendent, avec les joies de la famille, les soucis, les secrètes douleurs, les angoisses souvent terribles du foyer domestique.

Nous aimons la peinture religieuse ; nos regards se reposent avec délices sur toutes les œuvres qui nous rappellent notre fin céleste, et tiennent notre pensée tournée vers Dieu.

« Si vous choisissez dans cet auditoire, disait un » jour Savonarole aux Florentins qui se pressaient au» tour de sa chaire, deux femmes également belles de » corps, ce serait la plus sainte qui exciterait parmi » les spectateurs le plus d'admiration, et la palme ne » manquerait pas de lui être décernée par les hommes » charnels. »

Ces paroles de l'illustre Florentin résument tout un système d'esthétique, expliquent et justifient nos préférences.

L'art suppose deux éléments aussi essentiels l'un que l'autre : la science et le sentiment. Le sentiment sans la science ne peut produire que des œuvres imparfaites ; la science sans le sentiment crée des ouvrages sans âme, sans expression et sans vie.

M. Brucker possède à un égal degré l'un et l'autre. Nous sommes convaincu que, de tous les éloges, c'est celui auquel il attache le plus de prix.

Amédée MATAGRIN,<br>Docteur en droit.

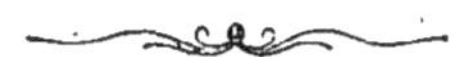

## ÉLOGE HISTORIQUE DE M. J. A. GROS DE BELER,

### ABBÉ RÉGULIER DE L'ABBAYE ROYALE DE CHANCELADE ET SUPÉRIEUR GÉNÉRAL DE LA CONGRÉGATION DE CE NOM,

Par M. LAMBERT, chanoine régulier de cette abbaye.

*(Suite et fin.)*

Sa mort, presque subite, causa le chagrin le plus vif à M. l'abbé, qui regrettait un prélat si respectable, et qui craignait d'ailleurs que le plan qu'il avait si bien concerté ne fut dérangé par le changement de ministre; mais M. le comte de Saint-Florentin, chargé du département des affaires ecclésiastiques, voulut bien suivre de point en point les intentions de Mgr le cardinal. Il prit la peine de parler lui-même au roi et de disposer son esprit en faveur de l'abbé de Chancelade; il mit sous ses yeux l'acte capitulaire qu'on avait déposé entre les mains de Mgr le cardinal, et Sa Majesté nomma coadjuteur de M. l'abbé le père Louis-Jean de Penchenat, et qui était depuis long-temps prieur de l'abbaye. Il l'avait toujours été auprès de M. l'abbé, qui vit avec la plus douce satisfaction qu'on lui donnait pour successeur un homme selon son cœur, qu'il avait formé lui-même, et dont il connaissait le mérite; il s'écria dans les transports d'une joie chrétienne, et à l'exemple du vieillard Siméon, qu'il n'avait plus de désir à former, et que désormais il mourrait content, puisqu'il laissait le gouvernement de sa congrégation entre de telles mains.

Dès-lors il lui remit l'administration de toutes les affaires; il se reposa sur lui de tout le devoir de sa charge, et il se réduisit par sa conduite à l'état de simple religieux, comme il l'avait toujours fait par ses désirs et par ses sentiments. Mais M. le coadjuteur n'oublia jamais ce qu'il devait à M. l'abbé; jamais il ne fut plus attaché à sa personne ou plus soumis à ses volontés; il ne faisait rien sans prendre son conseil, qu'il se faisait un devoir de suivre de point en point, et il suivait toujours le parti de la prudence et de la raison.

Ça été un spectacle dont nous aimons à nous rappeler le souvenir, que celui de l'union et de la bonne intelligence qui ont toujours régné entre ces deux bons religieux. Ils avaient l'âme trop élevée et le caractère trop sympathique pour être susceptibles de ces petites jalousies qui ne se trouvent que dans des esprits bornés. Comme ils étaient liés par la droiture de leurs cœurs et la bonté de leurs inclinations, ils travaillaient avec une sollicitude commune à l'intérêt commun. Tous deux éclairés sur l'étendue de leurs devoirs, ils les remplissaient par goût, et n'avaient de zèle que pour les remplir. Ils n'eurent jamais de différend que ceux qu'une tendre amitié pouvait faire naître; c'était l'harmonie elle-même qui formait l'accord de toutes leurs volontés dans un seul centre; la pensée se confondait avec la pensée, la volonté prévenait la volonté, et tout s'unissait dans une confiance sans bornes. C'est dans les charmes paisibles de cette union délicieuse qu'ils vécurent toujours ensemble. Jamais rien ne fut capable de l'altérer ni de l'affaiblir; ce n'est qu'avec la plus vive amertume et les regrets les plus sincères, que M. le coadjuteur l'a vue rompre par la mort du grand homme qu'il a remplacé; et les larmes qui durent encore sont des témoignages authentiques de la sincérité d'une douleur si juste et si légitime.

Après que M. l'abbé se fut déchargé de la conduite de sa congrégation sur son coadjuteur, il ne s'occupa plus que de l'affaire de son salut; il se regarda comme un simple religieux, obligé de travailler sans cesse à l'ouvrage de sa perfection; il partageait tous ses instants entre la prière, la lecture et de saintes occupations où le monde n'entrait pour rien. Le seul plaisir auquel il demeura sensible fut celui de l'amitié, plaisir délicieux que son esprit éclairé ne regardait pas comme incompatible avec la sévérité évangélique, quand on sait le resserrer dans les bornes prescrites par la religion. Il avait toujours aimé à entretenir, autant que ses occupations avaient pu le lui permettre, un commerce régulier avec ses amis, au nombre desquels il n'avait jamais admis que des personnes sages, vertueuses, et dont la conduite était à l'abri de la critique et du soupçon; il voulait que ses amis lui fissent honneur; il faisait le charme de leur société, et tous ceux qui l'ont connu particulièrement rendront justice à la vérité de ce que nous allons dire sur un article si intéressant.

On sait que les plaisirs de la vie sociale naissent de l'union intime des esprits et des caractères. M. l'abbé ne fut jamais insensible à un plaisir si innocent et si pur. Sa vertu n'était point une vertu qui, concentrée en elle-même, semble dédaigner ceux qui l'environnent ; c'était une vertu douce, aimable, familière, populaire, qui se mettait à la portée de tout le monde. Elle se laissait, pour ainsi dire, toucher ; elle ne perdait rien à être vue de près ; elle se pliait par bonté, et revenait sans effort dans son naturel ; on l'approchait tout ensemble avec liberté et retenue ; son caractère était noble et facile, inspirait le respect, l'amour et la confiance ; ce n'était point une vertu bizarre, qui, toujours différente d'elle-même, se fait des devoirs arbitraires qui changent à chaque instant ; c'était une vertu uniforme, éclairée, qui se portait au bien par goût, et qui, sachant distinguer les bornes des intérêts des hommes d'avec celles des intérêts de la vérité, soutenait par la prudence les droits des uns, sans attaquer les droits des autres. Avec des dispositions si heureuses, M. l'abbé entra dans la société pour en faire les délices. Il regarda les hommes tantôt comme des amis auxquels il devait s'ouvrir, tantôt comme des ennemis qu'il devait ménager, tantôt comme des malades qu'il fallait flatter, et toujours comme des créatures de Dieu qu'il devait respecter. Il connaissait leurs faiblesses, leurs passions et leurs défauts ; il supportait les faiblesses, s'élevait contre les passions, et tâchait de corriger les défauts.

Il respectait les opinions généralement reçues dans la société ; et lorsqu'il voyait qu'en les attaquant il ne ferait qu'aigrir les personnes qui les soutenaient, il se croyait obligé, et par la loi de la charité, et par la pente de son caractère, à ne pas les combattre. Il se souvenait que saint Paul, en ordonnant de garder, autant qu'il est possible, la paix avec tous les hommes, défend les contentions et les disputes, et prescrit la patience et la douceur envers tout le monde ; ainsi, quoique le ciel lui eût accordé une supériorité de lumières, il ne s'en servit jamais pour humilier les hommes avec lesquels il vivait ; il les leur communiquait, mais sans leur donner lieu de rougir de leur ignorance, sachant également parler et se taire ; il entendait avec plaisir la raison s'expliquer par une autre bouche que la sienne. Quoiqu'il fût plus disposé à la louange qu'à la critique, qui répugnait à son caractère, il ne se faisait point une mauvaise habitude de tout approuver sans réserve et sans distinction ; la piété aime le vrai et ne sait point flatter ; « une fade complaisance, dit (1) Mgr l'évêque du Puy, est un vice dans la société. » M. l'abbé l'évita toujours avec autant de précaution que l'aigreur. Il gardait le silence quand le respect ou d'autres considé-

(1) M. de Pompignan.

rations l'y obligeaient, il ne se hâtait pas d'avoir de l'esprit, il blâmait ce que les bienséances lui permettaient de blâmer ; il contredisait les propositions qui pouvaient être combattues ; mais ce n'était point l'envie de briller aux dépens d'autrui qui le faisait parler, c'était uniquement l'amour de la vérité ; ses paroles, dictées par ce motif, n'avaient rien que de doux ; il parlait avec force et modération, et pourvu que la vérité triomphât, il se faisait un devoir d'épargner aux autres la honte d'avouer leur infériorité.

Qu'il est rare de trouver des esprits assez grands pour adoucir par leur modestie et leur humilité l'empire d'une raison dominante, qui se sent née pour être supérieure. Qu'il est difficile de savoir éviter l'excès jusque dans les avantages de l'esprit, et quelle grandeur d'âme ne faut-il pas avoir pour échapper à ce péril, puisqu'il faut être grand pour pouvoir même y succomber. Je passe rapidement sur un article qui peut-être paraîtra étranger au sujet que je traite, mais qui ne fut jamais indifférent pour M. l'abbé, parce qu'il le regardait comme la source féconde de ces divisions et de ces antipathies qui font souvent de la société le théâtre d'une guerre toujours criminelle dans son principe, toujours odieuse dans ses excès et toujours funeste dans sa fin ; comme si Dieu, qui veut régner sur nos esprits par la foi, ne voulait pas régner sur nos cœurs par la charité.

Il n'y avait rien au-dessus de la bonté de l'esprit de M. l'abbé, que la bonté de son cœur ; tous ceux qui le voyaient trouvaient en lui une vive image et une noble expression de cette candeur aimable qui est le caractère d'une conscience pure qui n'a rien à se reprocher ; vrai, simple, sans faste, sans ostentation, aucun fard ne corrompit en lui la vérité de la nature. Nul homme ne sut jamais mieux vivre avec lui-même, nul homme ne sut jamais mieux vivre avec les autres. Content dans la solitude, content dans la société, partout il était à sa place, et sachant toujours se rendre heureux de son propre fonds, il répandait le même bonheur sur tous ceux qui vivaient avec lui. Cependant, cet homme, qui était doux, affable, humain, bienfaisant, ne mollissait point auprès de l'iniquité ; il n'approuvait point ses égarements ; c'était dans de pareilles circonstances que sa vertu se montrait dans tout son jour ; il ne regardait l'autorité que sa place et sa considération personnelle lui donnaient, que comme un moyen destiné à étendre l'empire de la vertu. Son exemple donnait la loi à tous ceux qui l'approchaient, et qui lisaient dans sa conduite la règle de leurs actions. Les plaisirs respectaient la sainte rigueur de sa sagesse ; les passions étaient timides et tremblantes devant lui, et le vice redoutait jusqu'à ses regards.

Son caractère charitable et tranquille détestait surtout la médisance, ce vice odieux dont un païen (1) même a dit qu'il n'y a point de vice qui égale sa rapidité, qu'on laisse échapper plus aisément, qu'on écoute avec plus d'avidité, qui se répande avec plus de promptitude, et qu'on répare plus difficilement ; il la regardait comme le fléau de la paix et le germe de toute division ; en conséquence, comme il ne disait du mal de personne et qu'il voulait bien vivre avec tout le monde, il ne voulait pas qu'on médit devant lui du prochain. Lorsqu'il voyait s'élever dans le sein de l'église ces disputes odieuses où l'esprit de parti fait agir plutôt qu'un motif de charité bien entendue, son esprit pacifique et religieux, sans blesser par des contradictions inutiles, et qui ne font qu'aigrir sans convaincre, ou du moins sans persuader, s'empressait de rendre hommage, par la soumission la plus sincère, à la voix de l'église. Il faisait les vœux les plus ardents pour le triomphe de la vérité, pour l'extinction de la discorde, et pour la réunion des partis dans le sein de la paix ; mais voyant qu'il n'aurait pas pu faire recevoir des conseils, que son âge, ses lumières et sa raison auraient dû rendre respectables, il croyait que Dieu le dispensait de s'intéresser dans ces disputes, qui semblaient tendre au bien de l'Église, mais qui au fond n'étaient produites que par un esprit d'amour-propre ou de quelqu'autre passion encore plus basse, et que ce qu'il demandait de lui dans ces occasions, c'était une soumission aveugle aux décisions de l'église ; j'observerai cependant que dans toutes les circonstances où la cause de la foi et la dignité de sa place exigeaient qu'il prit la parole, il ne manqua jamais de le faire de la manière la plus vive et la plus capable de faire impression. Il était un jour dans une compagnie où quelques fanatiques osèrent louer la démarche sacrilége de certains ecclésiastiques, qui s'étaient retirés dans la ville d'Harlem en Hollande, sous le faux prétexte de se dérober aux persécutions qu'on faisait souffrir en France à ceux qui soutenaient le parti de la vérité ; il s'écria devant eux : « Mon Dieu, quelle religion que celle qui fait des apostats et des déserteurs de la patrie ! » Cette réflexion judicieuse les fit rentrer en eux-mêmes ; ils n'osèrent plus parler d'une chose qui portait avec elle-même le caractère de sa condamnation,

(1) Cicéron.

et qui était d'ailleurs si opposée aux sentiments religieux d'un homme pour lequel ils étaient remplis de vénération. Ce trait et plusieurs autres que je pourrais rapporter marquaient évidemment le respect sincère dont il était pénétré pour l'enseignement et les décisions de l'Église.

Sa foi ne souffrit jamais la moindre atteinte de soupçon à cet égard ; il voulait toujours qu'on suivit le parti le plus sûr, et il pensait qu'on était plus agréable à Dieu, qu'on avait la conscience plus tranquille, qu'on vivait d'une manière plus conforme à l'esprit de la religion, en soumettant, sans dispute, son esprit et son cœur aux grandes vérités qui nous sont proposées, qu'en prenant parti dans ces systèmes inintelligibles, dans ces controverses et ces questions interminables dont parle l'apôtre saint Paul, et dont le résultat infaillible est d'obscurcir la vérité, d'éteindre souvent la foi, et presque toujours de faire perdre la charité.

Il ne négligea rien pour inspirer à ses religieux un sentiment si sage et si conforme à l'esprit de Jésus-Christ ; il ne voulut jamais leur permettre de lire aucun des livres qui tendaient à affaiblir le respect qui est dû à l'autorité de l'église ; il leur répétait souvent que cette autorité sacrée devait être la règle de leur foi ; et que dès qu'elle s'était manifestée, tout examen devenait dangereux et tout doute criminel ; or, il ne douta jamais qu'elle ne se fut manifestée de la manière la plus précise et la plus claire dans les décisions qui ont été données pour terminer cette fameuse affaire qui a brouillé toute la France l'espace de plus d'un siècle. Ses religieux n'oublièrent jamais l'enseignement de leur maître, et de tous ceux qu'il a élevés, et qui ont occupé des bénéfices dans différends diocèses du royaume. Il n'y en a jamais eu aucun à qui on ait reproché le moindre doute, sur un article si délicat et si critique, qu'il n'était guère facile, quelque parti qu'on prit, de ne pas paraître suspect à ceux dont on ne suivait pas les sentiments.

Tel était M. l'abbé dans la société et le commerce de la vie. On doit présumer qu'un homme qui avait l'esprit si doux et si pacifique, le cœur si bon et si bienfaisant, et qui était si sensible aux plaisirs de l'amitié, devait l'être encore plus aux besoins des malheureux. Il sut profiter de la facilité que sa place lui donnait pour contenter son inclination. Jamais il ne vit un pauvre sans que son cœur ne s'attendrit, sans que ses entrailles ne fussent émues, sans que sa main n'essuyât ses pleurs et ne tarit la source de la misère. Il pouvait dire, comme Job, que la commisération était née avec lui. Indépendamment des aumônes abondantes qu'on distribue tous les jours à la porte de l'abbaye, il en faisait en son particulier qui étaient très-considérables. Ce n'était point la gloire de donner qui attirait ses libéralités ; le bien qu'il faisait n'était produit par aucun retour sur lui-même; et pour ouvrir son cœur et sa main, il lui suffisait d'élever son esprit à Dieu. Sa manière de donner, aussi noble que le motif qui l'animait, était toujours plus agréable que le bienfait. Comme il n'était ni fâcheux ni chagrin, il ne faisait point de mécontents, et comme il n'attendait des hommes aucune réponse, il ne craignait point de faire des ingrats; il donnait d'une manière secrète, c'est-à-dire sans ostentation et avec l'humilité qui doit être l'âme des actions chrétiennes. Il savait que les pauvres sont assez humiliés par la dureté de leur condition, sans qu'il faille aggraver le poids de la misère qui les accable, en faisant connaître à tout le monde des besoins qui les font rougir, quoiqu'ils ne leur reprochent aucun crime.

Il savait qu'il y a des familles estimables qui gémissent dans le secret, et qui aiment mieux se nourrir de leurs larmes que de manifester leurs nécessités; ainsi, son cœur compatissant pénétrait dans le sein de ces familles infortunées; il fuyait les regards meurtriers des hommes, et répandait ses aumônes sur ces malheureux. En s'abaissant ainsi pour ménager leur faiblesse, il les soulageait sans les humilier; il étouffait les murmures qui accompagnent presque toujours l'indigence; il faisait naître au milieu d'eux la paix et la tranquillité; il leur apprenait à louer le Seigneur toujours admirable dans la sage économie de ses dons; il se retirait trop heureux mille fois à ses yeux d'avoir pu imiter la divinité d'une manière si noble et si sensible, en s'écriant comme Néhémias : Et vous, ô mon Dieu, daignez vous souvenir du bien que j'ai fait à ces infortunés, pour me faire miséricorde : *Memento mei, Deus meus, in bonum secundùm omnia quæ feci populo huic.*

C'est ainsi que l'homme juste venait déposer aux pieds de son Dieu cette satisfaction intérieure qu'il trouvait à faire des heureux : il préférait à tous les plaisirs de la terre un bonheur si pur et si peu connu. Il n'y a point, en effet, de plaisir plus délicieux que celui de s'attendrir sur le sort des malheureux et de s'empresser à soulager leur misère; et c'est par ce précieux attendrissement que les riches de la terre s'élèvent au-dessus de l'humanité. Choisis par le Seigneur pour soulager les infortunés, ils doivent représenter sa bonté. Loin de s'épuiser lorsqu'ils ouvrent leurs trésors, ils s'enrichissent plus par les biens qu'ils répandent que par ceux qu'ils retiennent. Les fonds de leurs libéralités sont remplacés par ceux de la reconnaissance : elle accroît leur pouvoir par le sentiment des secours qu'elle en reçoit; et jamais peut-être la supériorité de leur rang n'est ni mieux connue ni plus respectée que lorsque leurs bienfaits remplissent l'intervalle qui les sépare des autres conditions. Quand on ne leur élèverait pas de superbes mausolées; quand on ne graverait pas sur le marbre et sur l'airain des noms et des titres pleins de vanité, qu'on n'acquiert souvent qu'aux dépens de ceux qui les lisent, et qui semblent vouloir éterniser, dit le grand Bossuet, les magnifiques témoignages du néant de l'homme, les larmes et les gémissements des pauvres leur dresseraient un monument plus durable, et qui serait respecté dans tous les temps. A la vue de leur tombeau, l'on dirait avec la plus tendre émotion et la plus vive reconnaissance : ici reposent les cendres d'un homme qui fut l'œil de l'aveugle, le père des pauvres et des orphelins; et cette grandeur vaut bien toute celle que le monde leur donne.

C'est de cette grandeur véritable que M. l'abbé jouit maintenant. Lorsqu'il est mort, le vieillard a dit à ses enfants : Votre père est mort. Le pauvre et le misérable se sont écriés : Nous n'avons plus d'appui. Quel éloge ! Lorsqu'il était sur la terre, il mesurait sa vie par ses actes de bienfaisance; c'était le nombre de ses bonnes œuvres, et non celui de ses années, qui faisait son âge. Il mettait ces œuvres précieuses comme en dépôt dans le sein de la miséricorde d'un Dieu qui tiendra compte d'un verre d'eau froide donné en son nom ; mais il était d'ailleurs persuadé que l'aumône, pour être méritoire devant Dieu, doit être accompagnée de la pratique de toutes les vertus; ainsi, afin de ne pas se trouver, à la fin de sa course, privé du fruit de ses charités, il travailla sans cesse à acquérir la perfection de son état; il sentait qu'il approchait du terme de sa carrière; il se hâtait de s'enrichir de dépouilles, afin de n'être pas surpris : il repassait dans toute l'amertume d'une âme pénitente et chrétienne les jours de sa longue vie, et il avait les années éternelles toujours présentes à l'esprit. Il demandait tous les jours à Dieu, en disant la messe, la grâce de ne pas mourir subitement; il achevait par ses prières continuelles ce qui pouvait encore manquer à la consommation de son sacrifice; il réunissait toutes ses pensées pour le grand objet de l'éternité; il disait souvent à Dieu avec le prophète : « Quand sera-ce, Seigneur, quand vous verrai-je face à face ! à ce doux espoir mes os tressaillent, et ma chair tombe en défaillance, ô Dieu de mon cœur, et mon partage éternel ! » Ce désir de voir son Dieu le rendait insensible à tous les événements de la vie ; il ne perdait jamais de vue son unique objet ; ainsi, la mort ne pouvait point le surprendre. Ce grand serviteur de Dieu devait la voir approcher sans trembler et sans se plaindre ; il disait qu'il avait assez vécu selon le cours ordinaire de la nature. Hélas ! il a trop peu vécu pour le bonheur de ses enfants.

La dernière année de sa vie ne fut qu'une infirmité continuelle ; dès les premiers moments de sa maladie, il sentit qu'il n'en reviendrait pas, et que tous les secours humains ne sauraient le préserver du sort qui le menaçait. Comme on tâchait de le rassurer sur son état et de lui persuader qu'il pourrait parvenir à sa guérison, il répondit tranquillement qu'il connaissait tout le danger où il était ; qu'il flottait entre la crainte et l'espérance, qu'il espérait assez pour écarter les idées funestes qui étaient une suite naturelle de sa situation, et qui pourraient devenir un obstacle à l'effet des remèdes ; mais qu'il craignait assez pour se préparer à tous les événements. Sa maladie était une hydropisie qui se forma avec une promptitude incroyable ; dès-lors, il s'écria comme David : « Sauvez-moi, ô mon Dieu, parce que les eaux ont pénétré jusqu'à mon âme. » Il se prêta, sans répugnance comme sans espoir, aux remèdes de l'art ; il ne discontinua jamais de dire l'office, malgré la défense du médecin, jusqu'aux derniers jours qui précédèrent sa mort. Il priait souvent M. le coadjuteur, qui ne le quittait point, de lui parler toujours de Dieu et de lui rappeler sa fin qui s'approchait d'une manière sensible. Il implorait souvent la protection puissante de M. Alain de Solminihac ; il craignait qu'un père et un prédécesseur si vertueux ne voulut pas reconnaître devant Dieu un enfant et un successeur qui croyait avoir si peu profité des grands exemples qu'il lui avait donnés. Il se recommandait, avec les plus tendres instances, aux prières de tous ses amis, qui s'empressèrent de le venir voir lorsqu'il était malade, pour lui dire un éternel adieu ; c'était, leur disait-il, la marque la plus précieuse qu'ils pussent lui donner de l'attachement inviolable qu'ils avaient toujours eu pour lui. Il avait la plus grande confiance aux prières des personnes vertueuses, c'est ce qui l'avait porté à prier don Richard, général des Chartreux, qui était son ami particulier, de l'agréger à celles de cet ordre vénérable, pour lequel il fut toujours rempli de respect ; cette sainte union de prières, qui fait, selon l'expression de Tertullien, une douce violence à Dieu, le pénétrait de joie et de consolation.

Dans le cours de sa maladie, qui fut longue, jamais l'impatience ne troubla la sérénité de son visage ; jamais l'abattement n'y peignit sa faiblesse. La douleur ne triompha point de lui, parce qu'il ne l'évita pas ; elle lui céda parce qu'il osa la combattre. Il savait que si c'est une lâcheté de désirer la mort lorsqu'il est à propos de vivre, c'en est une de la fuir lorsqu'il est temps de mourir. Ce moment fatal, qui désespère les autres hommes parce qu'il est le terme de leurs plaisirs et le commencement de leurs douleurs, ne devait être pour lui que le passage à une vie plus heureuse ; la mort devait lui ouvrir le sein d'une intelligence bienfaisante dont il avait toujours respecté les lois et ressenti les bontés. Déjà il nageait dans un torrent de délices, car il ne faut pas s'étonner de voir une joie surnaturelle où est Dieu, qui est la source du vrai bonheur. Il se trouve partout où il voit une conscience pure. Où Dieu se trouve, le paradis est ouvert ; où est le paradis, est nécessairement la béatitude, et c'est dans la béatitude que se rencontre la véritable joie.

Plein de ces idées consolantes, M. l'abbé méprisait la terre ; il n'était occupé que du ciel, il souhaitait de terminer une carrière qui était ouverte depuis si longtemps ; le souvenir d'avoir vécu dans l'innocence, et l'espoir d'une vie plus heureuse, versaient dans son âme des consolations qui rendaient son sort digne d'envie. N'est-ce pas dominer glorieusement la mort que d'en changer ainsi la nature et les peines, de faire sortir de ce combat terrible la paix avec laquelle l'homme juste expire, de ces ombres de la mort l'immortalité qu'il va posséder, et de ce moment où tout finit, l'éternité bienheureuse où il entre ? Ô mort, où est ton aiguillon ; ô sépulcre, où est ta victoire !

Heureux donc mille fois celui dont la religion a fondé l'espérance et réglé la conduite ! tout ce qui passe est à ses yeux comme s'il n'était plus, comme une illusion du sommeil (1) ; il foule d'un pied tranquille et les biens et les maux ; il méprise également les faveurs et les disgrâces de la fortune ; rien de fini n'est capable de l'ébranler ; environné de toutes parts de gouffres et d'abîmes, il semble être déjà dans le port ; il jouit de ce qu'il espère. L'avenir, présent à son esprit, verse mille douceurs sur des souffrances dont le prix doit être une couronne immortelle ; connaissant les véritables intérêts, il sacrifie le temps à l'éternité, et voit arriver la fin avec une résignation et une tranquillité que rien ne peut altérer.

(1) Le cardinal de Polignac. *Ant-Lucrèce.*

Heureuse la mort qui étant due à la nature comme un tribut, est offerte comme un sacrifice pour la vertu. La mort qui est exempte de remords est le centre du vrai bonheur; c'était ce bonheur précieux que M. l'abbé goûtait dans toute son étendue dans ses derniers moments. Au milieu de toutes les horreurs qui accompagnent cette séparation terrible qui fait frémir la nature, et avec laquelle l'homme le plus intrépide ne se familiarisera jamais, M. l'abbé s'avançait vers elle avec autant de majesté que le soleil vers son couchant; il voyait disparaître tout avec sa vie sans qu'il lui en coûta un seul soupir, tant il avait mis en un lieu inaccessible son cœur et ses espérances. Lorsque M. le coadjuteur lui annonça que la mort s'avançait vers lui à grands pas, cette triste vérité n'étonna point un homme qui jouissait de la consolation d'avoir rempli tous ses devoirs, et qui ne trouvait, dans la pureté de son cœur aucun sujet de remords, de regret ni de repentir : il l'envisagea avec ce courage héroïque qui la dépouille de toutes ses horreurs. Elle ne parut à ses yeux que comme le ministre d'une providence équitable qui voulait terminer la course pénible de ses travaux. Sa piété l'avait mis depuis long-temps à l'abri des surprises. Dès le commencement de sa maladie, il avait fait une confession générale de toute sa vie. Dans le cours de son infirmité, il s'occupait continuellement de ce qui pouvait l'entretenir dans la pensée de sa fin; il faisait les paraphrases les plus touchantes et les plus sublimes du *Miserere*, du *De profundis*, et surtout de la prose des morts; il ramenait tout à son état. Pénétré des sentiments qu'inspirent ces morceaux admirables, il s'anéantissait devant son Dieu, il se confondait dans le sein même de l'humilité. Malgré son état douloureux, il communiait, deux fois la semaine, et lorsqu'une lueur de convalescence lui permit de se lever, il voulut descendre à l'église pour avoir la consolation d'adorer un Dieu qu'il avait toujours tendrement aimé, et entendre la messe à genou.

Mais cette faible lueur s'éteignit dès son aurore; le mal revint plus sérieux que jamais, et dès-lors son état ne fit plus qu'empirer. Cinq jours avant sa mort, il voulut recevoir son Dieu en viatique, quoiqu'il eût communié deux jours auparavant. Toute la communauté se rendit dans sa chambre à la suite du Saint-Sacrement; lorsqu'elle fut rangée autour de son lit, ce vieillard vénérable, qui pouvait à peine respirer, ôta lui-même son bonnet pour adorer son Dieu qu'il voyait devant lui; il fit sa profession de foi publiquement, après quoi il adressa la parole à sa communauté; il lui demanda pardon avec l'humilité la plus profonde de toutes les peines qu'il avait pu lui causer et des scandales qu'il lui avait donnés. Il paraphrasa ensuite ce passage qui termine le livre de l'Ecclésiaste : « Craignez Dieu et gardez ses commandements, c'est là tout l'homme; » il en fit l'application à l'état de ses religieux, il leur rappela leurs devoirs et leurs obligations; il en développa l'esprit et l'étendue avec une force merveilleuse. Il passa à cet endroit touchant du discours que Jésus-Christ adresse à son père : « O mon père, je vous prie qu'ils soient un entre eux, comme vous et moi ne sommes qu'une même chose; » il fit sentir la nécessité indispensable de l'union et de la concorde pour faire régner la paix dans une communauté, et il conclut ce beau discours qui faisait verser des larmes à tous ceux qui l'entendaient par ces paroles de l'apôtre saint Paul : « Si je puis recevoir encore quelque consolation, rendez ma joie parfaite, n'ayez tous qu'un même cœur, une même âme, et les mêmes sentiments; revêtez-vous, comme élus de Dieu, des entrailles de bonté, de patience et de douceur; mais surtout ayez la charité, qui est le lien de la perfection, afin que d'un même cœur et d'une même bouche vous puissiez louer Dieu éternellement. » Lorsqu'il eut fini de parler, M. le coadjuteur lui administra le saint viatique, qu'il reçut avec les sentiments de la foi la plus vive et de la contrition la plus sincère.

Après le dîner, il envoya prier tous les religieux de venir dans sa chambre les uns après les autres; c'était un nouveau Jacob, qui voulait avoir la douce consolation d'embrasser ses chers enfants avant que de les quitter. Il leur dit à tous les choses les plus tendres et les plus touchantes; il répéta à chacun en particulier ce qu'il avait dit le matin à tous en général; il leur recommanda l'amour de leur état, le zèle pour le bon ordre et le maintien de la régularité, et surtout un attachement inviolable pour la personne du saint évêque qui avait si bien mérité de la congrégation et aux bontés duquel il l'avait recommandée, quelques jours auparavant, pour la dernière fois, et il ajouta : « Mes chers frères, mes chers enfants, voici le moment où il n'y a plus ni supérieur ni inférieur, le plus juste sera le plus saint; priez Dieu de ne pas me traiter selon toute la rigueur de sa justice »; il leur donna ensuite sa bénédiction paternelle. Une action si attendrissante fit couler des larmes à tous ces religieux. Comme on vit qu'un pareil spectacle pourrait lui causer quelque révolution funeste, tout le monde se retira, à l'exception de M. le coadjuteur et de deux religieux qui se relevaient de temps en temps. Le lendemain, il reçut le sacrement de l'extrême-onction; il assigna lui-même l'heure d'après les vêpres, afin de ne pas troubler le silence de la communauté; mais comme on lui représenta que le danger était imminent, il dit qu'il fallait prendre le parti le plus sûr, et M. le coadjuteur le lui administra tout de suite.

Sur le soir, comme il se sentait affaiblir, il demanda à voir son neveu, M. de Beler, qu'il avait toujours tendrement aimé, et pour lequel il avait eu tous les sentiments d'un père. Lorsqu'il fut arrivé, il lui dit : Je vous ai envoyé chercher, mon cher neveu, j'ai voulu vous voir encore une fois, ce sera sans doute la dernière, la mort s'annonce à moi d'une manière qui n'est pas équivoque; peut-être mourrai-je aujourd'hui, demain, dans huit jours, peut-être dans un mois, mais je ne dois pas me flatter d'aller si loin; je remercie Dieu de m'avoir ménagé le moment de me préparer à ce grand passage; j'ai vécu long-temps, hélas! ai-je bien employé les années que j'ai passé sur la terre, c'est là ce qui me fait trembler; cependant, j'ose avoir confiance en la miséricorde de Dieu. Après cela, il le chargea de ses derniers sentiments pour ses parents et ses amis; il lui dit de leur faire un éternel adieu, et de les assurer qu'il mourait leur ami; il ajouta qu'il avait toujours été tendrement attaché à sa famille, qu'il ne lui avait pas fait de bien, parce qu'il n'avait pas cru pouvoir le faire, et devoir sacrifier à sa tendresse pour eux, et à des sentiments purement naturels, les lois de son devoir et de sa conscience. Comme M. de Beler n'avait jamais aimé son oncle par intérêt, ses derniers sentiments furent pour lui un nouveau sujet de l'admirer, et il fut touché jusqu'aux larmes de la tristesse de cet entretien, qui était en effet capable d'émouvoir un cœur sensible et bien fait.

Comme on voyait que M. l'abbé s'affaiblissait de moment en moment, on lui fit le vendredi la recommandation de l'âme; on la réitéra le samedi soir, et comme on finissait les prières, le saint homme remit sa grande âme entre les mains de son Dieu, et il s'endormit tranquillement du sommeil des justes, pour aller vivre dans le sein même de la divinité. Il était âgé de quatre-vingt-trois ans, cinq mois, onze jours. Il était né le 13 avril de l'an 1680 et il mourut le 24 septembre 1763.

Après la mort, on exposa son corps sur un lit de parade; revêtu des ornements pontificaux, les religieux de l'abbaye furent de deux en deux réciter l'office jusqu'à ce qu'on l'enterra. Le dimanche 25, toutes

les communautés des religieux de Périgueux, le collége et les séminaires, envoyèrent quelqu'un des leurs pour assister aux obsèques, où se trouva la confrérie des pénitents blancs de la même ville, à laquelle M. l'abbé était agrégé depuis long-temps; elles furent célébrées par M. l'abbé de Saint-Geyrat, vicaire-général de l'évêché de Périgueux. Cet homme aimable et vertueux, aussi distingué par sa modestie que par ses talents, voulut bien, dans cette circonstance, venir donner aux chanoines réguliers de Chancelade une marque de bonté qu'il a toujours eue pour eux, en partageant leur douleur. Il rencontra dans toute l'abbaye l'image de la tristesse. Les religieux, frappés d'un saisissement continuel, exprimaient, par leurs larmes, quel panégyrique pour un père! la perte immense qu'ils avaient faite; leur douleur ne fit que se renouveler lorsqu'on descendit à l'église (1). Le corps où avait habité cette grande âme, quoique froid et inanimé, inspirait encore le respect, semblable aux temples qui long-temps ont servi de demeure à la divinité, même après qu'ils ont été renversés; la vue de leurs débris porte encore dans l'âme un sentiment involontaire de religion.

Après la célébration des obsèques, on distribua aux pauvres, à la porte de l'abbaye, une grande quantité de pain et d'argent, afin qu'ils connussent que celui qui avait été leur père pendant sa vie voulait leur faire sentir encore après sa mort les effets de l'affection qu'il avait toujours eue pour eux, et qu'ils pourraient espérer de trouver constamment dans celui qui le remplaçait le même zèle pour soulager leur misère. C'était l'article principal de son testament; et ce père mourant avait depuis long-temps la douce satisfaction de voir que rien ne manquerait à l'exécution de ses volontés.

Qu'il nous soit permis d'ajouter, en finissant, que si la mort a enlevé aux religieux de Chancelade les dépouilles périssables d'un père qu'ils avaient toujours tendrement aimé, elle n'a pu les priver de la moitié la plus précieuse de ce grand homme, je veux dire du souvenir de ses vertus, de la sagesse de ses conseils et de la sainteté de ses exemples. Ce sont autant de motifs puissants qui les portent au bien, qui peuvent les soutenir et les fortifier dans les saintes résolutions qu'il avait su leur inspirer. Ils trouvent à chaque pas des monuments de la simplicité, de la piété, de la régularité de leur tendre père, qui leur disent qu'il n'est plus; ce langage éloquent se fait entendre à leur cœur.

(1) M. Thomas. *Éloge du chancelier d'Aguesseau.*

C'en est assez pour les exciter à marcher avec ardeur dans les voies de la vertu qu'il leur avait tracées par ses exemples, afin qu'ils puissent se voir réunis un jour avec celui qui les a tous enfantés en Jésus-Christ dans le séjour de la paix et du bonheur.

## EXTRAIT D'UN MÉMOIRE DU SEIGNEUR D'ALBRET

### CONTRE LA DAME DE MONTRÉSOR, QUI DEMANDAIT SA PART DANS LA SEIGNEURIE DE LA COMTÉ DE PÉRIGORD.

(Papiers Lespine, 2ᵉ carton. — Des comtes Albret, Orléans, Breta.)

*Mémoire sur l'état, la population et l'étendue des terres de la maison d'Albret en Périgord, vers l'an 1502.*

#### SUITE DE LA CHATELLENIE DE MONTIGNAC.

Pour la garde et dépense des prisonniers à quatre sols par jour, cinquante livres par an.

Le nombre des feux de la ville et fauxbourgs de Montignac se monte à environ deux cent quatre-vingts que bons que mauvais.

#### EXIDEUIL.

Le mémoire sur la châtellenie d'Excideuil offre moins de détails; on y trouve seulement les noms des seigneurs qui doivent faire hommage, sic :

Le seigneur de Linars tient les maisons nobles de Plaigne et de Neufville, le sieur de Dussac, le sieur de Prunilhac, Étienne son frère, à cause de la maison noble de la Brousse, paroisse de St-Sulpice, le seigneur de la Hugonie, le sieur de Ventignac, le sieur de Bosquet, le sieur de Nanthiac, le sieur de Saint-Jory-Labloux, le sieur de Saint-Martin, le sieur de Saint-Jehan-Ligourre, pour sa maison noble de Chantade, le sieur de Marnhac, le sieur d'Escars, à cause de Preyssac, le sieur de St-Germain, près d'Exideuil, Pierre Mosnier, à cause de la maison noble de Maleville, le sieur de la Roche-Joubert, le sieur de Contie, paroisse de Coulaures, le sieur de Mayac, le sieur de Fosse-Landrie, André Alardin, trésorier des comté de Périgord et vicomté de Limoges, le sieur de la Vastre, le sieur Deschamps, le sieur de Las Bordes, le seigneur de Château-Bouchet, le sieur des Jorryes, les seigneurs de Vaulx, les gentilsbourgeois de la ville de St-Yriers, le seigneur de St-Meymy, Jean Fabria dit Gargnot, marchand de la ville d'Exideuil, noble homme Helie

Joubert, du lieu de Cornhac, et ses frères......, Pierre Vere, habitant du lieu de Cornhac, le sieur de Theissière, à cause du repaire de Beaulieu, paroisse de Nohalhe; le sieur de Saint-Jal, le sieur de Montborin.

L'église, l'abbé de Tourtoirac, l'abbé du Dalon, le prévost de St-Thomas dudit lieu d'Exideuil, le prieur de St-Raphaël, le prieur de Ste-Eulalie, le prieur de Cornhac, le chapitre de St-Yriers, le chapitre de St-Front de Périgueux, le commandeur des templiers de la Roche-St-Paul, le commandeur de St-Thomas d'Exideuil, la *prieuse* de Gandelmar (Gandumas), tous les sus-nommés, et plusieurs autres, tant d'église que nobles sont en fondalité, etc.

Monseigneur ne prend rien que les droits de justice.

Item les habitants de la ville d'Exideuil, des lieu et bourg et paroisse de St-Raphaël, les metayries des nobles, qui sont en grand nombre, ont été de toute ancienneté et par tel et si long-temps qu'il n'est mémoire du contraire, exemps et en franchise et liberté de ne payer point de guet.

Recepte ordinaire, 240 livres 15 sols; froment, 389 sextiers; seigle, 109; avoine, 60 quartons ou environ, dont la charge est de trois sextiers.

Ceux qui tiennent en la baronie de Nontron, en la vicomté de Limoges.

Le prieur curé de Nontron, l'omonasrie de ladite ville de Nontron, les religieuses de St-Pardoux-Larivière, le seigneur abbé de Peyrouse, ordre de Citeaux et plusieurs autres églises.

Le seigneur de Pompadour, Alain du Barry, à cause de la maison noble Despern, Dauphin Patoureau, dudit Nontron, les seigneurs de la Vallade-Beaulieu, Monceuilh, le Breuilh, de La Court, de Lavau, Puychevin de Romain, de Lafeuillade, de la Forest, de la Mothe, de la Maurinie, de Puyagu, de la Bernardières, de la Marthonie, du Bourdeys, etc.

Les bourgeois de Nontron, maistres Jean Baleston, Martial Rosseu, Thibaut Rosseu, Johannot Maings, qui sont trois frères, Pierre Camaing, Jean Pastoureau, Beffanynie, François Puyzillon, Pierre Jarric et ses frères.

Les dessus-nommés et plusieurs autres, tant d'église que nobles, bourgeois et marchands tiennent en ladite seigneurie de Nontron, maisons nobles, etc., en tous droits de fondalité, etc. Vaut ladite, etc.

#### PÉRIGUEUX.

Et touchant la ville et château de Périgueux et pariage St-Front, soit répondu comme est écrit aux premiers mémoires, et aussi tout lé pariage St-Astier et de la ville de Lisle.

(Rien davantage à la fin du cahier de Nontron.)

### THIVIERS.

Ladite prévosté est la ville de Thiviers, en laquelle monseigneur et messieurs ses prédessesseurs n'eurent jamais de château ni habitation de maison forte ne autres, laquelle ville ne fut jamais clause, mais *dirruyde* de toute ancienneté, si ce n'est depuis vingt-cinq ans qui s'est un peu réparée en *hédifices* de maisons et à present y peut bien avoir de feux jusques au nombre de xx ou environ, la plupart desquels sont pauvres et pauvrement hérités.

Sont lesdits habitants francs de guet et de commun.

Et y a en ladite ville consolat et disent les consuls avoir en icelle ville et prévosté plusieurs priviléges, entr'autres soitdisant avoir les *amendes* de trois sols et au-dessous quand lesdits habitants font les dénonciations auxdits consuls.

Monseigneur ni ses prédécesseurs n'ont eu ni four ni molins en toute ladite prévosté.

Item et est ladite prévosté et juridiction de petite étendue, et ne comprend que deux petites paroisses par entier, à savoir Nantheuil et Eyzerac; et partie des paroisses de *Cournihac*, Saing^ac (Savignac), les deux églises, et partie de la terre de la Valouze, en laquelle Valouse, monseigneur a cinq ou six villages en partie seulement.

En ladite ville de Thiviers, il y a onze gentishommes *résidents*, à savoir est en ladite ville, Pelisses, Vauccour, St-Astier, le Bostz, Bastardie et Marguerite Mosnière. Et en ladite paroisse Filolie, François et Pierre Mosniers, Bernard et Aymard des Posses. Et tiennent chacun des susdits, réservé St-Astier et le Bostz, en ladite Prévosté Metayrie. Et se nomme la metayrie dudit Pelisses, la Rigaudie, de Vaucocour la Brugière, la Bastardie....... de Marguerite Mosnière les Limaignes, de Filolie-la-Cipière, desdits François et Pierre Mosniers, Planeaux, desdits des Posses, St-Claricq..... en fondalité et directe seigneurie, l'un portant l'autre cent livres de rentes, réservé lesdits de Posses qui ne tiennent que dix ou douze livres de rente.

Il y a de plus dans ladite ville de Thiviers, six bourgeois, marchands ou autres, qui tiennent chacun dix livres de rente, comme Joubert, Reigner, Hélie Pailhet, Étienne et Hélie Aymeritz, Jehan de Larc et Pierre Peychir (ou Peychard) en mas village, etc.

Item le seigneur de la Marthonie, à cause de la maison noble de Germanie, près de Thiviers, soixante livres de rente ou environ.

Item le seigneur de la Seyme, à cause de sa maison noble de la Seyme, sise au-dehors de Thiviers, trente livres de rente et grand et beau domaine en fondalité et directe seigneurie.

Item noble Guillaume d'Abzac, habitant de la paroisse de Mayac, a en ladite seigneurie vingt livres de rente en fondalité.

L'abbé de Peyrouse, soixante livres de rente; l'abbé du Dalon, cinquante livres de rente ou environ; le commandeur de la Roche-St-Paul, dix livres de rente ou environ; le commandeur de Puymartin tient en ladite prévoté six livres de rente; le prieur de St-Jean-de-Colle, huit livres; l'archiprêtre de Thiviers, douze livres; l'abbé de *Bauchaux* (Boschaud) dix livres (toutes foncières).

### NANTHEUIL.

Au bourg de Nantheuil, qui est petit bourg, auquel n'y a que dix ou douze feux; trois gentishommes, tous partis d'une maison nommés les Mavalegs, et un chacun peut tenir en ladite paroisse, qui est de petite étendue, dix livres de rente.

### CORGNAC.

En la paroisse de *Corgniac*, il y a trois gentishommes, c'est à savoir: la Romagière, Laxion et Montmadit et chacun tient une metayrie....... chacun tient environ cent livres et tient ledit de la Romagière en ladite paroisse, le repaire de *Roussecilh* en toute justice.

Le bourg de Cournhac, qui est en entier de la justice de monseigneur, peut avoir vingt feux ou environ, pauvres gens la plupart.

### SAVIGNAC.

Le bourg de Savignac, aussi par entier de ladite prévosté, a quinze feux ou environ, aussi pauvres gens pour la plupart, et n'y a que vingt cinq soit de la juridiction de ladite prévosté, bourg et paroisse.

### NEGRONDES.

Au bourg et paroisse de Negrondes, monseigneur ne prend qu'un village sans justice, appelé les Maynes.

### COULAURES.

Au bourg et paroisse de Coulaures, monseigneur ne

prend, à cause de ladite prévosté, qu'un village appelé Vich et un molin appelé Chantereim en justice, etc.

Au village de St-Jorry-de-Chalais, monseigneur n'y a que le village de la Pouyade en justice.......

Et est à savoir que les six moustures, mesure de Thiviers, font la charge réservé d'avoine que les vingt moustures font la charge.

### SAINT-JEHAN-DE-COLLE.

Monseigneur prend sur les habitants du bourg de St-Jean-de-Colle cinquante sols tournois de *commande* à cause de ladite prévosté, sans justice, car ladite justice dudit bourg est au prieur dudit lieu (fol. 6, inventaire du cahier de Thiviers).

La prévosté du *fayct my droict* peage, leyde et plassage l'un an portant l'autre, peut valoir trente livres tournois.

### CHATELLENIE D'ANS.

Château bâti par monseigneur depuis quinze ans.

### MONTBAJOL.

Paroisse de Montbajol, petite paroisse et de petite étendue, en laquelle ne soulait avoir que deux feux, mais depuis peu en ça sont venus à division, y a seize feux bien pauvrement hérités.

### SAINT-PANTHALY.

La paroisse de St-Panthaly, de petite étendue, ne soulait avoir dans les fins et limites d'icelle que quatre feux, sinon que depuis peu de temps en ça que sont venus à division, et par le présent seulement y a quinze feux ou *bélignes* mal hérités.

### SAINTE-EULALIE.

Paroisse de Ste-Aulaye (Ste-Eulalie-d'Ans), vingt-cinq feux.

### ÉCHOURGNAC.

Paroisse de Chourgnac dans les fins de laquelle a vingt-cinq pauvres feux ou *bélignes*.

### TEMPLE-LA-GUYON.

La paroisse du Temple-la-Guyon, de petite étendue, dans laquelle ne soulait avoir que eung feu et par le moyen de division et partage, depuis peu y a dix petits feux.

Le commandeur de Condat y a en fondalité, et y est seigneur foncier.

### SAINT-ORSE.

La paroisse de St-Orse, en laquelle le seigneur appelé de St-Orse, tient quasi tous les biens en fondalité; le reste aux seigneurs d'Hautefort, de Gabillou et à l'abbé du Dalon, etc. ; monseigneur a la justice.

### GABILLOU.

Paroisse de Gabillou, trente-sept feux ou belignes, la plus grande part mal hérités et l'autre part est sans aucun héritage, ains mendient pour Dieu tous les jours. En ladite paroisse est un gentilhomme, le seigneur de Gabillou, qui est seigneur foncier pour la plus grande partie, le reste au prevost et prieur de Gabillou. A l'abbé du Dalon appartient la fondalité de la grange de Chabanneys sise dans les fins de ladite paroisse.

### SAINT-PARDOUX.

Paroisse de Saint-Pardoux, petite paroisse, dix-sept feux tous petits et belignes, tous sont sortis depuis peu de trois feux.

### GRANGES.

Dans la paroisse des Granges, a soixante feux ou belignes, pauvres, etc. Le seigneur d'Hautefort y a son repaire d'Escosson, les villages de la Chaminade, etc., aux *queulx* y a dix *menagiers*. Pareillement le prevost ou prieur dudit Granges est seigneur foncier des villages, et pareillement en ladite paroisse, les seigneurs de Gabillou, de Verneuilh et de la Remondie, tiennent la fondalité de plusieurs villages, etc.

### SAINT-RABIER.

La paroisse de Saint-Rabier a soixante-onze feux ou belignes, tant bons que mauvais, pauvres, etc., dont vingt sont sans héritage ou bien peu.

Au bourg de Saint-Rabier demeure un gentilhomme, le seigneur de Roussinhac et de la Marche, lequel tient les villages, etc.

Dans ledit lieu de Saint-Rabier, a une maison noble le seigneur de Peyraulx, pareillement le prieur et prevost de l'église dudit lieu (je ne sais si c'est d'Azerac ou de Saint-Rabier qu'il faut l'entendre), ensemble le chapitre de Sarlat a dans les fins de ladite paroisse plusieurs villages et possession, à raison desquelles lève chacun ou environ seize charges de bled.

### LA CHAPELLE-SAINT-JEAN.

Paroisse de la Chapelle-Saint-Jean, petite, n'y soulait avoir que deux feux, et par le présent en y a dix par le partage et division entre eux depuis peu de temps fait.

### BADEFOL.

La paroisse de Badefol dans laquelle y a soixante-neuf feux ou belignes, dont trente-trois sans héritage. Dans cette paroisse y a trois gentishommes, le seigneur appelé *Gontier* de Badefol, le seigneur appelé de *Bounaguyse* et le seigneur appelé *Fourie;* lesquels et les seigneurs d'Hautefort, Pompadour, Vilhac, Sainte-*Aulère,* de Bastiz, de la Marche, de la Oumenchie, de la Pierre, et le seigneur de la Mothe, chacun en son endroit, sont seigneurs directs et fonciers de plusieurs villages, maisons, forêts, terres; etc., ont chacun environ cinquante charges de froment, quinze ou vingt charges de seigles, etc., les abbayes de *La Régle,* de Dalon, de la Chastres, y ont des rentes.

### BERSAC.

La paroisse de Bersac, dans les fins de laquelle est le lieu de Beauregard, dans laquelle paroisse a 111 j. ou onze feux ou belignes dont la plus grande partie sans heritage et les autres mal hérités, etc.

Dans les fins d'icelle, les seigneurs de Peyraux, de Muratel, de Vilhac, de Mirbec (ou Mirabec), de la Salle, de la Cassauhe, de Mesmy, de Monfreb, de Moumège, de la Mothe, l'abbé de Chastre, le commandeur de Condat, le curé de Bersac, le seigneur du Luc, Jehan Lambert et les héritiers de feu Jehan Papiis, chacun..... tiennent en fondalité plusieurs héritages, villages, maisons, etc., et la plupart audit lieu de Beauregard, par raison de quoy, lèvent tous ensemble cinquante charges de froment, vingt de seigle, dix-huit d'avoine, quarante-cinq livres tournois de rente, soixante gelines, etc.

### SAINT-LAZER.

Plus dans ladite seigneurie dans une petite paroisse nommée Saint-Lazer, dans laquelle ne soulait avoir que sept ou huit feux, et par le présent en *ha* moyennant la division faite entre eux environ trente-sept

tous pauvres, excepté deux ou trois, qui ne valent pas grandement. (Le reste, *ut supra,* déjà extrait.)

### NEILHAC.

Les paroisses de Neilhac et d'Azerac ne sont de la châtellenie d'Ans; Neilhac est à présent aur seigneur d'Hautefort, et est châtellenie par soy laquelle était autrefois au comte de Penthièvre.

### AZERAC.

La paroisse d'Azerac n'est point d'Ans, mais est justice par soy, laquelle tient le seigneur d'Azerac. Monseigneur n'y a que deux ou trois villages.

### ABZAC.

La paroisse d'Abzac n'est pas non plus de la Châtellenie d'Ans comme le prétendait madame de Montrésor, mais de la châtellenie d'Auberoche; monseigneur n'a dans cette paroisse qu'un village. Le reste de la fondalité au seigneur de Lancays, etc.

### SAINT-NICOLAS.

La paroisse de St-Nicolas n'est pas non plus en la châtellenie d'Ans, comme madame de Montresor le dit, mais est en la justice et juridiction de l'abbaye de Chastres, laquelle abbaye de la Chastre est justice et seigneurie de par soy et d'icelle en est seigneur foncier et justicier ledit abbé de Chastre, lequel y fait exercer tous les actes de justice, comme monseigneur fait en ladite châtellenie d'Ans.

———

On peut remarquer sur la différence des récoltes comparées que celles du XV<sup>e</sup> siècle, qui sont les plus anciennes dont les livres donnent des états circonstanciés, ont dû être plus abondantes que celles de notre temps, à supposer l'état des saisons également favorable; la raison s'en tire de l'état du sol en lui-même, lequel était en général une terre neuve (en 1460), et par conséquent moins épuisée que les nôtres, lesquelles sont cultivées consécutivement depuis plusieurs années. Les récoltes du XV<sup>e</sup> siècle sont postérieures à l'expulsion des Anglais en 1453. Hors nos provinces méridionales surtout, telles que le Périgord, Limousin, Quercy, Agenais, Bordélais, Bazadais, Saintonge, Poitou, Angoumois, avaient été détruites presque en une affreuse solitude, *in heremosi latens et absinans,* disent les titres sous Charles VII et Louis XI. Les habitants périrent, pour la plupart, par les pestes des années 1349-1406-1422, etc., par les famines des années 13..... et encore plus par les guerres de Philippe de Valois, Jehan-le-Bon, Charles V, pendant la folie de Charles VI et le commencement de Charles VII. Mais, vers la fin de celui-ci et sous Louis XI, les étrangers, invités par la bonté du sol de nos provinces méridionales abandonnées, s'y rendirent avec empressement; les seigneurs les reçurent à bras ouverts et leur donnèrent des fonds avec un cens médiocre. Alors les impositions étaient encore faibles, la paix était d'autant plus douce, que plus de trois cents ans de guerre en avaient presqu'éteint l'idée parmi le peuple; la terre, nouvellement ouverte, était donc comme neuve; de là ces récoltes abondantes qu'un fonds épuisé aujourd'hui par une culture de trois cents ans ne doit plus faire espérer dans un aussi grand rapport.

—∞◇∞—

# CHRONIQUES DU LIMOUSIN.

## LES AVENTURES DE GONDOWALD-BALLOMER.

*(Suite.)*

La cour d'Austrasie n'était pas plus pure que celle de Soissons; là régnait Brunéhaut, épouse du roi Sigebert, qui devint aussi, après la mort de son mari, régente de son fils. Brunéhaut ne valait guère mieux que Frédégonde, dont elle n'avait pas l'habileté, et c'est vainement qu'un historien moderne très-respectable, a essayé de réhabiliter sa mémoire (1). Gontran, roi de Bourgogne, se recommandait, comme nous l'avons déjà dit, par quelques vertus; mais ce prince, malgré sa bonté naturelle, se laissait quelquefois entraîner par les impulsions de passions féroces qu'il tenait de son éducation et de la barbarie de son siècle; animé des meilleures intentions, son caractère était, cependant, faible et irrésolu, le pire des défauts dans un roi, et son administration débonnaire, mais sans énergie, ni régularité, n'avait créé que le désordre.

Ces rois, fils et successeurs de Clotaire I<sup>er</sup>, ne cessaient, du reste, depuis la mort de leur père, de se faire des guerres sanglantes, et ce fléau reprenait, après de courts intervalles, une désastreuse recrudescence, par la haine implacable qui animait, l'une contre l'autre, les deux reines Frédégonde et Brunéhaut. La nation, froissée et ruinée par tant de secousses violentes, se trouvait, même, déjà, en 580, et avant la mort de Chilpéric I<sup>er</sup>, toute préparée à une révolution. Le mécontentement était général, mais entretenu et augmenté, encore, dans l'Aquitaine, par les dispositions traditionnelles et invétérées de l'opposition populaire, dans cette province, contre la suprématie des hommes du Nord. Alors, arrêtant leurs pensées et leurs espérances sur Constantinople et sur Gondebaud, les grands, dans les provinces méridionales, ourdirent une vaste conspiration contre le Nord, *premier effort de l'Aquitaine, depuis le* v<sup>e</sup> *siècle, pour conserver sa liberté, aux abois, et la civilisation qui lui était restée avec les souvenirs de l'administration romaine* (1).

C'est pendant cette agitation sourde dont tous les plans et les vœux étaient favorables à Gondebaud, que ce dernier vit arriver, en 580, à Constantinople, un certain Bozon, fugitif, et en apparence proscrit par Gontran, roi de Bourgogne, mais qui, en réalité, n'était qu'un émissaire secret de ce même roi, chargé du rôle infâme de provocateur, et d'attirer Gondebaud dans un piége abominable. Bozon était, néanmoins, et véritablement, un personnage important de la cour de Bourgogne où il avait été revêtu de la haute dignité de *duc*, mais qui n'était, encore, qu'une grande charge militaire. Le duc Bozon, disent les savants bénédictins de St-Maur, était *l'homme le plus fourbe et le plus dangereux de son temps* (2). La disgrâce apparente qui le privait de la confiance du roi était une feinte concertée entre lui et son maître, et le premier acte de cette comédie, dont le dénouement pouvait être si tragique, avait déjà été joué en France. Le nouveau Sinon, à l'aide de son masque de proscrit, avait découvert beaucoup de mécontents et de conspirateurs dont il avait su capter la confiance, et qui lui remirent des lettres et des exhortations pressantes pour Gondebaud. Parmi ces mécontents cachés et qui se dévoilaient ainsi, on voit figurer le patrice Mummol, déjà célèbre par ses exploits militaires; il se trouvait, alors, investi par Gontran, du gouvernement des provinces du Rhône, et il avait acquis, sur la population et sur l'armée, une influence puissante et qu'il eût été, peut-être, dangereux de

---

(1) Vély. *Hist. de France*, tom. I<sup>er</sup>, p. 196 et suivantes.

(1) M. Marvaud. *Hist. du Bas-Limousin*, tom. I<sup>er</sup>, p. 57.
(2) *Art de vérifier les dates depuis J.-C.*, tom. x, p. 371.

combattre, trop brusquement, par une disgrâce. On voit, déjà, poindre les premières lueurs de l'anarchie féodale.

Bozon, muni de ces titres de créances, fit à Gondebaud, un rapport exact, il est vrai, de la situation de la France, mais il se garda bien de dire que c'était, précisément à cause de cette situation critique, que le roi Gontran et ses frères voulaient, à tout prix, tirer de son asile, afin de le détruire, un compétiteur qui n'en devenait que plus dangereux.

Tout semblait, en effet, favoriser Gondebaud ; désiré et appelé par l'Aquitaine et même par les populations des autres provinces méridionales, ses projets devaient réussir s'ils avaient été dirigés sous d'autres auspices que ceux de Bozon qui, précisément, était chargé et bien capable de les faire échouer, et de conduire l'infortuné prétendant à sa perte ; mais c'est ce qu'on ignorait à Constantinople et en Aquitaine. Tibère II, fidèle à la politique de Narsès, sentit que Gondebaud serait un roi des Français, nécessairement dévoué aux intérêts de l'empire, et que cette alliance intime offrirait bien des facilités pour chasser, encore une fois, les *Barbares* de l'Italie, et restituer cette belle province à l'empire romain. Il n'eut point de peine à décider Gondebaud, et comme, selon Bozon, il ne s'agissait, pour le prétendant, et cela était aussi très-probable, que de se montrer aux nombreux partisans qui l'attendaient, et que de se mettre à leur tête, Tibère ne fournit pas de troupes à Gondebaud, mais il mit un vaisseau à sa disposition, et il lui donna, en même temps, des sommes considérables en or et en matières précieuses.

Enivré des plus brillantes espérances, Gondebaud part, en 580, de Constantinople, et après une heureuse traversée, il arrive en vue des côtes de Provence. C'est là que Bozon ayant reconnu les signaux des complices de sa trahison, qu'il affirme être ses *affidés*, et cela n'était que trop vrai, engage Gondebaud à débarquer sur un point isolé du rivage, et dans une petite anse, formée par des rochers : *De fidèles amis nous y attendent, disait-il, et ils nous ont reconnus aux signaux que nous venons de leur faire ; entouré de cette escorte dévouée, vous apprécierez mieux et plus sûrement la situation du pays, et les vicissitudes qui pourraient y être survenues depuis mon départ de France ; s'il n'y a rien, comme je l'espère, de changé, vos nombreux partisans ne tarderont pas à rallier votre bannière, et dès-lors, chef d'une armée formidable, vous marcherez, avec la certitude du succès, sur quelque grande ville ; ce parti offre de meilleures chances que celui d'aborder, seul, à l'improviste, et dès votre début, une cité* importante et qui serait, peut-être, au pouvoir des garnisons du roi de Bourgogne.

Cet avis semblait dicté par le zèle et par la prudence ; il était très-plausible, et Gondebaud l'adopta sans se douter qu'on l'entraînait dans un horrible guet-apens, préparé de longue main, et où il devait succomber sous les poignards d'une bande d'assassins.

Mais Bozon avait compté sans le *triérarque*, ou le commandant grec, dont la résolution, ou plutôt une inspiration providentielle, déconcerta tous les projets de ce traître. Cet officier s'indigna d'abord, à la seule idée qu'une galère impériale, ornée du glorieux *labarum*, des images et des pavois des Césars, abordât, furtivement, et dans une crique ignorée, les côtes de la Gaule, comme un pirate ou un ignoble contrebandier. D'ailleurs, disait-il, les instructions de Mummol et les ordres de l'empereur sont précis et formels ; ils désignent Marseille comme le seul point de débarquement, et l'on ne peut supposer ni croire que le patrice Mummol, qui a une autorité presque souveraine dans l'étendue de sa vice-royauté, et qui se trouve si profondément engagé dans notre entreprise, a négligé le moindre moyen de préparer une bonne réception au prince, et surtout qu'il a commis la faute de laisser occuper, par les garnisons et les partisans du roi de Bourgogne, une place aussi importante que Marseille. Mon devoir, ajouta le triérarque, et les simples lumières du bon sens, me prescrivent donc de suivre exactement les ordres sacrés de César ; si, après m'en être écarté, il survenait quelque malheur, ma responsabilité deviendrait des plus périlleuses, et le seigneur Bozon ne pourrait m'en garantir. Le triérarque, malgré de nouvelles instances, persista dans sa résolution, et cette heureuse obstination sauva l'illustre passager qui, en abordant à Marseille, vit se réaliser toutes les promesses et les espérances qui lui avaient été faites et données.

Les habitants de cette ville et leur évêque Théodose l'accueillirent avec enthousiasme ; bientôt une grande partie de la Provence et du Dauphiné se déclarent pour lui, et il s'avance, au milieu des acclamations des peuples, jusqu'à Avignon dont Mummol s'empresse de lui ouvrir les portes. Mais Bozon n'était pas encore démasqué ; il suivait Gondebaud dont il avait toujours la confiance, et c'est à Avignon que ce fourbe renoua, sur de nouvelles et secrètes combinaisons, ses intrigues et sa trahison qu'un incident inattendu, et qu'il n'avait pas su prévoir, avaient, déjà déjouées sur les côtes de Provence. Gondebaud et Mummol, avant d'aller plus loin, et ne se dissimulant pas que le parti franck composé, presqu'en entier, de corps armés et disciplinés, était encore très-formidable dans les provinces du Centre et du Nord, sentirent qu'il fallait, premièrement, concentrer et organiser leurs forces et leurs moyens d'action, et Avignon leur parut une position très-favorable à l'exécution de ces projets préliminaires. Mais Bozon et un autre traître, son associé, nommé Ollon (1), étaient admis dans tous les conseils; ils connaissaient ainsi, et dans tous les détails, les plans, les ressources et les relations de Gondebaud et de Mummol, et il est inutile d'ajouter que ces renseignements étaient aussitôt livrés aux cours de Bourgogne, de Soissons et d'Austrasie. Les rois français, de leur côté, même Frédégonde et Brunéhaut, avaient fait trève à leurs haines et à leurs discordes, et ils unissaient leurs forces.

Bientôt tous les passages, tous les points militaires et importants furent successivement occupés et gardés par des corps de troupes franques, et les moindres tentatives de Gondebaud et de Mummol étaient déjouées et avortaient comme si elles avaient été, et à l'avance, dévoilées à l'ennemi, et elles l'étaient en effet. Tant d'échecs réitérés, et qui paraissaient infaillibles, répandirent le découragement parmi les partisans de Gondebaud, et ne tardèrent pas à leur inspirer de la défiance. Bozon et Ollon profitèrent de ces dispositions, qu'ils avaient si perfidement préparées, pour insinuer, dans l'armée, au moyen de leurs agents secrets, que les véritables traîtres étaient Gondebaud et Mummol, eux-mêmes, qui, voyant leur cause désespérée, négociaient un accord avantageux pour eux seuls avec Gontran, et dont la première condition était de livrer à la vengeance de ce prince ceux qui les avaient aidés dans leur tentative. Bozon faisait circuler des preuves matérielles qui semblaient venir à l'appui de cette accusation, et cela lui était facile, puisqu'il était dépositaire des secrets et des plans des deux partis.

Cette horrible et ténébreuse intrigue porta promptement ses fruits. Des séditions éclatèrent dans l'armée de Gondebaud; mais, réprimées par l'énergie de Mummol, elles se changèrent en une conspiration dont Bozon était l'âme, et qui avait pour but de prévenir les prétendues trahisons de Gondebaud et de Mummol, en les livrant, eux-mêmes, et avant la conclusion de leur traité, à Gontran, afin d'en obtenir une amnistie, et,

très-probablement encore, de riches récompenses. Le complot éclata et réussit en partie; mais son but principal fut manqué. Gondebaud et Mummol, attaqués à l'improviste, dans leur palais, eurent, cependant, le bonheur de se soustraire à leurs ennemis. Un souterrain ignoré les conduisit sur les bords du Rhône, où ils trouvèrent, dans les sympathies et dans la pitié de pauvres bateliers, les moyens de se déguiser et de se transporter dans un misérable village; de là, ils réussirent, non sans courir de grands dangers, mais souvent protégés aussi par des amis fidèles, à gagner l'Italie.

Gontran traita avec clémence les partisans de Gondebaud; Chilpéric Ier et Childebert II, ou plutôt Frédégonde et Brunéhaut les accablèrent de rigueurs barbares; Childebert II, enfant de cinq ans, et fils de Sigebert et de Brunéhaut, avait déjà succédé, en Austrasie, à son père, assassiné par Frédégonde. Mais bientôt les rois français, et surtout les deux reines de Soissons et d'Austrasie, échappés au péril commun qui les avait menacés, se désunirent de nouveau; leurs discordes intestines, les crimes de la haine et de l'ambition désolèrent encore la France et appesantirent tous leurs fléaux sur les peuples.

Cependant, Gondebaud et Mummol, après avoir passé heureusement les Alpes, ne se crurent pas long-temps en sûreté en Italie, au milieu d'armées lombardes et germaniques qui avaient, souvent, des relations et des alliances avec les rois français. Ils se réfugièrent en Sardaigne, île alors habitée par une population presque sauvage, mais qui reconnaissait, encore, la suprématie nominale des empereurs grecs. Ils y vécurent sous des noms supposés, pendant trois ans, c'est-à-dire jusqu'à la mort de Chilpéric Ier. L'infortune de Gondebaud avait été, encore, aggravée peu de temps après son arrivée en Sardaigne, par la perte de son généreux ami, l'empereur Tibère II, qui, pendant un règne trop court, avait retracé la gloire de Constantin, les vertus et la bienfaisance de Titus.

G. de MERLHIAC.

*(La fin prochainement.)*

---

## NOTICE SUR MARMONTEL.

---

Jean-François Marmontel est né le 11 juillet 1723, dans la petite ville de Bort, en Limousin, cette ville est située sur la Dordogne. On sait qu'elle est dominée par des rochers symétriquement disposés qui rendent, quand le vent souffle, un son étrange, harmonieux,

---

(1) Il y a des motifs de croire que cet Ollon reçut, depuis, et en récompense du rôle qu'il avait joué à Avignon, la charge importante et lucrative de comte de Bourges et du Berry, qui dépendaient, alors, du royaume de Bourgogne.

ce qui, dans le pays, les a fait appeler les *Orgues de Bort*. — Les parents de Marmontel, nous dit-il lui-même dans ses *Mémoires* où il s'est peint avec impartialité, étaient pauvres et d'obscure condition; ayant reconnu dans leur fils d'heureuses dispositions pour le travail, ils ne négligèrent rien de ce qui pouvait les développer encore, espérant que, plus tard, ce serait une ressource pour eux et un moyen pour lui d'améliorer sa position de fortune et de sortir de l'obscurité. Leurs prévisions se trouvèrent réalisées, car Marmontel, toutes les fois qu'il le pût, ne manqua pas de les secourir. Il se fit un nom dans les lettres. En premier lieu, son père le confia au curé de Bort, l'abbé Vaissière, qui lui enseigna gratuitement les premiers éléments des langues française et latine. Marmontel se souvient toujours de son premier précepteur, et n'en parle qu'avec vénération. — Quand il fut jugé assez savant pour entrer en humanités, son père le conduisit au collége de Mauriac, en Auvergne, dirigé par les Jésuites. Marmontel nous raconte quelles furent ses terreurs à l'occasion d'un examen qu'on lui fit subir pour juger de son degré d'instruction; enfin, sorti triomphant de cette épreuve, il ne tarda pas à devenir l'élève le plus distingué de sa classe; il nous peint ses maitres, ses camarades, il nous apprend quel est le genre de vie que ces derniers avaient adopté. Quatre ou cinq camarades logeaient ensemble chez quelque artisan de la ville; chacun avait avec lui ses provisions pour la semaine, envoyées de la maison paternelle : « Notre bourgeoise nous faisait la » cuisine, et pour sa peine, son feu, sa lampe, ses lits, » son logement, et même les légumes de son petit jardin qu'elle mettait au pot, nous lui donnions, par tête, » vingt-cinq sols par mois; en sorte que tout calculé, » hormis mon vêtement, je pouvais coûter à mon père » de quatre à cinq louis par an. C'était beaucoup pour » lui. » — Il n'avait plus que quelques jours de collége à subir; il était dans le dernier mois de sa rhétorique quand il fut, pour une cause injuste, menacé du fouet; indigné de ce qu'on osât traiter de cette façon un rhétoricien, il s'échappe du cabinet où il était retenu, réunit ses camarades, leur adresse un discours, et les entraîne à son parti. En grand conseil de rhétorique, il fut décidé que l'on se retirerait en masse plutôt que de céder. Si Marmontel ne fut pas fouetté, il fut mis à la porte, ainsi que ses camarades, et on leur refusa tout certificat, ce qui les empêchait de faire leur philosophie et de prendre leurs grades.

Marmontel, rentré chez lui, y passa quelque temps; enfin, son père, croyant l'avenir littéraire de son fils



brisé, eût l'idée de le faire entrer dans le commerce; mais il rencontra de la résistance à ses prières : son fils était amoureux et voulait se marier. Cependant, il céda aux larmes de sa mère et de ses sœurs, qui le décidèrent à partir pour Clermont, où son père le plaça chez un riche négociant; mais bientôt, détestant le négoce, et, d'ailleurs, entraîné par son goût pour l'étude, il abandonna cette carrière. — Alors, il fit un voyage à Mauriac et obtint sans trop de difficultés un certificat d'études. De retour à Clermont, il y fit sa philosophie. Désirant embrasser l'état ecclésiastique, il fut recevoir la tonsure à Limoges; de là, il se rendit à Toulouse avec le projet d'entrer dans la société de Jésus. Depuis longtemps il en avait l'idée. Du reste, il avait toujours été attiré par les Jésuites, qui flattaient son amour-propre en lui faisant entrevoir un brillant avenir dans leur compagnie; mais, ayant eu quelque démêlé avec eux, il s'en sépara. Les moines Bernardins, jaloux de posséder un sujet aussi distingué, l'attirèrent à leur tour et lui donnèrent une chaire de professeur suppléant de philosophie dans un de leurs séminaires. Chaque jour ses talents s'y développèrent avec plus d'éclat, et il s'acquitta de sa charge avec tant de succès, qu'il fut remarqué; bientôt il se fit mieux connaître par quelques pièces de vers qui furent couronnées par l'académie des Jeux-Floraux.

Marmontel, comme nous venons de le voir, avait paru jusque-là décidé à embrasser l'état ecclésiastique; mais les rapports qu'il eût avec Voltaire, auquel il avait adressé quelques vers et dont il était le grand admirateur, ne tendirent pas, je pense, à fortifier sa vocation. — Sur ces entrefaites, son père mourut; il nous raconte dans ses *Mémoires* le voyage qu'il fit à Bort pour recevoir la dernière bénédiction de son père mourant; c'est une des pages les mieux senties et les plus touchantes qu'il ait écrites.

En 1745, Marmontel reçut à Toulouse une lettre de Voltaire qui l'appelait à Paris. Fier d'un tel appui au début de sa carrière littéraire, il vit l'avenir qui s'ouvrait devant lui, et, ne doutant plus de la réussite, il n'hésita pas à partir. — Il était décidé, sentant sa bourse trop légère pour prendre le coche, à faire la route à pied, quand il apprit qu'un gentilhomme de Toulouse cherchait un homme de confiance en même temps qu'instruit qui voulut se charger, moyennant rétribution, d'accompagner son fils à Paris. Il se présenta, et sur sa bonne mine, et plus encore sur sa réputation, il fut agréé. — Marmontel partit donc, entraîné par la poste, enchanté, radieux, et rêvant à l'aise à l'avenir qu'il ne manquait pas de se figurer brillant et doré.

Il devait être placé, par la protection de Voltaire, auprès de M. Orri, contrôleur-général des finances. Mais ce dernier ayant été disgracié, le pauvre Marmontel vit s'évanouir ses rêves de fortune ; il se mit courageusement au travail, et composa plusieurs pièces de poésie que couronna l'académie française. — Bientôt il débuta au théâtre et fit jouer quelques tragédies qui furent accueillies avec faveur par le public ; les premières furent : *Denys-le-Tyran*, qui parut en février 1748, et *Aristomène*, qui fut représentée le 30 avril 1749 : ces deux pièces obtinrent un succès de nouveauté.

Ce premier triomphe établit assez rapidement la réputation littéraire de l'auteur, mais sa fortune ne s'établissait pas; les espérances qu'il avait conçues s'évanouissaient peu à peu ; les philosophes avec lesquels il s'était lié, et dont il avait adopté les principes, ne s'empressaient pas de venir à son secours. A la fin, cependant, il parvint à se faire recommander auprès de M<sup>me</sup> de Pompadour, qui lui fit donner la place de secrétaire des bâtiments du roi sous son frère, M. de Marigny.

Introduit dans la société, Marmontel s'y fit remarquer par son esprit et ses connaissances variées. « Cependant, rapporte un biographe, il n'avait pas la conversation aussi agréable qu'on eût dû s'attendre de lui d'après ses écrits. Son ton était raide et tranchant ; sans doute qu'il le devait à la fréquentation des philosophes ; » au physique, il avait un extérieur agréable et imposant. — Pendant cinq ans, Marmontel habita Versailles vivant dans l'intimité des artistes, des financiers, des philosophes ; mais en 1758, ayant obtenu le privilége du *Mercure* de France, il se démit de sa charge d'historiographe des bâtiments du roi, quitta Versailles et revint habiter Paris. Logé chez M<sup>me</sup> Geoffrin, le rendez-vous des artistes et des gens de lettres, il était de tous leurs dîners et de toutes leurs réunions ; il était heureux et tranquille, quand un jour il se vit arrêter et conduire à la Bastille ; le duc d'Aumont avait cru se reconnaître dans la parodie d'une scène de *Cinna*, qui avait paru dans le *Mercure*, et c'était lui qui se vengeait en le faisant mettre en prison et priver du privilége du *Mercure*. — Sorti de la Bastille, où il n'était resté que onze jours, Marmontel, ayant désormais tout son temps à lui, se remit à l'œuvre et travailla avec ardeur à de longs ouvrages.

Outre les deux tragédies déjà citées, il composa *Cléo-*

*patre*, qui eut peu de succès; les *Héraclides* (1751), qui n'eurent aussi que quelques représentations ; *Ægyptus*, qui tomba complétement ; *Numitor, Hercule mourant*, ne furent pas jouées ou tombèrent. — Il composa aussi des opéras-comiques qui, pour la plupart, ont réussi ; ce sont : *Lucile, Silvain,* l'*Ami de la maison, Zémire et Azor*, que l'on voyait avec le plus de plaisir, et qui sont restés au théâtre ; la musique de ces opéras est de Grétry. — Il écrivit aussi deux grands opéras, *Didon et Pénélope*, mis en musique par Piccini, dans lesquels il y a des scènes du plus grand effet et des passages vraiment lyriques, quoiqu'en général ces deux opéras soient faiblement écrits, La Harpe convient que « *Didon* est une pièce heureusement tracée et vraiment théâtrale. » Marmontel excellait surtout dans l'ariette et dans la coupe des airs.

Les critiques trouvent que Marmontel avait sur la tragédie une fausse théorie qui l'a fait errer par principes ; ils s'étonnent qu'avec son esprit et ses connaissances, il ait eu si long-temps des idées aussi erronées. Du reste, « dit La Harpe, il n'avait pas de talent naturel pour la poésie, et surtout pour la grande poésie... Il lui a fallu trente ans de commerce avec les gens de lettres de l'académie pour rectifier ses méprises raisonnées et obstinées et pour apprendre à réconcilier son oreille avec l'harmonie..... Il s'était fait une poétique particulière, qu'assurément il n'avait point apprise entre Voltaire et Vauvenargues, ses deux premiers patrons..... »

Un travers de son esprit était de mépriser Racine et Boileau à tel point, qu'il ne supportait pas qu'on en parlât et encore moins qu'on les lût.

Il passe pour certain qu'un jour il arracha des mains de M<sup>me</sup> Denys les œuvres de Racine, en lui disant : « Quoi ! vous lisez ce polisson-là ? » Marmontel, avec le temps, est revenu sur cette première appréciation de ces deux grands poètes ; mais jamais il n'a pu sentir leurs beautés ni apprécier leur génie.

En 1763, Marmontel publia ses *Contes moraux*. Ce recueil eut un succès mérité ; le style en est élégant et facile ; l'auteur y a peint la vertu sous des couleurs riantes et douces ; mais tous les contes, il faut le dire, n'ont pas le même mérite ; dans quelques-uns il perd de vue la morale, et dans d'autres il peut tromper par de fausses images du bonheur. — La même année 1763, l'académie française lui ouvrit ses portes ; en 1783, il en fut élu secrétaire perpétuel.

En 1767 parut *Bélisaire*. Les premiers chapitres sont écrits avec imagination, avec élégance, mais les derniers sont sans intérêt et sans suite; on sait que la Sorbonne condamna cet ouvrage pour les principes philosophiques qui y sont répandus, surtout dans le quinzième chapitre sur la tolérance.

Dix ans plus tard, Marmontel publia les *Incas;* c'est une espèce de roman poétique qui a l'histoire de la conquête du Pérou pour objet et la morale pour but; on peut reprocher à l'auteur de n'en avoir pas rendu l'action assez nette et la marche assez déterminée, et d'avoir accumulé dans sa prose une aussi grande quantité de vers blancs; malgré ces quelques défauts, « c'est, selon La Harpe, un livre éloquent, plein d'une » morale élevée et qui doit être regardé comme un des » monuments les plus distingués de notre littérature. »

Marmontel écrivit pour l'encyclopédie un assez grand nombre d'articles remarquables qu'on a réunis sous le titre d'*Eléments de littérature; ses nouveaux Contes moraux,* ses *Leçons d'un père à ses enfants,* sont des ouvrages secondaires et peu connus.

Quand éclatèrent les troubles révolutionnaires, Marmontel, imbu des principes de la philosophie moderne, ne manqua pas d'adopter d'abord ceux de la révolution; mais quand il vit où tendaient les factieux, quand il vit le trône s'ébranler sous leurs coups avec d'effrayantes secousses, il abandonna Paris quelques jours avant le 10 août, et se retira au hameau d'Abloville, près Guillon, en Normandie, où il avait acheté une cabane de paysan avec deux arpents de jardin; il s'y retira avec sa femme, nièce de l'abbé Morellet, qu'il avait épousée en 1777, quoiqu'elle fût beaucoup plus jeune que lui et qu'il eût cinquante-quatre ans.

La révolution lui ayant fait perdre ses ressources, il se vit réduit à une pauvreté qui touchait à l'indigence; dans sa retraite, il réfléchit aux conséquences funestes qu'avaient produites les théories des philosophes, et les ayant jugées à leur valeur, il fut assez sage et assez honnête pour les abandonner.

En 1797, il fut nommé par le département de l'Eure membre du conseil des Anciens; chargé par ses commettants d'y défendre la religion catholique, alors proscrite et persécutée, il prononça un discours qu'on peut lire sur le libre exercice des cultes; il y réclame le retour de la religion, la liberté des rites, des cérémonies, des solennités, le réveil des cloches et la réapparition des croix abattues; mais il ne put poursuivre sa carrière de législateur si noblement et si brillamment commencée : le 18 fructidor annula son élection. De nouveau, Marmontel se retira à Abloville, où il vécut oublié, ne s'occupant que des lettres et de l'éducation de ses enfants; il y mourut d'apoplexie, le 31 décembre 1799, âgé de soixante-seize ans.

Pour bien connaître Marmontel, il faut lire ses *Mémoires;* il y règne toujours un ton de naturel et de bonhomie qui fait qu'on les lit avec d'autant plus d'intérêt, qu'il y fait le portrait des célébrités de l'époque; l'auteur, on le voit, y parle avec vérité; il dit le bien et le mal; si quelquefois il s'y montre sévère pour les autres, il se juge avec assez d'impartialité, et, en avouant ses erreurs, il ne rougit point de les rétracter.

C'était un homme d'esprit, aux connaissances variées et étendues, un excellent prosateur et surtout un honnête homme; sa vie l'a bien prouvé, car toutes les fois qu'il s'est aperçu qu'il faisait fausse route en politique, en philosophie, en religion, il n'a pas tardé à rentrer dans le droit chemin; ç'a été un titre de plus pour nous occuper de lui; dans tous les temps, les honnêtes gens sont utiles à donner comme exemple, et au xviii^e siècle, pendant la révolution, ils n'ont pas été assez communs pour qu'on les oublie; car, à cette époque, si la conduite de quelques hommes fut noble et digne, combien y en eut-il qui furent méprisables et vils?

De R.....

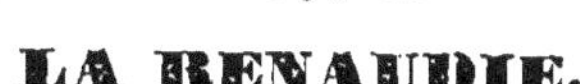

# LA RENAUDIE.

### CHRONIQUE PÉRIGOURDINE.

### (Suite.)

### CHAPITRE II,

Où est fidèlement raconté tout ce que se dirent Labigne et La Renaudie pendant qu'ils chevauchaient sur la route de Limoges. Rencontre qu'ils firent de Pierre de Bourdeilles, et ce qui se passa à Limoges chez le vidame Le Mesny.

Nos deux voyageurs laissaient déjà, derrière eux, le bourg de Villars, et gravissaient le chemin de Labarbinie, quand Labigne se dressa plusieurs fois sur ses étriers en portant les mains à son cou, comme s'il eut voulu s'étrangler; l'étrangeté de ses mouvements tira La Renaudie de ses rêveries.

— Par Calvin! mon écuyer, il faut que tu aies le torticoli et les guêpes aux trousses pour te trémousser de la sorte.

— Ah! monseigneur, je pensais aux douleurs qu'on doit éprouver quand on a carcan au cou et qu'on est assis sur un siége de fer rougi à blanc; j'allais passer, dans ce maudit couvent, par ces terribles épreuves!

quand j'ai eu l'heureuse idée de faire le visionnaire et d'appeler à mon aide le grand saint Benoît.

— Bien t'en a pris, mon écuyer, puisque cela t'a valu une volaille aux truffes et une bouteille de vin paillé.

— Vous savez donc? dit l'écuyer.

— Je sais que tu es un fin matois qui trouvera toujours heur et bonheur où d'autres ne trouveraient que corde et gibet.

— Puissent, dans l'avenir, vos paroles se confirmer, mon maître. Cependant, il n'a pas tenu à vous que mon aventure, tout heureuse qu'elle vous paraisse, ne tournât cruellement au tragique, ajouta l'écuyer d'un ton de reproche.

— Prends donc à gauche. Ce n'est pas à Saint-Pierre que nous allons, mais bien à Thiviers, où nous suivrons le grand chemin du roi, qui nous conduira directement à Limoges.

— C'est prendre cette direction un peu tard, objecta Labigne; nous aurions infiniment mieux fait de suivre la gauche plutôt et de laisser, sans y entrer, cette abbaye de malheur, car, voyez-vous, monseigneur, mes pressentiments ne m'ont jamais trompé, et quelque chose me dit que nous aurons à nous repentir de notre visite chez messieurs les moines. Il y a là un frère-lai dont la tournure et les manières n'annoncent rien de monacal, et, à certaines paroles qu'il m'a dites d'un accent qui n'est nullement du pays, je soupçonnerais qu'il pourrait bien être quelqu'affidé de la maison des Guises. Son bracelet d'or, enrichi d'un beau diamant, ne peut appartenir qu'à un chevalier de haute lignée.

— Crois-tu avoir vu cet homme quelque part? interrompit La Renaudie avec empressement.

— Non, fit Labigne; mais aujourd'hui que je l'ai vu, je le reconnaîtrai partout où je le rencontrerai, bien que je n'aie pas l'honneur de savoir comment est sa figure, que son grand capuchon a toujours dérobée à mon regard.

En frappant son front de sa main plusieurs fois, le chevalier dit : « J'ai cependant vu cet homme quelque part. Est-ce en France, en Suisse, en Allemagne?... Bien, m'y voilà : c'est à Angoulême. Ah! je ne m'étonne pas qu'il soit si près de mon château; mais il n'y trouvera pas celle qu'il cherche. »

— Damoiselle Marie, votre nièce? fit entendre Labigne.

— Oui, Marie, répondit le chevalier. Tu sais que ma sœur, la comtesse de L'Houmeau, perdit la vie en lui donnant le jour, et que son père l'a élevée près de lui,

en son castel près Angoulême, jusqu'en 1557, époque où il partit pour l'armée du connétable Montmorency, qui marchait, avec vingt-cinq mille hommes, au secours de Gaspard de Coligni, cerné dans les murs de Saint-Quentin, dont la garnison n'était que de neuf cents soudards.

» Le jour du départ du comte de L'Houmeau, je me rendis à Angoulême pour prendre sous ma tutelle sa fille Marie, alors âgée de 15 ans.

» Sa beauté, qui n'avait pas de rivale, et surtout une précoce amabilité, me firent présager que ma tutelle serait délicate et difficile.

» Dès le soir même, j'eus lieu de m'en apercevoir.

» Un cavalier vint à passer, au galop de son cheval, sous les croisées de la jeune fille, qui, soudain, au bruit de la course, mit la tête à la fenêtre et se retira au moment où le cavalier laissait tomber un billet sous la croisée.

» Autant que la vitesse du cheval me le permit, j'examinai le cavalier; sa noble prestance, sa taille élancée et la manière gracieuse dont il montait son coursier, ne me laissèrent aucun doute sur la haute distinction du gentilhomme qui portait au bras un bracelet d'or où étincelait un riche diamant.

» Je quittai la croisée d'où j'avais vu ce petit manège, et je descendis dans la rue pour ramasser le billet qui, indubitablement, était adressé à ma nièce.

» Mais, bien qu'il n'y eût souffle de vent, ni dans la rue âme qui vive, le billet n'était plus où je l'avais vu tomber. »

— Et votre nièce? fit Labigne.

— Ma nièce chantait tranquillement une innocente ballade.

— Voyez-vous? dit l'écuyer.

— Néanmoins, continua La Renaudie, je me rendis dans la chambre de Marie et lui demandai, avec indifférence, si elle connaissait le beau cavalier.

— C'est mon cousin, Jacques Pardaillan, répondit ingénuement la jeune fille.

— Le fils de mon plus cruel ennemi, m'écriai-je.

— Je pensais, répliqua ma nièce, qu'il n'était pas responsable des torts de son père.

— Ah! vous pensiez... Eh! bien, ma nièce, vous quitterez dès ce soir Angoulême.

« Le lendemain, à six heures du matin, ajoute La Renaudie, les verroux du cloître des Visitandines de Périgueux se fermaient sur Marie, et ils resteront fermés pour elle jusqu'à ce que nous ayons mené à fin notre glorieuse entreprise, pour laquelle les provinces de Gascogne, de Touraine, de Saintonge, d'Angoumois, de Poitou, de Béarn, du Périgord, etc., etc., se mettent en mouvement. »

— Je le sais, observa Labigne, puisque c'est moi-même qui, sous votre dictée, ai écrit les lettres de commandement aux capitaines que vous avez choisis pour être les chefs des hommes de guerre de ces provinces.

Ici Labigne se gratta l'oreille en ajoutant :

— Je ne doute point de la vaillance de tous ces capitaines ; mais je crains qu'en dépit de leur courage, votre chère nièce ne reste à jamais renfermée dans le cloître des Visitandines. Prenez-y garde, monseigneur, cette retraite de votre nièce pourrait bien devenir son tombeau et la grande fortune que son père lui a laissée être l'héritage du couvent.

— Tranquillise-toi, prévoyant écuyer, avant que Marie ait l'âge de prononcer des vœux, elle sera duchesse de La Renaudie.

— Duchesse ! fit Labigne.

— Oui, duchesse ; celui qui donnera un royaume peut bien avoir la modeste prétention de voir son fief se changer en duché.

— Un duché peut se donner ; mais damoiselle Marie se donnera-t-elle ?

— Est-ce que je ne vaux pas ce petit gentillâtre de Pardaillan ?

— C'est à votre nièce qu'il faut le demander, et non à moi ; je suis trop honnête pour dire le contraire.

— C'est, en effet, à son jugement que j'en appellerai avant deux mois. L'éclat du rang éblouit les femmes, mon écuyer, et, devant mon titre de premier conseiller du magnanime Condé, que j'aurai fait roi de France, Marie oubliera bien vite l'amour de son petit baronnet.

— C'est marcher vite en besogne, mon maître, et qui va si grand train risque de vider les arçons ; d'autant plus, que c'est un petit désagrément qui arrive souvent aux membres de votre famille.

Il y a huit ans que monseigneur votre oncle, le baron Du Barry, demanda l'autorisation au duc de Guise, François de Lorraine, de faire une sortie sur les troupes de Charles-Quint, qui assiégeait Metz. L'autorisation fut donnée.

« Si je rentre vainqueur, dit Du Barry, on me nommera, sans nul doute, gouverneur de Metz. » Un quart d'heure après, lui et les siens étaient vigoureusement repoussés dans la place, et Du Barry allait faire tomber la herse derrière lui, quand un coup de lance lui

enleva la vie et ses espérances. Et le père de damoiselle Marie, le comte de L'Houmeau, devant Saint-Quentin, il y a trois ans.....

— Que son sang retombe sur la sottise du vieux connétable, Anne de Montmorency, exclama le chevalier. Trois mille Français et le comte de L'Houmeau seraient encore de ce monde si, contrairement à l'avis du maréchal Saint-André, il n'eût pas marché sur une armée supérieure à la sienne.

— Cependant, observa Labigne, il força, avec ses vingt-cinq mille hommes, les cinquante mille Anglais et Espagnols du comte d'Egmont et du duc de Savoie, et fit entrer dans Saint-Quentin cinq cents hommes à la tête desquels était d'Andelot, frère de Coligni, qui, déjà, tenait la place avec neuf cents hommes.

— Et ce fut devant un tel avantage que le connétable, au lieu de pousser toujours avant, eut l'imbécillité de faire, en face de l'ennemi, un mouvement rétrograde assez en désordre, mouvement qui le perdit, puisqu'il fut poussé et chargé si vigoureusement, qu'il n'eut pas le temps de se reformer en ordre de bataille et qu'en moins d'une demi-heure sa déroute fut complète.

Ce fut dans cette déroute que L'Houmeau, qui portait le guidon de Louis de Bourbon, duc de Montpensier, fut tué, et que le duc de Montpensier lui-même, après s'être jeté vaillamment dans le gros des ennemis pour reprendre son guidon, fut forcé de rendre son épée.

— Pour un vieux renard, objecta Labigne, le connétable fit là une rude école.

— A sa place, qu'aurais-tu fait, habile tacticien ?

— Moi ? fit Labigne.

— Oui, toi.

— Moi, d'abord, je n'aurais rien fait du tout.

— Poltron...

— C'est de la poltronerie si vous voulez, mon maître ; mais elle aurait eu cela de bon qu'elle n'aurait pas gonflé la fierté britannique, ni exalté l'orgueil de Philippe II, qui, pour immortaliser le triomphe de cette journée du 10 août, jour de la fête de saint Laurent, fait bâtir, entre Madrid et le Sauma-Sierra, à l'Escurial, un superbe couvent qui n'aura pas moins de deux cent quatre-vingts pas de long sur deux cent soixante de large ; la forme sera celle d'un gril. On y comptera plus de mille cent fenêtres, dix-sept cloîtres, vingt-deux cours, huit cents colonnes et un nombre prodigieux de salles, de salons, de cabinets, et quatorze mille portes ; l'architecte demande vingt-cinq ans et vingt-cinq millions pour faire cet édifice.

— Tu m'apprends là de bien belles choses, mon écuyer. Mais dans vingt-cinq ans, vingt-cinq royaumes peuvent être bouleversés. Laisse-nous arriver au pouvoir, et avant deux mois ce monument qui s'élève si orgueilleusement sera renversé avec la royauté de Philippe II.

— Qui vivra verra, interrompit l'écuyer ; mais, en attendant le royaume pour lequel nous chevauchons, je serais assez curieux de connaître le gîte qui, ce soir, à Limoges, doit nous recevoir.

— As-tu peur de coucher à la belle étoile ?

— Mieux vaudrait, mon maître, coucher à la belle étoile que dans les hôtelleries où les gens du guet vont flairant tout venant.

— Le castel du vidame Le Mesny nous mettra à l'abri, mon écuyer.

— Bien pensé, monseigneur, si, toutefois, messire Le Mesny, qui, aux yeux des limiers, n'est pas plus en odeur de sainteté que nous, n'est pas déjà entre leurs griffes.

— Nous verrons, fit le chevalier.

Huit heures du soir sonnaient à l'horloge de la tour Saint-Martial, un brouillard glacé épandait sur Limoges sa nappe de givre dont le mat argenté se reflétait sous les nuages noirs qui couraient de l'ouest à l'est, en rasant les cinq flèches des clochers de la ville.

Déjà, à cette heure peu avancée de la nuit, les rues de la cité devenaient désertes et silencieuses ; seulement, quelques Limousins, enveloppés dans leurs manteaux de laine grise, s'aventuraient, à petits pas, avec leurs gros sabots, sur le verglas pour gagner leur domicile, tandis que quelques contrevents mal arrêtés criaient sur leurs gonds en se fermant plus ou moins violemment, selon qu'ils étaient poussés par la rafale.

— Mettons pied à terre, mon maître, dit Labigne ; par le temps qu'il fait il ne serait pas prudent de nous hasarder sur nos montures dans l'étroite rue des Chaudronniers.

— Ton avis est bon ; je suis tout d'une pièce, cela me dégourdira.

— Place à la litière, s'écria un grand laquais à califourchon sur la mule qui était en tête de l'équipage.

— Tu as bien fait de parler avant que je me sois engagé dans la rue, répartit La Renaudie ; autrement, notre rencontre t'aurait valu la marche en retraite de l'écrevisse.

La litière tourna à droite, et se dirigea sur Chalus.

— C'est cet écrivassier et musqué abbé de Brantôme, Pierre de Bourdeilles, accompagné de son grand Laurentie, le plus vaurien, le plus insolent de tous les valets.

— Brantôme ?

— Penses-tu qu'il nous ait reconnus ?

— L'obscurité est si grande, qu'il vous aura pris pour un marchand de vin et moi pour votre maître bouvier ; il n'y a guère, à cette heure, par le froid qu'il fait, que les gens de cette sorte qui voyagent. Puis, messire Pierre de Bourdeilles, seigneur et baron de Richemont, de Vivonne, de Saint-Crépin, de la Chapelle-Montmoreau, co-seigneur de Brantôme et chevalier de l'ordre de Saint-Michel, n'a pu nous voir, puisqu'il était blotti au fond de sa litière comme une taupe.

— Comme une taupe du premier ordre, répliqua le chevalier, car ce n'est que par des chemins ténébreux qu'il s'est implanté à la cour de France, où il s'est mis à la dévotion de la reine-mère, Catherine de Médicis, femme souple et astucieuse qui trompe tout ce qui l'entoure, le roi comme les princes, les princes comme les Guises, les Guises comme les abbés.

— Hum ! Brantôme est un rusé gaillard.

— Tu veux dire bavard.

— Je connais de lui certaines diatribes qui font rire aujourd'hui bien des gens dont bientôt, si Dieu seconde notre entreprise, la joie sera changée en sanglots, et Pierre de Bourdeilles lui-même s'apercevra, mais un peu tard, que sa satirique plume, dont il se glorifie, n'aura tressé qu'une corde pour le pendre.

— C'est un petit contre-temps auquel il paraît s'attendre, puisque, déjà, il a fait construire, dans son beau château de Richemont, une petite chapelle voûtée destinée à recevoir son tombeau, sur lequel on lira cette épitaphe, entourée de ses armoiries de Bourdeilles, de Vivonne et de l'ordre de Saint-Michel :

« Passant, si ta curiosité s'astend de savoir
» Qui gît sous cette tombe, c'est le corps
» De messire Pierre de Bourdeilles. »

— Voici le Castel de Le Mesny, dit La Renaudie en s'arrêtant devant une porte voûtée pratiquée dans l'épaisseur d'un large mur, dont la partie la plus élevée présentait une saillie de machicoulis surmontés de petites embrasures pour l'usage des fauconneaux et des grosses arquebuses, dont les feux plongeaient dans toutes les directions.

Le marteau de fer appendu au haut de la porte résonna fortement sur les grosses têtes de clous dont elle était entièrement garnie.

— Qui va là? répondit une voix intérieure.

— Ami du Périgord, riposta le chevalier.

— On ne connaît pas d'amis à cette heure, fussent-ils même Limousins; à moins, reprit la voix en se rapprochant et en parlant plus bas, que vous n'ayez le mot de passe.

— Condé! dit faiblement La Renaudie.

— A un tel nom, fit entendre la voix, on ouvrirait à Belzébut en personne.

Et la porte tourna lourdement sur ses gonds.

— Vos noms, messeigneurs?

— Messire Geoffroy Du Barry de La Renaudie et mon écuyer et secrétaire intime, Jehan-Thomas Labigne.

Au nom de La Renaudie, le personnage s'inclina jusqu'à terre, et s'empressa d'ouvrir la porte à deux battants d'une vaste salle, dans laquelle il introduisit le chevalier et son écuyer, qui ne furent pas peu surpris en apercevant, autant que la faible clarté d'une lampe en cuivre à trois becs le leur permit, sept individus déguisés.

— Messeigneurs, s'écria le vidame en voyant La Renaudie, vive Condé! meurent les Guises! Voici notre chef.

— Vive Condé! meurent les Guises! répétèrent les conjurés en saluant respectueusement La Renaudie.

— Chevalier, continua le vidame, vous me trouvez en belle et bonne compagnie.

— Il n'y paraîtrait guère, objecta le chevalier, si dans ce savetier je ne voyais messire Jacques Lamotte, capitaine des gens de Gascogne;

Dans ce gagne-petit, le chevalier Mazare, qui a sous son commandement les Béarnais;

Dans ce marchand de peaux de lapins, le brave baron de Brezay, chef des Tourangeaux et des Poitevins;

Dans ce marchand d'épingles, messire de Saint-Cyr, qui est à la tête des Angoumoisins;

Dans ce raccommodeur de faïence, le noble Mirambeau, que les Saintongeois ont choisi pour les commander;

Et dans ce décrotteur, Bertrand de Valy, capitaine des Berrichons.

Vous êtes ponctuels au rendez-vous, messeigneurs, je n'attendais pas moins de votre noble dévouement à la sainte cause pour laquelle, au bas de vos lettres de commandement, vous avez signé le serment de vaincre ou mourir.

— Vaincre ou mourir! s'écrièrent les conjurés.

— Bien, mes amis, fit La Renaudie; avec des guerriers tels que vous, on arrive aux grandes choses. Maintenant, comptons nos forces:

— Le Mesny, les Limousins et les Périgourdins sont-ils nombreux sous votre bannière?

— Deux mille cinq cents, monseigneur.

— Et les vôtres, de Lamotte?

— Quinze cents.

— Les vôtres, Mazare?

— Trois mille deux cents.

— Les vôtres, Saint-Cyr?

— Trois mille cinq cents.

— Brezay, combien?

— Quatre mille.

— Les vôtres, Mirambeau?

— Dix-huit cents.

— Bertrand de Valy en compte-t-il autant?

— Dix-sept cents.

— En tout, fit Labigne, qui avait compté sur ses doigts, dix-huit mille deux cents.

— Le chiffre est bon, messeigneurs. Si la Bourgogne, la Normandie et la Bretagne fournissaient de semblables contingents, ce ne serait que de puissance à puissance que je traiterais avec François II, roi de France, en lui offrant bataille rangée en belle plaine. Mais, malheureusement, les Normands et les Bourguignons paraissent tenir pour les Guises, et la généralité des superstitieux bretons ne comprendra jamais les bienfaits de la réforme. Quoi qu'il en soit, messeigneurs, nous pouvons agir et frapper ferme, en songeant, toutefois, que ruse et prudence suppléent au grand nombre. Encore une question: N'avez-vous dans vos rangs que des célibataires qui n'ont souci de mort, comme pourraient l'avoir ceux qui ont charge de femme et d'enfants?

— Nous avons racolé selon vos désirs, monseigneur.

— Bien avez fait, mes capitaines. Maintenant, apprenez que le signal du mouvement partira de Nantes, où vous devez vous trouver le 1er février; la maison de messire Garaye vous sera ouverte. Nous avons choisi le 1er février, parce que ce même jour un brillant mariage se célébrera dans la cité nantaise. Cette circonstance fera que vous pourrez répondre aux officiers du guet: « *Gens de la noce;* » en ayant soin de changer vos grossiers vêtements en habits de gala.

Pour dernière recommandation, j'ajouterai que la prudence veut que chacun de vous prenne un nom supposé; dès à présent, jusqu'au jour de la victoire, je déclare que je ne répondrai qu'au nom de Laforest. J'ai dit.

— Le souper est servi, messeigneurs, annonça le vidame.

— Cet avis en vaut bien un autre, fit entendre Labigne.

Ces paroles attirèrent sur lui l'attention de Le Mesny, qui lui dit de passer à l'office.

— Je suis écuyer, dit fièrement Labigne en se redressant sur la pointe des pieds.

Le vidame regarda La Renaudie, qui fit un signe de tête affirmatif.

— En ce cas, seigneur écuyer, venez prendre place à notre table.

*(La fin à la prochaine livraison.)*

Le major DUBUT.

<hr>

## HOMMAGE FAIT PAR NOBLE ET PUISSANT JEHAN BONFIGLI,

### SEIGNEUR DE MONTCALQUIER,

De tous les biens, fiefs et juridictions qu'il tient à ville et terroir de Gap, en l'année 1314.

Ce n'est pas pour satisfaire uniquement l'amour-propre si légitime des familles que nous avons sollicité de nos lecteurs, dans différentes occasions, la communication d'anciens titres. — Une pensée plus générale nous a dirigés : pensée historique, car personne n'ignore que souvent dans ces parchemins, que le temps a respectés, on rencontre un détail, un trait qui vous donne, sans réflexion, la véritable physionomie du temps dans lequel ils ont été écrits. C'est en procédant ainsi que notre siècle s'est acquis cette supériorité historique qui fera sa gloire dans l'avenir.

Parmi les nombreuses pièces que nous avons lues et dépouillées, une, entre autres, nous a paru une peinture originale du xiv<sup>e</sup> siècle. Inscrite sur le tableau général de la statistique des archives ordonnée par le ministre de l'intérieur, cette pièce fondamentale se trouve en dépôt dans les archives des Hautes-Alpes, chambre des comptes, extrait du 3<sup>e</sup> registre, côté II, folio LIII, et expédiée par le secrétaire du roy, Rosset, à Gap. Il s'agit de l'hommage fait par noble et puissant Jehan Bonfigli de ses biens au seigneur Evêque de Gap,

au moment où il se rendait en Périgord pour assister au mariage de son fils Robert. Voici la traduction littérale de cet acte écrit en latin du moyen-âge :

« Au nom du Seigneur, amen.

» L'année de l'Incarnation 1314, le quatorzième jour du mois de décembre, en présence du révérend père en J.-C. et seigneur Geoffroy II, par la grâce de Dieu Evêque et seigneur de Gap, le noble et puissant seigneur Jean de Bonfils, chevalier, seigneur de Moncalquier, terres et dépendances, de son plein gré et en toute liberté, voulant suivre les traces de ses prédécesseurs, agissant en son nom et au nom de ses successeurs tant mâles que femelles, ledit seigneur Evêque stipulant d'autre part et agissant en son nom et en celui de ses successeurs et de l'église de Gap, a déclaré tenir et vouloir tenir, tout ce qu'il a, tient et possède, comme aussi tout ce que les autres ont, tiennent et possèdent de lui dans la ville de Gap et dans son territoire et district, dudit seigneur Evêque et de son église, comme l'homme lige dudit seigneur et de son église, et en faire hommage audit seigneur Evêque et à son église, à chaque changement du suzerain ou du vassal, en tant qu'hommage noble et antique et exempt de toute servitude, cens ou autres charges. *Mais dans le cas où le seigneur Evêque ferait la guerre, il devrait lui fournir, en tant que noble, trois archers et un cheval armé.* Il est encore réservé que si son grand hospitium, qui est à droite en allant vers la porte Columba.............................. venait à être vendu, ce qu'à Dieu ne plaise, le laudimium ou le tiers du prix de vente serait dû audit seigneur Evêque suivant les us et coutumes de la ville de Gap. Et dudit hospitium, comme de tous les biens que je possède dans la ville de Gap, territoire et district de ladite ville, je fais hommage lige au révérend père par la grâce de Dieu Evêque et seigneur de Gap, et lui fais *serment de fidélité, mettant mes mains entre ses mains et l'embrassant à la manière des nobles*, lui promettant ainsi qu'à l'église de Gap et à ses successeurs d'être toujours bon et fidèle et d'observer tout ce qui est dit de la fidélité des serments. De tout quoi, tant en général qu'en particulier, soit convenu tant au nom propre du seigneur Evêque, de ses successeurs et de l'église de Gap, qu'au nom de noble seigneur Jean de Bonfils, agissant pour lui et ses successeurs, tant mâles que femelles, lesquelles parties contractantes ont voulu qu'il en fût dressé acte public par moi notaire soussigné.

» Fait à Gap, etc. »

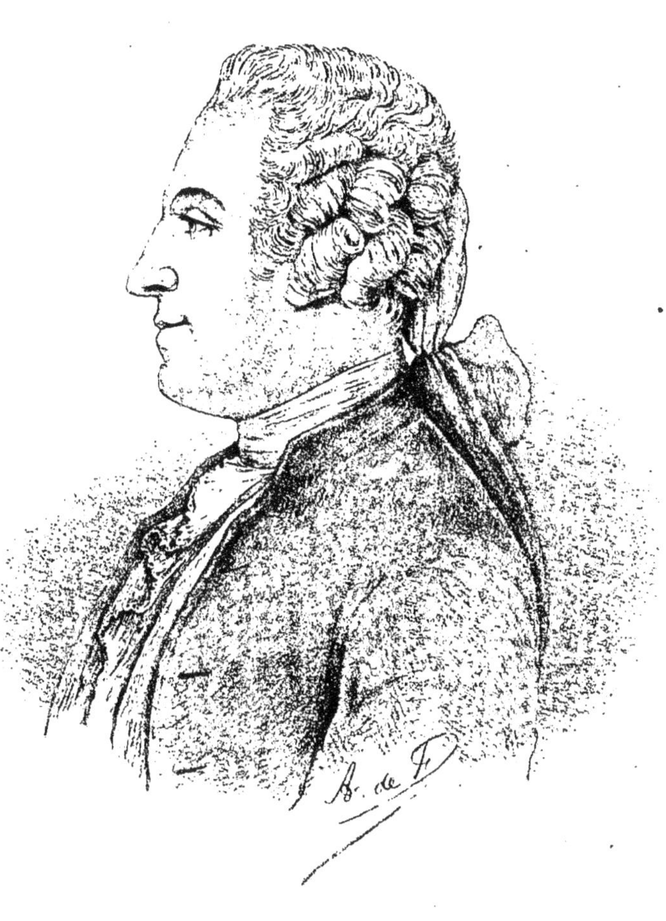

J. E. MARMONTEL.

## LA LÉGENDE DE CASTELNAU.

Entre Domme et Saint-Cyprien, on trouve un point de la vallée de la Dordogne qui s'élargit et s'encadre dans une suite de rochers très-élevés, perpendiculaires, lacérés par de longues incisions, et ressemblant à d'innombrables tuyaux d'orgues fantastiques. Leurs deux plus hautes pointes, distantes d'environ trois kilomètres l'une de l'autre, et séparées par la rivière, portent le château de Castelnau et celui de Baynac, monuments de la féodalité la plus reculée.

Le voyageur est saisi du plus grand étonnement en voyant grandir cette masse à mesure qu'il gravit la rue qui y conduit. Ce qui lui paraissait une insignifiante et mesquine construction devient un vaste et magnifique manoir.

Castelnau n'est qu'une ruine aux deux tiers démolie, mais attestant encore la puissance d'un des suzerains les plus redoutés du moyen-âge. Une énorme tour de seize mètres de diamètre et d'autant de hauteur, de sa base au rez-de-chaussée seulement de l'édifice où elle est rasée, indique encore son ancienne et extrême élévation. Un escalier tournant dans l'épaisseur du mur, une forte voûte, des meurtrières d'une grandeur démesurée et des mutilations de pierres attestent les nombreux combats qui ont dû s'y livrer.

Cette place forte, défendue par un vide effrayant, n'est accessible que du côté de la montagne, dont une large et profonde tranchée la sépare. On voit encore quelques vestiges du pont-levis qui la franchissait. Une étroite cour triangulaire divise des corps de logis dont on ne peut préciser le plan et la distribution; seulement, une tour carrée, beaucoup plus élevée que le reste des bâtiments, paraît en avoir été le donjon. Les décombres en obstruent les ouvertures inférieures. On y pénètre au moyen d'une échelle à main, que l'heure avancée de la journée ne me permit pas de me procurer.

En voyant tous ces débris encore imposants, on s'afflige de leur complet abandon. Une famille de cultivateurs très-peu nombreuse y habite. Pendant longtemps, je n'y distinguai aucune trace de pas humains. Au moment de me retirer, j'aperçus un enfant qui courut avertir sa mère. Celle-ci ne put me donner aucun des renseignements que je désirais; je compris seulement que son mari avait acheté pour quatre cents francs de masures où il avait pratiqué, régularisé et couvert un logement; que le bourg de Castelnau avait



démoli une partie de la tour pour construire un fort beau quai. Je lui demandai où conduisait une porte que je voyais soigneusement fermée et donnant accès à l'intérieur du château. Elle me répondit qu'elle y gardait sa provision de foin et de paille, parce que, ajouta-t-elle, il vient ici un si grand nombre d'étrangers, que je crains qu'ils emportent quelque chose.

J'eus beaucoup de peine à lui faire comprendre qu'aucun de ces visiteurs n'en voulait à ses greniers, et que si son mari et elle tenaient des échelles à leur disposition, s'offraient à leur faire parcourir ces ruines, ils en retireraient des gratifications proportionnées à la complaisance et à la bonne grâce qu'ils y mettraient. Enfin, je lui promis un petit manuscrit où seraient consignées les découvertes que je pourrais faire concernant ces ruines. C'est pour accomplir ma promesse à cette famille pauvre et désintéressée que j'entreprends ce récit.

La même femme parlait souvent, dans son langage, *del Du*, sans que je pusse soupçonner ce qu'elle voulait dire. Je compris, enfin, que le château de Castelnau appartenait à un duc qui ignore, sans doute, qu'on en vend et démolit les débris pièce à pièce. Personne ne put me donner la moindre notion sur ce propriétaire éloigné, tout-à-fait inconnu dans la contrée.

Parmi le grand nombre de familles qui ont possédé des terres de ce nom, nous devons nous arrêter à celle qui est la plus rapprochée du Sarladais. Ainsi, nous voyons Guillaume, premier du nom, faire hommage au roi Louis VIII de ses terres de Caumont et de Castelnau. Charles, seigneur de Castelnau, de Berbiguières et de Caumont, épousa mademoiselle de Baynac. De cette union naquit Hélène de Castelnau, unique héritière, au XIVᵉ siècle, de ces deux puissantes familles décimées aux batailles d'Azincourt et de Poitiers. Sa mère était morte jeune; son père était prisonnier. Dès l'âge de seize ans, Hélène, confiée aux soins de sa nourrice, habitait seule le château de Castelnau; il ne manquait à cette enfant que des années pour devenir un des plus riches partis de la Guienne.

Jean d'Arpajon, renommé par les désordres de sa vie et la férocité de son caractère, vivait de violences et de rapines. Mademoiselle de Castelnau était une proie qui tentait son avidité; s'il parvenait à l'enlever, à la faire élever à son gré et à l'épouser, il devenait haut et puissant seigneur de magnifiques terres. Du projet à l'exécution l'intervalle fut court.

Par une belle matinée d'été, la nourrice, descendue avec son élève dans la vallée, suivait paisiblement les bords de la Dordogne, lorsque, au détour d'un chemin, elle se sent saisir par deux hommes qui la bâillonnent, l'attachent par une forte corde à un arbre, et emportent la petite fille effrayée. Jean ôte son masque, cherche à l'adoucir par des caresses et à lui procurer les amusements et les distractions de son âge. Pendant le trajet, une invincible horreur glace l'enfant d'effroi; l'impression que produisit sur elle la première vue de son ravisseur fut ineffaçable. Rien ne put calmer la terreur qu'il lui inspirait. A chaque occasion, elle détournait ses regards et versait d'abondantes larmes. On espérait que l'âge corrigerait ce qu'on croyait n'être que des caprices et des bouderies d'enfant. Chaque jour, elle demandait à Dieu la force de résister aux dangers qui la menaçaient et la délivrance de son père.

Sa seizième année était arrivée; l'enfant fit place à la jeune fille. Une taille souple, noble et élevée; des traits charmants, une physionomie ravissante, un beau teint, de belles formes en faisaient une beauté accomplie; joignez-y un esprit supérieur, bienveillant et cultivé, de la sensibilité, un cœur excellent, une grande douceur de caractère et une âme forte.

La réputation de tant de brillantes qualités ne pouvait long-temps se renfermer dans ces murs où s'écoulaient si tristement les premiers moments de la jeunesse d'Hélène. Le dégoût que lui inspirait la vue de son persécuteur grandissait avec le sentiment de sa dignité personnelle. Sa fierté repoussait avec horreur des vues dont elle se croyait l'objet. Arpajon ne l'ignorait pas; mais que lui importait l'amour de celle qu'il voulait épouser. Hélène n'était pour lui qu'une riche capture dont il était en possession, et qui ne pouvait lui échapper.

Cependant, la justice divine, qui avait choisi Géraud de Labarre pour accomplir ses desseins, en avait disposé autrement. Ce jeune chevalier, déjà célèbre par ses hauts faits, sa valeur et sa générosité, allait de Toulouse à Orléans à la tête de quelques hommes d'armes. Il s'arrêta dans une hôtellerie, près du château d'Arpajon; là, on lui parla de la belle captive et du jour fixé pour son mariage avec son oppresseur. On la plaignait, on exaltait sa résistance, on parlait de scènes violentes, on en craignait de nouvelles, et la victime était l'objet de la pitié générale.

Géraud s'en émut et ne songea plus qu'à s'assurer de la vérité et des moyens de délivrer Hélène. Il sortit déguisé, rencontra un homme du château qui lui confirma les bruits de l'hôtellerie. De ce moment, sa résolution fut arrêtée; il s'approcha de la place, en examina avec soin les abords, et forma son plan d'agression. Le lendemain matin, sa petite troupe était à cheval, brûlant du généreux désir qui animait son chef.

L'attaque fut prompte, la résistance vive. Une mèche enflammée lancée dans le magasin à fourrage produisit un incendie général. A la faveur de ce désordre, Géraud, suivi des siens, monte à l'assaut, va droit au donjon, en brise la porte, supplie mademoiselle de Castelnau de le suivre, la met au milieu de sa petite troupe, sort de ce lieu désolé, et revient à l'hôtellerie au milieu des acclamations et des bénédictions générales. Il avait délivré le pays de son tyran et détruit son odieux repaire.

Peu de jours après, Hélène avait repris possession du château de Castelnau, où elle s'empressa de ramasser la rançon de son père que Géraud s'offrit d'aller racheter. Un mois après, cette localité célébrait, par des réjouissances publiques le retour de son seigneur bien-aimé et du libérateur de sa fille.

La légende ne nous dit pas si un sentiment plus tendre que celui de la reconnaissance fit battre le cœur de la jeune fille, et si Gérard de Labarre fut sensible à tant d'innocentes séductions.

Comte du L.

# LA RENAUDIE.

CHRONIQUE PÉRIGOURDINE.

*(Suite et fin.)*

### CHAPITRE III.

Entrée de Labigne dans la ville de Nantes. Les conjurés dans la maison de messire de Garaye. Discours de La Renaudie. Arrêté des conjurés. — Comment d'Avenelle, qui logeait, à Paris, La Renaudie, dénonça la conspiration. Marche de La Renaudie sur la ville de Blois, changement de route sur Amboise; mort de La Renaudie. — Labigne fait prisonnier; sa finesse d'esprit lui sauve la vie. — Mariage de Pardaillan avec Marie de L'Houmeau. — Labigne intendant-général.

— Approchez, approchez les manants; en voici des deniers, des six-blancs et des beaux sols parisis; largesse aux affamés, en l'honneur du mariage de messire de Kertrahec de Lambezelec, noble seigneur breton, avec haute et puissante damoiselle Gertrude de Beauvalois; approchez, approchez....

— Eh ! Gueulardon! s'écria un écolier monté sur une borne, au coin de la place du Bouffay; il paraît que les manants sont fiers; ils dédaignent la monnaie que tu leur jettes si généreusement; ne vois-tu pas ce vilain avec son nez à fer de lance qui semble poignarder le ciel? il fait fi des sols parisis qui roulent entre ses longues jambes.

— Bien qu'il soit sept heures du matin, vous n'êtes pas assez matineux, dit une marchande de pommes, pour savoir par quelle porte ce vilain est entré dans la ville de Nantes.

Toute la nuit, en me rendant du faubourg Saint-Clément à la place Diarme, je n'ai vu que des figures de cette espèce; dire d'où elles sortent, le diable seul le sait.

Cette observation mit en éveil la surveillance d'un alguasil qui s'avança vers le vilain en lui disant :

— D'où viens-tu et qui es-tu?

— D'où je viens? De Lambezelec. — Qui je suis? Le grand-fauconnier de monseigneur de Kertrahec, dit fièrement Labigne, que le lecteur a déjà reconnu.

— Respect au grand-fauconnier, fit entendre une marchande de poisson. Croyez-moi, monsieur l'alguasil, n'inquiétez pas les gens de noblesse; je sais ce qu'il m'en a coûté pour avoir dit à cette vieille édentée de cuisinière de monseigneur de Clissois que mes aloses étaient plus fraîches qu'elle : trois belles pistoles seraient encore dans mon escarcelle sans ces maudites paroles.

— Merci de votre avis, la poissonneuse, répondit l'alguasil; bien me garderai de maltraiter monsieur le grand-fauconnier, parce qu'il pourrait me prendre à la pipée.

Cette saillie excita l'hilarité du populaire, et Labigne, sans qu'on fit plus attention à lui, se perdit aux regards des curieux, et pénétra dans la rue de la Juiverie pour entrer dans la maison de messire de Garaye.

Les conjurés venus des divers points de la France remplissaient déjà la vaste salle située au premier étage.

Tous paraissaient dans l'attente, quand une porte à deux battants s'ouvrit pour donner entrée à Geoffroy Du Barry, seigneur de La Renaudie, qui, le chapel en tête, en signe de commandement, monta dans une tribune dressée pour le recevoir.

Le chevalier jeta un regard de satisfaction sur l'assemblée, et prononça le discours que nous rapportons :

« Messieurs,

» Puisque le Seigneur nous a fait la grâce de nous assembler pour l'avancement de sa gloire et pour l'accroissement et le salut du petit troupeau de fidèles, et pour la restauration de la monarchie française, il est nécessaire, avant la lecture des papiers que j'ai à mettre sous votre jugement et entendement, que vous appreniez, par ma voix, les motifs de ceux qui m'en ont chargé, afin qu'après les avoir bien considérés et bien pesés, vous puissiez prendre une plus assurée résolution sur la conduite de nos communes affaires.

» Il n'y a celui d'entre vous, messieurs, qui n'ait eu sa bonne part de la violente persécution qui a été continuée, quasi sans relâche, pendant douze ans dans le royaume.

» Jamais sous Donatien, Décius, Dioclétien, Maximien ni Maxence, ne furent si malement persécutés les chrétiens de la primitive église que nous l'avons été sous les deux derniers rois, et comme nous le sommes encore aujourd'hui par deux tyranneaux qui ont juré la destruction des fidèles et des princes du sang. N'est besoin que je les nomme : vous savez que c'est Charles, cardinal de Lorraine, et le duc de Guise; point ne parle du duc d'Aumale, leur frère, ni de leurs parents et confédérés, parce que ceux-là ne sont que les instruments secondaires de leur tyrannie.

» Si de Guise a gagné la réputation de grand capitaine, c'est plus par bonheur que par vaillantise : c'est ainsi que la fortune l'a fait, après la bataille de la journée de Saint-Laurent, général des armées du roi Henri II, charge qui lui a été laissée par François II. A qui le cardinal, son frère, doit-il d'avoir la direction de l'état? A une femme : Marie, reine de France.

» Peu ce serait si tous ensemble se contentaient de gouverner le roi et le royaume; mais leur vorace ambition ne s'arrête pas là. Déjà des livrets, dans lesquels ils publient leur généalogie, volent dans les mains du peuple, à qui ils veulent faire croire qu'ils sont de la lignée de ce duc de Lorraine qui fut vaincu par Hugues Capet il y a plus de cinq cents ans.

» Impudence et mensonge, puisque la ligne des mâles a été souvent interrompue dans cette famille, et que, selon les lois de l'état, les princes descendant des femmes ne sont pas plus appelés à régner que s'ils descendaient de la Tartarie.

» Quoi qu'il en soit, le temps grandement les sert à merveille, car les princes du sang ayant embrassé la religion réformée, sont aujourd'hui frappés par des édits tyranniques qui les déclarent criminels de lèse-majesté divine et humaine, en les jugeant plus dignes du feu que du royaume.

» L'amiral et autres grands seigneurs en gémissent, et prêtent leur appui au prince de Condé, qui a témoigné qu'il aimerait mieux exposer sa personne que de souffrir tant de honteuses flétrissures, et a accepté, en jurant haine aux Guises, le titre de chef de parti.

« Catherine de Médicis nous prête aussi son appui, quoiqu'elle agisse par d'autres motifs que ceux qui font agir les autres conjurés.

» Le temps est venu de chasser du trône cette ombre de roi qui n'a d'autre puissance, d'autre souveraineté que celles que les Guises lui donnent.

» Condé, le magnanime Condé, voilà le roi qu'il faut à la France. Vive Condé ! »

Vive Condé ! s'écrièrent les conjurés d'une voix sourde pour ne pas être entendus du dehors.

La Renaudie fit la lecture de plusieurs mémoires.

Après cette lecture, les principaux conjurés, six conseillers et trente capitaines, qui tous avaient les gens des provinces sous leur commandement, se réunirent pour délibérer. Après cette délibération, qui dura, disent les chroniques, jusqu'à l'heure de vêpres, il fut arrêté :

1º Que le prince de Condé serait chef de parti et directeur de l'état en l'absence du roi de Navarre, son frère ;

2º Qu'on massacrerait le duc de Lorraine et le duc de Guise ;

3º Que le roi et ses frères seraient tenus en bonne garde pour les instruire dans la religion réformée ;

4º Que la reine de France serait envoyée à Elisabeth, reine d'Angleterre ;

5º Que le jour de l'entreprise, dirigée par La Renaudie, serait fixé au 10 mars ;

6º Que ce même jour, à quatre heures du matin, on entrerait dans la ville de Blois par trois points différents, c'est-à-dire que dix capitaines, avec leurs hommes de guerre, entreraient par la route de Tours, que dix autres capitaines entreraient par la route d'Orléans, et qu'enfin les dix autres capitaines y arriveraient par les hauteurs qui dominent la ville ;

7º Qu'on forcerait les postes du château royal, et qu'on exécuterait les prescriptions des articles 2, 3 et 4 du présent arrêté.

Huit jours après la délibération des conjurés, La Renaudie et son écuyer avaient élu domicile rue Jacob, à Paris, chez le sieur d'Avenelle, avocat au parlement.

Le chevalier et l'avocat vivaient dans une parfaite intimité quand ce dernier, dit l'historien de Thou, prit une singulière méfiance des mystérieuses visites que recevait La Renaudie, et s'intrigua fortement des allées et venues de certains grands personnages, et particu-

lièrement d'un entretien nocturne qu'eut le chevalier avec le prince de Condé.

— Mon hôte fait du mystère, dit d'Avenelle ; je saurai ce qu'il en est.

Et le lendemain il aborda mielleusement le chevalier.

— Vous vous méfiez de moi, mon ami, lui dit-il, parce que vous ignorez que je suis des vôtres.

— Des nôtres ? fit La Renaudie étonné.

— Oui, des vôtres ; personne plus que moi n'est l'ami de l'excellent prince de Condé.

La Renaudie, se laissant prendre à cette feinte déclaration, dévoila le plan des conjurés et le jour fixé pour l'entreprise.

D'Avenelle se rendit sur-le-champ chez messire Etienne Lallemand, Henri de Vouzay, dit Marmagne, maître des requêtes de l'hôtel du roi, où il rencontra messire Millet, secrétaire du duc de Guise, qui ne voulut pas croire à une conspiration aussi audacieuse.

— Vous doutez, Millet ? fit d'Avenelle. Eh bien ! ce soir, trouvez-vous chez moi, et, caché dans mon cabinet, vous entendrez, de la bouche même de La Renaudie, des détails qui ne vous laisseront plus de doute.

Millet se rendit à cet avis, et se convainquit de la vérité du complot, en entendant La Renaudie énumérer tous les articles contenus dans l'arrêté pris à Nantes par les conjurés.

Une heure après, le secrétaire du duc de Guise chevauchait rapidement sur la route de Blois.

— Quelle nouvelle ? demanda un héraut d'armes en le voyant arriver, couvert de boue et de sueur, devant la grille du château royal.

— Mauvaise nouvelle, répliqua Millet ; prévenez le roi qu'il ait à me recevoir sans délai : il y va de sa liberté, de sa couronne et du massacre des Guises.

— Par saint François de Tours, fit le héraut, François II, devant un motif si puissant, ne vous fera pas faire antichambre.

— Hélas, hélas ! s'écria le roi en écoutant messire Millet ; que deviendrai-je si ceux de mon sang se liguent avec les ennemis de mon trône ?

— Sire, répondit le duc de Guise, qui ne quittait jamais le roi, prudence et courage ; vous garderez votre trône en dépit de ceux de votre sang qui ne trouveront que honte et infamie.

— Béni soit Dieu qui nous fait connaître le jour où les ennemis veulent nous attaquer ; nous sommes prévenus à temps, et, puisqu'ils en veulent au château de Blois, nous les laisserons à loisir s'escarmoucher contre ses murailles.

— Mais vous n'y songez pas, exclama le roi ; et s'ils s'en rendent maîtres ?

— Ils trouveront la place déserte ; votre cour, sire, accompagnera le roi au château d'Amboise, où des forces considérables, par ordre de votre majesté, vont se réunir.

— Beaucoup, beaucoup de troupes, cher et bien-aimé Guise ; beaucoup de troupes, vous en serez le chef.

— Vous confirmez un titre que j'ai pris d'avance, sire. Le roi peut être persuadé que je prendrai telles mesures que messieurs les rebelles, s'ils marchent sur Amboise, auront à se repentir de leur sotte et audacieuse tentative.

— Que les bons saints François de Sales, d'Assise, Xavier et de Tours vous entendent et vous soient en aide, très-aimé duc.

Cependant les conjurés s'avançaient sur Blois par divers chemins, et le 9 mars ils n'en étaient qu'à quelques lieues quand les coureurs que La Renaudie avait envoyés pour reconnaître la place vinrent lui dire que la cour n'était plus à Blois, qu'elle avait fixé sa résidence à Amboise.

La Renaudie, sans se rebuter, donna l'ordre à ses capitaines de marcher sur ce point, en prescrivant l'attaque de la ville et du château pour le lendemain, à l'heure de midi.

Prévenu, depuis huit jours, par messire Millet, le duc de Guise avait mis le temps à profit : vingt mille hommes de bonnes troupes gardaient Amboise et tous les chemins qui y aboutissaient, tandis que de fortes reconnaissances étaient poussées au loin dans la campagne.

Une de ces reconnaissances, composée de chevaliers choisis et commandée par un jeune et vaillant capitaine, s'avança jusqu'au milieu de la forêt de Château-Renaud.

La Renaudie, avec quelques-uns des siens, explorait cette forêt quand il fut aperçu par le capitaine, qui, bride abattue, courut sur lui et l'ajusta, à brûle-pourpoint, de son pistolet, qui ne prit pas feu.

— Une autre fois, choisis mieux tes armes, fit La Renaudie en allongeant un vigoureux coup d'épée à son adversaire, coup d'épée qui aurait pénétré jusqu'à la garde si le capitaine, en parant de la main gauche, n'eut pas fait dévier la lame, qui le blessa à l'épaule.

— Jacques Pardaillan ! s'écria La Renaudie en aper-

cevant le bracelet d'or que laissa voir le capitaine en levant le bras, et au même instant il tomba mort d'un coup d'arquebuse que lui tira, au cœur, le valet de Pardaillan.

Le bruit de la mort de leur chef se répandit bientôt dans les rangs des rebelles, qui, lâchant pied, furent si vivement poursuivis par les gens du roi, qu'un grand nombre fut pris et passé au fil de l'épée ; beaucoup, néanmoins, furent amenés prisonniers à Amboise.

Le pauvre Labigne, en voyant tomber son maître, crut à sa dernière heure, et comme il allait être passé par les armes, il se retourna vers Pardaillan, qu'il reconnut :

— Monseigneur, lui dit-il, donnez-moi la vie sauve, et je vous ferai connaître la retraite de damoiselle Marie de L'Houmeau.

— De Marie ! exclama le capitaine.

— Compagnons, épargnez cet homme, il a des révélations à faire qui me sont plus chères que la vie, et plus importantes peut-être pour l'Etat que notre victoire.

Sus, sus, avant sur les fuyards, en vous repliant sur Amboise, mes compagnons.

Pardaillan resta seul avec Labigne, et grande fut sa joie en apprenant qu'il trouverait la fille de L'Houmeau au couvent des Visitandines de Périgueux.

— Vous êtes bien joyeux, objecta Labigne ; remords et angoisses devriez avoir de tout le sang qui se répand aujourd'hui. Vous pouviez, sans attendre plus tard, dénoncer à la prévôté de Limoges mon malheureux maître, puisqu'il vous paraissait suspect à l'abbaye de Beauchaud. Votre dénonciation aurait fait avorter la conspiration.

— Mal tu me juges, maître écuyer ; je déteste l'espionnage et la délation.

— Vous me permettrez alors, monseigneur, d'être surpris du séjour à l'abbaye de Beauchaud d'un chevalier de guerre, capitaine du roi.

— Cela s'explique, répondit Pardaillan, par le désir que j'avais de m'approcher de la retraite de damoiselle Marie, que je croyais sous les verrous du donjon du château de La Renaudie. Les prétendus dévotieux projets qu'exposa ton maître à messire Hugues de Roman ne me trompèrent point ; je le connaissais assez pour être persuadé que les reliques de sainte Radegonde l'occupaient moins que quelques sourdes menées, soit contre la religion catholique, soit contre la royauté.

Et, sans faire part de mes soupçons à qui que ce fût, je quittai l'abbaye après m'être assuré que Marie n'était pas dans le château. Je me rendis à la cour pour défendre mon roi, comme tout loyal et brave chevalier doit le faire.

— Vous avez fait ce que vous deviez, monseigneur, et je ne vous blâme plus. Veuillez me pardonner mes soupçons.

— Je te pardonne de grand cœur.

— Ne soyez pas généreux à demi, et, avec le pardon, octroyez-moi la liberté.

— Trop de chevaliers te savent mon prisonnier pour qu'il ne me soit pas demandé compte de ta personne.

— Permettez-moi, pour dernière faveur, de déchirer les notes qui sont dans ma valise.

— Nenni, nenni.

— Mais personne ne pourra les lire, monseigneur.

— Qui les a donc écrites?

— Votre serviteur, qui, par prudence, n'a fait que des chiffres.

— Alors tu en seras le lecteur.

— Je suis perdu! s'écria Labigne.

— Nous verrons, dit à voix basse Pardaillan.

Le lendemain, les places, les carrefours et le pont d'Amboise offraient un horrible spectacle : une forêt de potences se dressait sur tous les points, et à chaque potence pendaient cinq ou six cadavres plus ou moins mutilés.

L'une d'elles, la plus haute de toutes, placée au milieu du pont, ne portait qu'une victime qui, sur sa poitrine, avait un large écriteau sur lequel on lisait :

« La charogne de La Renaudie, dit Laforest, chef des rebelles. »

Cette journée, de sanglante mémoire, vit massacrer plus de mille deux cents conjurés.

Un gentilhomme, Villemongi, en tendant le cou aux bourreaux, trempa ses mains dans le sang en s'écriant : « Père céleste, voilà le sang de tes enfants; tu en seras vengé! »

Les reines et toute la cour contemplèrent ces exécutions.

Une seule femme, la duchesse de Guise, de la maison d'Est, s'y montra vivement sensible. Catherine de Médicis lui en demanda la cause :

— Hélas, dit la duchesse, quel tourbillon de haine et de sang s'élève sur la tête de mes enfants !

Cependant Labigne, malgré les instances de Pardaillan, fut mis à la question en présence des Guises et des principaux personnages de la cour.

On lui ordonna de lire les notes trouvées en sa possession, et comme il hésitait, le duc de Guise s'écria :

— Varlets de la justice, serrez le tourniquet sur les membres de ce maudit hérétique jusqu'à ce qu'il veuille bien nous lire son infernal grimoire.

Dans ce terrible moment, il vint à l'écuyer l'heureuse idée de supposer des noms qu'on ne pouvait pas atteindre, et qui, par cela même, feraient étouffer les poursuites, et, le manuscrit ouvert, il lut à haute voix :

*Principaux moteurs de la conspiration.*

Catherine de Médicis, reine-mère.

Les seigneurs de la cour et les Guises, stupéfaits, se regardèrent. Labigne continua :

Le roi de Navarre, le prince de Condé.....

— Assez ! assez ! s'écria le duc de Guise, effrayé de voir de si grands coupables; assez ! assez ! ce malheureux n'est qu'un pauvre fou qui comprendrait sur sa liste l'empereur des Chinois, comme il y comprend sa majesté Catherine de Médicis et les princes du sang. Qu'on lui donne la liberté; voici le cas que je fais de son mensonger manuscrit.

Et soudain il arracha le manuscrit des mains de Labigne, et le mit en pièces.

Néanmoins, Condé, venu à la cour pour attendre l'effet du complot, fut arrêté.

Il chercha, avec beaucoup d'éloquence, à se justifier, et dit en plein conseil :

« Je défie au combat qui osera m'accuser. »

Le duc de Guise, que ce défi regardait, se posséda parfaitement, et soutint même l'innocence du prince en lui offrant son épée.

Un mois après ces événements, un brillant mariage se célébrait à Angoulême. Jacques Pardaillan, maistre de camp des armées du roi, devenait l'époux de haute et puissante damoiselle Marie de L'Houmeau.

Labigne assistait à la cérémonie en qualité d'intendant-général de tous les biens des nouveaux mariés, et disait, en se frottant les mains, tout joyeux de sa nouvelle position :

« Mon feu et infortuné maître avait raison de dire que je trouverais heur et bonheur où d'autres ne trouveraient que corde et gibet. »

Le major DUBUT.

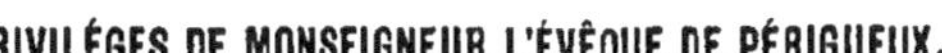

## PRIVILÉGES DE MONSEIGNEUR L'ÉVÊQUE DE PÉRIGUEUX.

*Premièrement.* Il a droit de pêche sur la rivière de l'Isle pour sa maison seulement dans l'estandue de la banlieu de Périgueux.

Il a 3,000 fr. de pension annuelle sur les bénéfices du dit évêché suivant la transaction passée entre luy et le clergé, le 30 novembre 1667, par devant Langlade, notaire.

. Lui est deu hommage par les quatre barons du Périgord, qui sont les sieurs Biron, Mareuil, Benac et Bourdeilles, lesquels se doivent rendre lorsque les évêques prennent possession en personne de leur évêché.

Lui est deu hommage par le sieur marquis de Ladouze lors de la prise de possession de l'église de St-Front.

Est deu et rendu hommage conjointement avec le chapitre de Saint-Front de Périgueux par les maire et consuls de la ditte ville pour la ditte ville de Périgueux.

Et le dit seigneur Evêque a la justice moyenne et basse, mère, mixte et impère de la terre, juridiction et chatellenie d'Agonnat, consistant ès paroisses d'Agonnat, Preyssat, Cornille, Saint-Front-d'Alemps, d'Eyvirat et Négrondes, par entier, et en partie des paroisses de Beaurone, de Biras, Puy-de-Fourches, de Saint-Pierre-de-Côle, de Lempzours, de Veaunac, la dite justice et chatellenie d'Agonnat confrontant du cotté du levant aux paroisses et justices de Corgniac, Roussary, Ligueux, Sorges, Lanmary, Trélissat et banlieux de Périgueux, laissant à main gauche les dites justices, et sur la droitte la ditte justice d'Agonnat, jusques à la maison du sieur Fauré, chanoine, et icelle demeurant sur ditte main gauche en entrant dans le grand chemin de la ville de Périgueux au dit Agonnat, laissant la paroisse de Cornille sur la droite et celle de Chansevinel sur la gauche, suivant le dit chemin et toujours la dite paroisse de Chansevinel sur la dite main gauche, laissant Laborie de Saleuil en la ditte chatellenie sur la droite jusques au grand chemin de Périgueux à Champagnac, et delà entrant dans la paroisse de Preyssat, icelle demeurant sur la main droite, descendant du cotté du midy dans un vallon au-dessous de la Roussie droit à une grosse borne qui fait division d'entre la dite chatellenie, et paroisse de Chansevinel laquelle borne est proche de la forest de la Roussie, et de là montant droit à une autre borne qui fait la même division, icelle demeurant sur la main gauche jusques au rencontre du grand chemin allant de Château-l'Evêque à Périgueux et à Beauronne suivant le dit chemin de Beauronne laissant la justice de Chansellade à la gauche jusque au bourg de Beauronne, laissant l'église du dit Beauronne sur la main gauche et dela jusque au lieu dit le Bulidour et icelluy tournant visage sur la main gauche, laissant la tenance des Vilatas sur la main droite dans le grand chemin de Périgueux à l'Ille, et du

dit chemin icelluy suivant et laissant la paroisse de Merlande sur la gauche jusques au chemin allant de Brantôme à Mensignat, et de la laissant les dittes paroisses de Merlande et Bussac sur la gauche, celle de Biras sur la droite jusques au village du Mas, traversant icelluy, et laissant toujours sur la gauche ce qui est de la paroisse de Biras et de la décendant et traversant un prét du côté du couchant, montant au chemin allant dud. Bussat à Biras, passant par le village de Beaupiet, laissant sur la gauche ce qui est de la justice de Bourdeilles, et sur la droite les mestéries et certains vieux bâtiments appartenant aux enfants de feu le sieur Dujary, lieutenant, et de là suivant le dit chemin et laissant en partie la ditte paroisse de Bussat sur la gauche et en l'autre la ditte paroisse de Biras jusques au dit bourg de Biras passant par le milieu d'icelluy et courant sur la main gauche entre les maisons de maitres Léonard et Claude Feytaud, notaires ruraux, et suivant le chemin qui fait la division des justices d'Agonnat et de Bourdeilles, laissant ce qui dépend de la justice de Bourdeilles sur la gauche, passant par le lieu des Granges de Biras, et delà entrant dans le chemin appelé de la Vieille jusques au rencontre du chemin allant de Lile à Agonnat, suivant icelluy, passant par le bourg de Puy-de-Fourche et le village de Ladoux, laissant toujours la justice de Bourdeilles sur la gauche jusques au rencontre de la paroisse de Saint-Senat, suivant en cotoyant la dite paroisse et celles de Condat et Lachapelle-Faucher, et laissant celles de Preyssat et à Agonnat et Eyvirat sur la main droite, et celle de St-Front-d'Alemps jusques au rencontre de la paroisse de St-Pey-de-Colle, tournant sur la gauche, et entrant dans icelle au milieu du valon qui joint et cotoye la forest du sieur marquis de Chabans, y ayant de travers une muraille de pierre sèche qui fait la division de la paroisse de Lachapelle d'avec celle de Saint-Front et Saint-Pey-de-Colle du côté du midi et suivant le dit valon, laissant à la gauche la paroisse de Lachapelle, et celle de Saint-Pey a la droitte juridiction du dit Agonnat, jusques au rencontre de la pointe d'un terrier apellé de las Sobvagias que l'on tourne sur la droite suivant le même valon et cotoyant les terriers de Lagarde, iceux estant sur la gauche et dans la justice de Bruzat, traversant le chemin de Périgueux à Saint-Jean-de-Colle, entrant dans les appartenances du village de la Belounie qui est sur main droite et dans la ditte juridiction d'Agonnat suivant un chemin entre deux hayes jusques à un autre chemin qui va du village de la Rivaurie au lieu de Fedout suivant le dit chemin laissant toujours a la gauche ce qui est de la justice de Bruzat et ce qui est de la presante justice à la droite et passant par le milieu des vieux bâtiments du dit sieur de Fedout laissant la maison neufve nouvellement construite dans la dite juridiction d'Agonnat avec une tour ou il y a un colombier et allant descendre droit à la chaussée de l'estang de la Guionie et de la tournant sur la droite suivant le ruisseau qui descend de la fon de Croze, au-dessus du bourg de Lempzours jusques à la dite fontene suivant toujours le dit ruisseau icelluy faisant la division des justices du dit Agonnat une maison du sieur de Salle à presant tenue par le nommé Lanber de Négrondes comme ayant espouzé la sœur du dit sieur de Salle et sur la gauche l'autre partie du sieur Lempzours depens du dit Bruzat suivant toujours le dit ruisseau jusques à la fontaine de la Garde autrement de Bournac et celle descendant dans un vallon ayant la face tournée du côté du levant et passant au lieu appellé le Cros de las Fongeas, et suivant toujours le dit vallon traversant la vigne de Pierre Lenber du couchant allant droit à une borne appelée Pierre Martine, laquelle faix division des justices au dit seigneur évêque et du seigneur de la Marthonie laissant celle du dit seigneur évêque à la droite et celle de la Marthonie à gauche et de la ditte borne suivant le dit chemin qui passe dans le village du Mas de Tenchous laissant le dit village à la main gauche et au dit village du Mas et suivant toujours le dit chemin la face tournée au levant et passant contre le village appelé la Cautellerie autrement les Gregoux laissant le dit village à main gauche dans la justice du seigneur de la Marthonie et marchant environ soixante pas suivant le dit chemin tournant sur la main gauche la fasse tournée du côté du septantrion, suivant icelluy chemin tirant droit au village apellé des Chaplus dans la paroisse de Veaunat laissant sur la gauche partie du dit village dans la justice au dit seigneur de la Marthonie et en cotoyant à la droite celle du seigneur évêque suivant un chemin de servitude allant au Puy de Laneau ayant la face tournée du côté du levant de la allant au Cros, appelé de la Faussourbe et suivant un vieux chemin qui va aux quatre chemins autrement le lac Rony la face tournée au dit cotté du levant et du dit lac Rony descendant au coin du bois appellé de la porte ayant la face tournée du côté du midy et du dit coin de bois suivant un grand valon qui fait division de la présente justice de celle du sieur de Rousary et marchant à droit à une borne qui est dans une aye à cotté du chemin qui va du bourg de Négrondes au moulin de Glane faisant aussi division

des justices du seigneur évêque et de celle au seigneur Rousary laissant la d. borne a main droite et la fasce du côté du midy et de la ditte borne suivant un valon qui est entre deux terriers et marchant droit au lieu appelé les Quatre-Bornes qui font division des justices du dit évêché de la paroisse de Sorges de la justice du dit sieur de Rousary et celle du sieur de Restignat et autres confrontations pour l'exercice de laquelle justice le dit seigneur évêque a droit d'ériger et créer juge lieutenant procureur fiscal substitut prevot et sergents ordinaires avec quatre notaires chatelains dans l'étendue de cette chatellenie pour passer et instrumenter tous actes publics y ayant dans le dit bourg un parquet a cet effet les prisons tant au dit château d'Agonnat que du Château-l'Évêché. Plus il a droit de chasse, pêche, guet, four, moulin, peage dans l'estandue de la d. chatellenie d'Agonnat plan de quilles dans chacune des paroisses avec tous autres droits seigneureaux.

Plus les trois quarts des dimes de tous les bleds dans la paroisse d'Agonnat, les enclos appellés la grande enclave d'Agonnat. L'enclave de Maret, de Saleuil, de Puy-Ponsy, ensemble toutes les dimes du vin, chanvre, les aigneaux et cochons des dits enclaves sur lesquelles dimes le dit seigneur évêque donne au vicaire perpétuel du dit Agonnat quatorze charges de bled, savoir : dix de froment et quatre de baillarge charge grosse, et cinq barriques et un baril de vin.

Plus dans la ditte paroisse un dime particulier appelé le petit dime de Ligueux,

Plus les dimes de la paroisse d'Eyvirat, conjointement avec le vicaire perpétuel, et pour les parts qu'a chacun d'eux en particulier et a coutumé de jouir,

Les dimes de la paroisse de Négrondes, conjointement avec le sieur prieur commandataire de St-Jean-de-Colle,

Tous et un chaqun les dimes en quoy quils puissent consister des paroisses de Preyssat, Biras, Puy-de-Fourche et Saint-Senat comme étant les dittes paroisses et celles ci-dessus de la mense épiscopalle,

Le Château-l'Évêque avec ses corps de logis, fossés, cour, chapelle et parc consistant en prés, vignes, garennes et canaux, le tout fermé de murailles contient environ soixante-dix journaux,

Plus le moulin et four banal au dit lieu de Château-l'Évêque ou tous les habitants du dit lieu et les tenanciers de Laglauterie, Martin, Geraud, Monmarsson; Charles et Breuil, Dardis sont obligés de cuire leur pain,

Les prés proche du dit lieu entourés des fossés contiennent environ trente-deux journaux,

A droit de pcche etably et levé de tous tems dans le dit lieu.

Le domaine et mestairie de la Forest consiste, compris le pré du dit domaine, trois cents trois journaux ou environ.

Dans la paroisse de Preyssat il y a quarante-six tenances apellées Laglanterie, Monmarson, Gontier, Bauchaud, Lembert, Bouvier, Rogier, Constant, Bayolle, Barierolie, bourgeois de Preyssat, Lembert Dedaille, Lajoubertie, Lacouturie, Pugnet, Monnerie, Savage et Armagniat, Garmener, Bournager, Roussalas, Leyterie, Vielle-Barga, Guillarmie, Petite-Forest, Feytas, Godé, Ramounet, Charles, Rebierre, Lambert, Chaupot, Collit, Rousseau, de Chansivinel, Boulanger, Martin Gerard, Bigase Vinssant, Breuil Dardis, Crot-Savugin Jeaufroit, Leymerizie, Verdoyer, Combe-Reynaud Lamonnerie, et Petit-Lanber, sans comprendre autres rentes non jouises, et dont il ne paret aucun engagement sise dans la d. paroisse.

Possede la justice haute, moyenne et basse, mere mixte et inpère de la paroisse de Coursat avec droit de creer et esriger un juge, un lieutenant, un procureur fiscal et un greffier, prevot et sergent ordinaire icelle sescy eyzarssant dans la maison episcopale de Périgueux ou la prison de la châtelenie sont.

### DESNOMBREMENT DES HOUMAGES.

Lui est deu par messire Joumard de Chabant, marquis de Chabant, sur sa maison noble de Chabant, size dans motte d'Agonnat, repaire de Menesples et tout ce qui en dépent,

Monsieur François de Javerliat, conte du dit lieu pour la maison noble de Chambarliat, proche et joignant la motte d'Agonnat, maison noble de la Roche Pontissat, pour rentes et domaines en dépendants,

Pierre Alber, écuyer, sieur de La Brousse, pour le repaire noble des Bordes basses avec ses apandances sous le devoir d'une croix d'or du poids d'un écu a chaque muance du seigneur et de vassal,

Grimond de Bruzat, écuyer, sieur Dedoine pour la maison size dans la motte d'Agonnat et repaire de Laborie-de-Dome en ce qui en dépend,

Henry de Grignols, écuyer, sieur de Laporte pour le repaire de Laporte size dans la paroisse d'Agonnat et ses dépandances,

Gaston d'Amelin, écuyer, seigneur de Rochemaurain, pour la maison de Rochemaurain et autres biens sis dans la paroisse de Sant-Front-d'Alemps, Agonnat, Lempezours, Cornille et autres paroisses.



Jean Beron, écuyer, sieur de La Salle, pour le repaire de La Salle, et repaire de Lempzours droit de Vigerie du dit Lempzours, domaines par lui possédés noblement dans les paroisses de Lempzours, St-Front-d'Alemps et autres paroisses,

Léon de Siourat, écuyer, sieur de Laguionie, pour le repaire de Laguionie, sis dans la paroisse de Lempzours et ses appendances,

Charles Hautier de Rouverat, pour rentes dans les paroisses de Lempzours, Négrondes et autres,

Pierre de Monfanges, sieur du Mayne, pour une tenance de Labeylardie,

Bernard Rougier, sieur de Vessat, pour le repaire noble de Vessat et rentes en dépendants,

Monsieur maître François de Montagut, conseiller du roy à Périgueux, pour les domaines des Landes, Borie, réunis, autrement Borie-Ville, La Siguinie et ses dépendances,

Jean de Montardy, écuyer, sieur de la Beylie, pour le repaire de la Beylie,

Marguerite de Valbrune, veusve de Pierre Valbousquet, pour rentes et domaine du Verdier, sis à Cornille, et tous les droits et dépendances,

Monsieur maître Andret Tortel, conseiller du roy, pour le repaire de Rivière, avec ses sous, rentes et autres droits en dépandants,

Antoine de la Rocheaymond, écuyer, seigneur de Larivière, pour un repaire noble appelé Banquely, en la paroisse d'Agonnat,

David Dupuy, écuyer, sieur de Laforest, de Cornille, pour le repaire de Laforest de Cornille pour rentes et autres droits en dépendant,

Estienne Gaignerie, archer pour bois venant de Bordes,

Antoine de Beaupoil de Saint-Aulaire, écuyer, sieur de Beaulaurent, à cause des biens nobles par lui possédés dans les paroisses de Cornille et Agonnat,

Nicolas Dumazeau, sieur de Collarede, à cause du repaire de sieur Coulard en depens et tenance de Tamizerie,

Maurice Normand, écuyer, sieur de Negrondes et Isabeau de Landry, sa femme, pour biens nobles repaire et péage et autres droits dans le bourg de Negrondes, châtellenie d'Agonnat,

Jeanne de Mayes, veusve de feu sieur Dumas et possesseur pour la tenance de Montfraubeaud et autres rentes par elle possédée dans la paroisse d'Agonnat,

Jean Bourdineau, notaire royal, pour les biens nobles qu'il a dans la paroisse de Negrondres, Lempzours, venant du sieur Garde,

Messire Hector de Preyssat de Lioncel, chevalier, seigneur, baron de Lille et Lacheze, pour la moitié de la terre et seigneurie de l'Isle, avec tous droits de justice pour rentes, biens nobles en dépendants,

Marc de Brochard, écuyer, seigneur du dit lieu, pour le repaire de Brochard sis dans la paroisse de Saint-Frond, appandances d'icelluy,

Messire Jean de Fumel de la Porte, chevalier, seigneur de Monsegur de Lisle, en partie pour la moitié et la seigneurie de Lile avec tous droits de justice, terres, domaines et rentes en dépendants,

Bernard Fargeot, procureur à Périgueux, pour les biens nobles et rentes dépendants d'iceux et d'icelle,

Jean de Meredieu, sieur de la Vaissière, pour le repaire du bas Mesplier cens rentes en dépendants,

Maître Léonard Vigier, pour la tenance du Magne de Bary et autres, à Agonnat,

Antoine Arnaud, écuyer, seigneur de Laborie-Fricard, pour la forest de Laborie-Fricard et ses dépendances,

Henry Chalut, du Chanze, pour biens possédés au village du Chanze, paroisse d'Eyvirat,

Hellies Dejean, écuyer, seigneur de Vilboulet, vissenechal pour le repaire de Reymond en la paroisse de Preyssat et rentes en dépendances,

Brandesin de Landry, écuyer, seigneur de Lauterie, pour un pré à Agonnat, contenant cinq journaux,

Jean Colaujours, architecte, pour les rentes de la Fosse-Loube,

Monsieur maître Nicolas Daleme, conseiller du roy, lieutenant criminel pour ce repaire de Gondaud, Puy-d'Amen et la paroisse de Basillat, son fils lieutenant,

Monsieur maître Louis Daleme et aussi pour ses rentes a sauvagie et dépendances,

Pierre Dejean, écuyer, sieur de Labarde de Verzinas, pour les rentes dépendantes du repaire de Verzinas,

Maître Jean Rebierre, lieutenant, pour le repaire de Verzinas,

Maître Theophille du Chayron, conseiller, pour le repaire de Lalaubarie pour rentes et domaines possédés dans la ditte paroisse d'Agonnat,

Pierre du Cluzel, pour la maison noble de la Chabrerie, domaines et rentes en dépendants,

Jean Faure, sieur de Rochefort, pour dime à Cornille,

Raymond de Beaupoil, écuyer, seigneur de la Luminade, pour le repaire de la Luminade pour rentes en dépendant sises à Cornille,

Messire François de Saint-Aulaire, chevalier, seigneur, marquis de Coutures, Lanmary, Bertry, Celle et les Chabannes, pour la maison noble de Coutures et les rentes des paroisses de Celle et Bertry, à Mas Chastanniers, Var, Four, Lagarige, Lapouyade, et le Mas de Saint-Pierre,

Le fils de Guilhem Naillou, pour la rente due sur la tenance de Pousatau, size à Cornille par eux aquise au sieur de Coutures avec ses dépendances,

Monsieur maître Jean de Vincenot, receveur pour la maison noble de Grollier dans le bourg d'Agonnat avec ses dépendances, pour rentes possédées au dit Agonnat ou Eyvirat,

Antoine Bonheure, marchand, pour rentes venant du sieur Montardy,

Antoine Baylé, maître chirurgien, pour tenance appelée parcelle de Saleuil, venant du seigneur de Javerlliat,

Maître Jean Lamy, notaire royal pour une tenance appelée de........, acquise du sieur de Montardy avec ses dépendances,

Pierre du Rouchail, bourgeois, pour tenance acquise du sieur marquis de Chabans,

Guillaume Duran, sieur de Maginat, pour le repaire de Maginat, sis à Negrondes et ses dépendances,

Maître Dominique Lagus, procureur fiscal, pour une terre à Negrondes,

Madame l'abesse de Ligueux, pour la justice haute, moyenne et basse, mère mixte, et inpère de la paroisse de Ligueux, à la reserve de la basse justice d'entre les Quatre-Croix et des biens par elle tenus dans les paroisses d'Agonnat, Saint-Front-d'Alemps, Eyvirat, Negrondes, Lempzours, Sorges et autres paroisses dépendantes de la châtellenie d'Agonnat,

Pierre Vigier, bourgeois, pour les biens nobles et rentes par lui jouis au village du Mayne du Talut, avec ses dépandances venant de la maison de Vessat,

Le sieur du Chesne, lieutenant-général, pour la tenance de Vialle-Barzat, autres appelées de Daille,

Jean de Valbrune, sieur de Rochefort, pour le repaire du dit Rochefort,

Le sieur Tortel de Laboissière, pour les rentes par lui acquises du sieur marquis de Chabans, appelées de Laboissière et de Chatourteau, avec tous droits de fondalité.

### PLAZAT.

François de Berbesson, pour les repaires de Carsat, sis à Plazat avec ses dépendances,

Jean Donnat, écuyer, sieur de Lauvergnat, pour les domaines et rentes par lui possédées à Plazat,

Antoine Bridat, sieur de la Pradelie, pour le domaine de Pressat, sens et rentes en dépendant,

Guillaume Crebelier, pour les biens nobles qu'il tient au Clos avec ses dépendances,

Guilhen Passepour, pour les rentes qu'il possède dans le village de Arnauty,

Sicaire de La Clergerie, sieur de Marty pour les biens nobles, droits et devoirs qui lui appartiennent audit lieu de Plazat,

Pierre Delbost, dit Gris, pour les rentes du village Delbost,

Jean Foucaut, dame de Campagnat, pour la portion de la justice de la paroisse de la Roche de Saint-Cristofe et biens nobles sis en paroisse de Plazat, Peysat, Trichat et Saint-Léon, pour rentes et biens en dépendants,

Françoise Dufaure, demoiselle de Belet, pour le repaire de Belet et ses dépendances,

Jean Baptiste de Lusier, sieur du Cluseau, pour les biens nobles a lui appartenant dans ladite paroisse,

Pierre Reymond, sieur de Fonpeyre, a cause des biens nobles dans ladite paroisse,

Jean de Chanbon, sieur de Lissat de Rouffinat, pour tenances par lui possédées,

Maître Jean de Calvimont, seigneur de Campagne, pour Louise et Toinette de Calvimont, ses niepces, de la part et portion de la justice haute et moyenne, basse, mère mixte et inpère de La Roque de Saint-Cristophe et biens nobles sis dans ladite paroisse,

Jean de Saint-Exupéry, sieur de Montpelarie, pour les biens nobles, sens et rentes par lui possédés dans dite paroisse,

Messire Gaspard de Calvimont, seigneur de Hair, pour les domaines et biens nobles apellés la Braine-Lablanchie et le pré Madone, avec leurs appendances,

Jean Rougier, sieur de la Faucherie, pour dame Armande de la Rocheaymond, épouse de Messire François de Rouliat, conte de Saint-Front, pour les biens nobles, tenances audit Plazat, sens, rentes et domaines en dépendants.

COURSAC.

La maison noble de la Rousselie, avec ses appendances,

Messire Nicolas de La Brousse, abbé de Peyrouse, pour les tenances de Laborie, Roussat, Cauvière, la Renardie et le Puy-Salamen, Coursat, Bassiliat et Saint-Lauren,

Jean de Chillaud, écuyer, seigneur de Lachapelle, pour les rentes de la tenance du Puy-Charvat, Escore, Marty et Lagarmeas,

Anne du Saillou, veusve du sieur Laveyssière, pour les tenances de Vallados et Mareuil, rentes et devoirs en dépendants dans ladite paroisse,

Louise de Chomont, veuve du seigneur Daix, écuyer, sieur de Lafeuillade, pour les biens nobles et rentes dans ladite paroisse,

Monsieur maître Eymery de Meredieu, pour les rentes à lui dues en ladite paroisse,

Jean de Benoit, écuyer, siéur de Manout, pour raison de la justice dudit Manout, domaines et rentes par lui possédées,

Philibert Daix, écuyer, sieur de Lafeuillade, de Meymy, pour raison de son château de Lafeuillade, avec toute justice et ses dépendances,

Messire Frontout, de Saint-Astier, seigneur du Lieu-Dieu, pour rentes possédées à Bassillat, appellés des journaux,

Raymond de Jolivet, bourgeois de Périgueux, pour le repaire noble de Jolivet et rentes en dépendants,

Monsieur maître Joseph Boudin, conseiller du roy et son procureur pour la seigneurie de Saint-Lauren et rentes et domaines qu'il possède en icelle,

Isac Jaubert, écuyer, seigneur de Montardy, pour le château, bourg, justice haute, moyenne, basse, mère mixte, inpère d'Alemps, dixmes inféodés et rentes à lui appartenantes en ladite paroisse,

Sicaire et Etienne Ravine, pour partie de la justice de Douzillat, rentes et domaines,

Messire Gaston de Lamarthonie, chevalier, seigneur dudit lieu, pour la terre et seigneurie de Saint-Jean-de-Colle et la Marthonie avec tous ses droits de justice, rentes et domaines et autres droits dépendants,

Cosme Meynard, sieur de Laborie, bourgeois, pour les tenances dépendantes de Laborie et Fonbreuil et rentes en dépendants,

Messire Pierre de Laporte, chevalier, seigneur de Lusignat, baron de Lasaladie, seigneur de Laporte Laguileterre et Lavergne, la maison noble de Laporte, la baronnie de Saladie, la maison noble de la Guillernie, maison noble de Lavergne, la juridiction de la Vigerie, du bourg et paroisse de S.....gnat, la moitié de toutes les dixmes de ladite paroisse, et demi du maynemant des Croux Lesgardes et rentes qu'il a dans les paroisses de Saint-Martial-de-Vieyrol et Saint-Pol-de-Lisonne, avec tout droit de justice pour les maisons nobles, baronnie et toutes et chacunes leurs dépendances,

Dame Marie de Courbon de Grignol, pour la huitième partie des dixmes de la paroisse de Neusvic et Anese-de-Valareyx, sous le devoir de quatre boisseaux de froment annuellement,

Françoise de Labrousse et Jaques Chalut, pour les biens de Chamier et leur dépendance,

Henry de Gentil, écuyer, seigneur de Croigniat, pour la maison noble, repaire de Croigniat avec toute justice, ladite maison sise dans la paroisse de Saint-Astier, rentes et biens nobles et dépendances,

Les seigneurs de Vernodes, pour la maison de Vernodes, sens, rentes et domaines et dépendances situées à Saint-Astier, Douchat, Saint-Apre, Tocane, St-Méard-de-Dronne,

Le sieur de Chadeuil, pour le Chadeuil, ses dépendances, le bois de la Coste à Saint-Just, et le maynemant de la Cotte, en la paroisse de Bouteille,

Monsieur de Boulen, de Boislorent, pour ses sens, rentes et domaines possédés dans les paroisses de Biras, Puy-de-Fourches, Lachapelle-Faucher, Campagnat, Saint-Pancrasse, Quintillat et Saint-Senat,

Le sieur Labarde, de Saint-Crépin, pour la maison de Saint-Crépin et ses dépendances,

Monsieur le conte de Ribeyrac, pour la châtellenie de Montagrier et ses dépendances,

Le sieur de Fougairoles, pour l'hôtel de Fogayroles et ses dépendances,

Monsieur le conte de Foursat, pour les parts à lui appartenant dans les seigneuries de Dousillat et Beauronne, avec toutes justices, rentes et domaines,

Monsieur de Chabans, de Chasserat, pour autres parts dans lesdites seigneuries,

Le sieur marquis Raimond, de Sallegourde, pour la justice de Marsat et domaines par lui possédés sur ladite paroisse, la justice et rentes de Chancelade, en la paroisse de Champagnat dimes et rentes à Saint-Pol-de-Serre, Bertry, Celle, la Cave, et comme est porté par le contrat d'échange passé entre messire François de Labéraudière, évêque, en l'année 1629. L'abbé de Branthôme, pour ce qu'il tient dans les paroisses de St-Pardoux, Quintillat, Champagnat, rentes et domaines,

La viconté d'Auberoche, pour raison de laquelle il y a instance entre le receveur ordinaire du roy et ledit seigneur évêque renvoyé par devant monsieur Lardeau, en Guienne,

Le sieur C......., de Coulaure, pour les rentes par lui possédées à Bruzac, les ayant acquis du seigneur de Restignac,

Le sieur baron de Segonsat, pour une partie de la justice de la paroisse de Plazat et biens nobles par lui possédés dans la paroisse et l'étendue d'icelle,

Comme aussi a le dit seigneur évêque les dixmes par entier des paroisses de Bassillat, Eyliat, Escoire et Champagne à la reserve des portions qu'on a accoutumé de donner aux vicaires perpétuels d'une chacune desdites paroisses.

---

## MÉMOIRE POUR SERVIR A LA STATISTIQUE DU PÉRIGORD.

---

### LE CARDINAL DE TALEYRAND.

(Papiers Lespine. — Comtes de Périgord, 1er carton.)

---

(1356.)

Il était suivi de bon nombre d'écuyers et d'hommes d'armes plus favorables au roi de France qu'au roi d'Angleterre, parmi lesquels le jeune Robert d'Anjou, fils du duc de Duras et d'Agnès de Taleyrand, et le châtelain d'Ampost, sorti, par les femmes, de la maison de Talayrand, de la branche de Grignols. Quand ils virent que la bataille était décidée, ils s'échappèrent de la suite du cardinal et se rendirent au camp français, conduits par d'Ampost, qu'ils avaient choisi pour leur chef. Mais ils ne firent qu'augmenter le nombre des morts et des prisonniers. (Bataille de Poitiers.)

L'historien anglais anonyme, imprimé à Paris en 1582, qui a écrit, d'après Camben, la vie des hommes illustres de sa nation, rapporte que Jean, vicomte de Rochechouart, fut à la tête de la noblesse du Périgord et du Limousin, et que parmi les principaux de sa troupe qui moururent avec lui ou qui furent dangereusement blessés, on comptait : Jean de Maumont, Robert de Chalux, Bernard de Donzenac, Hubert de Chamboran, Gauthier de Montaigne, Jean de Brie, Jean de Lisle, Robert de la Roche-Aymond, Alain de la Cropte, Poncet de Chancel, Raymont de Caignac et plusieurs autres. (La *Vie de Jean Chandos*, par Canaden.)

#### PLUIE DE PIERRES.

(1402.)

Et puis au soir, huitième jour de joing quatorze cent deux, après souleilh couchan, se leva si maulvès temps, que tomba pierres qui estaient communément plus grosses que *eung* œuf et *un* gras du poing, et y en avait du gros de une souche. Dura d'étendue dix lieux de long et deux de large qu'etait gran douloir et pitié a voir.

Et après suivant fit grans pluyes et tempettes en divers lieux, en tant que de troys ans en suivant les vignes tempestées ne chargerent et pour ce on en laissa en asse bien la quarte partie a Perigueux.

### SIÉGE DE COURBAFI.

#### (1404.)

Et après audit an et au moys d'aoust après suivant, le seigneur d'Albret connetable de France avec le sénéchal de Périgord, ceux de Limousin, Saintonge, Poitou, Angoumois, et les autres barons du pays avec le comte de Brena (ou Bressa) et le comte de Tonnerra, qu'estaient bien en tout douze cents bassinets et quatre cents arbalestriers, misrent le siége devant Courbefi, et là firent dresser engeins et grans appareilhs, et là entrerent en composition que ne heurent vj^m froms et s'en alarènt en toutés leurs armes. Et la estant délivrèrent Bessos (ou Beises) et saint Jehan d'Escolle que les anglais tenaient et les fit fondre.

### BATAILLE DE POITIERS.

#### (1356.)

Comme le prince de Galles s'avançait vers cet endroit, où il avait appris que le combat durait encore, il vit sur la main droite, auprès d'un buisson, le corps de Robert de Duratz, qu'il reconnut à sa bannière où les armes d'Anjou étaient écartelées de celles de Périgord, et à côté de lui était le châtelain d'Ampost, qui avait été pris par les Anglais. Le premier mouvement du prince fut de lui faire trancher la tête, mais ayant réfléchi, etc.

#### (1340-50.)

Le cardinal de Talleyrand fit bâtir pour son frère le château de *Montignac*, qu'il rendit la place la mieux fortifiée de l'époque; il fit plusieurs augmentations dans les domaines des seigneurs de Grignols et de Châlais. Il paya dix mille livres pour la rançon d'Ampost.

#### (1346.)

Le château et châtellenie d'Aubcroche, vendu à perpétuité au cardinal de Tallayrand par le vicomte de Limoges et Jeanne de Bretagne, sa femme, avec promesse de faire ratifier la vente, consentie pour vingt mille florins d'or.

#### (1356.)

Le captal de Buch, les seigneurs de Caumont et de Mussidan, trois des principaux chefs de l'armée du prince de Galles à la bataille de Poitiers.

### POMPADOUR.

#### (1000.)

On trouve dans la chronique de Geoffroy, prieur du Vigeois que vers l'an mil, Boson II (Vétulus comte de Périgord et de la Marche) aida Guy de Lastours, dit le Noir, seigneur d'Hautefort, à bâtir le château de Pompadour, pour se défendre contre le vicomte de Ségur, au-dessus des châteaux de Lastours, Terrasson et Hautefort.

### LA MONZIC.

#### (1000.)

Vers le même temps, il fonda au lieu appelé aujourd'hui *La Mongie sur Dordoigne*, un monastère de filles à l'honneur de la sainte Vierge et de saint Sylvain, qui fut uni à l'abbaye de Notre-Dame de Saintes. Cet endroit prit son nom des religieuses qui s'y establirent, et que le peuple appelait dans ce temps-là des Monges.

#### (1000.)

*Guido de Turribus, qui Petragoricensi auxilio comitis oppidum de Pompadour contra vicecomitem de Segur construxit, super castrum de Lastours de Terrasson et d'Alteforte, exceptis Ecclesiis, vel Municipiis diversorum locorum, principatum habuisse narratur. Hic in Petragorico fardeana ipse cremavit eo quod possessor ejusdem castri non similem fabri cochinando vocaverit.*

#### 1030-31.

Il y eut une telle famine que l'on alla jusqu'à manger de la chair humaine; des bouchers furent condamnés pour en avoir vendu et un aubergiste exécuté pour avoir tué des voyageurs, afin de les faire manger aux autres.

### HAUTEFORT.

#### (1170.)

La seigneurie d'Autefort comptait, du temps de Bertran de Born, environ mille habitants. Il la partageait avec son frère Constantin.

#### (1570.)

Nontron est pris et saccagé par les Calvinistes.

Siége et prise de Condat par le duc d'Anjou, le maréchal de Sancerre et le maire de Périgueux, ainsi que Saint-Astier, Bourdeilles, Bergerac et Lisle.

Détruisirent une chapelle aux Chabannes.

Et après firent tant qu'ils prirent Ligueux et la pillèrent et fondirent que était de Rulhoz.

Jehan de Chambarlhac, d'Agonac, sénéchal de Périgord, lequel était conseiller du roy et gouverneur de monseigneur de Lbret (d'Albret), cousin du roy, et son gendre, le sieur de Bourdeilh, était capitaine de Bourdeilh pour le duc d'Orléans, comte de Périgord.

### PRISE DE COMMARQUE PAR ARCHAMBAUD D'ABZAC.

#### (1406.)

Et après le lendemain 31 mai 1406, Saint-Georges, Archambaud d'Abzac, capitaine de Carlutz, print Commarque de trahison que le Bouteiller le mist dedans, et furent prins le seigneur et la dame et les enfants et messeigneurs Aymard et Bos de Commarque, ses deux frères, laquelle cause fut une très-mauvaise journée.

Per avant un moy, Ramonet de Sors print Cessac, qu'est à deux lieux de Carlutz, et de Limeil en hors, avaient prins la chapelle qu'est costée *Briva*, et faisaient guerre de là et de Malamort, comme anglais, tout ce que povait, et faisait *aster* sous main, messire Raymond de Turenne, et après a la fin du moy de may, ledit capitaine de Carluz qu'était bien deux cents combattants, cuidait prendre Userche, et les gentishommes de Limosin et d'Auvergne, le deconfirent, et prirent bien cinquante de ses compagnons et après, quarante qui en moururent.

### BRANTHOME.

Suit la prise de Branthome par le connétable, etc. (Voir les notes à ce nom)..................................... Et alors les communes les renforcèrent, et les seigneurs s'en allèrent en France, sinon que le connétable demeura à Limoges et fit faire grand cop d'engeins, en tant que après quinzième jour de Saint-Jean, 1406, il partit de Limoges en le Bouteiller qu'était cinq cents bassinets et envoya devant la chapella et devant Malamort, et prirent les lieux et les fondirent et bien soixante Ribauds que y avait dedans furent pendus et noyés.

Et cecy durant fit le traité comme délivrasse Carlutz et Commarque pour somme d'argent que le pays payat, et s'en alla devant Limeuil et le seigneur incontinent se fit français, et toute sa terre et bailla la possession et fit le serment. Et de là en hors monseigneur le connétable, s'en alla devant Mucidan, et en devant huit jours la dame qui y estait, car le seigneur était mort à Libourne ; elle bailla la ville et le château, et les gens qui y estaient se firent françays, et firent le serment, et y fit capitaine pour le roy, Antoine de Bord (peut-être de Bordes, sic.), seigneur de Montahu.

Et cecy durant le premier jour de juillet, le roy de France, notre seigneur vint en santé et lui dura deux moys.

Et ce pendant ledit connétable mit le fouage, qui se montait deux francs pour feu, pour la délivrance de Carlutz et de Commarque, en tant que le pays de Périgord se desmit ; et pour ce que l'esté faillit et que par especial que ne fut pas de vin, que en vingt-quatre donades de vignes ne hut que deux charges de vin en tant que jamès ne avint à Périgueux, et partout fut cella et valait la charge quatre francs.

#### (1363.)

Information faite par le senéchal de Périgord sur le commandement d'Édouard, prince de Galles, etc., affirmant que les lieux de Mouleydier, Maurens et Latourblanche avaient appartenus aux comtes de Périgord, qu'ils lui avaient été occupés par suite des guerres. Lettres du même prince portant ordre de lui remettre ces lieux par suite de la paix faite entre les rois de France et d'Angleterre. 1363.

#### (1372.)

Loys, fils du roi de France, frère et lieutenant de monseigneur le roy en toute la Langue-d'Oc, duc d'Anjou, etc., à notre amé le sire d'*Autefort*, salut : Nous avons entendu que vous tenez par devers vous, prisonnier, Heliot de Vilhac, escuyer, capitane d'Ans. Vous prions neanmois de par monseigneur et nous vous mandons et commandons que ledit Heliot vous délivriez et baillez ou faites bailler ou délivrer par ceux qui doivent......... y auront autorité, à notre très-cher et très-amé cousin le comte de Périgord, ou à son certain mandement, pourvu que notre susdit cousin promette de payer pour lui, à vous ou à ceux qu'il appartiendra, bonne et convenable finance, sans *lise*, ne pourchassier être fait...... dommage de sa personne. Si gardez que en ce, n'ait aucun défaut, car ainsi le voulons-nous être fait, afin que nous puissions mieux rec...... Ledit fort qu'il tient en sa main, par lequel se dommagent le pays et les subjets de monseigneur très-grandement.

Donné à Carcassonne, le 23e jour d'avril, l'an de grâce 1372, etc.

#### (1405.)

Le 12 octobre 1405, Olivier de Buxolio (Boisseuilh), damoiseau, fut avec Jean de Vilhac, et Gaillard de Beders, aussi damoiseaux, témoin du mariage de Aymericus d'Altaforti (Hautefort), damoiseau, avec Mathe de La Chassanhe, damoiselle.

#### (1394.)

Dans l'énumération des faits imputés au comte de

Périgord dans la guerre qu'il faisait en 1391, il est dit que ses gens prirent l'église des Jacobins, rompirent les murs et la clôture du couvent, l'église de Bourdeilles, d'Auriac, prirent par force la ville de St-Astier, etc., rançonnèrent Bergerac et pillèrent l'abbaye de Ligueux.

### (1382.)

*Crimen lesœ magestatis incurrere non verentes, proponebant insuper quod, anno Dni 1382, vel circiter, Raymundus del Perrier et quam plures ejus complices de garnisione vel stabilimente fortalici de Radulphiœ ad dictum comitem pertinentis, per modum hostilatis et cum armis patentibus, locum de Rochetta existentem in et sub nostra obedientia, invaserant, ceperant, detruxerant et quemdam qui nominatur Guillelmus Lavit ac non nullos alios ibidem existentes inhumaniter vulneraverant ac verberaverant bonaque ibidem existentia rapuerant depredatique fuerant, ac sibi applicuerant, etc.*

#### FLAMENC.

Hommage fait à Roger Bernard, comte de Périgord, par damoiselle Sibile Flamenc, dame en partie de Condat, et Raimond de Mourelle Donzel de Montagrier, pour les biens qu'ils tiennent en la châtellenie de Bourdeilles. (Date omise. *Invent. de Mont.*)

Legs fait à l'abbaye de Sainte-Claire de Périgueux, par la comtesse de Périgord, Eleonor de Vendosme, femme de Roger Bernard, d'une somme de cent livres tournois, une fois payées, pour la construction et réparation des dortoires, à la charge de prières annuelles a l'anniversaire de sa mort. (Jour de saint Valentin, 10 février 1341.)

Même legs de *Quadraginta libra*, à l'abesse de Sainte-Claire, *dilecti nostrœ sorori* Raymond de Vigyera.

Là Bastide de Bonnevalle, dépendant de la châtellenie d'Auberoche, vendue par le duc de Bretagne, vicomte de Limoges, au cardinal de Talleyrand.

### (1347.)

Vente faite par Roger Bernard, comte de Périgord, à Jean de Galard, chevalier, seigneur de Limeuil, du château de Montréal avec tous ses droits, justices, etc.

Le roi de France confisque les biens de Jean de Galard, entre autres les châteaux de Limeuilh, Miremont et Clarence, avec toutes leurs dépendances, et en fait don au comte de Périgord, Roger Bernard.

Plus tard, de Galard fait un traité de paix particulier avec le roi de France, dans lequel il semble traiter d'égal à égal avec lui. Dans ce traité, ce seigneur s'engage à quitter le parti du roi d'Angleterre.

Donation faite par le roi Jean au comte Roger Bernard, en 1356, des châteaux et châtellenies de Montcuc, de Valle (*Montiscuqui, de Vallibus*), de Mont de Domme, de Latourblanche, avec toutes leurs justices, « *Item » primum ressortum et omnem cognitionem causarum pri- » marum appellationem totius terrœ et juridictionis archipi. » Burdigalensis, épi. Petrocoris, epi Sarlatis, Reginaldi » de Pontibus militis dni Ribeyraci et Montis fortis, quas » habent in Diocœsis Petrocis et Sarlatis, omnium que » terrarum et locorum et castellaniarium, honorii et dis- » trictus, et eorum habitantium, Dnorum de Beynaco, de » Castronovo, de Commarcho, abbatis sancti Amanti, ab- » batis de Terrassone, abbatis de Castris, Dnorum d'Alte- » fortis de Thenone, Dni de Bourdelia et de Branthome, » abbatis de Brantholmo, Dnorum de Montagrier, de » Montancès, de Saint-Astiers, de Sourzac, item cas- » trorum de Dnorum de Marcuil, d'Aubeterre, de Sainte- » Aulaye, près Aubeterre, de la terre et juridiction de » l'abbé de Tourtoirac. Item, etc., terrarum et juridic- » tionis vassalarum, valvassarum, retrovassalorum prœ- » nominatorum, et cujus libet eorumdem prout in dictis » aliis super hoc confertis litteris, dicto comiti per nos con- » cessis, latuis dicitur continere. »*

*Ordonnances des rois de France, table des matières.*

Le roi cède au comte de Périgueux l'hommage que lui doit l'archevêque de Bordeaux pour les lieux appartenant à cet archevêché dans les diocèses de Périgueux et de Sarlat ; l'hommage de l'évêque de Sarlat, celui de Latourblanche, celui des abbayes de Chastres, Saint-Amand, Terrasson ; l'hommage d'Hautefort et de Thenon, avec le premier des lieux appartenant à l'archevêque de Bordeaux et à l'évêque de Sarlat, de Latourblanche, des terres des abbayes de Chastres, St-Amand, Terrasson, des terres appartenant aux seigneurs d'Hautefort et de Thenon, le premier ressort de la terre et châtellenie du seigneur de Beynac ; de la châtellenie de Castelnau, de celle de Berbiguières ; de la terre d'Archambaud, seigneur de Bourdeilles, le ressort de la ville de Saint-Astiers, celui de Montagrier, celui de la ville de Branthome, celui de Domme ; l'hommage dû au roy par Itier de Saint-Astier ; le ressort de Lille, celui de toute la terre du prieur de Sourzac et de celle de Ponse de Beynac, seigneur de Commarque, étant dans la sénéchaussée de Périgord et de Cahors, avec les serments de fidélité dus par tous ces lieux, le premier ressort de tous les lieux ci-dessus nommés et de toutes leurs dépendances, et le service dû au roy pour

.. la temporalité de l'évêque de Sarlat ; toutes les affaires concernant ce ressort seront portées devant son juge des appellations. La confirmation de ces lettres est adressée aux sénéchaux de Toulouse, Périgueux, Carcassonne et Cahors, datées devant Breteuil, au camp, août 1356.

### SORGES, NÉGRONDES.

*Ecclesias que de Sorges et de Negrondes, prope dictam villam Petragor<sup>m</sup>. insultibus bellicosis invaserant, incolas ipsarum parochiarum suis animalibus et aliis bonis depredatis fuerant et disrobaverant et usque ad summa centum librarum et amplius damnaficaverunt et tam circa dictam villam Petragoricensi quam per loca circum vicina, more prædonio et violente prædicto, sœpuis equitantes et discurrentes, multos subditos nostros et incolos ipsorum locorum, caperant ligaverant et ad prædicta fortalicia et alia loca ad suam voluntatem, etc.*

### BOURDEILLES.

Le 14 février 1480, vente faite par Alain d'Albret et Françoise de Bretagne, sa femme, de la terre et seigneurie de Bourdeilles, à François de Bourdeilles, Deau, baron et seigneur de Bourdeilles, Branthome, Latourblanche et Boursac, pour le prix de quatre mille écus d'or, de la valeur chacun de trente-deux sols un denier tournois, sous la reserve de l'hommage et ressort d'appel.

### CARBONNIÈRES.

#### (1446.)

Semblable vente faite par Jean de Bretagne, vicomte de Limoges, comte de Périgord, à noble homme Jean de Carbonnières Domicello, dno de Jayaco, Sarlat, dioc, de rentes à Lavau, châtellenie de Ségur.

---

## LA CHARTREUSE DE VAUCLAIRE.

---

*A mon ami l'abbé L. G.*

Mon ami, vous aimez les moines, et vous savez qu'ils représentent le plus pur esprit de l'Église et l'idéal de la perfection chrétienne. Vous aimez les moines par reconnaissance pour les bienfaits d'enseignement et de civilisation qu'ils ont prodigués à l'Europe chrétienne, pour les grâces de pénitence et de prière qu'ils ont versées sur la société ; vous aimez les moines par vénération pour les vertus qu'ils pratiquèrent, et dont les moins parfaits, dont les plus dégénérés

d'entre eux valent mieux que nos orgueilleuses faiblesses ; vous aimez les moines, enfin, par admiration pour les œuvres d'art, de science et de poésie dont ils nous ont enrichis. J'ai le bonheur de penser comme vous, et ce n'est pas la moins agréable de mes sympathies. Dans les amitiés chrétiennes, tout est lien, les appréciations communes et les mêmes idées, comme la même foi et les communes espérances.

Mon ami, c'est une œuvre de moines que je veux vous faire admirer. Que de fois nous nous sommes entretenus des charmes de la solitude monastique, des grâces du désert cénobitique fleurissant au souffle de l'esprit ; que de fois nous avons parlé de ces paisibles maisons de prière et de charité, posées au fond des vallées, au penchant des coteaux, sur la rive des fleuves ou dans le creux du rocher. *Sicut decursus aquarum, in foraminibus petræ.* — Que de fois, en nos épanchements de poésie pieuse et d'enthousiasme mystique, il nous semblait entendre la voix grave et mesurée des saintes psalmodies, le silence fécond et plein d'enseignement de l'étude et de la méditation, le chant plus solennel et plus religieux aux heures liturgiques des ténèbres et de l'aube, les sons de la cloche aux sept heures de l'office ! Eh ! bien, mon ami, venez écouter avec moi les derniers tintements de cette cloche, les derniers accents de la voix que vient d'étouffer là tombé ; venez visiter la demeure, aujourd'hui froide et dépouillée, naguère ornée et vivante, où vécurent des saints, où chantèrent des moines, où prièrent des Chartreux.

Je veux vous parler de la Chartreuse de Vauclaire ; c'est le nom retourné de la Clairvaux cistercienne. Les fils de saint Bruno ont trouvé dans la solitude les mêmes charmes que les fils de saint Bernard ; ils l'ont fait fleurir des mêmes vertus et l'ont fait briller du même éclat en lui donnant le même nom. Vauclaire, nom monastique et qui semble prédestiné à orner le désert de grâces et de vertus, convient bien à cette large, splendide et paisible vallée de l'Isle, au fond de laquelle on aperçoit les toits aigus et l'élégant campanile de la Chartreuse.

Vauclaire est située sur la rive droite de l'Isle, à quelques kilomètres en amont de Monpont, dans la paroisse de Ménestérol, qui semble aussi conserver dans son nom quelque souvenir monastique. Vauclaire est bâtie au pied des collines abruptes qui terminent les dernières pentes de la Double, et sur les bords de l'Isle. Les pentes escarpées qui la dominent au nord sont couvertes de chênes, de frênes et de pins, enchevêtrées de sentiers obscurs qui courent entre les fougères et le long des petits torrents, peuplées d'oiseaux, de bruits et de silences propres à la méditation. Au midi de l'abbaye coule à pleins bords, calme et limpide, l'Isle, bordée d'arbres et de prairies, d'ombres et de murmures, s'étend une riche vallée tapissée de verdure, émaillée de grands arbres et de bouquets de chênes, traversée à un kilomètre de là par la route de Bordeaux, coupée bientôt par les rails bruyants du chemin de fer de Périgueux à Coutras.

Nous avons souvent admiré, vous le savez, les ingénieuses préférences et les goûts pittoresques d'harmonie et de poésie avec lesquels les moines savaient choisir les sites de leurs couvents ; ils prenaient dans la solitude tantôt les lieux les plus abruptes et les plus déserts, tantôt les lieux les plus frais et les plus riants ; ils savaient transformer par le travail de leurs mains les terrains incultes et malsains ; ils unissaient la nature aux contemplations du monde surnaturel, et faisaient prier avec eux les arbres des forêts et les eaux du torrent. Les œuvres visibles de Dieu étaient pour eux un miroir où se reflétaient les œuvres invisibles ; un symbole des choses qui ne se voient pas, des degrés inférieurs pour monter à la contemplation des biens supérieurs. On en voit un exemple dans le site de Vauclaire ; d'un côté, au nord, la froide région des ténèbres, des coteaux escarpés et sombres, déchirés de torrents et coupés de sentiers rampants ; c'est la *vie purgative* avec sa pénitence et ses épreuves. De l'autre côté, au midi, la région de la lumière et des épanouissantes ardeurs ; une vallée aux larges prairies, aux eaux abondantes, aux frais ombrages, vêtue de lumière ; au-dessus, un soleil d'or dans un ciel bleu, c'est la *vie illuminative* avec les irradiations du monde surnaturel et les douces communications des complaisances divines ; entre ces deux vies, comme un pont sur un abîme, unissant les rives du temps aux plages infinies de l'éternité, la vie monastique, le couvent, la Chartreuse.

Ces idées, mon ami, vous le savez mieux qu'un autre, ne sont pas des idées en l'air et d'agréables songeries ; ce sont des idées familières aux moines. Elles nous paraissent si extraordinaires, qu'elles se confondent pour nous dans le vague indéfini de la poésie, tandis qu'elles ne font que se tenir sur les hauteurs de la pensée éclairée par la foi. Qui mieux que saint Bernard a développé la poésie mystique de la solitude ? En trois mots, l'*Imitation* nous révèle toute la grâce et tout le charme des hauteurs monastiques : *Aer purior.* — *Cœlum apertius.* — *Familiarior Deus.* Tous les fondateurs d'ordres et de religions monastiques étaient de



profonds philosophes en même temps que de grands saints ; ils connaissaient le cœur de l'homme et voulaient l'attirer par tous les charmes, l'attacher à Dieu par tous les liens ; c'est pourquoi ils savaient accorder les sites avec leurs règles, et saisir, de la nature, le côté, l'aspect, l'harmonie qui correspondaient mieux au but, à l'esprit, à la tendance de leur institut.

Mais, mon ami, où vais-je donc chercher des transitions et prendre des détours pour vous conduire à Vauclaire ? Pardonnez-moi si je m'égare, et comme je ne vous quitte pas, je voudrais n'arriver au terme que par le chemin le plus long. Arrivons, cependant, de peur de vous fatiguer. — Vauclaire est une Chartreuse du xivᵉ siècle. Dans les premières années de ce siècle, une petite colonie de moines vint se fixer en ces lieux ; Archambaud IV, comte de Périgord, leur permit de s'établir aux rives de l'Isle ; le cardinal Elie de Talleyrand-Périgord, qui vivait dans la première moitié du xivᵉ siècle (1301-1364), et qui exerça une si grande influence sur les affaires de son temps, les couvrit de sa puissante protection. Il est regardé comme le bienfaiteur et le fondateur de Vauclaire ; son portrait, conservé dans un des appartements de l'abbaye, porte la date de 1334, qui est sans doute la date où le grand cardinal établit les moines dans leur solitude. Leur séjour dans ces lieux ne fut pas de longue durée ; les armées françaises envahirent la Guienne pour l'arracher aux Anglais ; les Chartreux se réfugièrent à Bordeaux, où ils s'établirent vers 1383, près du château Trompette ; les *Chartrons*, ou village des Chartreux, ont gardé le souvenir de leur séjour. Le calme rétabli, la colonie monastique reprit le chemin de Vauclaire, qui devint une des plus vastes et des plus riches abbayes du Périgord. Tombée en commende, comme la plupart des bénéfices, en ces malheureux siècles de la renaissance, où l'église amoindrie, humiliée, asservie, perdit avec son indépendance sa liberté d'action et de dévouement ; elle devint, au dernier siècle, un rendez-vous de chasse pour quelques seigneurs libertins ; la solitude monastique déjà profanée, la révolution est venue, qui en a fait ce que vous allez voir.

Vous avez quelques dates et quelques noms, cela suffit à qui ne recherche pas trop activement la science, pour vous fixer dans le passé. Suivez-moi maintenant, et venez visiter la Chartreuse telle qu'elle existe depuis un demi-siècle. Nous pouvons à loisir tout visiter, tout fouiller et tout voir ; l'obligeance pleine d'affabilité du propriétaire actuel de Vauclaire nous laisse toute liberté. On pénètre par une cour extérieure fermée de murs qui avaient l'air d'être défendus par deux tours lézardées. On regarde en face un vaste corps de logis qui était le logement des étrangers, et qui, par ses croisées à meneaux en bois, laisse passer le regard dans des cellules délabrées. A gauche, est l'église, remarquable édifice de la fin du xv<sup>e</sup> siècle, seule partie monumentale de l'abbaye. Entrons, si vous le voulez, par le vantail de la grande porte, qui cède au moindre effort ; n'arrêtez pas vos regards sur des tas de paille et de fourrage, sur des charrettes et des instruments d'agriculture qui encombrent la vaste nef et qui profanent moins le sanctuaire dépouillé que n'ont fait les dévastations de l'homme. Levez les yeux et voyez cette belle voûte hardie, légère, intacte avec tous ses membres et toutes ses nervures. C'est bien la fin du xv<sup>e</sup> siècle, la renaissance aux moulures des consoles qui soutiennent la retombée des voûtes, et au plein-cintre des fenêtres de la nef ; l'art gothique à la voûte ogivale avec ses nervures prismatiques, ses arcs-doubleaux, ses croisées d'ogives, ses tiercerons et ses liernes, aux fenêtres en tiers-point de l'abside. La voûte est belle, régulière et bien conservée. La renaissance a gravé ses emblèmes, des étoiles et des cœurs sur les petites clefs de voûte qui cantonnent les clefs centrales. Dans l'abside, qui est à cinq pans, les nervures de la voûte retombent sur des têtes d'anges charmantes ; en outre de l'abside, l'église a quatre travées ; c'est un monument à voir, à admirer et à conserver. Entrons dans la sacristie, qui s'ouvre à gauche ; elle est remarquable aussi, du même style et de la même construction que l'église ; c'est une voûte d'arêtes en ogive à trois travées. Toutes ces voûtes de la sacristie et de l'église sont en briques, ainsi du reste que toutes les constructions de l'abbaye. Nous avons encore à visiter la charpente ; hasardez-vous sur ces escaliers boiteux et branlants, détournez la tête en montant, pour voir, encastrés dans le mur, les restes d'une fenêtre rayonnante qui donnait dans l'abside ; c'est sans doute le seul reste qui existe des constructions primitives du cardinal de Talleyrand, à moins qu'on ne fasse remonter à la même époque les vieux bâtiments déjà ruinés et sans caractère qui sont enfoncés dans la partie septentrionale de l'abbaye. La charpente qui recouvre la voûte de l'église est remarquable de légèreté, de solidité et de conservation ; c'est une de ces admirables *forêts*, comme savait en construire le moyen-âge pour soutenir ses toits aériens. On y voit encore les roues qui servaient autrefois à suspendre les lampes et les lustres. On dirait que c'est hier à peine que cette belle abbatiale a été dévastée.

Si vous voulez redescendre, mon ami, sous les voûtes muettes de l'église, vous admirerez de riches et étonnantes boiseries qui devaient former dans l'édifice une des plus pompeuses décorations qu'il y eut jamais. Ces boiseries, en noyer et en chêne, on les dirait menuisées et sculptées de quelques jours à peine ; il n'y en a plus qu'une partie dans l'église ; les autres, en plus grand nombre, disloquées, démontées, mais cependant numérotées pour un futur remontage, sont entassées dans le grand réfectoire du couvent. Voyez, mon ami, ces quelques stalles élégantes qui restent encore sur place, là, à droite ; c'est de la menuiserie du xviii<sup>e</sup> siècle, mauvais siècle, sans doute, pour l'art comme pour toutes les expressions de la pensée ; mais c'est de la menuiserie où ont été dépensés un rare talent et une immense patience, une grande richesse d'imagination et une incroyable délicatesse de ciseau. D'ailleurs, ce sont des moines qui ont travaillé ce bois ; le bois s'est assoupli sous ces mains habituées à prier. Dès-lors, aucune de ces nudités, aucune de ces allégories mythologiques, si prodiguées au dernier siècle, même dans le lieu saint. Le style Pompadour est devenu décent, le style Rocaille presque pieux, sous des mains habiles et des imaginations pieuses.

Etudions-les en détail : les stalles sont séparées par des pilastres corinthiens cannelés ; le couronnement est une vaste corniche saillante, chargée de savantes moulures et appuyée sur de riches et élégantes consoles. Les panneaux sont simples, surmontés de cartouches ovales, entourés de feuillages ; les accoudoirs des stalles sont des touffes de feuilles enroulées ; les miséricordes sont gracieusement fouillées pour se dégager en bouquets de feuilles et de fleurs ; on peut en remarquer une entre autres tapissée de marguerites qu'on dirait cueillies toutes fraîches dans la prairie voisine ; ces stalles sont, en vérité, bien riches et bien belles. Des deux côtés du chœur, elles étaient disposées pour les pères ; d'autres venaient ensuite, moins riches, moins ornées, en chêne poli, disposées pour les simples frères ; ce devait être un magnifique revêtement autour de ce vaste chœur.

Après les stalles, en remontant vers l'abside, nous avons à admirer une porte un peu lourde, mais très-ornée, très-riche, admirablement travaillée ; ce sont toujours les moulures classiques, les panneaux et les cartouches, mais encadrés, entrelacés de guirlandes, de marguerites et de roses toutes fraîches, attachées avec art, appendues avec profusion. Puis vient ce qu'on appelle la chaire des conférences, qui devait être le siége abbatial; siége élégant, dont le dossier, creusé en quart de rond, porte les attributs du sacerdoce antique; deux têtes d'anges, non bouffies, comme se plaisait à les faire le xviiie siècle, mais souriantes et presque gracieuses, ornent le sommet de l'arc, tandis qu'un pot à feu, ornement d'un genre suspect et trop prodigué, entouré de guirlandes de roses, forme le couronnement de ce siége. En face, de l'autre côté du chœur, il devait y avoir un autre siége semblable, qui se trouve actuellement dans le réfectoire; il porte les mêmes ornements, sauf les attributs de la Passion, qui remplacent les attributs du souverain pontificat de l'ancienne loi.

Si vous voulez maintenant considérer le reste de ces boiseries, suivez-moi, mon ami, à travers les corridors, dans l'ancien réfectoire des Chartreux; c'est une vaste pièce voûtée en ogives, de quatre travées; elle contient, rangées le long des murs, un amas immense de stalles et de boiseries. Vous pouvez y distinguer trois statues de médiocre grandeur, aux gestes un peu dramatiques, qui représentent la Foi, l'Espérance et la Charité; deux bustes de Notre-Seigneur et de la sainte Vierge, de petite dimension; deux cariatides remarquables, quoique d'un style très-compromis; enfin, un pêle-mêle de panneaux démontés, de colonnes renversées, de chapiteaux corinthiens, dont la corbeille, cependant, ne s'est pas effeuillée, de pots à feu enguirlandés, de corniches, de fleurs et de feuillages.

Enfin, si vous désirez connaître toutes les pièces de ce trésor de menuiserie, entrez dans la chapelle du prieur; vous y trouverez un autel en bois assez médiocre, mais, en revanche, quatre statues représentant les quatre évangélistes, statues remarquables, d'un bon ciseau, et qui semblent accuser le style italien. Mais il faut surtout vous arrêter devant le bijou de tout ce trésor de boiseries : adossée au mur de ce corridor sombre, regardez, contemplez cette belle porte à jour, ces deux vantaux de feuillages, d'une seule pièce, bordés d'une torsade de feuilles de laurier; comprenez, appréciez, si vous le pouvez, l'infinie délicatesse du ciseau qui a sculpté ces feuilles, ouvert ces jours, découpé ces lobes, arrondi ces contours. On dirait que ce large treillis de feuilles est agité par le souffle d'un vent léger; c'est la nature dans toute sa grâce et toute sa vérité. Cette belle porte devait former la clôture du chœur et dérober à demi les saints mystères aux regards des fidèles.

Après avoir parcouru toutes les pièces de ce trésor artistique, après avoir admiré ces chefs-d'œuvre de patience et de délicatesse, ne vous semble-t-il pas, mon ami, que ces moines, réputés fainéants du dernier siècle, employaient assez bien les loisirs de leur cellule et les intervalles de leur psalmodie? Ne vous semble-t-il pas aussi qu'il est grand dommage que toutes ces pièces de bois ouvragé, dont quelques-unes ont un rare mérite, restent entassées, démontées, rongées par les rats et la poussière, menacées par les visiteurs peu circonspects, exposées aux irrévérences de ceux qui n'en comprennent pas la valeur? Pour moi, il me semble que les libéralités du gouvernement, si intelligentes parfois, devraient se porter au plus tôt au secours de ces précieux débris. Par exemple, il eut mieux valu décorer de ces stalles et de ces boiseries la chapelle du grand séminaire de Périgueux que de la revêtir de ces boiseries insignifiantes et de ces stalles incommodes que vous savez.

Voilà, du reste, mon ami, les seules curiosités artistiques de Vauclaire. Les bâtiments, tout entiers en briques, n'ont aucun caractère; ils forment deux corps de logis parallèles à l'église, reliés à l'intérieur par un petit cloître, à l'ouest, par les bâtiments des étrangers, à l'est, par un cloître immense dont il existe encore quelques travées, autour duquel étaient rangées les habitations solitaires des Chartreux. C'est la particularité la plus intéressante de cette intéressante abbaye. Vous savez, mon ami, que les Chartreux unissent la vie érémitique à la vie cénobitique, l'isolement et les fécondes méditations de la vie solitaire, avec les exercices et l'édification de la vie commune. Les pères vivaient reclus dans des habitations séparées qui ressemblent aux *laures* des solitaires d'Orient, séparés de vie, mais reliés par la même discipline, ils ne communiquaient ensemble que le dimanche et les jours de fêtes; les autres jours, ils vivaient dans leur laure, priant, méditant, exerçant un art mécanique, travaillant leur petit jardin, et recevant chaque jour leur portion de nourriture comme des reclus du bon Dieu. Voilà pourquoi, autour d'un cloître immense, dont un des côtés embrassait toute l'étendue des bâtiments, étaient rangées sur trois côtés les habitations particulières des Chartreux.

Il reste encore debout une de ces *Chartreuses*, entrons-y, nous y respirerons peut-être le parfum monastique de quelque saint ignoré. Ce sont quatre petits appartements en bas, un petit pavillon en haut; une cuisine, un oratoire, un atelier de travail, une chambre à coucher. Deux ouvertures, une porte et une fenêtre, donnent dans un petit jardin que devait cultiver le solitaire. Ce petit jardin, tant de fois arrosé des sueurs érémitiques, le voici, encadré de ses hautes murailles; il y a encore quelques arbres fruitiers rabougris; une vigne, devenue sauvage, étend ses guirlandes de feuilles autour de la fenêtre; des herbes folles pullulent sur ce terrain abandonné, où dominent des touffes de fenouil odorant et des lianes gracieuses de liseron blanc. Voilà toute l'habitation d'un Chartreux, voilà les bornes de sa laure, voilà son petit monde; c'est un peu plus grand qu'une cellule, à peine plus grand qu'une prison. Mais que le ciel est beau de cette petite fenêtre, que les murmures de la brise sont harmonieux, suaves les parfums des fleurs et les cantiques des oiseaux ! Dieu est si communicatif, si abondant et si bon dans la cellule du moine ! Heureuses existences, mon ami, qui s'écoulaient sans trouble et s'éteignaient sans regret, offrant pour le monde le superflu de leur pénitence et la surabondance de leurs larmes !

Aussi, vous savez comment ils s'endormaient dans leur dernière couche; laissez-moi vous rappeler l'ensevelissement d'un Chartreux. Aussitôt expiré sur son lit de planches, on le rasait, on le lavait, on le revêtait de son vêtement blanc, ses mains jointes sur sa poitrine, soutenant une petite croix de bois, puis on le portait au chœur, on l'appuyait dans sa stalle, comme si la divine psalmodie venait de s'interrompre pour une céleste extase; on chantait l'office, et, l'office fini, chacun de ses frères passait devant lui et le saluait gravement pour l'avertir que l'heure du départ était arrivée; on l'emportait alors au lieu de la sépulture, qui était ordinairement dans le préau du grand cloître; on le descendait doucement dans la fosse en lui rabaissant son capuchon sur la figure, comme pour un dernier sommeil; et, puis, avec les pelletées de terre tombant sur le frère endormi, chacun des frères jetait un bouquet de fleurs cueillies dans son petit jardin. Le saint religieux dormait ainsi jusqu'au réveil divin, pieusement enseveli et embaumé avec les prières, les larmes et les fleurs de ses frères. Oh ! qu'il fait bon mourir ainsi ! *Beati mortui qui in domino moriuntur !*

Ils dormaient ainsi le long des arcades du cloître, prêts à ressusciter pour l'éternité. Pendant que les morts bordaient l'intérieur du cloître, les vivants bordaient l'extérieur dans leur laure solitaire, sans communication avec les autres; c'est là que vivait, priait, travaillait, méditait, souffrait chaque Chartreux. Ces habitations érémitiques ainsi rangées, dominées par les bâtiments de l'abbaye, au-dessus desquels s'élève un élégant campanile portant la croix comme un étendard, représentaient, aux yeux des anges et des hommes, le camp pacifique de la pacifique armée de la science, de la mortification et de la prière. *Sicut castrorum acies ordinata.*

Maintenant, mon ami, vous avez tout vu. On pourrait bien vous indiquer encore les appartements du prieur, transformés en élégants appartements modernes; vous montrer la lingerie, pièce assez curieuse, avec les petits placards en boiserie; vous montrer un des lits de planches encore existant, où les moines s'enfermaient comme dans un large cercueil, pour dormir leur dur et court sommeil; vous indiquer du doigt deux portraits de Chartreux avec leur coule blanche et leur couronne monastique; des fenêtres, vous faire admirer les jardins arrosés par l'Isle, et le délicieux ensemble de prairies, d'arbres et de champs, arrêtés dans le lointain par de moelleux horizons. Mais le soleil baisse à l'Occident, les ombres des futaies s'allongent sur les arcades du cloître; c'est l'heure de vêpres; descendons.

Après avoir recueilli mes notes et mes impressions, en compagnie de cet ami que vous connaissez et que nous aimons, qui admirait avec moi et m'aidait à comprendre, je me retirai seul à l'écart, au bord des eaux, à l'ombre des aulnes, pour réciter mes prières en face de cette Chartreuse où prièrent tant de belles âmes, et comme pour recueillir le dernier écho de leur psalmodie et le dernier soupir de leur foi. Sous les feuillages criblés des rayons du soleil couchant et frémissants aux premières haleines du soir, je pouvais d'un regard embrasser la masse austère de la Chartreuse et les cimes boisées qui la dominent; de l'autre côté, la plaine fertile et riante qui s'étend à ses pieds, les flots limpides, les îles de verdure bercées par les eaux, les rives gazonneuses et les berges ombragées. Je récitais mon office; plus d'un verset des psaumes s'appliquait à l'heure, au site, aux souvenirs, aux muettes tristesses du cloître abandonné : un moment, je m'arrêtai à ce verset si souvent chanté par les moines : *Pinguescent speciosa deserti. — Et exultatione colles accingentur. — Clamabunt, etenim hymnum dicent.* — Ces beautés du désert devenues fécondes par le travail et la prière, ces collines revêtues d'allégresse, et ces vallées remplies d'abondance; ces louanges et ces hymnes répétées aux échos des collines réjouies et des cimes retentissantes, c'était bien la Chartreuse d'autrefois : Vauclaire avec toute sa vie et tout son travail de grâce et de sainteté. Et maintenant, une voix étrangère est la seule qui répète tout bas en ces lieux les versets de la louange, des lèvres inconnues sont les seules à répéter les formules sacrées de la prière, si familières autrefois. Que sont devenues toutes ces voix qui chantaient, toutes ces âmes qui priaient dans la solitude?... Mon ami, l'on ne saura jamais le vide que les moines ont laissé dans la société.

Notre siècle dévastateur, qui, par une amère dérision que Dieu permet, s'appelle un siècle de progrès, a dépouillé les collines et les montagnes de leur couronnement de forêts; aussi, des cimes dénudées tombent des orages et roulent des torrents qui ravagent les pentes et comblent les vallées. Depuis que la solitude a perdu sa prière et les villes leur asile expiatoire, des fléaux jusqu'alors inconnus dépeuplent les cités, dévastent les campagnes, anéantissent les espérances du laboureur et bouleversent toute l'économie de la nature. Les moines dispersés, les gouvernements ont perdu leur stabilité, la terre sa fécondité. Comment l'orgueilleuse philosophie expliquera-t-elle ces analogies et trouvera-t-elle le remède à ces maux? Pour nous, mon ami, qui avons mieux que la science des choses humaines, qui avons la foi, cette science des choses divines, nous savons qu'à mesure que le sacrifice, l'expiation et la prière diminuent dans une société, augmentent en proportion les convoitises, les crimes et les fléaux. *Miseros autem populos facit peccatum.*

Et cependant, tout était silence, fraîcheur et lumière à cette dernière heure du jour; septembre, calme et recueilli comme ces années plus mûres de la vie où l'on se recueille avant de perdre ses dernières illusions, répandait autour de la Chartreuse ses paisibles harmonies; à peine on entendait le vol effrayé des merles se cachant dans les fourrés épais, et les derniers soupirs, longs, stridents et mélancoliques du rossignol, qui ne chante plus sous les feuilles, voilà désormais la voix de la solitude et la prière de la Chartreuse. Laissez-moi croire, mon ami, que la voix humaine savait mieux ce qu'elle demandait à Dieu, et que la prière des Chartreux réjouissait mieux son oreille, quand même les suaves mélodies du rossignol ne s'y seraient pas mêlées. — Mais adieu; en attendant que reviennent les moines, admirons leurs œuvres, étudions leurs institutions, tâchons de recueillir le parfum de leur vertu et l'écho de leur prière sur la trace de leurs pas et les ruines de leurs cellules. Adieu donc, mon ami, à bientôt, si la promenade vous plaît, sous les coupoles à demi-détruites du champêtre Boschaud ou dans les salles encore splendides de Peyrouse, sous les voûtes restaurées et les murs pittoresques de Brantôme, ou sous les cloîtres admirables et désolés de Cadouin ; au revoir et adieu.

L'abbé JEAN.

## MADAME DE SAINTE-AULAIRE.

La famille de Sainte-Aulaire compte parmi les plus aimées et les plus honorées de notre Périgord. Les services rendus au pays par l'ancien ambassadeur de France et par son fils à la chambre des députés sont encore présents à la mémoire de tous, et la perte douloureuse qui vient de les frapper n'a fait que raviver des souvenirs qui nous sont chers. Aussi sommes-nous convaincus que nos lecteurs nous sauront gré de reproduire dans son entier l'article suivant que le *Journal des Débats* a consacré à Mme la comtesse de Sainte-Aulaire :

« Nous avons annoncé la mort de Mme la comtesse de Ste-Aulaire, qui atteignait sa centième année le jour même où elle était enlevée à l'amour des trois générations qu'elle avait vues naître autour d'elle. Retirée depuis plus de quarante ans dans le château d'Étioles, qu'elle n'a jamais quitté, elle y a achevé dans un repos doux et honoré une vie qui, pendant la Révolution, avait eu de cruelles épreuves à supporter.

» Elle avait sauvé son père, le comte de Noyan, grâce à la patience de son dévouement filial que rien n'avait lassé : ni les fatigues, ni le chagrin d'avoir à supplier des misérables, ni le sacrifice de sa fortune consacrée à racheter son père proscrit, ni même les imprudences de M. de Noyan, qui ne consentait pas toujours aux moyens employés pour le sauver. Mme la comtesse de Sainte-Aulaire eut la récompense qu'elle souhaitait : elle perdit la fortune et la santé, mais elle sauva son père.

» M. le comte de Ste-Aulaire a raconté, dans une Notice sur son grand-père, M. de Noyan, les cruelles épreuves soutenues par sa mère. Cette Notice, qui est un récit de famille et destiné à rester dans la famille, peint de la manière la plus vive ces temps et ces hommes affreux que la piété filiale de Mme la comtesse de Sainte-Aulaire finit par vaincre et par surmonter. Ce récit est digne de l'illustre historien de la Fronde, tant il est simple et ferme, élégant et élevé.

» M. de Ste-Aulaire a bien voulu m'en laisser prendre un extrait qui fera connaître ce que fit Mme la comtesse de Sainte-Aulaire pour sauver son père, et combien devait être aimée et vénérée par son fils et par sa belle-fille, par ses petits-enfants et par ses arrière petits-fils, une mère qui avait commencé par être une pareille fille :

« L'acte d'accusation dressé par le terrible Fouquier-Tinville contre *le complot de M. de La Rouerie* (complot royaliste en Bretagne) venait d'être porté au tribunal révolutionnaire. Mon grand-père et M. Leroy, son secrétaire, y étaient compris « comme complices des pro-» jets de La Rouerie et comme ayant coopéré à leur » exécution. » La peine de mort était requise contre tous les deux : et si, arrivés en même temps que leurs co-accusés, ils eussent comparu avec eux devant les juges, leur perte eût été certaine. Le danger n'était pas moindre s'ils arrivaient avant la clôture des débats, qui commencèrent le 12 juin 1793. Il restait fort grand s'ils arrivaient peu après le prononcé de l'arrêt et alors que l'attention publique serait encore fixée sur cette affaire. Mais plus les délais se prolongeraient, plus ils nous apporteraient de chances de salut : quand nous arrivâmes de Dol à Rennes, c'était donc une question de vie et de mort d'y obtenir un répit de quelques semaines.

» Les prisonniers furent déposés à la *Tour-le-Bat*, maison d'arrêt de cette ville. Sous prétexte que son père, épuisé de fatigue, était hors d'état de se remettre en route, ma mère obtint qu'il ne partirait pas le lendemain. Le lendemain, elle obtint encore un jour, puis un autre ; il ne fallait pas demander davantage à la fois : les certificats de médecins, renouvelés chaque matin, attestaient que le malade n'arriverait pas vivant à la première couchée, et mettaient ainsi à couvert la responsabilité des autorités locales. Au fond, elles n'étaient pas mal disposées pour nous. — Le 31 mai n'avait point été populaire dans le département d'Isle-et-Vilaine, et les Girondins y conservaient des adhérents qui voulaient encore lutter contre le système de la Terreur.

» Notre situation, quoique toujours précaire, était donc momentanément tolérable. Ma mère et moi, nous allions tous les jours visiter M. de Noyan, dont le courage ne fléchissait pas, et dont la santé, quoi que nous en eussions dit, restait bonne, à son asthme près. Il occupait avec M. Leroy une petite chambre tout en haut de la *Tour-le-Bat*. Cette prison, plus propre et de tous points plus supportable que celle de Dol, était mieux gardée. Une évasion, qui eût été très-facile pour nos prisonniers pendant leur détention à Dol et pendant leur trajet de Dol à Rennes, était désormais très-péril-

leuse. Cependant, si, dans la lutte des partis qui se disputaient l'autorité en France, la victoire restait aux plus féroces, il fallait s'échapper à tout risque. M. de Noyan n'y pouvait songer pour lui-même ; il eût trouvé une mort certaine en essayant de descendre dans les profonds fossés de la prison ; mais une telle tentative n'était qu'un jeu pour M. Leroy. Il avait dès long-t emps mesuré la hauteur des murailles, s'était muni de cordes et de crampons, et avait de bons amis prêts à l'attendre de l'autre côté des fossés.

» Quand le parti des fédéralistes eût été détruit à Caen, et que la Montagne, triomphante, eût désigné Carrier, un de ses plus féroces adhérents, pour régénérer les départements de la Normandie et de la Bretagne, M. Leroy prit le parti fort sage de ne pas attendre son arrivée à Rennes. — Avec une force et une adresse prodigieuses, dans le cours d'une seule nuit, il perça dans la muraille de sa prison un trou de la mesure de son corps. Au bout de ses draps il attacha des cordes, descendit au fond du fossé, et remonta de l'autre côté où des amis l'attendaient. Le soir même, il échangeait des coups de fusil avec les avant-postes de l'armée républicaine.

» M. de Noyan, resté dans la prison et couché sur le fauteuil qui lui servait de lit, attendait l'heure à laquelle les porte-clefs venaient chaque matin ouvrir sa porte. L'alarme fut grande à la nouvelle que M. Leroy s'était évadé ; les autorités de la ville et du département, averties, se transportèrent aussitôt sur les lieux. Aux interrogatoires qu'on lui fit subir, mon grand-père répondit avec un imperturbable sang-froid qu'il n'avait contribué en rien à l'évasion de son compagnon de chambre ; qu'il en avait même ignoré le projet ; qu'à la vérité, il l'avait vu travailler pendant la nuit à percer la muraille et attacher des cordes à ses draps de lit, mais qu'il n'avait eu ni la volonté ni les moyens de s'opposer à ces opérations, et qu'il n'avait même pas pu bouger de son lit, où une cruelle attaque d'asthme l'avait retenu.

» Personne, sans doute, ne fut la dupe de ces déclarations ; mais les autorités d'Isle-et-Vilaine avaient alors de bien autres occupations. Ce jour-là même Carrier faisait son entrée dans Rennes. Tout projet de résistance avait été abandonné ; tous les hommes suspects de modérantisme avaient pris la fuite ou cherchaient à se réhabiliter en se montrant impitoyables pour les vaincus.

» Après avoir reçu les corps constitués à l'auberge où il était descendu, Carrier se rendit de sa personne dans les prisons. En apprenant à la *Tour-le-Bat* que mon grand-père y était encore, il demanda pourquoi on ne l'avait pas depuis long-temps fait partir pour Paris. Les excuses qu'on lui donna le mécontentèrent fort, et la récente évasion de M. Leroy, qui lui fut contée, l'irrita plus encore. Il entra comme un furieux dans la chambre du vieillard : « Vieux chouan, vieux scélérat, s'écria-t-il dès la porte, tu mériterais que je te fisses guillotiner aujourd'hui même. » En parlant ainsi, il s'approchait du fauteuil où mon grand-père restait couché, et il levait sur lui un gros bâton qu'il avait apporté. La figure de mon grand-père ne trahit pas la moindre émotion ; il regarda Carrier fixement et lui dit ces seules paroles : « Vous pouvez le faire, monsieur, vous êtes le plus fort. » Carrier ne frappa point. Il sortit de la chambre en jurant, et, rentré au greffe, il donna l'ordre qu'on fît partir dès le lendemain le vieux conspirateur pour Paris, où le tribunal en ferait bonne justice.

» Il ne fallait pas lutter contre l'impossible. D'ailleurs, quelque horreur et quelque effroi qu'inspirassent à bon droit Fouquier-Tinville et le tribunal révolutionnaire, en ce moment Carrier nous paraissait plus redoutable encore. Pour le fuir, nous nous serions jetés à travers les flammes. Ma mère ne pensa donc plus qu'aux apprêts du voyage et aux moyens d'en diminuer les angoisses. Si M. de Noyan devait, comme on l'en menaçait, traverser la France dans une charrette avec des malfaiteurs de toute sorte, être exposé pendant le jour aux insultes d'une populace ivre de sang, et déposé chaque soir dans un cachot pour y passer la nuit, nul doute qu'il ne se fît massacrer avant d'arriver à Paris. A grande peine souffrait-il les concessions de langage et de manières auxquelles la piété filiale de ma mère se résignait en sa présence.

» Il en concevait une humeur violente et répétait souvent avec amertume que la vie ne valait pas d'être achetée à ce prix. Ma mère sentait donc le besoin de ne pas le quitter un instant et de se placer sans cesse entre lui et les humiliations et les dangers qu'elle prévoyait pendant le voyage, pour en attirer sur elle la plus forte part. Pendant les courts instants qui lui restaient avant le départ du convoi des prisonniers, elle fit les derniers efforts pour obtenir cette permission, qui dépendait d'un certain Lemoyne, alors accusateur public à Rennes. Cet homme, qui n'était pas cruel, finit par se laisser attendrir, et quelques heures avant le départ il signa l'ordre au commandant de l'escorte de laisser la citoyenne de Sainte-Aulaire voyager dans une voiture avec son père. Ma mère emportait le papier toute joyeuse, quand un scrupule vint à Lemoyne. Il la rappela sur son escalier, et lui cria du haut en bas : « Citoyenne ! est-il bien sûr au moins que tu sois pour l'unité et l'indivisibilité de la république ? — Eh ! sans doute, répondit ma mère, toujours courant. — Jure-le donc, ajouta Lemoyne. — Je le jure ! » dit ma mère, ne levant la main, et elle se hâta de tirer après soi la porte de la rue.....

» Sûre de partager le sort de mon père, ma mère ne voulait pas me faire courir la même chance. Elle me confia à une dame de ses amies, Mᵐᵉ de Malherbes, qui partait pour Paris le même jour que les prisonniers. Ceux-ci sortirent de la Tour-le-Bat le 12 septembre 1793. Deux charrettes, chargées d'une trentaine d'hommes fortement attachés avec des cordes et des chaînes, précédaient la voiture où étaient placés mon grand-père, ma mère et le fidèle Clavot, son valet de chambre. Le lieutenant de gendarmerie de Rennes, avec deux brigades, escortait le convoi, et, jusqu'à la limite du département d'Isle-et-Vilaine, il devait se faire accompagner par de forts détachements de gardes nationales. Des bandes de chouans parcouraient ces campagnes, qu'on nommait la *Petite-Vendée*, et, en cas d'attaque, Carrier avait donné l'ordre de tuer les prisonniers.

» Le danger pouvait ainsi venir des amis, non moins que des ennemis. Si la population des campagnes était toute royaliste, celle des villes était toute républicaine ; les passions étaient également déchaînées dans les deux partis, et les atrocités de la défense ne le cédaient en rien à celles de l'attaque. Ma mère comprit qu'il fallait d'abord s'assurer de la bienveillance de son escorte. Parmi les gardes nationaux qui entouraient la voiture, elle remarqua un jeune homme d'une physionomie douce et honnête ; elle lia conversation avec lui, et avant la fin de la première journée, la confiance était établie. Elle apprit par lui que le lieutenant de la gendarmerie, commandant l'escorte, maître de danse de sa profession, n'était rien moins que terroriste, et qu'il lui accorderait tout ce qu'il pourrait sans trop se compromettre. Le point capital était d'obtenir que M. de Noyan ne fût point enfermé dans un cachot pendant la nuit avec les autres prisonniers, et qu'on lui permit de coucher dans une auberge. Le commandant, après beaucoup de difficultés, céda aux prières de ma mère et aux exhortations du bon jeune homme qui s'était fait notre protecteur. En arrivant le soir à Vitré, le convoi s'arrêta donc devant la porte de la prison, où l'on déposa les hommes chargés sur les charrettes ; la voiture de mon grand-père s'avança ensuite jusqu'à l'auberge qui se trouvait à quelque distance.

» Mais, pendant ce temps, la population de Vitré s'était attroupée, et chargeait de malédictions nos compagnons. Des injures, on menaçait de passer aux voies de fait, et l'exaspération fut portée au comble ; quand on vit la voiture de mon grand-père s'avancer jusqu'à l'auberge, on s'écria de toutes parts : « Pourquoi cette distinction ? Ah ! c'est un ci-devant, le chef des brigands..... Vieux scélérat, tu vas te faire raccourcir à Paris... Faisons-lui ici son affaire ! ! ! » Cette scène dura plus d'une heure, et les cinquante années qui se sont écoulées depuis n'en ont effacé aucune circonstance de la mémoire de ma mère. Hier encore, elle me racontait qu'au moment où la populace était le plus furieuse, le commandant, pâle et tremblant, avait ordonné à ses gendarmes de tirer leurs sabres ; ceux-ci avaient obéi lentement et avec la résolution évidente de ne point s'en servir. Ma mère s'élançant alors hors de la voiture, perça la foule et atteignit l'Hôtel-de-Ville où les autorités venaient de s'assembler. En présence des municipaux, elle s'écria « que le bon peuple de Vitré se lais- » sait tromper, peut-être par ses ennemis. Le citoyen » Ranconnet n'était pas un chouan, mais un franc ré- » publicain, grand ami du citoyen Fouquier-Tinville, » qui le mandait à Paris pour conférer avec lui des in- » térêts de la république. Malheureusement, le citoyen » Ranconnet était très-malade ; aussi le citoyen Carrier » avait recommandé qu'on eût pour lui de grands mé- » nagements, et ceux qui s'exposaient à le faire mourir » en route encouraient une terrible responsabilité. » Convaincus par de si bonnes raisons, ces officiers municipaux prirent le parti de ma mère, et le commissaire de police porta l'ordre à l'aubergiste de la recevoir ainsi que son père, et qu'on les installât dans la meilleure chambre.

» M. de Noyan n'avait heureusement pas entendu la harangue de ma mère à l'Hôtel-de-Ville, mais il avait vu assez de ses procédés pendant la journée pour en souffrir beaucoup, et il se coucha avec plus d'humeur contre elle que contre les républicains. J'arrivai moi-même à Vitré au milieu de la nuit ; je ne résistai pas au désir d'aller embrasser ma mère pendant qu'on relayait notre voiture. Sa première impression fut celle de l'effroi ; elle prit à peine le temps, en me voyant entrer dans la chambre, de m'embrasser, et me renvoya avec l'ordre exprès de ne plus m'arrêter jusqu'à Paris, et

de ne dire à personne que j'eusse avec elle le moindre rapport.

» Le lendemain matin, le convoi se remit tranquillement en route ; le peuple de Vitré était calme, et hors des limites de la petite Vendée, il n'y avait plus de bandes de chouans à rencontrer dans les campagnes ni de républicains furieux à redouter dans les villes. L'escorte des gardes nationaux était retournée à Rennes. Le convoi cheminait sous la garde du lieutenant et de ses gendarmes. Ceux-ci étaient bonnes gens et fort déférents pour mon grand-père quand il n'y avait pas à le défendre. Chaque soir, ils le conduisaient dans la meilleure auberge de la ville, et prenaient ses ordres pour l'heure du départ le lendemain.

» Les dangers de la route étaient passés, mais il fallait pourvoir à ceux qui attendaient à Paris mon grand-père. En y arrivant, il se trouvait sous les coups d'un acte d'accusation porté depuis près de quatre mois..... Le point capital était qu'à Paris il fût déposé dans une prison qui ne fût pas soumise à l'inspection journalière des agents subalternes du tribunal révolutionnaire. La Conciergerie devait surtout être évitée, parce qu'on y transportait chaque jour les victimes du lendemain, et que les pourvoyeurs de la guillotine chargés de maintenir la régularité du service avaient grand soin d'y éviter l'encombrement. Ces considérations décidèrent M. de Noyan à se séparer de sa fille, et il la fit partir d'Alençon, afin qu'elle le devançât à Paris de quatre ou cinq jours.

» Un Breton, le sieur Gohier, dirigeait à cette époque le ministère de la justice. Avocat à Rennes du temps de M. de La Chalotais, il avait conservé une vénération profonde pour tous les membres de la famille de ce magistrat, et particulièrement pour mon grand-père. A son arrivée à Paris, ma mère fut d'abord chez lui, et en fut bien reçue ; quand elle lui annonça qu'elle précédait son père de peu de jours, Gohier poussa un gémissement profond, couvrit sa tête de ses deux mains, et, quand il la releva, ses yeux étaient mouillés de larmes. Il écouta ma mère long-temps, entra dans l'intérêt de la situation, et reconnut qu'il fallait avant tout éviter la Conciergerie ; sa sensibilité n'allait pas cependant jusqu'à vouloir se compromettre. Il renvoya ma mère à Fouquier-Tinville, et promit de rendre un bon témoignage de Ranconnet, « qui, de » même que lui, avait été sous l'ancien régime un franc » républicain. » Cela était assurément aussi vrai de l'un que de l'autre.

» Ma mère dut donc se présenter devant ce misérable

dont le nom sera prononcé avec horreur tant qu'on conservera mémoire de la République française. Il était fort laid, et son regard particulièrement atroce. Il ne reçut point mal ma mère. « Gohier m'a parlé de » toi, lui dit-il, je sais que tu es malheureuse ; où est » ton père ? » — Ma mère répondit que son père allait arriver épuisé des fatigues de la route, et demanda qu'il ne fût pas conduit à la Conciergerie... — « Mais » où veux-tu donc que je le mette ? répondit Fouquier- » Tinville ; va voir s'il y a de la place à l'Abbaye ; il » y serait en effet mieux qu'à la Conciergerie. »

» Ma mère courut à l'Abbaye, mais elle n'apportait point d'ordres pour le geôlier, qui l'éconduisit, sous prétexte qu'il n'avait pas de place dans la prison. M. de Noyan fut donc écroué le 24 septembre à la Conciergerie, y demeura jusqu'au 29 de ce mois, et la rapidité avec laquelle il vit pendant ces cinq journées les accusés arriver et sortir de la prison pour monter sur l'échafaud le laissa bien convaincu qu'il n'échapperait pas long-temps au même sort. Mais ma mère veillait sur lui : elle avait apporté de Rennes une lettre de Mme Desilles pour un sieur Vilain, qui l'avait défendue au tribunal révolutionnaire et qui lui avait sauvé la vie. Sans s'expliquer sur les moyens employés, M^{me} Desilles avait dit à ma mère que Vilain avait des rapports avec Fouquier-Tinville, qu'elle devait prendre en lui toute confiance et faire exactement tout ce qu'il lui dirait.

» Quand ma mère remit à Vilain la lettre de Mme Desilles, il lui dit sans détour que M. de Noyan était perdu si son séjour se prolongeait à la Conciergerie, et que Fouquier-Tinville ne l'en ferait pas sortir pour des compliments ; mais que si elle voulait confier à lui, Vilain, 6,000 fr., il les porterait à Fouquier-Tinville, et qu'à sa première audience elle en verrait l'effet.

» Ma mère suivit exactement cette direction. Elle remit l'argent, obtint sur-le-champ l'audience, et demanda que son père fût transporté rue de Charonne, dans la maison de santé de Belhomme. Fouquier-Tinville, sans aucune explication, expédia l'ordre, le remit aux mains de ma mère, et la translation eut lieu le jour même.

» La maison du sieur Belhomme, au haut de la rue de Charonne, dans le faubourg St-Antoine, était consacrée au traitement des aliénés. Dans un corps de logis, au fond de la cour, on renfermait ceux dont l'état exigeait une surveillance sévère. Les plus tranquilles occupaient des chambres sur le devant de la maison.



Une assez vaste cour, séparée en deux par une grille, servait de promenoir aux uns et aux autres.

» Le propriétaire de l'établissement, assez bon homme au fond, ne s'occupait pas plus de médecine que de politique. Il avait reçu chez lui des fous, comme il y reçut ensuite des prisonniers, et il préféra cette dernière industrie, parce qu'il la trouva plus profitable. Lié avec quelques hommes puissants à cette époque, il employa son crédit auprès d'eux pour obtenir une sauvegarde tacite en faveur de sa maison, et il les intéressa dans sa spéculation, qui devint très-bonne pour tout le monde. Fouquier-Tinville et les comités de la Convention vendaient chèrement leur tolérance. Belhomme percevait d'énormes pensions que les prisonniers payaient volontiers ; et en définitive le régime de la Terreur n'y perdait rien, car ces prisonniers pouvaient toujours être ressaisis quand leur bourse était à sec ou quand un caprice sanguinaire demandait leur tête.

» Il fallait seulement alors, pour le bon renom de l'établissement, qu'en sortant ils ne montassent pas directement sur l'échafaud et qu'on les déposât pour quelques jours dans une prison ordinaire. Belhomme eut soin que cette formalité fût toujours observée. Sa sollicitude pour ses hôtes alla même encore plus loin : il s'appliquait à leur rendre la vie douce chez lui, et il les protégeait utilement au dehors, tant qu'ils avaient le pouvoir et la volonté de lui donner beaucoup d'argent.

» A ces conditions, la maison Belhomme devint un oasis fortuné, où l'ambition de tous les prisonniers de Paris était de se faire admettre. Le local fut successivement agrandi, et les notabilités les plus diverses s'y trouvaient successivement réunies.

» Mais au mois d'octobre 1792, il conservait encore sa destination première, et M. de Noyan, à son entrée, n'y trouva que des aliénés. Sur le devant de la maison, on lui donna une petite chambre assez propre ; il mangeait avec la famille Belhomme ou avec ma mère, et nous venions le voir à toute heure, sans que nos communications avec lui fussent gênées par aucune entrave.

» Après six mois de séjour dans les prisons de Dol et de Rennes, un tel régime nous reposait doucement, mais il ne fallait pas oublier que le glaive restait suspendu sur nos têtes. M. de Noyan était sous le coup d'un acte d'accusation, et les pièces qui constataient sa culpabilité avaient été envoyées au Comité de salut public. Si de là elles passaient au greffe du tribunal révolutionnaire, sa condamnation était certaine. On ne devait compter, pour le sauver, ni sur la bienveillance inerte de Gohier ni sur l'indifférence vénale de Fouquier-Tinville................

» Plusieurs fois, pendant notre séjour à Rennes, Morillon (l'agent du Comité de salut public qui avait fait arrêter M. de Noyan à Dol) avait fait presser ma mère de venir le joindre à Paris. Le jour même où elle était arrivée, il l'avait prévenue que le dossier de M. de Noyan était entre ses mains, qu'il était autorisé par les membres du comité de sûreté générale à le vendre au prix de 100,000 fr. payés comptant. Il avait approuvé la translation de M. de Noyan chez Belhomme, mais il laissait entendre assez clairement que cet asile n'offrait qu'une sécurité précaire. Ce n'était jamais en son nom qu'il présentait ces éventualités menaçantes. « Il » se tenait pour trop payé par le plaisir de nous avoir » servis : au même prix, il voudrait nous servir en- » core ; mais ses amis étaient plus exigeants que lui, » et malheureusement ils étaient aussi plus puissants. »

» Ma mère ne pouvait se tromper sur le sens et la portée de ce langage ; elle le rapportait à son père, qui, déjà fort dérangé dans ses affaires, eût bien voulu ménager ses dernières ressources ; 100 mille francs n'é-taient pas alors faciles à trouver. Ma mère ne pouvait fournir que 40,000 fr. provenant d'un remboursement d'une partie de sa dot, qu'elle avait reçue du comte de Chapt, son cousin-germain. Pour le reste de la somme, que M. de Noyan se résigna enfin à payer, il offrit 30 mille francs en numéraire et une malle d'argenterie d'égale valeur.

» Ces conditions ayant été acceptées, le jour était pris pour conclure, quand une condition nouvelle, imposée par mon grand-père, pensa rompre le marché. Il voulut que M. de Montrocher, ancien ami de la famille, qui nous assistait avec un admirable dévouement, fût présent à la remise des pièces, et qu'il ne livrât l'argent qu'après les avoir bien examinées.

» Au fond, la précaution n'était pas déraisonnable ; ma pauvre mère, seule dans cette caverne, offrait aux brigands une proie trop facile ; ils pouvaient prendre son argent et lui donner en échange quelques papiers insignifiants, réservant les pièces importantes pour les lui vendre une seconde fois. La présence d'un tiers apportait un certain obstacle à cette friponnerie. Montrocher était homme de sang-froid et de courage, il ne lâcherait les fonds qu'à bonnes enseignes. Morillon le connaissait bien ; aussi fut-il très-blessé de cette précaution dont il comprit le motif. Il s'en plaignit amère-ment à ma mère, qui ne put répondre que par des larmes et en alléguant la volonté de son père, qu'on savait être inflexible. Morillon se laissa fléchir et promit que les membres du comité de sûreté générale ne seraient point informés de l'intervention de Montrocher. Comme ma mère le quittait toute rassurée, il la rappela pour lui demander si elle n'avait point quelques bijoux à joindre en manière de pot-de-vin à la somme principale. « Je crois vous avoir vu porter, » ajouta-t-il, une assez jolie montre garnie de brillants : » le cadeau de cette bagatelle pourrait être d'un bon » effet. » Ma mère promit, sans marchander, d'ajouter sa montre aux valeurs qui devaient être livrées le lendemain.

» Le lendemain, à la nuit close, je vis partir ma mère et Montrocher dans un fiacre ; ils emportaient là malle d'argenterie, des sacs d'argent, des assignats qui conservaient encore alors de leur valeur, et d'autres objets jugés nécessaires pour compléter la somme convenue. Ma mère était fort émue, elle se croyait, non sans apparence, exposée à un fort grand danger. Morillon pouvait n'être pas seul chez lui ; une fois nantis de la somme, ses complices ou lui-même jugeraient peut-être utile de faire parade d'austérité en dénonçant des séducteurs pris en flagrant délit. La tête pleine de ces tristes pensées, j'attendis toute la nuit avec anxiété. Ma mère rentra au point du jour fort joyeuse, et me conta comment tout s'était passé. Les pièces accusatrices contre M. de Noyan avaient été remises aux mains de Montrocher, qui les avait lues et examinées avec un soin minutieux avant de les jeter au feu. On avait ensuite compté l'argent, livré les valeurs que Morillon avait reçues sans nouvelles exigences, et en promettant pour l'avenir sa protection et celle des chefs du comité de sûreté générale. On s'était séparé en bons amis. Montrocher cependant revenait très-irrité de ce brigandage ; à grand'peine il s'était contenu pendant l'opération. La montre garnie de brillants, escroquée par dessus le marché, lui paraissait surtout un cas pendable, et il se moquait de ma mère, qui ne pouvait se défendre d'une sorte de reconnaissance pour le misérable qui sauvait son père en le dépouillant.

» Cette affaire, que nous croyions finie, ne l'était cependant pas encore. Le lendemain, nouvelle alerte : un message de Morillon, conçu dans des termes sévères, manda ma mère et Montrocher ; ils se rendirent aussitôt chez lui et le trouvèrent dans une grande colère. Il se plaignait d'un manque de probité, d'une sorte de trahison. « Il ne fallait pas se jouer ainsi du comité de

» sûreté générale. Chabot, Bazire, etc., étaient fort ir-
» rités et se vengeraient assurément. Quant à lui, Mo-
» rillon, il n'avait plus la volonté ni le pouvoir de se
» mêler des affaires de M. de Noyan, et il avait voulu en
» faire à sa famille la déclaration précise. »

» Ma mère fut consternée de cette scène, et Montrocher lui-même perdit de son assurance. Ils furent long-
temps sans comprendre de quoi il s'agissait. Morillon
finit par leur expliquer qu'ayant à procéder au partage
de la rançon de M. de Noyan, l'une des parties pre-
nantes avait accepté pour 30,000 fr. la malle d'argenterie, et avait reconnu, après inspection, que deux
grands seaux qu'elle contenait étaient en plaqué et non
pas en argent. Ces deux seaux étaient en ce moment
renversés sur le parquet de sa chambre. Il en calculait
le volume et le poids, et évaluait à 15,000 fr. le dommage que notre mauvaise foi avait causé à un de nos
protecteurs. « C'était une odieuse ingratitude, mais
» c'était aussi une insigne imprudence, et si les 15,000
» francs n'étaient pas restitués dans la journée à qui de
» droit, M. de Noyan coucherait le soir à la Concier-
» gerie. »

» De toutes les épreuves que nous eûmes à subir à
cette terrible époque, aucune ne nous a laissé de plus
poignants souvenirs.

» La justification de ma mère était cependant facile :
elle avait donné l'argenterie telle qu'elle se comportait.
La malle qui la contenait n'avait point été faite pour la
circonstance, et elle n'en avait assurément soustrait
aucune pièce. Quant à la demande de fournir un supplément de 15 mille francs, elle n'avait aucun moyen
d'y satisfaire. Elle avait vidé sa bourse, épuisé son
crédit ; il ne restait pas chez elle une cuillère d'argent,
et tout le mobilier de son appartement consistait en
deux ou trois lits de sangle et quelques mauvais fau-
teuils.

» Quand Morillon eut acquis la certitude que notre
dénûment était absolu, et que ses menaces n'obtien-
draient d'autre effet que de faire pleurer ma mère, il
se calma et chercha même à la rassurer. « Il voulait lui
» prouver que son bon vouloir pour elle avait été aussi
» désintéressé que sincère. Il se chargeait donc de sa-
» tisfaire à la dette qu'elle n'avait pas le moyen d'ac-
» quitter. Il paierait de sa poche les 15 mille francs ré-
» clamés, et il comptait trop sur l'honneur de toute la
» famille pour craindre qu'on les laissât long-temps à
» sa charge. »

» En parlant ainsi, il fit asseoir ma mère à une table, lui mit une plume entre les mains et lui dicta une
obligation de 15 mille francs à son profit. Ma mère
écrivit tout ce qu'il voulut, jura cent fois que la somme
serait payée, et se confondit en expressions de reconnaissance. — Je dirai plus tard ce qu'il advint de ce
billet. — Montrocher, témoin de cette scène, rentra
encore cette fois plus indigné que la veille, et reprocha
à ma mère sa douce résignation mise à de telles épreuves par d'audacieux fripons.

» Au fait, il ne restait plus désormais aucune pièce
accusatrice contre M. de Noyan. Le secret de la conspiration de la Rouerie était enseveli dans des tombes fermées depuis six mois, et, en évitant avec soin d'appeler
sur soi l'attention des terroristes, on pouvait espérer
d'arriver à la fin d'un régime trop violemment atroce
pour pouvoir durer long-temps. Mais ce n'était pas ainsi
que l'entendait mon grand-père. Il voulait réclamer un
jugement immédiat, ne doutant pas que, faute de preuves, il ne fût acquitté et mis en liberté. A quoi bon
avoir donné son argent s'il devait rester dans la même
situation qu'auparavant? Il s'abusait étrangement, on
le voit, sur l'allure de la justice révolutionnaire. Mais
il fallait le servir à sa guise. Ma mère retourna donc
chez Fouquier-Tinville, qui fut un peu surpris de s'entendre reprocher des lenteurs au nom d'un prisonnier.
Cette démarche n'ayant amené aucun résultat, quelques jours après, ma mère dut retourner au greffe du
tribunal révolutionnaire, et cette fois elle en revint gla-
cée d'effroi. Fouquier-Tinville, impatienté de la revoir,
lui avait dit avec un sourire et un regard sataniques :
« Ranconnet s'ennuie donc beaucoup dans sa prison? » Ne conservant aucun doute sur l'effet qu'auraient ses instances, ma mère balbutia quelques mots
insignifiants et se sauva en toute hâte, bien résolue à
ne plus s'exposer à réveiller le tigre endormi.

» Ce ne fut pas sans résistance que mon grand-père
prit son parti d'attendre patiemment des temps meilleurs.

» A part ces chagrins domestiques, nous passâmes
tolérablement les derniers mois de 1793 et les premiers
de l'année suivante. La petite maison de Belhomme ne
suffisant plus à recevoir ses hôtes, il avait loué un
grand hôtel voisin (l'hôtel Chabannois), avec lequel on
communiquait par de spacieux jardins. Les prisonniers
étaient à peine gardés, et rien ne leur était plus facile
que de s'évader. Mais aucun n'en avait l'idée. Le propre du régime de la Terreur était précisément de transformer la France en une vaste geôle et de faire accepter à chaque détenu l'échafaud comme une mort naturelle qu'il était raisonnable de retarder le plus possible,

mais à laquelle il eût été absurde de prétendre se soustraire définitivement. A ces conditions, la maison
Belhomme était assurément la meilleure résidence
qu'on pût choisir en France en 1793. Nous y vîmes
successivement arriver Mme la duchesse d'Orléans, le
comte et la comtesse du Roure, dont je ne me doutais
guère alors que quinze ans plus tard j'épouserais la
petite-fille, et une vingtaine de personnes de l'ancienne
cour. Cette bonne et grande compagnie était égayée
par les plus jolies actrices du Théâtre-Français, les
demoiselles Lange et Mezerai, qui ne pouvaient prendre au sérieux les périls auxquels elles se trouvaient
si bizarrement associées, et qui conservaient encore
des adorateurs opulents. Tous les soirs, des voitures
nombreuses stationnaient devant la porte de la prison ;
dans l'intérieur, on riait, on jouait, on faisait de la
musique.

» Les choses allèrent ainsi tant que les moyens pé-
cuniaires ne manquèrent pas aux prisonniers. Mais
leurs dernières ressources s'épuisèrent bientôt ; il leur
devint impossible de satisfaire l'avidité toujours croissante de Belhomme et des patrons de son établissement. A la fin de chaque mois, il fallait régler ses
comptes et fixer le taux de la pension du mois suivant.
Chaque détenu venait alors marchander sa vie dans
le cabinet de Belhomme, et il s'y passait des scènes à
la fois tragiques et ridicules ; c'était chose curieuse
d'entendre notre geôlier traiter d'affaires avec des
grandes dames :

« En vérité, lui disait un jour la duchesse du Châte-
» let avec les formes un peu apprêtées de l'ancienne
» cour, en vérité, monsieur de Belhomme, vous n'êtes
» pas raisonnable, et il est, à mon vif regret, impossi-
» ble de vous satisfaire. — Allons, ma grosse, répon-
» dait Belhomme, sois bonne fille, je te ferai remise
» d'un quart. »

» Même à ce taux, la duchesse du Châtelet ne put
payer la pension. Elle et son amie la duchesse de
Grammont durent quitter l'établissement, et peu de
jours après elles périrent sur l'échafaud.

» Cette catastrophe répandit la consternation chez
Belhomme : lui-même s'y montra sensible, tout en
faisant remarquer, pour l'exemple, qu'elles périssaient
victimes d'une économie mal entendue.

» Sous le rapport pécuniaire, M. de Noyan fut, grâce
au savoir-faire de ma mère, traité avec une grande
faveur. Il était entré le premier dans l'établissement,
et sa pension, fixée alors à un prix modéré, ne fut que
médiocrement augmentée ensuite.

» Il lui devenait cependant chaque jour plus difficile
de l'acquitter, et les angoisses de la misère vinrent aussi
se joindre aux autres tourments de ma mère. En s'imposant des privations de tout genre, elle avait soin de
les cacher à son père et particulièrement à moi, qui
n'avais point été élevé dans l'opulence, mais qui me
révoltais cependant comme un enfant gâté contre les
nécessités de notre situation.

» Un jour que je montais la rue de Charonne pour
aller voir mon grand-père, je rencontrai ma mère
chargée d'un énorme paquet de linge sale qu'elle emportait de la prison. Je ne pus me défendre de fondre
en larmes en la voyant plier sous le fardeau.

» Ce fut pendant les trois mois qui précédèrent le 9
thermidor, que ma famille atteignit le dernier degré
de la misère et du malheur. Un décret de la Convention
nationale ayant expulsé les nobles de Paris, ma mère
loua deux chambres dans une maison de Vaugirard peu
distante de la barrière, et me laissa sous la garde de
son ancien domestique Doisy. J'étais parvenu à me
faire admettre comme élève à l'école des Ponts-et-
Chaussées ; en cette qualité, j'échappai aux dispositions
du décret de floréal. Je devins ainsi l'intermédiaire des
rapports de ma mère avec M. de Noyan.

» Je devais chaque jour porter des nouvelles de l'un
à l'autre. De la rue de Charonne à Vaugirard, il y a fort
loin. Je logeais dans la rue Saint-Jacques, et l'école des
Ponts-et-Chaussées, où il fallait être assidu, se tenait
alors rue Saint-Lazare. Je m'épuisais à parcourir ces
distances, et les angoisses de l'esprit s'ajoutaient encore
aux fatigues du corps. La perte de mes parents me
semblait certaine. Chabot et Bazire, que, sans les avoir
jamais vus, nous regardions comme des protecteurs,
avaient péri ; Morillon, privé de tout crédit, les suivit
bientôt après sur l'échafaud. Il ne nous restait que
quelques timides protecteurs dans les rangs inférieurs
de l'administration, et ma mère n'était plus là pour exciter leur zèle et entretenir leur intérêt ; au premier
incident fâcheux, son père, moi ou elle-même devions
subir le sort commun. Chaque matin, en me levant, je
regardais cette catastrophe comme infaillible, et le seul
bon moment de ma journée était celui où, venant sur
le soir passer quelques instants à Vaugirard avec ma
mère, je l'apercevais à sa fenêtre, et acquérais ainsi la
certitude qu'elle était encore libre.

» La chute de Robespierre mit un terme à notre agonie. M. de Noyan fut des premiers rendus à la liberté.
Ainsi se termina la longue épreuve que le père et la
fille avaient traversée, l'un avec un courage et une di-

gnité admirables, l'autre avec un dévouement et une habileté plus admirables encore.

» En sortant de prison, M. de Noyan loua un appartement, rue Saint-Louis-au-Marais. Il l'habitait depuis quelques mois, et causait tranquillement un matin dans son cabinet avec ma mère, quand on vint l'avertir qu'un homme âgé et de bonne mine demandait à le voir, sans vouloir donner son nom. M. de Noyan ordonna qu'on le fît entrer. L'inconnu se présenta sans embarras. Il dit qu'il se nommait Lalligant-Morillon, et venait réclamer le paiement d'une obligation de 15,000 fr., souscrite par ma mère au profit de son fils, et qu'il avait recueillie dans la succession de celui-ci. M. de Noyan ne s'attendait pas à une pareille réclamation; il eut peine à l'entendre sans colère et ne se montra nullement disposé à y faire droit. Il rappela même en termes assez amers les circonstances qui avaient motivé la signature de cette obligation et la part qu'y avait eue celui dont on se portait héritier.

» Le vieux Morillon, de même que son fils, était homme de belles manières et savait conserver une apparence de dignité dans les situations les plus équivoques. Il écouta M. de Noyan avec déférence, et lui répondit froidement « qu'il n'avait point à jus-
» tifier la conduite de son fils, que les fautes de ce
» malheureux jeune homme avaient été expiées par sa
» mort, et qu'après tout, ce n'était pas aux gens dont
» il avait sauvé la vie et la fortune à se montrer sévè-
» res pour sa mémoire; vieux, infirme, ruiné, privé de
» son unique enfant, lui, Lalligant-Morillon, s'était at-
» tendu à trouver plus de sympathie dans une famille
» dont son fils lui avait souvent vanté les vertus et la
» reconnaissance. » Le vieillard se retira ensuite avec une profonde révérence, en annonçant qu'il reviendrait sous peu de jours chercher la réponse.

» Demeuré seul avec sa fille, M. de Noyan ne se contint plus. Le fond et la forme modérée de cette réclamation l'irritaient également. Un appel à sa générosité et à sa justice lui semblait une amère ironie. Plutôt que de prélever sur les débris de sa fortune une somme de 15,000 fr. pour les donner à l'héritier des infâmes brigands qui lui avaient mis le couteau sur la gorge, il voulait soutenir un procès, et se complaisait dans la pensée de dévoiler avec éclat les turpitudes d'un gouvernement abhorré. Ma mère ne se souciait pas du tout d'être l'instrument de cette justice, et indépendamment de tout calcul de prudence, elle était touchée du souvenir des circonstances dans lesquelles sa signature avait été donnée, des serments qu'elle avait faits de ne

la jamais contester. Elle déclara donc à son père que cette dette lui semblait sacrée, qu'elle la paierait sur les premiers fonds dont elle aurait la disposition, et qu'elle aimerait mieux travailler de ses mains pour vivre que de plaider sur un tel sujet. »

Un dévouement si généreux et si persévérant a eu sa récompense. M^me la comtesse de Ste-Aulaire a vécu jusqu'à sa centième année entourée du respect et de l'affection de ses enfants et de ses petits-enfants, et jamais ne s'est mieux vérifiée la parole divine qui assure une vie longue et honorée à ceux qui ont eux-mêmes honoré leur père et leur mère. M^me la comtesse de Ste-Aulaire n'avait pas seulement un caractère élevé et généreux, elle l'avait aimable et affectueux. Sa conversation avait quelque chose de grave et de spirituel à la fois, qui faisait souvenir de la fermeté et de l'esprit d'à-propos qu'elle avait eus dans les cruelles épreuves de la révolution. Pendant plus de cinquante ans, M^me de Ste-Aulaire n'a pas quitté son lit, où la retenait la paralysie partielle que lui avaient causée ses privations et ses malheurs. C'est autour de ce lit que venaient se réunir les trois générations qui composaient sa famille, et c'est au sein de ces respects et de ces affections empressées, qu'elle a fini sa vie, soutenue par la religion, calme et plus résignée que son fils et sa belle-fille à cette dernière séparation; car la famille s'était fait une si douce et si pieuse habitude de conserver cette mère chérie et vénérée, que, quoique M^me de Sainte-Aulaire soit morte à cent ans, elle a semblé à tous ses enfants mourir prématurément.

Saint-Marc Girardin.

# CHRONIQUES DU LIMOUSIN,

(Sixième siècle.)

## LES AVENTURES DE GONDOWÁLD-BALLOMER.

*(Suite et fin.)*

En 584, la mort de Chilpéric I^er, qui périt assassiné à Chelles, compliqua encore la désunion de la monarchie, désunion qui s'aggravait de plus en plus par l'ambition et les intrigues des deux reines, Frédégonde et Brunéhaut, et par la faiblesse du caractère de Gontran, roi de Bourgogne. Le patrice Mummol crut que les circonstances étaient redevenues favorables, et il se.

rendit en France, où il ne tarda pas à s'assurer qu'elles l'étaient encore plus qu'il n'avait osé l'espérer. Il jugea même bientôt qu'il était inutile de se déguiser et de cacher ses projets; il les annonça hautement, et reçut pour Gondebaud les adhésions et les garanties les plus imposantes de la part d'un grand nombre de villes et d'une foule de hauts personnages. Charmé d'un succès aussi inespéré, il se hâte d'expédier un navire en Sardaigne, et, peu de temps après, Gondebaud débarque, pour la seconde fois, à Marseille, au milieu des bénédictions des peuples.

Son amabilité, son instruction, ses manières nobles et courtoises, lui attiraient toutes les sympathies. La nation, fatiguée des crimes et des dissolutions du gouvernement tyrannique et trop souvent anarchique des rois mérovingiens, saluait avec enthousiasme l'avènement d'un prince qui était aussi du sang de Clovis, mais qui, par son éducation, ses habitudes, ses intérêts et même par sa naissance, appartenait à la race méridionale et aquitanique. Les plus sages voyaient dans cette position exceptionnelle le gage d'une heureuse transaction entre le nord et le midi, et le prince qui était l'objet de cette espérance paraissait à tous, par ses qualités personnelles, digne et capable de réparer les malheurs de la patrie.

Gondebaud s'avança, en quittant Marseille, vers Avignon pour y rejoindre Mummol; ce voyage fut une marche triomphale pendant laquelle il vit ses forces s'accroître à chaque pas et de nombreux et puissants adhérents rallier ses bannières. Bientôt, toute la Provence, le Languedoc, la Saintonge et la Gascogne se déclarent pour lui, et les populations, depuis les Alpes jusqu'à l'Océan, l'appellent et le proclament comme le véritable souverain et le sauveur de la monarchie. On ignore quels motifs engagèrent Gondebaud et Mummol à se diriger, en sortant d'Avignon, vers la Marche et le Limousin; toujours est-il qu'ils se rendirent dans ces deux provinces, où Gondebaud fut reconnu et accueilli comme il l'avait déjà été ailleurs.

Il n'avait plus qu'un degré à monter pour s'asseoir sur le trône, et il se décida à le franchir; une cérémonie guerrière, dont l'origine se confondait avec celle de la nation dans l'abîme des siècles, inaugurait les rois français. Le prince qui parvenait à la couronne se plaçait debout, et, soutenu par une lance qu'il tenait à la main droite, sur un pavois ou bouclier, il était porté ainsi, par des soldats, dans les rangs de l'armée et du peuple; cette consécration, qui n'était nullement chrétienne, puisqu'elle était sortie des ténèbres du paganisme dont nos ancêtres avaient été long-temps environnés, imprimait cependant encore au prince qui la recevait, et dans l'opinion populaire, le caractère auguste et indélébile de la royauté (1). Gondebaud, de l'avis de ses principaux partisans, résolut de se donner ce dernier avantage; il déclarait ainsi qu'il n'y avait plus de transaction possible entre lui et les rois de Bourgogne, de Soissons et d'Austrasie, son frère et ses neveux, que ces derniers avaient cessé de régner, et que lui, Gondebaud, réunissait sous son sceptre toute la monarchie française, jusqu'alors souvent divisée en plusieurs royaumes.

On ne sait aussi ce qui le détermina à choisir Brive pour y concentrer ses forces et y procéder à son inauguration royale, la position de cette ville ne paraissant guère favorable à un campement stratégique et à une grande organisation militaire, et son importance, surtout alors, n'étant pas assez considérable pour offrir un appui bien solide à un parti politique. Mais l'on peut croire que Gondebaud n'ignorait pas que Frédégonde et Brunéhaut employaient tous leurs efforts et leur détestable expérience dans l'art des assassinats, pour l'entourer de sicaires; il espérait, sans doute, échapper à leurs atteintes et trouver plus de sûreté dans son propre pays et au milieu de ses compatriotes; il pensait probablement aussi que ces derniers devaient espérer de grands avantages de son élévation, et que sa mère avait encore parmi eux beaucoup d'amis qui, du moins, reporteraient leurs affections sur le fils, car on est fondé à croire que cette femme si énergique et si dévouée à sa cause était déjà morte à cette époque.

Quoi qu'il en soit de ces divers motifs, Gondebaud s'avança vers Brive; mais tous les documents historiques s'accordent à constater que c'est là qu'il trouva, par un contraste bien inattendu, la première résistance à sa marche. L'aristocratie ou les notables habitants de Brive (peut-être d'origine franque), effrayés sans doute des conséquences graves de la scène qui allait se passer chez eux si la fortune venait un jour à trahir Gondebaud, résolurent de ne point recevoir ce prince, et ils lui fermèrent les portes de leur ville; mais le peuple, animé des mêmes sentiments qui entraînaient toute

(1) Pépin-le-Bref, le chef de la seconde race de nos rois, abandonna le premier l'inauguration par le pavois, qui n'a jamais été reprise depuis. C'est pour lui que le pape Etienne II institua, le 28 juillet 754, le sacre religieux par l'onction d'huile bénite. Le pape l'avait empruntée des rits juifs (*Bible*, liv. 1er des rois, chap. 10-§ 1), et il sacra lui-même Pépin à St-Denis, près Paris.

l'Aquitaine, se révolta contre ses nobles et ses magistrats ; plusieurs historiens rapportent que c'est dans le désordre de cette émeute, et même par les mains des soldats irrités de Gondebaud, que fut brûlée l'église de Saint-Martin, patron du pays, que Grégoire de Tours croit, sans l'affirmer cependant, avoir été disciple du célèbre Saint-Martin de Tours. Cette église avait été construite, un siècle avant, par Rorice I<sup>er</sup>, douzième évêque de Limoges, et on le présume sur les fondations et avec les débris d'un ancien temple de Saturne. Elle fut réédifiée, quelques années après le dénouement des aventures de Gondebaud, c'est-à-dire en 588, par Ferréol, quinzième évêque de Limoges. C'est encore l'église actuelle de Saint-Martin, entretenue, réparée et enrichie jusqu'à présent, notamment en 1499 et en 1721. A cette dernière époque, le fameux cardinal Dubois et ses deux frères firent reconstruire toute la voûte du chœur, une partie de la nef, la sacristie et d'autres chapelles qu'ils ornèrent de dons magnifiques. Ils n'exigèrent, en récompense de leurs libéralités, qu'une messe annuelle pour le repos de leurs âmes ; mais il paraît que le cardinal n'imposa même pas cette condition à ses concitoyens, car il mourut en 1723, et le contrat pour la messe obituaire est de 1730, comme le constate une longue inscription gravée sur une table de marbre que l'on voit encore sur la muraille extérieure, et près de la porte de la sacristie de Saint-Martin de Brive.

Les portes de cette ville ayant été ouvertes, par le peuple et malgré la résistance de l'aristocratie franque, à Gondebaud, ce prince y fut reçu aux acclamations unanimes d'une immense multitude de gallo-romains, accourus de tous les cantons des Marches pétrocoriennes et lémoviciennes. Bientôt ses forces se rallièrent autour de Brive, et, par une belle journée du mois de décembre 584, il fut solennellement proclamé et inauguré comme roi des Français. S'il faut en croire les chroniques recueillies par M. Marvaud dans son *Histoire du Bas-Limousin*, et par d'autres écrivains, un présage des plus heureux et des plus extraordinaires, quoique bientôt suivi d'un autre moins rassurant, signala cette journée de l'hiver. La nature s'était parée comme au printemps, et les arbres se trouvaient chargés de feuilles et de fleurs, phénomène qui du reste se reproduit quelquefois dans cette saison, sous les climats tempérés, surtout à la suite d'une longue continuité du vent du midi.

Gondebaud, entouré d'un brillant cortége militaire et d'une foule innombrable de peuple qui faisait retentir l'air de ses acclamations, se rendit dans une plaine dite de Salvajour ou Sauvajour *(Salva dies)*, près de la ville, et c'est là qu'il se déclara et fut salué roi des Français. On le plaça ensuite sur le pavois, où il se tint debout et appuyé sur une lance ; quatre robustes soldats l'enlevèrent ainsi sur leurs épaules ; ils devaient, selon l'usage, le promener trois fois à la vue du peuple, autour de l'enceinte circulaire occupée par les grands et les notables de la nation et de l'armée ; mais, au second tour, un des porteurs fit un faux-pas, le pavois en fut incliné, Gondebaud perdit l'équilibre et tomba. Cet accident fut considéré comme un présage des plus funestes ; le zèle des partisans de Gondebaud en fut refroidi, et même le courage des soldats en reçut une fatale atteinte.

Mais tandis qu'une grande révolution dynastique et même sociale se préparait à Brive et dans toute l'Aquitaine, les provinces au nord de la Loire, et au sein desquelles la domination et la suprématie franques avaient leur foyer, suivaient avec inquiétude et colère ce mouvement qui allait transporter l'influence et les forces de la monarchie dans cette Aquitaine, dans ces contrées d'outre-Loire, dont l'opinion et les intérêts, tous gallo-romains, ne cessaient d'être rivaux et hostiles au joug et à la conquête des Franks. Les rois de Bourgogne, de Soissons et d'Austrasie oublièrent encore une fois leur haine et leurs discordes ; ils s'unirent de nouveau contre l'ennemi commun, et, parfaitement secondés par les craintes et la jalousie des Français du nord, ils rassemblèrent et dirigèrent contre Gondebaud des forces considérables. C'était encore une lutte de la nationalité gauloise contre l'invasion franque, et chacun sentait que, dans un sens ou dans l'autre, elle devait être décisive ; elle ne le fut pas cependant, car elle se réveilla, moins de deux siècles après, plus terrible et plus opiniâtre que jamais, mais, il est vrai, pour la dernière fois ; et, singularité très-remarquable ! la nationalité de l'Aquitaine avait encore pour défenseur un descendant de Clovis, l'illustre et infortuné Waïffre, qui, ainsi que je l'ai déjà remarqué, succomba, comme Gondebaud, sous les destinées inflexibles et fatales qui semblent avoir été attachées à cette noble cause.

Goutran, frère de Gondebaud, était le chef de la ligue des *rois du nord*, expression par laquelle les peuples de l'Aquitaine désignaient les rois de Bourgogne, de Soissons et d'Austrasie, et leurs armées s'avançaient rapidement vers le midi ; mais cette alliance ne tarda pas à receler des germes de dissolution, et même de ruine pour deux des parties contractantes. On pourrait inférer de diverses probabilités historiques qui ont paru assez bien fondées à M. Weiss (1), dans son article sur Gondebaud, et aux savants Bénédictins de Saint-Maur, que des intelligences avaient été établies de bonne heure entre Gondebaud, Brunéhaut, régente, et les grands du royaume d'Austrasie. Frédégonde et son fils, Clotaire II, et Gontran, roi de Bourgogne, devaient, en vertu de cet arrangement, être détrônés. Gontran n'avait pas d'héritiers directs, et il n'aurait laissé personne après lui pour réclamer sa couronne. Gondebaud aurait eu les royaumes d'Orléans et de Paris, et celui de Bourgogne, le plus considérable, eut été divisé entre Brunéhaut et lui. Dans ce partage, il acquerrait l'Aquitaine, où il aurait établi le siége de sa puissance. L'histoire, cependant, n'a, je le répète, que des probabilités pour entrevoir l'existence de ce traité, qui, du reste, aurait été bien conforme aux revirements perfides et continuels de la politique des rois mérovingiens, et elle n'ose la présenter comme un fait certain ; mais la réussite de ce plan dépendait absolument du premier échec notable éprouvé par Gontran, chef de l'alliance, et qui était trop fort et trop redoutable pour être trahi et abandonné ouvertement.

Un événement des plus heureux vint encore augmenter, chez Gondebaud, l'espoir d'arriver à son but, que lui inspiraient ses succès de popularité et ses intrigues politiques. Pendant qu'il était à Brive, Didier, duc ou vice-roi de Toulouse, abandonna hautement la cause des *rois du nord* et se rallia à celle de Gondebaud ou de l'Aquitaine. Cette importante défection avait été habilement ménagée par le patrice Mummol, qui connaissait les talents et la bravoure de Didier. En effet, pendant le cours des discordes qui divisaient les enfants de Clotaire, Didier, qui suivait le parti de Chilpéric, avait souvent porté la guerre dans les états du roi de Bourgogne, et il s'était trouvé plusieurs fois en présence de Mummol, par lequel il avait été complétement battu dans une grande bataille livrée près de Limoges, en 577. Didier avait, depuis, obtenu sa revanche en ravageant le Périgord, le Berry et l'Agenais, mais il s'était ensuite soumis à Gontran, qui croyait se l'être attaché en lui donnant l'importante vice-royauté de Toulouse.

Cependant les armées de Bourgogne et de Soissons, renforcées des contingents peut-être douteux de l'Aus-

trasie, avaient franchi la Loire sous la conduite de Leudégésile, l'un des plus habiles généraux de Gontran. Il était temps, Gondebaud le comprenait, de décider la querelle. Accompagné de Mummol et de Didier, il quitta Brive et marcha vers le Poitou, qui avait adhéré à sa cause ; mais les armées du nord occupaient déjà les environs de Poitiers. Gondebaud arrive dans cette ville, et, peu de temps après, nous le voyons s'acheminer, en toute hâte et sans livrer aucun combat, vers Bordeaux.

Ici la scène change brusquement ; tout devient obscur et inexplicable ; aucun document historique ne nous fait connaître les véritables motifs de cette retraite inattendue, mais il est certain qu'elle exerça la plus fâcheuse influence sur le moral des troupes de Gondebaud et des populations. Peut-être ce prince s'aperçut-il enfin, pour la première fois, que cette multitude enthousiaste de peuple, de volontaires et de mécontents, qui avait rallié ses bannières, n'était en réalité qu'une masse indisciplinée, sans expérience des combats et peu capable de résister, en bataille rangée, au choc terrible de ces armées franques qu'un long exercice de la guerre et du régime des camps avait familiarisées avec la victoire. Mais cette marche rétrograde sur Bordeaux qui nous étonne, et dont il est impossible de découvrir les véritables motifs, fut, et c'est tout ce que nous savons, très-désastreuse. Gondebaud, suivi et harcelé par Leudégésile, éprouva des échecs multipliés et des pertes énormes. La fortune, qui semblait ne l'avoir élevé que pour le précipiter de plus haut, l'abandonna totalement. Dès lors, et selon l'usage invariable de tous les temps, les défections et les trahisons surgirent autour de lui ; mais la situation politique de la France, au sixième siècle, les rendit encore plus promptes et plus nombreuses. L'aspect des cohortes du nord réveilla chez les grands et les peuples de l'Aquitaine, avec les sensations d'une profonde terreur, les traditions de la première invasion de Clovis. Le caractère et les mœurs barbares des princes mérovingiens n'étaient que trop connus ; l'on se retraçait leurs colères, leurs vengeances brutales et sanguinaires, et quoique Gontran eut la réputation d'être humain et modéré, il était à craindre cependant que le sentiment du danger auquel il avait été exposé ne réveillât en lui les instincts féroces d'un descendant de Clovis. Il venait, peu de temps avant, de s'y livrer en faisant enterrer tout vifs, et d'après les dernières recommandations d'Austrigilde, sa troisième femme, les deux médecins de cette princesse, qui était morte de

<hr>

(1) *Biographie universelle*, tome xviii. *Id.*, tome ii, article *Didier*.

la petite vérole, maladie récemment importée de l'Arabie ou de l'Egypte, et encore inconnue en Occident. Frédégonde, reine et régente de Soissons, attribuant la mort d'un de ses enfants à des maléfices, avait fait tout récemment brûler vives et attacher sur des roues, après leur avoir fait briser les os, plusieurs femmes qu'elle accusait de magie (1). Telles étaient les colères atroces et trop habituelles des princes mérovingiens de cette époque, et elles inspiraient en Aquitaine autant d'horreur que d'épouvante. Chacun chercha donc, dès les premiers symptômes de la ruine de Gondebaud, à se mettre en sûreté, avec Gontran, par des soumissions, des arrangements ou des transactions. Il y a de fortes probabilités historiques qui nous autorisent à croire que Mummol et Didier partagèrent cette panique générale, et qu'ils arrêtèrent un projet de traité par lequel Gontran se serait engagé à respecter les jours de Gondebaud et à se contenter d'enfermer cet infortuné dans un monastère.

C'est au milieu de ces tristes conjectures, et même d'une déroute, que Gondebaud arriva à Bordeaux. Mummol et Didier reconnurent bientôt que cette place n'était pas tenable pour y consommer avantageusement leur traité avec Gontran, et qu'ils y seraient trop à la discrétion de ce dernier. En conséquence, ils se rendirent avec Gondebaud à Comminges, ville très-fortifiée qui était bien approvisionnée, et où l'on pouvait négocier ou attendre un arrangement avec toutes ses garanties.

Ici encore, faute de document bien précis, et dans la crainte d'être injuste, l'historien éprouve des doutes et des hésitations. Mummol et Didier exposèrent-ils à Gondebaud l'état désespéré de ses affaires, et cette situation se trouvait-elle réellement désespérée? Il est certain, en effet, qu'une partie de l'Aquitaine, que tout le Languedoc, le Dauphiné actuel, et surtout la Provence, où Théodore, évêque de Marseille, continuait à soutenir énergiquement les intérêts de Gondebaud, n'avaient pas encore abandonné la cause nationale, et que la défection au milieu de laquelle le prétendant se trouva, il est vrai, en quelque sorte submergé et surpris, ne s'était propagée que dans le Poitou, la Saintonge, le Périgord et le Limousin. Didier et Mummol, croyant ou feignant de croire que tout était perdu, conseillèrent-ils à Gondebaud, avec ce ton et ces formes qui ne permettent pas l'irrésolu-

tion, de s'abandonner à la générosité du roi son frère, en l'instruisant de ce qu'ils avaient déjà obtenu pour lui? Didier et Mummol trahirent-ils tout simplement Gondebaud et le livrèrent-ils à Gontran en échange de leur rentrée en grâce, ou bien Gontran les trompa-t-il tous les trois? Cette dernière supposition, du moins en ce qui concerne Gondebaud et Mummol, est, comme nous allons le voir, la plus probable, et je crois même que, d'après les faits, on peut l'admettre comme prouvée.

Leudégésile n'avait pas perdu les traces du prétendant, et il arriva avec son armée devant Comminges, peu de temps après que ce dernier s'y était renfermé; Gontran ne tarda pas à le rejoindre, et c'est alors que Mummol et Didier engagèrent Gondebaud à se transporter dans le camp du roi son frère pour traiter ou pour ratifier directement avec lui les conditions de la paix. Un pareil conseil eût été d'une perfidie ou d'une absurdité trop évidentes pour séduire Gondebaud, s'il n'avait pas été appuyé sur les preuves les plus solides de la conclusion loyale et définitive d'un traité avec Gontran. En effet, on l'a vu, Gondebaud n'était pas un homme ordinaire; il ne manquait ni d'intelligence ni de capacité, et les vicissitudes de sa vie aventureuse lui avaient acquis de l'expérience. Son seul tort, à Comminges, fut de croire trop facilement que sa cause était désespérée; mais, par une de ces fatalités invincibles et mystérieuses dont les Stuarts d'Angleterre ont encore offert un mémorable exemple, et qui semblent s'attacher à certains individus et à certaines races, et les précipiter dans l'abîme au moment même où il leur reste des ressources réelles pour dompter leur mauvaise fortune, Gondebaud se détermina à suivre le conseil de Mummol. Rien, cependant, ne le pressait d'abandonner un asile formidable, et autour duquel un de ces revirements si ordinaires, surtout à cette époque, pouvait encore, dans un avenir prochain, rallier les forces et les populations de l'Aquitaine. Dans cette éventualité très-possible, probable même, l'armée de Gontran, l'objet de toutes les antipathies nationales, se serait trouvée dans un périlleux isolement, et très-compromise. On peut donc croire que Gondebaud, qui ne pouvait ignorer les dispositions et les forces de son parti en Languedoc, en Provence et ailleurs, croyait qu'elles pèseraient d'un poids avantageux, pour l'Aquitaine et pour lui, dans la balance du traité, et qu'avant d'adopter l'avis de Mummol il avait reçu de Gontran, son frère, les paroles de la foi jurée et les garanties de sûreté, ordinaires en pareilles circonstances.

(1) *Art de vérifier les dates depuis Jésus-Christ*, tome v, p. 388 et 389, édit. de 1818.

C'est sans doute avec cette noble et dangereuse confiance que l'infortuné se fit ouvrir, le 8 mai 585, une des portes de Comminges, et seul, à pied, s'avança vers le camp des Franks. Bientôt, il en voit sortir une escorte qui s'approche de lui avec de respectueuses démonstrations ; mais il distingue dans les rangs de cette prétendue garde d'honneur Bozon et Ollon. A l'aspect de ces deux traîtres, Gondebaud sentit qu'il était trahi et perdu ; il était évident que Gontran voulait, non pas une réconciliation fraternelle, mais un assassinat, et qu'il n'avait pas même le courage des assassins, ou celui de son père, qui, du moins, avait poignardé de ses propres mains les enfants de Clodomir, ses neveux. Le sauf-conduit et les promesses de Gontran n'étaient donc que des ruses odieuses, et sa parole d'honneur de roi et de frère n'avait servi qu'à masquer un exécrable guet-apens dont le but était un fratricide !... Gondebaud prend la fuite à l'instant ; mais, déjà rejoint par Ollon, il reçoit un coup de lance rendu inutile par sa cotte de maille. Se retournant alors vers Ollon, il engage avec ce scélérat un combat corps à corps qui fut court, et dans lequel Ollon fut terrassé. Délivré de cet ennemi, le malheureux prince fuyait vers la ville, lorsque Bozon, armé d'une fronde, lance une pierre énorme à la tête de Gondebaud, qui tombe mort du coup. Les Franks se précipitèrent alors sur lui ; on lui arracha la barbe et la chevelure ; on lui coupa la tête, qui fut promenée avec son corps, horriblement mutilé, dans le camp de Gontran. Le lendemain, soit que la garnison fut découragée, soit qu'elle ait été livrée, la ville de Comminges fut prise par les Franks, qui la mirent à feu et à sang, et la ruinèrent de fond en comble. Elle ne fut rebâtie et repeuplée que six siècles après. *Ainsi périt, à l'âge de quarante ans*, dit M. Lavallée dans ses *Essais historiques sur les départements, un malheureux que quelques vertus rendaient digne d'un meilleur sort, et qui n'avait commis d'autre crime que d'être fils, frère, neveu et ami de rois barbares et dénaturés, et d'hommes sans honneur et sans foi.*

Le patrice Mummol fut égorgé dans le sac de Comminges, et il paraît que le meurtre de cette victime avait été désigné avec des conditions très-précises, car, malgré l'horrible tumulte du massacre et du pillage, son trésor fut respecté et apporté à Gontran. Il renfermait trois cent quarante marcs de vaisselle d'argent, sur lesquels Gontran ne se réserva que deux plats, disant que c'était assez pour le service de sa table ; il fit briser le reste et le distribua aux églises et aux pauvres (1) ; genre d'expiation qui a été très en usage chez les rois mérovingiens, depuis Clovis, et au moyen duquel ils croyaient s'affranchir de toutes les craintes et des remords que pouvaient leur inspirer de grands crimes publics ou secrets. Ce trait caractérise encore le sixième siècle, qui, je l'ai déjà observé, était plus superstitieux que chrétien, et flottait entre la civilisation et la barbarie. *En donnant, d'après quelques martyrologes*, disent les savants Bénédictins de St-Maur (2), *le titre de saint à Gontran, il faut supposer qu'il a effacé, par une grande pénitence, les fautes énormes que l'histoire lui reproche.* Mais observons qu'à l'exception de sa bonté ou d'une certaine facilité de caractère qui l'avaient rendu très-populaire dans la ville d'Orléans, sa capitale, nous ne trouvons nulle part aucun indice bien remarquable d'une *grande pénitence*. Gontran mourut huit ans après Gondebaud, c'est-à-dire en 593, et, comme tous les princes mérovingiens, à un âge peu avancé.

Le sort de Didier fut bien différent de celui de Mummol, mais, en dernier résultat, tout aussi funeste. Cet ancien vice-roi ou duc de Toulouse, cet ami, probablement perfide, du malheureux Gondebaud et de Mummol, que des ordres précis avaient sans doute préservé de la fureur des destructeurs de Comminges, rentra complétement en grâce ; il fut investi de hautes dignités, chargé de commandements militaires très-importants, et employé à réprimer en Aquitaine et en Languedoc les derniers mouvements de l'insurrection. Il mourut deux ans après, tué dans une sortie que firent contre lui les habitants de Carcassonne, qu'il assiégeait. On remarqua qu'il fut frappé avec tant d'acharnement, que son corps était littéralement haché et criblé, depuis les pieds jusqu'à la tête, de coups de hache et de lance. Théodore, évêque de Marseille, ceux de Bordeaux, de Cahors, de Saintes, de Dax et d'Angoulême, qui avaient vivement soutenu la cause de Gondebaud, furent réconciliés, par le deuxième concile de Mâcon, qui s'ouvrit le 23 octobre 585, avec Gontran, quoique ce dernier fut très-irrité contre eux ; il en voulait surtout à Bertran, évêque de Bordeaux, parce que ce prélat était son parent du côté de sa mère, et il avait déjà chassé deux fois de son siége Théodore, de Marseille ; mais celui qui paya pour ses confrères fut le pauvre Urciscin, évêque de Cahors. La pénitence que lui imposa le concile nous offre des traits

(1) *Art de vérifier les dates depuis J.-C.*, tome v, édition de 1848.
(2) *Ibid.*

curieux et caractéristiques des usages et de la discipline ecclésiastiques de cette époque; indépendamment d'une interdiction pendant trois ans de célébrer la messe, d'ordonner des prêtres, de bénir le saint chrème et de donner les *eulogies,* on lui défend, pendant la même période de temps, de *couper sa barbe et ses cheveux, de boire du vin et de manger de la viande;* et pourtant, en l'accablant, aux yeux de son peuple, de tant d'humiliations, on lui conserve le gouvernement de son diocèse (1). Cela prouve qu'à cette époque encore, si rapprochée de la primitive église, la juridiction épiscopale du territoire était inviolable et sacrée, puisque, même un concile, tout en infligeant à l'évêque des peines graves, n'osa ni en annuller l'autorité ni en démembrer le ressort.

Il serait difficile de calculer le résultat probable du triomphe de Gondebaud. On peut croire que la constitution politique et sociale de la monarchie française aurait subi un changement ou un revirement radical et complet. L'influence dominatrice eût été transportée du nord au midi. La civilisation, les mœurs et les lois de la race aquitanique ou gallo-romaine eussent repris la supériorité sur la race franque, et les effets de la conquête se seraient profondément modifiés au préjudice de cette dernière. Dès-lors, l'histoire de notre patrie nous offrirait aujourd'hui un aspect, des vicissitudes et des événements bien différents de ceux dont elle se compose. Observons, de plus, que Gondebaud, retiré pendant quinze ans à la cour de Constantinople, qui était le foyer des arts, des lettres et des sciences, aurait peut-être commencé, dès le sixième siècle, cette révolution intellectuelle que nous nommons *Renaissance,* et qui n'eut lieu que neuf siècles après lui, c'est-à-dire lorsque les Turcs, s'étant emparés de Constantinople, les sciences et les savants, les lettres et les lettrés, fuyant la barbarie, refluèrent en Occident, où ils rallumèrent le feu sacré des arts et des bonnes études. Mais aussi cette société, retrempée et amollie dans une élégante et douce civilisation, aurait-elle produit, cent cinquante ans après, un Charles-Martel et ses formidables et rudes cohortes franques, qui, dans les plaines de Tours, sauvèrent la chrétienté en arrêtant et en brisant le torrent de l'invasion des Musulmans? On peut en douter, et il faut encore reconnaître ici la vérité de cette maxime qui préside aux destinées humaines : *L'homme s'agite et Dieu le mène.*

G. DE MERLHIAC.

(1) Fleury. *Histoire ecclésiastique,* liv. 34.

## CHALUS.—CHALUSSET.—MORT DE RICHARD-CŒUR-DE-LION.

Le plus spirituel des écrivains nous a présenté le système d'un érudit espagnol *démontrant* que le paradis terrestre avait été en Castille. Ce jardin de délices était à la source de quatre fleuves, du Phison, du Géhon, du Tigre et de l'Euphrate. Or, soutient l'érudit, ces quatre fleuves sont évidemment le Guadalquivir, la Guadiana, le Douero et l'Ebre; « car de Phison ont fait » aisément Phœtis, et de Phœtis on fait le Bœtis, qui » est le Guadalquivir. Le Géhon est visiblement la » Guadiana, qui commence par un G. L'Ebre, qui est » en Catalogne, est incontestablement l'Euphrate, dont » un E est la lettre initiale.

» Mais, continue, non l'érudit, mais l'écrivain spiri- » tuel, un Ecossais survient, et *démontre* à son tour que » le jardin d'Eden était à Edimbourg, qui en a retenu » le nom; et il est à croire que, dans quelques siècles, » cette opinion fera fortune. »

Tous les peuples ne prétendent pas à l'honneur d'avoir eu le paradis terrestre ; mais tous ont la monomanie d'illustrer leurs origines par des fables ou par des efforts d'étymologie. Cette monomanie a eu toute son intensité dans le moyen-âge; alors il suffisait d'un sycophante ayant lu du grec ou du latin pour donner à sa province et même à sa bourgade un fondateur venu de l'antique Troie ou de Rome, la reine du monde. Et, après quelques siècles de tradition et surtout de *chroniques manuscrites,* la fable la plus ridicule a fait tellement fortune qu'elle est devenue un article de foi local, que la critique ose à peine aborder.

Le Limousin est un des pays le plus richement dotés d'origines fameuses, précisément parce qu'il a été un des plus riches en *chroniques manuscrites.* Citons un ou deux exemples propres à faire apprécier ces respectables monuments.

Le manuscrit mille fois cité comme portant, à la Bibliothèque Royale, le n° 5005, ouvrage d'un moine du XIV<sup>e</sup> siècle, nous apprend, avec tout le sérieux possible, qu'un roi de Barbarie, de la race des géants, appelé *Lemovix* ou *Lemovicus,* passa dans les Gaules au temps où Gédéon jugeait les Hébreux (1245 ans avant J.-C.), et que, s'étant arrêté dans un pays qui lui plut, il y fonda une ville qu'il nomma Limoges. Et, afin que cette origine ne trouve pas un incrédule, le manuscrit ajoute que, en 1263 de l'ère chrétienne (plus de 2400 ans après cette fondation), la ville de Limoges fit frapper des écus qu'on appela des *barbarins,* pour conserver la mémoire de ce vénérable prince venu de la *Barbarie.*

Suivant quelques autres chroniques indigènes, Lemovix, le fondateur de Limoges, n'est pas venu de la Barbarie, mais de la côte phrygienne, avec ses deux frères Gergovix et Pictovix, et avec leur ami Narbon. Ces princes, fuyant, après la ruine de Troie, la fureur d'Hercule (mort avant le siége de Troie), abordèrent le pays des Gaules, détruisirent les géants qui régnaient sur ces belles contrées, et y bâtirent quatre villes, auxquelles ils donnèrent leurs noms, savoir : Gergovie, Limoges, Poitiers et Narbonne.

D'après ces seuls traits, et on pourrait en citer mille aussi absurdes, on voit quelle confiance méritent en général les vieilles chroniques demeurées manuscrites dans la poussière de certaines archives. Celles qui ont subi le grand jour de l'impression conservent elles-mêmes beaucoup des fables et des exagérations qui caractérisent presque tous les écrits du moyen-âge; mais la publicité qui leur a été donnée, leur confrontation avec d'autres recueils de fables opposées, et surtout les annotations des savants du xvi⁰ et du xvii⁰ siècle ont fait justice des mensonges ou des erreurs se rapportant à l'histoire générale. Les chroniques imprimées n'ont conservé de crédit pour leurs fables qu'en ce qui intéresse quelques vanités locales, peu disposées à critiquer ce qui les flatte. Le temps est venu de purger notre histoire de traditions que la raison ne saurait avouer. Nous allons en attaquer quelques-unes sans ménagements, et en nous défendant de ce patriotisme mal entendu qui croit honorer son passé en abdiquant son intelligence actuelle.

Une petite ville du Haut-Limousin se nomme Chalus; et un fait bien constant, c'est que le héros de l'Angleterre, Richard-*Cœur-de-Lion,* fut tué d'un coup de flèche en assiégeant cette place.

C'en était assez assurément pour illustrer une agglomération de 1,500 âmes; dans le xviii⁰ siècle, la forteresse de Frederickshall n'a demandé d'autre honneur que celui d'avoir vu périr sous ses murs le vainqueur de Narva. Mais le moyen-âge n'acceptait pas aussi séchement un fait d'une haute importance. D'après les idées de ce temps, un puissant roi d'Angleterre n'avait pas dû périr dans une querelle obscure, par une main inconnue, et devant un château dépourvu d'un grand nom. Il fallait poétiser et anoblir tout cela. Les chroniques y pourvurent en recueillant tous les bruits populaires qui s'attachèrent bientôt à cet événement. Voyons les diverses relations du fait, en commençant par les

plus anciennes, et en suivant le progrès des fables dont ce fait fut bientôt surchargé. Ces commérages prétendus historiques ne sont pas dénués de tout intérêt, puisqu'ils nous montrent la véritable officine où a été manipulée notre histoire jusque vers le xv⁰ siècle.

Nous traduirons les passages cités, sauf à présenter en note ou entre parenthèses les textes qu'il importe de lire dans la langue qui leur est propre.

D'abord l'auteur anonyme d'une *Histoire des rois franks,* qui vivait sous Philippe-Auguste, rapporta le grand événement dont nous nous occupons, sans détails, et seulement accompagné d'une réflexion sévère :

« Il (Philippe-Auguste) attendit jusqu'à la mort du » roi Richard, lequel fut percé d'une flèche volante, et » périt comme doivent périr tous ceux qui mettent » leur confiance, non en Dieu, mais dans leur épée. Il » succomba l'an du Seigneur 1199. »

*(Recueil des historiens de France, t. vxii, p. 426, A.)*

Gervais de Cantorbéry, qui cessa d'écrire vers l'époque même de cet événement, et qui termina là sa chronique, donna au fait un peu plus de développement. Mais, comme les bruits lui venaient de loin, il se méprit sur le lieu de la scène, et plaça à *Nontron* ce qui s'était passé à *Chalus* : « L'an de grâce 1199, dit-il, le » roi d'Angleterre assiégea un château appartenant au » comte d'Angoulème, appelé Nontron. Il avait réduit la place à la dernière extrémité; les assiégés offraient de se rendre, imploraient la clémence du roi, » et faisaient part de leurs propres vivres aux soldats » de leur ennemi. Mais le roi fut inaccessible à la pitié, » et ne voulut devoir qu'à la force ce que lui offrait une » soumission tardive. Il oublia qu'il est souvent dangereux de pousser son ennemi au désespoir.

» Un jeune homme, nommé *Jean Sabras,* se tenait » sur le rempart du château; il lança, par une baliste, » une flèche carrée, qu'il livra au hasard, mais en » priant Dieu de diriger lui-même le coup, pour la délivrance des malheureux assiégés. Le roi, qui était » alors sorti de sa tente, entendit le sifflement fatal » de la baliste; il voulut éviter le coup; il baissa la » tête et courba le corps; mais il fut mortellement atteint à l'épaule gauche (1). »

Jusque-là, le moine anglais parle bien froidement du

(1) « *Juvenis quidam, Johannes Sabras agnomine, stans castelli in muro, quadratum telum, mediante balistá, direxit in incertum, orans Deum ut ipsius dirigeret ictum, et obsessorum innocentiam ab ipsá liberaret oppressione, jecitque sagittam. Verùm, cùm rex, tentorium egressus, balistæ sonum audissset infestum, et, ut ictum evitaret, caput regium inclinaret et corpus, in humero sinistro lethaliter percussus est.* »

coup mortel reçu par son souverain. On va voir qu'il avait long-temps nourri une rancune propre à son couvent de Cantorbéry, qui avait été l'objet de fréquentes vexations de la part du roi Richard :

« Au bout de dix jours, continue le narrateur, le roi » désespéra de sa guérison. Alors un profond repentir » vint déchirer son cœur ; il protesta de sa parole » royale qu'il n'avait jamais fait de tort à l'église de » Cantorbéry que d'après des suggestions étrangè- » res.

» On assure qu'il insista auprès de ceux qui l'entou- » raient pour qu'on lui fît connaître celui qui l'avait » blessé. Cet homme fut amené ; il se jeta aux pieds du » roi, implorant sa miséricorde. Le roi lui accorda la » paix, et lui pardonna sa mort. Il défendit qu'on lui » fît aucun mal en raison de ce malheur. »

(Historiens de France, t. xvii, p. 678, D.)

Roger *de Hoveden*, autre chroniqueur anglais, qui écrivait quelque temps après Gervais, avait recueilli de nouveaux bruits populaires ; il put donner plus d'étendue à sa relation, que voici :

« En ce temps-là, Widomard (Aymard), vicomte de » Limoges, ayant trouvé dans son fonds un grand tré- » sor d'or et d'argent, en envoya une forte partie à Ri- » chard, roi d'Angleterre son seigneur. Mais le roi re- » fusa cette part, prétendant avoir droit au trésor » entier, en vertu de sa souveraineté. Le vicomte ne » voulut pas souscrire à cette exigence. Alors le roi » d'Angleterre marcha avec une grande armée contre » le vicomte, et assiégea un de ses châteaux appelé » Chalus *(castellum suum* quod dicitur *Chaluz)* dans » lequel il pensait qu'était caché le trésor. Les cheva- » liers et servants qui étaient enfermés dans ce château » offraient de le rendre à condition de conserver la vie » et leurs armes. Mais le roi refusa toute composition, » et jura de les enlever de vive force, et de les faire » pendre. Les malheureux rentrèrent au château, le » désespoir au cœur, pour tenter une dernière défense.

» Le même jour, le roi, accompagné de Marchadée » (chef de Brabançons à la solde de Richard), faisait le » tour de la place pour reconnaître le point où il con- » venait de donner l'assaut, lorsqu'un archer-baliste » *(arcubalista)*, nommé Bertrand de Gourdon (1), tira

(1) Quatre historiens, à peu près contemporains, nomment l'archer qui blessa Richard, et le désignent par des noms différents. Raoul de Dicé l'appelle Pierre *Basilii ;* — Gervais de Cantorbéry, *Jean Sabras ;* — Guillaume-le-Breton, un certain Guy *(Guidonem quemdam) ;* — et Roger de Hoveden, Bertran de Gourdon *(Bertramnum de Gurdon.)*

» une flèche du haut du château, atteignit le roi au » bras, et lui fit une blessure qui devint incurable.

» Le roi, blessé, monta à cheval pour se rendre à son » quartier, en ordonnant à Marchadée de donner l'as- » saut avec toutes ses forces, et sans relâche, jusqu'à » ce que la place fût emportée. L'ordre ayant été exé- » cuté, le roi fit pendre tous les prisonniers, excepté » celui qui l'avait blessé, se réservant, comme il est » permis de le penser, s'il guérissait de sa blessure, de » faire subir à cet homme le plus cruel des supplices.

» Cependant le roi s'était mis entre les mains de » certains médecins attachés à Marchadée. Ce bourreau » *(carnifex)*, voulant arracher la flèche de la plaie, ne » put d'abord en tirer que le bois, et ne parvint à ex- » traire le fer qu'après avoir haché le bras de nom- » breuses coupures, faites sans aucune précaution.

» Lorsque le roi eut perdu tout espoir de guérison, » il transmit à son frère Jean son royaume d'Angle- » terre et ses autres possessions. Il exigea que ceux qui » l'entouraient prêtassent serment de fidélité à ce » prince, il ordonna qu'on lui livrât ses châteaux et les » trois quarts de son trésor....., voulant que l'autre » quart fût distribué à ses serviteurs et aux pauvres.

» Ensuite, il fit venir devant lui Bertrand Gourdon, » qui l'avait blessé : — Quel mal t'avais-je fait, lui » dit-il, et pourquoi m'as-tu porté le coup de mort ? » — Tu as tué de ta propre main, répondit Gourdon, » mon père et mes deux frères, et tu avais résolu de » me faire périr moi-même. Assouvis aujourd'hui ta » vengeance. Je souffrirai avec joie les plus cruels tour- » ments, maintenant que j'ai délivré la terre de celui » qui y a porté la désolation. »

» Sur cela, le roi fit délivrer le jeune homme de ses » chaînes, lui pardonna sa mort, ordonna qu'il fût mis » en liberté, et lui fit compter cent solides *(centum so- » lidos)*, monnaie d'Angleterre.

Mais Marchadée, à l'insu du roi, mit la main sur ce » malheureux, et après la mort de Richard, il le fit » écorcher vif et attacher ensuite à un gibet. »

(Historiens de France, t. xvii, p. 595, B.)

L'invention d'un trésor entrait trop bien dans les idées vulgaires pour que le conte recueilli, à cet égard, par Roger de Hoveden ne s'élevât pas bientôt jusqu'au merveilleux. Aussi le trouvons-nous parvenu à ce degré dans le récit de Rigord, auteur d'une histoire de Philippe-Auguste :

» L'an 1199, le 4 des ides d'avril, Richard, roi d'An- » gleterre, mourut d'une blessure grave qu'il avait reçue » près de la ville de Limoges. — Il avait mis le siége

» devant un château que les Limousins appellent Cha-
» lùs-Chabrol (*castrum quoddam quod Castrum–Lucii de
» Capreolo Lemovicenses vocant);* et cela à l'occasion d'un
» trésor que certain chevalier avait découvert dans ce
» canton. Le roi, par une excessive convoitise, exigeait
» que le vicomte de Limoges lui livrât le trésor. Mais le
» chevalier qui avait fait la découverte s'était mis sous
» la protection de ce même vicomte.

» Le roi, qui assistait au siége en personne, et fai-
» sait lui-même une attaque chaque jour, fut blessé
» mortellement d'un carrelet lancé au hasard par un
» archer...... Du reste, le trésor dont il s'agit se com-
» posait, d'après ce qu'on rapportait, de statues d'or
» très-pur, représentant un empereur, sa femme, ses
» fils et ses filles, tous assis à une table également d'or,
» avec des inscriptions indiquant l'époque où régnaient
» ces personnages (1). »

(Recueil des historiens de France, t. xvii, p. 50, C.)

Les chroniques limousines nè m'anquèrent pas de s'approprier le passage de Rigord, d'en interpréter et étendre les expressions, même de les altérer dans leur intérêt provincial.

Et d'abord le *Castrum–Lucii* devint le fondement de toute une histoire : sur cette simple énonciation, on imagina un Lucius surnommé *Capreolus* (chevreau ou chevreuil), parce qu'il aurait combattu et vivement poursuivi les ennemis de l'empereur dans les montagnes ; et ce surnom était important pour compléter le nom vulgaire de Chalus-Chabrol ou Chalus-*le-Che-vreuil* (2). — Ce Lucius devint un membre distingué d'une dynastie de proconsuls héréditaires, que les Romains, contrairement à leur politique et à tout ce que nous a transmis l'histoire, auraient établie et mainte-nue dans les Gaules. Notre proconsul avait habité Li-moges, comme son père et son aïeul, et, après avoir embelli cette ville de somptueux monuments, il avait bâti, à quelques lieues de là, le plus magnifique des châteaux, qui, ayant pris les nom et surnom de son fondateur, s'appelait encore Chalus-Chabrol.

Ensuite le trésor tant convoité par Richard-*Cœur-de-Lion* ne fut rien moins qu'une collection des statues de famille de ce proconsul Lucius-Capreolus. Le public du xiie siècle et Rigord, son organe, se trompaient en appliquant à une famille impériale ces splendides sta-

tues d'or pur de grandeur naturelle, et que tout l'or de la Gaule n'aurait pas pu produire ; elles représentaient une simple famille proconsulaire de l'Aquitaine, com-mençant, selon les uns, par *Duratius* ou Durax, et, selon d'autres, par ce Lucius-Capreolus lui-même.

Du reste, tout en n'étant pas d'accord sur les per-sonnages que les statues représentaient, nos chroni-ques locales assuraient cependant que l'incertitude ne pouvait être possible sur ce point, puisque le nom de chaque personnage se lisait sur le socle de chaque sta-tue.

La plupart de ces chroniques ont été brûlées dans divers incendies ; mais leurs traditions nous ont été transmises d'âge en âge par des écrivains privés, qu'aucune merveille n'étonna jamais, notamment par un moine de Grandmont appelé Pardoux, par un abbé du Mont, par Dupleix, par Bouchet, par le P. Bona-venture, et même par un auteur notre contemporain, M. Duroux, qui, dans son *Essai historique sur la séna-torerie de Limoges*, s'est fait un devoir de conscience de reproduire sans examen toutes les assertions de ses devanciers.

S'il y avait un intérêt véritablement historique à approfondir ce sujet, on démontrerait facilement que Lucius-Capreolus et son proconsulat héréditaire sont des inventions aussi chimériques que celle des statues d'or qui portaient ses titres de famille. Mais une dis-sertation sur ce point est inutile pour trouver l'étymo-logie raisonnable des noms *Chalus* et *Chalusset*, aux-quels il nous faut revenir.

Quant à Chalus, ce mot n'est évidemment qu'une contraction du mot *chatelus*, lequel n'est qu'une cor-ruption de *castellum* ou de *castellutium*.

Pareils changements ont été nombreux et divers, comme on va le voir par le rapprochement de quelques-uns des dérivés du mot *castellum*.

Sont évidemment dérivés :

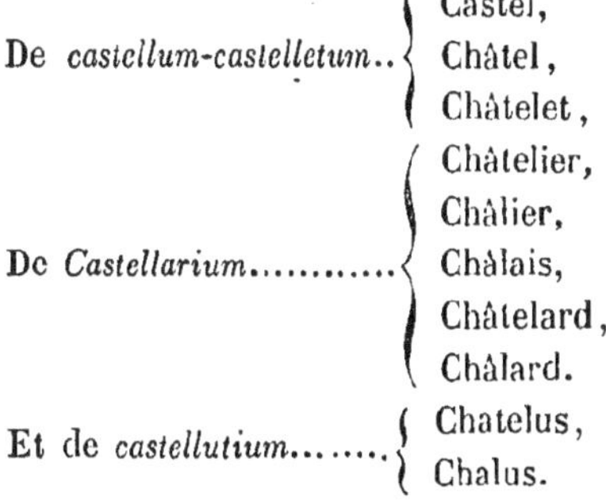

| | |
|---|---|
| De *castellum-castelletum*.. | Castel,<br>Châtel,<br>Châtelet, |
| De *Castellarium*............ | Châtelier,<br>Châlier,<br>Châlais,<br>Châtelard,<br>Châlard. |
| Et de *castellutium*........ | Chatelus,<br>Chalus. |

Quand on a une analogie aussi manifeste pour re-connaître l'origine d'un nom, on ne peut recourir à une

---


(1) « *Thesaurus autem prædictus, ut ferebatur, fuerat im-perator quidam de auro purissimo, cum uxore et filiis et fi-liabus, ad mensam auream residentibus, qui posteris, quo tem-pore fuerant, certam dabant memoriam.* »

(2) Ce nom devait signifier *château dans la forêt.*

étymologie historique, si elle n'est constatée par des autorités impérieuses et irréfragables. Or, pour détourner le mot *Chalus* (ou *Chatelus* de son analogie avec *castellutium*, rien n'est moins concluant que le *Castellum-Lucii* de Rigord

A l'époque où Rigord écrivait, certains auteurs à prétentions se donnaient déjà beaucoup de peine pour traduire en latin certains noms d'hommes ou de lieux de la langue vulgaire. Rigord ne voulut pas, dans une histoire latine qui prétendait à l'élégance du style, écrire le nom de *Chalus-Chabrol*, qui devait lui sembler appartenir à l'idiome patois, et il en fit une traduction à sa guise. Du reste, le languedocien ou gascon Rigord aimait à donner une origine illustre au nom des lieux qu'il mentionnait : en parlant des pavés de Paris que fit établir Philippe-Auguste, il pousse une longue excursion dans les temps héroïques pour démontrer que Paris doit son nom à un Páris-Alexandre, *fils de Priam, roi de Troie la fameuse*. On voit quelle autorité doivent avoir les étymologies historiques de Rigord.

Guillaume *le Breton*, qui écrivait dans le même temps, et dont nous avons négligé la relation pour ne pas trop fatiguer le lecteur, latinisait Chalus en le nommant *Calax-Calacis*.

Gervais *de Cantorbéry*, Roger *de Hoveden* et Raoul *de Dicé* disaient tout simplement : *castellum Chaluz*. Ces auteurs étaient anglais ; ils ne tenaient pas à anoblir un château de France ou d'Aquitaine.

Rien n'est plus isolé, rien n'est plus insuffisant que l'énonciation de Rigord pour rejeter une étymologie que l'usage général rend évidente, et pour en admettre une qui nécessite l'admission d'une histoire entièrement dépourvue de monuments, uniquement fondée sur la fable absurde des statues d'or et de leur inscription.

A l'égard de *Chalusset*, ce nom est nécessairement un autre dérivé de *castellutium* et un diminutif de *Chalus*.

Ce diminutif atteste deux circonstances, qui sont d'ailleurs démontrées par plusieurs faits : 1° Chalusset n'avait pas l'importance de Chalus, 2° Chalus existait dans sa force avant la construction de Chalusset, qui recevait son nom en diminutif.

Les ruines de notre Chalusset ou Petit-Chalus étonnent par leur vaste étendue ceux qui n'ont pas observé un grand nombre de ruines féodales, et qui ne savent pas quelles masses de constructions pouvait élever un seigneur, même subalterne, en assujettissant tous ses sujets à de dures corvées. Nous avons fait quelques recherches à ce sujet, et nous pouvons constater que la corvée a enfanté, au moyen-âge, de véritables prodiges, que notre raison et nos calculs semblent ne pouvoir admettre.

Au reste, Chalusset ne commandait aucun grand domaine. Ce n'était pas même une seigneurie un peu relevée : il dépendait du fief de l'abbé de Solignac.

Sa position sur un pic escarpé en faisait un de ces nids de vautours du haut desquels tant de chefs de bandits dominaient le plat pays, sans autre droit que la violence. Pareil droit n'était redoutable, à Chalusset, que pour les populations faibles et disséminées ; car le château fut successivement pris et démantelé par toutes les troupes un peu nombreuses qui l'attaquèrent, ainsi qu'on le voit dans la notice qu'a insérée, sur ce sujet, M. Allou dans sa *Description des monuments de la Haute-Vienne*.

Chalusset ne fut construit que vers l'année 1130. C'est ce qui est attesté par Geoffroy de Vigeois, le plus exact des historiens de l'Aquitaine. Sa chronique rapporte que l'évêque de Limoges Eustorge, frère du vicomte Aymard, était persécuté par le comte de Poitiers, et avait été forcé de passer la Vienne. Ainsi » chassé de sa ville épiscopale, dit l'histoire, Eustorge, » de concert avec Bernard *de Javernas* et Arnaud *Bernardi*, construisit, près de Solignac, un château » qu'on appelle Chalusset. »

(*Historiens de France*, t. XII, p. 434.)

Une origine aussi récente s'accordait mal avec les traditions adoptées par le P. Bonaventure, et d'après lesquelles il attribue la fondation de Chalusset au Lucius-Capreolus, déjà fondateur de Chalus. Mais rien n'arrête dans un système préconçu ; le P. Bonaventure suppose que l'évêque Eustorge se borna à rétablir le Chalusset qu'avait construit l'illustre proconsul d'Aquitaine.

En voilà assez et trop peut-être sur l'histoire de deux châteaux qui n'occupaient qu'un rang très-modeste au milieu des châteaux de Limoges, de Ségur, de Ventadour, de Turennes, de Las Tours, de Comborn et de tant d'autres anciens manoirs des plus nobles familles limousines.

Revenons au seul fait historique qui se soit montré dans cette dissertation, à la mort de Richard-Cœur-de-Lyon devant Chalus, et cherchons la cause vraie ou au moins vraisemblable de l'invasion de ce prince dans le domaine du vicomte de Limoges, son vassal. C'est là une question intéressante par le dénouement de l'expédition et par les grands résultats de ce dénouement ; car la mort inopinée de Cœur-de-Lion débarrassa subitement Philippe-Auguste du plus grand obstacle que pût rencontrer sa haute politique ; elle servit ce prince au-delà de ses espérances, en faisant passer la plus grande puissance qui existât alors en Europe, des mains invincibles de Richard aux mains du faible et lâche Jean-sans-Terre.

Richard vint-il attaquer Chalus pour s'emparer d'un trésor réel ou imaginaire ?

La cupidité de ce roi était généralement connue ; il ne la dissimulait pas plus que ses autres vices. Citons, à ce sujet, l'historien original d'une anecdote qui a fait fortune. Roger de Hoveden rapporte qu'un saint prêtre, nommé Foulque, vint un jour trouver Richard, et lui commanda, de la part de Dieu, de marier au plus tôt trois méchantes filles qu'il nourrissait. — « Hypocrite, » lui dit le roi, tu as menti sur ta tête ; car je n'ai pas » même une fille. — Je ne mens pas, répliqua Foulque, » vous avez bien trois filles détestables, savoir : la » Superbe (*Superbia*), la Cupidité et la Luxure. » Nous ne répéterons pas la plaisanterie que fit alors Richard sur la destination qu'il donnait à ces trois filles ; il nous convient d'être plus discret que Walter-Scott.

D'après cette cupidité, dont on ne peut douter, il aurait suffi d'un bruit vague dénonçant la découverte de grandes richesses chez un de ses vassaux pour déterminer Richard à poursuivre la possession du trésor. Ce motif donné après coup à son expédition paraissait si plausible que, dès qu'il fut allégué, il passa pour incontestable dans la plupart des annales.

Voilà bien quelques raisons de croire, non pas que le trésor ait existé, et surtout qu'il formât la collection de statues d'or pur qui a séduit tant de visionnaires, mais que Richard a cru à l'existence de ce trésor, et a porté la guerre en Limousin pour s'en rendre maître.

Cependant, il ne faut pas prêter même à Richard-Cœur-de-Lion, une pensée folle, si elle ne lui est pas attribuée par des actes bien constatés de sa part, si surtout des faits certains supposent en lui une pensée plus raisonnable, ou au moins plus d'accord avec sa politique habituelle et avec sa passion dominante. Or sa passion dominante était l'amour de la vengeance, le besoin de laver dans le sang la tache d'une injure reçue.

Aucune circonstance de l'expédition en Limousin ne tend à faire supposer que Richard courait après un trésor.

D'abord, avant de venir en armes s'emparer de cet objet précieux, il aurait sommé son vassal de le lui remettre. C'est ce que suppose Roger de Hoveden dès le commencement de sa narration.

Mais le vicomte de Limoges, menacé d'une invasion et instruit de son objet, aurait pris l'un des deux partis suivants : ou il aurait prévenu l'invasion en envoyant à son suzerain la totalité du trésor, dont il aurait déjà offert la moitié ; ou, résolu de s'exposer à une ruine complète, il aurait défendu lui-même ce trésor dans la plus importante de ses places et entouré de toutes ses forces ; il ne l'aurait pas placé dans un château de troisième ou de quatrième ordre, sous la garde d'un petit nombre d'hommes que devaient réduire quelques jours de siége.

Ensuite, ce qui démontre qu'il n'était question de trésor ni pour le roi qui assiégeait Chalus, ni pour ceux qui avaient essayé de le défendre, c'est que ceux-ci offrirent de capituler, ne demandant que la vie sauve, et qu'ils furent impitoyablement refusés. Certes, ils auraient eu un moyen infaillible de transiger, eux qui n'avaient pu faire injure au roi, s'ils avaient eu à offrir pour leur rançon le trésor, unique objet de la guerre, et l'avide Richard ne se serait pas exposé, en poussant ces hommes au désespoir, à perdre des richesses qu'on pouvait enfouir et soustraire à toutes recherches (1).

De plus, il ne fut question du trésor de Chalus ni après la prise du château, quoique ce fût l'objet du siége, ni dans le dialogue entre Richard mourant et son meurtrier, ni dans les dispositions que fit Richard à ses derniers moments. Ce roi, voulant faire une libéralité à celui qui l'avait blessé, ne trouve rien à lui laisser dans ses dépouilles ; il faut qu'il prenne, dans l'argent qu'il portait, cent écus ou cent sous monnaie d'Angleterre.

Enfin, il n'a jamais été dit un mot sur ce qu'était devenue la grande trouvaille de Chalus ; et, après la prise de ce château, un trésor qui aurait dû enrichir plusieurs princes s'évanouit pour les vainqueurs comme pour les vaincus !

Cependant, l'histoire de ces temps de rapacité s'occupe avec intérêt de l'existence et de la transmission des trésors ; car ils étaient le moyen le plus énergique de la puissance. Tous les alliés, tous les amis s'achetaient à beaux deniers comptants, depuis le plus haut feudataire jusqu'au dernier cotereau ou brabançon.

_________

(1) Selon les chroniques, le trésor serait demeuré enfoui pendant plus de mille ans ; et, d'après l'une d'elles, il aurait été découvert par un paysan qui labourait sa terre pour y semer du millet.

Cette histoire n'a pas négligé de nous apprendre comment le prince Jean s'empara du trésor réel de Richard, auquel il ne pouvait prétendre que pour les trois quarts, d'après les dernières dispositions de ce roi. Jean ne trouva le trésor ni dans le camp devant Chalus ni dans le Limousin ; il courut le prendre dans le fort château de Chinon, où il était sous la garde d'un chevalier, qui le lui livra, avec plusieurs châteaux situés sur la Loire. (*V. Roger de Hoveden, loco citato.*)

Et remarquons que le trésor de Richard, quelque part qu'il fût, ne devait pas être fort considérable, puisque le premier acte de son frère, après avoir pris possession de l'Angleterre, fut d'y établir, comme moyen de finances, un droit d'accise sur tous les vins de France. Roger de Hoveden donne le texte de son édit pour cet objet ; mais l'historien ajoute que les marchands anglais ne purent supporter pareille nouveauté, et que le roi fut obligé d'y renoncer.

(Historiens de France, t. xvii, p. 599 et 600.)<br>
Grellet-Dumazeau.

(Extrait du Bulletin de la Société archéologique et historique du Limousin.)

(La fin à la prochaine livraison.)

## LE SAINT SUAIRE DE CADOUIN.

*Proces verbal de Monseigneur l'illustrissime et reverendissime evesque de Sarlat, pour la verification autentique du tres St et precieux Suaire de Nôtre Sauveur Iesus-christ : Transporté de l'Orient en France dans l'abbaye de Cadoüin de l'ordre de Cisteaux, diocese dudit Sarlat, et des choses memorables qui se sont passées au sujet d'iceluy es siecles passez (2).*

IEAN DE LINGENDES, par la grace de Dieu et du S. siege apostolique, evesque et seigneur de Sarlat, conseiller du roy en ses conseils et predicateur ordinaire de sa majesté, à tous ceux qui lirôt le present proces verbal (1),

*SALVT,* Dieu est bien tous jours esgallement glorieux, mais il n'est pas tous jours esgalement glo-

(1) C'est à M. Prat, curé actuel de Cadouin, que nous devons la communication de ce curieux procès-verbal, imprimé vers 1650. L'original manuscrit existe encore dans les archives de l'ancienne abbaye, il est écrit avec beaucoup de soin sur parchemin, et sa rédaction est en tout semblable à celle de la copie imprimée.

(2) Le pape Jean XXII créa un nouvel évêché dans le Périgord sous le titre d'évêché de Sarlat, et affecta à ce nouveau diocèse la partie de la province située au-delà de la Vézère et de la Dordogne, depuis Larche jusqu'au Fleix. J. de Lingendes, prédicateur ordinaire du roi Louis XIV, auteur du présent procès-verbal, en fut le 30e titulaire.



rifié dans le monde ; la malice de sathan, la corruption des siecles et les péchés des hômes amassans quelques fois tant de tenebres pour couvrir la splèdeur de sa gloire qu'elle demeure côme ensevelie et etouffée.

C'est ce qui nous à touché profondement dans le cours de la premiere visite que nous avons entrepris de notre diocese de Sarlat, y ayant rencontré presque toutes les marques les plus sacrées de la vraye religion et glorification de Dieu ou méprisées, ou ignorées, ou abolies : les églises ruinées et démolies jusques aux fondemens ; les autels renversez, les cimetieres pollués et vsurpez par les heretiques ; des paroisses et des cures sans pasteurs, des pasteurs sans science, des peuples sans cognoissance, des commandemens de Dieu et de l'église, et avec si peu d'instruction des sacremens, que les noms de la Confirmation et de l'Extreme-Onction estoient incognus ; en sorte que châcun n'aprochoit qu'indignement, ou mesprisoit de s'aprocher et de puiser de ces fontaines du Sauveur, d'où il repand son sang pour le salut et la sastisffaction des fideles. Certainement vne si extreme profanation et mespris du sang de Iesvs-christ nous à deu raisonnablement faire gemir : mais beny soit Dieu des misericordes et Dieu de toute consolation, qui à daigné par sa bonté nous consoler et resjouïr selon la grandeur de ce sujets d'afflictiô et de tristesse.

Au milieu de tous ces objets, qui ne representoient à nos yeux et à nôtre esprit que la religion deshonnorée et les clameurs du sang de Iesvs-christ peu entenduës ou mesprisées, nous fusmes advertis par les venerables prieur et religieux reformez de l'abbaye de Cadoüin de l'ordre de Cisteaux en nôtre mesme diocese (1), que depuis plus de cinq cens ans ils possedoient vne relique trempée et teinte de ce sang precieux, à sçavoir le tres S. Suaire (2) qui fût mis sur le chef et corps sacré de nôtre Sauveur Iesvs-christ lors de sa sepulture, duquel il est fait mention en S. *Iean, chap.* 20, et plus recemment et au long par le venerable Bede au livre qu'il a composé de lieux saincts *chap.* 5. Et que le huictiéme septembre jour de la naissance de la Ste. Vierge

(1) L'abbaye de Cadouin fut fondée définitivement, en 1116, par les soins du vénérable Robert d'Arbrissel, célèbre missionnaire ; le chapitre de Puy-Saint-Front donna à cet effet toutes les terres qu'il possédait au bourg de Cadouin, et les seigneurs de Beynac et de Biron concoururent largement à son édification.

(2) On appelle suaires, les linges qui servirent à ensevelir Notre-Seigneur Jésus-Christ ; il en existe plusieurs dans la chrétienté, mais celui de Cadouin est certainement le plus vénérable et le plus authentique.

titulaire de l'eglise dudit monastere, se feroit en la mesme eglise vn grãd concours de peuple à la montre qui à accoustumé de se faire par lesdits religieux de ce sacré monumêt de la mort et sepulture du Sauveur : Nous ne sçaurions dissimuler qu'à cette agreable nouvelle, *Cornostrum et caro nostra exultaverunt in Deum vivum;* et sçachant que c'est du devoir de nôtre charge de voir et examiner la verité des reliques qu'on expose à l'adoration du peuple dans nôtre dioceze, nous iugeames qu'il faloit d'autant plus exactement rechercher la verité et certitude de cette-cy, que plus elle estoit adorable.

C'est pourquoy ayant au prealable indict nôtre visite aux parroisses voisines aux sixiéme du susdit mois de septêbre. 1644, et nous estâns rendus audit Cadoüin, nous y fusmes reçeus avec les honneurs deubs à nôtre dignité. Premierement à l'entrée du fauxbourg par nos curés des parroisses voisines et puis par les susdits prieur et religieux dés l'entrée des pre-clostures anciennes du monastere : Et après quelques jours employez, partie à l'instruction du peuple, predication, administration des SS. Sacremens de la Penitence, Eucharestie et Confirmation, partie en prieres et autres exercices de devotion, le dixiéme du susdit mois nous nous rendismes dans le monastere (1) accompagnez de M. Gabriel de la Brousse docteur en theologie, chanoine de nôtre eglise cathedrale, et lieutenant assesseur de nôtre officialité, de M. Anthoine Nicol, prestre et chanoine de notre eglise collegiale de S. Avit-Seigneur, de M. Pierre du Broeil docteur en theologie et chanoine sacristain°de nôtre eglise collegiale d'Issigeac, des RR. PP. Pierre de la Brangelie, et Pierre larrige theologiens de la compagnie de Iesvs, desquels nous nous servions en nôtre visite. Où nous fusmes reçeus par les religieux et conduits dans vne sale, où après avoir invoqué l'aide de Dieu, le R. P. Dom Estienne Guichard prieur du lieu nous exhiba vn fort grand nombre de bulles, lettres patentes, registres, tiltres, et autres documents, par lesquels la verité de

cette adorable relique de nôtre Dieu et Sauveur reçoit tant et de si puissâtes preuves, que nous ne croyons point qu'il se trouve en toute la chrestienté vne relique mieux averée, comme il ne s'en trouve point de plus saincte ny de plus precieuse. Et premieremêt nous leusmes avec respect plusieurs bulles des souverains Pontifes, d'Innoçent 8. Boniface 7. Iule 2. Clément 3. Gregoire 11. Alexandre 4. de Clemêt 7. Gregoire 4. Leon 10. Alexandre 6. Vrbain 5. de glorieuse mémoire, et particulierement vne de Paul 3. en datte de l'an 1535. rapportant celles de ses predecesseurs : par toutes lesquelles est erigée, confirmée et enrichie de previleges et indulgences vne confrairie vniverselle à l'honneur et sous le nom du S. Suaire de IESVS-CHRIST. que leurs Sainctetés approuvent et asseurent estre gardés dans ledit monastere de Cadoüin.

Nous leusmes aussi quantité de patentes anciennes des illustrissimes et reverendissimes archevesques et evesques de Frâce, entre'autres de ceux de Bourdeaux, Auch, Tholose, Montauban, Angoulesme, Cahors, Perigueux, Rhodés, Condon, etc. par lesquelles ils permettent de quester et reçevoir les charités et biê-faicts des confreres de la susdite confrairie, et des autres fidelles pour l'entretiê du monastere et hospital de Cadoüin. afin d'y faire faire le service divin avec plus de splendeur, et y heberger nourrir les pauvres et pellerins qui s'y rendoiêt de toutes parts, à raison des grands et continuels miracles, lesquels au rapport et selon le temoignage de ces illustrissimes prelats, s'y faisoiênt tous les jours par la vertu du S. Suaire de IESVS-CHRIST conservé en ce lieu qu'ils recommandent tres-soigneusement à levrs diocesains, faisant paroistre qu'ils l'avoient en grande estime et veneration.

Les mesmes religieux nous exhiberent aussi plusieurs lettres patentes et expeditions de nos roys tres-chrestiens, avec d'autres anciens documens : par lesquels nous reconnusmes avec la ioye de nôtre cœur la devotion hereditaire de cette couronne envers ce preciex tresor de graces, et specialement des roys Charles 5. Charles 6. Charles 7. Charles 8. Louis 12. et du grand sainct Louys (1), la gloire des roys, lequel estant sur le poinct d'aller s'embarquer pour la guerre Ste. vint jusques à Cadoüin, avec ses princes pour rendre ses vœux à IESVS-CHRIST, et luy recommander sans doute cette saincte expédition, qu'il entreprenoit pour son

---

(1) La possession du Saint Suaire ayant amené de grandes richesses au monastère de Cadouin, les religieux firent rebâtir presque immédiatement leur couvent. Ce fut en 1119, c'est-à-dire trois ans à peine après la fondation, qu'ils commencèrent le magnifique monument servant aujourd'hui d'église paroissiale. — Le cloître élevé à cette époque a été refait au xve et au xvie siècles; nous n'essaierons pas de décrire la richesse de son ornementation et la perfection des figures dont il est couvert; mais nous dirons seulement qu'il est un des plus remarquables de France, et qu'en conséquence le gouvernement l'a pris sous sa protection immédiate en le classant au nombre des monuments historiques.

(1) En l'année 1270, le roi Louis IX, de pieuse mémoire, ayant entrepris la septième croisade, traversa le Périgord et se rendit à Cadouin avec ses trois enfants pour y visiter le Saint Suaire.

honneur par les merites du sang precieux qui à empourpré ce sacré linceul. Adioustans, que Louys 11. en consideratiõ de la mesme relique adorable, qu'il estimoit l'hõneur et le plus precieux tresor de son royaume, eust pendant toute sa vie en singuliere affection et recommandation le monastere de Cadoüin où elle repose et y avoit donné des biens pour l'augmentation de plus de soixante religieux, afin que le service divin, ainsi qu'il déclare dans les lettres patentes (1) de sa donation, s'y fist avec plus de splendeur et de solemnité, à la plus grande gloire de IESVS-CHRIST et de son sacré Suaire, auquels il avoit faict vn vœu, peut-estre aussi grand et solemnel que iamais roy ou prince ait faict.

De plus, nous vismes plusieurs documens, par lesquels il nous apparut que quasi en mesme temps que le precieux Suaire de nôtre Redempteur fût apporté de l'Orient audit monastere et commença d'estre en veneration aux peuples de la chrestienté, plusieurs princes et grands seigneurs luy donnerent de si grands revenus en divers endroits et provinces, qu'en moins de vingt ans il fonda sept autres abbayes : Que l'an 1244, vn Alphonce, roy de Castille, imitant ses predecesseurs, prit sous sa speciale sauvegarde tous les biens et mettayries qu'iceluy monastere possedoit en ses terres et les avoit establis comme lieux de refuge et de franchise à tous les criminels qui pourroient s'y sauver; que des roys d'Angleterre, lors qu'ils occupoient la Guyenne, avoient octroyé au mesme monastere et à tous les autres qui en relevoièt, exemption de tous subsides, et decimes comme pareillement exemption de tailles et contributions aux habitans du bourg de Cadoüin; que des reynes de France, d'Angleterre et d'Arragõ, portées de singuliere devotiõ envers le mesme S. Suaire de IESVS-CHRIST, avoièt faict plusieurs dons et presens audit monastere et specialemét les espouses de Louys 7, de Charles 7 et de Charles 8, la premiere desquelles est tenuë comme pour fondatrice de cette abbaye pour les grands biens qu'elle y fit.

De la part des susdits religieux nous furent aussi representez plusieurs titres et documés, qui nous fi-

(1) Les lettres patentes existent encore dans les archives de l'abbaye; elles sont écrites sur trois grands morceaux de parchemin réunis ensemble, ayant 1ᵐ 50 de hauteur sur 0ᵐ 60 de largeur, scellées de trois sceaux en cire verte, aux armes de France, dont deux petits et un beaucoup plus grand. Le titre desdites lettres est ainsi conçu : « Lettres patentes don-
» nées à Macon par le roy Louis XI, portant ratification de l'as-
» siette de 4,000 livres de revenu pour l'acquit de l'obit qu'il
» avait fondé à Cadouin. » Et au dos on lit : « Obit de Louis XI
» du mois d'avril 1482. »

rent voir que les Anglois au temps qu'ils possedoient la Guyenne, s'estans efforcez à diverses fois et specialement l'an 1392, de ravir à la France le S. Suaire, de IESVS-CHRIST pour en enrichir l'Angleterre, vn abbé de Cadoüin pour le preserver de leurs mains, le transporta secretement dans la ville de Tholose, comme en lieu de refuge : où il fût reçeu avec vne ioye incroyable de tous les habitãs; que l'ordre de Cisteaux et la province de Perigord sur la crainte qu'ils eurent que les Tholosains ne voulussent les retenir à perpetuité, intenterent proces en cour romaine et au conseil du roy, le procureur fiscal du roy et du S. Siege s'estant joint à eux pour le recouvrement de ce sacré tresor; que neanmoins à raison des grands dons et offres faits par le peuple Tholosain, comme pour autres considerations le reverendissime abbé de Cisteaux deputé avec d'autres abbez par le chapitre general de l'ordre, transigea solemnellement avec ce peuple pour la demeure perpetuelle du S. Suaire dans leur ville, où il fût conservé jusques à l'ã 1456, qu'il luy fût ravi secretement et raporté dans Cadoüin; qu'ensuitte de cela il s'émeut de grands proces entre ladite ville et les religieux dudit monastere, attã dans l'issuë desquels le roy Charles 7, avoit ordonné que ce ioyau divin seroit mis en garde et depost entre les mains des seigneurs du pays : et comme les Tholosains qui n'en pouvoient souffrir la perte plus long-têps, menaçoient de venir l'enlever à main armée, cela fit qu'on le transporta secretement en Limosin dans l'abbaye d'Obazine du mesme ordre; qu'apres y avoir demeuré caché cinq ou six ans, messire Pieré de Combort, evesque d'Evreux et administrateur perpetuel dudit Obazine, à qui ceux de Cadoüin l'avoièt confié, et qui refusoit de le rendre en estât requis, se vid contraint par commandement expres qui luy en fût fait de la part de sa majesté, de permettre qu'il fûst raporté à Cadoüin; que les Tolosains estans advertis recommencerent leur ancien proces contre les abbé et religieux de ce monastere, et le firent durer pendât plusieurs années en divers parlemens, qu'apres que le S. Suaire eust esté recouvré de leurs mains et raporté d'Obazine dans Cadoüin, le roi Charles 7. permit aux estats de Perigord, à leur instante requeste, de lever certaines sommes sur la province, pour ayder à reparer cette abbaye, qui estoit tombée en grande ruine et desolation pendant l'absence de son precieux tresor, et à raison des dernieres guerres de l'Anglois : de tout ce que dessus et de mille autres particularitez de la susdite transactiõ, nous ayant apparu evidemment, qu'en ce temps-là le S. Suaire de Iᴇsvs-ᴄʜʀɪsт qui aujour-d'huy repose en l'eglise de Cadoüin, estoit singulierement honoré, en tres haute estime et reputation par tout.

Nous vismes encores plusieurs registres et docu-mens, que les mesmes religieux nous exhiberent pour preuve du grand concours des peuples, de la grande devotion de toute la chretienté et des dôs qu'on faisoit de toutes parts à l'honneur de ce precieux depost. Ayans leu de plus parmy les noms des confreres de la devote et celebre confrairie erigée sous son nom, non seulement ceux des plus illustres maisons de France, mais encore des habitans d'Espagne, Italie, Angleterre, Naples, Sicile, Majorque, Minorque et autres sembla-bles païs esloignez, où les procureurs de ladite confrai-rie estoient envoyez de la part des religieux de Cadoüin, aussi bien que dans les provinces de ce royaume. Et entre les presens offerts à notre Seigneur Iᴇsvs-Cʜʀɪsт en consideration de son sacré Suaire, nous remarquas-mes qu'à divers temps vne reyne de France, vne côtesse de la Marche, la ville de Tholose, vn seigneur appellé Almaricus, etc., ont donné jusques à quatre coffres d'argent et vn de pur or, pour servir à conser-ver cette relique adorable ; ayant leu en suite vn an-cien acte du chapitre general de l'ordre de Cisteaux tenu l'an 1230, par lequel il est defendu de vêdre ou aliener celuy d'or et de l'employer à autre vsage qu'à la conservatió du sacré Suaire dàs lequel nôtre Seigneur fût ésevely; celuy d'argét, qui avoit servy jusques alors, estât destiné pour les autres reliques du mesme monastere (1).

Enfin nous fût produit et exhibé vn livre manuscrit, commencé environt l'an mil deux cens, dans lequel apres les preuves humaines, nous leusmes les tesmoi-gnages que Dieu mesme à daigné donner par les si-gnes, vertus et miracles qu'il à pleu à sa divine bonté operer en consideration de l'adorable Suaire de Iᴇsvs-ᴄʜʀɪsт et de la devotion que le peuple luy portoit; sça-voir non seulement par toutes sortes de guerisons, mais aussi par grand nombre de ressuscitations de morts, notamment de ceux qui ont recoùvré la vie et reçeu le S. Baptesme, quoy que sortys morts du vêtre de leurs meres : Et recôneusmes que ces miracles cô-firmez par tesmoins, ou attestés solênellement par les persónes en faveur de qui ils s'estoient faits, avoient

continué depuis l'an susdit mil deux cens, jusques à l'an mil cinq cens ou environ.

Et de surcroist lesdits religieux nous representerent vn tiltre ancien et fort authentique dans lequel il est contenu en ces termes expres, qu'vn grâd nombre de peuple abordoit à Cadoüin de diverses et quasi de tou-tes les parties du monde, pour voir et adorer le sacré S. Suaire, dans lequel Iᴇsvs-ᴄʜʀɪsт au temps de sa mort et passion fût enveloppé et colloqué au sepulcre, côme aussi à cause des infinis et inestimables miracles, que Dieu y operoit evidemment et à veüe d'œil, par sa vertu, sçavoir en ressuscitât les morts, illuminant les aveugles, faisant parler les muets, guerissant les le-preux et demoniacles et delivrant les malades de tou-tes sortes de maladies et infirmitez, etc.

Toutes ces pièces veües et leües avec soin et dili-gence estâs plus que suffisantes pour nous faire con-noistre la verité et certitude du susd. S. Suaire, nous laissasmes quâtité d'autres tiltres et documens, qui concernoient cette mesme relique adorable de nôtre Dieu et Sauveur.

Et les mesme jour, mois et an susdits, nous nous transportasmes de ladite sale dans l'eglise accompagnez comme dessus et fusmes conduits et menez devant le grand autel, où apres nos devotions faites et l'hymne du S. Esprit chanté pour invoquer le secours de ses stes. graces, les venerables PP. prieur et sous-prieur du mo-nastere revestus de Pluviaux, ouvrirent vn assez grand coffre attaché et garotté de bandes et grosses chaisnes de fer, et formé de plusieurs serrures, lequel dés le jour de nôtre arrivée on avoit descendu de la voute de l'eglise, ou il est conservé depuis plusieurs siecles; et ayans faict tirer de dedans le sacré-S. linge, plié dans un drap de soye, et l'ayans premierement faict poser sur l'autel, puis pour le voir mieux au jour, faict por-ter derriere iceluy en la presence de tous les susdits docteurs, prestres et religieux, nous le desenvelopas-mes et l'estendismes de son long et avec respect, mais avec abondance de consolatió, l'ayâs touché, palpé, re-gardé, mesuré, nous le trouvasmes de huict pieds de longueur, conformément à ce qu'en raconte le venerable Bede au lieu sus-allegué et sur quatre de largeur, de lin fort fin autant que nous peusmes iuger, brodé de deux bandes à chaque bout de broderie à la mosaïque (1),

<hr>

(1) Aujourd'hui, le St Suaire est enfermé dans un coffret en bois couvert d'un drap d'or avec angles, charnières et serrure d'argent ; au-dessus de la serrure, on voit des armoiries gra-vées en creux, lesquelles sont répétées en couleur dans l'inté-rieur du coffret.

(1) Le dessin de cette mosaïque est très-singulier; sa pré-sence seule doit indiquer que le St Suaire remonte à des temps très-éloignés de nous. — Ce dessin est formé de petits cercles noirs entrelacés de méandres de la même couleur, dominant un fond chamois et formant ensemble des arrangements bi-

l'vne de quatre doigts de large, et l'autre de deux ou environ ; et nous parut à tous évidément teint en plusieurs endroits de sang meurtri, sueur et onguent meslez.

Ainsi le nom de Dieu invocqué, le cœur touché de respect et de devotion, du commun advis de tous les susdits prestres, docteurs et religieux, nous iugeasmes que c'etoit veritablement le S. et adorable Suaire, qui fut mis immediatement sur le divin chef et corps sacré de nôtre Redempteur et Seigneur Iesvs-christ au temps que mort pour nôtre salut il fut mis dans la sepulture : qu'il ne se pouvoit desirer vne plus grande assurance de cette verité et comme il n'y a point au môde vne plus auguste et plus precieuse relique, puis qu'elle estem pourprée du sang de Iesus-Christ et consacrée par l'attouchement de son corps, aussi ne s'y en pouvoit il trouver de plus certaine ny de mieux attestée.

Et apres avoir rendu grâces à nôtre Seigneur et loüanges à sa bonté infinie et l'avoir adoré en ce precieux monument de sa misericorde, nous le consignasmes entre les mains des susdits venerables PP. prieur et religieux de Cadoüin, à qui il a esté donné en garde par la providence de Dieu et authorité de l'eglise, pour estre comme de coustume exposé au peuple catholique en veneration, pendant tous les sieles à venir.

Et avant que nous sortissions de l'eglise, les mesmes religieux nous firent voir vn tableau affiché à la paroy d'icelle du costé de l'Evangile escrit en parchemin il y a à cinq cens et quelques années : où nous leusmes l'histoire de ce gage precieux de l'amour de Dieu, sa conservation jusques au temps de Mahuvias, roy des Sarrazins, et l'espreuve que ce roy en fit faire publiquement par le feu, le tout conforme à ce qu'en rapporte le venerable Bede, mais vn peu plus dilaté et circonstantié : son recouvremêt faict en la ville d'Antioche par Ademarus, evesque du Puy, legat apostolique en l'expedition de Godefroy de Buillon : son transport en France par vn prestre de Perigord qui l'avoit reçeu d'vn autre ecclesiastique, à qui le mesme legat mourant en Orient l'avoit donné (1) : sa côservation

zarres presque indéchiffrables ; le caractère en est très-difficile à préciser ; nous ajouterons seulement qu'il rappelle plutôt le type de l'ornementation égyptienne ou hébraïque que celle des Romains sous l'empereur Tibère.

(1) Les faits qui précèdent sont constatés dans un manuscrit rédigé par l'un des moines de Cadouin vers la fin du xviie siècle, et dont voici un extrait : « Après la résurrection de notre » sauveur Jésus-Christ, son sacré Suaire, long de huit pieds et » large de quatre, teint de son sang, de sa sueur et des on- » guents dont il fut embaumé après sa mort, ayant été recou-

miraculeuse, lors que le feu s'estant pris à l'eglise, où il avoit esté colloqué par ce devot prestre Perigordin et tout estant reduit en cendres, le seul coffre dans lequel estoit conservé ce divin ioyau fut exempt et preservé de l'action des flammes ; et qu'en suite ayant esté apporté dans Cadoüin par les religieux de ce monastere commençant, qui l'avoient retiré du milieu de l'incendie : il leur fut redemâdé par le susdit prestre, lequel n'ayant pû le recouvrer print l'habit de religion, vivant le reste de ses jours en opinion de saincteté, gardien de ce sacré et precieux tresor.

Nous furent encore exhibez certains vieux parchemins manuscrits de la plus ancienne note de tous les liures de chant, qui se retreuve dans ledit monastere, dont la fondation est de puis cinq cens et tant d'années, où nous vismes avec contentement vn office particulier composé à l'honneur du S. Suaire de Iesvs-christ qui y repose, tant pour les heures que pour le sacrifice de la messe.

Et ayans esté conduits par les mesmes religieux dans leurs sacristie, ils nous firent voir quelques riches ornemens qui eschapez de la furie des herecctiques et des guerres, leur sont parbôheur restez ; entr'autres vn grand drap d'or chargé des armes d'Anne de Bretagne, reyne de France, des chasubles aux armes d'vne reyne d'Arragon et d'autres grands princes, vn calice donné par la maison de Montpensier, vn autre fort ancien qui porte cette inscription sur le pied : *calix civitatis Condomy oblatus Sancto Sudario, ut habitantes in eâ præserventur à peste. Calice de la cité de Condó, offert au*

» vré par un Juif converti à la foy, celui cy et ses éritiers le » possédèrent jusques a la cinquieme generation, ayant tous » ressenti les effets favorables de ce précieux tresor, dans la » prospérité et l'heureux succez de leurs affaires.

» Dela, il tomba entre les mains des infidelles et quoi qu'ils » en fussent indignes, neanmoins le tenant avec honneur, ils » virent leurs biens grandt..... se multiplier, et ce par une » longue suitte d'années, jusqu'a ce que de grands procez s'e- » tant mis entr'-eux et les fidelles environ l'an 670, les uns » et les autres prétendans y avoir droit, tous d'un commun » accord prirent pour leur juge et arbitre Mahuvias, roy des » Sarrazins, successeur d'Haumar (*sic*) sous qui Jérusalem » tomba en leur puissance. Ce roy y ayant fait allumer un » grand bucher, et prié Jésus-Christ de vouloir lui même dé- » cider le différent survenu, il jetta dans le feu son sacré » Suaire pour le prouver, lequel, sans être aucunement endom- » magé, en sortit aussitôt et s'etant guindé (*sic*) tres haut en » lair, il y voltigea longtemps, comme en se jouant jusqu'a ce » que s'abaissant doucement à la vue de tous les habitants » qui étoient accourus à ce spectacle, il alla tomber du coté » des chrétiens. Ensuitte de quoi il fut reveré de tous, et porté » avec cantiques et louanges dans une église de la sainte cité, » ou il demeura jusqu'a l'an mille, qu'il fut transporté dans » celle d'Antioche, etc., etc. »

*Saint. Suaire, afin que les habitans d'icelle soient preservez de peste.* Sacrez tesmoignages de la creance et devotion des peuples envers ce tresor de graces (1).

'De toutes lesquelles choses nous avons dressé le present proces verbal *Vtscribantur hœc ingeneratione alterâ*, afin que tous les peuples de la chrestienté et toutes les generations à venir assurées de la verité de cette tres‑precieuse et incóparable relique de IESVS‑CHRIST, rendent graces à ce seigneur de misericorde, qui à daigné se reduire à la necessité d'avoir besoin d'vn Suaire pour estre ensevely et ce pour nous meriter par ses souffrances la gloire de l'immortalité. Nous l'avôs signé et fait signer à ceux de nôtre suite.

    I. DE LINGENDES, evesque et seigneur de Sarlat, G. DE LA BROVSSE. A. DE NICOL. P. DV BRŒIL, PIERRE DE LA BRANCELIE, de la compagnie de IESVS. PIERRE IARRIGE, de la compagnie de IESVS.

    †    *Du mandement de mondit seigneur l'illustrissime et reverendissime. evesque.*

Locus sigilli. ·        DE MARAVAL, secretaire.

## LE CHATEAU DE LAFORCE.

On sait que la terre de Laforce (2) entra dans la famille de Caumont, le 15 mai 1554, pár suite du mariage de François de Caumont, seigneur de Castelnaut, avec dame Philippes de Beaupoil, baronne de Laforce, de Madurant, d'Eymet et de Montboyer, veuve de François de Vivonne, seigneur de la Châtaigneraie, lequel avait été tué, en champ-clos, par Jarnac, en 1547. On sait aussi que cette terre fut érigée en marquisat, par Henri IV, en 1609, et en duché-pairie, par Louis XIII, en 1637.

A la fin du XVIᵉ siècle, l'habitation de Laforce étant peu spacieuse et ne répondant point, par son aspect, à la position de ses nobles possesseurs, la reconstruction en fut projetée par Jacques-Nompar de Caumont-Laforce, le même qui, encore enfant, avait échappé, comme par miracle, au massacre de la Saint-Barthé-

lemy, et devint maréchal de France et l'un des plus grands hommes de guerre de son époque.

C'est à Laforce qu'en 1585, Henri, alors roi de Navarre, apprit la paix conclue entre Henri III et les Guise, et la défense faite par le roi de France de pratiquer toute autre religion que le catholicisme.

« Le roi de Navarre, disent les *Mémoires*, fit, en ce temps-là, l'honneur à M. de Laforce de passer quelques jours chez lui, où il vivait avec une telle familiarité, qu'il n'y menait personne de sa maison, voulant que ce fussent les officiers de M. de Laforce qui le servissent; il tint même un de ses enfants au baptême et le porta jusqu'au temple, entre ses bras. »

La fondation du nouvel édifice eut lieu, en 1604, sous la direction de l'architecte Boisson, et, pendant les années que durèrent les travaux, M. de Laforce s'en occupa avec une sollicitude continuelle, comme le constate sa correspondance de famille. Ainsi, il écrivait, en diverses circonstances et de divers lieux, à madame de Laforce :

— *De Laforce, octobre 1604* : « Je me suis rendu à Laforce, d'envie que j'avais de voir mon bâtiment, qui me contente fort; l'ouvrage est fort bien conduit : maitre Pierre promet que, dans l'année prochaine, il espère que toute la face qui regarde vers la plaine, à savoir le corps-de-logis et les deux pavillons, seront fort avancés. »

— *De Paris, novembre 1604* : « Sa majesté a trouvé le dessin de mon bâtiment fort beau; il a été vu de toute la cour et fort estimé de tous. Le roi me promet de m'y aider; mais je crains fort, si je ne trouve quelque moyen qui ne coûte guère, qu'il sera mal aisé, car il n'y eut jamais tant de poursuivants ni moins de libéralité. »

— *Décembre 1604* : « J'ai eu, ces jours-ci, nouvelles que l'on travaille fort à notre bâtiment. Le roi en a parlé à la reine, en présence de force noblesse qu'il entretint une heure de la beauté de l'assiette. J'ai fait montre aussi de la soie provenue de nos mûriers, de quoi sa majesté a été fort aise et de voir le soin que je prends à en avoir force. Sa majesté m'a fait l'honneur de me vouloir donner forces choses de sa ménagerie; mais il n'y a pas moyen de les faire porter, à savoir des cygnes, des faisans blancs et autres, des poules de Barbarie et canes d'Inde fort belles. »

— *Décembre 1610* : « Je vous prie, criez fort pour notre bâtiment, afin que la besogne s'avance et nos jardins. Je fais état d'amener un sculpteur. M. de la Barraudière m'a promis aussi de s'en venir à Laforce

<hr>

(1) Il n'existe plus rien de toutes ces richesses, les chasubles ont été déchirées et les calices fondus ; ainsi les Vandales, qui brûlèrent sur la place publique les lettres authentiques des rois et des évêques, voulurent détruire aussi les chefs-d'œuvre des orfèvres du moyen-âge.

                    E. V.

(2) L'usage a consacré d'écrire Laforce en un seul mot.

avec moi; car je veux résoudre mon parterre et l'allée du palemail. »

— *De Laforce*, *mai* 1611 : « Notre fille de Castelnaut me vint voir, il y a trois ou quatre jours, avec notre petit. Nous passons bravement le temps, et je trace de belle besogne avec le fontainier qui veut faire merveilles. Je fais aussi commencer bientôt les fondements des galeries..... Nous avons résolu, ma fille de Castelnaut et moi, de parachever d'unir le parterre; j'ai fait assembler nombre de manœuvres qui ont commencé ce matin. Il y a du plaisir à les voir travailler. Je suis bien marri que je ne puis encore assembler assez de pierres pour entreprendre toute la galerie; mais je fais cejourd'hui cesser tous les ouvriers qui travaillaient dans la maison et les fais tous mettre à la première muraille des galeries, afin de fermer le château et qu'il puisse être en défense; car il n'y a point de raison que, parmi ces rumeurs de guerre, tout soit ici à l'abandon : j'espère que, dans dix ou douze jours, il sera fermé. Je fais aussi hâter tous les planchers du pavillon double. Croyez que ma présence n'a pas été inutile ici et que j'ai fait fort avancer notre besogne, même pour encourager les paysans, que je fais tous venir, à tour de rôle, pour le charroi de la pierre, et leur fais reconnaître qu'ils en pourraient avoir besoin eux-mêmes pour la retraite. »

— *De Tonneins, juillet* 1614 : « Si vous êtes brave femme, vous nous viendrez voir à Laforce et dire un petit votre avis sur le bâtiment. Je plaindrais fort ma peine et mon argent si vous ne voulez participer au contentement. »

Le château de Laforce, enfin achevé, se trouva l'un des plus beaux de la province de Guienne, tant par sa magnifique situation sur la plaine de la Dordogne que par l'élégance de sa structure et par l'éclat et le poli, presque inaltérables, des matériaux employés, et qu'avaient fournis les carrières de Russac, près Lalinde. Sa construction seule avait coûté 184,000 livres, à une époque où la valeur du marc étant à sa valeur actuelle à peu près comme 4,516 est à 11,952, la somme ne serait pas représentée aujourd'hui par 500,000 francs.

Ce monument, qui avait demandé tant de frais et de soins, fut sur le point de disparaître, quelques années à peine après son achèvement, pendant les guerres de religion qui désolaient la France. En 1622, le duc d'Elbeuf, qui commandait les troupes du roi Louis XIII et cherchait à soumettre toutes les villes et places du parti protestant, résolut de mettre le siége devant le château de Laforce. Malgré les représentations et les

instances des seigneurs qui l'accompagnaient, et dont plusieurs étaient amis ou parents de la famille de Laforce, le duc d'Elbeuf arriva, à la fin de janvier, devant le château, que M. de Laforce, alors à Sainte-Foy, vint secourir en toute hâte. Le siége dura quatre jours; après des négociations infructueuses et des escarmouches dans la plaine, qui coûtèrent plus de deux cents hommes à M. de Laforce, le duc d'Elbeuf regagna Bergerac, par suite d'une résolution subite qui n'a pas été bien expliquée, et il fut convenu que le château demeurerait neutre. Cet édifice avait eu beaucoup à souffrir, et l'un des pavillons avait reçu plus de trois cents coups de canon; les jardins avaient été dévastés, les écuries et granges réduites en cendres, ainsi que soixante maisons du bourg ou des environs, et plusieurs habitants avaient été victimes de la cruauté des assiégeants. Cette même année, M. de Laforce fit sa paix avec Louis XIII.

A la fin de sa glorieuse carrière, ce ne fut ni à Paris, ni à Castelnaut-des-Mirandes, ni dans quelque autre de ses terres de Béarn ou de Normandie, que le duc de Laforce songea à se retirer, mais dans ce château de Laforce qu'il avait bâti et toujours affectionné. — « C'est là qu'il voulait, comme il le disait lui-même, se donner le plaisir de jouir de cette douce vie qu'offre le repos de la maison à une vieillesse telle que celle à laquelle il était parvenu, après les grands travers qu'il avait soufferts. »

Quelques semaines avant cette retraite, il assistait et contribuait, plus qu'aucun autre, à la victoire de Zouafques, où, suivant les historiens, « le maréchal de Laforce, malgré ses 80 ans, resta tout le jour à cheval, armé de toutes pièces, assisté du marquis de Castelnaut, son fils, maréchal de camp. »

Il mourut à Laforce, le 10 mai 1652.

M. de Laforce se trouvant dans le carrosse de Henri IV au moment où ce prince fut assassiné, le poignard de Ravaillac avait été conservé, jusqu'en 1793, au château de Laforce. Cette arme a été restituée à la famille, après la révolution.

Le fils aîné du maréchal de Laforce, Armand de Caumont, qui devint, après la mort de son père, duc, pair et maréchal de France, rentra dans le sein de l'église catholique, et mourut à Laforce le 16 décembre 1675.

Citons encore trois membres célèbres de cette famille :

Henri-Jacques de Caumont, pair de France, né le 5

mars 1675; membre de l'académie française en 1715.
Il avait fondé l'académie de Bordeaux, en 1713.

Charlotte-Rose de Caumont, morte en 1724. Elle a laissé plusieurs ouvrages en prose et en vers.

Henri-François-Xavier de Belsunce de Castelmoron, né au château de Laforce, le 4 décembre 1671, d'Armand de Belsunce, marquis de Castelmoron, et d'Anne de Caumont-Lauzun. Devenu évêque de Marseille en 1710, Belsunce brava héroïquement la peste qui désola cette ville de 1720 à 1721, en pratiquant la charité et l'abnégation pratiquées, avant lui, par Charles Borromée, et plus récemment par Hyacinthe de Quélen et Denis Affre.

Arriva l'année 1793, année de vandalisme, de terreur et de sang. L'on aurait, peut-être, été tenté d'espérer que le château de Laforce échapperait à la tempête. Sa construction n'avait rien de commun avec ces forteresses ou ces donjons féodaux qu'on pouvait considérer, jusques à un certain point, comme des instruments de despotisme; aucun souvenir d'exactions tyranniques ou de drames mystérieux ne s'y rattachait. Mais certains hommes d'alors avaient entrepris — folie immense! — de faire oublier toute notre histoire passée, en livrant au marteau les monuments, aux flammes les archives nationales, à la mort les familles renommées..... Sous les ordres du conventionnel Joseph Lakanal, la démolition du château de Laforce fut résolue et accomplie. Tout ce que les illustres possesseurs de cette demeure y avaient assemblé : marbres élégants, arabesques brillantes, riches tapis, vases antiques, meubles précieux, somptueuses tentures, magnifique bibliothèque, tableaux et portraits, dont plusieurs de la main de Van Dyck et d'autres grands maîtres, tout fut renversé, mis à l'encan, vendu à vil prix, brisé, profané ou soustrait. Quant aux manuscrits, correspondances et titres de famille, lettres de souverains, documents historiques, on les amoncela au milieu de la cour d'honneur, et le feu, en les dévorant, noircit les murs à demi-écroulés.

En sorte que de cette maison magnifique il ne reste plus une pierre; et, sur son emplacement, livré à la culture, c'est à peine si une dépression du terrain indique encore le large fossé qui isolait complètement le château, lorsque le pont était levé.

Seules, les écuries, connues sous le nom de *Recettes*, sont encore debout. Elles ont remplacé celles qui furent incendiées en 1622; mais, par une négligence au moins blâmable, ce bâtiment, fort remarquable, se détériore de jour en jour. Ces écuries, les plus belles de France après celles de Chantilly, sont divisées en deux parties, dont celle de l'est était destinée aux chevaux étrangers et celle de l'ouest aux chevaux de la maison. Au-dessus étaient les greniers à blé.

Les *Recettes* étaient séparées du château par une vaste surface gazonnée; à l'est était une allée de marronniers où venaient danser, le jour de l'Assomption, villageois et villageoises. La présence et les largesses du seigneur de Laforce encourageaient leur joie. Des vieillards se rappellent aussi les gracieux reposoirs de Fête-Dieu exécutés par les dames du château, sous le portique d'entrée.

C'est encore à la piété de la famille de Laforce que l'église actuelle, bâtie en 1733, doit la boiserie d'autel, d'ordre corinthien, à colonnes torses, que l'on y remarque, mais dont le mérite a été masqué, il y a peu d'années, sous un bariolage de mauvais goût. Il n'y avait point de chapelle dans le château; un oratoire, situé au-dessus de l'entrée principale, y fut inauguré le 24 octobre 1737.

Ce fut dans l'église que l'on inhuma les membres de la famille de Laforce décédés depuis 1737 jusqu'à la révolution. Il n'est point hors de propos de les mentionner ici, quoiqu'il ne reste aucune trace extérieure de leurs tombeaux, sinon deux marbres funéraires qui furent brisés à cette dernière époque, et relégués dans les *Recettes*.

1° Antonin de Caumont, marquis de Castelnaut, âgé de 17 ans, mort en 1737;

2° Jacques-Armand de Caumont, marquis de Laforce, âgé de 3 ans, mort en 1762;

3° Armand-Nompar de Caumont, duc de Laforce, qualifié, sur l'épitaphe, de « pair de France, marquis de Caumont, de Taillebourg, de Madurant, Eymet, Boesse et Cugnac, comte de Mussidan, baron de Castelnaut-des-Mirandes, seigneur de la Prévôté et domaine de Bergerac et autres lieux, » âgé de 86 ans, mort en 1764.

La légende est surmontée des armoiries complètes de la famille, deux licornes supportant l'écu, avec cette devise : *Fit via vi*;

4° Alexandre-Nompar, marquis de Caumont, âgé de 9 mois, mort en 1765;

5° Enfin, un vieux domestique, nommé Sébastien, dont la famille de Laforce n'avait pas voulu se séparer, même après la mort, noble pensée qui honore également les maîtres qui la conçurent et le serviteur qui en fut l'objet.

JULES DETERMES.

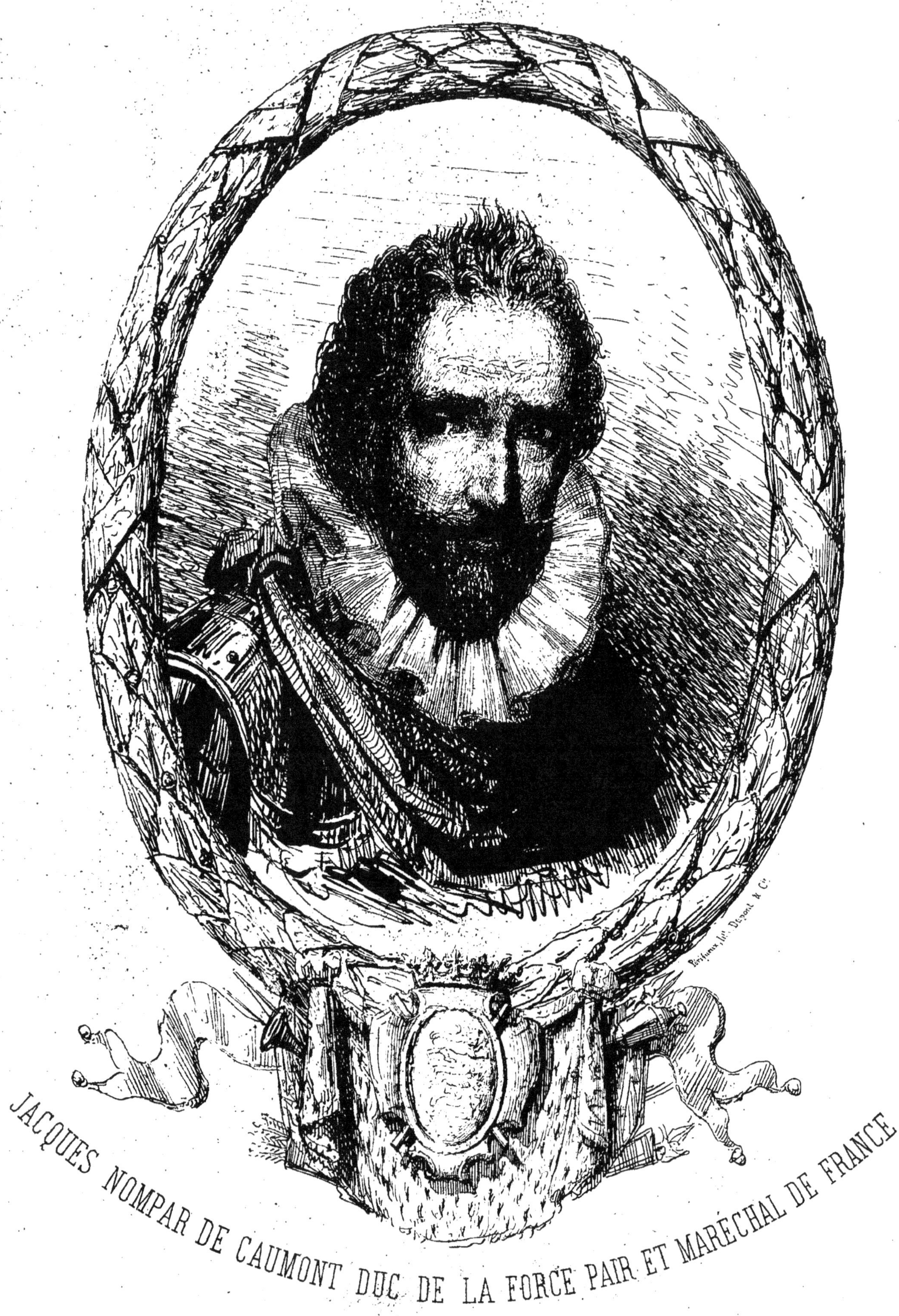

JACQUES NOMPAR DE CAUMONT DUC DE LA FORCE PAIR ET MARÉCHAL DE FRANCE.

## MONTAIGNE ET LES ESSAIS.

—

### ÉTUDE PHILOSOPHIQUE ET LITTÉRAIRE.

---

> Egalement m'en sera acceptable et utile la con-
> damnation comme l'approbation tenant pour ab-
> surde et impie si rien se remontre ignoramment ou
> inadvertemment couché en cette rapsodie contraire
> aux saintes résolutions et prescriptions de l'église
> catholique, apostolique et romaine, en laquelle je
> meurs et en laquelle je suis né.
> (*Essais*, liv. 1er, chap. 56.)

On répète assez couramment le nom de Montaigne, on connaît sa vie, on connaît moins ses œuvres, et l'on n'apprécie pas à sa juste valeur la portée philosophique de cet esprit, dont quelques-uns font un sceptique, d'autres un moqueur, plusieurs un libertin. On a voulu résumer tout Montaigne; sa vie et ses écrits, sa philosophie et sa morale dans sa maxime fameuse : *Que sais-je?* et on lui fait tort : l'ami exalté de La Boëtie, le catholique fervent qui meurt par un effort d'adoration et d'amour, croyait et aimait; il avait au cœur l'amitié, en l'esprit la foi hautement plantée, et il fut meilleur que son siècle, sa vie meilleure que ses écrits, sa mort meilleure encore que sa vie. Ceci n'est donc pas une *biographie* : on connaît suffisamment les particularités de la vie du philosophe, si d'un seul mot on peut nommer ce génie si *ondoyant* et si *divers*. Ce sera, si l'on veut, une *étude* philosophique et littéraire, si le mot n'est pas trop ambitieux pour ces quelques pages, écrites à mesure et à même des impressions ressenties de la lecture des *Essais*, et qui peuvent tout au plus former une esquisse du philosophe, du moraliste, du lettré et finalement du chrétien.

Michel-Eyqhem de Montaigne, né au château de Montaigne, en Périgord, vécut de 1533 à 1593, pendant soixante années des plus orageuses et des plus tristes de notre histoire. La réforme obtenait droit de cité et liberté de persécution, en Allemagne, par la paix de Nuremberg, et elle faisait de Genève son entrepôt de haines, d'erreurs et de mensonges contre l'Eglise, aux portes de la France, lorsque naquit cet enfant, dans un château isolé d'une pauvre province; il expirait au lieu qui l'avait vu naître, avant que la ligue ne fut dissoute et que l'abjuration de Henri IV ne réconciliât le principe monarchique avec la tradition catholique de la France. La vie de Montaigne embrasse donc tout entière la longue et sanglante période de nos guerres de religion; il est bon de connaître le milieu où se développa ce génie inquiet et sagace pour en mieux com-



prendre les qualités et mieux en excuser les erreurs. On sait comment Montaigne fut élevé, et comment la tendresse trop indulgente et trop empressée de son père fit nourrir ce jeune esprit si précoce de l'étude exclusive et passionnée de l'antiquité. A treize ans, il avait terminé ses études classiques sous les maîtres les plus fameux que la renaissance nous eut alors donnés. Destiné d'abord à la magistrature, il ne tarda pas à abandonner cette carrière, et promena son inquiétude native et sa passion d'indépendance, dans ses voyages en France, en Allemagne, en Suisse, en Italie. Son voyage d'Italie marque dans son existence; il vit Rome, qu'il comprit et qu'il admira presque autant comme chrétien que comme lettré; mais à Lorette, où il s'arrêta pour faire ses dévotions, il montra une piété toute chevaleresque. L'humaniste de la renaissance disparut devant le chrétien fervent; et Marie, sans doute, recevant les hommages de Michel, garda la foi, par une protection efficace, au fond de ce cœur troublé, mais sincère; et du moins elle lui obtint la grâce d'une belle mort. Montaigne fut élu deux fois maire de Bordeaux, et, après avoir exercé cette charge, il se retira dans son château de Montaigne, où il acheva ses *Essais*, à ses heures de loisir, de rêverie, de misanthropie et de tristesse. Lorsqu'il sentit venir la mort, il fit célébrer la messe dans sa chambre, et, se soulevant au moment de l'élévation pour adorer le divin sacrement, il expira dans cet effort de piété, dans ce dernier acte de foi et d'amour. Ce n'est pas une biographie de Montaigne que nous écrivons, elle est tout entière et très-détaillée, semée çà et là dans les *Essais*; mais il est bon d'embrasser d'un coup d'œil les lignes principales de sa vie, avant d'étudier le mouvement de cette rare intelligence, et pour mieux comprendre ses idées, ses préoccupations, l'influence de son siècle dans ses erreurs et ses préjugés.

Commençons par indiquer l'objet et le but des *Essais*, si ce livre si multiple et si divers, sans unité, ni plan, ni suite, eut un but et un objet. « Je suis moi-même la matière de mon livre, nous dit-il dès la première page; je veux qu'on m'y voie en ma façon simple, naturelle et ordinaire, sans contention et artifice, car c'est moi que je peins, mes défauts s'y liront au vif, en ma forme naïve autant que la révérence publique me l'a permis.» Et il continue ainsi, sans changer ni hausser le ton, entrant en matière de plain-pied et sans autre préambule. Il s'en va, discourant, devisant, philosophant, racontant, radotant, de çà, de là, sur tout sujet, et toute matière; sans autre but que d'occuper son esprit si vif et si alerte, sans mesure que celle de ses satiétés et redites. Il prend une idée, la suit un moment, la quitte, la reprend pour la perdre encore et ne la retrouver plus qu'après d'incroyables détours, qui pourtant ne sont pas des divagations, lorsqu'il daigne toutefois, la retrouver et la reprendre. Ne lui demandez pas de suite de liaison, de transitions oratoires, de ménagements non plus que de retenue et de décence. Il dit tout par son nom sans périphrase et sans vergogne; et il ne semble aider la phrase que pour avoir la satisfaction quelque peu pédantesque, lui pourtant qui se moque si finement du pédantisme, quelque part, rien que pour avoir, disons-nous, la satisfaction de citer quelques-uns de ses auteurs qu'il a sans cesse à la bouche et en l'esprit : Cicero, Seneca, Plutarque et les autres. De façon que son discours n'est le plus souvent qu'une *farcissure,* comme il dit, où le fil de sa parole ne sert qu'à enfiler textes et citations, chapelets de perles ou de verroterie. Ce n'est pas là, du reste, qu'il est le plus aimable ni même le plus décent. Mais lorsqu'il suit le mouvemetn du cœur humain, et qu'il anatomise une passion, lorsqu'il devise sur un propos de morale, ou qu'il discourt sur toutes choses, à propos de rien, d'un accident qui lui est survenu dans ses guerres ou dans son château, d'un mot qu'il a retenu, d'une coutume qu'il a observée; oh! alors, il fait bon le suivre à petits pas, les mains derrière le dos, les yeux vagues et errants au ciel ou sur les horizons, rarement fixés sur un objet, dissertant dans les nuages, sur la vertu et sur l'amitié; ou disant son fait bravement, aux erreurs et aux préjugés de son siècle, d'une façon fine et narquoise, souvent avec une bonhomie pleine de sens et de malice, et qui rappelle celle de La Fontaine. On le voit ainsi marchant dans la haute chambre de sa tour au plafond de poutrelles tout incrusté de belles sentences grecques et latines, y attachant l'œil parfois, jetant un regard audehors à travers les étroites fenêtres cintrées, s'arrêtant d'un air pensif, et reprenant sa marche inégale, avec le mouvement de sa pensée, en secouant la tête et murmurant : *Que sais-je?*

Mais, vraiment, on aurait tort de le prendre au mot, et de le juger d'après son livre. Sans doute, il s'y peint par traits détachés, par saillies et par boutades, mais non tout d'une pièce. Il a dit que : « C'est un sujet merveilleusement vain, divers et ondoyant, que l'homme (1). » Et il nous avertit bien souvent de ses propres défauts, de ses vices dont le plus constant

(1) Liv. Ier, ch. 1.

est son inconsistance même; néanmoins, au fond, c'est toujours l'homme, et si son visage est muable, son âme se retrouve toujours la même, comme ces eaux profondes dont la surface est diversement troublée et réfléchit successivement tous les objets qui passent sur ses bords, mais dont le fond renferme les mêmes abîmes et les mêmes mystères. Encore un coup, Montaigne dit trop de mal de lui-même; et, par désir de se montrer, comme il dit, en sa forme naïve, avec tous ses vices et ses défauts, il s'exagère, il se calomnie par amour-propre, afin de ne paraître pas se cacher et se ménager. Il se donne en spectacle; il faut bien que la *fable,* comme dirait Erasme, soit intéressante, extraordinaire et incidentée. D'ailleurs, comme il le dit si bien : « Nous ne sommes jamais chez nous, nous sommes toujours au-delà (1). » Et certainement, il était au-delà, et souvent au-dessus de ses perscrutations moroses, de ses citations obscènes, de ses investigations sceptiques et de ses contes malpropres. Il y avait en lui plusieurs hommes, et leur *couture,* comme il dit, n'est pas très-apparente. Il était l'homme des anciens et l'homme de son siècle; il était chrétien en sa créance et sceptique dans son cabinet, moral en sa conduite et très-libre dans ses propos; la foi rangée à la discipline de l'Eglise, et l'esprit oseur et audacieux, s'aventurant à la suite des sectes philosophiques de l'antique et courte sagesse, et vengeant la tradition catholique contre les entreprises de la réforme; croyant en la Providence, et dévot adorateur de la mère Nature; en un mot, divers en ses propos et en sa conduite, en ses rêveries et en ses mœurs.

C'était le mal de son époque et la funeste infatuation de son siècle. L'esprit se déclarait indépendant, la parole se croyait libre, et elle prenait ses franches repues dans toutes les écoles de la folie humaine, dans tous les carrefours hantés par les muses païennes. Et, le croirait-on? de bonne foi (au moins pour certains esprits, et Montaigne un des premiers) par manière de passe-temps, sans penser à mal, sans intentions hostiles, sans préméditation de haine contre l'Eglise et de révolte contre les mœurs; mais c'était un besoin de se dérober enfin par la fine pointe spéculative de l'esprit, par les charmes de la parole et les grâces du discours, par la poésie et la rhétorique, par tout ce qu'on pouvait dérober, en un mot, à l'austère discipline de l'Eglise, sans rompre le lien de la foi. Cette vieille mère du moyen-âge, que les années avaient faite un peu

(1) Liv. Ier, ch. 3.

bien triste et chagrine, on pouvait bien l'aimer encore et la respecter, sans prendre trop à la lettre ses inquiètes recommandations d'obéissance, d'humilité, de modestie et de pénitence ; soins exagérés et recommandations inutiles qu'on lui pardonnait pour son amour et ses services d'autrefois, mais que pouvait bien dédaigner la sagesse renaissante, renouvelée des Grecs et des Romains.

Qu'on y prenne garde pourtant, nous ne justifions pas Montaigne, nous l'expliquons, nous osons à peine l'excuser en rejetant sur son siècle une grande part de la lourde responsabilité qui pèse sur ses erreurs. L'Eglise les a condamnées, et les jugements de l'Eglise sont pour nous si sacrés, que nous craindrions de diminuer notre obéissance en essayant de les justifier. — *Judicia illius vera, justificata in semetipsa.*—Du reste, la foi même et la soumission de Montaigne sont allées au-devant des censures de l'Eglise, et il a prononcé ces belles paroles dont nous avons fait l'épigraphe de ce travail, comme étant les plus nobles, les plus chrétiennes et les plus honorables qu'il ait prononcées. Mais, en étudiant Montaigne, nous étudions son siècle, et nous avons à rendre raison de ces étranges anomalies qui se découvrent dans les *Essais* et qui ont fait si diversement juger le songeur et le philosophe ; ici précurseur de Voltaire, là chrétien fervent et dévot.

Nous prenons entre deux, et nous demandons compte à la renaissance de sa funeste influence sur un si rare esprit. Du reste, pendant que de hardis réformateurs mettaient tout en question et rejetaient tout entier le vieux symbole catholique, on se croyait encore bien sage de n'employer que ses loisirs littéraires et philosophiques au libertinage de l'esprit et de la parole. L'on avouait sans difficulté ses excès de langue ; on ne s'en glorifiait pas encore, mais l'on ne croyait pas qu'il fallut même s'en excuser. — « Je suis affamé de me faire connaître, dit Montaigne, et ne me chault à combien, pourvu que ce soit véritablement (1) ; moi qui ai la bouche si effrontée, dit-il ailleurs très-aisément. » Il le confesse, vous l'entendez ; et qui l'a lu et pratiqué deux chapitres durant, avoue qu'en effet, ici, il ne se calomnie pas. Il a la bouche effrontée, et les *Contes* qu'il entremêle à ses investigations et divagations philosophiques n'ont rien à envier, pour la brutalité, aux *Contes* plus ou moins fameux dont le seizième siècle amusait son imagination libertine. Et pourtant il se destinait au public ; il nous l'a dit ; il se

(1) Liv. iii, ch. 5.

montre, il s'expose plus encore qu'il ne se peint et se décrit. — D'où vient un tel oubli du sens moral et un tel mépris de l'honnêteté dans un homme d'un tel bon sens, lorsqu'il pense de lui-même ? Encore un coup, c'est la maladie de son siècle qui le prend et lui fait commettre de tels excès, le libertinage de la parole qui répond au libertinage de l'esprit. Et puis, à l'imitation des anciens, tant admirés, tant vantés, tant étudiés, il faut bien mêler l'image des voluptés aux spéculations de la philosophie. Ainsi faisaient, dans leurs *symposiums* et leurs infâmes pratiques, ces sages si grands, vus de loin et dans l'enthousiasme de l'école ; si méprisables, vus de près et dans la vérité de l'histoire. Pour Montaigne, il y a une autre raison, nous ne disons pas une autre excuse ; il a promis de se faire voir tel qu'il est, et il veut tenir parole, coûte que coûte, à la pudeur et à l'honnêteté ; et il se croit esclave de sa parole, le faux bonhomme. Etrange point d'honneur, s'il est sérieux ! Il est vrai que Montaigne aurait bien pu, là-dessus, ne pas nous engager sa parole : ni les lettres ni sa mémoire n'y auraient rien perdu.

Mais, encore une fois, Montaigne vaut mieux que son livre, car il ne s'y peint pas tout entier. Le chrétien, le penseur, n'y apparaissent qu'à de rares intervalles, et ils abondent de foi, d'éloquence et de bon sens. L'homme de la renaissance, le lettré, ce qu'on est convenu d'appeler plus tard le libre penseur, et qui, dans les *Essais,* n'est qu'une manière de bel-esprit sans conséquence, le philosophe spéculatif, épris de la fausse sagesse des anciens, parce qu'il est charmé de leur beau langage, y tiennent les principales parties et y jouent les premiers rôles. Ce n'est donc pas l'homme, ce n'en est que l'extérieur, les défauts et les qualités, non les vertus.

Tel quel, dans les *Essais,* suivons-le cependant, et il nous montrera, au passage, d'excellentes réflexions, des mots heureux, des saillies de bon sens et de bonne humeur, des éclairs de génie et des coups d'éloquence. En même temps, il nous révélera les préoccupations de son siècle, le mouvement des esprits, les aberrations de la pensée à la renaissance, et l'enthousiasme des lettrés se repaissant de la vaine et quelquefois immonde pâture de l'antiquité, pour répéter son élégant et froid langage. Nous ne l'analyserons pas cependant, travail impossible dans cette infinie variété de pensées et de sujets. Nous ne le suivrons pas non plus chapitre par chapitre, fatigue trop grande pour les détours qu'il prend, pour les mille chemins qu'il commence sans en achever un seul, les écarts où il se jette, et l'inégalité de ses allures plus nombreuses que ses sujets. Mais, en feuilletant son livre, nous en marquerons les passages les plus saillants, les pensées les plus originales; nous en noterons les parties les plus saines, et nous en blâmerons les erreurs les plus dangereuses, nous arrêtant aux endroits qui nous expliquent le mieux l'époque où vivait cette ingénieuse et féconde originalité, aux passages qui nous révèlent le mieux l'homme que nous cherchons, que nous voudrions mieux connaître pour l'admirer plus sainement et plus à propos. Ceux qui ont pratiqué Montaigne le verront peut-être sous un aspect qui leur semblera nouveau, et ceux qui ne le connaissent pas sauront de l'un de nos plus ingénieux écrivains tout ce qu'il est bon de savoir et de connaître, sans s'exposer au danger de ses erreurs et aux excès de sa plume. Qu'il soit bien entendu que nous ne toucherons, pas même de loin, pas même pour les indiquer du doigt, certains chapitres qui, sous des titres innocents, renferment d'inqualifiables obscénités, et où la corruption des poètes grecs et latins vient ajouter son gros sel. Ne remuons pas cette boue. *Qui tetigerit picem, inquinabitur ab ea.* — Disons ce dernier mot pourtant, afin de décharger la mémoire de Montaigne : Il n'y mit pas plus d'art que de pruderie, et il n'a pas jeté de fleurs, pour le parer, sur le fumier de ses mauvaises paroles gauloises, grecques et latines. Cet art de raffinement où excellent nos modernes romanciers, Montaigne l'ignore, et l'on voit qu'il se dégorge sans artifice et sans préméditation.

Notons donc en passant les phrases, les pensées et les mots où s'empreint avec plus de naïveté, la vive originalité de notre écrivain et de notre philosophe. Le premier trait qu'il nous donne de son esprit, c'est de se plaindre de sa mémoire. On sait le proverbe : *Nul n'est content de sa mémoire, ni mécontent de son esprit.* Montaigne y revient plusieurs fois, et vraiment il a besoin d'y revenir pour nous persuader, car la multitude de citations qu'il amasse, de textes qu'il coud à son discours, les aventures qu'il raconte à même de ses dissertations et de ses rêveries, et qui s'assortissent bien à son sujet; tout cela ferait croire au contraire qu'il eut la mémoire la plus heureuse qui fut oncques. Toujours est-il qu'il s'en plaint et très-compendieusement; et il met sur le compte de ce défaut, sa négligence aux affaires civiles et domestiques, son indifférence même pour ses communs amis. Mais il aime à revoir les lieux et les livres qui l'ont charmé, et l'on aime à lui entendre dire cette phrase charmante : « Les lieux et les livres que je revois me rient toujours

d'une fraîche nouvelleté (1). » Habitué à prendre ses aises dans le domaine de la pensée, à vaguer sans but au pays de l'imagination, il n'aimait ni l'assujétissement des cérémonies, ni la pratique gênante de la civilité. « J'ai vu souvent, dit-il finement, des hommes incivils par trop de civilité, et importuns de courtoisie (2). » Il ajoute néanmoins, pour l'acquit de sa conscience : « C'est, au demeurant, une très-utile science que la science de l'entregent. Elle est comme la grâce et la beauté, conciliatrice des premiers abords de la société et familiarité (3). » Pensée vraie, expression plus remarquable encore. *Entregent*, si français et si naturel, aurait bien dû rester dans notre langue. Montaigne est tout plein de ces mots simples, expressifs, pittoresques dont nous remarquerons quelques-uns, et qui ne sont plus, hélas! que du domaine de l'archéologie littéraire. La langue du naïf et fécond écrivain est aussi plantureuse et variée que la plaine arrosée par la rivière de *Dordoigne* qu'il pouvait contempler des hautes fenêtres de sa tour.

Chemin faisant, avec cette allure nonchalante et inégale que nous lui connaissons, il rencontre de graves sujets qu'il médite, de sérieuses considérations auxquelles il s'arrête. Il a tout un chapitre : *Que philosopher c'est apprendre à mourir*, où cette pensée de la mort est développée avec beaucoup de force et d'éloquence. Il philosophe, il est vrai, et disserte avec Plutarque et Cicéron, avec Lucrèce et Horace, avec Sénèque surtout, dont il traduit tout un long passage d'une lettre à Lucilius, sans s'en douter peut-être, du moins, sans en avertir, lui qui ramasse curieusement toute espèce de citations. C'est donc un peu fier et dédaigneux, comme toute la philosophie antique; c'est très-spéculatif surtout, s'enfonçant aux nuages et se jouant en subtilités, mais il y a de belles et énergiques pensées; entre autres : « Nos parlements renvoient souvent exécuter les criminels au lieu où le crime est commis; durant le chemin, promenez-les par de belles maisons, faites-leur tant bonne chère qu'il vous plaira, pensez-vous qu'ils s'en puissent réjouir? Et que la finale intention de leur voyage leur étant ordinairement devant les yeux, ne leur ait altéré et affadi le goût à toutes ces commodités? Le but de notre carrière, c'est la mort... » Et il continue la comparaison, outrant un peu cette philosophie qui ne savait pas garder de mesure, et qui n'avait pas goûté le

(1) Liv. Ier, ch. 19.
(2) Liv. Ier, ch. 13.
(3) *Idem.*

précepte de l'apôtre : *Sapere ad sobrietatem* ; mais, continuant toujours d'un style ferme et soutenu , il s'amine ailleurs en parlant de ceux qui ne pensent pas à la mort : « Ils vont, ils viennent, ils trottent, ils dansent, de mort, nulles nouvelles, tout cela est beau ; mais aussi quand elle arrive ou à eux ou à leurs femmes, enfants et amis, les surprenant en dessoude et au découvert, quels tourments, quels cris, quelle rage et quel désespoir les accable? Vites-vous jamais rien si rabaissé, si changé, si confus? Il y faut pourvoir de meilleure heure. » Le tableau est vrai, frappant, fait à coups de pinceau vifs et énergiques.

Montaigne est un grand peintre, presque toujours sans avoir rien de trop achevé ni de trop fini ; il est souvent un penseur profond et un excellent moraliste ; il fait bon le lire à ces beaux endroits, et l'on comprend comment M. Nicolas, dans ses *Etudes philosophiques sur le christianisme*, le place à côté de Pascal ; et vraiment, le voisinage ne fait nul tort à notre penseur périgourdin, ni pour le style ni pour la pensée. Quelquefois, nous le voyons faire un retour sur lui-même, et, nous l'entendons, en ce même chapitre, faire une réflexion mélancolique : « Je suis pour cette heure en tel état, Dieu merci, que je puis déloger quand il lui plaira, sans regret de chose quelconque. Je me dénoue partout, mes adieux sont tantôt prins de chacun, sauf de moi. » Voilà bien le chrétien qui perce sous l'écorce morose du philosophe. *Je me dénoue partout*, voilà toute la vie spirituelle du chrétien, résumée en trois mots, et tout le mysticisme des ascétiques. Voilà comment la vraie philosophie se rencontre dans la lumière de la vérité avec la théologie. Celle-ci descendant du ciel, celle-là montant de la terre, et elles s'embrassent sur ces lumineux sommets où la raison respectueuse et soumise se prosterne devant le verbe divin, transfiguré dans sa chair mortelle. Nous disons la vraie philosophie, et non cette fausse science des faux sages qui prétend découvrir la *vérité* et reconstituer la synthèse détruite des vérités primitives et originelles, sans le secours de la révélation. Science orgueilleuse et vaine, incomplète et trompeuse, à laquelle succombe trop souvent Montaigne, et à laquelle d'autrefois il donne de si rudes et de si éloquentes leçons.

Tout ce chapitre, s'il n'était pas coupé de textes et farci de citations, s'il était plus attendri par le souffle de la piété chrétienne, serait très-beau à lire et très-utile à méditer. Ailleurs, quelques chapitres plus loin, il parle de la *coutume*, et il semble, au point de vue philosophique, croire que les mœurs ne sont que des coutumes, et les vérités des préjugés d'éducation ; erreur où tombent facilement les raisonneurs outrés. Sans guide ni tradition dans la recherche de la vérité, il leur semble que la vérité change et varie parce qu'ils flottent eux-mêmes à tout vent de doctrine ; illusion semblable à celle des enfants qui croient que tout tourne autour d'eux, lorsqu'ils sont emportés par un véhicule rapide. Néanmoins, notre philosophe nous indique ici de très-ingénieuses et très-profondes pensées. « Je trouve, dit-il, que nos plus grands vices prennent leur pli dès notre plus tendre enfance, et que notre principal gouvernement est entre les mains des nourrices (1). » « De vrai, ajoute-t-il plus loin, il faut noter que les jeux des enfants ne sont point jeux, et les faut juger en eux comme leurs plus sérieuses actions. » Les grands et sains esprits se rencontrent, dit-on, cela doit être, puisqu'ils explorent le même domaine, qui est celui de la vérité. Joseph de Maistre a dit que l'homme, c'est-à-dire l'homme *moral*, est déjà formé à dix ans , et qu'il se forme sur les genoux de sa mère. Montaigne a dit la même vérité, en sa forme plus familière et non moins vive ; et lui-même est un argument de cette profonde observation, car s'il avait été plus long-temps soumis à la douce et irrésistible discipline d'une mère chrétienne, nous ne trouverions pas dans ce philosophe tant d'erreurs, dans ce caractère tant de défaillances. L'onctueuse parole et l'exemple de sa mère lui eussent enseigné plus de vérité et de vertu que le beau langage et l'enthousiasme soldé de ses maîtres. Si cet exemple était mieux médité, cette vérité plus connue et pratiquée, nous aurions sans doute plus d'hommes, c'est-à-dire plus de convictions et de caractères.

C'est une de ces vérités fécondes comme Montaigne en laisse échapper sans prendre garde souvent à leur importance. Il est vrai qu'à son époque, et malgré la funeste influence d'un enseignement qui commençait à transformer la société, l'enfant restait auprès de sa mère plus long-temps qu'aujourd'hui ; son corps et son âme gardaient plus long-temps, au grand dommage, il est vrai, de la gentillesse et de la grâce, les langes traditionnelles de l'innocence. Aujourd'hui, tout est précoce, tout est hâtif, les enfants et les hommes, nous voulons dire, tout est étiolé et bientôt décrépit. A propos de la coutume, Montaigne parle de la nouveauté, et il dit ces remarquables paroles : « Je suis dégoûté de la nouvelleté, quelque visage qu'elle porte, et ai raison, car j'en ai vu ses effets très-dommageables ; celle

(1) Liv. I<sup>er</sup>, ch. 22

qui nous presse depuis tant d'ans, elle n'a pas tout exploité, mais on peut dire, avec apparence, que par accident elle a tout produit et engendré, voire et les maux et ruines qui se font depuis, sans elle et contre elle; c'est à elle à s'en prendre au nez. Ceux qui donnent le branle à un état, sont les premiers absorbés en sa ruine; le fruit du trouble ne demeure guère à celui qui l'a ému, il bat et brouille l'eau pour d'autres pêcheurs. La liaison et contexture de cette monarchie et ce grand bâtiment ayant été démis et dissous, notamment sur ses vieux ans, par elle, donne tant qu'on veut d'ouverture et d'entrée à pareilles injures. La majesté royale s'avalle plus difficilement du sommet au milieu, qu'elle ne se précipite du milieu à fond. » Il parle d'or, vraiment, et ses réflexions sont encore aujourd'hui d'une application saisissante. Oui, c'est bien la *nouvelleté* religieuse qui a amené la nouvelleté politique, la souveraineté de la raison qui a amené la souveraineté du peuple, et finalement amené la ruine de ce grand bâtiment gothique de la monarchie française, le chef-d'œuvre politique sorti des mains de l'église. Montaigne se montre ici un des admirables organes de la tradition catholique et monarchique que nous aurions dû garder, et qui éclate de siècle en siècle, au milieu de la folie et des crimes de la *nouvelleté*, par des noms glorieux : Bossuet, Joseph de Maistre, de Bonald, et où notre Montaigne tient son rang au xvi° siècle.

D'ailleurs, tout ce passage est à méditer, si l'on veut comprendre notre histoire depuis les guerres de religion, si l'on veut suivre la marche des idées sous le bruit et le désordre des événements, et si l'on veut comprendre la conduite de la Providence sur cette fière nation de croisés, devenue ce que nous voyons. Il n'est pas jusqu'aux opinions de réformes et de changements, qu'*en faveur des vices publics, on baptisait des mots nouveaux plus doux pour leur excuse, abatardissant et amolissant leurs vrais titres*, auxquels il ne dise leur fait sans gauchir. Il rend cet hommage éclatant à la religion catholique, qu'elle peut seule veiller à l'exacte recommandation de l'obéissance du magistrat et manutention de police. Et il explique par une raison profonde, et qu'on dirait révélée par le génie intuitif de Joseph de Maistre, la patience de Dieu pendant trois siècles de persécution, *y laissant courir le sang innocent de tant d'élus ses favoris, et souffrant une longue perte d'années à mûrir ce fruit inestimable de la soumission aux puissances établies*. Certes, voilà des rayons de bon sens, qui ressemblent assez à des éclairs de génie, et notre philoso-

phe les déploie ici très-à l'aise, et d'un style qui répond bien à l'ampleur de la pensée.

Ecoutons-le maintenant parler des pédants qui abondaient en son siècle, et de la science qu'on y débitait aux écoles, et de l'éducation qu'on y donnait aux enfants. Il se moque, et c'est bien fait, des pédants qui « vont pillotant la science dans les livres, et ne la logent qu'aux bout de leurs lèvres pour la dégorger seulement et la mettre au vent. » Puis il se retourne vers lui-même : « Est-ce pas faire de même ce que je fais en la plus part de cette composition ? Je m'en vais écornifflant par ci par là, des livres, les sentences qui me plaisent, non pour les garder, car je n'ai point de gardoire, mais pour les transporter en celui-ci. Nous ne sommes, ce crois-je, conclut-il avec un fin sourire, savants que de la science présente, non de la passée, aussi peu que de la future (1). » Pensée très-vraie et qui se termine par une pointe qui entre dans le vif de notre amour-propre; elle vient bien à la suite de sa tirade contre les pédants auxquels il se mêle avec bonhomie; et il fait entrevoir au-delà de ces têtes ridées et chauves, de savants gourmés et moroses, un horizon plus vaste et plus serein, où la science présente, passée et future, nous sera révélée dans la lumière où nous verrons la lumière même en sa source infinie.

Après avoir décrit le maître, il décrit les écoliers, et il n'y met ni moins de verve ni moins de vérité. « Voyez-le revenir de là après quinze ou seize ans employés; il n'est rien si malpropre à mettre en besogne ; tout ce que vous y reconnaissez davantage, c'est que son latin et son grec l'ont rendu plus sot et présomptueux qu'il n'était parti de la maison. Il en devait rapporter l'âme pleine, il ne l'en rapporte que bouffie, et l'a seulement enflée au lieu de la grossir. » « C'est un bel et grand agencement, sans doute, que le grec et le latin, conclut-il plus loin, mais on l'achète trop cher. » La voilà prise sur le fait, cette éducation brillante et superficielle, éclose du cerveau des pédants de la renaissance, et qui n'est pas encore passée de mode, dit-on. « Un peu de chaque chose, et rien du tout, à la française (2), » dit-il ailleurs. Il est bon de marquer l'origine de ce système d'éducation qui prétend vulgariser la science et qui ne vulgarise que la suffisance. Sans prendre au mot la remarque de Montaigne, et sans faire un axiome de sa sentence incisive et moqueuse, sur notre esprit, notre science, notre éducation *à la fran-*

(1) Liv. Ier, ch. 24.
(2) *Id.* Ier, ch. 25.

çaise, sachons y reconnaître pourtant le principe de l'affaiblissement des hautes et nobles sciences de l'esprit, de la diminution des grands génies, du rétrécissement des esprits et du ramollissement des caractères *ab jove principium*. A la renaissance païenne, présomptueuse et lettrée, le principe du mal.

Au reste, Montaigne lui-même n'ira guère plus outre sans nous fournir en lui-même, et sur le vif, la preuve de cette déviation que la renaissance fit subir à l'esprit humain, autrefois abreuvé de la lumière catholique. En ce vingt-cinquième chapitre *de l'institution des enfants*, adressé à M^me Diane de Foix, comtesse de Gurçon, et où nous aurions bien des endroits à citer, il nous dit : « Je n'ai dressé commerce avec aucun livre solide, sinon Plutarque et Sénèque, où je puise, comme les Danaïdes, remplissant et versant sans cesse. » Plutarque et Sénèque, le résumé de la faconde grecque et de la suffisance romaine, deux beaux génies sans doute, surtout le premier, mais deux génies païens, incomplets, faux, outrés, et qui n'ont entrevu quelques rayons de vérité que grâce à la lumière de l'Évangile, qui dès-lors éclairait les hauts sommets de l'intelligence; car, sans doute ils avaient entendu l'écho de la parole de saint Paul enseignant à l'aréopage le *Dieu inconnu*, et retentissant jusques dans le palais de César. Voilà quels ont été les instituteurs de sa pensée, et quelle est la source de sa philosophie. Il cite bien saint Augustin en deux ou trois endroits, il croit même ailleurs se souvenir d'avoir lu saint Thomas, et voilà tout. Il ne connaît pas davantage les pères de l'Eglise, les docteurs et les grands écrivains du moyen-âge, où la lumière est si abondante et si saine, le raisonnement si droit et si ferme, l'éloquence si mâle et si simple, l'onction si naturelle et si attendrie, le style si limpide et si fort, si pittoresque et si poétique. Ces grands et beaux génies avaient cessé tout à l'heure d'être les instituteurs de la jeunesse, la *norme* de la pensée. La renaissance venait de briser avec la tradition catholique dans toutes les directions, dans toutes les expressions de l'esprit humain, pour restaurer la tradition vieillie et décrépite de la philosophie des faux sages, des arts voluptueux et des lettres brillantes de l'antiquité païenne. L'esprit humain avait secoué, en partie brisé, le joug léger et salutaire de l'Eglise, pour se soumettre au joug dégradant et lourd de l'antique orgueil.

Et Montaigne nous dit ailleurs, en nous racontant ce que l'on a si bien retenu, la méthode qu'employait son bonhomme de père pour lui apprendre dès l'enfance *a teneris unguiculis*, les langues mortes et vivantes; il

nous dit : « Le premier goût que j'eus aux livres, il me vint du plaisir des fables de la métamorphose d'Ovide; car environ l'âge de sept ou huit ans, je me dérobais de tout autre plaisir pour les lire. » Enfant prodigieux, et qui pourtant ne fut pas un sot à vingt ans ! *Des Loncelot du Lac, des Amadis, des Huoms de Bordeaux, et tels fatras de livres à quoi l'enfance s'amuse, il n'en connaissait pas seulement le nom, et de là il enfila tout d'un train Virgile en l'Enéide, et puis Térence, et puis Plaute...* Oh ! le païen ! étonnons-nous, maintenant, de lui voir l'esprit si hardi, ou plutôt, hélas! si infatué des vieilles erreurs de l'antiquité! Etonnons-nous de l'entendre raisonner en dehors de toute vérité chrétienne, sous le portique des Stoïciens, dans le jardin d'Academus, dans la villa de Tusculum, ou dans les nuages de la libre pensée! Etonnons-nous surtout de lui voir la langue si libre, la bouche si effrontée, et *laisser aux femmes cette vaine superstition de paroles* (1), qui est l'honnêteté du discours et la pudeur de la pensée! Mais plutôt nous nous devrions étonner de le voir revenir si constamment, après les divagations, au droit chemin de la vérité catholique; après les évolutions sceptiques et moqueuses, à l'ingénue et vraie foi du chrétien. C'est là surtout que nous voyons Montaigne meilleur que son siècle enivré de nouveautés, et que nous admirons la trempe vigoureuse de cet esprit qui rentre sans cesse, malgré les préjugés de son éducation, malgré les charmes du libertinage de la pensée et de la parole, dans le bon sens, dans la raison et dans la foi, qui ne se séparent pas, d'ailleurs, pour les cœurs droits et les esprits sincères.

Mais voyons Montaigne avec plus de charme et de vérité, dans toute la grâce peu étudiée de son style, avec sa manière franche, pittoresque, un peu gauche peut-être, mais charmante de naturel; donnant à sa nonchalance familière un fin sourire et une malicieuse bonhomie. Le voici, dans ce même chapitre, qui nous décrit la vertu : « La vertu n'est pas, comme dit l'école, plantée à la cime d'un mont coupé, raboteux et inaccessible : ceux qui l'ont approchée la tiennent au rebours, logée dans une belle plaine fertile et fleurissante, d'où elle voit luire sous soi toutes choses; mais si peut on y arriver, qui en sait l'adresse, par des routes ombrageuses, gazonnées et doux fleurantes, plaisamment, et d'une pente facile et polie comme est celle des voûtes célestes. Pour n'avoir hanté cette vertu suprême, belle, triomphante, amoureuse, déli-

(1) Liv. I^er, ch. 49.

cieuse pareillement et courageuse, ennemie professe et irréconciliable d'aigreur, de déplaisir, de crainte et de contrainte; ayant pour guide nature, fortune et volupté pour compagnes; ils sont allés, selon leur faiblesse, feindre cette sotte image, triste, querelleuse, despite, menaceuse, mineuse, et la place sur un rocher, à l'écart, ennemi des ronces; fantôme à étonner les gens. » — Charmant, en vérité. Mais pourquoi faut-il que notre bon Michel parle ici de la vertu philosophique, qui n'eut, vraiment, jamais rien de commun avec ce gracieux portrait? Changez deux ou trois mots, *nature, fortune et volupté*, vieux restes classiques de ses études, et vous avez le portrait, peint au naturel, de la vertu chrétienne, qui, dans sa fleur et dans son doux éclat, se nomme la piété. Il s'y est trempé, le bonhomme; il avait en son cœur le souvenir de sa mère chrétienne, qu'il dérobait sans y prendre garde, peut-être, sous le froid visage de la nature; et il nous a donné cette fraîche peinture comme un pressentiment de saint François de Sales, son contemporain de quelques années à peine en deçà; le suave docteur de *l'amour de Dieu* a la grâce, le parler de Montaigne; sa phrase est moins flottante et plus arrêtée, moins morose et plus attendrie: il est un génie bien plus aimable et plus complet, parce qu'il est un génie chrétien.

Notre langue a perdu, dans la froide et pompeuse majesté du XVIIe siècle, le tour naïf, la grâce toute fraîche et naturelle que nous admirons dans Montaigne et saint François de Sales. Nous le regrettons. Il y a là, dans les auteurs du seizième siècle, aux beaux endroits où ils n'ont pas rejeté la tradition nationale et chrétienne, pour l'imitation de l'antiquité; il y a dans Montaigne et dans Amyot, mais surtout dans saint François de Sales et dans son école de poésie mystique et de grâce onctueuse où brille la mère de Chaugy; il y a d'intéressantes études à faire, des trésors à découvrir, tout un héritage paternel à reprendre et à exploiter. Montaigne nous l'a dit, au reste : « Le parler que j'aime, c'est un parler simple et naïf, tel sur le papier qu'à la bouche; un parler succulent et nerveux, court et serré; non tant délicat et peigné comme véhément et brusque; plutôt difficile qu'ennuyeux; éloigné d'affectation; déréglé, décousu et hardi; chaque lopin y fasse son corps; non pédantesque, non fratesque, non plaideresque, mais plutôt soldatesque, comme Suétone appelle celui de Julius Cæsar. » — Il ne peut faire un pas sans s'embarrasser d'une citation, d'un nom grec ou latin, qu'il prononce à sa façon, d'un exemple, d'un aphorisme tiré de ses auteurs; mais n'y revenons plus, c'est un travers dont il ne se corrigera pas, il nous l'a signifié, et nous nous le tenons pour dit. Sans doute, il nous décrit plutôt les préférences de son goût que les qualités de son style, et il est plus souvent traînant et dénoué que succulent et nerveux, mais il y arrive parfois et sans travail, il a de la véhémence et de l'énergie, des saillies surtout, et vives et originales. En tous cas, il *fait bien de gauchir un peu sur le naïf et le méprisant*, en vrai gentilhomme périgourdin. On peut dire de lui ce qu'il dit de l'enfant pour lequel il trace ce projet d'institution : *Bien pourvu de choses, les paroles ne suivront que trop; il les traînera si elles ne veulent suivre;* et il les traîne, il les maîtrise, il s'en empare, il s'en fait une langue pour ainsi dire personnelle et originale, alors que le français n'était pas encore formé, et que le roman, *un manteau en écharpe, la cape sur une épaule, un bas mal tendu, qui représente une fierté dédaigneuse de ces parements étrangers et nonchalants de l'art,* n'avait pas encore subi la loi de la grammaire et la discipline de l'autorité.

Avant de quitter ce chapitre, un des plus importants du premier livre des *Essais*, relevons une parole qui montre bien ce que valait cette éducation tout en ière prise des maîtres antiques. « Il rira, dit Montaigne, de son élève, il folâtrera, il se débauchera avec son prince. Je veux qu'en la débauche même il surpasse en vigueur et en fermeté ses compagnons. » Et la morale, philosophe renaissant, qu'en faites-vous? Hélas! la morale s'en va à vau-l'eau avec les préceptes et les enseignements de la science, lorsque s'éveillent les passions. On ne le sait que trop, la philosophie des anciens était toute, non pas à vaincre, non pas à réprimer, mais à cultiver les passions, afin de leur faire produire la volupté sans satiété, la sagesse sans contrainte, la gloire sans remords. Tournons la page, Montaigne nous apparaîtra plus raisonnable, et dans son vrai mérite de penseur et de philosophe. Il est vrai, qu'il pense ici avec l'Église, et qu'il fait de la philosophie avec sa raison éclairée des lumières de la foi. « C'est une hardiesse dangereuse et de conséquence, outre l'absurde témérité qu'elle traîne quant et soi de mépriser ce que nous ne concevons pas; car, après que, selon votre bel entendement, vous avez établi les limites de la vérité et de la mensonge, et qu'il se treuve que vous avez nécessairement à croire des choses où il y a encore plus d'étrangeté qu'en ce que vous niez, vous vous êtes déjà obligé de les abandonner. » Ceci est écrit au chapitre vingt-six : *C'est folie de rapporter le vrai et le faux au jugement de notre suffisance.* Il est grave, il est fort, il est vrai; il ne marchande pas plus sa foi à l'Eglise qu'il ne marchande son admiration aux anciens, mais ici, du moins, il est en pleine raison et en pleine vérité. Voilà comment parle celui que vous affectez de prendre pour un des vôtres, philosophes raisonneurs, libres penseurs et rationalistes, il vous dit tout franc et net, qu'il trouve vos pratiques et vos systèmes d'une *hardiesse dangereuse et d'une absurde témérité.* Il est tout d'une pièce dans sa foi comme dans son honneur; il n'est plus ici de la renaissance, il est bien du moyen-âge. Il n'aime pas ces politiques prudents, ces arbitres téméraires entre l'erreur et la vérité, dont était chef le chancelier de l'Hospital, tant admiré depuis. « Ou il faut se soumettre du tout à l'autorité de notre police ecclésiastique, ou du tout s'en dispenser ; ce n'est pas à nous à établir la part que nous lui devons d'obéissance. » Voilà qui est bravement parler, et notre bonhomme devait tenir en médiocre estime les voies tortueuses de la politique, les entreprises du parlement et les libertés de l'Eglise gallicane.

Et maintenant, écoutons-le disserter de l'amitié. Il raffine un peu, c'est vrai, et il estime trop au-dessus de tout autre sentiment cette amitié un peu bien éthérée pour de simples mortels. Sa philosophie, où plutôt son culte touchant pour la mémoire de son ami, l'emporte au-delà de l'humaine faiblesse, incapable d'un sentiment platonique si pur et si désintéressé, lorsqu'elle n'a pas été transformée par l'amour divin. Mais sans juger rigoureusement sa doctrine, admirons la vivacité et la délicatesse de son sentiment. Il parle de La Boëtie : « Si on me presse de dire pourquoi je l'aimais, je sens que cela ne se peut exprimer qu'en répondant parce que c'était lui, parce que c'était moi. Il y a au-delà de tout mon discours et de ce que j'en puis dire particulièrement, je ne sais quelle force inexplicable et fatale médiatrice de cette union. Nous nous cherchions avant que de nous être vus, et par des rapports que nous oyions l'un de l'autre, qui faisaient en notre affection plus d'efforts que ne porte la raison des rapports, je crois par quelque ordonnance du ciel. Nous nous embrassions par nos noms, et à notre première rencontre, qui fut par hasard, en une grande fête et compaignie de ville, nous nous trouvâmes si prins, si cogneus, si obligés entre nous, que rien dès-lors ne nous fut si proche que l'un à l'autre. Nos âmes ont charrié si uniment ensemble; elles se sont considérées d'une si ardente affection, et de pareille affection découvertes jusques au fin fond des entrailles l'une de l'autre, que



non-seulement je cognaissais la sienne comme la mienne, mais je me fusse certainement plus volontiers fié à lui, de moi, qu'à moi. Depuis le jour que je le perdis, je ne fais que traîner languissant, et les plaisirs mêmes qui s'offrent à moi, au lieu de me consoler, me redoublent le regret de sa perte; nous étions à moitié de tout, il me semble que je lui dérobe sa part. J'étais déjà si fait et accoutumé à être deuxième partout, qu'il me semble n'être plus qu'à demi; il n'est action ou imagination où je ne le trouve à dire, comme si eut-il bien fait à moi. Car de même qu'il me surpassait d'une distance infinie en toute autre suffisance et vertu, ainsi faisait au devoir de l'amitié (1). »

Voilà qui est exquis de sentiment et d'expression; on nous pardonnera cette citation un peu longue : on trouve rarement, même dans les *Essais,* à citer une page plus belle, plus vraie, plus attendrie. Ce sentiment si profond, Montaigne le porta toute sa vie en son cœur; c'est lui qui lui dicta cette belle lettre où il raconte à son père les derniers moments de son ami; c'est lui qui a perpétué le mémoire de La Boëtie, car La Boëtie n'a vécu que par Montaigne, et son *Contr'un* ne lui fera jamais autant d'honneur que l'attendrissement de son ami, que cette page même des *Essais.* On aime bien, pour revenir à cette page admirable, on aime bien cette force inexplicable et fatale, cette ordonnance du ciel qui unit deux cœurs comme les deux moitiés d'un tout qui, d'instinct, tendent l'un vers l'autre. On a remarqué que les grands sentiments étaient tous un peu superstitieux, ou du moins enclins au surnaturel, comme si le monde visible était trop étroit pour eux et trop éphémère. Il y a dans saint Ambroise, pleurant la mort de son frère et répandant sur sa tombe les pleurs de son éloquence, des mots d'une tendresse charmante, des pensées d'un raffinement de sensibilité bien rare, que rappellent certaines pensées et certaines expressions de Montaigne. A lire tels chapitres des *Essais,* on se demande si cet homme n'était pas tout esprit et tout raison, tout dédain pour les hommes et tout scepticisme pour les choses; mais ici on se demande comment un homme, tout à l'heure si chagrin, si moqueur, pouvait avoir au fond tant de sensibilité si exquise et si vraie; il est donc possible que les cœurs généreux correspondent aux grands esprits ! De là, il prend occasion de citer une œuvre de la jeunesse de son ami; il ne cite pas le *Contr'un* ou discours de *la Servitude volontaire,* parce qu'il a *trouvé que*

(1) Liv. Iᵉʳ, ch. 27.

*cet ouvrage a été depuis mis en lumière et à mauvaise fin :* or La Boëtie l'avait composé en manière *d'exercitation* seulement, et non comme un pamphlet politique, propre à augmenter les troubles de son pays; La Boëtie était trop bon citoyen pour prêter sa plume à ces pratiques vulgaires du ressentiment et de l'ambition; Montaigne nous engage sa parole, et nous le croyons. Il cite dans un ouvrage plus gaillard et plus enjoué : *Oyons un peu,* dit-il, *parler ce garçon de seize ans.* Nous nous en dispenserons, s'il vous plaît, d'autant mieux que ces sonnets, ce sont des sonnets, et il y en a vingt et un, n'ont rien de remarquable, et qu'ils sont tous travaillés en l'honneur de ce petit Dieu viellot auquel les humanistes de la renaissance rendirent ses ailes transies, son bandeau défait, son arc détendu et ses flèches émoussées.

Mais voilà que Montaigne retombe dans un de ses accès de scepticisme philosophique. Il parle des *Cannibales,* et il trouve que nous avons tort de les appeler sauvages, car ils sont plus près que nous de *notre grande et puissante mère nature.* Il va jusqu'à nier à la vérité son caractère absolu, jusqu'à ne faire plus de l'intelligence humaine que le jouet des préjugés. Écoutons-le divaguer un moment. Parle-t-il sérieusement? On ne le sait. Il vaut mieux croire qu'en un de ses accès de misanthropie, il s'est pris à admirer les sauvages du nouveau monde pour dépiter les civilisés de son pays et de son siècle : « Nous n'avons autre mire de la vérité et de la raison que l'exemple et idée des opinions et usances du pays où nous sommes. Là est toujours la parfaite religion, la parfaite police, parfait et accompli usage de toutes choses (1). » Puis il rapporte au long, d'après quelques historiens qu'il ne cite pas, d'après quelques voyageurs qu'il ne nomme pas, les mœurs et les usages, les qualités et les vertus de ces hommes de la nature, tant admirés des philosophes du dernier siècle, qui trouvaient dans le chrétien l'homme dégénéré. Le faux bonhomme admire sur parole, et sur la fin de son récit il conclut : « Tout cela ne va pas trop mal; mais quoi! Ils ne portent pas de haut de chausses! » Oh! le malin! Mais l'esprit, même fin, même incisif, l'esprit ne suffit pas pour le culte austère de la vérité. Voilà un bon mot qui vaut toute une multitude de ceux de Voltaire : Mais Michel... *ne pense pas, Seigneur, tout ce qu'il dit.* C'était pour lui un paradoxe à développer, un sujet à exercer sa rhétorique, une satyre à diriger contre son siècle, et point du tout un

(1) Liv. Ier, ch. 30

système à opposer à la vérité chrétienne. Mais bien plus coupables furent ces philosophes du dernier siècle qui s'obstinèrent à ne pas comprendre que l'état sauvage est une civilisation décrépite, et que ces peuples réputés innocents, ces peuples enfants, sont des peuples tombés en enfance, gardant à peine quelques traces de la vérité primitive sous les ruines de la raison primordiale et de la première révélation. Ces philosophes sensibles, dévots adorateurs de la *mère nature,* admiraient l'état sauvage comme le beau idéal de la nature humaine; et, mêlant un peu de poésie à leur peu de philosophie, Bernardin de Saint-Pierre, dramatisant les lourdes déclamations de Raynal, ils dressèrent leurs sophismes contre la révélation; leur histoire, aussi véridique que leur science, aussi intelligente que leur philosophie, aussi vraie que leur poésie, est tombée sur eux comme une machine de guerre mal construite, pour les écraser sous ses ruines. Montaigne était moins ambitieux, parce qu'il était moins méchant; ses paradoxes étaient un jeu de plume, ses erreurs un caprice de bel esprit, et son enthousiasme naïf pour les *Cannibales,* un accès retourné de misanthropie et de scepticisme.

Entre les questions agitées par la philosophie antique, il n'en est peut-être pas où elle ait dépensé plus de vaine éloquence qu'en celle de l'empire que nous devons avoir sur nous-mêmes, et de la domination que l'âme doit exercer sur les sens. *Abstine, Sustine,* était toute la discipline des stoïciens; la sagesse des faux sages s'épuisait à prendre en soi-même des forces que sa faiblesse native ne pouvait lui fournir. Et au lieu de se retourner avec Platon, vers le ciel, pour implorer celui qui seul peut découvrir la vérité et soutenir l'imbécillité de notre nature, elle se retirait fièrement du monde extérieur pour s'enfermer, se contempler dans un isolement dédaigneux et stérile. Montaigne dit aussi vainement que ses maîtres, en son langage familier et plein de franchise : « Il se faut réserver une arrière boutique, toute notre, toute franche, en laquelle nous établissions notre vraie liberté et principale retraite et solitude. En cette-cy faut-il prendre notre ordinaire entretien de nous à nous-même, et si privé, que nulle accointance ou communication étrangère y treuve place; discourir et y rire, comme sans femme, sans enfants et sans biens, sans train et sans valets; afin que quand l'occasion adviendra de leur perte, il ne nous soit pas nouveau de nous en passer. Nous avons une âme contournable en soi-même; elle se peut faire compaignie, elle a de quoi assaillir et de quoi défendre, de quoi recevoir et de quoi donner (1). » Voilà donc, non pas résolu, mais posé en ses termes les plus clairs, le problème psychologique de la philosophie, le terme de ses vains efforts, le but qu'elle n'atteignit que rarement. Sans doute nous avons vu, dans le travail de la perfection chrétienne, des âmes élevées à cette parfaite tranquillité, mais ce qui, dans le spiritualisme païen, est un phénomène d'insensibilité et de pétrification, est dans le spiritualisme chrétien une merveille de sanctification et d'amour. S'isoler du monde et se renfermer en soi, c'est s'arrêter à mi-chemin de la vertu; se déprendre du monde et se transporter en Dieu, voilà le but de la sagesse chrétienne.

La sagesse païenne n'a jamais vu qu'un côté de la vérité, et encore, à travers quels nuages et de quel œil affaibli! Toutefois, ne soyons pas trop sévère; elle avait indiqué le chemin, et si elle y est à peine entrée, c'est que les forces lui ont manqué, autant peut-être que la volonté. L'esprit humain, comme ce malheureux de la parabole évangélique, descendant de Jérusalem à Jéricho, et tombé aux mains des voleurs, avait besoin pour se relever de l'immense charité du divin Samaritain, qui le prit dans ses bras et le porta jusqu'au terme du voyage. Montaigne, sans doute, eut le tort de ne pas indiquer la solution chrétienne, et de s'amuser au vain bruit des paroles. Pourquoi? peut-être, hélas! comme tous ces *animaux de gloire* qu'il étudie avec tant d'ardeur et qu'il cite avec tant de complaisance, *pour la réputation et la gloire la plus inutile, vaine et fausse monnoie qui soit en notre usage.* Du reste, tournons quelques pages; il finit par le comprendre et par l'avouer de bonne grâce, tout ce travail philosophique sur soi-même est vain s'il n'a Dieu pour terme : « L'imagination de ceux qui, par dévotion, recherchent la solitude, remplissant leur courage de la certitude des promesses divines en l'autre vie, est bien plus sainement assortie; ils se proposent Dieu, objet infini en bonté et en puissance; l'âme a de quoi y rassasier ses désirs en toute liberté. » Voilà qui est sainement et sagement conclure; s'il avait eu sans cesse à l'esprit cette fin suprême des évolutions de la pensée et des élans du cœur, il n'aurait pas agité tant de questions vaines ou dangereuses, *à la principale gloire du caquet et de la parlerie;* tel est, lui dirons-nous avec ses propres paroles, *le conseil de la vraie et naïve philosophie, non d'une philosophie ostentatrice et parlière.*

Et il applique ce conseil à Cicéron et à Pline, dont il

discourt au chapitre suivant. Leur exemple prouve bien, en effet, que les beaux génies de l'antiquité ne visaient qu'à la considération et à la renommée; Cicéron lui-même l'avoue ingénument en son oraison *pro Archiâ;* il ne se serait jamais donné tant de peine pour sauver sa patrie, s'il n'avait pas compté sur la mémoire des siècles; et Pline, écrivant à Tacite, se promet l'immortalité en compagnie de son grave ami. Voilà le but de tant de veilles, de tant d'efforts, de tant de belles phrases : « Sied-il pas bien à deux consuls romains, souverains magistrats de la chose publique emperière du monde, d'employer leur loisir à ordonner et fagotter gentiment une belle missive, pour en tirer la réputation de bien entendre le langage de leur nourrice (1). » Tel était pourtant le but suprême de ces rares beaux-esprits. Et lorsqu'ils croyaient avoir assuré leur renommée, lorsque la fortune leur laissait le temps de disposer de leur vie, ils sortaient de ce monde par une mort éclatante, aussi criminelle qu'avait été vaine leur vie : «La plupart des philosophes se trouvent avoir, ou prévenu par dessein, ou hâté et secouru leur mort (2). » Voilà donc l'abîme où se précipitait cette sagesse tant vantée, au suicide. Ah! ils avaient beau se rire du vulgaire, *le dos courbé sous de lourdes superstitions,* comme dit Tertullien; ils étaient eux-mêmes plus vilement idolâtres en sacrifiant même leur vie à leur passion de se survivre. Mais ces hommes, dont nos admirations classiques ont fait des sages et des héros, ne nous apparaissent plus dans la lumière chrétienne que comme des insensés et des lâches, n'ayant ni le courage de confesser la vérité, ni la patience de supporter la douleur. Pauvres âmes, hautaines et présomptueuses, formulant des maximes retentissantes et des mots destinés à l'écho de la postérité; tantôt méprisant, tantôt haïssant l'humanité, n'ayant d'affection ni d'admiration que pour eux-mêmes! C'est bien ainsi que les décrit saint Paul, et l'on a trop oublié cette page vengeresse de *l'Epître aux Romains.* A pratiquer ces hommes, Montaigne a compromis une belle part de sa gloire, perdu le relief de son originalité, corrompu certaines parties de son jugement, et acquis ce mépris de l'humanité qui est le point commun où se rencontrent tous les philosophes qui s'admirent. A Démocrite qui pleure de notre misère, il préfère Héraclite qui en rit, car, « je ne pense point, dit-il, qu'il y a tant de malheur en nous, comme il y a de vanité, ni tant de

(1) Liv. Ier, ch. 38.

(1) Liv. Ier, ch. 39.
(2) *Id.* ch. 40.

malice comme de sottise ; nous ne sommes pas si pleins de mal comme d'inanité, nous ne sommes pas si misérables comme nous sommes vils (1). » Et il applaudit à Diogène qui *baguenaudait à part soi, roulant son tonneau, et hochant du nez le grand Alexandre;* pitoyable philosophie, vraiment, que celle qui aboutit au cynisme. Prenez garde, penseur morose, si vous ne considérez l'homme que du côté de la terre, et non du côté du ciel, si vous ne voyez que ses misères et n'écoutez pas ses aspirations, si vous ne pesez que la poussière de sa tombe et non le prix divin de sa rédemption, vous ne le comprenez pas, et vous tombez du mépris de l'homme dans le mépris du Dieu qui l'a créé, du Sauveur qui l'a racheté, dans le mépris de tout ce qui n'est pas vous-même, dans la plus montrueuse de toutes les impiétés.

Mais ne le poussons pas plus avant; il n'aime pas à s'enfoncer dans les questions abstruses et difficiles, il aime encore moins conclure dogmatiquement et magistralement, il ne veut pas épuiser les sujets même philosophiques, il veut bien toucher à tout, examiner tous les problèmes, mais non pour les résoudre, regarder curieusement tous les sujets, mais non pour les approfondir. Il ouvre un chapitre, y met un titre tel quel : « Je m'en vais faire ici, dit-il, une galimafrée de divers articles (2). » Et il conduit sa plume avec un laisser-aller plein de grâce et de malice, sur tous les sujets, surtout ceux qui sont plus éloignés de son dessein : « Si c'est un sujet que je n'entende point, à cela même je l'essaie, sondant le gué de bien loin; et puis, le trouvant trop profond pour ma taille, je me tiens à la rive. Je prends de la fortune, le premier argument; ils me sont également bons, et ne desseigne jamais de les traiter entiers. Car je ne vois le tout de rien ; ne font pas ceux qui nous promettent de nous le faire voir. De cent membres et visages qu'à chaque chose, j'en prends un, tantôt à lécher seulement, tantôt à efflorer, et parfois à pincer jusqu'à l'os; j'y donne une pointe, non pas le plus largement, mais le plus profondément que je sais, et aime plus souvent à les saisir par quelque lustre inusité (3). » Nous nous tenons pour avertis; il use du jugement et de la réflexion comme de la parole, non de dessein formé et pour soutenir un système, mais par manière de jeu et de passe-temps; tout au plus en façon d'exercice et pour donner jour à ce besoin d'activité qui donne le branle à l'esprit humain.

La parole même, qu'il manie avec tant de grâce et de complaisance, cette parole si abondante et si fluide en sa bouche, il ne la veut pas chargée de toutes ses grâces et parée de tous ses attraits. Il n'aime pas la rhétorique, il gourmande l'éloquence, et il tanse vertement Cicéron, quelque part, du soin qu'il prend de ses phrases, et de la complaisance qu'il met à déployer l'ampleur de ses périodes. La rhétorique est pour lui « un util inventé pour manier et agiter une tourbe et une commune déréglée, et est util qui ne s'emploie qu'aux états malades, comme la médecine. En ceux où le vulgaire, où les ignorants, où tous, ont tout pu, comme celui d'Athènes, de Rhodes, et de Rome, et où les choses ont été en perpétuelle tempête, là ont afflué les orateurs. » Il n'a pas plus de tendresse pour l'éloquence : « L'éloquence a flori le plus à Rome, lorsque les affaires ont été en plus mauvais état, et que l'orage des guerres civiles les agitait, comme un champ libre et exercé par les herbes plus gaillardes. Il semble par là que les polices qui dépendent d'un monarque en ont moins de besoin que les autres ; car la bêtise et facilité qui se treuve en la commune, et qui la rend sujette à être maniée et contournée par les oreilles au doux son de cette harmonie sans venir à poiser et cognoistre la vérité des choses par la force de raison ; cette facilité, dis-je, ne se treuve pas si aisément en un seul, et est plus aisé de le garantir par bonne institution et bon conseil de l'impression de cette poison (1). » Ces paroles sont sévères ; mais que de bon sens, que de vérité, et pour nous, que d'à-propos! Qu'importe que les oreilles du siècle en soient choquées? Montaigne, sans le vouloir, ou du moins sans le savoir, est un des ancêtres de la libre parole, et la libre parole est moquée, jugée, condamnée par lui. On ne peut pas suspecter l'impartialité du juge. Ce jugement de Montaigne est piquant à rapporter, en ce temps où les excès de la rhétorique et les triomphes ruineux de l'éloquence ont amené contre elle une violente réaction. N'exagérons rien, pourtant, pas même les représailles contre les vaincus; il ne faudrait pas étouffer la parole, ni l'asservir, mais la régler, la contenir, la diriger; or, il n'est que la main de l'Eglise pour mener l'esprit humain dans la voie de la vérité, sans s'égarer à gauche dans la licence, sans se précipiter à droite, dans le servilisme. Montaigne l'avait compris, et il l'avouait.

Il l'avouait, disons-nous, il le proclamait, car il

---

(1) Liv. I<sup>er</sup>, ch. 50.
(2) *Id.*. ch. 46.
(3) *Id.* ch. 50.

(1) Liv. I<sup>er</sup>, ch. 51.

savait mieux que personne à quels excès pouvait s'é-
garer la parole libre de tout frein ; il savait quels ravages fait dans les esprits l'orgueilleuse prétention de
parler de tout, de tout discuter et de tout juger. Il dit
ici des paroles remarquables, avec sa franchise ordinaire : « Si philosopher c'est douter, comme ils disent,
à plus forte raison niaiser et fantastiquer comme je fais
doit être douter ; car, c'est aux apprentifs à enquérir
et à débattre et au cathédrant à résoudre. Mon cathédrant, c'est l'autorité de la volonté divine, qui nous règle sans contredit, et qui a son rang au-dessus de ces
humaines et vaines contestations (1). » Bonne parole,
et qui fait pardonner à notre bon Michel bien des excès
de langage et des effronteries de bouche, bien des ma-
lices et des boutades sceptiques. Aujourd'hui, ni ceux
qui philosophent gravement, ni ceux qui niaisent et
fantastiquent follement, ne reconnaissent l'autorité
qu'invoquait Montaigne ; et tout est en proie au doute,
à la négation, à la moquerie, à l'insulte. Aussi, prévoyant, sans doute, un tel débordement de l'esprit,
Montaigne assure son regard et le plonge jusqu'aux entrailles mêmes de notre nature infirme et corrompue ; il
sait combien facilement elle se laisse enivrer par le vin
fumeux de la science, et il distingue avec une admirable sagacité la science qui ignore et l'ignorance qui
sait. On croirait entendre la voix grave et pénétrante
de Joseph de Maistre, qui, du reste, dans ses IX^e et
X^e *entretiens*, ne fait que développer la pensée de notre
philosophe : « Il se peut dire, avecques apparence, qu'il
y a une ignorance abécédaire qui va devant la science,
une autre doctorale qui vient après la science ; ignorance que la science fait et engendre, tout ainsi comme
elle défait et détruit la première. Des esprits simples,
moins curieux et moins instruits, il s'en fait de
bons chrétiens, qui, par révérence et obéissance,
croient simplement et se maintiennent sous les lois. En
la moyenne vigueur des esprits et moyenne capacité,
s'engendre l'erreur des opinions ; ils suivent l'apparence
du premier sens, et ont quelque titre d'interpréter à
niaiserie et bêtise que nous soyons arrêtés en l'ancien
train, regardant à nous qui n'y sommes pas instruits
par étude. Les grands esprits, plus rassis et clairvoyants, font un autre genre de bien croyants, lesquels, par longue et religieuse investigation, pénètrent
une plus profonde et abstruse lumière ès écritures, et
sentent le mystérieux et divin secret de notre police

ecclésiastique (1). » Voilà pourquoi, sans doute, la
science, qui, de nos jours, s'est vulgarisée, et de ces
vastes réservoirs, sûrs et profonds, où elle se puisait
autrefois, s'est répandue, presque au même niveau,
sur toute la superficie des intelligences cultivées ; voilà
pourquoi la science fait tant d'ignorants, de sceptiques,
d'incrédules et de suffisants. Et il ajoute avec un grand
sens et une charmante pointe de malice : « Les métis,
qui ont dédaigné le premier siége de l'ignorance des lettres, et n'ont pu joindre l'autre, desquels je suis, et
tant d'autres, sont dangereux, ineptes, importuns :
ceux-ci troublent le monde. » Nous sommes bien et
duement avertis, prenons garde aux métis de la science,
mieux vaudrait la bonne, franche et naïve ignorance de
nos pères : « Pourtant, ajoute-t-il, de ma part, je me
recule tant que je puis dans le premier et naturel siége,
d'où je me suis pour néant essayé de partir. » — Oh !
comme nous l'aimons ainsi, de cet air sincère et convaincu, confessant le danger de la demi-science ; et de
la région moyenne des esprits, où l'on ne voit que
demi-teintes et crépuscules, beaucoup de suffisance
et peu de conviction, essayant de se loger au premier
et naturel siége de l'ignorance abécédaire. C'est bien
alors qu'on peut lui dire, comme à l'humble invité de
l'Evangile : *Ascende superius.* Parlez ainsi, raisonnez
ainsi, et vous prendrez place parmi *ces grands esprits,
plus rassis et clairvoyants,* humbles et forts, plus forts à
mesure qu'ils sont plus humbles dans le culte de la
vérité.

Et il s'incline de nouveau avec un accent de conviction admirable devant l'autorité de l'Eglise : « Je
propose des fantaisies informes et irrésolues, comme
font ceux qui publient des questions douteuses à débattre aux écoles, non pour établir la vérité, mais pour
la chercher, et les soumets au jugement de ceux à qui
il touche de régler, non-seulement mes actions et mes
écrits, mais encore mes pensées. Egalement m'en sera
acceptable et utile la condamnation comme l'approbation, tenant pour absurde et impie, si rien se rencontre ignoramment ou inadvertemment couché en cette
rapsodie contraire aux saintes résolutions et prescriptions de l'Eglise catholique, apostolique et romaine, en
laquelle je meurs et en laquelle je suis né ; et pourtant,
m'en remettant toujours à l'autorité de leur censure,
qui peut tout sur moi, je me mêle ainsi témairairement
à toute sorte de propos comme ici (2). » Et il parle des

_________

(1) Liv. II, ch. 3.

(1) Liv. I^er, ch. 54.
(2) *Id.* ch. 56.

*Prières* avec ce style plein de noblesse et d'élévation. Ayant à traiter un sujet religieux et presque sacré, il fait cette haute et simple profession d'obéissance filiale à l'Eglise, qui demeure son plus beau titre de gloire, avec les vigoureuses sorties qu'il a faites contre les impies et les hérétiques. — *Egalement m'en sera acceptable et utile la condamnation comme l'approbation.* — Il n'y avait qu'un grand esprit profondément catholique qui put avoir ce sentiment et exprimer cette pensée si simple pourtant dans sa profondeur. Oui, sans doute, *condamnation* ou *approbation*, tout est *utile*, venant des mains de l'Eglise qui met un frein pour guider, qui châtie pour corriger, qui condamne pour sauver et pardonner; tout doit être *agréable* au cœur filial et soumis.

Montaigne n'aurait dit que ce mot, n'aurait formulé que cette profession de foi, que nous le tiendrions pour un grand esprit et profondément catholique; ce grand esprit, sans doute, devient trop souvent un bel esprit, infatué de la sagesse antique, pour son beau langage païen, de la liberté de la parole, pour ses franches et licencieuses allures, mais, au fond, plein d'un grand bon sens, qui se serait développé, épanoui, élevé à la hauteur et à la puissance des plus grands génies chrétiens, si la main de l'Eglise avait été seule à le cultiver et à le diriger. Citons encore, car nous ne pouvons nous lasser de le goûter et de l'admirer en ses beaux endroits, citons encore ce mot qu'il dit de la réforme et de sa folle prétention de mettre en toutes mains, comme règle de foi, *le saint livre des sacrés mystères de notre créance* : « Plaisantes gens qui pensent l'avoir rendu palpable au peuple, pour l'avoir mise en langage populaire ! Ne tient-il qu'aux mots, qu'ils n'entendent tout ce qu'ils trouvent par écrit ? Dirai-je plus? Pour l'en approcher de ce peu, ils l'en reculent; l'ignorance pure et remise toute en autrui, était bien plus salutaire et plus savante que n'est cette science verbale et vaine, nourrice de présomption et de témérité (1). » Nous le verrons ailleurs devancer Bossuet, et indiquer la ruine totale de la révélation et l'abîme final de l'athéisme où se précipitera la réforme. Nous aimons ainsi à voir Montaigne, précurseur de nos plus grands génies, battre de son pas ferme et délibéré, quoique lent et parfois aventureux, la voie par où nous ramèneront à la vérité les grands apologistes de la religion et de l'Eglise, Pascal, Bossuet, Joseph de Maistre.

Mais Montaigne est homme, plus homme encore que nul grand homme; il n'est pas égal, il ne se suit pas : « Non-seulement le vent des accidents me remue selon son inclination, mais en outre je me remue et trouble moi-même par l'instabilité de ma posture; et qui y regarde primement, ne se treuve guères en même état. Je donne à mon âme tantôt un visage, tantôt un autre, selon le côté où je la couche. Si je parle diversement de moi, c'est que je me regarde diversement; toutes les contrariétés s'y treuvent selon quelque tour et en quelque façon; honteux, insolent, chaste, luxurieux, bavard, taciturne (1)... » Et il épuise les antithèses pour exprimer la diversité de ses humeurs et de ses passions. Et il ajoute : « Je n'ai rien à dire de moi entièrement, simplement et solidement sans confusion et sans mélange, ni en un mot : *distinguo*, est le plus universel membre de ma logique. » Être contingent et relatif, l'homme n'a rien en soi d'absolu, de stable, de permanent, tant qu'il flotte sur cette surface du temps et du changement qui le porte à l'éternité. Montaigne se sentait homme plus que tout autre, et il se voyait, se considérait avec une rare perspicacité, se jugeait avec une impartialité sévère et quelquefois brutale. Voilà surtout ce qui fait le prix, souvent le charme, quelquefois le danger de ses *confessions*. Il ne se *confesse* pas tout haut comme saint Augustin, pour demander pardon à Dieu et aux hommes de ses erreurs et de ses fautes; il ne se *confesse* pas non plus superbement à la postérité, comme J.-J. Rousseau, et à sa suite ses petits-fils, qui pullulent en notre siècle, qui s'étalent effrontément dans leurs mémoires et leurs confidences pour braver la pudeur, capter l'admiration, et spéculer sur le scandale pour débiter leurs phrases soldées et faire répéter leurs noms. Montaigne n'est ni si humble ni si arrogant. Il est seul en ses songeries, dégoûté des hommes; il se donne en spectacle à lui-même, pour se désennuyer et se distraire; et nous, par la porte entr'ouverte de la haute chambre de sa tour, sans qu'il y prenne garde, ou du moins sans qu'il change son jeu, nous regardons à l'intérieur et nous assistons au spectacle.

Le voici maintenant, à propos d'une *coutume de l'île de Céo*, qu'il oublie bientôt, qui nous parle de la mort volontaire, que la langue théologique et morale nomme le suicide : « La plus volontaire mort, c'est la plus belle, dit-il avec Sénèque; la vie dépend de la volonté d'autrui; la mort, de la nôtre. En aucune chose, nous ne devons tant nous accommoder à nos humeurs, qu'en celle-là; la réputation ne touche pas à une telle entre-

(1) Liv. I<sup>er</sup>, ch. 56.

(1) Liv. II, ch. 1<sup>er</sup>.

prise; c'est folie d'y avoir respect. Le vivre, c'est servir, si la liberté de mourir en est à dire (1). » Et il discourt ainsi tranquillement au milieu des antithèses et des erreurs d'une raison hallucinée par l'esprit de mensonge; et il pousse son paradoxe, en s'étayant des exemples du monde antique, — *totus in maligno positus*, — de la conduite des Sages, des vers de Lucrèce, des pointes de Sénèque, des héros de Plutarque et des graves raisonnements de Tacite. Il va même, le malheureux, jusqu'à citer l'exemple de certaines vierges chrétiennes qui se donnèrent la mort pour échapper à la violence, et il ne prend pas garde à la manière dont l'Eglise les excuse et les admire. Il examine bien un moment les raisons sur lesquelles s'appuie ce point important de la morale naturelle et divine, à savoir que nous ne pouvons disposer de notre vie, et que nous en devons compte à Dieu et à la société; mais, après les avoir énumérées, comme pour satisfaire un scrupule de conscience, il passe outre, et il se complaît aux exemples de ses forcenés païens qui lui tiennent à l'esprit, on le voit bien; il ne saurait condamner la conduite de ces hommes réputés si sages, de ces héros réputés si grands; il ne saurait blâmer ce que permettent, ce que recommandent, ce que louent ces législateurs et ces philosophes tant vantés. C'est un des crimes de la renaissance; nous la prenons ici sur le fait, et c'est ainsi qu'elle corrompit l'esprit humain presque tout entier par l'admiration, l'idolâtrie du génie païen. C'est ainsi qu'elle a corrompu Montaigne. Etrange faiblesse d'un esprit tout-à-l'heure si indépendant et si haut, qui se laisse abuser par la vertu fastueuse des faux héros, circonvenir par le sophisme des rhéteurs et surprendre par les antithèses de Sénèque! Il connaissait pourtant la doctrine chrétienne, et lui qui aimait tant à réciter son *patenôtre*, n'était pas sans connaître ses *commandements de Dieu*. Mais les païens parlent un si beau langage, et la tentation du paradoxe est si forte, surtout lorsqu'on est fatigué de l'entretien monotone de la vérité! Il s'amuse, dira-t-on; oui, sans doute, et nous le croyons autant que tout autre. Mais nous avons trouvé tout-à-l'heure Montaigne si grave, si sérieux, si fort et si vrai, qu'il nous peine à le voir se jouant de la vérité pour amuser les incrédules; c'est ainsi que les Philistins faisaient jouer devant eux Samson affaibli, captif et aveugle.

Au reste, lorsqu'il s'agit des anciens, Montaigne est

bien près de perdre tout son sens, sinon tout son esprit; il les aime, il les pratique avec assiduité, il les vénère, il est tout près de les appeler *saints* et *divins*, comme faisait le païen Erasme. Néanmoins, si ces excès étaient pardonnables, on lui pardonnerait volontiers, car il les connaît, il les étudie, il les sait. N'importe, son enthousiasme est trop haut monté et passe la mesure. Il loue Jacques Amyot, dont il dit ce mot littéraire charmant : *Son style est plus chez soi, quand il n'est pas pressé et qu'il roule à son aise;* il le loue, disons-nous, moins de sa naïveté et pureté de langage, que du fait même de sa traduction de Plutarque : « Nous autres ignorants étions perdus, dit-il, si ce livre ne nous eut relevés du bourbier : sa merci nous osons à cette heure et parler et écrire; les dames en régentent les maîtres d'école ; c'est notre bréviaire (1). » Voilà bien le mot du siècle, qui croyait, peut-être, que les anciens le faisaient renaître à la lumière intellectuelle; la philosophie de Platon et la morale de Plutarque à la vérité spéculative; la poésie d'Horace et de Virgile, la phrase de Cicéron au culte des lettres, dans l'orgueil et le sensualisme ; l'art grec et romain au beau idéal, dans l'apothéose de la chair et la religion de la volupté. Plaignons Montaigne de ces excès, mais excusons-le en remettant à son siècle la plus grande part de responsabilité; écoutons-le même quand il parle des anciens, car son goût littéraire est souvent d'une rare délicatesse.

« J'ai un esprit primesautier, » dit-il, et vraiment nous ne pouvons lui contester ce titre, mais dans un sens plus relevé que celui qu'il lui donne. C'est un esprit tout d'élan et de spontanéité, qui s'élève par saillies et raisonne par boutades. A propos des *livres* (2), il apprécie et juge quelques-uns de ses auteurs, et il les apprécie avec un rare bon goût, il les juge avec une rare impartialité, quoiqu'il les admire un peu trop; son admiration, ailleurs si forcenée, lui laisse ici toute sa liberté de jugement; c'est ici, plus qu'ailleurs, qu'il aurait le droit de nous dire des lettres : « Moi, je les aime bien, mais je ne les adore pas (3). » Il se trompe peut-être, et il y a un peu d'idolâtrie dans son fait, mais il proteste du moins contre l'infatuation littéraire de son siècle, pour revenir à ses appréciations littéraires; il trouve Boccace, Rabelais et

---

(1) Liv. II, ch. 3.

(1) Liv. II, ch. 4.
(2) *Id.* ch. 10.
(3) *Id.* ch. 12.

Jean Second, *simplement plaisants et dignes qu'on s'y amuse.* Nous aurions à dire de ce jugement; mais notre écrivain est ici très indulgent pour des péchés qu'il voudrait se faire pardonner. Ni l'Arioste, ni Ovide, Ovide qu'il a tant aimé dans son enfance, ne le charment plus. *En la poésie, Virgile, Lucrèce, Catulle, Horace tiennent de bien loin le premier rang, et signamment Virgile en ses Géorgiques,* qu'il estime *le plus accompli ouvrage de poésie;* il aime Lucain, même après Virgile; il met de bien loin *le bon Térence, la mignardise et les grâces de son langage,* au-dessus du gros sel de Plaute, et il préfère sans comparaison *l'égale polissure et cette perpétuelle douceur et beauté fleurissante* des épigrammes de Catulle, à tous *les aiguillons, de quoi Martial aiguise la queue des siens.* Il compare Plutarque à Sénèque; son parallèle est fin, délicat, et aboutit résolument à la préférence de Plutarque. Quant à Cicéron, sa façon d'écrire lui semble ennuyeuse, et même, en son éloquence, qu'il trouve incomparable, il blâme *ce curieux soin de certaine longue cadence au bout de ces clauses.* Il parle des historiens, ses contemporains surtout, et les apprécie à leur valeur : Froissard et Guichardin, Philippe de Commines et les deux Du Bellay. A propos des historiens, il nous dit quelques mots sur une façon d'écrire l'histoire, qu'il n'aime pas, et qui se pratique beaucoup depuis son temps. Il aime les historiens ou fort simples, ou excellents: «Ceux d'entre deux (qui est la plus commune façon) nous gâtent tout; ils veulent nous mâcher les morceaux; ils se donnent loi de juger, et par conséquent d'incliner l'histoire à leur fantaisie, car depuis que le jugement pend d'un côté, on ne se peut garder de contourner et tordre la narration à ce biais; ils entreprennent de choisir les choses dignes d'être sues, et nous cachent souvent telle parole, telle action privée, qui nous instruirait mieux; omettent pour choses incroyables, celles qu'ils n'entendent pas; et peut-être encore telle chose, pour ne la savoir dire en bon latin et françois (1), » et il continue quelques bonnes phrases encore avec sa manière incisive et pittoresque, se moquant à bon droit de cette façon d'écrire l'histoire qui, de son temps, n'était qu'un travers, un essai de corruption sur la vérité, mais qui, plus tard, est devenue *cette conspiration de trois siècles contre la vérité,* qui s'est formulée en système, dans ce qu'on est convenu d'appeler la philosophie de l'histoire.

(1) Liv. II, ch. 10.

A ses tirades de bon sens et de bon goût, quelquefois assez soutenues et continues, à ses retours philosophiques où la mélancolie se fond dans le scepticisme, Montaigne mêle quelquefois, qui le croirait? des saillies et comme des pointes de sentiment. Ainsi, au chapitre 8, où il parle de *l'affection des pères aux enfants,* il dit des choses charmantes emmêlées à d'autres qui le sont moins. Il dit entre autres : « Les choses nous sont les plus chères, qui nous ont plus coûté; et le donner, est de plus de coût que le prendre. » Il dit encore : « Quand je pourrais me faire craindre, j'aimerais encore mieux me faire aimer. » Il fait une malice aux femmes (pourtant il adressait ce chapitre à madame d'Estissac) : « Il est toujours proclive aux femmes de disconvenir à leurs maris; elles saisissent à deux mains toutes couvertures de leur contraster; la première excuse leur sert de plénière justification. « Au milieu de ces boutades, et rapportant les regrets du maréchal de Montluc sur la mort de son fils, il s'écrie, saisi tout-à-coup au cœur par la perte de La Boëtie : « O mon ami, en vaux-je mieux d'en avoir le goût, ou si j'en vaux moins? j'en vaux certes bien mieux; son regret me console et m'honore : Est-ce pas un pieux et plaisant office de ma vie, d'en faire à tout jamais les obsèques? Est-il jouissance qui vaille cette privation? » Ce sentiment est vrai et l'on sent qu'il est profond. Montaigne avait mis dans l'amitié toute sa délicatesse. Voilà sans doute pourquoi il en a si peu dans l'esprit et dans l'imagination. On aime à saisir ces attendrissements, quoique bien rares, dans un homme qui semble se moquer parfois des plus tendres sentiments; à saisir la trace de quelques larmes sur ce visage où les sillons de la pensée et les rides du doute n'ont pu effacer l'air de narquoise bonhomie et de fine malice, sous lequel on a coutume de le considérer.

Voici que nous arrivons plus lentement que nous ne devrions sans doute, mais plus vite encore que nous ne voudrions, au chapitre XII du second livre des *Essais,* le plus long, remarque un des commentateurs de Montaigne, et le plus curieux; le plus remarquable, ajouterons-nous, et le plus profond; celui où le génie de Montaigne se développe dans toute son originalité, affranchi des préjugés et des engouements de la Renaissance; et où il nous apparaît, vengeant la révélation contre les entreprises de la raison humaine, avec une verve de bon sens et une abondance d'expressions pittoresques qu'on ne retrouve pas ailleurs. Nous ne pouvons que relever en passant certaines pensées plus éclatantes, et certaines expressions plus remarquables. Ce que nous en dirons fera comprendre du moins toute la richesse de ce chapitre.

Il parle de l'époque où il eut connaissance de *la théologie naturelle de Raymond Sebond* : « Ce fut lorsque les nouvelletés de Luther commençaient d'entrer en crédit et ébranler en beaucoup de lieux notre ancienne créance, en quoi il avait un très bon avis, prévoyant bien, par discours de raison, que ce commencement de maladie déclinerait aisément en un exécrable athéisme.... » Et il en donne la raison philosophique profonde; l'indocilité de l'esprit humain qui ne saurait garder de mesure dans la révolte contre la vérité: prévision lumineuse que Montaigne avait annoncée avant Bossuet. Le génie de Montaigne est en effet un génie précurseur, un peu crépusculaire, il est vrai, et gardant encore quelques ombres de la nuit, mais, par en haut, illuminé des premiers rayons du jour. Le dessein de Montaigne, dans cette partie de ses *Essais*, est de répondre aux objections que l'on faisait contre la théologie de Raymond Sebond ; mais ses réponses vont plus haut et plus loin; elles vengent la théologie des prétentions de la philosophie, et la foi des objections de la raison. L'on voit qu'il s'étend sur son sujet avec une force et une abondance que ne mériterait pas, quelque estime qu'il en fasse, l'ouvrage du théologien espagnol, et il en fait une très-belle et remarquable, sinon complète apologie de la religion révélée.

Montaigne prouve d'abord que le secours de la raison ne doit pas être dédaigné dans la défense de notre foi. « C'est la foi seule qui embrasse vivement et certainement les hauts mystères de notre religion; mais ce n'est pas à dire que ce ne soit une très belle et très louable entreprise d'accommoder encore au service de notre foi les utils naturels et humains que Dieu nous a donnés; il ne faut pas douter que ce ne soit l'usage le plus honorable que nous leur saurions donner, et qu'il n'est occupation ni dessein plus digne d'un homme chrétien que de viser par tous ses études et pensements, à embellir, étendre et amplifier la vérité de sa créance. » Et il continue de ce ton ferme et magistral, digne de la gravité de Bourdaloue, à invoquer le secours de la raison pour dégager la vérité des nuages de l'erreur et des embarras du mensonge. « Mais toujours avec cette réservation de n'estimer pas que ce soit de nous qu'elle dépende, ni que nos efforts et arguments puissent atteindre à une si supernaturelle et divine science. » Il est exact comme un théologien, pressant comme un dialecticien, supérieur et éloquent de conviction et de véritable émotion religieuse. Tout ce pas-



sage est d'une vigueur étonnante; il faut l'entendre déplorer la foi tout humaine, inféconde et vacillante des hommes de son siècle : « Nous sommes chrétiens à même titre que nous sommes ou Périgourdins ou Allemands, quelle foi doit-ce être, que la lâcheté et la faiblesse de cœur plantent en nous et établissent? Plaisante foi, qui ne croit ce qu'elle croit que pour n'avoir pas le courage de le décroire. » Parole énergique et indignée, profonde et lumineuse, qui fait bien voir au fond de notre inconsistance et de notre faiblesse. Nous n'avons plus même la force, épuisés que nous sommes d'excès de raisonnement, de rejeter tout-à-fait une vérité que nous traînons, le plus souvent hélas! dans la fange, sans avoir la force ni de la porter résolument, ni de la rejeter avec le courage (triste courage, il est vrai) d'une impiété conséquente, et il continue : « Autre chose est un dogme sérieusement digéré; autre chose, ces impressions superficielles, lesquelles, nées de la débauche d'un esprit démanché, vont nageant témérairement et incertainement en la fantaisie. Hommes bien misérables et écervelés, qui tâchent d'être pires qu'ils ne peuvent... Le nœud qui devrait attacher notre jugement et notre volonté, qui devrait étreindre notre âme et joindre à notre créateur, ce devrait être un nœud prenant ses replis et ses forces, non pas de nos considérations, de nos raisons et passions, mais d'une étreinte divine et surpernaturelle, n'ayant qu'une forme, un visage et un lustre, qui est l'autorité de Dieu et sa grâce ; or, notre cœur et notre âme étant régie et commandée par la foi, c'est raison qu'elle tire au service de son dessein toutes nos autres pièces, selon leur portée. » On a si souvent dit que Montaigne était sceptique, et les libres penseurs l'ont si souvent compromis par leurs éloges, qu'on éprouve une immense satisfaction à voir cet esprit si fin, si sagace, si délié, ramasser toutes ses forces et assembler toutes ses ressources pour glorifier la foi chrétienne; quitter la raillerie où il se plait, le paradoxe où il se joue, les mauvaises paroles où il se salit, les citations classiques où il s'empêche, pour s'élever à la sereine hauteur de la vérité; venger d'une voix forte, grave, émue, éloquente, la vérité divine, seule debout et ferme au milieu des ruines et des cendres de la science vaine et de la philosophie plus vaine encore, seule aimée, seule adorée dans son cœur élargi de tout le vide des affections humaines.

Mais il entre à peine en matière, et nous n'avons pas fini d'admirer cet esprit si sain et si vigoureux tant que la lumière de la foi le pénètre et le fortifie.

Il répond maintenant à *aucuns qui disent que les arguments de Sebond sont faibles et ineptes à vérifier ce qu'il veut;* ou, mieux encore, il répond aux esprits forts qui combattent par des arguments les arguments de la théologie, à cette superbe raison humaine qui discute contre la raison divine; c'est là qu'il est vif et abondant et fort; c'est là qu'il déploie toute la fécondité de son esprit transcendant et railleur, de son bon sens impitoyablement sagace, de sa verve malicieuse et de sa vaste érudition. Oui, sans doute, Montaigne est érudit, et cette fois du moins nous admirons son érudition; elle est à sa place, elle vient en son lieu, elle est bien employée, et nous dirons même bien digérée; quoiqu'il s'y trouve de çà, de là, des erreurs, des inexactitudes, dans l'ensemble, il nous offre un tableau accablant des faiblessses, des erreurs, des contradictions, des turpitudes de la raison humaine. Voici comme il entre fièrement en matière, visière baissée et lance au poing : « Le moyen que je prends pour rabattre cette frénésie, et qui me semble le plus propre, c'est de froisser et fouler aux pieds l'orgueil et l'humaine fierté, leur faire sentir l'inanité, la vanité et dénéantisse de l'homme; leur arracher des poings les chétives armes de leur raison ; leur faire baisser la tête et mordre la terre sous l'autorité et révérence de la majesté divine. C'est à elles seules qu'appartient la science et la sapience; elle seule qui peut estimer de soi quelquechose, et à qui nous dérobons ce que nous nous comptons et ce que nous nous pesons. » Le reste est digne de ce beau début; et pendant les trois cents pages qui suivent, il exerce de cruelles représailles contre la raison humaine, qui conteste les titres de la révélation; il la confond, ou plutôt il l'écrase du poids de cette majesté qu'elle contestait, et qui, si elle se retire de l'homme, le laisse nu, faible, ignorant, misérable, rampant sur la terre, qui le repousse au-dessous de la bête par son indigence et sa faiblesse, au-dessous de la brute par ses erreurs et ses passions : « Qu'il me fasse entendre, dit-il à l'incrédule, par l'effort de son discours, sur quels fondements il a bâti ces grands avantages qu'il pense avoir sur les autres créatures; qui lui a persuadé que ce branle admirable de la voûte céleste, la lumière éternelle de ces flambeaux roulant si fièrement sur sa tête, les mouvements épouvantables de cette mer infinie, soient établis et se continuent tant de siècles pour sa commodité et son service? Est-il possible de rien imaginer si ridicule que cette misérable et chétive créature, qui n'est pas seulement maîtresse de soi, exposée aux offenses de toutes choses, se dit maîtresse et emperière de l'univers, duquel il n'est pas en sa puissance de cognoistre la moindre partie, tant s'en faut de la commander. »

Et il entre dans le détail pour prouver la supériorité *naturelle* de la bête sur l'homme. Ce sujet, lieu commun de la philosophie morose et misanthropique, matière à paradoxe, écueil d'antithèses, Montaigne le rajeunit et l'élève à la hauteur d'une démonstration évangélique; c'est l'*Ecclésiaste* de Salomon, étendu, commenté, étançonné, comme il dit, des preuves de la science et de l'expérimentation. En passant, il laisse tomber de ces mots puissants, dédaigneux et fiers, qui sont comme un pressentiment de Bossuet : « C'est le déjeuner d'un petit ver que le cœur et la vie d'un grand et triomphant empereur. » Plus loin, comparant l'instinct industrieux des animaux à l'art toujours imparfait de l'homme, il fait du nid des alcyons une description qui rappelle une des plus gracieuses pages de saint François de Sales : chez Montaigne, la description est plutôt technique et scientifique, d'une grande habileté, exacte et pittoresque; chez saint François de Sales, elle est plutôt poétique, d'une grâce et d'une fraîcheur incomparable, et il en tire des inductions mystiques, pleines de justesse, de charme et de profondeur. Après quoi, Montaigne parle de la science *naturelle*, propre et personnelle de l'homme et de la sagesse philosophique; « de quoi se fait la plus subtile folie, que de la plus subtile sagesse? » dit-il; et il voit que l'esprit de l'homme est si peu capable de règle et de mesure, si impuissant à user sagement de la sagesse même, se jouant de la lumière comme les enfants du feu, qu'il arrive à cette conclusion qui semblerait énorme si on la séparait de ses prémices : « Il nous faut abêtir pour nous assagir, et nous éblouir pour nous guider. » C'est la parole si souvent citée, que s'est attribué Pascal, celui qui, dit-on, se précipita tête baissée dans la foi, tout frémissant de septicisme. Montaigne est ici, comme souvent ailleurs, le maître et le précurseur de Pascal.

On voudra peut-être trouver exorbitante la conclusion de l'apologiste de Sebond; qu'on y prenne garde pourtant, c'est l'aveu d'un philosophe et d'un sage qui a perscruté toute la philosophie antique et toute l'humaine sagesse; c'est surtout l'humble et filiale soumission d'un chrétien. Cette phrase n'est pas tombée, comme tant d'autres, brillante et pittoresque, de la plume de Montaigne, par mégarde, et en se jouant; elle est sérieuse, elle est réfléchie, elle est justifiée; nous n'avons qu'à voir : « Les chrétiens ont une particulière cognoissance combien la curiosité est un mal naturel et original de l'homme; le soin de s'augmenter en sagesse et en science, ce fut la première ruine du genre humain ; c'est la voie par où il s'est précipité à la damnation éternelle; l'orgueil est sa perte et sa corruption; c'est l'orgueil qui jette l'homme à quartier des voies communes, qui lui fait embrasser les nouvelletés, et aimer mieux être chef d'une troupe errante et dévoyée au sentier de perdition, aimer mieux être maître et précepteur d'erreur et de mensonge, que d'être disciple en l'école de vérité, se laissant mener et conduire par la main d'autrui à la voie battue et droiturière... L'humaine raison ne fait que fourvoyer partout, mais spécialement quand elle se mêle des choses divines qui le sont plus évidemment que nous? car encore que nous lui ayons donné des principes certains et infaillibles, encore que nous éclairions ses pas par la sainte lampe de la vérité, qu'il a plu à Dieu nous communiquer, nous voyons pourtant journellement, pour peu qu'elle se démente du sentier ordinaire, et qu'elle se détourne ou écarte de la voie tracée et battue par l'Église, comme tout aussitôt elle se perd, s'embarrasse et s'entrave, tournoyant et flottant dans cette mer vaste, trouble et ondoyante des opinions humaines, sans bride et sans but; aussitôt qu'elle perd ce grand et commun chemin, elle se va divisant et dissipant en mille routes diverses. »

Que n'a-t-on pas dit du septicisme de Montaigne? Or, son septicisme sérieux ne va guère au-delà de ces représailles vives et poignantes contre la raison humaine. Nous ne parlons pas de ses boutades, de ses caprices, de ses folles aventures de philosophe renaissant et d'humaniste enivré aux sources païennes; nous avons déjà dit que Montaigne participa trop souvent des erreurs, des préjugés, de la licence littéraire de son siècle; mais nous parlons des occasions graves et solennelles où Montaigne expose ses principes, défend la vérité et sauvegarde sa foi chrétienne contre les atteintes de la réforme et les entreprises de la raison. Quel rude démenti il donne alors à cette raison humaine qu'il prend à partie; comme il la juge de haut, et comme il la punit de ses attentats contre la vérité et de ses révoltes contre l'autorité : « Finalement, conclue-t-il, il n'y a aucune consistante existence, ni de notre être, ni de celui des objets; et nous, et notre jugement, et toutes choses mortelles, vont coulant et roulant sans cesse; ainsi, il ne se peut établir rien de certain de l'un à l'autre, et le jugeant et le jugé,

étant en continuelle mutation, et branle. Nous n'avons aucune communication à l'être, parce que toute humaine nature est toujours au milieu, entre le naître et le mourir, ne baillant de soi qu'une obscure apparence et ombre, et une incertaine et débile opinion. » Sans doute, si l'on presse ces paroles, on en fera sortir le septicisme total et universel; elles sont fortes, elles sont exagérées, et elles portent par dessus la tête des ennemis de la vérité, jusqu'aux fondements même de la certitude humaine; mais on ne veut pas voir qu'elles se trouvent en ce chapitre XII du second livre, où Montaigne combat la raison humaine avec ses propres armes, en faisant l'apologie de la raison de Dieu. La donner, comme on fait, pour le résumé et la quintessence du système philosophique de Montaigne, c'est ne vouloir pas comprendre qu'au fort d'une mêlée, on peut bien égarer quelques coups et quelquefois frapper plus fort que juste. Il ne faut pas prendre ces paroles isolément, mais les comprendre dans le milieu qui les entoure et suivre l'intention du philosophe, nous allions dire le mouvement de l'orateur, emporté contre son ennemi déloyal, et faisant abstraction de toute révélation pour réduire au doute, à l'incertitude, au néant, une raison orgueilleuse qui veut disputer contre les œuvres de Dieu.

Du reste, il avance la preuve de ses accusations contre la suffisance humaine, et s'il voulait user de tous ses avantages, il pourrait conclure des chefs-d'œuvre même de la raison, à l'irrémédiable folie de l'esprit humain. Le philosophe chrétien examine le dernier mot de l'antique sagesse sur toutes les questions importantes et vitales, sur Dieu et l'homme, l'esprit et la matière, la création et l'immortalité de l'âme. Or, tous les sages, tous ces chefs d'école, tous ces maîtres de la pensée, tous ces graves et renommés précepteurs de l'esprit humain, depuis Pythagore *qui adumbra la vérité de plus près*, sans l'atteindre, jusqu'à Socrate *qui va toujours demandant et émouvant la dispute, non jamais l'arrêtant, jamais satisfaisant*, jusqu'à Platon *qui n'est qu'un poète décousu*, il trouve tous ces maîtres de la sagesse naturelle, doutant, niant, se contredisant, cherchant la vérité, disent-ils, et au moindre rayon lui tournant le dos pour s'enfoncer dans les ténèbres de leur orgueil et dans la boue de leurs passions. Il les énumère au long, il les cite, les fait comparaître et déposer, en une multitude d'erreurs, de contradictions, de puérilités, de folies et d'énormités; et il conclut plaisamment, mais non sans raison: « Fiez-vous à votre philosophie; vantez-vous d'avoir trouvé la fève au gâteau, à voir ce tintamarre de tant de cervelles philosophiques; qui fagotterait suffisamment un amas des âneries de l'humaine sapience, il dirait merveilles. » Que serait-ce donc, bon Dieu, si Montaigne n'avait fermé que de nos jours le bilan des *âneries* philosophiques?

Chemin faisant, à mesure que se déploient toutes les ressources de sa démonstration, Montaigne sème d'ingénieuses remarques, tantôt fines et malicieuses, tantôt graves et profondes, selon l'occasion. Il parle de cet instinct invincible d'immortalité que porte l'homme au-dedans de soi : « Un soin extrême tient l'homme d'allonger son être; il y a pourvu par toutes ses pièces; et pour la conservation du corps sont les sépultures; pour la conservation du nom, la gloire; il a employé toute son opinion à se rebâtir, impatient de sa fortune, et à s'étançonner par ses inventions. » Il dit maintenant de l'esprit abandonné aux fluctuations de la philosophie : « Notre veille est plus endormie que le dormir; notre sagesse moins sage que la folie; nos songes valent mieux que nos discours; la pire place que nous puissions prendre, c'est en nous. « Il y a là dedans une certaine saveur acide de malice, une pointe de paradoxe qui relève le goût de la vérité. Parlant des croyances et mœurs des habitants du Nouveau Monde, où l'on voit des restes corrompus et des vestiges demi-effacés de la révélation primitive, il fait cette remarque pleine de sens : « Ces vains ombrages de notre religion, qui se voient en aucuns de ces exemples, en témoignent la dignité et la divinité : non-seulement elle s'est aucunement insinuée en toutes les nations infidèles de dire par quelque imitation, mais à ces barbares aussi, comme par une commune et supernaturelle inspiration. » Voici maintenant qui est plus vif, plus délibéré, plus incisif et non moins vrai, à propos des lois et des religions humaines : « O Dieu, dit-il, quelle obligation n'avons-nous à la bénignité de notre souverain créateur pour avoir déniaisé notre créance de ces vagabondes et arbitraires dévotions, et l'avoir logée sur l'éternelle base de sa sainte parole; que nous dira doncques en cette nécessité la philosophie? — Que nous suivions les lois de notre pays. C'est-à-dire cette mer flottante des opinions d'un peuple où d'un prince, qui me peindront la justice d'autant de couleurs, et la réformeront en autant de visages, qu'il y aura en eux de changements de passion; je ne puis pas avoir le changement si flexible. Quelle bonté est-ce que je voyais hier en crédit et demain ne la sera plus, et que le trajet d'une rivière fait crime ? Quelle vérité est-ce que ces montaignes bornent, mensonge au monde qui se tient au-delà? » Décidément Pascal savait son Montaigne par cœur; il pensait avec les pensées, s'exprimait avec les termes mêmes de notre philosophe périgourdin. Montaigne a ainsi nourri par cette veine de bon sens et d'observation profonde, plus d'un esprit grave et sérieux, et il n'aurait aidé qu'à former Pascal, non pas le Pascal des *Provinciales*, mais le Pascal des *Pensées,* que nous lui devrions une grande reconnaissance. Pascal n'est pas le seul qui découle de Montaigne. On se souvient de cette belle expression toute poétique dont Châteaubriand peignait le demi-jour recueilli de nos églises gothiques; la voici : « Il n'est âme si revêche, dit Montaigne, parlant de l'empire des sens sur l'esprit, qui ne se sente touchée de quelque révérence à considérer cette vastité sombre de nos églises, la diversité d'ornements et ordre de nos cérémonies; et ouir le son dévotieux de nos orgues et l'harmonie si posée et religieuse de nos voix. » Montaigne était poète, lui aussi, à ses moments ; ce jugeur impitoyable avait ses épanouissements de cœur et d'imagination, lorsqu'une idée religieuse le touchait. Au reste, plus on l'étudie, plus on trouve considérable son influence sur les penseurs et les littérateurs qui nous paraissent même les plus originaux et les plus complets.

L'abbé JEAN.

## CHALUS. — CHALUSSET. — MORT DE RICHARD-CŒUR-DE-LION,

*(Suite et fin.)*

Nous croyons avoir réduit à sa juste valeur l'opinion du trésor de Chalus. Cherchons maintenant dans l'ordre naturel des choses et des événements le motif qui attira sur le Limousin la colère et l'armée de Richard-Cœur-de-Lion en l'année 1199.

Le système féodal, vu de loin et superficiellement, peut être regardé comme une machine politique admirable. Quoi de plus beau, au premier aperçu, que cette hiérarchie à mille degrés de suzerains et de vassaux se rattachant les uns aux autres par des liens réciproques de protection et d'obéissance, de *foi* et d'*honneur!* Ces liens devaient êtres sacrés et indissolubles chez un peuple de chevaliers, peuple d'élite au milieu de nations grossières, peuple qui semblait ne parler que le langage de la loyauté, et qui signalait la *félonie* comme le plus infâme de tous les crimes.

Oui, cet aperçu est beau ; mais il faut le laisser aux Tressan et aux Sainte-Palaye. Pour nous, qui ne faisons pas de romans, il ne doit y avoir que la féodalité de l'histoire, et nous allons en montrer un échantillon. Il ne sera pas choisi dans une pensée de dénigrement : notre sujet nous la présente dans la période la plus favorable, à l'époque où toutes les chevaleries, tous les serments de foi et d'honneur venaient de prendre ou retremper leur caractère le plus saint au tombeau du Sauveur du monde.

Deux grands monarques, Philippe-Auguste et Richard-Cœur-de-Lion, avaient des vassaux et des arrière-vassaux innombrables. Le seul fait d'une guerre entre ces deux souverains semblait devoir présenter sous les armes presque toute l'Europe occidentale, partagée en deux camps; et ces deux camps, tracés d'après les seuls engagements féodaux, devait réunir sur un simple appel, l'un tous les vassaux de Philippe, et l'autre tous les vassaux de Richard. Eh bien, cette supposition serait purement chimérique. L'hommage, la foi et la loyauté du lien féodal n'étaient, en réalité, que la soumission à une force actuelle; que la perfidie rompant un serment dès que le parjure était possible ; que la cupidité vendant son assistance au plus offrant.

Pour constater cette dépravation, nous allons en citer un seul trait entre mille, et, comme il est principalement à la charge du roi Richard, nous le prendrons dans un historien anglais ami de son prince, et ne pouvant être soupçonné de le calomnier :

« En la même année (1197, deux ans avant la mort » de Richard), les comtes de Flandre, de Champagne et » de Bretagne, ayant abandonné le roi de France (leur » suzerain), firent alliance avec Richard, roi d'Angle-» terre. Toutes les parties se donnèrent réciproquement » des ôtages pour garantir l'engagement qu'elles pre-» naient de ne faire aucune paix avec le roi de France, » si ce n'est du consentement commun. *Le roi d'An-» gleterre avait gagné ces trois comtes à force de présents, » comme il gagna presque tous les seigneurs de France,* car » sa main s'ouvrait plus largement que toute autre, *et » ses dons l'emportaient toujours sur ceux de son rival.*

» Ainsi, il donna à Baudoin, comte de Flandre, pour » son concours, quinze mille marcs d'argent, etc.

» ROGER DE HOVEDEN. »

*(Historiens de France, t. XVII, p. 582.)*

Ce que Richard faisait à force d'argent, Philippe le pratiquait aussi avec plus d'économie et plus d'habileté. Il avait long-temps secondé les sourdes conspirations du prince Jean contre son frère et fomenté des germes de haine dans le cœur de la comtesse de Bretagne, haine dont Arthur, fils de cette comtesse, devint plus tard la victime. Philippe avait aussi plusieurs fois poussé à une révolte ouverte les vassaux que Richard avait dans l'Aquitaine, entre autres le comte d'Angoulème et le vicomte de Limoges, toujours disposés à enfreindre le lien féodal. On a une lettre du roi Richard à Hubert, archevêque de Cantorbéry, datée d'Angoulème le 2 juillet 1194, par laquelle il rend compte des résultats de sa campagne, et annonce qu'il s'est emparé de toutes les places du comte d'Angoulème et des terres de Geoffroy de Rancon.

*(Historiens de France, t. XVII, p. 570.)*

Cette politique de l'époque étant connue, suivons quelques-uns des événements qui signalèrent les deux dernières années de Richard-Cœur-de-Lion.

En 1197, comme nous venons de le voir, Richard était parvenu, à force de largesses, à séduire presque tous les vassaux de Philippe. On aurait dû croire à la ruine inévitable de ce monarque; eh bien, la campagne se réduisit à la prise de quelques châteaux, et elle eût été moins défavorable à Philippe si, entré dans les états du comte de Flandre, il ne se fût pas laissé couper la retraite par la destruction des ponts qui devaient l'assurer. Dans cette position, le roi Philippe dut traiter avec son vassal, qui s'empressa de négocier une trève entre les deux rois.

La trève expirait au 14 janvier 1198. On s'accorda à la prolonger jusqu'après les moissons. Mais, le moment arrivé, *la fureur des deux rois ne connut plus de bornes*, dit toujours Roger de Hoveden. Ils entrèrent l'un chez l'autre, ravageant les terres, brûlant les villages, faisant butin de tout, et emmenant tous les hommes prisonniers.

Au plus fort de ces désastres, l'archevêque de Cantorbéry proposa un projet de paix que Richard ne voulut pas signer. Ce refus parait étrange quand on remarque que Richard lui-même avait engagé l'archevêque son sujet à ouvrir les négociations. Mais Richard avait besoin d'une trève, et ne voulait pas encore la paix, comme nous allons le voir. Une trève fut conclue jusqu'au 14 janvier suivant (1199). Nous déterminons les jours, car nous approchons de la catastrophe.

Cette trève signée, les deux rois regagnèrent leurs terres avec les troupes à leur solde. — Richard marchait vers le Poitou, se fiant au traité qui venait d'être conclu, lorsqu'il apprit que Philippe avait abattu des bois sur le terrain de lui Richard, et commençait à y bâtir une forteresse. Richard revient aussitôt en Normandie, et fait signifier à Philippe qu'il va recommencer la guerre si ce roi ne renonce pas immédiatement à la construction entreprise. Alors intervient sérieusement le plan d'un traité de paix définitive, réglant les plus hauts intérêts entre les deux rois, et paraissant devoir les unir pour long-temps. Richard agréa le projet convenu ; mais une paix si prompte ne lui convenant point encore, il en ajourna la conclusion solennelle jusqu'après son retour du Poitou.

(V. Hoveden, *Historiens de France*, t. xvii, p. 594.)

Quel était l'objet de ce voyage, auquel Richard attachait un intérêt si marqué, voyage militaire où ce prince perdit la vie ? — C'est là notre véritable question. Continuons de marcher, appuyés d'autorités contemporaines, dans lesquelles on découvre la vérité, si on met beaucoup de soin à l'y chercher.

Nous savons qu'Aymard, comte d'Angoulême, et un autre Aymard, vicomte de Limoges, étaient ennemis secrets de Richard-Cœur-de-Lion, leur suzerain, et qu'ils étaient toujours disposés à se soulever contre lui aux instigations de Philippe-Auguste. Nous en avons déjà vu une preuve, se rapportant à 1194, et il n'est pas douteux que les deux vassaux avaient aussi pris parti contre Richard en 1198. Cela résulte de deux actes qui sont arrivés textuellement jusqu'à nous, et qui sont : 1° le traité de paix qui avait été arrêté entre Philippe et Richard au mois de janvier 1199, que Richard ne voulut pas signer avant son retour du Poitou, et qui ne fut souscrit que par son successeur Jean-sans-Terre, au mois de mai de l'année 1200 ; — 2° un traité secret entre le roi Philippe-Auguste et le vicomte de Limoges, dont nous donnerons la teneur.

Le traité du mois de mai 1200 est rapporté en son entier par Rigord (*Historiens de France*, t. xvii, p. 52). Jean, roi d'Angleterre, y déclare, art. 12, quant au comte d'Angoulême et au vicomte de Limoges, qu'il les reçoit comme ses vassaux, et les rétablit dans tous leurs droits : « *De comite ingolismensi et vicecomite lemo-* » *vicensi sic erit quòd nos recipiemus eos in homines, ità* » *quòd eis jura corum demittemus.* »

Il est évident que le roi Philippe n'aurait pas fait comprendre ces deux seigneurs dans son traité, et n'aurait pas exigé la restitution de leurs biens, s'ils ne s'étaient pas ligués avec lui, et n'avaient pas été dépouillés par suite de cette alliance.

Voilà ce qui explique authentiquement et d'une manière rationnelle le motif de l'invasion exécutée par Richard, en 1199, sur les terres du vicomte de Limoges ; et ce motif connu achève d'écarter la supposition d'un trésor à conquérir, supposition dont nous avions déjà démontré toute l'invraisemblance.

Remarquons, du reste, que le vicomte de Limoges compris au traité de l'année 1200 était Guy III, et non son père Aymard V, qui était mort peu de temps après Richard-Cœur-de-Lion. Roger de Hoveden dit qu'il fut tué par un bâtard de Richard, nommé Philippe, qui voulut venger la mort de son père.

Le P. Bonaventure ne parle pas de ce meurtre. Cependant, en rapportant à la même époque la mort d'Aymard, il la présente comme *un châtiment du ciel, à raison qu'il étoit cause de la mort de son prince.*

C'est là un étrange jugement si notre historien croyait au trésor et à la passion cupide qui aurait amené Richard en Limousin pour s'en emparer. Aymard, en effet, aurait, dans cette supposition, été la victime d'un acte d'odieuse tyrannie ; il n'aurait fait que se défendre contre un agresseur injuste, et cependant il aurait encouru le châtiment du ciel !

Il est manifeste que le P. Bonaventure croyait lui-même à la défection du vicomte Aymard, et il va nous en fournir la preuve. Mais s'il y croyait, que devient sa fable du trésor, de ce trésor qui aurait appelé le roi Richard en Limousin, non en suzerain offensé, mais en coupable et lâche déprédateur ?

L'autre document que nous avons annoncé est un traité secret à nous transmis par le P. Bonaventure. Cet auteur s'exprime ainsi (3° *part.*, *p.* 524) :

« J'ai trouvé dans quelques manuscrits que, cette année 1199, Aymard, vicomte de Limoges, fit, au mois d'avril, une transaction avec Philippe, roi de France, de cette teneur : « *Moi, Aymard, vicomte de Limoyes,* » *fais connoître à tous qui verront cet écrit que j'ai fait les* » *accords et conventions suivantes avec monseigneur Phi-* » *lippe, illustre roi des François, parce que à cause des in-* » *jures que Richard, roi d'Angleterre, m'a fait et à mon* » *frere Aymard, comte d'Angoulême, il alla de ma part* » *vers le roy, et je fis confédération avec luy de cette façon :* » *Que je l'aideray toujours selon mon pouvoir comme mon* » *seigneur, et ne me retireray jamais de luy que par ses or-* » *dres, et que, s'il me joignoit jamais à quelque autre, il* » *me donnera ses lettres-patentes qu'on me laissera en paix ;* » *et, si on y manquoit, il m'addera contre celui-là. Que si* » *ce nouveau seigneur vouloit agir contre mon roy Philippe,* » *je m'y opposeray, rendant de bonne foy secours et aide au* » *susdit roy Philippe. Fait à Arède, l'an 1199, au mois* » *d'avril.* »

Cet acte a été traduit, puisqu'il n'est ni en latin ni dans la langue vulgaire de son époque. Nous en supposons la teneur exacte malgré son mauvais style; mais nous regrettons qu'on ne puisse plus trouver la pièce telle que le P. Bonaventure a dû l'avoir sous les yeux. C'est lui qui lui a donné la date du mois d'avril 1199, car il ne l'énonce pas en lettres italiques, employées pour distinguer le texte. Or, quelque bons renseignements qu'ait eus le P. Bonaventure pour fixer cette date, nous la croyons erronée quant au millésime 1199. Cela ne devrait pas étonner. — A l'époque dont il s'agit, le commencement de l'année n'était pas bien fixe; en certains pays, il partait de la fête de Pâques. Cette manière de computer emportait de telles variations, qu'elle faisait commencer l'année 1198 au 29 mars, et l'année 1199 au 18 avril. Les documents consultés par le P. Bonaventure sur un acte fait précisément au mois d'avril ont pu ne lui fournir, quant au millésime, que des indications insuffisantes. Quoiqu'il en soit, voici nos raisons de penser que ce traité n'est pas de l'année que nous comptons aujourd'hui 1199 :

Le roi Richard mourut le 6 avril de cette année; il avait été blessé le 27 ou le 28 mars; le siége de Chalus et les autres hostilités l'avaient occupé quelques jours avant sa blessure; donc l'invasion de Richard dans le Limousin et le traité qui avait été le motif de cette invasion ne peuvent être du mois d'avril de cette année 1199.

La date du mois d'avril 1198 s'accorde au contraire avec tous les faits connus, et explique parfaitement l'impatience qu'avait Richard d'aller se venger de ses vassaux de l'Aquitaine après la trève arrêtée avec Philippe, à la Saint-Hilaire, le 14 janvier 1199.

Nous avons vu qu'il marchait à cette expédition et allait vers le Poitou (*versus Pictaviam*), lorsqu'il fut forcé de retourner en Normandie pour demander raison à Philippe d'infractions que ce dernier portait déjà à la convention. Nous avons vu aussi qu'un traité de paix fut projeté immédiatement, c'est-à-dire dans le mois de février, que Richard l'agréa, mais refusa de le signer avant son retour de l'Aquitaine : *Sed hæc omnia dilationem cœperunt usque dùm Ricardus, rex Angliæ rediret de Pictaviâ.*

On trouve bien là le caractère obstiné et vindicatif de Richard. Le traité devait contenir, comme il contient en effet (quand il fut consommé l'année suivante), une sauve-garde ou amnistie pour tous les vassaux qui avaient déserté leur seigneur. Or, Richard voulait tirer vengeance de ses deux vassaux d'Angoulême et de Limoges; il voulait dévaster leurs terres et démanteler leurs châteaux, selon l'usage, avant de se lier les mains par un traité de paix générale.

Il porta donc la guerre, dans les mois de février et de mars, chez le comte d'Angoulême et chez le vicomte de Limoges, et parce qu'il faisait en même temps la guerre à ces deux seigneurs (qui étaient frères utérins), Gervais de Cantorbéry tomba dans une confusion de lieu, et indiqua *Nontron*, appartenant au comte d'Angoulême, au lieu de *Chalus*, château du vicomte de Limoges, comme le lieu où Richard avait été blessé à mort.

Le P. Bonaventure est un singulier annaliste; il donne la plus grande importance et consacre un long récit (en deux endroits de son livre) à la découverte du trésor de Chalus, à des détails dignes des *Mille et une Nuits*, et il ne parle que transitoirement de ce traité secret fait entre Philippe-Auguste et le vicomte de Limoges.

Et, avec la même absence de discernement, il ajoute (p. 524) : « Il y a les lettres de confédération du roi » Philippe contre Jean, successeur de Richard, au même » lieu, en faveur du même Aymard, que j'omets pour » abréger. » — L'historien du Limousin supprime là une pièce fort importante comme suite et complément du traité fait contre Richard, et indiquant sans doute la vraie date de ce traité et les conséquences qu'il avait eues. On ne saurait trop regretter la perte des manuscrits qui avaient fourni de pareils documents au P. Bonaventure.

Au reste, du traité qu'il rapporte et de la mention faite par Gervais de Cantorbéry il résulte, avec certitude, cette circonstance, que le roi Richard guerroyait en même temps, en 1199, contre le comte d'Angoulême et contre le vicomte de Limoges; et cette circonstance suffirait pour faire rejeter le prétexte du trésor de Chalus, dont on a voulu faire l'unique cause de cette guerre; car on n'est pas allé jusqu'à dire que le comte d'Angoulême cachait aussi sa collection de statues d'or représentant des proconsuls habitués à Angoulême.

Nous terminerons ici une dissertation qui, nous le craignons, aura paru longue et aura semblé fastidieuse; mais c'est un double défaut auquel échappe difficilement une œuvre d'antiquaire. Nous ne demanderons pas grâce au lecteur qui a lu notre titre et ne s'est pas détourné.

GRELLET-DUMAZEAU.

(Extrait du Bulletin de la société archéologique et historique du Limousin.)

## DOCUMENTS HISTORIQUES SUR LA VILLE DE DOME.

Lorsque la France, divisée en provinces indépendantes et rivales les unes des autres, obéissait à une multitude de petits souverains; dans ces temps d'anarchie et de discordes, où la guerre se faisait, non pas de monarque à monarque, non pas de nation à nation, mais de château à château, de seigneur à seigneur ; alors surtout que le canon ne décidait pas encore du sort des combats, le rocher de Dome, vaste, élevé, inaccessible, assis à pic sur la Dordogne, dominant des plaines fertiles, offrait une position formidable, que les travaux de l'homme rendirent bientôt plus formidable encore.

Aussi, dès les premières années du XIIIe siècle, l'histoire mentionne le château de Dome; et nous le voyons à cette époque servir de refuge aux Albigeois persécutés.

Dans la *Chronique de la guerre contre les Albigeois*, par Pierre, moine de l'abbaye de Veaux-Cernay, on lit :

« ..... *His ità gestis, significatum est Comiti nostro,*
» (Simon comte de Montfort) *quòd in episcopatu Petrago-*
» *ricensi erant castra, in quibus habitabant pacis et fidei ini-*
» *mici : et verè sic erat. Proposuit igitur Comes progredi,*
» *et invadere castra illa, ut, per Dei gratiam et auxilium*
» *Peregrinorum, expulsis ruptariis et raptoribus relegatis,*
» *pacem Ecclesiis, imò toti terræ Petragoricensium relin-*
» *queret. Omnes autem Christi et nobilis Comitis nostri*
» *adversarii, audito quod captum esset Cassanolium, tanto*
» *timore percussi sunt, quòd in nullà munitione etiam for-*
» *tissimà adventum Comitis et exercitûs ausi sunt ex-*
» *spectare. Movens igitur exercitus à Cassanolio, venit ad*
» *unum de castris supradictis quod Doma dicebatur; et in-*
» *venit illud vacuum et absque defensore. Erat autem cas-*
» *trum nobile et fortissimum, super Dordoniam fluvium in*
» *amœnissimo loco situm. Statim Comes noster turrem cas-*
» *tri, quæ erat altissima et pulcherrima, et pene usque ad*
» *summum munita, suffodi fecit et dirui* (1). »

(*Recueil des Historiens des Gaules et de la France*, tom. XIX, page 98.)

Ce passage est intéressant, car il signale d'une manière précise l'existence d'un château sur le rocher de Dome, dès l'année 1214.

Mais, à proprement parler, *la ville* de Dome ne date que de 1280, vieux style, c'est-à-dire de 1281.

A cette époque, le Mont-Dome appartenait, en grande partie, à Guillaume de Dome ; mais à l'extrémité occidentale du plateau s'élevait le château d'Amalvin Bonafos et de Bertrand de Gourdon.

Le roi Philippe III, dit le Hardi, voulut faire du Mont-Dome une place de guerre, capable de résister aux attaques des Anglais, alors possesseurs de la Guyenne ; et, dans ce but, il acheta la portion apparnant à Guillaume (2).

Le contrat de vente fut reçu par l'évêque de Cahors ; il est ainsi conçu :

« *Raymondus* (3), *Dei gratiá Caturcensis episcopus, uni-*
» *versis et singulis Christi fidelibus presentes litteras ins-*
» *pecturis et audituris salutem in Domino.*

» *Noveritis quòd Guilhelmus de Dómá, Domicellus, fi-*
» *lius quondàm Pontii de Domá defuncti, et Dominæ Marga-*
» *ritæ, quondàm ejus uxoris, et Guilhelmus Trian* (4), *ci-*
» *vis Caturcensis, Curator, ad instantiam quorumdam*
» *amicorum suorum sibi datus à nobis, in nostrá presen-*
» *tiá constituti de suá certá scientiá, et suá gratá et liberá*
» *voluntate vendiderunt, tradiderunt, cesserunt et con-*
» *cesserunt, et solverunt in perpetuum et quietaverunt....*
» *pro ipso pretio quingentarum librarum nigrorum turo-*
» *nensium, Domino Symoni de Melauduno, militi, Senes-*
» *callo Petragoricensi, et Lemovicenci, et Caturcensi, pro*
» *Domino Rege Francorum illustrissimo, ibidem coràm no-*
» *bis presenti ementi, et recipienti vice et nomine ejus-*
» *dem Domini Regis et pro ipso, turrem, domos, edificia,*
» *jurisdictiones et actiones, et omnia alia et singula*
» *jura, deveria, et dominia, quæ idem Domicellus habebat*
» *et habere modo aliquo poterat et debebat in monte de*
» *Domá Diœcesis Petragoricensis, prout ipse mons confron-*
» *tatur et protenditur, ex parte unà, usque ad trencatam*
» *quæ est juxtà castrum Amalvini Bonafos, et Bertrandi*
» *de Gordonio, et ex indé usqué ad ripas fluminis Dordo-*
» *niæ, ex unà parte, et usqué ad rivum de fonte Giran* (5)
» *ex alterà : Et prout ipse mons confrontatur et protendi-*
» *tur ex alià parte usque ad nemus, sive bosquetum, quod*
» *est inter forestam de Born* (6), *et montem prædictum, et*
» *ex indé protenditur usque ad fontem Giran, ex unà*
» *parte, et, ex alterà parte, usque ad pedem dicti*
» *montis; et ripas fluminis supràdicti.... ad faciendam*
» *bastitam in dicto monte, ad opus Domini Regis prædicti,*
» *et quidquid Domino Regi placuerit antedicto..... Salvis*
» *etiam et retentis edem Domicello hominibus suis quos*
» *habet in dicto monte, sicut dixit, videlicet Guilhelmo de*
» *Podio (du Puy ou del Pech), Geraldo de Podio, Ge-*
» *raldo Donadei, et fratribus suis, Geraldo Manha (Magne),*
» *et heredibus corumdem....* (Le reste de l'acte est de
» pure forme et n'offre aucun intérêt.) *Actum Caturci*
» *anno Domini millesimo ducentesimo octuagesimo, die ve-*

» *neris proximâ post dominicam quâ cantatur officium :*
» *Invocavit me* (7). »

*(Original en parchemin (trésor des Chartes, boîte cotée Languedoc, n° 32), scellé de deux sceaux en cire verte : le premier, celui de Simon de Melun, chargé de sept besans, à la fasce chargée de quatre merlettes : sur le second, celui de l'évêque de Cahors, un évêque donnant sa bénédiction, tenant sa crosse; et au revers, la décollation de saint Jean-Baptiste).*

Telle est l'origine de la ville de Dome : un roi de France fut son fondateur ; et c'est alors que s'élevèrent les remparts et le château dont nous ne voyons aujourd'hui que les ruines.

Après avoir bâti les murailles de la nouvelle ville, il fallait y attirer des habitants : dans ce but, Philippe-le-Hardi accorda à Dome des priviléges étendus. La charte qui les établissait n'est point parvenue jusqu'à nous : elle fut perdue, lorsque les Anglais s'emparèrent pour la première fois de Dome, en 1347 ; mais deux chartes de 1348, données par Philippe VI, *dit de Valois*, existent encore, et reproduisent les priviléges accordés par Philippe-le-Hardi.

Dans les lettres-patentes données à Toulouse, le 14 avril 1369, *v. st.* par le duc d'Anjou, nous lisons : « Volentes insuper ac etiam concedentes ut.... ibidem » moneta fiat, seu fieri possit et valeat.... (8) »

Il est donc certain que Dome a eu le droit de battre monnaie ; mais je ne pense pas que, dans l'origine, ce privilége, dont on ne doit pas d'ailleurs s'exagérer l'importance, ait été concédé à la ville de Dome.

Car si, dans le principe, ce privilége eût existé, les titres que je viens de rapporter, et qui sont les plus anciens, en feraient mention : or, ils sont muets sur ce point. Il faut donc reporter au xive siècle seulement la concession de ce droit, puisque les lettres-patentes du duc d'Anjou sont le premier titre où nous le voyons figurer.

Il paraît, du reste, que Dome n'usa pas de son privilége d'une manière bien légitime ; car voici ce que porte une ordonnance de Charles VI, insérée dans la *Collection des ordonnances des rois de France*, t. 7, p. 767 :

« Charles.... au Seneschal de Xaintonge.... nostre » procureur en ladite Seneschaucie, nous a fait expo-
» ser qu'il est venu à sa cognoissance que aulcunes » gens des dites parties, affin de décevoir nostre menu » peuple, ont porté ou fait apporter du pays de Dome » grans quantitez de faulses monnoyes contrefaites » aux nostres, très-mauvaises, et de très-mauvais » aloy..... pourquoy nous vous mandons, etc., etc....,



» Donné à Paris, le 13ᵉ jour d'octobre de l'an de grâce » 1388, et 9ᵉ de nostre règne. »

Quoiqu'il en soit, Dome ne jouit pas long-temps de ses priviléges avec tranquillité. Une pensée de guerre avait donné naissance à cette ville ; bientôt la guerre lui fit sentir toutes ses fureurs.

On a vu, par la charte de 1348, qu'en l'année 1347, les Anglais avaient pris Dome, et que la trahison avait favorisé leur victoire, *in captione dictæ villæ anno præterito per inimicos nostros prodicionaliter occupatæ.*

Les Anglais ne conservèrent pas long-temps cette place ; bientôt après ils en furent chassés par le sénéchal Guillaume de Montfaucon.

Il est même à remarquer qu'ils n'avaient pu s'emparer du château ; j'en trouve la preuve dans une ordonnance du roi Jean, du 21 octobre 1357, par laquelle il est enjoint au trésorier des guerres de payer à *Jehan de Montfaucon, fils et hoir de feu Guillaulme de Montfaucon, jadis seneschal de Pierregort et de Quercin*, les sommes que celui-ci avait dépensées, *pour garder et résister les anemis qui avaient occupé et pris par trayson toute la ville du Mont-de-Dome, excepté le chasteau dudit lieu* (9).

Les noms de quelques-uns des traîtres qui avaient livré la ville aux Anglais, sont venus jusqu'à nous : au mois de juillet 1350, *circà festum beatæ Mariæ-Magdalenæ*, ces misérables furent pris, renfermés pendant quinze jours dans le château de Dome, et pendus sur les lieux témoins de leurs crimes.

C'est ce que nous apprend la pièce suivante, dans laquelle le sénéchal du Périgord et du Querci ordonne au trésorier de la sénéchaussée de payer la dépense faite pour la garde des prisonniers.

« Arnaldus de Yspania, miles, dominus de Monte-» Yspano, capitaneus, et Senescallus Petragoricensis » et Caturcensis pro domino nostro Franciæ rege, pro-» videnti viro thesaurario regis dictæ Senescalliæ vel » ejus locum tenenti, salutem : Cum anno præsenti, » circà festum Beatæ Mariæ-Magdalenæ, per gentes » nostras armorum Guillermus Nadal, Burdus de Bur-» delià, dictus Negron, et B. (Bertrandus?) vocatus » Amrussa, et tres alii prodictores, scalatores villa-» rum et castrorum regiorum (quorum aliqui inter-» fuerunt, dùm loca regia Montis-Domæ, et Sanctæ-» Fidis fuerunt scalata et per ipsos et alios inimicos » regios proditionaliter capta), capti fuerunt, et plu-» res alii proditores, usque ad numerum vigintiquinque » interfectorum, in dictà captione, et dicti capti vivi, » de mandato nostro, in castro regio Montis-Domæ

31

» ducti, et per quindecim dies ibidem detenti in car-
» cere, cum duobus custodibus ad ipsos fideliter custo-
» diendos : post quos dictis quindecim diebus elapsis,
» dictus Guillermus Nadal, et alii sex in arboribus in
» nemore de *Las Damas* (10), ubi mercatores depre-
» dando, et alios subditos regios interficiendo delin-
» querant, suspensi fuerunt, qui in patriâ, nec in
» obedientiâ dicti domini nostris regis nulla bona
» habebant..... Datum Caturci, sub sigillo nostro pro-
» prio, die xxii mensis martii, anno Domini millesimo
» trecentesimo quinquagesimo. » (1350, v. st.) (mm.
ss. de la bibl. roy.)

La funeste bataille de Poitiers (19 septembre 1356),
et le traité de Brétigny (8 mai 1360), qui en fut la suite,
livrèrent le Périgord aux Anglais : « ..... Le roi d'An-
» gleterre, porte le traité, aura pour lui et pour
» ses hoirs parpetuelment et à touz jours, tostes
» les choses qui s'ensuivent.... la cité, le chastel et
» toute la conté de Pierregort, et la terre et le paiis de
» Pierreguis.... (Rymer, t. vi, p. 219 et suiv.) »

Dome passa donc sous la domination anglaise ; mais
ce ne fut que sur l'ordre formel du roi de France que
ses consuls consentirent à se soumettre aux vainqueurs
et à prêter serment de fidélité entre les mains de
Jean Chandos, lieutenant-général du roi d'Angleterre.

Chandos le reconnaît lui-même dans l'acte suivant,
qui existe encore dans les archives de Dome :

« Johannes Chandos, miles, vice comes sancti Salva-
» toris, locum tenens generalis in Franciæ et Occitaniæ
» partibus domini nostri regis Angliæ, Yberniæ et
» Aquitaniæ.... notum facimus quod, cum consules
» Montis-Domæ, subditi immediate dicti domini regis,
» nobis nomine regio præstaverint *de expresso mandato*
» *domini Franciæ Regis*, fidelitatis et obedientiæ jura-
» mentum, nos eisdem concedimus.... Datum Sarlati,
» die primâ januarii, anno Domini millesimo trecente-
» simo sexagesimo primo. (1361, v. st.) »

Ce serment, que la force leur avait imposé, les habitants de Dome ne tardèrent pas à l'enfreindre. En
1369, lors du soulèvement de la Guyenne, ils chassè-
rent les Anglais, et se remirent sous l'obéissance du
roi de France.

C'est en vain que ce même Chandos, qui peu d'années auparavant avait pris possession de la ville, vint
mettre le siége devant Dome : il fut bientôt obligé de
se retirer.

Froissart raconte ainsi cet événement : « Quand ils
» (les Anglais) virent que rien ne fesaient, et que la
» garnison de Durivel (Duravelt) point ils ne pren-
» draient, et séjournaient là en grand malaise, si avi-
» sèrent qu'ils se deslogeraient, et se trairaient par
» devant la ville et le chastel de Dome, en plus gras
» pays, ainsi qu'ils firent. Et était sire et gouver-
» neur de ladite ville et dudit chastel, messire Guibert
» de Dome, qui en était seigneur, et avait avec lui un
» sien cousin chevalier, qui s'appelait messire Pierre
» Sanglier. Si avaient en audevant ces deux chevaliers
» les vivres du plat pays là environ tous retraits là
» dedans.

» Quand les Anglais et les Gascons, qui étaient là
» 1,500 hommes d'armes, et 2,000 que archers, que
» brigands, furent là venus, si se ordonnèrent et si
» mirent en arroy de siége bien et faiticement (régu-
» lièrement), et commencèrent à assaillir la forteresse
» de grand'volonté. Si y levèrent plusieurs grands en-
» gins, assauts et escarmouches, où il y eut fait, le
» siége durant, de grand's appertises d'armes.

» Quand ils eurent là été xv jours, et ils eurent vu
» que rien n'y fesaient, ni rien n'y conquestaient, et si
» y gissaient en grand'peine et grands frais, si se avi-
» sèrent et conseillèrent les uns par les autres, qu'ils
» signifieraient leur état et leur affaire au prince de
» Galles, leur seigneur qui se tenait à Angoulesme. . .

. . . . . . . . . . . . . . . . . . . . . . . . . .

» Assez tôt après, messire Jean Chandos, messire
» Robert de Canolle (Knolles), messire Thomas de Fel-
» ton, le captal de Buch, messire James d'Audley, et
» les autres seigneurs et chevaliers, qui là étaient,
» eurent conseil et advis ensemble, qu'ils defferaient
» leur siége, (car là à seoir rien ne conquestaient) et
» chevaucheraient plus avant sur le pays, et conquer-
» raient villes et garnisons, qui s'étaient tournées fran-
» çaises nouvellement par l'effet des compagnies des
» gens du duc de Berry.

» Si se deslogèrent et se départirent de Dome, et se
» mirent au chemin et s'en vinrent par devant Gra-
» mat. » (Froissart, édit. de M. Buchon, t. v, p. 83
et suiv.)

Le zèle que les habitants de Dome avaient déployé
dans cette lutte contre les ennemis de la patrie ne
resta pas sans récompense.

Le duc d'Anjou, par lettres-patentes données à Toulouse, le 14 avril 1369, *v. st.* confirma tous les priviléges accordés précédemment à la ville de Dome, et en
ajouta de nouveaux, notamment celui de battre monnaie (*voir* plus haut).

Il rendit aussi en faveur de Dome l'ordonnance suivante :

« Loys, filz de Roy de France, frère de monsieur
» le roy, et son lieutenant ès parties de Langue d'oc,
» duc d'Anjou et de Tourraine, et comte du Maine,
» à nostre bien amé Estienne de Montmejan, trésorier
» des guerres de Monsieur et de nous ès dites parties,
» salut et dilection, savoir vous faisons que en rému-
» nération des grands pertes et domaiges que nos bien
» amés les consuls, bourgeois et habitants du Mont-
» de-Dome ont euz et souffers par les ennemys de
» Monsieur et de nous, pour ce qu'ils sont venus à l'o-
» béyssance de Monsieur et de nous, yceulx de l'auc-
» torité royal dont nous usons, et de grâce espécial,
» avons donné et donnons par ces présentes la somme
» de cinq cents francs d'or à prendre et avoir ceste
» foys sur vostre recepte. Si vous mandons.... Donné
» à Caours, le XXVIII d'aoust l'an de grâce MCCC
» soyssante et dix (1370). » (Mss. de la bibliothèque
royale.)

Gibert de Dome, que nous avons vu soutenir le
siége contre l'armée de Jean Chandos, fut fait Sénéchal
du Périgord. J'en trouve la preuve dans une autre
ordonnance du même duc d'Anjou.

« Loys.... à nostre amé Estienne de Montmejan....
» savoir faisons que nous avons aujourd'huy retenu et
» retenons par la teneur de ces présentes nostre bien
» amé messire Gibert de Dome, *et Sénéchal de Pierre-*
» *gort,* lui vintiesme homme d'armes, tant pour la vi-
» sitation *de sa dite Sénéchaucie....* donné à Tholose le
» XIII<sup>e</sup> jour de septembre l'an de grâce mil CCC soys-
» sante et dix. » (Mss. de la bibliothèque royale.)

Quelques années plus tard, par contrat reçu par
Guillaume du Poujet, notaire, Gibert fit don aux consuls de Dome de tout ce qui lui appartenait dans les
paroisses de Dome et de Saint-Front-de-Brusc. Cet
acte existe, en copie, dans les archives de Dome : il
est fort longuement rédigé; en voici un extrait, qui
fera connaître les noms des consuls en charge à cette
époque, et ceux des témoins présents à la rédaction
du contrat.

« In nomine Domini, amen. Noverint... quod anno
» Domini millezimo trecentezimo octuagezimo quinto,
» apud Montem-Domæ, die martis post festum beati
» Albini, regnante illustrissimo Principe domino nos-
» tro Carolo, dei gratià Francorum Rege,..... nobilis
» et potens vir dominus Gilbertus de Domà, miles, do-
» minus Domæ (veteris).... dedit, donavit, cessit, con-
» cessit... Guilhelmo de Blancafort, Arnaldo Barberi,
» Amalvino de Rupe, et Petro de Manso, consulibus
» dicti loci Montis-Domæ.... totum jus, deverium, ac-.

» tionem, proprietatem et demandam quæ et quas
» habet, in flumine Dordoneæ, in parrochiis Montis-Do-
» mæ, sancti Frontonis de Brust, et omnes actiones
» reales, personales....

» Acta fuerunt hæc suprà, testibus presentibus
» ad hæc vocatis, Gasberto Martini, Ademaro de
» Golema Domæ, Gasberto Fabri, alias Filhol, exis-
» tente in servitio dicti militis, Gaillardo de Millaco
» de podio Rupis, Joanne Chamas, auri fabro à Ca-
» turco, Arnaldo Bauri de la Albenca, Geraldo Tex-
» toris de Luzegio.... et me Guilhelmo de Pojeto, au-
» thoritate regià notario publico.

L'heureuse politique de Charles et les exploits de
ses capitaines avaient un peu relevé la fortune de la
France, et, jusqu'à la mort de ce prince, les Anglais
cessèrent d'inquiéter la ville de Dome ; mais ils repa-
rurent bientôt sous le règne de Charles VI.

« Le pénultième d'avril 1383, dit le chanoine Tarde,
le château de Dome-Vieille, qui appartenait à Guibert
de Dome, est pris par les Anglais qui prétendaient aussi
d'emporter la ville. La nouvelle étant publiée, plusieurs
Anglais accourent au château, et plusieurs français se
rendent à la ville, entre lesquels est le seigneur de
Baynac avec des forces prises de sa taxe ; et les habitants de Sarlat et de Montignac y envoient hommes,
armes et vivres. Les Anglais, perdant espérance de
gagner la ville, se retirent dans le château, où ils
sont assiégés. (A Dome, il y avait une *bride*, laquelle on
fit jouer contre le château.) Bientôt réduits aux abois,
ils quittent la place, moyennant une somme d'argent de laquelle Sarlat paya 400 livres. »

On lit dans le même historien, que les Anglais prirent Dome en 1393, et que quelques jours après ils en
furent chassés.

Au xv<sup>e</sup> siècle, ils furent plus heureux.

Bertrand d'Abzac, seigneur de Montastruc, et gouverneur de Dome pour le roi de France, leur livra la
ville. — En novembre 1424, les Français prirent Dome
(mais non le château.) — Au mois de février suivant,
les Anglais s'en emparèrent de nouveau, et en restè-
rent possesseurs jusqu'en 1438.

A cette époque, les Français, conduits par Jean de
Carbonnières, seigneur de Jayac, prirent le château
de Dome, et firent prisonniers Bertrand d'Abzac,
sa femme et Archambaud d'Abzac, son frère. Deux
des fils de Bertrand, qui s'étaient renfermés dans la
ville, opposèrent aux assiégeants une vigoureuse résistance : cependant Jean d'Armagnac, lieutenant du
roi en Guienne, et le sieur de Castelnau de Bretenoux,

arrivèrent devant Dome avec de nouvelles troupes, et forcèrent les assiégés à capituler.

A partir de cette époque, la ville de Dome n'eût plus à subir la domination des Anglais : désormais débarrassée de ces ennemis opiniâtres , elle chercha à réparer les désastres , suite inévitable de la lutte qu'elle avait soutenue contre eux pendant près de cent années.

Ces désastres étaient grands : les faits suivants, que je trouve consignés dans les notes de l'abbé de Lépine, et qui me paraissent extraits de l'histoire du chanoine Tarde, en donneront une juste idée :

« Le 4 février 1442 (*v. st.*) , Rodolphe de Braelleu, dit Vinelhe, curé de Dome, et Bertrand de Cadro, ou de Cayre, curé de Caudon, passent contrat par lequel Bertrand consent à ce que sa cure soit unie à celle de Dome par le pape. Cette union est fondée sur ce qu'il y avait anciennement à Dome plus de mille paroissiens, et qu'à cause des guerres il n'en était pas resté cent ; et que, d'un autre côté, il y avait la moitié de la cure de Caudon où il ne se trouvait pas un habitant.

» En l'année 1445, Guillaume de Marle, lieutenant du Sénéschal de Périgord, fait crier, par plusieurs fois, en la place publique de Dome , que inhibitions et défenses sont faites à tous les habitants de Dome, de quitter la ville avec intention d'aller habiter ailleurs, à peine de confiscation de leurs biens qu'ils avaient à Dome ; et mèmes défenses à toutes personnes d'acheter les biens de ceux qui les voulaient vendre pour quitter la ville, sous peine de perdre les biens en tels cas achetés. Les guerres avaient déjà rendu le pays si désolé, que le peuple quittait tout, et s'en allait en Espagne ou ailleurs (11). »

Pour remédier un peu à cet état de souffrance, la ville de Dome sollicita et obtint du roi Charles VIII l'établissement de quatre foires par an et d'un marché par semaine.

Voici les lettres-patentes données à cette occasion :

« Charles.... savoir faisons.... nous avoir reçu humble supplication de nos chers et bien amés les manants et habitants de nostre ville du Mont-de-Dome, en la séneschaussée de Périgord , contenant que ladite ville, qui mêmement nous appartient, est une des fortes places du pays, fesant une clef de nos pays de Guyenne.... parquoy est bien temps d'icelle ville entretenir et faire peupler..., et que, pour avoir moyen et commodité de ce faire serait convenable, pour le bien et augmentation d'icelle et de la chose publique du pays, y establir et ordonner ung marché chaque sepmaine , et

quatre foires l'an.... la première le neufviéme jour de novembre, la seconde le dix-septiéme jour de janvier, la troisiéme le premier jeudy de caresme, et la quarte le troisième jour de juing, et ledit marché, le vendredi de chascune sepmaine de l'an.... Pour ce est-il que nous, ces choses considérées,.... ordonnons et establissons par ces présentes en ladite ville du Mont-de-Dome lesdites quatre foires l'an, et ledit marché par chacune sepmaine, aux jours dessus déterminés... Donné à Amboise, au mois de mars l'an de grâce mil CCCC quatre-vingt-quinze (1495, *v. st.* ), et de nostre reigne le treizième. (Archives de Dome) (12).

C'est ainsi que Dome demandait au commerce un soulagement à ses maux, lorsque de toutes les guerres la plus cruelle, la guerre de religion vint lui causer des alarmes nouvelles.

Son plus incapable ennemi fut un gentilhomme né dans son voisinage, au château de Castelnau : je veux parler de Geoffroy de Vivant.

Ecoutons le fils de Geoffroy nous raconter lui-même dans ses mémoires, les hauts faits de son père (13) :

« .... De longue main, le sieur de Vivant avoit désir de surprindre la ville et chasteau de Dome sur Dordoigne, plus pour la forteresse que son assiette (pour la plus-part inaccessible) luy donne, que ses commodités ny richesses, car c'est une des plus pauvres de Guyenne. Et, dès le 18 octobre 1572 , y ayant dressé des eschelles par la porte *del bosc*, le matin, après que les sentinelles eurent abandonné la muraille, furent descouverts et repoussés , luy blessé et plusieurs des siens d'arquebuzade et coups de pierres.

» Et le 4 février 1573, ledit sieur de Vivant dressa encore des eschelles sous l'aube du jour ; mais estant descouvert fut contrainct de se retirer comme devant. Lors il y avoit garnizon de cent arquebuziers, commandés par le sieur de La Verniole.

» Le 5 juin en mesme an 1573, ledit sieur de Vivant fist une troisième entreprinse par le moyen d'un soldat de la ville nommé *Perch* ou *Peuch*, qui avait contrefait les clefs de la porte des Tours ; mais s'alla descouvrir audit sieur de La Verniole, qui fist ouvrir la porte au jour assigné ; mais, se doubtant de trahison, ledit sieur de Vivant envoya seulement quelques-uns pour l'esprouver, lesquels estant retenus prisonniers, il se retira. Depuis, le traistre fust pendu.

» Le 25 octobre 1588, deux heures avant jour, Vivant, par une quatriesme entreprise, prist Dome par escalade, qu'il dressa au lieu le plus fort et le plus inaccessible, du costé de la rivière, dessoubs un rocher ou caverne appelée *Lo crozo tencho* (14), qui est à demy rocher, et néanmoins dans la ville, où la ronde ne descendoit point, passant au-dessubs du rocher : l'eschelle estoit de neuf pièces, toutes lesquelles montées faisoient 62 pieds de haulteur : encore se trouvat-elle courte , et fallust grimper par les branches des arbres plus de huit pieds. Ledit sieur de Vivant avoit recogneu et fait recognoistre diverses fois cet endroict; et parce qu'il avoit esprouvé que les villes ennemies le sçachant à leur voisinage veillaient doublement, après avoir disposé toutes choses à son desseing, il s'esloigna à Caumont, 15 lieues loing; et ayant assemblé ses troupes, il s'advança avec 100 hommes en tout sur l'expédition, en telle diligence, qu'il adriva en un jour à une lieue de Dome si secrètement, que la nuict, ayant par dixaine abordé la montagne et le pied du rocher, le capitaine Bordes le premier , et Bramarigias le quatrième, qui commandoit la première dixaine puis les aultres si secrètement et dextrement , que ayant faict monter le sieur de Pecharnaut avec 27 et un trompette sans être descouverts ; coulant dans ladite caverne d'où ils donnèrent droict au corps-degarde de la place qu'ils taillèrent en pièces; et ayant fait sonner la trompette, et mis en fuite tous les habitants sans grand combat, ils allèrent chez le consul prendre les clefs de la ville, ouvrirent la porte des Tours à Vivant et au reste de ses gens, où il entra avec ses troupes.

» Le chasteau restoit, qui est sur la croupe de la montagne de la ville, un des plus forts de Guyenne, où le capitaine Solvignac commandoit en morte-paye (15), qui estant cette nuict au chasteau avec la garde ordinaire, oyant et voyant que la ville estoit prinse, se tint sur ses gardes, et retira une partie des habitants fuyards.

» Ledit sieur de Vivant le fait cerner et à ses fins se saisit du bourg de Dome-Vieille, et y loge une compagnie de gens de cheval : le lendemain , toutes les maisons, cavernes et advenues qui sont dans la montagne autour dudit chasteau sont saisies et réparées, pour empescher ceulx de dehors de le secourir et avictuailler; mais ayant appris que M. le mareschal de Biron et M. le baron son fils, qui lors se rencontroient à Biron, assembloient les Séneschaux et noblesse de Périgord, Agenois, Quercy et Lymosin pour le secours du chasteau, Vivant se résolut d'y dresser de plein jour une escalade générale ; et pour cet effet, fit oubvrir la muraille qui sépare la ville dudit chasteau, où il fit donner fort bravement l'espace

de deux heures, et dresser des eschelles; mais la hauteur du rocher, et de la courtine , oultre celle des tours, défendoit assez la place, avec des quartiers qu'ils faisoient rouler, qui mettoient tout en pièces, tellement qu'il fallut se retirer avec quelques morts et blessés.

» Le lendemain , M. de Clermont , séneschal du Quercy, avec MM. de La Mothe-Fénelon, Giverzac, et cent-vingt maîtres choisis, vint à paroître sur le haut de la plaine de Born, à un quart de lieue de Dome, où il se mest en bataille; dont le dit sieur de Vivant adverti fit sonner à cheval, et sans attendre le tiers de ses troupes, qui estoient logées à Dome-Vieille, monte au debvant d'eux, les va recognoistre, lui avec le sieur de Giscard, seuls, juge à leur contenance qu'ils n'ont point dessin de combattre, fait advancer sa troupe, les charge, les mest en fuite , quoiqu'ils fussent doublement forts que lui, les poursuit jusques à Nabirac, bourg où ils avaient laissé leurs gens de pied pour les soustenir.

» Ils les font sortir à cet effet; mais le sieur Vivant fait jonchée d'une trentaine qui furent tués à l'entrée du bourg, partie se retirant dans l'esglise bien fortifiée ; les autres fuyant jusques à Gourdon , et poursuivis jusques aux portes, non sans meurtre et sans prinse d'ennemis et de chevaux.

» Et est à noter que, parmi ces fuyards , l'espouvante fut telle, qu'il y eut des gentilshommes qui entrèrent dans l'esglise par le guichet, armés de toutes pièces, à cheval, qui après pour ressortir fallut desseller le cheval : car le portail était muré. Un autre de bonne maison, ayant fait le tour de l'esglise, sans pouvoir remarquer la porte qu'il cherchoit, crioit : *Cette porte n'a pas d'église !* On cèle leur nom par discrétion ; mais ceci a été témoigné parmi ceux du bourg.

» Le 2 de novembre, M. le masréchal de Biron se loge à Saint-Martial, où il donne rendez-vous à ses troupes, conduit deux coulevrines.

» Le 5 dudit mois, M. d'Aubeterre le vint joindre avec deux cents maistres et mille arquebuziers; de mesme font les autres séneschaux voisins, tellement que son armée estoit composée de cinq ou six cents maistres, et plus de cinq mille arquebuziers; ce qui mit d'ailleurs en telle jalousie les autres places de la religion voisines, que leurs gouverneurs quittèrent Vivant pour pourvoir à leur sûreté.

» Ainsi demeuré avec sa troupe particulière, assez seul (les voysins de son parti estant en telle envie de sa fortune et prospérité, qu'ils le regardèrent faire sans s'en mesler) ; ainsi avec environ soixante maistres et deux cents arquebuziers, il fut réduict à garder la ville, assiéger le chasteau, soustenir le siége des ennemys, empescher qu'ils ne fussent secourus d'hommes, ni pourveus de vivres et munitions.

» Ce peu d'hommes l'empeschant de tenir le bourg de Dome-Vieille, ni le prieuré de Cenac, il démolit l'un et mit le feu à l'autre, ainsi des moulins les plus proches; et à l'arrivée du masréchal se retranche dans la montagne, fortifie, les advenues du chasteau, et mesme la maison appelée *du Soleil* (16).

» Ledit sieur Mareschal, le 6 de novembre, advance sa batterie à cette maison, et autres barricades de la montagne, que le sieur Barré de Montségur défendoit : le baron de Biron ayant mis pied à terre, à la tête de toute la noblesse, vint donner à ces barricades furieusement; mais à bien attaqué, bien défendu ; on donna par diverses troupes à toutes les advenues, on tasta de tous les costés pour secourir le chasteau : le capitaine Solvignac qui estoit dedans ne s'endormoit pas, comme y ayant le principal intérest; mais enfin le coust leur en fit perdre le goust; et fut contrainct Biron de se retirer avec grand perte, mesme du sieur de Lamothe-Fénelon, tué d'une arquebuzade à la maison *du Soleil,* au grand regret de toute l'armée et de tout le pays.

» Le 12, le seigneur Mareschal plaça ses coulevrines sur la pente de la colline qui est au-delà du ruisseau, et près du village de Montbette, et de là battoit une maison qui estoit à demy-montagne soubs le chasteau, que ledit sieur de Vivant avoit fortifiée; mais, après l'avoir battue deux jours, voyant n'augmenter que de perte, il désista ; en prenant ses coulevrines, il s'en alla à Biron, et le sieur d'Aubeterre s'en retourna vers Périgueux.

» Peu de jours après, le sieur de Vivant fait donner l'escalade audit chasteau par plusieurs endroicts; mais il fut repoussé avec perte de cinq ou six hommes. Néanmoins, quelques jours après, le capitaine Solvignac, voyant que son secours s'en estoit allé sans le desgager, capitula, et sortit vie et bagues sauves, et fut conduit en toute sûreté avec les siens à Sarlat.

» Vivant tenant le chasteau le fait fortifier, et pourvoir de vivres et munitions, fait coubvrir la tour *Brune,* pour y servir de citadelle; y met le 12 fevrier 1589 une garnison; et quant à la ville il y mit une compagnie de cavalerie, et cinq compagnies d'arquebuziers, pour estre le tout entretenu par le plat pays.

» Et l'an 1589, il fit raser l'esglise paroissiale (17) et le couvent des Augustins (18), et de la pierre, il en fit une muraille (19) travaillée et flanquée, qui commençoit un peu au-dessus de la *porte des Tours,* alloit finir sur le précipice du rocher, assez près du cimetière; séparant et distinguant du reste de la ville tout le quartier de *lo Paliolo* et de *l'Ormet,* pour en faire une citadelle (20).

...............................................................

..........................................  ..................

..................................................

*Vivant était auprès de Henri IV, au siége de Paris, lorsqu'il apprit* « que les sieurs de Tayac, de Giverzac et de Pech-Jaloux avoient surpris le chasteau de Dome, le 24 aoust 1590, sauf la *Tour-Brune,* et que M. de Montségur se défendoit dans la ville, où MM. de Thémines et de La Force s'estoient jetés pour la secourir; comme de l'autre part MM. de Monpezat, Montluc, Pompadour, avec toute la noblesse *liguée* avaient accouru au chasteau avec quelques coulevrines, qu'ils avoient montées par artifice, pour battre ladite *Tour-Brune.*

» Vivant supplia sa majesté de lui permettre de s'en revenir....

» Le sieur de Thémines s'estant jeté dans la ville de Dome, comme dit est, pour la secourir avec peu de forces, quelques amys particuliers du dit sieur de Vivant, qui estoient demeurés dans le pays, y accoururent aussi : M. de Rignac, gouverneur de la vicomté de Turenne, assistoit fort en ceste occasion d'hommes, de vivre et de sa personne. D'autre part, M. de La Force y accourust avecques de jolyes troupes de pied et de cheval avec lesquelles il jeta une coulevrine dans la ville, de plein jour, et avec de beaux et sygnalez combats, que lui et M. de Thémines, qui l'alla recueillir jusques delà la Dordoigne, firent dans la plaine et dans la rivière qui lors estoit gayeable, où véritablement ils eurent toujours l'advantage : un des chefs ligués nommé Saint-Projet, fut tué au milieu de l'eau, et force autres.

» Cependant les assiégés ne pouvant plus tenir la *Tour-Brune,* percée et rompue de l'artillerie des ennemys, layssent dans une chambre voûtée une barrique de huit quintaux de poudre coubverte de paille : et ayant mis le feu au coubvert de la tour, la quittent, et par une traisnée le dernier mest le feu à la paille. Les ennemis advencent pour esteindre le feu ; mais la poudre, ayant trop tost prins, ne coubvre dans les ruynes de la tour qu'une trentaine. Un moment de délai y donnait sépulture à M. de Montpezat et à cent gentilshommes ou capitaines, qui accouroient et n'en estoient pas à vingt pas.

» Après ils firent la batterie contre la ville, de dessus les ruines de ladite tour; mais M. de Thémines et M. de Montségur, gouverneurs, firent travailler avec tant de diligence aux retranchements, que lesdits sieurs de Montpezat de Pompadour et de Montluc, furent contraincts de se retirer, layssant forte garnison au chasteau.

» Le mesme, firent MM. de Thémines et de La Force, layssant ledit sieur de Montségur avec les amys particuliers de M. de Vivant, dans la ville.

» Et pendant que le roi Henry IV retenoit encore ledit sieur de Vivant près de luy, à la retraite du prince de Parme, S. M. troubva bon qu'il envoyast le sieur Doissac, son fils, avec une partie de sa compagnie, pour se jeter dans Dome et la défendre. Attendant sa venue, il ne se passoit guères aucuns jours, qu'il ne se dressast deux ou trois escarmouches entre les deux garnizons, et divers combats à la campagne, les uns ne poubvant guères sortir sans faire rencontre des aultres : mais lors à cause de la cavalerie que ledit sieur de Doyssac avoit menée et rallia dans la ville, ceux du chasteau furent plus retenus ; et deux ou trois rencontres désavantageux pour eux les y obligea.

» Le sieur de Vivant arrive et porte commandement à M. le mareschal de Matignon, lors lieutenant de roy en Guyenne, de s'acheminer à Dome pour reprindre le chasteau. Il l'alla donc troubver à Bourdeaux, après avoir préparé et disposé toutes choses et mesme ses amys de deçà, le presse et tourmente de telle façons qu'il luy faict résoudre le voyage avec six canons et deux coulevrines ; mais comme il différoit son partement de jour en jour, il lui fist, par importunité, mettre son artillerie dans des vaisseaux ; en prend la conduite par une marée ; mais l'ayant là il pourveut avec telle diligence pour la faire advancer, que mon dit sieur le mareschal n'en eut plus nouvelles, qu'elle ne fust à Bragerac, où il la rendit en asseurance avec la compagnie, et contraignit ledit sieur mareschal de s'y acheminer plus viste que son humeur, autrement fort lente, ne requéroit. Audit Bragerac se joignirent MM. d'Aubeterre et de La force, avec toutes les autres troupes du Périgord, d'une et d'autre religion, d'où s'acheminant audit Dome, il nettoya son chemin des bicoques tenues par les ligueurs, et deslivra les prisonniers qui estoient détenues dans Limeuil, sept ou huit ans devant, en nombre de plus de cent ; arriva à Dome pour recognoistre la place et le lieu de la batterie ; et pendant que ledit sieur de Vivant faisoit travailler aux plates-formes, ambrasures, cavaliers, approches, il s'en alla promener en Quercy, où il print quelques petits forts, avec un canon et une coulevrine ; puis estant revenu à Dome, et treuvé toutes choses bien disposées, commença sa batterie qui dura ..... jours ; et quoique l'espesseur des murailles et la haulteur du rocher empeschast de faire brèche, si est-ce qu'estant incommodés de vivres, le sieur de Giverzac demanda à capituler, et se rendit vie et bagues sauves, conduict à Sarlat avec ses hommes, et la place remise par ledit sieur mareschal audit sieur de Vivant, par commandement de S. M. ................................

........................................................

» M. de Vivant, voyant la pluspart du pays de Quercy remis par le moyen de M. de Thémines, soubs l'obéyssance du roi, et la vicomté de Turenne, les terres de Montfort, Salignac, Baynac, Castelnau, Doyssac, Berbiguières, estant limitrophes de Dome, et toustes d'un mesme party (qui retranchoit les courses de sa garnizon et par conséquent son entretien) ; considérant d'ailleurs ceste place de grande et difficile garde, vaste, mal peuplée et pauvre, tous les habitants catholiques ennemys, jugea qu'il estoit mal ayzé à un homme de sa religion de la conserver ; par ainsi soubs le bon plaisir du roi Henry, s'en desmit en faveur de M. Thémines, qui lui en donna récompense (21). »

Tel est le dernier événement remarquable dont la ville de Dome ait été le théâtre.

Depuis cette époque, son importance politique a décru insensiblement ; et pendant le cours des XVIIe et XVIIIe siècles, nous la voyons réduite à combattre obscurément les exigences du fisc ou les prétentions des évêques de Sarlat (22).

C'est au milieu de ces luttes ignorées que Dome a traîné sa pénible existence, jusqu'à ce que la révolulution de 1789, promenant son niveau sur toute la France, soit venu lui porter les derniers coups. Alors ont disparu, et sans retour, ses anciens priviléges : peu à peu ses bourgeois, si fiers autrefois de leur titre, ont abandonné ce rocher stérile, pour aller demander à la plaine des habitations commode et d'un facile accès : ces tours, ces remparts, qui faisaient sa force et son orgueil, rongés, par le temps, détruits par la main des hommes, n'offrent plus que des ruines, dont chaque jour emporte encore une partie ; et les troupeaux viennent paître à la place où s'élevaient ses châteaux, témoins de tant de combats.

Dome est aujourd'hui un simple chef-lieu de canton.

(1) L'auteur de cette chronique a dédié son ouvrage au pape Innocent III, sous le pontificat duquel eut lieu la croisade contre les Albigeois ; il était donc contemporain des événements qu'il raconte. — A la suite du passage où il est question de Dome, Pierre rapporte la prise et la destruction des châteaux de Montfort, Castelnau et Baynac ; j'ai cru devoir transcrire ici son récit, qui est important pour l'histoire du Sarladais :

« Ad dimidiam verò leucam erat castrum aliud miræ forti » tudinis, quod dicebatur Mons-fortis. Dominus verò castri, » nomine Bernardus de Casnaco, homo crudelissimus, et om- » nium pessimus, timore ductus fugerat à facie comitis nostri, » castro suo vacuo derelicto. Tot enim et tantæ erant crude- » delitates, rapinæ, enormitates illius nequissimi et sceleratis- » simi, quod vix possent credi aut etiam cogitari ; et , cum » talis esset , procuraverat et Diabolus adjutorium simile sibi , » uxorem videlicet quæ erat soror vice-comitis Turenæ. Hæc » altera Jezabel, imò longè pejor et crudelior quàm Jezabel, » omnium malarum erat pessima fœminarum, et viro in cru- » delitate non impar et malitiâ. Ambo igitur cum essent ne- » quissimi, spoliabant, imò destruebant ecclesias, peregrinos » invadebant, viduis et pauperibus faciebant calumnias, mem- » bris innoxios detruncabant, ità quòd in unico monasterio » monachorum nigrorum quod Sarlatium dicitur, inventi sunt » à nostris centum quinquaginta inter viros et mulieres , qui » manibus vel pedibus amputatis, erutis oculis, sive cæteris » membris cæsis, a prædicto tyranno et uxore ejus fuerant » mutilati. Ipsa enim uxor tyranni, totius pietatis oblita, pau- » peribus mulieribus vel mammillas faciebat extrahi, vel polli- » ces abscindi, ut sic ad laborandum inutiles redderentur. O » crudelitas inaudita ! Sed his omissis, cùm nec millesimam » malitiarum dicti tyranni et uxoris ejus partem possemus » exprimere, ad propositum redeamus.

» Destructo igitur et everso castro Domæ , voluit Comes » noster subvertere castrum Montisfortis, quod erat, sicut » diximus, præfati tyranni. Mox episcopus Carcassonæ, qui » totum se pro negotio Christi laboribus exponebat, assu- » mens secum partem Peregrinorum, abiit et fecit dirui cas- » trum illud. Adeò autem fortissimi erant muri illius, quod » vix poterant dirui, eò quod cæmentum in lapidem obdui- » ruisset, undè etiam multos dies oportuit nostros facere di- » ruendo castro. Ibant Peregrini manè ad operandum, et serò » revertebantur ad locum castrorum : exercitus enim non re- » cesserat à Domâ, eò quòd aptior et competentior exercitui » erat locus. ·

» Erat præterea prope Montemfortem aliud Castellum, no- » mine Castrum-novum , non impar cœteris in malitiâ, et » hoc ipsum timore exercitûs vacuum fuerat derelictum. Pro- » posuit autem Comes noster tenere et occupare castrum illud, » ut per hoc meliùs posset pacis compescere turbatores : si- » cut cogitavit, ità et fecit.

» Erat insuper quartum castrum satis forte, nomine Bayna- » cum ; hujus castri dominus pessimus erat, raptor crudelis- » simus et ecclesiarum violentissimus oppressor ; dedit autem » ei comes noster optionem ut unum eligeret de duobus, vide- » licet ut, infrà terminum à Comite, et ab episcopis qui ibi » erant, præfixum, restitueret malè ablata, aut humiliarentur » muri castri ipsius, et ad hoc exequendum datæ fuerunt et » induciæ per plures dies ; sed cum infrà dies illos de rapinis « non fecisset restitutionem, voluit Comes noster humiliare » munitionem castri Baynaci, invitoque tyranno et multùm » dolente , fecit comes noster humiliare munitionem castri » Baynaci. Allegabat autem maleficus sæpe dictus castrum » suum non debere humiliari, eo quod ipse solus erat in terrâ

» illà qui juvaret regem Franciæ contrà regem Anglorum. Sep » Comes allegationes istas vanas sciens et frivolas, non desti- » tit à proposito. Jam etiam allegationes prædictas tyrannus » memoratus exposuerat regi Franciæ ; sed nihil proficere po- » tuit. In hunc modum , subjugata sunt quatuor castra illa, » Doma videlicet, Monsfortis , Castrum-novum , Baynacum. » Inhis siquidem quatuor castris, à centum annis et anteà, se- » des fuerat satanæ ; ab his egressa fuerat iniquitas super fa- » ciem terræ. Istis igitur subjugatis per Peregrinorum laborem » et probitatem expertissimam nobilis Comitis Montisfortis, » reddita est pax et tranquilitas non solum Petragoricensibus, » sed etiam Caturcensibus, et Aginnensibus , et Lemovicensi- » bus pro magnâ parte. »

(2) Philippe-le-Hardi n'acheta pas le château appartenant à Almavin Bonafos et à Bertrand de Gourdon.

Il ne faut pas confondre ce château, qui , plus tard prit le nom de *Château de Dome-Vieille*, avec le château de *Dome*, bâti par Philippe-le-Hardi.

Gibert de Dome, qui fut sénéchal du Périgord en 1370, était propriétaire du château de Dome-Vieille, lorsqu'il le vendit au seigneur de Baynac : celui-ci, en 1418, le vendit à Bertrand d'Abzac, qui était alors gouverneur de Dome pour le roi d'Angleterre ; mais, le 11 mars 1438, *v. st.*, Bertrand d'Abzac, ayant été décapité à Limoges , comme coupable de haute trahison, ses biens furent confisqués : et c'est alors seulement que le château de Dome-Vieille fut réuni au domaine de la couronne.

Ce château étant beaucoup plus favorablement placé pour la défense de la ville que le château de Dome, il est à croire que dès cette époque on abandonna ce dernier ; et l'ancien château de Dome-Vieille devint le château de Dome. En effet, lors de la prise de Dome, en 1588, par le capitaine Vivant, nous ne voyons figurer qu'un seul château, constamment dé- signé sous le nom de *Château de Dome* ; et ce que nous li- sons sur ce château, dans les mémoires de Vivant, ne peut évi- demment s'appliquer qu'à l'ancien château de Dome-Vieille, dont les ruines appartiennent aujourd'hui à M. Mercié *.

Le château de Dome, proprement dit, fut construit à côté du château de Dome-Vieille, dont il n'était séparé que par un large fossé. Aujourd'hui un moulin à vent occupe à peu près le milieu de son enceinte. De ce château il n'existe plus qu'une muraille, qui borde le précipice du côté du nord, et aux extrémités de laquelle se voient encore les ruines de deux tours.

Ce château défendait la ville du côté de l'ouest.

Au nord, l'élévation du rocher rendait inutiles les défenses artificielles.

Au midi, un mur partant du château embrassait la ville dans son enceinte irrégulière : percé d'abord par la porte *del Bos*, puis par la porte de *Lo Coumbo*, il se repliait ensuite vers la Dordogne, pour ceindre la ville du côté de l'est ; et c'est dans cette partie que s'ouvre *la Porte des Tours* **.

---

* Aux deux côtés de la porte principale de ce château, on voit encore des inscriptions gravées sur la pierre, en lettres gothiques : ces inscriptions sont effacées en grande partie : je n'ai pu les déchiffrer.

** A gauche de cette porte, se voit une statue en pierre , placée au sommet d'une petite construction (latrines) faisant saillie au dehors de la mu- raille. Cette statue n'a plus de tête : son corps est mutilé : on y reconnaît seulement les plis d'une *robe* : elle n'est point en ronde-bosse, car la par- tie postérieure est adhérente au mur, ce qui prouve qu'elle date de la con- struction même de la muraille. Quel est le personnage qu'elle représente ? Les renseignements précis manquent pour résoudre cette question d'une manière satisfaisante. Les habitants du pays l'appellent, les uns *Moussu Doumo* (Monsieur Dome) ; les autres, *lou Rey* (le roi). Cette dernière dé- nomination pourrait faire croire que la statue représente le roi Philippe-le- Hardi, fondateur de la ville de Dome.

Au-delà de cette porte, le mur se prolongeait vers le nord ; et il est probable qu'il allait se lier à un fort, destiné à couvrir la partie nord-est, la plus faible de toutes, puisque de ce côté la ville est en quelque sorte dominée par les montagnes voisines.

A une époque que je ne puis indiquer, ce fort a été détruit, et, aujourd'hui, il n'en reste pas de trace ; mais l'emplacement sur lequel il a dû être construit porte encore le nom de *Fort du Ga*, ou *Fort del Gal*.

On ne doit pas confondre ce fort du Ga, ou del Gal, avec la muraille flanquée de tours qui subsiste encore dans cette partie de la ville : cette muraille, dont la construction est bien différente de celle du grand mur d'enceinte, ne fut élevée qu'à la fin du seizième siècle, par le capitaine Vivant.

(3) Raymond de Cornil, 40ᵉ évêque de Cahors, prit possession du siége épiscopal en octobre 1280. On trouve quelquefois son nom écrit ainsi : *Corneille* ou *Cornélian* ; c'est une faute : son vrai nom est Cornil.

(4) Ce Guillaume Trian, ou plutôt Trians, est, selon toute apparence, le père du fameux Arnaud de Trians, neveu par sa mère du pape Jean XXII, et qui, sous le pontificat de son oncle, fut maréchal de l'église romaine, vicomte de Talard, etc., etc.

(5) Cette fontaine porte encore le nom de *Foun Girou*.

(6) La forêt de Born a été défrichée, et s'appelle aujourd'hui *la plaine de Born*.

(7) Cette date correspond au 7 mars 1281, d'après notre manière de compter actuelle. *Invocavit me* désigne le premier dimanche du carême, parce que ces deux mots de l'introït de ce jour : ainsi le *vendredi après le dimanche où l'on chante* invocavit me, est le vendredi après le premier dimanche du carême.

(8) On voit encore à Dome, sur la place de *Lo Rodo*, quelques restes de fondations en maçonnerie, que l'on appelle *Lo Mounedo* (la monnaie). Là sans doute était établi l'atelier monétaire.

(9) L'original de cette ordonnance existe dans les archives du château de Chaumont en Charolais, appartenant à M. le marquis de la Guiche, c'est là qu'il a été trouvé par M. Léon Lacabane, employé à la bibliothèque royale (dép. des mmss), qui a bien voulu m'en communiquer la copie.

(10) Il existe, entre St-Julien et Castelnau, un bois qu'on appelle encore *lou bos de lo Damo*, ou *lo Coumbo de lo Damo* : est-ce là qu'il faut trouver l'emplacement du bois de *Las Damas ?*

(11) Quelques personnes pensent que la ville de Dome a été jadis beaucoup plus peuplée qu'aujourd'hui.

Cette opinion est complètement erronée, et les faits cités par le chanoine Tarde ne laissent aucun doute à cet égard.

L'erreur que je signale a pris sa source dans un passage des lettres-patentes données par François Iᵉʳ, le 27 juillet 1527, dans le préambule desquelles on lit : « François..... sçavoir » faisons, nous avoir reçu l'humble supplication de nos chers » et bien amés les manants et habitants de notre ville de » Dome en Périgord, contenant que en ladite ville.... en le » temps passé, estoient plus de trois mille maisons, desquelles » y a encore apparence évidente.... »

Mais il faut bien remarquer que dans ce préambule, ce n'est pas François Iᵉʳ qui parle, ce sont les habitants de Dome : le secrétaire de François Iᵉʳ n'a fait que copier ce que contenait leur *supplication*. Or, dans cette *supplication*, ils demandaient le maintien et la confirmation de leurs priviléges ; et pour l'obtenir, ils peignaient des plus tristes couleurs l'état présent de leur ville, état auquel ils opposaient, dans le but de le rendre plus saillant, un tableau exagéré de leur prospérité passée et de l'importance de Dome : ils allaient même jusqu'à attribuer à Philippe Iᵉʳ la fondation de la ville (onzième siècle), tandis qu'en réalité Dome n'a été fondée que par Philippe III, au treizième siècle.

On voit par là le peu de confiance que mérite le préambule de ces lettres-patentes.

Recherchons d'ailleurs à quelle époque Dome a pu avoir une population aussi nombreuse que celle que lui assigne la *supplication* de 1527.

Ce n'est pas au quinzième siècle, puisqu'en 1412 il n'y avait pas à Dome cent paroissiens.

Ce n'est pas au treizième siècle, puisque la ville n'a été fondée qu'en 1280, et qu'on n'improvise pas une population, comme on bâtit une muraille ou un château.

C'est donc nécessairement dans le quatorzième siècle que l'on doit trouver cette population si florissante.

Mais c'est précisément pendant ce siècle que Dome eut à soutenir contre les Anglais une guerre acharnée : il n'est donc pas possible que cette guerre ait peuplé le pays qu'elle ravageait ; il n'est donc pas possible que Dome, à cette époque, ait eu plus de 3,000 maisons ; ce qui, en comptant seulement quatre habitants par maison, donnerait un total de plus de 12,000 âmes.

12,000 âmes à Dome, pendant le quatorzième siècle ! quelle exagération ! Et pourtant cette exagération est la conséquence indispensable du préambule des lettres-patentes de François Iᵉʳ.

(12) L'établissement de ces foires n'est pas le premier indice de commerce que nous fournisse l'histoire de Dome.

Déjà l'on a vu par l'acte du 22 mars 1350 (*v. st.*) que les marchands qui fréquentaient Dome étaient exposés à être dépouillés par les routiers qui infestaient le pays. (*Ubi mercatores depredando.*)

D'un autre côté, les archives de Dome renferment un titre de 1367, relatif à la forêt de Born, et dans lequel se trouve rapporté un acte de 1290 : ce dernier énumère les marchandises frappées d'un droit de péage, lorsqu'elles traversaient le territoire de Dome et celui de Dome-Vieille : ces marchandises sont : le gingembre, le poivre, le sel, le suif, la cire, le cuivre, l'étain, le fer et autres métaux ouvrés ou bruts ; les étoffes de laine, de lin, de chanvre ; le cuir, le verre, les poteries, les bois travaillés, les viandes fraîches ou salées, les poissons frais ou salés, les fromages, le vin, l'huile, les noix, les amandes, les pommes, les poires, les châtaignes, les fèves, les pois, le froment, le seigle, l'orge, l'avoine, les chevaux, les ânes, les bœufs, les cochons, les moutons et les chèvres.

J'aurais vivement désiré pouvoir reproduire cet acte dans son entier, ou du moins en donner une analyse étendue : mais le peu de temps que j'ai pu employer à explorer les archives de Dome ne me l'a pas permis. Cet acte, qui d'ailleurs est assez difficile à lire, surtout pour des yeux aussi peu habiles que les miens, se compose de diverses feuilles de parchemin, qui, réunies les unes aux autres, ont plus de vingt pieds de longueur.

(13) Jean de Vivant, seigneur de Doyssac, fils aîné de Geoffroy, est l'auteur de ces *Mémoires* : « J'ai pris soin, dit-il, de » dresser ce petit abrégé des faits et vie du sieur de Vivant, » mon père, et des charges dont il s'est lui-même honoré, » ayant vu et communiqué avec ceux qui l'ont accompagné » en ses exploits, et avec ceux du contraire parti, qui l'ont » survécu. Je suis témoin oculaire de ce qui est de mon temps, » et proteste que j'ai couché l'un et l'autre le plus simple- » ment et véritablement que j'ai pu, et que j'ai laissé d'y » mettre beaucoup d'autres choses, pour n'en pouvoir bien » apprendre la vérité. Les formes et particularités de la plu-

» part de ces exploits sont quasi incroyables , que j'attribue,
» les voyant à une bénédiction particulière de Dieu, qui était
» sur ce personnage, qui a aussi continué en beaucoup d'occa-
» sions sur moi, dont je rends à l'Eternel de très-humbles grâ-
» ces, que je supplie ne les retrancher pas, qu'il ne m'ait re-
» tiré dans son royaume céleste, comme il a fait mon dit
» sieur et père. Amen. — J'escrivis ceci à Doissac, le 12 dé-
» cembre 1620. VIVANT. »

Il existe, à la bibliothèque du roi, une copie de ces mémoires, faite par G. V. Leydet, chanoine de Chancelade. A la
fin de cette copie, on lit : « Je déclare avoir tiré ces mémoi-
» res et lettres ci-dessus des archives de Doyssac, en Sarla-
» dais : les originaux m'en ont été prêtés par M. de Siorac,
» héritier de la branche principale de la maison de Vivant.
» LEYDET, 1769, en décembre. »

(14) Lo *Crozo tencho* est située au-dessous de la maison de
M. de Milhac. En 1834, M. Jules Sarlat, aujourd'hui lieutenant
du génie, a bien voulu se charger, à ma sollicitation, de vérifier les indications données par Vivant : il a constaté qu'elles
étaient exactes, et qu'elles s'appliquaient bien à la caverne
qui porte encore le nom de *Crozo tencho*.

(15) *Morte-paye* se dit des militaires entretenus dans une
garnison tant en paix qu'en guerre.

(16) Cette maison s'appelle encore lo *moyou del sol*.

(17) L'église qui existe aujourd'hui a été bâtie en 1622.
C'est ce que nous apprend l'inscription gravée sur une pierre
qui se voit dans l'une des salles de l'hospice de Dome, et qui
porte : « L'an 1622, le 25 mars, la première pierre pour la re-
» dificasion de l'églize Notre-Dame-du-Mont de Dome, a été
» posée par les 4 consulz et caindic de la prézante année... »
L'édifice fut construit par Henri Bouyssou, de Montpazier :
la ville paya à ce maitre maçon 4500 livres en argent : elle
lui fournit en outre 500 journées, tous les bois nécessaires et
les pierres de la citadelle.

Cette dernière circonstance est remarquable, car elle fait
voir que les pierres de la première église, que Vivant, en
1589, avait employées à la construction de la citadelle, servirent quelques années plus tard à l'édification de la nouvelle
église.

(18) J'ignore l'époque précise de la fondation de ce couvent :
il existait déjà dans les premières années du quinzième siècle :
car le chanoine Tarde rapporte qu'en 1411 le général des Augustins étant à Toulouse, et ayant appris que les religieux du
couvent de Dome ne vivaient pas suivant la règle, envoya
deux religieux du même ordre pour les réformer.

Au seizième siècle, les Augustins de Dome voulurent établir,
sans doute dans le but de s'exempter de payer l'impôt connu
sous le nom de *don gratuit*, que leur couvent avait été fondé
par un roi de France ; et à cet effet leur syndic provoqua une
enquête qui fut faite à Sarlat, le 28 juillet 1553, devant Raymond de Pouhet, lieutenant-général en Périgord.

Dans cette enquête, qui fait partie des archives de l'hôtel-
de-ville de Dome , plusieurs témoins viennent déclarer :
« qu'ils ont fréquenté ledit convent par plusieurs foys, et ont
» ouy dire et tenir publiquement que ledit convent estoit
» fondé de fondation royalle, et se y célèbre une messe à l'in-
» tention du roy notre sire, tous les jours de la sepmaine,
» comme ils ont ouy dire : disant en oultre que ledit convent
» est povre tellement, que les religieulx d'icellui ne y peu-
» vent célébrer le service divin ; et la dite église n'a point de
» cueur, pour dire les heures, comme aux aultres convents, et
» est descoubverte, et y pleut ; et est tellement povre ledit
» convent, que les religieulx d'icellui ne y peuvent vivre,
» causant la povreté du pays et lieu où est situé, et a demeuré
» imparfaict à cause des guerres estant au présent pays et

» duché de Guyenne, puis la fondation dudit convent ; et est
» nothoire au présent pays.... »

Ces déclarations prouvent bien la *povreté du convent, et des
religieulx d'icellui ;* mais elles sont loin de prouver que *le
convent a été fondé de fondation royale.* Les témoins sont
des *marchands ou praticiens de la ville de Sarlat,* qui ne
pouvaient avoir des connaissances bien exactes sur le point
qu'il s'agissait d'éclaircir, et qui d'ailleurs ne disent que comme
*ils ont ouy dire.* Un seul des témoins entendus, *noble Jean de
Clayrens, prieur de l'église cathédrale de Sarlat,* aurait pu
posséder et fournir des renseignements dignes de foi ; mais
celui-ci *a dict comme les précédents, ormys qu'il ne scait point
si ledit convent estoit fondé par fondation royalle ou non.*

Quoi qu'il en soit, le nombre des religieux de ce couvent
était fort restreint : il n'y avait à Dome qu'un prieur, deux
pères, un frère qui faisait à l'intérieur les fonctions de domestique, et un domestique qui s'occupait de l'extérieur.

Les Augustins chassés par Vivant ne furent rétablis à Dome
qu'en 1617. L'année suivante, on fonda chez eux un collége,
ou plutôt une école, dans laquelle on enseignait la lecture,
l'écriture, le calcul, et les premiers éléments de la langue latine.

Lors de la suppression des ordres monastiques, les bâtiments
et les dépendances du couvent furent vendus : ils forment aujourd'hui des propriétés particulières.

(19) C'est cette muraille dont j'ai parlé dans la note 2 ; le
terrain sur lequel elle a été bâtie s'appelle encore lo *citorello,*
la citadelle.

(20) *Lo Paliolo* et *l'Ormet.* Un des quartiers de la ville
porte encore le nom de lo *Paliolo. L'Ormet,* ou *l'Ormée* (lieu
planté d'ormes), est aujourd'hui la promenade de *la Barre.*

(21) La vente fut faite le 10 janvier 1592, moyennant
40,000 livres, par-devant Viala, notaire royal à Ville-Neuve.
— Le chanoine Tarde rapporte qu'après la prise de Dome, Vivant avait fait inscrire ces deux vers sur la porte des Tours :

Plustôt le pape quittera Roumo,<br>
Que monsieur de Vivant ne quitte Doumo ;

et qu'après la vente faite à M. de Thémines, les catholiques du
pays ne manquèrent pas de dire que Vivant était un mauvais
prophète, puisqu'il avait quitté Dome, et que le pape n'avait
pas quitté Rome.

(22) Plusieurs fois les élus de Sarlat portèrent les habitants
de Dome sur le rôle des tailles ; mais le conseil d'état repoussa
leurs prétentions (arrêt du 5 avril 1662), et maintint la franchise de la ville de Dome. Toutefois, quelques années avant la
révolution de 1789, cette franchise cessa d'être entièrement
respectée, notamment à l'égard du droit de franc-fief.
— En 1728, Mgr Denis-Alexandre Leblanc, évêque de Sarlat,
fit assigner les consuls de Dome devant le parlement de Bordeaux, pour *se voir condamner à lui rendre foi et hommage,
faire serment de fidélité, payer lods et ventes, etc., etc.* Le 17
mai 1732, le parlement donna gain de cause à l'Evêque ; mais
le 31 mars 1738, un arrêt du conseil d'état cessa et annula
l'arrêt du parlement de Bordeaux.

━━━━◦◇◦━━━━

Le *Chroniqueur* est heureux de pouvoir annoncer à
ses lecteurs qu'à l'avenir, il aura l'honneur de compter
M. Maurice Ardant, conservateur des monuments historiques et archiviste de la Haute-Vienne, parmi ses
plus actifs collaborateurs.

Nous publions ici un document d'une haute impor-tance pour nos contrées, que M. Maurice Ardant a bien voulu nous communiquer, en le faisant précéder de la lettre d'envoi, à M. le directeur du *Chroniqueur :*

« Limoges, le 3 décembre 1854.

» Monsieur le Directeur,

» Pour répondre à votre aimable lettre et à vos obligeants procédés, je me suis mis à la besogne sans tarder, malgré mes nombreux travaux de fin d'année ; et me rappelant ces trois vers du poète *Puncteius,* sur l'origine des Limousins :

*Petragoris, mediâ quùm sol conjungit ab arce*
*Cum quibus est illi (Lemovico) morum percrebrior usus*
*Vicinis quam cum reliquis, etc.*

» Je vous ai choisi pour mon début un acte important concernant le comté de Périgord et la vicomté de Limoges. C'est un contrat de vente, au nom d'Henri IV et de sa sœur, de la terre de *Courbefy,* dernière pointe du territoire limousin qui touche et pénètre dans le Périgord, l'ancien *Curvifines* de l'*Itinéraire d'Antonin,* qu'on pourrait mettre au singulier *Curva finis,* pour se rapprocher de l'orthographe du contrat, qui écrit toujours *Courbaffy.* Il y est question des familles nobles de Foucaud, Chapelle-de-Jumilhac, de Ladouze, etc.; de localités de nos deux provinces, d'usages, de monnaies de l'époque ou de la date de cette vente, c'est-à-dire la fin du xvie et le commencement du xviie siècle. Le grand nom de Henry, qui avait donné la vicomté de Limoges en apanage à sa sœur unique ; les conditions, les réserves de droits d'hommages et jusqu'aux expressions de coutumes et de jurisprudence locale ; tout m'a paru digne d'intérêt pour vos lecteurs. Je désire bien vivement que vous partagiez mon opinion sur ce document de nos archives.

» Maurice ARDANT. »

### CONTRAT DE VENTE DE LA TERRE DE COURBEFY.

(En marge est écrit : 25 mars, 1600, *M. de Ribeyreix.*)
Sachent tous présents et à venir que aujourd'huy, vingt-cinquième jour du mois de mars mil six cents, en la ville de Périgueux et dans le logis de Monsieur de Lardimalie, après midi, pardevant moi Etienne Lacoste, notaire et greffier du trésor et ancien domaine des comté de Périgord et vicomté de Limoges, pour le Roi et Madame sa sœur unique, et présents les témoins bas nommés, ont été personnellement constituées : MM<sup>es</sup> Pierre Dupont, conseiller au conseil d'Etat de Sa Majesté et président en sa chambre des comptes à Pau, et Jean Foucaud, seigneur de Lardimalie, conseiller et chambellan de sadite Majesté, et gouverneur aux dites comté et vicomté, au nom et comme ayant charge, procuration et commission expresse de sadite Majesté à faire certaines aliénations en ladite vi-

comté de Limoges ; icelle commission aux dits sieurs adressée, expédiée de Paris, le vingt-troisième décembre dernier passé, signé Henry ; et plus bas, par le roi, comte de Périgord et vicomte de Limoges, Deloménie, et à côté, vu par Duplessis, scellée du grand scel de Navarre et ancien domaine, sur cire rouge. Et au dos d'icelle est écrite la vérification et publication qui en a été faite par mandement exprès de sa Majesté en la chambre des comptes à Nérac, datée du vingtième janvier. Au présent signé De La Vallade, de Mazelier de Brognet ; et plus bas, par ladite chambre, Jausselin, et aussi *Jouxte* et suivant le consentement prêté par Madame sœur unique de sadite Majesté, *d'ailleurs sous le nom de sadite Majesté* pour mille écus de rente au revenu de ladite vicomté de Limoges, comme icelle vicomté ayant été transportée ci-devant à ma dite Dame par sa dite Majesté provisionnellement pour partie de son apanage, icelui consentement du vingt-troisième de septembre dernier passé, lequel avait été accepté par sa dite Majesté en son conseil de Navarre par ses lettres sur ce expédiées le septième d'octobre dernier passé. Le tout vérifié en la chambre des Comptes le susdit jour vingt janvier ; au présent et desquelles susdites commissions, consentement, acceptations, vérifications et lettres de sa dite Majesté portant jussion de faire lesdites vérifications, la copie sera insérée au pied du présent contrat. Lesquels sieurs commissaires susdits au dit nom et en vertu de ceque dessus, assisté de M<sup>e</sup> Pierre Charon, sieur de Sansonat et Trésars, général pour leur Majesté et Altesse aux dites comté et vicomté, Pierre Martin, procureur général aux dites comté et vicomté, et Geraud Peynes, conseiller et maître des requêtes en l'hôtel de ma dite Dame sœur du roi, soussignés, après dues proclamations en tel cas requises et accoutumées, et desquelles ce procès-verbal du dit sieur de Lardimalie, gouverneur et conseiller susdit, s'est chargé, *ont vendu et adjugé, vendent et adjugent* à perpétuité et à jamais sans aucune faculté de rachat à Léon *de Planeaux,* écuyer, sieur de Vieille Cour, et y habitant, *Antoine Chapelle, écuyer, sieur de Jumilhac,* et dudit lieu habitant, et *Antoine et Jacques Arland frères,* sieurs de Frugier, habitants dudit lieu.

Pour eux ou les leurs présents, stipulants et acceptant comme *plus offrants et derniers enchérisseurs : savoir est le château* et châtellenie de *Courbafy* avec les paroisses distraites de Chalus, trois forêts appelées de la *Grande forêt,* là *Ramade* et la *Guerenne,* dont lesdits sieurs de Jumilhac et *Arlants* ont ci-devant *acheté la coupe de*

*ma dite dame sœur du roi*, cens, rentes, *droits de patronage*, *dîmes, champarts, vaquants, étangs, moulins, droits
d'iceux, péages, hommages, greffes et tous autres droits appartenant à sadite Majesté et à ma dite dame sa sœur*, à
cause de ladite châtellenie de *Courbafy et paroisses* distraites, *en tous droits de justice, haute, moyenne et basse,
maire et mixte, impaire*, le tout sis *partie en Limousin,
partie en Périgord, ès-paroisses de Courbafy, Firbeys,
partie de Saint-Priest, Saint-Pierre de Frugie et partie de
la paroisse de Sainte-Marie, et l'enclave, de la Bussière-
Galant* et généralement tout ce qui dépend de *ladite châtellenie de Courbafy et desdites paroisses distraites* et tout
ainsi que les fermiers ont accoutumé par ci-devant
jouir, sans en rien excepter ni réserver, sinon qu'en la
présente vendition on n'ait compris de ladite enclave
de Bussière-Galant, autre chose que le moulin appelé
de Firbeys; et le *village et rentes de Peyrussas* et moulin
d'icelui et tenement de la Coste, la Gorce, la Ferrerie,
la Berardie, les villages et rentes de la Frugie et Chau-
rifarie avec leurs appartenances et dépendances qui
demeurent auxdits acquéreurs par la présente vendition, en tous droits, comme dit est, de justice; et le
surplus de la dite enclave ayant été déjà vendu par ces
dits sieurs commissaires au sieur de *Ladouze* par contrat du vingt-huit du présent mois de mars, n'est compris aussi au présent contrat; la distraction ci-devant
faite de Vassoux en ladite paroisse de Saint-Pierre de
Frugie n'est aussi comprise en la présente vendition.
La maison de La Bastide, domaine et métairie y joignant en un tenant, ains est réservé ce que dessus pour
être vendu particulièrement comme lesdits sieurs commissaires aviseront; et parce que ci-devant lesdits
sieurs de *Jumilhac* et *Arlants* auraient, comme dit est,
acheté la coupe desdites forêts, et que depuis par arrêt
de la Cour du parlement de Bordeaux, aurait été distrait de ladite vendition le tiers de ladite Grande forêt pour servir aux prétendus droits des usagiers, lesdits acquéreurs pourront poursuivre le règlement dudit
usage, et si besoin est, prendre par droit de prélation
ledit droit d'usage que aucuns prétendent avoir acheté
des auteurs de prétendus usagiers depuis dix ans en
çà, sans toutefois que pour le regard dudit tiers du
bois de la Grande forêt, *Sa dite Majesté*, ni madite dame
soient tenus envers lesdits acquéreurs d'aucuns GUÉRI-
MENTS; sinon de leur fait, dot et coûlpe, ains en tout cas
lesdits acquéreurs indemniseront leurs dites Majesté et
Altesse desdites poursuites qui s'en feront par ci-après,
pour de tous lesdits bancs et choses susdites *vendues
jouir et user, par lesdits acquéreurs et les leurs comme de*

leur chose propre et y faire dresser toutes marques et
enseignes de justice supériorité, et châtellenie, soit de
ceinture et lettres au-dedans et dehors les églises, soit
de fourchés patibulaires à quatre piliers et chevallets
et autres quelconques. Et parce que ledit moulin appelé de Firbeys est bannier, et à icelui sujets les ren-
tiers desdites terres présentement vendues;

A été dit que, outre les justiciables d'icelles terres
sujets auxdits devoirs, lesquels lesdits acquéreurs
pourraient contraindre auxdits devoirs jouxte les bail-
lettes et reconnaissances contenant iceux devoirs les
habitants des villages de Fayolas et Menbieras seront
de même par eux contraints suivant leurs dites bail-
lettes et reconnaissances de moudre audit moulin, ja-
çoit qu'ils soient compris dans la vendition de ladite
enclave faite audit sieur de Ladouze, lequel droit de
mannage des deux villages Fayolas et Menbieras a été
par exprès réservé par le contrat de vendition de ladite
enclave faite audit sieur de Ladouze.

Ont aussi réservé lesdits sieurs commissaires l'hommage lige des choses sus vendues à sadite Majesté et à
madite dame, sadite sœur, à cause de ladite vicomté de Limoges; lesquels hommages lesdits acquéreurs et les leurs leur feront et à leurs successeurs en
ladite vicomté à chacune muance de seigneur et de
vassal; chacun pour son intérêt et droit, et séparément sans que ledit hommage puisse par ci-après être
cédé à autre ou désuni de ladite vicomté.

Ont aussi réservé lesdits sieurs commissaires les
hommages des fiefs, maisons nobles du Genest et de
La Bastide, et s'il y a aucuns autres hommages dans
icelles châtellenies et paroisses distraites dépendantes
de ladite châtellenie de Courbafy et desdites paroisses
et qui ont jusqu'ici appartenu à ladite seigneurie de
Courbafy et paroisses, même ceux qui étaient autrefois
dépendants de ladite châtellenie de Chalus, en furent
distraits pour être unis et dépendre desdites paroisses
qui sont à présent vendues auxdits acquéreurs, et ne
sont nullement dus à la châtellenie de Chalus, sont
compris en la présente vendition.

Et quant aux autres hommages qui dépendent d'i-
celle châtellenie de Courbafy et desdites paroisses, sont
réservés à leurs dites Majesté et Altesse; et est aussi
dit que les officiers qui sont à présent en ladite châtellenie et paroisses seront maintenus en leurs états et
charges durant leur vie et d'autant que lesdits Arlants
auraient affermé la présente année, le revenu desdites
choses sus-vendues, attendu la présente vendition, en
demeureront quittes et déchargés, sans que pour rai-

son de ladite afferme il leur puisse être demandé aucune chose.

Et a été la présente vendition faite aux susdites qualités et réservations pour *et moyennant le prix et somme de unze mille deux cent cinquante écus* revenant suivant l'ordonnance *du roi, à trente-trois mille sept cent cinquante livres;* de laquelle somme ledit sieur de Vieille-Cour pour la justice de sa maison, domaine et village du grand et petit Vieille-Cour, Lage, Fot et Loubatour, et l'hommage du repaire de la moutié de Saint-Priest pour lesquels tant seulement il est compris en la présente vendition. A payé comptant la somme de cent cinquante écus, faisant quatre cent cinquante livres, et *le surplus* de ladite totale somme a été payé et fourni comptant par lesdits sieurs *de Jumilhac* et *Arlants* chacun pour sa cotte part, et ainsi en vertu de la présente convention et pour ledit prix le surplus desdites choses vendues et sus spécifiées demeurent acquises et par entier auxdits sieurs de Jumilhac et Arlants, réservé comme dit est, audit sieur de Vieille-Cour ladite justice de sadite maison, domaines et villages du grand et petit Vieille-Cour, Lage, Fot et Loubatour et l'hommage dudit repaire de la moutié de Saint-Priest; et outre cela somme de cinq cent soixante-deux écus trente sols pour les vinages à raison d'un sol pour livre, de laquelle somme ledit sieur de Vieille-Cour pour sa part et quotité de la présente vendition a payé la somme de vingt-deux livres six sols, lesquelles sommes lesdits acquéreurs ont réellement payées, baillées et délivrées ès-mains de Monsieur Me Paul Legoux, conseiller et trésorier général de Sa Majesté en sa Maison et État et finances de Navarre y présent et acceptant, et ce, en espèces d'or et d'argent bien comptées et nombrées, prises et emportées par ledit sieur Legoux.

Faisant lesdites sommes desquelles ledit sieur trésorier s'est contenté et d'icelles s'est rendu comptable *pour les employer à l'acquit et aux affaires auxquelles sont destinées pour Sa Majesté les deniers provenant des aliénations de la présente commission,* et jouxte le contenu en icelle, laquelle somme desdits vinages tiendra lieu et sol principal avec le susdit prix au profit desdits acquéreurs, et moyennant ce que dessus lesdits sieurs commissaires audit nom se sont devêtus des choses ci-dessus vendues, et en ont envêtu lesdits acquéreurs chacun pour leurs quotités ci-devant spécifiées par le bail et tradition de la *cedde* et original du présent contrat en leurs mains et ont promis aux susdites conditions et auxdits noms toutes évictions et garanties et même de tout droit et retrait de lignagier, à peine

de tous dépens dommages et intérêt suivant le pouvoir particulier que lesdits sieurs commissaires ont de Sa Majesté à ce faire exprès pour vaquer aux garanties et exécution d'icelle promesse, lesdits sieurs commissaires ont obligé tous et chacuns les biens de Sa Majesté dépendant de son ancien domaine, et par exprès des comté de Périgord et vicomté de Limoges, déclarant iceux sieurs commissaires audit nom qu'ils tiennent d'orès en avant les choses ci-dessus vendues au nom de constitut et de précaire desdits acquéreurs, jusqu'à ce qu'ils en auront pris la réelle, actuelle et corporelle possession, et a été tout ce que dessus ainsin fait, promis, stipulé et accepté par lesdits sieurs commissaires audit nom et acquéreurs respectivement, moyennant serment par eux chacun d'eux fait et prêté, à quoi de leur consentement et audit nom ils ont été jugés et condamnés par moi notaire et greffier susdit, sous ledit scel et présence de maître Innocent Ruel, sieur de Leonnas, conseiller du roi et secrétaire des finances de Sa Majesté en sa maison de Navarre, habitant de la ville d'Alençon en Normandie, et Noël Jouaud, habitant au lieu de Peyzac en Limousin, témoins connus qui ont signé avec les parties.

Ainsi signé à l'original *Dupont,* commissaire susdit, *Lardimalie* gouverneur et commissaire susdit, Léon *Deplaneaud* contractant, *Jumilhac, Arlants, Jarlan, Martin,* procureur-général, *Chalon,* assistant, *Poyrier,* assistant, *Ruel,* témoin, *Jouaud,* présent, et *Leyoux* pour avoir reçu lesdites unze mille huit cent douze écus trente sols, et *Lacoste,* notaire et greffier susdit. Signé J. Dupuy, notaire royal, qui a signé ledit contrat, comme ayant en garde ledit contrat, lequel j'ai délivré au susdit sieur de Jumilhac, comme y ayant intérêt.

(Au dos du titre en 12 feuillets est écrit : *Beyes.*)

---

### PEINTURES MURALES DU CHATEAU DE ROCHECHOUART.

Notre pays compte peu de petites villes aussi intéressantes que Rochechouart. La nature même du sol y est exceptionnelle. Au milieu d'un pays purement granitique, un volcan, de la famille de ceux de l'Auvergne, s'est autrefois fait jour; il a soulevé de tous côtés les bancs de schiste et amoncelé au confluent de deux petites rivières, une masse énorme de lave, qui surplombe au levant de la manière la plus effrayante et semble prête à s'écrouler. On y voit, sur ce point, une cavité profonde, sorte d'entonnoir compris entre deux coulées de lave. En général, ces roches offrent une pâte uniforme dans laquelle s'incrustent une infinité de fragments granitiques conservant leur couleur naturelle. Ailleurs, elles sont poreuses et présentent toutes les propriétés de la pierre ponce.

Cette roche volcanique, isolée presque de toutes parts, a dû être un des points les plus anciennement fortifiés de la province. Il en est déjà question à l'époque carlovingienne; et le comte Roger de Limoges donne Rochechouart en même temps que Nontron à l'abbaye de Charroux; ce qui indique que ces deux localités avaient dès-lors des châteaux et appartenaient, à ce titre, au domaine des comtes.

Long-temps après, vers le commencement du xi<sup>e</sup> siècle, Rochechouart devient, comme nous l'apprend le chroniqueur contemporain Adhémar de Chabannais, une vicomté érigée en faveur d'Aymeric, frère du vicomte Guy de Limoges et de l'évêque Hilduin. Toutes les grandes terres du Limousin, Turenne, Comborn, Ventadour et Limoges même, non pas la ville actuelle, encore moins la cité, mais leur banlieue au sud de la Vienne, étaient de même des vicomtés, quoiqu'il n'existât plus de comtes de Limoges; mais évidemment les comtes de Poitiers, ducs d'Aquitaine, en tenaient lieu. Cette ancienne suzeraineté a eu pour Rochechouart des conséquences particulières. La ville et son territoire ont toujours fait partie, depuis, du Poitou sans cesser d'appartenir au véritable Limousin ou à l'évêché de Limoges. Rochechouart était donc une des six vicomtés du Poitou, et l'on peut aisément vérifier ce fait sur les cartes de Cassini. On y a soigneusement délimité non la vicomté, mais, ce qui revient au même, l'enclave du Poitou, comprenant une vingtaine de communes, qui touche par Mialet à notre ancien Périgord.

Mais laissons ces détails historiques sur Rochechouart pour nous occuper du château lui-même, et surtout des peintures qui le décorent.

Le château actuel date du xv<sup>e</sup> siècle, sans doute de la seconde moitié, car, dans la première, on ne bâtissait guère en France. Une seule tour, aujourd'hui la plus haute de toutes, qui flanque le pont-levis, paraît remonter au xiii<sup>e</sup> siècle. A la différence des autres, elle n'offre pour ouvertures que d'étroites lucarnes ceintrées, et est entièrement bâtie en lave taillée. Sur une autre tour appelée la Tour-du-Lion, on voit dans une sorte de niche un grand lion de granit grossièrement sculpté. Cette sculpture, analogue aux lions de Saint-Michel de Limoges, paraît fort ancienne, et a été conservée avec soin dans les diverses reconstructions du château.

Le château du xv<sup>e</sup> siècle n'était point une œuvre d'art remarquable pour cette époque. Les pierres du pays se prêtent mal sans doute à l'ornementation, puisqu'on n'avait, pour matériaux de choix, que du granit toujours moins rebelle au ciseau que la lave; mais là où il existe des ornements, ils sont aussi mal dessinés que mal exécutés. Les châteaux de Lavauguyon et de Montbrun, bâtis dans les mêmes conditions, vers le même temps ou peu de temps après, sont infiniment supérieurs à cet égard. C'est par l'ampleur des proportions, par la belle disposition du plan général, que l'architecte de Rochechouart a brillé.

Un grand corps de logis flanqué du côté de la campagne par deux grosses tours, et accompagné intérieurement de deux escaliers en tourelles; deux ailes en retour d'équerre aboutissant à d'autres tours, et une vaste cour, entourée, au rez-de-chaussée seulement, d'un corridor couvert ou portique, formé par des colonnes torses en granit; voilà le château. A présent, toutes les tours sont abandonnées, et cependant la sous-préfecture, le tribunal, la justice de paix, tous les services d'un chef-lieu d'arrondissement tiennent à l'aise dans le château. Rien que dans la toiture, il reste encore deux étages éclairés par des fenêtres sur le toit, superposées deux à deux et d'une élévation extraordinaire. En Périgord, les combles de tous les vieux châteaux sont aussi disposés pour recevoir au besoin un grand nombre de soldats et de vassaux, car ils ont partout des cheminées particulières; mais il est rare d'y voir, comme à Rochechouart, deux étages dans la charpente.

La plupart des appartements du château ont été dénaturés au xviii<sup>e</sup> siècle, avant d'être appropriés à leur dernière destination. Une antichambre seule a gardé sa décoration peinte, que nous allons décrire :

Elle conduisait à une pièce du rez-de-chaussée, située dans la Cour-du-Lion, et qui devait être une des chambres d'honneur. Il ne faut donc pas croire trop vite que toutes les parties du château ont été primitivement décorées avec la même recherche.

Dans la galerie intérieure du château de Lavauguyon, imitée, je crois, de celle de Rochechouart, on reconnaît facilement, bien que le château soit en ruines, des peintures anciennes, une série de grands portraits de famille, avec les noms, les titres et les armoiries des nobles dames et des seigneurs alliés à la maison des Cars-Lavauguyon.

Il ne paraît pas que rien de pareil ait existé à Rochechouart.

En général, les tapisseries de haute lice faisaient les frais de la décoration des grands châteaux du moyen-âge. On pouvait les porter de l'un à l'autre, au gré du propriétaire, et tendre seulement les pièces qu'il devait occuper. On ne se servait de peintures que rarement et faute de mieux en quelque sorte.

On voit bien dans la salle peinte de Rochechouart, qu'on a voulu suppléer économiquement à des tapisseries, car on en a imité toute l'ordonnance ; mais, au lieu du sujet, nécessairement banal, de toutes les tapisseries, au lieu des noces de David et de Bethsabée, par exemple, l'artiste a été libre de prendre à Rochechouart même ses personnages, son sujet, ses paysages. De là un grand surcroît d'intérêt.

M. l'abbé Arbellot croit que le peintre a voulu figurer l'entrée du vicomte de Pontville à Rochechouart, en 1470.

Il s'agit certainement de quelque fête de famille de ce genre qui commence par un dîner de cérémonie et finit par l'halali d'un cerf. Il y a bien un pompeux cortége de seigneurs et de dames ; mais tout ce beau monde va évidemment à la chasse, et c'est d'une chasse avant tout qu'il s'agit, bien plus que d'une entrée solennelle.

L'époque me paraît un peu trop ancienne aussi. C'est assurément par les Pontville que le château actuel a été bâti et que les peintures ont été faites, car, pendant que la descendance masculine des premiers vicomtes de Rochechouart était continuée et illustrée de plus en plus par les Mortemart, la vicomté sortait de la famille par l'extinction de la branche aînée, et passait par des mariages, dès le milieu du XVᵉ siècle, à la maison de Pontville, à celles de Pompadour, d'Epinay Saint-Luc, et encore, en 1745, à celle de Pontville. Il n'en est pas moins vrai que les costumes de notre fresque sont incontestablement ceux du règne de Louis XII plutôt que du règne de Louis XI. Le seigneur de Pontville et l'héritière de Rochechouart auraient pu vouloir faire retracer, sur leurs vieux jours, les fêtes qui avaient suivi leur mariage ; mais il est bien plus probable que l'artiste a reproduit ce dont il avait été témoin, en donnant à chaque personnage important sa ressemblance actuelle au lieu d'un portrait rajeuni.

Donc, la fête commence par un dîner. A droite de l'unique et large fenêtre en croix qui éclaire l'appartement, on voit un jeune seigneur et sa femme dînant en grande cérémonie. Ils sont seuls à table, comme de petits princes, mais environnés de serviteurs et de curieux. Les détails sculptés de la table et des siéges sont

intéressants et purement gothiques, sans aucun indice de la renaissance. La muraille s'interrompt là pour faire place à la porte conduisant à la Tour-du-Lion. Dans l'embrasure on a peint seulement deux bustes d'homme et de femme, malheureusement plus effacés que le reste. Immédiatement après, vient la voiture des dames, aussi richement ornée que pauvrement suspendue. C'est un chariot tout doré, mais un chariot. Dix dames, y compris la vicomtesse, se pressent dans cet omnibus entouré d'une foule de pages et de valets à pied, qui cache presque entièrement l'attelage.

Plus en avant, le jeune seigneur à cheval précède un brillant cortége de cavaliers. Il y a bien, je crois, plus d'hommes à cheval que de chevaux ; mais l'artiste a voulu figurer une foule de cavaliers, et il n'y faut pas regarder de si près.

Au milieu de ces jeunes et riants visages, on en distingue un tout décharné, véritable tête de spectre sortant d'une robe de moine. De même que dans les danses macabres, on aura voulu montrer que la mort était voisine de toutes les fêtes et de toutes les joies.

On est déjà dans la forêt de Rochechouart, et, à l'horizon, se dresse le château, vu par l'angle ; il présente donc à la fois sa façade principale et celle du pont-levis, et montre fièrement ses quatre tours d'égale hauteur, dont les machicoulis dépassent le sommet des autres toits.

Aujourd'hui, toutes ces tours sont dans un état bien différent, et ce n'est pas à la révolution qu'il faut s'en prendre. Il paraît qu'elles ont été rasées par suite d'une de ces condamnations judiciaires qui atteignaient jusqu'aux bois de haute futaie. Je suppose que c'est à l'époque où François de Pontville, vicomte de Rochechouart, commit un meurtre sur la personne de M. de Bermondet, alors lieutenant-général à la sénéchaussée de Limoges. La mémoire de ce tragique événement, qui eut lieu près de Saint-Laurent-sur-Gore, le 25 juin 1513, ne s'est pas perdue dans le pays. La tradition ajoute même que le seigneur de Rochechouart, après avoir rejoint dans la forêt voisine et tué son ennemi, lui coupa la main et rapporta à son château ce sanglant trophée, parce que la vicomtesse avait donné trop d'éloges aux belles mains de M. de Bermondet. Mais il est peu probable que le sire de Rochechouart ait été jaloux d'un grave magistrat tel que le lieutenant-général de Limoges, et il devait avoir contre lui des griefs d'une autre nature.

La légende de la main coupée prend, je crois, sa source dans les armoiries des Bermondet de Cromières, *à trois mains apaumées d'argent*, qui se voient précisément dans la chappelle expiatoire que le parlement ordonna d'élever à Pannozol, près Limoges, tout près du petit château de la Quintaine, qui appartenait à cette ancienne famille (1).

Le meurtre en lui-même n'a rien de douteux, pas plus que la rigoureuse punition qui l'a suivi, quoique je ne sache où en retrouver les détails. La peinture qui représente le château dans sa splendeur primitive serait donc antérieure, mais à peine de quelques années, à 1513.

Il faut seulement s'étonner que, durant trois siècles, les grands seigneurs, qui n'ont pas cessé de posséder et qui ont souvent habité le château de Rochechouart, n'aient pas pu relever leurs tours découronnées, ou qu'ils n'y aient pas songé.

Ce n'est pas le seul ornement dont le château de Rochechouart ait été privé depuis le seizième siècle. Le peintre a encore représenté, un peu à gauche et vers les rochers les plus escarpés, une charmante chapelle isolée et ne communiquant que par un pont avec la cour intérieure. Elle avait son abside, ses transepts, et sa charpente était surmontée d'une flèche élégante. C'était une église en miniature dont il ne reste pas, par malheur, une seule pierre.

A l'opposé, sur la droite, paraît la petite ville de Rochechouart avec son enceinte fortifiée, sa porte percée dans une haute tour carrée, et surtout son clocher, seul trait reconnaissable aujourd'hui. C'est celui d'une ancienne abbaye de Saint-Sauveur qui relevait de Charroux. Il a cela de particulier que la flèche octogone tourne en spirale le plus possible, au lieu d'avoir ses pons en ligne perpendiculaire. On dirait d'abord que le vent en a tordu la pointe ; mais c'est évidemment un tour de force de charpenterie dont on trouve ailleurs quelques exemples mieux réussis.

Sur les rampes qui descendent de la ville et du château, on voit quantité de promeneurs rapetissés par la perspective. Dans l'intervalle, des cavaliers de moyenne proportion, car ceux du premier plan sont de grandeur naturelle, s'écartent du cortége et galopent librement dans la campagne. Un de ces personnages secondaires est accoutré de la façon la plus étrange. Ses étriers sont si relevés, qu'il est presque accroupi sur sa selle, à la manière arabe. Il est coiffé d'un bonnet pointu et

(1) V. la *Revue arch. de la Haute-Vienne*, par M. l'abbé Arbellot, p. 10.

brandit une lance ; on dirait un cosaque (où n'en voit-on pas en ce temps-ci ?), mais j'imagine que c'est le fou du seigneur.

Nous n'avons pas encore parlé du cerf, personnage essentiel ; il est cependant représenté plusieurs fois, mais seulement en pleine forêt. On le voit d'abord en tête des piqueurs et des chiens, puis entouré par ces derniers et se défendant énergiquement, puis enfin au moment de l'halali. Peu de chasseurs, selon l'usage, se trouvent à ce rendez-vous suprême qui termine la chasse et la peinture.

Tout cela ne constitue pas sans doute un chef-d'œuvre. Il y a, non pas seulement de la naïveté, mais des incorrections impardonnables dans cette longue suite de peintures. En revanche, elles ont toujours l'abondance, la verve, le sentiment de la décoration, et elles viennent, à tout prendre, d'un artiste digne de ce nom. Tels salons modernes coûtent dix fois plus, en menuiserie et en dorures, et ne valent pas autant.

Mais nous n'avons pas besoin de démontrer que, depuis le XVe siècle, l'art de peindre et de sculpter, tout en réalisant d'admirables progrès, a cessé d'être d'un usage général, et s'est concentré dans les édifices publics de quelques grandes villes.

Il serait plus difficile de faire croire à nos lecteurs que, dans cette vicomté de Rochechouart, la richesse et la vie n'ont guère augmenté depuis trois siècles ; je ne cacherai point que telle est cependant mon opinion.

Je ne me fonde pas précisément sur le pompeux cortége que nous venons de passer en revue, je sais que chacun se fait peindre dans ses habits des dimanches et que l'artiste était libre de grossir à sa guise le nombre des hôtes et des valets du château. Je n'oublie pas non plus, qu'à défaut de la petite cour d'un vicomté, les vingt communes entretiennent au loin, par l'impôt et par le commerce, leur petite part des armées et des capitales de la France. Mais en retrouvant, dans l'étude des monuments, tant de preuves matérielles de la fécondité de certaines époques, il est impossible de ne pas se demander, de bonne foi, si nos récents progrès sont relativement aussi grands et aussi réels qu'on se le figure communément.

Je ne me fonde pas particulièrement, je le répète, sur le château de Rochechouart. Aussi grand, aussi bien habité qu'il fût, on pourrait objecter qu'il absorbait, à lui seul, toutes les ressources de la contrée ; mais, sans sortir des étroites limites de la vicomté, je compte deux autres châteaux presque aussi vastes et bien plus artistiques, Lavauguyon et Montbrun. Parmi les châteaux

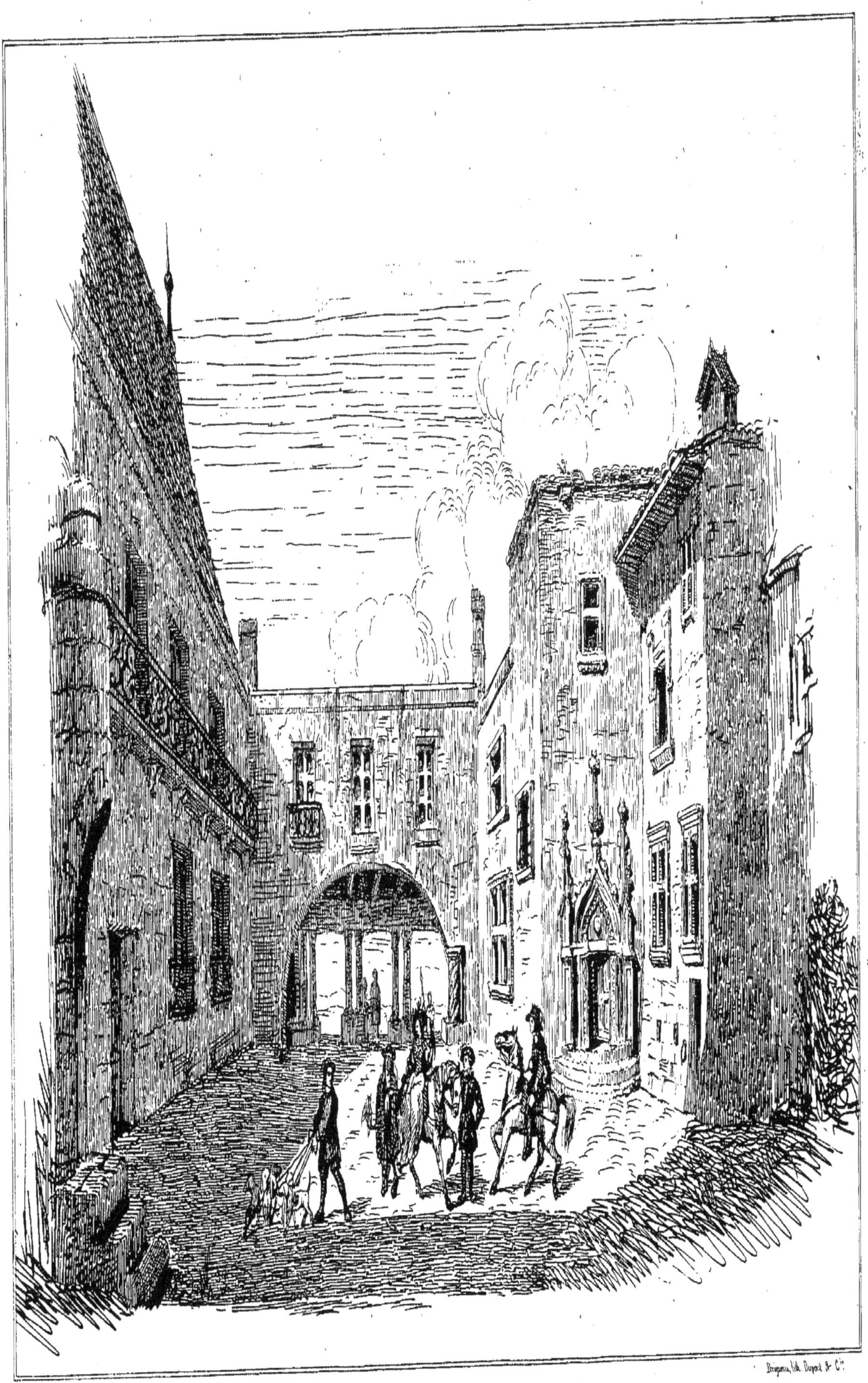

COUR DU CHÂTEAU DE BIRON.

d'un rang inférieur, j'en compte encore de très-remarquables, Lambertye, Cromières, Cognac, tous de la seconde moitié du xv⁽ siècle.

Les savants eux-mêmes expliquaient naguère les grandes œuvres féodales par les corvées; mais il est reconnu désormais que les châteaux, comme les cathédrales, se bâtissaient à prix d'argent, c'est-à-dire au moyen d'ouvriers de profession, aussi habiles, aussi exercés que ceux de nos jours, et payés tout aussi chers.

Les corvées ne servaient qu'aux transports, et encore, quand le seigneur de Lavauguyon envoyait chercher des ardoises à Brives, par trente lieues de traverse, je doute qu'il les eût aux mêmes prix que nous, car il lui fallait au moins nourrir en route et indemniser ses bouviers.

L'intérieur de la ville de Rochechouart est fort laid et n'a jamais été beau, mais on y observe que les maisons du xv⁽ siècle l'emportent sur les autres par le nombre et par la décoration.

Même observation pour les monuments religieux. Il y avait dans la vicomté d'antiques abbayes de Bénédictins, à Saint-Sauveur et aux Salles-Lavauguyon, de Dominicains dans le faubourg de Rochechouart, de religieuses de l'ordre de Fontevrault à Boubon. Toutes étaient florissantes à cette époque. Bien plus, il n'est pas une des vingt églises paroissiales qui n'ait été embellie et agrandie vers la fin du xv⁽ siècle, et elles ne l'ont pas été depuis. Quelques-unes, comme Biénac, avaient, par de pieuses fondations, quatre chapelains, indépendamment du curé.

La population agricole, qui alimentait, en définitive, tous ces établissements et toutes ces constructions, était donc à peu près aussi nombreuse et ne tirait pas de son sol plus mauvais parti qu'au xix⁽ siècle. La prospérité et l'aisance des paysans faisait la richesse des seigneurs et des églises.

F. DE VERNEILH.

### FONDATION DU COLLÉGE DES PÈRES JÉSUITES DE PÉRIGUEUX,
#### DU 9 OCTOBRE 1592.

Cette copie d'un acte que nous sommes heureux de pouvoir offrir aux lecteurs du *Chroniqueur* a été trouvée par moi dans les papiers de M. de Cosson de la Sudrie; elle ne se trouve pas, m'a-t-on assuré, aux archives de la ville de Périgueux. Il y a quelques années, le conseil municipal de Périgueux et le conseil général de



la Dordogne la firent rechercher dans l'espoir qu'elle pourrait jeter quelques lumières sur des difficultés pendantes entre la ville et le département, l'hôtel actuel de la préfecture ayant été construit sur l'emplacement de l'ancien collége des Jésuites. On y trouve de curieux enseignements sur la nature de l'enseignement que reçurent nos aïeux; c'est une page de notre histoire locale qu'il importait de tirer de l'oubli :

ADOLPHE comte de LARMANDIE.

» Sachent tous présents et avenir que cejourd'hui neuvième du mois d'octobre mil huit cent quatre-vingt-douze, avant midi, en la ville de Périgueux et maison commune des consuls, pardevant moi notaire royal et témoins ci-bas nommés et écrits, ont été présents et personnellement constitués, savoir est : honorables personnes, messieurs Mᵗᵉˢ Denis de La Porte (1), conseiller du roi et juge criminel en la sénéchaussée de Périgord, maire de ladite ville; Nicolas-Alexandre, avocat au parlement de Bordeaux, premier consul; Jean Tourtel; Mᵉ Antoine Charon (2), procureur au siége présidial de la présente ville; Odouart Girard; Guy de Valbousquet, sieur de l'Age; Berthoumioux Chatard, bourgeois et consuls de ladite ville, et Jean Prunier, consul de la cité; et Mᵉ Pierre Broliodie, greffier en l'élection de Périgord, au nom et comme procureur-syndic de ladite ville et audit nom, d'une part;

Et mess. Mᵗᵉˢ Louis Richeomme, Père provincial de la Compagnie et Société de Jésus, en la grande Guienne (3) et Languedoc, et François Debort (4), Père recteur de ladite Compagnie au collége de la présente ville, faisant pour et au nom de ladite société, habitant de présent audit collége, d'autre part;

Par lesquelles parties a été dit, comme ainsi soit, que, en vertu du conseil général tenu en la présente ville le 13ᵐᵉ décembre dernier passé, certains articles fussent été faits, convenus et arrêtés le 24⁽ dudit mois de décembre entre lesdits sieurs maire et consuls et ledit Père Debort audit nom de recteur dudit collége, pour l'érection, fondation et dotation d'icelui, tels qu'ils sont insérés au conseil général de lad. ville, dudit jour 13 décembre, lesquels articles et conventions doivent être émologués, agréés et approuvés par le Père général de lad. compagnie du nom de Jésus, et pour l'exécution d'iceux, instrument être fait et passé entre les parties, laquelle autorisation, maintenant représentée par ledit Père provincial et le Père Debort, recteur, et par eux remise, présentement par devers le notaire soussigné, après avoir été par eux contresignée, pour être délivrée conjointement comme lesdits articles ci-

33

après insérés avec le présent contrat, seroit été faite par monsieur maître Claude Aquaviva, Père général de lad. compagnie, dès le 23e avril dernier passé, si bien que de présent il restoit passer contrat entre lesdites parties pour l'exécution entière desdites conventions, sur quoi, seroient survenues beaucoup de difficultés et doutes, auxquelles pour pourvoir, ensemble pour la validité des susdites premières conventions et articles, lesdites parties ont entr'eux, de leur gré et volonté, promis, juré, convenu, stipulé et accepté, sous leur foi, honneur et serment et obligation des biens de leur communauté et société, d'une part et d'autre ce que s'ensuit :

Savoir est que les susdits premiers articles et conventions dudit jour 24 décembre, en tant qu'à iceux ne sera dérogé par le présent contrat, sortiront leur plein et entier effet, et seront exécutés selon leur forme et teneur, et, à cet effet, que la somme de 525 livres restante aux Pères de ladite compagnie pour leur entretien et dotation de la présente année, leur sera baillée et payée par lesdits sieurs maire et consuls au premier jour, et d'autant que pour les édifices et bâtiments il a été accordé aux Pères de ladite compagnie la somme de 6,000 livres payables en six années et que pour la présente année ils ont seulement eu et reçu, en déduction de ce, la somme de 50 écus, ou quoique soit pris une maison près et joignant au cavalier qui est au fond du jardin dud. collége, le paiement de la somme de 50 écus, suivant le contrat sur ce fait le 1er février dernier passé, reçu par moi notaire royal soussigné; il a été convenu que la somme de 850 livres à eux due et restante pour la susdite cause et du pacte et paiement de la présente année, leur sera aussi baillée et payée par lesdits sieurs maire et consuls, procureur et syndic de ladite ville au premier jour.

Aussi parce que par lesdits articles a été accordée la somme de 3,000 livres de dotation et revenu annuel, et que les 2,000 livres leur ont été suffisamment assignées, il a été convenu que pour la somme de 1,000 livres restantes, outre et par dessus l'hypothèque généralement consentie par lesdits articles et pour l'assurance de ladite somme de 1,000 livres, le comptable de ladite ville, lors de sa réception et prestation de serment qu'il fera auxdits sieurs maire et consuls, promettra annuellement que les deniers de la recette en sere fait par lui réservation. Jusqu'à ladite somme de mille livres applicables aux Pères de ladite compagnie dudit collége par quartier, laquelle somme de mille livres ne pourra être employée ailleurs ni à autre effet, quelque

commandement qui lui en soit fait, ni pour quelque cause que ce soit, de laquelle somme de mille livres payables par quartier, comme dessus est dit, il sera du premier jour chacune année fait et baillé commandement audit comptable par lesdits sieurs maire et consuls.

Davantage est convenu que le syndic des Pères de ladite Compagnie demandera annuellement aux sieurs chanoines et chapitre des églises cathédrale et collégiale de la présente ville et à leur syndic, tant la somme de 200 livres que les fruits d'une autre chanoinie et prébende, appréciés à la somme de 200 livres également, et en cas de refus ou délai pour quelque cause que ce soit, voire de non jouissance, le syndic de lad. ville prendra en soi l'assistance et quittement et en fera son propre dette jusqu'à concurrence de 400 livres, sauf audit procureur syndic de lad. ville son recours contre lesdits chapitres, leur syndic et chacun d'eux, comme de raison.

Néanmoins, lesdits sieurs maire et consuls seront tenus poursuivre à leurs dépens dors en avant l'union des services du bénéfice de Razac au profit dudit collège, et jusqu'à ladite union ils seront tenus garantir les fruits dudit bénéfice audit collège de la valeur de 500 livres tournois, ensemble acquitter et décharger ledit collège de toutes décimes, aliénation du temporel et autres subsides que ledit bénéfice pourroit devoir jusqu'à ladite union, mais ladite union faite, lesdits sieurs maire et consuls et procureur-syndic demeureront perpétuellement déchargés de ladite garantie, comme étant ladite décharge conforme à la disposition du droit. Toutefois, si après ladite union lesdits Pères étoient empêchés de voies de fait audit bénéfice, lesdits maire et consuls, comme fondateurs dudit collège, prêteront main-forte, à leur possible, pour faire cesser ledit trouble. — Plus, afin que lesdits Pères ne soient inquiétés en leurs fonctions spirituelles et autres leurs exercices pieux et honnêtes, comme étant personnes religieuses, et par la promenade que chacun pourroit faire sur les murailles de ladite ville à toute occasion et mal à propos, parce que ledit collège aboutit auxdites murailles et quelles ont vue sur ledit collège, il a été accordé que à chacune des avenues desdites murailles, du côté dudit collège, y aura une porte fermant avec une serrure qui ouvrira des deux côtés, dont lesdits sieurs maire et consuls auront une clef et lesdits Pères l'autre; et au regard de la terrasse et cavalier joignant le jardin dudit collège et murailles, lesdits Pères y auront leur promenade pour y prendre l'air et recréation, le jour seulement, ensemble sur les murailles de lad. ville, sans que pourtant ils puissent prétendre droit ni titre de propriété ou possession quelconque. Outre ce, lesdits Pères de ladite Compagnie auront la surintendance des pédagogues, non seulement de ceux qui viendront au collège, mais aussi des autres quels qu'ils soient, afin que la jeunesse ne soit autrement instituée que en la foi de l'Eglise catholique, apostolique et romaine, bonnes mœurs, ni instruits aux lettres que selon l'avis et bons règlements desdits Pères, à quoi aussi messieurs le maire et consuls et procureur syndic tiendront la main, en étant requis, si d'aventure lesdits Pères trouvoient difficulté à ranger lesdits pédagogues à leur devoir et raison. Aussi lesdits Pères promettent de gratuitement et sans obligation visiter le précepteur des abécédaires dudit collège et l'instruire comme il faut gouverner et enseigner cette petite jeunesse, tant aux mœurs que aux petits rudiments des lettres, et, s'il a fait mal son devoir, en avertiront lesdits sieurs maire et consuls, pour y pourvoir.

Pareillement d'autant que le lieu dudit collège tel qu'avoit été au commencement désigné, promis et délaissé auxdits Pères de la compagnie a été trouvé peu capable et mal sain pour leurs habitations et dispositions, comme ils disoient et prétendoient: et lesdits maire et consuls le contraire, pour faire cesser cette incommodité et afin que lesdits Pères puissent bâtir ledit collège plus largement et mieux à propos, lesdits sieurs maire, consuls, procureur et syndic de ladite ville, seront tenus de leur acheter dans quatre ans, commençants au premiers jours de janvier prochain, toutes les maisons qui restent à acheter ez deux plus proches rues et îles (5) dudit collège joignant ledit jardin et du côté d'icelui, ensemble une maison qui par delà la seconde île à acheter, rue entre-deux, appartenant aux hoirs de feu Jean Mignot, en son vivant bourgeois et marchand de la présente ville, à la charge toutefois que les maisons de la première rue et île seront achetées dans dix huit mois, à compter dudit jour de janvier prochain ;

Et avec les susdites conditions, qualités et conventions respectivement jurées, stipulées et acceptées, ledit collège, dès à présent, est et demeure purement, simplement et irrévocablement accepté, et lesdits Pères de ladite compagnie et lesdits sieurs maire et consuls, procureur et syndic feront émologuer et autoriser le présent contrat et conditions susdites par le conseil général de ladite ville, pour l'exécution des quelles susdites conventions lesdites parties se sont respectivement obligées, ez susdits noms, et même lesdits sieurs maire et consuls, procureur et syndic ont, pour raison de ce faire, obligé et hypothéqué tous et chacuns les biens et émoluments de la présente ville et communauté d'icelles, à quoi lesdites parties de leur vouloir et consentement ont été condamnées par moi dit notaire soussigné, sous l'autorité du sel royal établi en la présente sénéchaussée de Périgord, et ont renoncé à toutes les exceptions et défenses par le moyen desquelles pourraient venir contre les présentes, moyennant serment par eux faits sur les saints Evangiles touchés, ez présence de Hélie André (6), écuyer, seigneur de Milhac, et monsieur Me Reymond Girard de Langlade (7), avocat au parlement de Bordeaux et receveur pour le roi en l'élection de la présente sénéchaussée, habitants de la présente ville, qui ont signé avec lesdites parties l'original des présentes, et Labrouhe (8), notaire royal.

Suit la teneur des articles convenus et arrêtés le
24 décembre 1591.

*Jésus Maria.*

Au nom de Dieu le Père, le Fils et le benoit Saint-Esprit, après avoir invoqué l'intercession de la glorieuse Vierge-Marie, mère de Dieu, des saints et saintes du Paradis, et spécialement de monsieur Saint-Front, notre patron,

Les maire, consuls, procureur et syndic de la présente ville, cité et banlieue de Périgueux, recherchant en premier lieu et sur toutes choses, l'avancement du nom et gloire de Dieu et désirant le salut de leurs âmes, la manutention et augmentation de la religion catholique, apostolique et romaine, extirpation des hérésies, édification et instruction du peuple et instruction de leur jeunesse et celle du présent pays et autres, tant ez bonnes lettres, mœurs que susdite religion catholique et après avoir eu sur ce l'avis de Révérend Père en Dieu messire François de Bourdeille, évêque de Périgueux et des sieurs chanoines et chapitres des églises cathédrale Saint-Étienne et collègiale Saint-Front de la présente ville, seigneurs et gentilshommes du pays et officiers royaux, avec le conseil général des autres habitants de la présente ville, ont estimé être très-nécessaire de doter et fonder en icelle un collège perpétuel de religieuses personnes de la compagnie de Jésus, et, pour cet effet, ayant conféré avec le Révérend Père Clément Dupuy (9), provincial de ladite compagnie en la Grand-Guyenne et Languedoc, lequel à cette cause, ces jours passés, a demeuré un mois dans la présente ville, vu et visité les commodités et incommodités du lieu et recherché les moyens propres, requis et nécessaires pour l'installation ou érection dudit collège, ont convenu, promis, stipulé et accepté ce qui s'ensuit pour la fondation et dotation du collège, tant avec ledit Père provincial que avec le Père François Debord, recteur dudit collège, sous le bon plaisir toutefois de leur Père général.

Premièrement que lesdits Pères de ladite compagnie seront tenus annuellement et continuellement avoir audit collège, et à leurs dépens, six régents de leur société, compagnie et qualité et non autres, dont les cinq tiendront et feront cinq classes pour l'instruction de la jeunesse tant ez bonnes mœurs et religion catholique que ez lettres humaines, latines et grecques, et le sixième régent lira et enseignera la philosophie alternativement, savoir la première année la logique, et la seconde année la physique et la métaphysique, lequel ordre sera successivement gardé, et la jeunesse instruite audit collège gratuitement et sans aucun salaire, et outre ce, seront tenus lesdits Pères avoir audit collège toutes autres personnes requises et nécessaires tant prêtres que autres jouxte et suivant leurs constitutions et règles, et, au cas que quelqu'un des six régents mourût ou tombât malade, en ce cas lesdits Pères seront tenus d'én avoir d'autres de lad. compagnie pour être subrogés en leurs places et pour tenir et continuer ledit collège en bon et dû état ; et pour la nourriture et entretènement de toutes les susdites personnes et satisfaire à tous frais qui en dépendent, lesdits sieurs maire et consuls, procureur et syndic et habitants, avec ledit sieur évêque et susdits chapitres, doteront et fonderont ledit collège de rente ou revenu annuel de 3,000 livres tournois par an, à commencer l'année le 1er de décembre 1591, et sera ledit revenu pris, savoir : 400 livres sur le receveur de messieurs des chapitres desdites églises cathédrale et collégiale de la présente ville, de deux prébendes et chanoinies qu'ils ont accordé être annuellement payables audit collège.

Plus les gros fruits du bénéfice et paroisse de Razac, distraite la portion congrue que le curé et vicaire perpétuel s'est réservée, seront pris annuellement par lesdits Pères de ladite compagnie pour 500 livres, pourvu que Notre Saint-Père le pape l'accorde, à la condition que lesdits sieurs maire et consuls, procureur et syndic de la présente ville, poursuivront, à leurs dépens envers notre dit Saint-Père, le pape attendu (10), le consentement dudit curé et l'union des gros fruits dudit bénéfice de Razac au profit dudit collège de la présente

ville sauf la réservation de ladite portion congrue du vicaire perpétuel.

Pareillement la somme de 1,100 livres sera annuellement prise par lesdits Pères sur le revenu de l'émolument de ladite ville appelé le *paillonnaige du blé* et par les mains du fermier qui sera chacun an obligé, par le contrat de son afferme, bailler par quartier les deniers au syndic du collège et non autre, sinon ce qui sera par dessus ladite somme de 1,100 livres.

Néanmoins, ladite afferme dudit émolument se fera annuellement par autorité de lad. ville et avec les autres émoluments d'icelle ; et où ladite afferme ne montera 1,100 livres, lesdits sieurs maire et consuls les parferont d'ailleurs sur le revenu de lad. ville, comme aussi, si elle monte davantage, sera au profit de lad. ville.

Et lesdits sieurs maire et consuls, procureur et syndic, seront tenus payer auxdits Pères de lad. compagnie, un chacun an, pour parfaire lesdites 3,000 livres restant, les 1,000 livres restant, par quartier, sauf, auxdits sieurs maire et consuls, le remplacement de ladite somme de 1,000 livres annuellement sur les promesses que les particuliers ont faites ou feront pour la dotation dud. collège.

Toutefois, a été convenu que lorsque led. collège sera remplacé fourni d'autre revenu par lesdits sieurs maire, consuls ou autres, en faveur expressément ou à la décharge de la communauté, d'autre revenu annuel, non litigieux et commode à lad. compagnie jusqu'à la concurrence de la somme de 1,100 livres, outre le revenu desdites prébendes et bénéfice de Razac, le tout revenant auxdites 3,000 livres, le susdit émolument dudit droit de paillonnage et revenu d'icelui sera rémis et consolidé, comme ci-devant, aud. domaine de lad. présente ville.

Semblablement, ou ladite somme de 1,000 livres annuelle seroit d'ailleurs audit collège supployée, comme dit est expressément, lesdits sieurs maire et consuls, procureur et syndic pourront, à la décharge et en faveur de lad. communauté, retirer le fonds principal des sommes desdites promesses avec la rente constituée pour les employer au paiement des dettes que lesd. sieurs maire et consuls ont été ou seront à l'avenir contraints de faire pour les édifices, ameublements et autres affaires dudit collège.

Plus est convenu que lorsque led. collège sera doté de 1,000 livres de revenu annuel par lesdits sieurs maire et consuls ou autres, en leur faveur et à leur décharge expressément, comme dessus, comprise et comptée.ladite somme de 3,000 livres, lesdits Pères, outre lesdites cinq classes de rhétorique et grammaire, seront tenus faire le cours de philosophie entier et en deux diverses classes, chacune année, sans toutefois obliger ladite communauté de bailler les 1,000 livres de revenu par dessus lesdites 3,000 livres, que de leur plein gré et volonté.

Parce que, en la venue desdits Pères de ladite Compagnie en la présente ville qui fut en l'an 1589, les sieurs maire et consuls qui étaient pour lors en charge, avec le conseil et avis desdits habitants promirent aux dits Pères de lad. compagnie, leur bâtir une église d'honnête grandeur, autre et plus ample que celle qui est de présent au collège, icelle orner d'ornements et meubles nécessaires, accomoder et bâtir le logis dudit collège, chambres et offices d'icelui et les garnir de meubles, le tout suivant les usages de ladite Compagnie, ensemble leur donner une bibliothèque, voire, au susdit effet, acheter les maisons qui pourroient être requises et nécessaires, ce qui a été en partie exécuté, toutefois, pour parachever le surplus, une grande partie reste, même les église, bibliothèque, ensemble les édifices et logis qu'il faut entièrement bâtir et réformer et bâtir de nouveau, il a été avisé et convenu que, pour le soulagement des sieurs maire et consuls qui sont et qui seront ci-après en charge, il sera baillé auxdits Pères de ladite compagnie, pour la totale et plus ample exécution du contenu au présent article, la somme de 6,000 livres tournois, payables dans six ans prochains venant, mille livres une chacune année, commençant l'année 1592, savoir au jour et fête de Pâques 500 livres, et pareille somme de 500 livres trois mois après, lequel paiement sera continué les autres années, payable la somme de mille livres à chacune fête de Pâques, de laquelle somme lesdits Pères seront aussi tenus d'acheter les autres maisons qu'ils jugeront nécessaires pour leur commodité. Laquelle somme de 6,000 livres sera prise et tirée du fonds et somme de deniers desdites promesses faites ou à faire pour la dotation dudit collège.

Seront aussi lesdits Pères de lad. compagnie totalement déchargés et perpétuellement du précepteur abécédaire pour enseigner les petits enfants, à quoi lesdits sieurs maire et consuls pourvoiront ; et, en ce que dessus, lesdits Pères seront tenus pour l'avenir entretenir ledit collège, bâtiments et église d'icelui, et porter toutes autres charges et frais à leurs dépens, en bon et dû état et ne permettre, ni souffrir qu'il tombe en

ruine, ensemble eux nourrir et entretenir et toutes personnes de leur dit collège.

Le susdit revenu dudit collège, fondation et dotation d'icelui ne pourront être portés ni transportés en autre quelconque collège, ni lieu hors de lad. ville, duquel susdit revenu, émolument et profit dud. collège, lesdits Pères et leurs successeurs jouiront seulement pendant le temps qu'ils continueront la susdite institution de la jeunesse et non autrement, sinon qu'il survint quelque légitime empêchement de peste, guerre ou autre, ce qu'à Dieu ne plaise, lequel cessant lesdits Pères seront tenus revenir audit collège pour la continuation et exercice de leurs charges et accomplissement de ce que dessus.

Il a été convenu que lesdits sieurs maire et consuls relèveront indemnes lesdits Pères de lad. compagnie de tous les achats des maisons et places qu'ils possèdent à présent achetées pour la commodité dudit collège. A été aussi accordé que lesdits Pères pourvoiroient que les présents articles soient acceptés par le Père général de la compagnie pour en être passé contrat avec lesdits sieurs maire et consuls dans le jour et fête de Notre-Dame d'août prochain, jusqu'au quel jour on leur fera le revenu à la raison de 3,000 livres, et au cas que, dans ledit temps, lesdits articles ne soient acceptés et le contrat passé, lesd. sieurs maire et consuls ne seront tenus de leur bailler que la somme de 2,000 livres (et 500?) en chacun an, même la présente année, en laquelle sera précompté sur le dernier quartier ce qu'ils auront reçu aux précédents quartiers, et continuera le payement de la somme de 2,500 livres pour chacun an, jusqu'au jour de l'acceptation dudit collège, auquel jour de l'acceptation et contrat de fondation commencera audit cas le payement de 3,000 liv.

Et d'abondant a été aussi accordé que si le revenu de la susdite dotation, fors que des 400 livres qui proviennent des deux chapitres, en tout ou en partie, étoit rendu litigieux ou qu'il ne fut accepté par le R. Père général de ladite compagnie, lesdits sieurs maire et consuls, afin que aucun retardement et empêchement ne soit fait de leur côté à lad. fondation, s'obligeront, au nom de ladite communauté, par le contrat que sur icelle sera passé, payer annuellement ladite somme de 3,000 livres excepté lesdites 400 livres et les gros fruits de Razac, étant mis sur tous et chacuns les biens, revenus et émoluments de la ville, présents et avenir, qui pour cet effet demeureront hypothéqués et jusqu'à ce qu'ils aient trouvé d'autre revenu commode à ladite compagnie, à la concurrence de 3,000 livres.

Ne pourront lesdits Pères de ladite compagnie re-
chércher la communauté d'aucuns frais, fournitures et
réparations qu'ils pourroient avoir faits tant de leur
moyen que autrement en leurs noms, de tout le passé
jusques à présent, comme aussi lesdits Pères seront totalement déchargés, par ladite communauté, de tous
les dettes que lad. communauté pourroit avoir faits de
tout le passé jusqu'à présent pour l'ameublement, entretènement et réparations dud. collège.

Déchargeront lesdits sieurs maire et consuls, le collège et personnes d'icelui de toutes tailles et charges
quelconques qui sont à présent ou pourront être ci-
après imposées sur les habitants de la présente ville en
façon que ce soit, et feront jouir lesd. Pères des privilèges de personnes ecclésiastiques et religieuses, selon
les saints canons et bulles des Papes en faveur de ladite compagnie.

Néanmoins, comme toutes choses, voire les meilleures
et plus saintes institutions, sont, par la malice des
hommes et injure du temps, perverties et altérées, sujettes à changement et mutation, il est convenu que si,
pour l'avenir, lesd. Pères ou leurs successeurs se vou-
loient affranchir, décharger, soulager et excuser de la
susdite institution de la jeunesse, en ce cas le susdit
revenu et dotation dud. collège de la compagnie desd.
Pères Jésuites sera employée à la dotation et fondation
d'un autre collège catholique en la présente ville, et
non ailleurs ni à autre effet, ce que Dieu ne permette
ni ne souffre (11) advenir que lesdits Pères s'en dépar-
tent, ains comme l'institution desd. Pères est sainte,
bonne, louable et profitable, et la fondation dudit collège très-honnête et nécessaire, que le tout, par la
grâce de Dieu, succède de bien en mieux à son honneur
et gloire pour le salut de nos âmes. — Lesquels articles ont été respectivement convenus et accordés par
lesd. sieurs maire et consuls, au nom de toute la communauté, et par ledit Père Debord, au nom de sa compagnie, sous le bon plaisir et autorité du Révérend
Père général, en témoignage de quoi les parties se sont
soussignées, savoir : Père François Debord, recteur, —
noble homme Denis de La Porte, conseiller du roi en la
cour présidiale souveraine du Périgord et maire de ladite ville, — honorables personnes messieurs maîtres
Nicolas Alexandre, avocat au parlement de Bordeaux,
premier consul, — Jean Tortel, — Antoine Charon,
procureur en lad. cour présidiale, — Oudouart Girard,
— Guy de Valbousquet sieur de Large, — Barthélemy
Chatard, bourgeois et consul de lad. ville, — Jean Prunier, consul de la cité, — et Me Pierre Brolyodic, pro-

cureur et syndic de lad. présente ville. A Périgueux,
en la chambre du conseil, le vingt-quatrième décembre
mil cinq cent quatre-vingt-onze. Ainsi signé à l'original
desdits articles : De La Porte, maire; François Debord,
recteur ; Nicolas Alexandre, 1er consul; Jean Tortel,
consul ; Charon, consul ; Girard, consul ; Valbousquet,
consul ; Barthélemy Chatard, consul ; Jean Prunier,
consul de la cité, et Brolyodie, procureur et syndic.

S'ensuit la teneur de ladite ratification et autorisation
desdits articles, faite à Rome, par le sieur Aquaviva
Père général de lad. compagnie de Jésus :

*Claudius Aquaviva.*

Societatis Jèsu præpositus generalis, cùm illustres
domini maior, consules, procurator et syndici provinciæ ac urbis Petracoriensis, Dei gloriam animarumque
salutem zelantes et avitæ catholicæ fidei atque religio-
nis conservationem sitientes, accepto consilio reveren-
dissimi domini Petracoriensis episcopi ac duorum ca-
nonicorum ecclesiarum cathedralis Sancti-Stephani et
collegiatæ Sancti-Frontonis, nec non et nobilium præ-
cipuorum illius provinciæ officiariorum regiorum, ac
generalis consilii incolarum ejusdem urbis, collegium
in eâ societatis nostræ fondare decreverint, atque in
eam finem die XXIIIIª mensis decembris proximè præ-
teriti, articulos quosdam in publici consilii camerâ pro-
posuerint, ac nomine totius communitatis approbave-
rint quorum summa ea erat, ut societas collegium
unum in eâdem urbe erigere et in eo sex præceptores,
unum scilicet philosophiæ, reliquos verò humaniorum
litterarum proficere, ipsi verò profati domini pro ne-
cessariâ operariorum dicti collegii sustentatione reddi-
tum annuum mille auri coronatorum, eidem collegio
persolvere tenentur, cùmque articulorum eorumdem
approbatio et acceptatio à nobis petatur, id circò nos
etsi societatem onere scholarum valdè gravatam vide-
mus, tamen ne divinæ gloriæ propagandæ salutisque
animarum promovendæ occasioni et zelo optimisque
prædictorum dominorum votis desimus, tùm nostro,
tùm successorum nostrorum nomine meliori quo pos-
sumus modo et formâ, articulos eosdem, fundationem
ac reliqua omnia et singula in eis contenta acceptamus,
ipsam denique illustrem provinciæ et urbis Petroco-
riensis senatum in dicti collegii fundatorem admittimus,
participemque facimus omnium suffragiorum et bo-
norum operum hujus minimæ societatis nostræ quæ,
secundum illius consuetudines, ejus modi fondatoribus
conceduntur in nomine Patris et Filii et Spiritus sancti.
In cujus rei fidem præsentes litteras manu nostrâ sub-

scriptas ac sigillo societatis munitas dedimus Romæ die XXIII<sup>a</sup> aprilis MDLXXXXII<sup>o</sup>. Sic signatum : Claudius A. Q. V. —. Jacobus Ximenes, secretarius, — Richeomme, provincial, — F. Debord, recteur.

———

(1) *Denis de La Porte.* Il y a eu plusieurs familles de Laporte. Une en Bas-Limousin, arrondissement de Brives, vers Brives, Alassac, Larche, etc.; d'autres vers Saint-Astier, Segonzac-Puyferrat, les La Porte *de Puyferrat*, et c'est de ceux-là, nous a-t-on dit, que devait sortir le maire de Périgueux dont il est ici fait mention; enfin les La Porte au-dessus du Fleix, à *Cadillac.* Toutes ces branches sortiraient-elles du même tronc? C'est ce donc nous ne pouvons décider.

(2) *Antoine Charon.* Les Charon que nous connaissons d'après les récits de MM. de La Force, André et Théophile de Charon, l'un lieutenant-général et l'autre lieutenant particulier à Bergerac, signalés dans les *Mémoires* du marquis de Castelnaud, second fils du vieux maréchal de La Force, devaient être très-proches parents d'*Antoine de Charon*, celui dont nous voyons le nom en cette copie de la fondation du collège des Jésuites à Périgueux.

Cette branche, que je présume avoir été celle des MM. de Charon de Sensénac, n'avait point embrassé la religion réformée. Mais, tout au contraire, Bernard de Charon, seigneur de Laviale, paroisse de Sensénac (frère ou cousin de cet Antoine), et père d'André et de Théophile de Charon, avait dû quitter Périgueux pour motif de religion. Il s'était retiré à Bergerac, où il fut pourvu de la charge de lieutenant-général et installé en sa charge le 6 avril 1587, par Henri de La Tour-d'Auvergne, vicomte de Turenne (*).

(3) La *Grande Guyenne.* Souvent, nous avions ouï dire à des personnes âgées qu'ainsi désignait-on, parfois, notre grand gouvernement de Guienne, mais je n'avais rencontré cette expression dans aucun acte ni dans aucun livre.

(4) Le Père F. *Debord* était à la tête des catholiques à Périgueux. Ce fut lui, m'a-t-on assuré, qui contribua le plus par ses discours, ses conseils et son zèle à enflammer les habitants de cette ville et à les porter à prendre les armes pour se délivrer de la garnison huguenote qui était dans leurs murs, fait qui eut lieu en l'an 1580 environ.

(5) Les *isles* que l'on achète pour l'établissement de ce collège nous prouvent que l'on nous avait bien accusé la vérité, en nous disant que l'hôtel actuel de la préfecture de notre département occupe l'emplacement de cet ancien collège des Jésuites, car les jardins de la préfecture al ant jusqu'au bord de la rivière, puis étant contigus à l'enceinte ou vieilles murailles de Périgueux, il est évident que ces circonstances et cette situation concordent avec ce que nous avons vu dans cet acte. Le collège de Jésuites touchait aussi à l'enceinte de la ville ainsi qu'à la rivière, et c'est là précisément, et *seulement*

———

(*) *Manuscrit de l'abbé de Lespine, sur la famille de Charon.* —
» Bernard Charon, seigneur de Laviale, paroisse de Sensénac, fut suc-
» cessivement avocat-général du roi de Navarre, juge-général des comté
» de Périgord et vicomté de Limoges, maître des requêtes de l'hôtel de Na-
» varre, et enfin lieutenant-général en la sénéchaussée de Bergerac. Jeanne
» d'Albret, reine de Navarre, lui donna procuration, le 4 octobre 1571, pour
» retirer en son nom, par droit de prélation et puissance de fief, les terres
» et seigneuries de Saint-Laurent et de Sensénac, vendues ci-devant par
» le seigneur de La Marthonie. Il fut plus de 20 ans maître des requêtes
» ordinaires de Navarre, et plus de 30 ans vice-chancelier et garde-des-
» sceaux de Périgord, de Limosin et des seigneuries d'Albret, etc...... »
C'est en résignant ces charges qu'il accepta comme retraite pour sa vieillesse, et en même temps pour se trouver avec ses coréligionnaires, la place
de lieutenant-général à Bergerac.

là que la rivière de l'Isle pouvait former quelque petit *îlot*, puisque plus haut est le moulin de Saint-Front, le vieux-pont la vieille cité de Saint-Front, où le terrain était trop resserré pour permettre à la rivière de s'élargir, se diviser et former des îles.

(6) Hélie *André.* On rencontre ce nom en la notice généalogique de la maison de Bourdeille (*OEuvres de Brantôme*), au nombre des anciens sénéchaux du Périgord.

Il y avait aussi des André à Bergerac.

(7) Apparemment, les messieurs de Langlade La Rampinsolle.

(8) *Labrouhe.* Peut-être un ascendant de messieurs Labruhe ou Labrue d'Andrivaux.

(9) Le Père *Clément Dupuy.* N'y a-t-il pas quelque chose de plus que de l'homonymie entre ce provincial de la compagnie de Jésus, en 1591, et le Père Dupuy, auteur de l'*Estat de l'Eglise du Périgord,* missionnaire-recollet, envoyé à Bergerac, en 1622 (ou quelque peu après)? En d'autres termes, ces deux Pères n'ont-ils pas appartenu à la même famille ?....

(10) Le *pape attendu.* Ces termes nous apprennent que pour lors il y avait vacance au Saint-Siége.

(11) *Ni à autre effet, ce que Dieu ne permette ni ne souffre.* Je ne sais si je me trompe, mais pour moi il me semble qu'en ce temps d'antagonisme et de lutte, lorsque Bergerac, quelques années auparavant, venait d'ériger un collège protestant, sous la protection du roi de Navarre, des principaux officiers de sa suite et des notables habitants de la ville, l'érection et fondation d'un collège à Périgueux, tenu par la compagnie des Jésuites, doit être considérée comme une sorte *de représailles.*

A. DE L.

———✦———

## BRIVE-LA-GAILLARDE.

Cette épithète de Gaillarde, qui paraît pour la première fois en latin, et que l'on a traduite par les mots de *Gaillarde* et *Gaillards*, qui, d'abord, dans la langue française, n'étaient employés que pour la *fierté*, la *vigueur*, *l'agitation passionnée*, (1) n'a certainement pas été appliquée à Brive, dans l'origine, avec le sens qu'elle a aujourd'hui, c'est-à-dire, pour retracer, comme on le croit généralement, et à tort, la beauté du site de cette ville qui, du reste, n'offre rien d'extraordinaire, quoiqu'il soit agréable, et le caractère jovial, l'esprit et les dispositions folâtres des habitants de Brive. Que l'on juge, en effet, par l'aperçu sommaire et suivant, et en se reportant à l'époque où le surnom de *Gaillarde* a été donné à Brive, si, alors, cette ville et son territoire pouvaient être le séjour des jeux et des ris, une sorte de pays de cocagne où l'on ne s'occupait que de fêtes, de repas et de plaisirs !

Brive, s'appuyant sur des traditions et des titres, bien ou mal fondés, question que je ne crois pas devoir examiner ici, affecta de soutenir, envers et contre tous,

———

(1) Le Paulmy d'Argenson. *Mélanges d'une grande Bibliothèque.* — Vossius. — Scaliger.

depuis le premier établissement du régime féodal, que cet adage célèbre de notre ancien droit public : *Nulle terre sans Seigneur*, était faussé, du moins en ce qui la concernait. Constitué depuis une époque immémoriale, il est vrai, avec ses consuls électifs et ses libertés municipales, elle prétendait n'avoir d'autre seigneur particulier qu'elle-même, et ne relever uniquement que du roi dont la juridiction, sur cette ville, était même plutôt politique que féodale. Les consuls levaient et armaient des milices, faisaient la guerre et des traités de paix et d'alliance, imposaient des taxes, disposaient des biens communaux et rendaient la justice ; la police et la voirie leur appartenaient souverainement, et ils ont même exercé, pendant six siècles, un droit énorme et unique en France ; les officiers et les administrateurs royaux étaient, en ce qui concernait leurs fonctions, justiciables des consuls (1). Il faut joindre à ces immunités et franchises, réellement exorbitantes du corps municipal de Brive, l'exemption pour la ville des *Aides et Gabelles* (contributions indirectes). L'autorité royale, de plus en plus affermie par l'énergique administration de Richelieu, continua, sous Louis XIV, à récupérer ses prérogatives. Le ressort du présidial (*tribunal*) de Brive qui, dans l'origine, et pendant longtemps, avait eu une étendue exagérée (2) fut encore resserré, les consuls perdirent leur juridiction sur les officiers royaux et d'autres priviléges importants, et on leur retira la police et la voirie, en leur offrant cependant de les leur rendre, s'ils voulaient *purger la finance de ces charges* ; ils préférèrent y renoncer plutôt que de reconnaitre, en les achetant, qu'elles ne leur appartenaient pas naturellement.

Mais long-temps avant Louis XIV, et dès l'origine de la féodalité, les vicomtes de Turenne, les comtes de Périgord, les barons de Malemort, de Comborn, d'Hautefort, etc., qui ne comprenaient rien aux prétentions et à l'attitude quasi-républicaines de Brive, croyaient tous avoir des droits de *Seigneuriage* direct sur cette ville ou sur diverses portions de son territoire. Quelquefois, ligués ensemble ou séparément, ils essayaient de lui imposer leur joug et surtout les redevances de la féodalité. De là, de longs et terribles démêlés ; de là aussi, force incendies, pillages, dévastations qui, pendant de malheureuses périodes, dont les retours trop fréquents s'étendent sur une sé-

(1) Leymonerie. *Histoire de Brive et de ses environs.*
(2) Duchêsne. *Antiquité des villes de France.*

rie de sept à huit siècles, transformaient de fertiles campagnes en désert et en amas de ruines, sans compter d'innombrables coups de lance et de hache d'armes qui, de part et d'autre, ouvraient des poitrines et cassaient des têtes, le tout pour la plus grande gloire d'une corporation de bourgeois opiniâtres et vaniteux, ou de grands et petis barons, hautains et déprédateurs. Les vicomtes de Turenne et les barons de Malemort ne cessèrent d'être les ennemis les plus acharnés de Brive ; mais la résistance ne cessa d'être aussi rude et aussi sanglante que leurs attaques. La ville, toujours animée d'une haine implacable et furieuse contre ces deux dangereux voisins, non-seulement les combattait, mais encore leur cherchait et leur suscitait des ennemis qu'elle soutenait de ses armes et de son argent. Les anciennes chroniques du pays sont remplies des récits de ces déplorables désordres, et l'on peut en voir les divers incidents dans l'*Histoire de Brive*, par Leymonerie, mais ils sont beaucoup mieux résumés et présentés par M. Marvaud, dans son *Histoire du Bas-Limousin.*

Brive sortit souvent avec succès de ces terribles luttes, mais quelquefois aussi aux prix de transactions et de traités fort onéreux, dont elle ne tenait aucun compte, il est vrai, lorsqu'il survenait une bonne occasion de les rompre. Elle faillit cependant, par deux fois, être anéantie dans le cours de ses longues querelles contre les barons du Limousin et du Périgord. Ce fut la première fois le 2 mars 1184 ; à cette époque, Raymond II, vicomte de Turenne, avait tout combiné pour surprendre cette ville et pour s'en emparer, mais il échoua dans cette entreprise, grâce au courage et au dévouement héroïque d'un généreux citoyen dont l'histoire a conservé et honoré le nom : il s'appelait *Delgal*, et s'était déjà distingué dans les croisades et sous les bannières de Louis VII, roi de France. La ville de Brive fut exposée quatre siècles après, pour la seconde fois, à un danger semblable. MM. de Rastignac, de Saint-Chamant, de Gimel et de Vieille-bouche avaient rallié leurs forces à celles d'un capitaine nommé De Loin, qui était l'un des lieutenants du vicomte de Turenne. Ils se rassemblent dans un château près de Terrasson, et, après avoir bien concerté dans le plus grand secret leur plan d'attaque, ils arrivent devant Brive, dans la nuit du 22 novembre 1589 ; ils surprennent les postes avancés, font sauter la porte dite de Corrèze avec un pétard ; et la ville allait être envahie et mise à sac, à feu et à sang, mais les guetteurs, réveillés par l'explosion du pétard, ont

le temps de baisser la herse et de repousser le premier
élan des assaillants, tandis que l'un deux sonne la
cloche d'alarme. A ce signal, les magistrats, les citoyens, et jusqu'à des femmes et des enfants, accourent
en foule sur les remparts qui sont bientôt éclairés, et
comme en plein jour, par une multitude de torches et
de brandons. A la lueur de cette illumination soudaine, les consuls et les milices sortent de la ville, attaquent résolument les assaillants qui, malgré une
résistance désespérée, sont dispersés et en partie massacrés. Ils étaient tous protestants, et quoique Brive
se fut empressée de reconnaître Henri IV, elle n'avait
jamais toléré, ni dans ses murs, ni dans le ressort de
son territoire, l'exercice du culte calviniste. Cette détermination n'avait pas contribué à adoucir les ressen-
timents du vicomte de Turenne, qui était un protestant fanatique. La ville de Brive a célébré, chaque année, pendant deux siècles, le 22 novembre, une fête
religieuse et commémorative de sa délivrance en
1589.

Cet événement fut une de ses dernières crises belliqueuses; les progrès toujours croissants de l'autorité
royale comprimèrent la violence de sa lutte contre les
vicomtes de Turenne. Ce procès, qui, pendant sept ou
huit siècles, avait été débattu sur les champs de bataille et les armes à la main, tomba dans le sac de pro_
cédures des procureurs, et, à partir de cette dernière
époque, il dura encore cent soixante-dix ans. Il fut
enfin jugé en 1772, mais contre la ville et en faveur
du duc de Noailles, que des arrangements de famille
et des concessions de la couronne avaient substitués
aux droits, bien ou mal fondés, des vicomtes de Turenne, des barons de Malemort et des comtes de Périgord. M. Treilhard, natif de Brive, et qui a acquis
quelque célébrité comme jurisconsulte et comme
homme politique, défendit sa ville natale dans ce
procès; il publia en 1770, à cette occasion, deux
*factums* ou mémoires très-remarquables, et qui renferment des matériaux précieux pour l'histoire.

L'on comprendra donc facilement, d'après cet exposé rapide, mais exact, que l'épithète de *Gaillarde*
donnée à Brive dans le latin des chroniqueurs du
moyen-âge, n'indique pas une ville aux habitudes joviales et folâtres. Il aurait fallu trop de philosophie
pour être constamment disposé à rire au milieu des
guerres, des dévastations et des carnages qui, pendant
sept ou huit cents ans, furent l'occupation et les fléaux
des habitants de Brive. Les agréments du site ont-ils
pu, au moyen-âge, justifier, dans le sens actuel, le



surnom de *Gaillarde* que l'on commence, à cette époque, à employer pour désigner la ville de Brive? Non,
sans doute, et il nous suffira, pour appuyer notre opinion, de recourir à quelques anciens documents statistiques qui nous donneront une idée de ce site prétendu enchanteur, et qui s'offraient encore, en 1723,
sur plusieurs points, tant à l'intérieur qu'à l'extérieur,
avec son aspect primitif.

Que l'on se représente ce qu'était le vallon de la Corrèze où s'élève Brive, et qui aujourd'hui est si bien cultivé
et orné de maisons élégantes, de riches plantations et
de jardins; il n'a été, pendant bien long-temps, qu'un
marécage insalubre, du moins en très-grande partie.
C'est au milieu de flaques d'eaux croupissantes, de
jonquailles et de garennes de châtaigniers, que l'on
rencontrait une petite ville très-fortifiée, mais aux rues
étroites, obscures et fangeuses, et qui déjà et depuis
long-temps avait, au treizième siècle, et d'après d'anciens recensements, plus de huit cents feux, *intrà mu-
ros*. On pourrait, sans trop se hasarder peut-être, inférer de cette masse considérable d'habitations, que la
lutte obstinée et souvent heureuse que Brive soutenait contre le régime féodal, attirait et concentrait
dans ses murs le commerce, l'industrie et les capitaux qui, sous cette égide, se dérobaient aux exactions
et aux caprices fiscaux des barons du Limousin et du
Périgord. On peut croire aussi que la ville retirait de
ces sortes d'auxiliaires, et en retour de l'hospitalité
qu'elle leur accordait, des ressources importantes et
qui l'aidaient à se défendre. Mais cette énorme agglomération, sur un espace très-exigu, de maisons et
d'habitants, devait être fort insalubre, car, jusqu'en
1723, époque des premiers embellissements et assai-
nissements, la ville fut entourée d'un large fossé rempli d'une eau et d'une boue infectes, de remparts et de
tours qui interceptaient la circulation de l'air.

Si, autant que les documents et les traditions historiques peuvent le permettre, nous coordonnons les
annales de Brive, à travers une période de huit ou
neuf siècles, et jusqu'au règne de Louis XIII, roi de
France, nous verrons que, terme moyen, il s'est rarement écoulé un intervalle de trente ans, sans que
cette ville et son territoire n'aient été ravagés par des
guerres, des pestes ou des famines horribles. Toujours
en alerte, toujours sur le qui-vive contre des voisins
puissants et sans pitié, cette malheureuse ville et sa
banlieue ne déposaient les armes, ne commençaient à
se refaire d'exactions désastreuses qu'elles ne pouvaient
pas toujours éviter, que pour subir les fléaux de la

contagion ou de la famine. Cette situation si prolongée, et presque habituelle, ne pouvait, il me semble,
inspirer à la population dont elle était le partage cette
gaîté vive et insouciante qui est aujourd'hui le sens
du surnom de *Gaillarde*, déjà donné, à ces époques
calamiteuses, à la ville de Brive. Il est permis de
croire, au contraire, que les habitants de ce pays,
toujours engagés, pour défendre leur liberté, dans
des luttes terribles et sanglantes, étaient fort peu
plaisants, qu'ils n'avaient que des occasions très-rares
de rire, et que leurs mœurs et leurs habitudes étaient
plutôt sombres et féroces que confiantes et joviales.
Il vaut donc mieux chercher la valeur de cette épithète de *Gaillarde* dans le sens naturel et positif, et
telle que l'ont établie les savants étymologistes cités
plus haut. Ce mot dérive, évidemment, de *Gallia ardens, Galli ardentes*, Gaule ou France, Gaulois ou Français, ardents, turbulents, séditieux ; désignations qui
conviennent parfaitement aux luttes acharnées et persévérantes dont la ville et le territoire de Brive furent
le théâtre, et que leur population soutint, pendant huit
siècles, contre les barons du Limousin et du Périgord.
Observons, en outre, que les chroniqueurs et les moines
qui nous ont conservé les fastes du pays, ont écrit en
latin, langue qui, au moyen-âge, comme actuellement
encore, employait et emploie bien rarement les mots
*Francia* et *Franci*, pour désigner la *France* et les *Français* ;
elle conservait et conserve toujours les anciennes dé-
nominations de *Gallia* et de *Galli*. Du reste, Jules
César avait déjà désigné, en général, la Gaule et les
Gaulois par les mêmes épithètes, *ardents et ardentes*.

Mais ne serait-il pas possible que les chroniqueurs
du moyen-âge, en donnant ce surnom aux habitants
de la ville et du territoire de Brive, aient été dirigés
par d'anciennes traditions de l'esprit de révolte et de
sédition qui, même au temps de la domination romaine,
était déjà habituel à cette petite peuplade gauloise ?
Plusieurs motifs et inductions historiques rendent cette
supposition très-probable, et nous les exposerons, en
leur lieu, et dans le cours de ce mémoire.

Le pont (*Briva*) dont la ville de Brive tire son nom
et peut-être son origine, était la clef et la plus importante ouverture de l'ancienne voie romaine de
Tintiniac à Vésone, remplacée aujourd'hui par la route
n° 89, de Lyon à Bordeaux. Nous remarquerons, d'a-
près les vestiges qui subsistent encore en diverses localités, que les ponts gaulois, monuments si rares et si
nombreux dans l'ancienne Gaule, étaient en général
construits en bois, et dans les endroits où le lit de la

rivière se trouvait divisé dans sa largeur, et par des
îles, en deux ou plusieurs portions. Tel était, dans le
principe, celui de Brive. On présume, selon quelques
indices qui n'existent plus, mais qui ont été conservés
par l'histoire, qu'il avait au moins dix-huit arches,
construction bien grandiose pour un temps d'ignorance
et de barbarie. Il fut, après beaucoup d'autres changements et réparations, entièrement rebâti en 1488.
L'on s'avisa, alors, de rétrécir et de consolider les
abords de la rivière au moyen d'une chaussée, travail
qui fut achevé et bien perfectionné en 1734, par l'abbé
Dubois, frère du célèbre cardinal de ce nom, et directeur général des ponts et chaussées ; mais les réparations entreprises en 1488 nous fournissent un exemple touchant du patriotisme des anciens habitants de
Brive. La veuve d'un riche cordonnier fit à la ville,
pour aider à cette utile dépense, le don volontaire et
gratuit de dix mille francs qui en représente environ
cinquante mille au cours actuel de la monnaie, l'argent étant, en 1488, à onze francs le marc (1). MM.
les consuls de Brive reçurent et employèrent à sa
destination cette riche offrande, mais ils négligèrent
de consigner sur leurs registres le nom de la généreuse citoyenne dont elle provenait ; il est resté inconnu. Leymonerie, l'historien ou le chroniqueur de
la ville, s'indigne avec raison de cette ingratitude. Tout
ce que l'on sait, c'est que la donatrice était veuve et
cordonnière, *vidua ac sutoria quædam*, selon le latin du
clerc de la ville de ce temps-là (2).

Les Romains, pendant leur domination, sillonnèrent
la Gaule de magnifiques voies ou routes ; ils embelli-
rent les villes de monuments utiles et somptueux, et
ils y créèrent une agriculture florissante. L'importance
du pont et de la station de Brive, comme point de
transit et d'entrepôt entre Tintiniac et Vésone, dut
s'accroître, mais appeler en même temps, comme
nous allons le voir, une surveillance incessante de la
part des Romains.

Les invasions des Barbares replacèrent la Gaule
dans une situation pire que celle où Jules César l'avait
trouvée ; tout fut détruit, monuments, industrie, agriculture et commerce, et cette déplorable décadence s'a-
méliorait bien lentement sous les règnes orageux des
Rois, successeurs de Clovis et de Charlemagne. Il pa-

(1) *Art de vérifier les dates depuis J.-C*, tom. 6, p. 125,
Edition de 1818.
(2) Notes recueillies par feu M. Serre, ancien maire de la
ville de Brive.

raît cependant que vers le douzième siècle, ou seulement peut-être au treizième, la charité héroïque, les nobles dévouements que le christianisme inspire, vinrent encore au secours de l'humanité. Quelques chroniques, entre autres celles du Vivarais et de la Bresse constatent la formation d'une pieuse association dite des *Frères Pontifes* (*fratres pontifices*), ou constructeurs de ponts, et qui s'était proposée comme œuvre méritoire et de salut, de construire ou de réparer les ponts, dans les lieux où ces moyens de communication étaient le plus nécessaires. Une tradition, qui a du moins quelque probabilité, sinon une certitude complète, nous porterait à considérer le pont Saint-Esprit, sur le Rhône, comme un des travaux de ces philanthropes chrétiens. Observons, du reste, que ce n'aurait pas été la première fois que des idées religieuses se seraient rattachées à la construction et à l'entretien des ponts. Varron et Denys d'Halycarnasse affirment qu'on doit y reconnaître l'étymologie du mot *Pontifex*, *Pontife*, titre que portait à Rome, encore païenne, le chef suprême des prêtres et de la religion (1). Il constituait une des plus éminentes dignités de la République et ensuite de l'empire, car Auguste et ses successeurs se réservèrent exclusivement le grand Pontificat.

G. DE MERLHIAC.

## MONTAIGNE ET LES ESSAIS.

ÉTUDE PHILOSOPHIQUE ET LITTÉRAIRE.

*(Suite.)*

Enfin, pour conclure, car Montaigne conclut ici, ce qu'il ne fait pas ailleurs, et ce qui est d'autant plus remarquable ; pour conclure cette remarquable démonstration de l'imbécillité de la raison humaine abandonnée à elle-même, et de la nécessité d'une révélation, Montaigne cite cette parole de Sénèque : — « O la vile chose et abjecte que l'homme, s'il ne s'élève au-dessus de l'humanité ! » — Et il ajoute : — « Voilà un bon mot et un utile désir, mais pareillement absurde : car de faire la poignée plus grande que le poing, la brassée plus grande que le bras, et d'espérer enjamber plus que de l'étendue de nos jambes, cela est impossible et monstrueux, et l'est encore que l'homme se monte au-dessus de soi et de l'humanité,

car il ne peut voir que de ses yeux, ni saisir que de ses prinses : il s'élèvera si Dieu lui prête extraordinairement la main ; il s'élèvera, abandonnant et renonçant à ses propres moyens, et se laissant pousser et soulever par les moyens purement célestes. C'est à notre foi chrétienne, non à sa vertu stoïque, de prétendre à cette divine et miraculeuse métamorphose. » — Que disiez-vous donc, ingénieux commentateurs des *Essais?* Que ce chapitre était long et curieux? c'est étonnant qu'il faut dire et admirable; mais il vous déroutait de votre système préconçu de scepticisme et de moquerie, où, bon gré, malgré, vous vouliez enfermer Montaigne; il vous échappe ici, pour s'envoler d'un large et plein vol, dans une région ou vos yeux malades ne peuvent le suivre, et vous avouez que le philosophe est ici capricieux et incompréhensible. C'est que nulle part Montaigne n'a rien écrit de plus sensé, de plus ferme, de plus élevé; nulle part il ne se montre aussi chrétien, aussi instruit des preuves de sa foi; nulle part enfin il ne se montre plus dégagé des souillures de la renaissance qui tachent trop souvent ailleurs son beau génie.

Le voilà tel qu'il aurait dû toujours être, et tel qu'il aurait été, laissez-nous le croire, si l'étude trop assidue et exclusive, l'admiration trop emportée de l'antiquité classique n'avait faussé quelquefois son jugement et embarrassé son imagination. Nous n'aurions plus besoin alors de précautions pour l'étudier, non plus que de restrictions pour l'admirer.

Nous ne sommes pourtant pas au bout des pensées saines et judicieuses de cet étonnant esprit. — Il parle de la gloire, et il explique d'une haute et large manière comment la gloire convient à Dieu et non à l'homme. Écoutons encore la leçon de cette philosophie chrétienne qui annonce Leibnitz : « Dieu, qui est en soi toute plénitude et le comble de toute perfection, il ne peut s'augmenter et accroître au-dedans; mais son nom se peut augmenter et accroître par la bénédiction et louange que nous donnons à ses ouvrages extérieurs... Et il n'est rien si éloigné de raison que de nous en mettre en quête pour nous, car, étant indigents et nécessiteux au-dedans, notre essence étant imparfaite, et ayant continuellement besoin d'amélioration, c'est là à quoi nous devons travailler; nous sommes tout creux et vides; ce n'est pas de vent et de voix que nous avons à nous remplir, il nous faut de la substance plus solide à nous réparer (1). » Envisageant ainsi la gloire et

---

(1) Varro, de Ling. latin. lib. v., § 83. — Denys d'Halycarnasse, liv. 2.

(1) Liv. II, chap. 16.

la jugeant avec cette froide et solennelle raison, il sait
être sévère pour les agitations que se donnent les passions humaines, avides de ce *vent* et de cette *voix*.
« Pour trois ans de cette vie fantastique et imaginaire,
dit-il, allons-nous perdant notre vraie vie et essentielle,
et nous engager à une mort perpétuelle ! « Voilà qui est
grave et religieux. Aussi, la gloire n'est pour lui qu'une
chimère ; il peut bien la considérer comme une matière à philosopher, mais non comme un bien véritable à posséder. Que lui importe d'étendre son nom
et de tromper pour quelques jours la mort qui nous
détruit sans cesse ? Il estime que la véritable vie est
en nous. « Moi, dit-il, je tiens que je ne suis que chez
moi. » Mot profond, mot philosophique et bien appliqué. Mais voyez comme Montaigne a peu de suite, et
comme il se laisse emporter à l'impulsion du moment,
et comme il lui en coûte peu de donner un démenti à ses
plus beaux mots ! Tournez la page et vous le surpren-
drez à admirer les superbes capitaines et les sages fameux de l'antiquité.

Nous ne pouvons relever toutes les saillies heureuses
que Montaigne laisse échapper comme des traits de lumière ; les mots vifs où il concentre, tantôt son bon
sens, tantôt sa malice ; l'un et l'autre souvent. Rapidement cueillons-en quelques-uns : « Il me semble que
la mère nourrice des plus fausses opinions, et publiques
et particulières, c'est la trop bonne opinion que l'homme
a de soi (1). » C'est simple, vrai, sans emphase, non sans
précision. Voici qui est plus plaisant et non moins
judicieux : « Je sais un poète à qui, fort et faible, en
foule et en chambre, et le ciel et la terre crient qu'il
n'y entend guère ; il n'en rabat pour cela rien de la
mesure à quoi il s'est taillé ; toujours recommence,
toujours reconsulte et toujours persiste, d'autant plus
fort en son avis, et plus roide, qu'il tâche à lui seul
de le maintenir (2). » C'est la nature, notre petite et
ridicule nature prise sur le fait. Nous connaissons cet
homme poète et homme de lettres, nous l'avons rencontré certainement, et la verve railleuse de Montaigne
ne l'a pas corrigé. Maintenant, c'est un retour mélancolique sur la vie qui s'enfuit : « Ce que je serai doré-
navant, ce ne sera plus qu'un demi-être, ce ne sera plus
moi ; je m'échappe tous les jours et me dérobe à moi (3). »
Parlant ailleurs de la maladie qui devait lui donner la
mort et qui lui faisait sentir ses premières atteintes,

(1) Liv. II, chap. 17.
(2) Liv. II, chap. 17
(3) Liv. II, chap. 19.

il dit pieusement avec une intelligence profonde des
desseins de Dieu sur sa créature : « J'avais déjà gagné
cela, de ne tenir à la vie que par la vie seulement ; elle
dénouera encore cette intelligence (1). » Dans le chapitre XVII, où il dit tant et de si excellentes choses, il
s'examine, il se considère, il se juge en détail : « Chacun regarde devant soi ; moi, je regarde au-dedans de
moi ; je n'ai affaire qu'à moi, je me considère sans
cesse, je me contrôle, je me goûte. » Sagacité d'observation, finesse d'intelligence pour démêler les plus
subtils mouvements de la pensée, les plus délicates
ruses des passions, les plus imperceptibles nuances de
caractère : c'est un modèle d'analyse psychologique et
de discussion avec soi-même ; mais cet examen intérieur tout spéculatif, et qui se passe en spectacle, est-il
bien tout ce qu'il faut exiger de l'activité de l'âme re-
pliée sur soi-même ; et ne doit-on pas s'élever plus haut
par la contemplation du type divin de toute perfection, ne doit-on pas la faire sortir de soi-même pour
l'appliquer aux œuvres de vertu ? Est-il toujours bien
vrai, notre songeur, et son œil intérieur n'est-il pas
quelquefois enténébré de ce subtil amour-propre qui se
dégage toujours du fond de notre âme ? Quoi qu'il en
soit, il est toujours sincère et ne se flatte pas. Quoi qu'il
en soit, cet esprit, contourné en soi-même, était bien
habitué à la réflexion ; il connaissait bien tous les replis de son âme, pour en parler si finement, longuement, itérativement et complaisamment. Nous avons
peu d'hommes ainsi habitués à réfléchir et à s'entre-
regarder au-dedans de leur âme ; sans cela, pourtant,
ni véritable perfection chrétienne ni véritable philosophie.

Cet homme, qui se connaissait si bien, connaissait
bien son pays. Naturellement observateur, il allait au
fond des événements, comme au fond de ses pensées.
« Le pis que je treuve en notre état, c'est l'instabilité ;
et que nos lois non plus que nos vêtements ne peuvent
prendre aucune forme arrêtée. » Voilà bien notre mal,
en effet, mal devenu chronique et maintenant incurable, car personne ne veut du remède. Tout est à la
mode, chez nous, et les constitutions s'usent aussi vite,
plus vite même que la forme des habits. Hélas ! vous
avez beau faire, songeur original et profond, nous
avouons notre mal, mais nous n'en voulons pas guérir.
L'Église est là toute prête au dévoûment et à l'apostolat ;
elle nous offre de communiquer à nos institutions la stabilité de son immortelle sagesse ; de consacrer d'un ca-

(1) Liv. II, chap. 37.

ractère divin, de vénération et d'inviolabilité, le droit et le pouvoir, les lois et les gouvernements ; de modérer le pouvoir qui incline vers la tyrannie, l'obéissance qui tombe dans la servilité ou se redresse vers la révolte. Mais nous n'en voulons pas ; nous sommes trop sages pour avoir besoin des lumières divines, trop grands pour nous courber au joug de la vérité : *nolumus nunc regnare super nos.* C'est ainsi que le souffle de la réforme a atteint le vieil esprit français, l'esprit de tradition monarchique et chevaleresque, pour mettre à sa place l'instabilité des constitutions faites de main d'homme, l'amour effréné du changement et de la nouveauté qui se traduit en révolutions périodiques.

Montaigne trace ensuite finement, à sa manière, un profil du caractère français, autrefois si généreux et chevaleresque, et maintenant aventureux et versatile, gâté par les deux funestes influences du XVIᵉ siècle, la réforme et la renaissance ; ce n'est pas trop de ces deux causes pour porter la responsabilité de si grands dégâts. « Indiscrète nation ! dit-il, nous ne nous contentons pas de faire savoir nos vices et folies au monde, par réputation ; nous allons aux nations étrangères pour les leur faire voir en présence ! Mettez trois François aux déserts de Lybie, ils ne seront pas un mois ensemble sans se harceler et égratigner ; vous diriez que cette périgrination est une partie dressée pour donner aux étrangers le plaisir de nos tragédies, et le plus souvent à tels qui s'éjouissent de nos maux et qui s'en mocquent (1). » Nous nous proclamons assez volontiers le premier peuple du monde, et nous enflons la voix pour être entendus aux quatre coins de l'univers, mais, entre nous, nous devrions être plus modestes ; et dans l'outrecuidance quelque peu risible de nos prétentions, voilà de quoi rabattre les fumées de notre orgueil national. Querelleur et indocile, le Français du XVIᵉ siècle n'a fait qu'empirer jusqu'à nos jours. Mais comme chaque peuple a sa mission sur la terre, et, comme la mission de la France dans la famille des nations chrétiennes est d'*initier*, par la vivacité de son génie, et les charmes de son esprit civilisateur et de son amabilité sociale ; d'autre part, comme depuis trois siècles elle n'a guère initié les peuples de l'Europe, ses frères baptisés et ses imitateurs, qu'à des idées fausses et dangereuses dans tout le domaine de l'intelligence et de l'activité humaines, elle porte maintenant la responsabilité de trois siècles d'erreurs répandues sur le monde ; elle porte la peine de tous les crimes qui ont

(1) Liv. II, chap. 27.

outragé l'Église, lésé la conscience chrétienne, brisé l'unité catholique, depuis le soufflet de Philippe-le-Bel sur la face vénérable de la papauté, jusqu'aux attentats contemporains des révolutionnaires.

Mais c'est peut-être donner des développements trop solennels à une boutade philosophique : nous aimons mieux rechercher avec Montaigne une des causes de ce mal qui a si profondément troublé l'économie de la famille des nations chrétiennes : « Je retombe volontiers, dit-il au chapitre XVII, sur le discours de l'ineptie de notre institution : elle a eu pour sa fin de nous faire non bons et sages, mais savants ; et elle y arrive (il serait moins affirmatif, sans doute, s'il vivait de notre temps) ; elle nous a choisi pour notre apprentissage, non les livres qui ont les opinions plus saines et plus vraies, mais ceux qui parlent le meilleur grec et latin ; et parmi ces beaux mots, nous a fait couler en la fantasie, les plus vaines humeurs de l'antiquité. » Ce n'est pas nous qui le disons, c'est Montaigne ; et Montaigne en avait le droit peut-être, et l'on peut le croire sur parole, car il avait reçu dans toute sa plénitude *cette institution* qu'il juge avec tant d'indépendance et de justesse ; il aimait ses auteurs latins et grecs avec une ferveur d'humaniste et un enthousiasme de lettré, dignes d'Érasme ou de Castalion, et il savait quels dégâts fait dans les esprits le paganisme élégant et poli.

Il a vu le mal, cet esprit sagace et pénétrant, et il le signale, quoiqu'il soit obligé de dire avec son poète : *Quorum pars magna fui.* Que lui importent les contradictions lorsqu'il a une vérité à dire ; que lui font les démentis qu'il se donne dans ses jours de jugement sain et rassis ? *Ces vaines humeurs de l'antiquité* ont coulé dans le sang de la société chrétienne, si bien enseignée jusque-là, si bien ordonnée et régentée par l'Église. L'état d'anarchie, de combats de paroles et de luttes sanglantes, cet état qui arrachait à Montaigne des jugements si sévères et des invectives si indignées contre son siècle, est devenu comme l'état normal d'une société dont le tempérament chrétien lutte encore cependant contre les *humeurs* dissolvantes de l'orgueil et de la volupté. Montaigne, meilleur que son siècle, par quelques vertus, et par une constitution morale plus forte et vigoureuse, Montaigne était tout-à-fait de son temps par son admiration sans réserve et sa pratique assidue de l'antiquité. On peut donc le considérer ici comme l'organe de ce siècle, avouant son mal dans un de ces rares moments lucides que lui laissait la fièvre du paganisme, et nous lui pouvons adresser la parole de l'Évangile : *Ex ore tuo te judico serve nequam.*

Et comme pour nous fournir un exemple sur le vif de cette funeste influence, Montaigne va nous montrer comment son jugement se trouble lorsqu'il se trouve en face d'un philosophe lettré. A propos de *liberté de conscience*, qu'il n'entend pas, du reste, comme nos philosophes et nos politiques, il parle de Julien l'Apostat pour le venger des flétrissures de la postérité chrétienne, et pour l'admirer : « C'était, à la vérité, dit-il, un très-grand homme et rare, comme celui qui avait son âme vivement teinte des discours de la philosophie, auxquels il faisait profession de régler toutes ses actions ; et de vrai il n'est aucune sorte de vertu, de quoi il n'ait laissé de très-notables exemples... » Philosophe et bel esprit, l'apostat, hypocrite persécuteur de la vérité, avait droit à l'indulgence, disons mieux, aux lâches complaisances des philosophes et des beaux esprits de la renaissance, tout occupés à trahir la vérité pour les rêveries antiques et à défigurer la poésie sous les vieilleries mythologiques. Pourquoi faut-il que Montaigne se confonde ici avec cette tourbe de sophistes, de rhéteurs et de lettrés, sans foi qu'en leur génie, sans respect que pour leur renommée, et dont il sait si bien se distinguer ailleurs, dont il se moque avec une verve si railleuse et un si cruel bon sens ?

Nous le trouvons empêtré dans les mêmes paradoxes et prévenu de la même excessive admiration pour l'antiquité, lorsqu'il nous dit, à propos de l'histoire de Sparte, de cette république de soldats féroces, sans loi qu'un farouche patriotisme, sans mœurs que la force du tempérament et le développement du corps, lorsqu'il dit que *l'histoire spartaine est toute miracle* (1); lorsqu'instruisant les femmes de son siècle par l'exemple *de trois bonnes femmes* (2) romaines, il leur montre le sublime du courage et de la vertu dans trois désespérées qui se donnent la mort avec leurs époux. Le suicide est un des crimes pour lesquels l'antiquité raisonneuse, ostentatrice et parleuse, a toujours eu le plus d'attrait, le plus d'admiration et le plus de louanges. Mais on gémit de voir un esprit comme celui de Montaigne se laisser prendre à ces sophismes, et piper par cette fausse grandeur qui n'est qu'un orgueil féroce poussant la lâcheté jusqu'au crime.

Nous l'aimons bien mieux lorsqu'il considère au-dedans de l'homme les ressorts cachés qui le font agir ; lorsque d'une main ferme, sans être trop dure, il anatomise le cœur humain jusqu'à ses moindres fibres pas-

(1) Liv. II, chap. 32.
(2) Liv. II, chap. 33.

sionnées. « Il semble à chacun, dit-il, que la maîtresse forme de l'humaine nature est en lui ; selon elle, il faut régler toutes les autres : les allures qui ne se rapportent aux siennes sont feintes et fausses. Quelle bestiale stupidité (1)! » Le mot est gros et l'explication peu courtoise ; mais que cela est bien vrai ! La pensée n'est pas neuve, sans doute, mais elle a un air grave d'axiome philosophique où Montaigne excelle quelquefois. Voici maintenant qui est plus délié, plus profond et plus honteux pour la nature humaine corrompue par le péché, mais non moins vrai : « Notre être est cimenté de qualités maladives ; car au milieu de la compassion, nous sentons au-dedans je ne sais quelle aigre douce pointe de volupté maligne à voir souffrir autrui, et les enfants la sentent (2). » On sait ce que La Fontaine a fait de cette dernière observation, de quel fin et gracieux hémistiche il a paré cette pensée. Du reste, on s'aperçoit à chaque pas que La Fontaine dérive de Montaigne, par ce courant gaulois qui prend sa source au moyen-âge, dans les fabliaux.

Montaigne a des mots frappants et pittoresques sur l'inconstance de l'homme et la mutabilité de la créature. « Je ne puis assurer mon objet, dit-il, en parlant de ses *Essais ;* il va trouble et chancelant, d'une ivresse naturelle : je le prends en ce point, comme il est en l'instant que je m'amuse à lui ; je ne peins pas l'être, je peins le passage (3). » Il fait des remarques très-justes sur la réputation, nul n'a mieux apprécié tout ce que la renommée enferme de vanité : « Tel a été miraculeux au monde, auquel sa femme et son valet n'ont rien vu seulement de remarquable ; peu d'hommes ont été admirés par leurs domestiques (4). » Les uns font honneur à Catinat de cette pensée, les autres à J.-J. Rousseau. Nous avons ainsi nombre de mots piquants, vrais, profonds, relevés d'un sel railleur plein de goût, que Montaigne a produit, et que d'autres ont mis en circulation... *tulit alter honores.* Que n'a-t-il pas dit de la grandeur, même pour l'admirer là où elle n'est pas, et où il n'y en a que le masque? Du moins, le mot suivant est vrai : « Le prix de l'âme ne consiste pas à aller haut, mais ordonnément ; sa grandeur ne s'exerce pas en la grandeur, c'est en la médiocrité (5). » Qu'il connaissait bien l'homme et qu'il l'avait bien étudié au-dedans de soi! Comme il le

(1) Liv. II, chap. 32.
(2) Liv. III, chap. 1.
(3) Liv. III, ch. 2.
(4) Liv. III, ch. 2.
(5) Liv. III, ch. 2.

juge sûrement, quoiqu'avec sévérité : « Nous appelons sagesse, la difficulté de nos humeurs, le dégoût des choses présentes ; mais, à la vérité, nous ne quittons pas tant les vices, comme nous les changeons, et, à mon opinion, en pis (1). » Il vieillit, le caustique penseur, son esprit s'inquiète et son corps se courbe ; il ne se trouve point changé, encore moins amélioré ; et sa philosophie arrive au même résultat que la piété chrétienne, de se trouver plus d'imperfections à mesure qu'on approche davantage du centre divin de toute perfection.

Pourtant, notre philosophe ne change pas son allure ; il ne veut point se rendre trop austère par trop de raison et de vérité. « S'il plaît à la doctrine de se mêler à nos devis, elle n'en sera point refusée, non magistrale, impérieuse et importune, comme de coutume, mais suffragante et docile elle-même ; nous n'y cherchons qu'à passer le temps : à l'heure d'être instruits et prêchés, nous l'irons trouver en son trône ; qu'elle se démette à nous pour ce coup, s'il lui plaît ; car tout utile et désirable qu'elle est, je présuppose qu'encore au besoin, nous en pourrions nous bien du tout passer, et faire notre effet sans elle (2). » Voilà encore ici le véritable sens des *Essais*, sans importance, sans ambition philosophique ; si la vérité se présente, Montaigne l'accueille et même lui fait bon visage, et même lui donne une belle et honorable place, mais il n'ira point la chercher et ne se donnera pas trop de peine pour la dégager des embarras du chemin. Toutefois, inclinant vers la fin de son livre, il a beau exciter son esprit et lui demander de vives saillies ; il a beau dire avec une grâce mélancolique pleine de charmes : « Qu'il verdisse, qu'il fleurisse, cependant, s'il peut, comme le gui sur un arbre mort (3). » Son esprit ne reverdit plus que par moments, comme les frondaisons étiolées que le soleil d'octobre fait éclore une seconde fois sur des rameaux épuisés ; il ne refleurit que comme la tête des vieillards. — *Florebit amygdalus* — de ces fleurs d'arrière-saison, sans parfums et sans postérité. Il jette, hélas ! ses dernières obscénités *sur des vers de Virgile*, mais bientôt après il retombe dans les graves préoccupations de la mort, il se hâte de nous faire connaître les derniers accès de passion de son âme effrayée, sentant que le temps lui échappe et que la nuit formidable de la tombe le touche de son crépuscule et va tout-à-l'heure l'envelopper.

(1) Liv. III, ch. 2.
(2) Liv. III, ch. 3.
(3) Liv. III, ch. 3.

On remarque cette préoccupation dans toute la fin du *livre troisième*. Qu'il parle de l'*Incommodité de la grandeur*, ou de *la vanité*, de *ménager sa volonté* ou de *l'expérience*, il se retourne sans cesse vers lui-même, il sent défaillir ses forces ; il disserte sur les derniers moments de Socrate, et cherche à se persuader que la mort n'est pas un mal. Il dit pourtant encore de bonnes paroles ; celle-ci entr'autres où il parle de l'autorité du prince : « Concevez l'homme accompagné d'omnipotence, vous l'abîmez : il faut qu'il vous demande, par aumône, de l'empêchement et de la résistance ; son être et son bien est en indigence (1). » Voilà une parole vraiment philosophique, et qui s'accorde avec la vérité révélée. L'homme en effet ne peut porter, en sa nature présente, un poids trop fort de puissance et de grandeurs, il perd la tête et devient fou lorsqu'il se sent le maître du monde ; les exemples n'en sont pas rares. C'est asseoir un faîte sublime sur un fondement ruineux qui est la nature humaine corrompue par le péché.

Au chapitre 8, il traite de *l'art de conférer*. C'est un art où il se plaisait, et qu'il entendait à merveille ; ses *Essais* en font foi, car ils ne sont qu'une longue confabulation où il se donne la réplique contre la vanité, la sottise, la suffisance, et quelquefois aussi contre la vérité. Il parle des discussions et en fait un tableau plein de grâce piquante et de vérité ; il est peu de bons esprits, en effet, qui fassent, ainsi qu'il le dit de lui-même : « Je festoie et caresse la vérité en quelque main que je la treuve, et m'y rends alaigrement, et lui tends mes armes vaincues, de loin que je la voie venir, et pourvu qu'on n'y procède point d'une trongne trop impérieusement magistrale, je prends plaisir à être reprins (2). » Est-ce bien vrai de lui ? On le peut croire si l'ont veut, il nous pardonnera peut-être d'en douter quelquefois. Mais tous n'ont pas comme lui ce nonchaloir philosophique où il laisse flotter sa pensée ; tous ne souffrent pas la contradiction avec ce demi-sourire patient et débonnaire, quelque peu sceptique et railleur, dont il écoute les discussions et regarde les luttes de parole. Du reste, il sait bien que le savoir n'est pas la science, que la science n'est pas l'esprit pratique, que l'esprit n'est pas le bon sens ; il sait mieux encore que les plus âpres discuteurs ne sont pas les plus convaincus, les plus beaux parleurs, les hommes les plus vertueux. « Il me semble, dit-il, de cette

(1) Liv. III, ch. 5.
(2) Chap. 8.

implication et entrelaceure du langage par où ils nous pressent qu'il en va comme des joueurs de passe-passe ; leur souplesse combat et force nos sens, mais elle n'ébranle aucunement notre créance : hors ce bastelage, ils ne font rien qui ne soit commun et vil ; pour être plus savants, ils n'en sont pas moins ineptes. » Enfin, il n'a pas pour la doctrine, pour la science une estime extraordinaire, surtout à cet âge de la vie où il sent le vide de bien des choses et le dégoût de bien des passions, même des passions de l'esprit. Il réduit ainsi la science à sa très-juste valeur : « C'est chose de qualité à peu près indifférente ; très-utile accessoire à une âme bien née, pernicieux à une autre âme et dommageable, ou plutôt, chose de très-précieux usage, qui ne se laisse pas posséder à vil prix ; en quelque main, c'est un sceptre ; en quelqu'autre, c'est une marote (1). »

Pensée vive et bien frappée ; saillie d'esprit qui vaut certains éclairs de génie ! Oui, le sceptre des intelligences se change bien souvent en la marotte de la folie. Hélas ! n'a-t-on pas vu de ces génies ennuyés de planer dans la sereine région de la vérité, descendre de ces hauteurs dans la boue des carrefours, et se faire les amuseurs publics de la populace pour obtenir de grossiers applaudissements ? Au reste, Michel ne se montre pas plus infatué de la liberté d'écrire que de la liberté de penser. « Il y devrait avoir, dit-il, quelque coërcition de loix contre les écrivains ineptes et inutiles (remarquez qu'il ne dit pas même les écrivains dangereux), comme il y a contre les vagabons et fainéants. On bannirait des mains de notre peuple, et moi, et cent autres. Ce n'est pas moquerie ! l'écrivaillerie semble être quelque symptôme d'un siècle débordé. Quand écrivimes-nous tant, que depuis que nous sommes en trouble (2) ? » Ceci est écrit pour nous ; prenons-y garde. La pensée est libre du frein, l'anarchie est partout dans le domaine des intelligences, où chacun se constitue la souveraineté la plus ridicule et la plus entêtée ; il n'est pas de si menu penseur qui ne se croie une mission de sauveur, d'initiateur ou de révélateur : laissez-le dire, laissez-le faire, il va révéler et appliquer au monde penchant vers sa ruine, le système qui doit le sauver.

Du reste, il y a de nombreuses analogies entre le xvi<sup>e</sup> siècle et le xix<sup>e</sup>. Au lendemain d'une épouvantable révolution, Luther alors, Voltaire hier, qui tous deux ont émancipé la pensée, l'un dans le domaine religieux, l'autre dans le domaine philosophique et politique ; au milieu des ruines et des dévastations, nous nous demandons comme Montaigne : Est-ce un monde qui finit ? est-ce un monde qui commence ? Seigneur, ces ossements arides épandus sur la surface du désert, ces ossements revivront-ils ? *Domine tu nôsti.* Vous seul le savez, Seigneur. Éclairez l'intelligence de ceux qui conduisent, courbez la volonté de ceux qui suivent.

Et comme corollaire, ou plutôt comme preuve de ces appréhensions de l'avenir, comme raison de ces regrets du passé, disons encore une fois avec la haute raison et la longue expérience de notre philosophe : « Rien ne presse un état que l'innovation ; le changement donne seul forme à l'injustice et à la tyrannie. Quand quelque pièce se demanche, on peut l'étayer ; on peut s'opposer à ce que l'altération et corruption naturelles à toutes choses ne nous éloignent trop de nos commencements et principes. Mais d'entreprendre de refondre une si grande masse, et de changer les fondements d'un si grand bâtiment, c'est à faire à ceux qui, pour décrasser, effacent, qui veulent amender les défauts particuliers par une confusion universelle, et garer les maladies par la mort (1). » Nous en sommes là. La révolution qui n'est que la réforme appliquée à l'ordre politique et social, a démoli l'ancienne France. Que de constitutions on a bâties de ces débris ! Que d'édifices on a essayé de ces ruines ! Ni les constitutions n'ont duré, ni les édifices ne sont demeurés. Sommes-nous condamnés à la révolution perpétuelle, et la France ne sera-t-elle plus qu'une immense toile de Pénélope, où le lendemain détruit ce qu'avait fait la veille ? *Domine, tu nôsti.*

Mais nous nous égarons peut-être ; il vaut mieux écouter les derniers devis de notre bonhomme. La vieillesse l'avertit de penser à la mort ; il y pense donc et il en parle, mais moins encore en chrétien qu'en philosophe. Il disserte et ne médite pas : ses forces qui faiblissent et les maladies qui l'assiégent, le temps qui se précipite et qui le pousse vers la tombe : tout cela est pour lui matière à raisonnements, à subtilités, à sophismes même. Ce n'est pas cette récollection calme, d'une tristesse sereine et pleine d'espoir, cette méditation du chrétien qui revient sur sa vie passée pour détester ses égarements et pleurer ses fautes ; et qui relève vers son Dieu un œil mouillé de larmes et plein d'espoir en la miséricorde de son juge. Quelquefois, sa pensée se jette en désespérée dans les ténèbres de la

(1) Chap. 8.
(2) Liv. III, chap. 9.

(1) Liv. III, chap. 9.

mort, comme ces poltrons qui brusquent le danger :
« Je me plonge, dit-il, la tête baissée stupidement dans
la mort, sans la considérer et reconnaître, comme dans
une profondeur muette et obscure qui m'engloutit d'un
saut, et accable en un instant d'un puissant sommeil,
plein d'insipidité et indolence (1). » Cependant, ce visage fardé de stoïcisme ne tient pas contre les formidables épouvantements de la mort; et de Socrate, devisant tranquillement de l'immortalité de l'âme avec ses
amis à mesure que le froid de la mort le gagne sur son
lit de parades, il passe bien vite au chrétien appelant
autour de son lit de souffrance les consolations de la
religion et les sacrements de l'Église, comme une semence d'immortalité qui germe dans la tombe et fleurit
dans le ciel. Le personnage de philosophe n'est qu'un
déguisement chez Montaigne; mais pourquoi donc le
prenait-il? Il a bien plus de bon sens et de charme
en sa forme naturelle et naïve. Pourquoi? Demandez à
ce siècle qui avait affublé tous les visages chrétiens
d'un masque grec ou romain. « Tout au commencement
de mes fièvres et des maladies qui m'atterrent, entier
encore et voisin de la santé, je me réconcilie à Dieu
par les derniers offices chrétiens; et m'en treuve plus
libre et déchargé, me semblant en avoir d'autant meilleure raison de la maladie (2). »

Voilà, certes, qui est raisonnable et tout-à-fait chrétien. Oui, sans doute, pour faire le bel-esprit et comme
exercice gymnastique de la pensée, on peut se mêler à
la tourbe des philosophes, philosophant, dogmatisant,
subtilisant, affirmant, niant, doutant, avec un pêle-mêle
inouï, et, comme il dit, un tintamarre pitoyable de contradictions et de folies. Mais quand viennent les heures
sérieuses de la vie et le moment plus grave de la
mort: « A quoi faire ces pointes élevées de la philosophie, sur lesquelles aucun être humain ne se peut ras-
seoir? et ces règles qui excèdent notre usage et notre
force? » Heureux l'homme qui sent alors au fond de
son cœur se réveiller la foi et les espérances éternelles
au souffle maternel de l'église!

Montaigne se veut passer une dernière fois en revue
avant que la mort ne lui fasse tomber la plume des mains:
il s'arrête avec complaisance sur son voyage de Rome,
il parle de cette ville fameuse avec le respect qu'inspirent ses grandeurs passées, et la vénération qu'elle imprime au cœur chrétien. « Cette même Rome que nous
voyons, mérite qu'on l'aime : confédérée de si long-

temps et par tant de titres, à notre couronne; seule
ville commune et universelle : le magistrat souverain
qui y commande est reconnu partout ailleurs ; c'est la
ville métropolitaine de toutes les nations chrétiennes ;
l'Espagnol et le Français, chacun y est chez soi; pour
être des princes de cet état, il ne faut qu'être de chrétienté, où qu'elle soit (1). » Ces paroles ont un grand
sens chrétien; et après cela on écoute volontiers Montaigne nous parler de la *ruine glorieuse et enflée* de cette
antique cité; ramasser des citations et ranger des antithèses pour exprimer son enthousiasme à l'endroit des
souvenirs classiques de la vieille Rome. Nous l'écoute-
rons même volontiers nous rapporter en son texte latin qui sent bien sa renaissance cicéronienne, la bulle
authentique de bourgeoisie romaine *qui lui fut octroyée
dernièrement qu'il y était, pompeuse en sceaux et lettres dorées*. Nous savons maintenant que Rome fut, pour notre
philosophe, autre chose qu'une cité ruinée, renfermant
de grandes ombres et de grands souvenirs : *Magni no-
minis umbra;* autre chose qu'un lieu commun d'antithèses, de citations et d'attendrissantes réflexions philosophiques.

Montaigne, avons-nous dit, se hâte vers la mort, et
toutes ses pensées s'y précipitent. Chemin faisant, il se
débarrasse de quelques pensées judicieuses, saines et
profondes qui lui travaillent l'esprit. Une dernière fois
encore il allume cette lanterne cynique de Diogène
pour visiter tous les recoins de son âme; il se raconte
en détail, anatomise la maladie et la douleur; il finit,
hélas ! en invoquant la médiocrité, la santé de l'âme et
du corps, une vieillesse honorée, sommeillant au doux
chant des muses, avec une strophe d'Horace. Dernier
retour du bel-esprit; reflet mourant de l'enthousiasme
du lettré. C'est une triste fin, sans doute, mais ce n'est
pas la fin finale; elle est bien différente dans sa vie
vécue que dans sa vie écrite, sur son lit de mort,
qu'au dernier chapitre de ses *Essais*. Recueillons cependant
dant quelques-unes de ses pensées dernières. — Il s'en
va : « Mon monde est failli, dit-il, ma forme expirée;
je suis tout du passé, et suis tenu de l'autoriser et d'y
conformer mon issue (2). » Arrivé là, pourtant, après
de si longues études sur soi-même, après de si fines et
si subtiles analyses de tout son être exposé et trop ouvertement étalé avec ses hontes et ses misères aux
yeux d'un public aussi difficile à intéresser qu'à édifier; voici qu'en se repliant une dernière fois sur lui-

<hr>

(1) Liv. III, chap. 9.
(2) Liv. III, chap. 9.



(1) Liv. III, chap. 9.
(2) Liv. III, chap. 10.

même, il ne sait plus où il en est de sa science auto-psychologique, de son socratique *gnôti seauton* : « Je n'ai vu montre et miracle au monde plus exprès que moi-même : on s'apprivoise à toute étrangeté par l'usage et le temps; mais plus je me hante et me connais, plus mes difformités m'étonnent, moins je m'entends en moi (1). » Tant l'homme est subtil à se dérober à ses propres investigations, tant il sait se piper soi-même, surtout lorsqu'on se regarde à la lueur vacillante de cette lampe fumeuse qu'on appelle philosophie, *dont l'admiration est le fondement; l'inquisition, le progrès; l'ignorance, le bout; car enfin il n'est rien si souple et erratique que notre entendement,* soutenu de ses propres forces et éclairé de ses pauvres lumières.

Telle est la fin de cette ardente inquisition de soi-même; telle la conclusion de cette anatomie outrée et sans vergogne que Montaigne opérait sur ses passions avec le vieux scalpel un peu rouillé de la philosophie antique; il arrive à dire comme le maître tant vanté : Tout ce que je sais de moi-même, c'est que je ne sais rien. C'est la conclusion banale et que connaissent tous les admirateurs superficiels du philosophe périgourdin. Mais il est une autre conclusion où s'arrête sa pensée avant sa plume, où se fixe son âme mieux que son esprit : cette conclusion, nous l'avons remarquée ailleurs comme une pensée juste, nous devons la mieux indiquer ici et la mettre en relief comme conclusion finale et résumée de ses études philosophiques : « A quoi faire nous en allons-nous gendarmant par ces efforts de la science? regardons à terre : les pauvres gens que nous y voyons espandus, la tête penchante après leur besogne, qui ne savent ni Aristote, ni Caton, ni exemples, ni préceptes; de ceux là tire nature tous les jours, des effets de constance et de patience, plus purs et plus roides que ne sont ceux que nous étudions si curieusement en l'école (2). » Vous voilà bien jugés par un des vôtres, philosophes théoriciens du beau, du bien et du vrai, élégants spéculateurs de l'honnêteté et de la vertu, qui tournez le dos à la pleine lumière de l'E-vangile, pour tâcher de découvrir, dans le crépuscule incertain de la raison humaine, quelques vérités dont vous ne saurez profiter; quelques principes que vous ne saurez ni embrasser ni pratiquer, s'il vous arrive de donner du pied contre leurs fondements inébranlables.

Nous ne laisserons pas, puisqu'il s'agit de mettre en relief la véritable conclusion philosophique des *Essais*,

de relever un beau passage de l'avant-dernier chapitre. Montaigne a souvent parlé des troubles, des guerres, des crimes, des déchirements politiques et religieux de son époque. Avec une admirable sagacité, il en a indiqué la source dans la prétendue réforme. Nous l'avons entendu, vif, éloquent, grave, mordant, toujours plein de raison et de sens, prendre à partie et flageller de son style incomparable les entreprises des prétendus réformateurs. Mais nulle part, peut-être, il ne se montre aussi poignant et aussi vrai, et en même temps aussi profondément ému que dans ce dernier passage : « Je doute souvent si entre tant de gens qui se mêlent de telle besogne (la réforme de l'Église et de l'État), nul s'est rencontré d'entendement si imbécille, à qui on ait en bon escient persuadé qu'il allait vers la réformation par la dernière des difformations; qu'il tirait vers son salut par les expresses causes que nous ayons de très-certaine damnation; que renversant la police, le magistrat et les lois en la tutelle desquelles Dieu l'a colloqué, démembrant sa mère et en donnant à ronger les pièces à ses anciens ennemis, remplissant de haine parricide les courages fraternels, appelant à son aide les diables et les furies, il pense apporter secours à la sacro-sainte douceur de la loi divine (1). » Et pour appuyer son raisonnement, que les réformes violentes sont pires que les abus qu'elles prétendent corriger, il vient de citer un mot de Platon, et il dit du chef de l'Académie cette parole qui peut redresser bien des traits exagérés d'un faux enthousiasme : « Lui qui, par la sincérité de sa conscience, mérita envers la faveur divine de pénétrer si avant en la chrétienne lumière au travers des ténèbres publiques du monde de son temps. » Ah! que n'a-t-il toujours ainsi parlé, avec cette haute et transcendente raison, qui n'est que le bon sens élevé à sa dernière puissance; que n'a-t-il toujours ainsi découvert et démasqué l'esprit nouveau de son siècle qui n'était que l'esprit renaissant de l'antique orgueil? Que n'a-t-il toujours ainsi compris et jugé l'antiquité qui n'était qu'une immense corruption parée des grâces du langage et de l'élégance du discours? nous n'aurions pas à regretter tant de chutes et de faiblesses, tant d'erreurs et de préjugés pour nous en tenir à ce qu'il nous est permis de nommer, dans un esprit si naturellement droit et si foncièrement chrétien.

Écoutons encore, avant qu'il se taise, quelques autres bonnes paroles. Au dernier chapitre où il parle de

----

(1) Liv. III, chap. 11.
(2) Liv. III, chap. 12.

(1) Liv. III, chap. 12.

*l'expérience*, il fait cette remarque sur la multiplicité des lois dans un État, et sur l'interminable série de discussions qu'entraîne la liberté de penser et de parler : « Ceux là se moquent qui pensent appetisser nos débats et les arrêter, en nous rappelant à l'expresse parole de la Bible ; d'autant que notre esprit ne treuve pas le champ moins spacieux à contrerôler le sens d'autrui qu'à représenter le sien, et comme s'il y avait moins d'animosité et d'âpreté à gloser qu'à inventer (1). » Et il ajoute incontinent, car ce qui précède n'est donné que comme preuve à l'appui de sa thèse : « Nous avons en France plus de lois que tout le reste du monde ensemble, et plus qu'il n'en faudrait à régler tous les mondes d'Épicure. Comme autrefois on souffrait des crimes, ainsi maintenant nous souffrons des lois. » Cette profonde remarque de Tacite que Montaigne croyait si bien appliquer à son siècle, devait être pour les siècles suivants une condamnation et pour le nôtre une épitaphe ; il juge les questions inutiles comme les lois multipliées, et pourtant, qui plus que lui a ému de futiles discussions et remué d'oiseuses paroles ? « En remuant les questions et les retaillant, on fait fructifier et foisonner le monde en incertitude et en querelles ; comme la terre se rend fertile, plus elle est émiée et profondément remuée. » Et cependant celui qui parle si gravement est un homme du siècle qui inaugura dans le monde la liberté de la pensée et de la parole, la liberté de discuter et d'écrire ; c'est un homme qui usa de cette liberté jusqu'à la licence, qui en abusa jusqu'à l'excès en ses moments de morgue philosophique et de verve païenne. Tant il est vrai que la vérité s'échappe toujours de la conscience, quoiqu'on la tienne captive sous les préjugés ou sous la tyrannie des passions.

Et Montaigne conclut avec sa finesse accoutumée : « Nous communiquons une question ; on nous en redonne une ruchée. » Oui, sans doute, le sage l'a dit avant Montaigne, le vrai sage, celui-là, inspiré de la divine sagesse : *Qui addit scientiam, addit et laborem.* Oui, cherchez, raisonnez, argumentez, discutez, esprits inquiets et remuants ; perscrutez les secrets de la nature et les mystères de la métaphysique ; lorsque vous serez arrivé au bout de vos forces, ou aux confins de la vérité, saurez-vous dire en vous humiliant devant l'inscrutable majesté de Dieu : *In multis sermonibus invenietur stultitia ?* — Ils le disent pourtant, mais non pour s'humilier et reconnaître l'imbécillité de la raison humaine, devant la souveraine et infaillible raison de Dieu ; ils le disent, mais par dépit de voir si stériles leurs élucubrations et si vains leurs labeurs ; ils le disent, mais avec un orgueil froissé des chutes qu'ils ont faites dans l'absurde et le ridicule, avec une insultante pitié pour cette pauvre raison humaine dont ils étaient si fiers et qui leur a manqué si souvent ; ils le disent enfin, mais par mépris pour l'homme qu'ils ravalent au-dessous de la brute après l'avoir voulu élever jusqu'à Dieu.

On arrive ainsi, après un long travail de la pensée, travail infructueux le plus souvent et vainement dépensé à agiter des problèmes insolubles, on arrive à se jouer des plus graves vérités et des plus sérieuses conséquences. On arrive aussi, et c'est le point commun où se réunissent tous les beaux-esprits, à mépriser l'homme et la pensée, la science et la philosophie. C'est à ce mépris universel qu'on arrive lorsque l'âme ne nous a pas révélé ses grandeurs mystiques à la lumière de la foi, lorsque l'esprit humain s'est attaqué avec une folle audace à toutes les questions et à tous les mystères, lorsque la pensée s'est épuisée à parcourir le désert sans voie et sans eau, *invia et inaquosa,* de sa chimérique souveraineté, lorsque la science éperdue a vainement tenté de comprendre avec ses propres lumières le monde moral qui se dérobe sous le monde physique avec ses insondables mystères, enfin, lorsque la philosophie, voulant se créer un domaine indépendant de la révélation, se met à l'école des faux sages de l'antiquité pour apprendre à construire une morale sans préceptes, une religion sans mystères, une société sans bases, un apostolat sans mission et sans autorité. Mais après avoir parcouru tout le vide, tout le néant de ces travaux et de ces systèmes, *per domos vacuas et inania regna,* on peut revenir à la vérité, lorsqu'on a assez de force pour revenir, assez de rectitude pour s'apercevoir qu'on a fait fausse route, assez d'humilité pour l'avouer ; on revient comme Montaigne à la fin de ses *Essais,* avec un dernier halètement de fatigue et un soupir de satisfaction : « Oh ! que c'est un doux et mol chevet et sain que l'ignorance et l'incuriosité à reposer une tête bien faite (1) ! »

Pourquoi donc alors ces trois livres de questions et d'inquisitions, pourquoi cette étude outrée et minutieuse de soi-même, et cette discussion philosophique des vérités morales, des paradoxes classiques et des antiques erreurs ? Pourquoi même ces excellentes pensées et ses fines remarques, pourquoi ces jugements

<hr>

(1) Liv. III, chap. 13.

(1) Liv. III, chap. 13.

droits et ces éloquentes condamnations des vieux préjugés et des sophismes nouveaux? *Quid habet amplius
homo de universo labore suo quo laborat sub sole?* L'ignorance et l'incuriosité. Mais prenez-garde, c'est l'ignorance avant la science, l'incuriosité avant les stériles
agitations de l'esprit ; c'est l'ignorance dans la droiture
du cœur et la soumission de l'esprit, l'incuriosité dans
la foi qui embrasse la substance de la vérité, se tenant
assurée de la pénétrer un jour. Mais après les vaines
fatigues d'un esprit indépendant, assez fier pour dédaigner les lumières toutes faites de la vérité révélée,
trop faible pour connaître ses erreurs et confesser son
impuissance, c'est en vain que vous voudriez reposer
votre tête vide sur ce mol et doux chevet pour attendre en paix le sommeil de la mort ; vous ne sauriez la
reposer que sur les dures et poignantes épines du
doute. Il faut avoir gardé la foi de son baptême, ou l'a-
voir recouvrée dans une illumination de la grâce, pour
revenir à cette conclusion et se reposer dans ce calme.
Montaigne l'avait, et malgré ses erreurs, malgré ses
divagations, malgré les défaillances de son esprit et les
misères de sa nature, il revient poser sa vieille tête fatiguée de penser, sur le chevet où son enfance avait
dormi de si belles nuits d'innocence et de simplicité.

Sans doute, les *Essais* ne finissent pas avec cette
pensée, mais en finissant ils prennent cette teinte un
peu mélancolique et résignée ; le désabusement de la
fausse sagesse, le dégoût des vaines questions, la satiété des curieuses recherches philosophiques. Sans
doute, il revient encore, prédilection de vieillard, sur
ses goûts et ses habitudes, sur sa maladie et ses bizar-
reries de caractère ; sans doute, il admire encore les
héros antiques et les sages de la Grèce ; mais il admire
encore mieux la grandeur toute simple et véritable
des âmes chrétiennes, « de ces âmes vénérables, élevées par ardeur de dévotion et religion, à une constante
et consciencieuse méditation des choses divines. » Il
n'en dit qu'un mot, comme on voit, mais ce mot est
plein de vérité, d'émotion et de respect. Et il finit par
renverser du pied les idoles auxquelles il a trop souvent adressé son encens classique et son admiration
prévenue ; il prend en pitié leurs vains efforts pour s'é-
lever au-dessus de la nature humaine : « Ils veulent se
mettre hors d'eux et échapper à l'homme ; c'est folie :
au lieu de se transformer en anges, ils se transforment
en bêtes ; au lieu de se hausser ils s'abattent. » Ainsi,
point de véritable grandeur sans le secours divin ;
point de vérité complète, sans la lumière révélée ; l'humilité chrétienne bien au-dessus de l'orgueilleuse enflure des vertus antiques ; l'ignorance soumise et respectueuse, bien plus digne de la vérité que l'inquiète
curiosité de la science et que la suffisance philosophique.

Telle est la conclusion morale des *Essais;* telle serait
aussi la conclusion de ce travail, si pour le rendre
moins incomplet, il ne convenait pas de considérer plus
à loisir, et en dehors de toute préoccupation philosophique, le mérite littéraire de Montaigne. Nous avons
déjà trouvé l'occasion de remarquer le pittoresque et
l'ingénieux des expressions de l'écrivain. La langue
n'était pas encore formée, elle sortait à peine des informes excès de Rabelais et des audacieuses entreprises de Ronsard. Amyot venait à peine de faire paraître son *Plutarque;* et les *Essais* sont contemporains
de cette traduction, œuvre originale, à laquelle Montaigne donne la palme sur toutes les œuvres littéraires
de son siècle, autant par goût et jugement du bon style,
que par préférence et admiration de la philosophie de
Plutarque. Montaigne écrivant ses *Essais* comme une
confession morale et philosophique, comme une anatomie de ses passions, de son caractère, de ses idées, de
ses habitudes et de ses goûts; Montaigne écrivant au
jour le jour, d'une plume nonchalante et libre, une
étude psychologique de lui-même et de son siècle,
Montaigne n'avait point de modèle, car il n'avait pas
de devancier. Ni les *Mémoires* de Comines, ni ceux de
Du Bellay, encore moins les aventureux récits de Froissard, ne pouvaient lui tracer la voie ni lui donner le
ton. Les *Essais* ne sont pas des *Mémoires*, ce sont des
*Stromates* intimes et personnels; Montaigne est donc
original dans la conception de son livre ; il l'est encore
dans l'exécution et dans le style. La langue n'était pas
encore formée, réglée, arrêtée, elle n'avait pas été
pliée sous la discipline de l'Académie qui finit par remplacer le despotisme aristocratique de l'hôtel Ram-
bouillet ; Malherbe n'avait pas encore resserré, épuré,
réglementé la poésie; Balzac, la prose ; et Vaugelas
n'avait point encore dressé le code rigide des lois de
la grammaire. Avant la discipline grave et majestueuse, un peu froide et cérémonieuse, peut-être, du
xviie siècle, la langue française prenait ses ébats dans
l'anarchie du xvie. Libre dans ses allures, capricieuse
dans ses formes, inexpérimentée dans sa syntaxe, empreinte encore du caractère original et naïf du roman de
la langue d'oil, elle ne ressemblait pas mal à un de ces
gentilshommes du règne des derniers Valois, hardi par-
tisan, portant aux guerres de religion son humeur indépendante et fière, catholique au fond, mais se sur-

prenant quelquefois à batailler dans le camp des huguenots, noblement coiffé de son casque à panache, encuirassé de sa belle armure de Milan aux riches ciselures ; mais ces belles armes toutes retentissantes et riches qu'elles soient, seront faites tout à l'heure inutiles et dangereuses par les progrès de l'artillerie qui rendront un mousquet plus redoutable dans la main d'un croquant qu'une épée dans celle d'un chevalier.

Telle est la langue de Montaigne ; elle tient aux vieilles formes, aux tournures latines et gauloises ; elle tire volontiers des mots nouveaux du vaste amas de ses livres grecs et latins. Mais cependant on sent bien, à une certaine gaucherie qui n'est pas sans grâce, qu'elle est faite plutôt pour raconter que pour discuter, qu'elle est plus habile à l'action qu'au raisonnement ; on sent qu'elle est plutôt une langue parlée qu'une langue écrite, une langue romanesque qu'une langue philosophique. Elle sort à la fois des sources grecque et latine, du roman et du fabliau ; elle est rustique et militaire, non encore polie et adoucie pour l'harmonie servile de la poésie, non plus que fixée, arrêtée, pour dicter des lois au bon goût et des chefs-d'œuvre à l'esprit humain : « J'ai naturellement, dit-il (et il dit vrai), un style comique et privé, mais c'est d'une forme mienne, inepte aux négociations publiques, comme en toute façon est mon langage, trop serré, désordonné, coupé, particulier (1). » Ce n'est pas encore, on le voit, cet admirable instrument de la pensée qui doit résonner si pompeux et sonore dans la bouche des génies du xvii<sup>e</sup> siècle ; ce n'est pas encore cette langue claire, déterminée, métaphysique, qui doit prêter son exacte et lucide fermeté au commerce des esprits et des sociétés ; c'est une langue jeune et adolescente, vive, imagée ; mais un peu incertaine encore et indéterminée : tantôt laissant flotter une phrase inachevée dans des périodes qui se succèdent un peu lâches et diffuses, tantôt s'élançant par bonds et saillies, inégale encore, ne sachant pas modérer son élan, et moduler sa marche sur le ton harmonieux de l'élégance et de la grâce. On peut dire que la langue de Montaigne possède les qualités et les imperfections de l'adolescence : vive, libre, fière, prime-sautière, naïve, imagée, poétique, mais gauche aussi, triviale, incorrecte, incomplète parfois, sans clarté ni précision, et par cela même agréable à entendre, car elle n'a ni les grâces affectées, ni la régularité monotone, ni l'exactitude géométrique d'une langue plus mûre et mieux formée.

(1) Liv. I, chap. 39.

Entrons dans quelques détails. Montaigne, avons-nous dit, se souvient volontiers des livres qu'il a lus, des auteurs qu'il a pratiqués : il en transporte les tournures dans son style. Ainsi, on reconnaît le génie grec dans cette jolie phrase coupée en sentences : « C'est le jouir, non le posséder, qui nous rend heureux (1). » On sait que la langue grecque admet bien pour sujet un verbe infinitif précédé du pronom neutre. C'est le génie latin, au contraire, que nous apercevons dans la phrase suivante, qui, à l'ampleur romaine, mêle bien la finesse gauloise : « Oh ! la courageuse faculté que l'espérance, qui en un sujet mortel, et en un moment, va usurpant l'infinité, l'immensité, l'éternité, et remplissant l'indigence de son maître de la possession de toutes les choses qu'il peut imaginer et désirer, autant qu'elle veut (2) ! » *Usurpant l'infinité* est tout latin et méritait bien de rester en usage. Voici encore une phrase toute latine par l'agencement de ses adverbes : « Toute police a un dieu à sa tête, faussement les autres, véritablement celle que Moïse dressa au peuple de Judée sorti d'Égypte (3). » Ici l'étrangeté du tour ajoute encore à l'impression que produit cette vérité si sobrement et si fortement exprimée. Ailleurs, il s'empare moins de vive force de la phrase latine, qu'il ne la contourne en l'imitant. Parlant de l'état où il se trouvait pendant un évanouissement : « Ce que l'âme y prêtait, c'était en songe, touchée bien légèrement, et comme léchée seulement et arrosée par la molle impression des sens (4). » On ne peut être plus flexible, plus pittoresque et plus délicat : on se souvient malgré soi, en lisant cette phrase, du gracieux *lambere flamma comas* de Virgile.

Il est poète, avons-nous dit, par l'image, le tour neuf et pittoresque, l'expression vive et colorée : il sait peindre d'un trait, il sait exprimer d'un mot, et voilà surtout ce qui distingue l'écrivain supérieur. Il dit, en parlant de sa jeunesse saine et vigoureuse : « Cet état plein de verdeur et de fête (5). » Parlant de la vie, des révolutions et de la décadence des empires : « Les royaumes, les républiques naissent, fleurissent et fanissent de vieillesse comme nous (6). » Ce verbe *fanir* a vieilli, lui aussi, mais il conserve sa grâce, et il reverdira, pourvu qu'un grand écrivain lui redonne vie en l'employant. Il est quelquefois d'une grande énergie : A ce propos,

(1) Liv. I, chap. 42.
(2) Liv. I, chap. 46.
(3) Liv. II, chap. 16.
(4) Liv. II, chap. 6.
(5) Liv. II, chap. 6.
(6) Liv. II, chap. 23.

qu'il faut montrer de la modération, même dans la défense d'une bonne cause : « Nous n'avons que faire, dit-il, de durcir nos courages par ces lames de fer ; c'est assez que nos épaules le soient ; c'est assez de tremper nos plumes en encre, sans les tremper en sang (1). » A propos d'une peste qui ravagea son pays et répandit partout la terreur, il dit : « L'imagination vous exerçant à sa mode, et enfiévrant votre santé même (2). » Belle expression et tournure latine. Aujourd'hui, le verbe *exercer* n'a plus ce sens, et nous avons perdu avec tant d'autres ces façons de parler qui devraient enrichir notre langue.

Ce ne sont pas seulement des mots bien frappés, des images vives que Montaigne nous offre à admirer : il a d'autres artifices, nous voulons dire d'autres beautés de langage. Telle est cette comparaison qui renferme avec une grande élégance un grand sens philosophique : « Il est advenu aux gens véritablement savants, ce qui advient aux épis de blé ; ils vont s'élevant et se haussant la tête droite et fière, tant qu'ils sont vides ; mais quand ils sont pleins et grossis de grains en leur maturité, ils commencent à s'humilier et baisser les cornes ; pareillement, les hommes ayant tout essayé, tout sondé, et n'ayant trouvé en cet amas de science et provision de tant de choses diverses, rien de massif et fermé et rien que vanité, ils ont renoncé à leurs présomptions et recognu leur condition naturelle (3). » Il est vrai, Montaigne n'a pas toujours cette élégance, et il est plus volontiers négligé, familier même et trivial, mais nous aimons à le regarder ainsi et à l'admirer à ses jours de parure et de fête.

Au reste, même familier, il est toujours lui-même, original, vrai, profond, nous annonçant le trait et la malicieuse bonhomie de La Fontaine. Citons pour mémoire : Après avoir rapporté diverses opinions et certaines contradictions de ses sages de l'antiquité : « la raison est un pot à deux anses, qu'on peut saisir à gauche et à dextre (4). » Voyez-vous la malice et ne sentez-vous pas le trait ? Il est plaisant quelquefois : « Il en est sur qui les belles robes pleurent (5), » dit-il, de ceux qui sont gauches et déparés sous leurs beaux habits. Parlant des douleurs de cérémonie qui nous accompagnent à la mort : « Nous dispenserons volontiers (nous permettrons) qu'on rie après, pourvu qu'on nous

rie pendant la vie. Est-ce pas de quoi ressusciter de dépit, qui m'aura craché au nez pendant que j'étais, me vienne frotter les pieds quand que je ne suis plus (1)? « La boutade est charmante, et l'on ne peut s'empêcher de sourire. Montaigne est plaisant lorsqu'il n'est pas grossier, et il l'est parfois, mais nous avons promis de ne pas toucher à ses grossièretés. Qu'on ne le juge donc pas tout entier d'après ces extraits, et qu'on ne lui applique pas ces réflexions dans toute son étendue : qu'on fasse la part du feu, et même assez grande, on n'y perdra rien, afin de dévorer toutes ces immondices païennes qui traînent aux pages farcies de citations. Mais il s'amuse quelquefois aux jeux de mots : « Les haires, dit-il, ne rendent pas toujours hères ceux qui les portent (2). » Pour faire comprendre que les passions peuvent encore vivre sous la cendre de la pénitence : « Tel se conduit bien, dit-il, qui ne conduit pas bien les autres ; et fait des essais qui ne saurait faire des effets (3) ; » fesant ici allusion à lui-même. Voulant nous faire comprendre qu'il ne saurait arrêter son esprit même en de graves circonstances et aux lieux de cérémonie ; « encore que j'y sois assis, dit-il, j'y suis peu rassis (4). » Mais on lui pardonne ces façons de dire un peu contournées et affectées ; elles sont peu nombreuses, assez bien mises à leur place, lorsqu'il veut faire chatoyer le brillant de son esprit. Il n'en abuse pas, et peu de beaux-esprits eussent usé sobrement comme lui dans une matière privée et toute personnelle, de l'occasion de montrer les ressources banales et de faire briller les pointes du langage dans une causerie familière.

Il est d'autres moments où Montaigne est non-seulement poète par l'image, mais encore par le sentiment. Il est des endroits où il nous présente une belle pensée tout émue et vibrante de ce mouvement passionné qui vient de l'âme. C'est ainsi qu'en parlant des malheurs qu'il eut à souffrir pendant les guerres de religion, et, par un retour amer, se demandant, au cas où il viendrait à tout perdre, à qui il pourrait *commettre sa vieillesse nécessiteuse et disgraciée* : « pour se laisser tomber à plomb, dit-il, et de si haut, il faut que ce soit entre les bras d'une affection solide, vigoureuse et fortunée ; elles sont rares, s'il y en a (5). » Oh ! sans doute ici, le souvenir de La Boétie revenait à son cœur, et son œil

<hr>

(1) Liv. III, chap. 1.
(2) Liv. III, chap. 12.
(3) Liv. II, chap. 12.
(4) Liv. II, chap. 12.
(5) Liv. III, chap. 6.

(1) Liv. II, chap. 3.
(2) Liv. II, chap. 33.
(3) Liv. III, chap. 9.
(4) Liv. III, chap. 13.
(5) Liv. III, chap. 12.

se voilait de larmes en *recordant* cette si forte, si généreuse et si noble affection. Il a de la grâce, aussi, quelquefois : et il réunit la justesse de l'expression à une certaine élégance qui ne lui est pas coutumière. Ainsi, parlant de ses *Essais* tout encombrés de citations et d'allusions classiques : « J'ai seulement fait ici, dit-il, un amas de fleurs étrangères, n'y ayant fourni du mien que le filet à les lier (1). » On ne se douterait pas, vraiment, à le suivre en ses allures désordonnées, que sa phrase quelquefois se pût assortir en gracieux bouquet.

La finesse même ne lui est pas étrangère : il ne s'agit pas ici de cette finesse pleine de malicieuse perspicacité, qui découvre le ressort d'une passion, saisit un travers de l'esprit, perce un ridicule, et qui est proprement la pointe acérée d'un esprit observateur et caustique : de cette finesse-là, Montaigne en avait à foison ; mais il s'agit de cette finesse des esprits délicats qui présente une observation pleine de sens sous le voile aimable d'une phrase pleine de négligence et de simplicité. C'est ainsi qu'il nous dit, à propos de la physionomie et des traits du visage : « Il y a des beautés, non fières seulement, mais aigres ; il y en a d'autres douces, et encore au-delà fades (2). » On ne pouvait, sans tomber dans le madrigal, être plus fin et plus délicat.

Enfin, car il faut bien finir, même en parlant de Montaigne ; il a, comme nous avons dit, une multitude d'expressions et de tournures qui sont restées à lui et à son siècle, et que nous irons leur redemander un jour, lorsque nous voudrons rendre à notre langue cet air de jeunesse qu'elle n'a plus et qui ferait alors son plus grand charme. Entre mille, telle est cette phrase, telles sont ces expressions : « Platon veut que ce soit pareillement l'office de la fortitude combattre à l'encontre de la douleur et à l'encontre des immodérées et charmeresses blandices de la volupté (3). » Chateaubriant, on s'en souvient, aimait à retremper son style vieillissant aux sources mêmes de notre langue ; il aimait à donner à sa phrase un tour original et une couleur archaïque : or, c'est surtout à Montaigne qu'il demandait ces expressions pittoresques ; et plus d'une page des *Mémoires d'Outre-Tombe*, des plus chaudes mêmes et des plus colorées, laissent apercevoir au milieu d'un parfum du xvie siècle, des mots et des expressions à la Montaigne. Cette dernière phrase surtout, que nous venons de citer, ce latinisme gaulois qui a bien son charme, est surtout reproduit avec une prédilection marquée.

Singulière fortune de Montaigne ! Philosophe et penseur, des penseurs et des philosophes de génie lui ont emprunté des pensées et des réflexions, comme des lingots d'or arrachés à cette mine féconde, et ils en ont battu une monnaie sonore et bien frappée qui a cours avec leur effigie parmi les axiomes et les lieux communs philosophiques. Écrivain et l'un des fondateurs de notre langue, viennent des littérateurs illustres qui lui empruntent ses tournures et ses expressions pour en enrichir notre langue, un peu roide, disent-ils, sous l'ample et majestueuse perruque du xviie siècle, et qui montre quelques rides sous le fard et les mouches du xviiie. Génie de seconde main, littérateur de second rang, de hauts génies et de grands écrivains s'emparent de ses dépouilles sans articuler son nom. Condamné par l'Église pour le scepticisme dont il se joue et pour les immondices de ses récits et de ses citations, d'éloquents apologistes appuient leurs démonstrations, de l'autorité de son raisonnement et de la verve de son bon sens. Écrivain sans loi ni règle, sans grammaire ni rhétorique, il devient une des sources d'où notre belle langue française prend son élan, tire sa force, son éclat et sa fécondité, et où l'on veut retremper sa vigueur qui s'allanguit et ses grâces qui fanissent. Montaigne est donc bien fécond, puisqu'il est si multiple ; il est donc bien inégal, puisqu'il est si divers, il est bien mêlé, puisqu'il y a tant à choisir !

Gardons-nous donc de trop d'admiration pour ce bel esprit paradoxal et sceptique ; gardons-nous également d'injustice envers ce bon sens si éclatant aux bons endroits, et ce génie si profond lorsqu'il se laisse éclairer par les lumières de la foi. Montaigne veut être étudié, apprécié, trié, vu de près et familièrement, non vu de loin et en masse, non jugé sur sa renommée et admiré sur parole. On ne saurait ni le définir d'un mot ni le pénétrer d'un coup-d'œil. Ce n'est pas un de ces fiers monuments dont la masse étonne, dont les grandes lignes se déploient avec majesté, et dont le regard puisse embrasser les harmonieuses proportions ; c'est un édifice plutôt privé que public, qu'il faut voir en détail, dont il faut passer le seuil et parcourir l'intérieur ; c'est un de ces hôtels de la renaissance dont il faut découvrir les arabesques et admirer les ciselures en passant par des rues étroites et boueuses, en pénétrant par des cours humides et sombres.

(1) Liv. III, chap. 12.
(2) Liv. III, chap. 12.
(3) Liv. III, chap. 13.

On a eu tort de juger Montaigne tout d'une pièce : ce n'est point un homme à système; et son livre est surtout composé de *loppins*, comme il dit, qui se tiennent à peine; ce sont, comme il dit ailleurs, des fantaisies de son imagination vagabonde, de son esprit repu de l'antiquité classique, de son cœur agité de passions, mais croyant et fidèle au fond. Voir dans les *Essais* un livre comme on l'entend d'ordinaire, avec une idée à démontrer, un but à atteindre, une œuvre une et systématisée, c'est ne les avoir ni lus, ni étudiés, ni compris. « Je propose, dit-il, les fantaisies humaines, et miennes, simplement comme humaines fantaisies et séparément considérées; non comme arrêtées et réglées par l'ordonnance céleste, incapable de doute et d'altercation; matière d'opinion, non matière de foi; ce que je discours selon moi, non ce que je crois selon Dieu; d'une façon laïque, non cléricale, mais toujours très-religieuse (il se trompe, sans doute, mais telle est la simplicité de son intention), comme les enfants proposent leurs essais, instruisables, non instruisants (1). » Et l'Église, à qui il proposait ses *Essais*, avec la simplicité d'un enfant, l'Église les a condamnés; et il s'est soumis d'avance à ce jugement irréformable et divin pour lui, par ces belles et mémorables paroles dont nous avons fait l'épigraphe de ce travail, les plus belles, sans doute, et les plus louables qui soient sorties d'un cœur convaincu et de lèvres éloquentes.

La véritable réputation de Montaigne, sa gloire véritable a été compromise par quelques admirations intempérentes, comme son vrai mérite de penseur et de philosophe a été compromis par certaines accointances d'école et de sectes. Rien, en effet, n'est mortel à la réputation d'un auteur comme de l'élever au-dessus de lui-même : tôt ou tard, il se fait une réaction, et la postérité se croit obligée, pour être juste, de déprécier son mérite d'autant qu'on l'avait surfait. Ainsi de Montaigne; sa fille d'alliance, Marie de Gournay, dont il dit, sans doute pour payer d'avance son enthousiasme filial : « Si l'adolescence peut donner présage, cette âme sera quelque jour capable des plus belles choses (2); » Marie de Gournay, autre singularité de cet homme original et bizarre, qui l'avait adoptée par l'esprit, comme pour lui transmettre le soin de sa mémoire et le culte de son génie, nous a donné une préface des *Essais* qui surpasse toute la pompe des apothéoses. Il faut voir comme elle répond de haut à la critique, et

repousse avec vivacité les reproches qu'on fesait aux *Essais;* comme elle s'embarrasse de sophismes, surtout pour expliquer ce que la modestie de son sexe et la délicatesse ne lui permettaient pas même d'indiquer. Mais, pour louer, elle épuisa les expressions de l'enthousiasme et les superlatifs de l'éloge. Il faut lire ces excès pour les croire : « Il a cela de propre à lui, que vous diriez qu'il ait épuisé les sources du jugement, et qu'il ait tant jugé, qu'il ne reste plus à juger après. Et me semble qu'il eut encore quelque chose de nouveau et de péculier en délices et floridité perpétuelle. Pour décrire le langage des *Essais*, il le faut transcrire; il n'ennuie jamais le lecteur que quand il cesse, et tout y est parfait, s'il n'avait point de fin. Un si glorieux langage devrait être par édit, assigné particulièrement à proclamer les grandes victoires, absoudre l'innocence, faire sonner le commandement des lois, planter la religion au cœur des hommes et à louer Dieu. Ce livre se peut enfin nommer la quintessence de la vraie philosophie, le trône judicial de la raison, l'ellébore de la folie, le hors de page des esprits, et la résurrection de la vérité morale et humaine; c'est-à-dire la plus utile et seule accessible. Je laisse toujours à part (ajoute pourtant cette muse transportée), celle que Dieu nous communique par le don de l'Évangile et de sa grâce paternelle. » C'en est trop, vraiment, et c'est dépasser les bornes de l'hyperbole. On le sait, les femmes ne savent pas admirer à demi, mais leur admiration est quelquefois mortelle. Le moyen de ne pas rester enseveli sous cette pluie de fleurs et de survivre à ces furieux emportements d'admiration? Ce sont les fleurs que Néron faisait pleuvoir sur ses convives, c'est l'emportement des sénateurs de Romulus qui le déchiraient et cachaient sous leurs toges les lambeaux de son corps, afin de le faire passer pour dieu. On n'en revient pas.

Montaigne en est revenu pourtant, mais un peu déchu de cet apothéose. Il a donc un vrai mérite, et il reste au rang de nos écrivains ingénieux et originaux, de nos penseurs sagaces et profonds. Pour tout dire en quelques mots, il fut un des meilleurs de ces génies incomplets du xvi⁰ siècle, touchés, même à leur insu, par le souffle de la réforme, gâtés par le pédantisme classique, avortés dans le sein de la renaissance. Il fut trop bel esprit pour être sans erreur et sans danger, il pratiqua trop l'antiquité païenne pour n'y pas souiller sa plume et sa pensée, il eut trop de bon sens pour n'avoir pas des éclairs de génie, il eut trop de foi pour ne pas se relever de ses chutes, et mourir en chrétien sur le sein de l'Église qui lui pardonna ses fautes et

<hr>

(1) Liv. I, chap. 56.
(2) Liv. II, chap. 17.

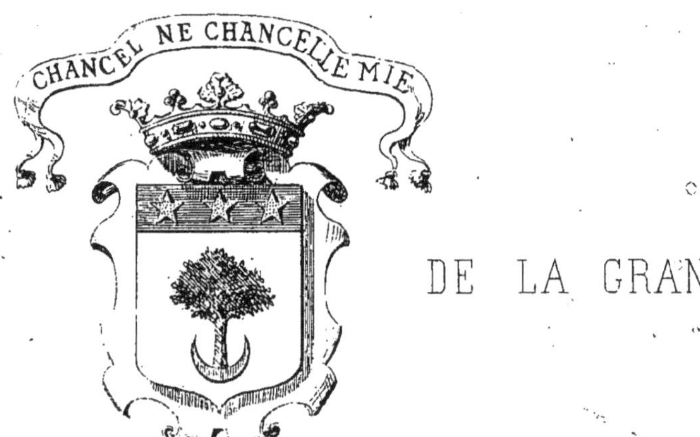


DE CHANCEL                    DE LA GRANGE

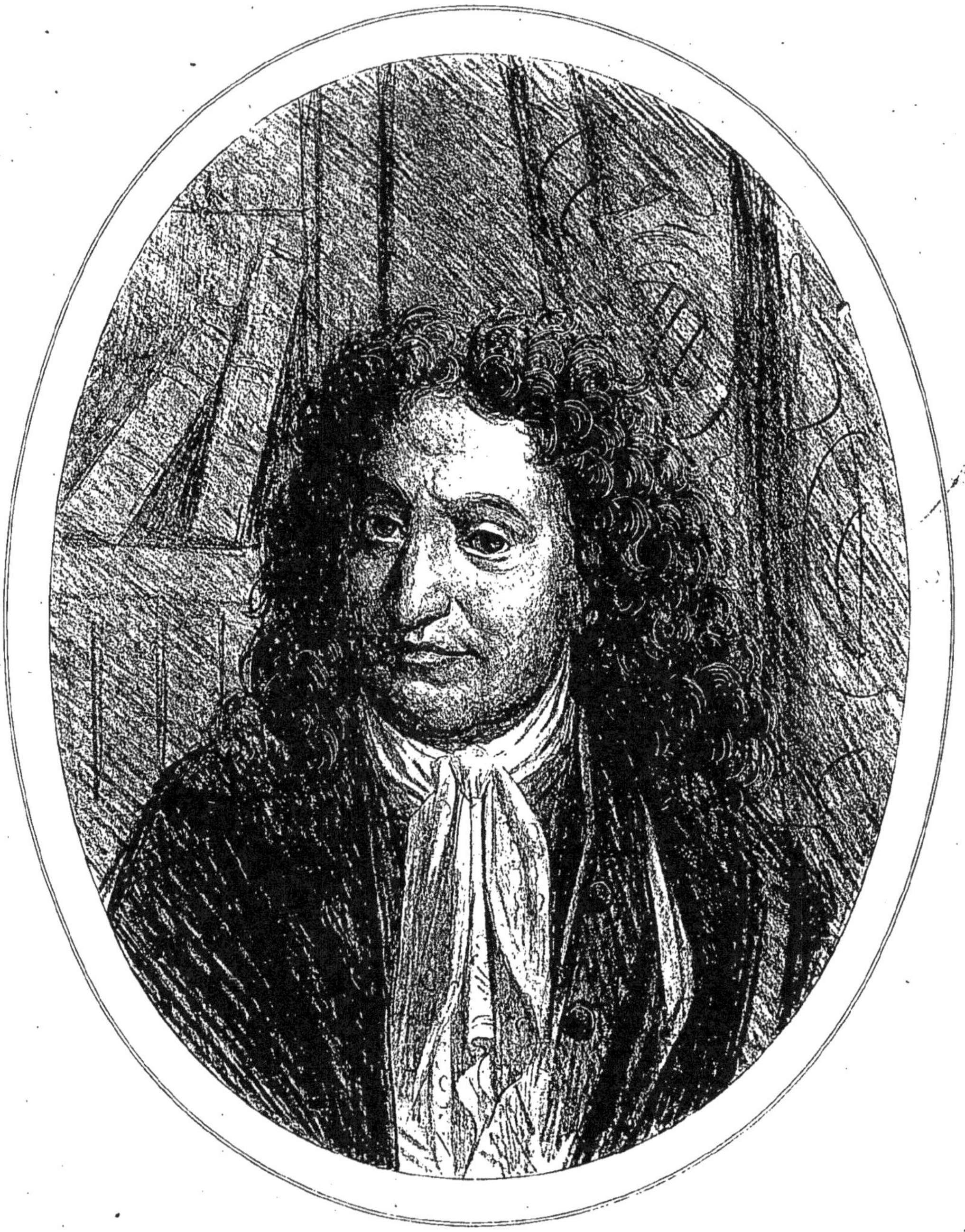

nous signala ses erreurs. Non, les *Essais* ne sont pas le *Bréviaire des honnêtes gens*, comme les appelait le cardinal Du Perron; ils ne sont pas non plus un livre de *doute universel*, comme les appelait Pascal, qui leur a pris de belles pensées pour en garder tout l'honneur. Les *Essais n'ont mérité*

Ni cet excès d'honneur, ni cette indignité.

Ils sont la naïve peinture d'un esprit chrétien, gâté par son siècle; rien de plus, rien de moins. Leur donner une portée philosophique et sceptique, les transformer en une attaque préméditée contre la vérité révélée et contre l'Église, c'est calomnier Montaigne et les *Essais*.

Et s'il fallait enfin assigner une place à cet esprit vif et indiscipliné, nous le placerions dans la grande armée qui combat pour la vérité contre l'erreur et le mensonge, non dans les rangs et à poste fixe, mais comme sentinelle perdue et quelque peu compromise, escarmouchant en tirailleur sur le front des bataillons réguliers, enveloppé quelquefois par imprudence dans les évolutions de l'ennemi, en sorte qu'il peut se confondre dans ses rangs, mais revenant avec courage, même à travers les coups et les blessures, à la défense de son drapeau. Il peut s'aventurer, non déserter, se perdre, non trahir, se laisser envelopper, non désarmer. Et si ses coups ne sont pas toujours sûrs, il rend du moins ce service à la vérité, de montrer quel empire elle garde sur de bons esprits, même après de longs écarts, et de quelle trempe sont les armes qu'elle met en des mains quelquefois indociles.

Nous l'avons dit, et nous le redisons une dernière fois, Montaigne eût le tort ou le malheur de se laisser pénétrer tout jeune, jusqu'à la moelle, par l'esprit de la renaissance. Son père, *ce bon père que Dieu lui donna*, et dont il parle toujours avec un attendrissement délicieux, son père n'eut pas assez de prudence; il plongea trop tôt et trop avant cette jeune âme dans les sources impures de l'antiquité païenne où le génie est condensé avec l'orgueil et la volupté. Montaigne fit pour les spéculations de la pensée ce que fit le grand siècle même pour les créations de la poésie, il les sépara des croyances et des préceptes de l'Évangile pour les transporter en plein paganisme. Pourquoi faire un crime personnel à notre philosophe de ce qu'on n'ose blâmer dans les grands poètes du grand siècle? Montaigne eut même cette excuse qu'il contredit et juge sévèrement ce culte du paganisme classique dont Despréaux a fait froidement un système.



Enfin, Montaigne a été compromis par les sympathies des philosophes du xviiiᵉ siècle, et par les admirations des modernes libres penseurs. Vous avez beau faire, il n'est pas des vôtres; il vous échappe, par ses saillies de bon sens et par son attachement traditionnel à l'antique foi de ses pères; il vous échappe surtout en vous écrasant de ses sarcasmes et de ses éloquentes colères. Il n'est pas des vôtres, car il n'a ni système suivi contre la vérité, ni haine contre l'Église, ni parti pris pour la liberté de la pensée et de la parole. Laissez-le donc à sa place, au milieu du tumulte de nos guerres civiles et de l'engouement de la renaissance; se défendant, comme il peut, contre le scepticisme qui l'envahit, et l'orgueil de l'esprit qui le pénètre; succombant parfois, trop souvent, aux préjugés classiques de son enthousiasme de lettré, mais se relevant aussi par d'éclatants hommages à la vérité chrétienne; se jouant, pour amuser ses loisirs, avec les questions les plus paradoxales et les erreurs les plus dangereuses; mais d'autres fois, prenant au sérieux les dangers de l'esprit nouveau, jetant un regard profond sur l'avenir des sociétés chrétiennes, et de son âme de catholique, de son cœur de Français laissant échapper d'éloquents avertissements, de généreuses protestations de dévoûment à la croyance de ses ancêtres et à la patrie de ses pères. Mais surtout, et enfin, regardez-le, ce hardi penseur et ce libre parleur, admirez-le, si vous ne l'imitez pas, faisant amende honorable de ses excès et de ses fautes, et mourant à genoux en adorant le Dieu et en murmurant le *Credo* de l'Église catholique.

L'abbé JEAN.

## LAGRANGE-CHANCEL.

Joseph de Chancel de Lagrange naquit le 1ᵉʳ janvier 1676, au château d'Antoniat, près de Périgueux; sa famille était noble et ses ancêtres s'étaient distingués dans les armes; son père lui-même avait suivi cette carrière avec honneur; sa mère était de la famille de Bertin. Le petit Joseph était un enfant précoce, et malheureusement, plus tard, il ne tint pas tout ce qu'il avait promis dans ses premières années; dès qu'il sut lire, il dévora les quelques poètes et romanciers qui formaient la bibliothèque de son père, et que ce dernier livra aux flammes, espérant que son fils se corrigerait de ce qu'il appelait une manie; mais cet auto-da-fé, loin de lui faire perdre le goût de la lecture, ne fit que l'augmenter. Déjà, il s'essayait à écrire ; à huit ans, il faisait des vers remarquables pour son âge.

Lagrange, qui avait commencé ses études à Périgueux, fut, en 1685, à neuf ans, conduit au collége de Bordeaux, dirigé par les Jésuites, et qui, pendant longtemps, a joui d'un renom si mérité. Là, il composa une petite comédie en trois actes que ses camarades jouèrent plusieurs fois de suite, et le nom du jeune auteur fut bientôt connu dans Bordeaux, étonné de cette merveilleuse précocité.

Flattée de ce succès, orgueilleuse des talents de son fils, qui tous les jours se développaient, M<sup>me</sup> de Chancel, devenue veuve, le conduisit à Paris et le fit placer, grâce à ses nombreuses connaissances et protections, dans les pages de M<sup>me</sup> la princesse de Conti, qui bientôt le distingua ; elle goûtait son esprit et aimait ses vers, qu'il faisait avec facilité.

Lagrange-Chancel avait apporté de Bordeaux une tragédie, *Jugurtha* ; il la lut à sa protectrice, qui la communiqua à *Racine*. Étonné de cette pièce, qui, sans être bonne, renferme d'excellents vers et dont l'intrigue est assez bien tissue, le grand poète donna ses conseils et ses encouragements à l'auteur, qui n'avait que seize ans, et assista à la première représentation, qui eût lieu le 8 janvier 1694.

*Jugurtha* fut joué avec succès à Paris et devant la cour, à Versailles. Plus tard, l'auteur y fit quelques corrections et en changea le titre pour celui de *Adherbal*.

A cette époque, poussé par la princesse de Conti et par ce premier triomphe, il obtint de Louis XIV une lieutenance dans le régiment du roi, et bientôt après il entra dans les mousquetaires ; il faisait partie de ce corps quand il fit jouer *Oreste et Pylade* (11 décembre 1697) et *Méléagre* (1699).

Malheureusement, dans la première de ces pièces, il s'est souvenu mal à propos de *Corneille*, et l'a médiocrement imité ; d'un autre côté, *Guimond de la Touche* a calqué plusieurs scènes de Lagrange pour son *Iphigénie en Tauride*, mais il le surpasse toujours, et cette pièce, supérieure à celle d'*Oreste et Pylade*, l'a bannie du théâtre, et seule a mérité d'en rester en possession, quoiqu'elle ait moins de chaleur et d'action. *Méléagre*, sujet mythologique et à effet, semblait plutôt fait pour l'opéra que pour la scène tragique (28 janv. 1699).

*Athénaïs* (20 novembre 1699) suivit de près *Méléagre* ; mais elle n'eût point de succès, quoiqu'elle fut moins mauvaise et conduite avec plus d'art et d'intelligence : elle réussit cependant, durant quelques repré-

sentations, lorsqu'on la reprit, en 1736, en même temps que *Voltaire* faisait paraître *Alzire*. Le sujet est tiré de *Pharamond*, long roman en 7 volumes de *La Calprenède*, né aussi en Périgord, comme chacun sait, au château de Tolgou, près de Salignac, en 1612, et pour lequel Lagrange-Chancel avoue sa prédilection.

Voltaire n'a pas dédaigné de prendre le sujet de cette tragédie, qu'il a traité sous le titre des *Scythes*.

Il était, sans doute, dans la destinée de Lagrange d'être dépouillé, car le sujet d'*Amasis*, qui parut en 1701 (13 décembre), fut aussi pris par *Voltaire*, qui, avec des changements de noms et, il faut le dire, avec le génie, ce qui manquait à Lagrange-Chancel, en fit sa belle tragédie de *Mérope*. Malgré cette terrible rivalité, *Amasis* fut considérée comme une bonne pièce, conduite avec art, et dont l'intrigue est parfaite ; c'est ce que M. de Chancel a fait de mieux avec *Ino et Mélicerte*, qui fut représentée en 1703 ; cette tragédie est dans le même goût qu'*Amasis* ; elle est cependant plus intéressante, et les situations y sont mieux développées et mieux tranchées ; mais il lui manque le coloris, et surtout la simplicité, ce qui est le caractère de la bonne et grande tragédie.

Toutes les fois que ces deux pièces ont paru sur la scène, on leur a fait un accueil favorable, et cependant on les laisse dans l'oubli ; elles n'ont pas été reprises depuis 1785.

Je ne réclamerai pas pour *Alceste*, qui méritait bien l'oubli où il est tombé ; le sujet, il est vrai, est touchant, mais la situation est toujours la même, et Lagrange-Chancel n'avait pas assez de génie pour la soutenir et la varier pendant cinq actes ; on critique surtout le rôle de *Phérès*, qui avait abandonné le pouvoir royal à son fils *Admète*, et qui avoue que si son fils mourrait, il ne serait point fâché de « *se ressaisir du bandeau royal*, » qu'il aurait quelque plaisir à voir ceux qui ont méprisé sa vieillesse « *adorer le reste de ses jours*, » et que « *cette idée, à ses maux, offre un peu de secours.* » Il faut bien montrer les hommes comme ils sont, mais ce n'est pas de cette manière ; Racine, Corneille et Voltaire, dans leurs bonnes tragédies, ne s'y prenaient point ainsi. La vérité, a dit un célèbre critique, la vérité qui ne montre que de la petitesse et de la bassesse, est une vérité qui dégoûte.

*Cassius et Victorinus* est un sujet chrétien ; mais, quoique construite avec assez d'art, cette pièce a bien des défauts, et les déguisements de noms qui forment l'intrigue sont des moyens usés dont on ne doit se servir qu'avec réserve et à moins d'un très-grand effet.

*Érigone* ne vaut pas qu'on en parle; le roman en est insipide et embrouillé; elle eut quelques représentations en 1751, mais elle n'a pas reparu depuis.

Lagrange-Chancel, malgré tous ses défauts, quoique mauvais versificateur, et quelquefois dur, prosaïque, incorrect, a cependant disputé l'honneur de régner au Théâtre-Français à *Crébillon* et à *Lafosse*; il excellait surtout dans la conduite des pièces, il les construisait avec art, savait rendre l'intrigue claire et intéressante; il avait (ce qu'ont peu d'auteurs dramatiques), il avait, dis-je, ce qu'on appelle l'entente de la scène.

Lagrange-Chancel composa six opéras, dont trois furent joués, mais ne le sont plus depuis longtemps: *Midas* (1702), *Cassandre* (1706) et *Orphée*, le plus mauvais des trois; les autres ne furent jamais représentés. Ses *Poésies diverses* sont insignifiantes, sans coloris, sans chaleur et sans grâce; on lui reproche de les avoir imprimées; cependant, il s'y trouve quelques pièces remplies d'esprit, quelques *cantates* remarquables, qui seules méritaient d'être conservées.

Ce qui mit le comble à la réputation de M. de Chancel fut un libelle très-violent contre le régent Philippe, duc d'Orléans, intitulé *Philippiques*, où l'on trouve des passages admirables d'esprit et de poésie à travers d'autres qui sont prosaïques et diffus.

Le duc d'Orléans sut bientôt quel était l'auteur de cette audacieuse satire, et voulut le faire arrêter. Lagrange-Chancel, averti à temps, se sauva à Avignon, qui appartenait encore au pape, et où, par conséquent, il était à l'abri de toute poursuite; mais un officier français, qui s'y était réfugié pour un meurtre, et auquel on avait promis sa grâce s'il en faisait sortir l'auteur des *Philippiques*, usa d'une indigne et lâche supercherie pour l'attirer hors du comtat.

Sous prétexte d'une partie de plaisir, il parvint à le livrer à des gens apostés qui se saisirent de lui et le conduisirent au fort des îles Sainte-Marguerite (1723), où il fut enfermé très-étroitement. Le gouverneur, auquel plaisaient son esprit et ses talents, lui laissa quelque liberté; mais son penchant à la satire la lui fit bientôt enlever, et il fut renvoyé dans son cachot pour avoir fait une épigramme contre son généreux gouverneur.

Malgré la sévérité avec laquelle il était renfermé, Lagrange-Chancel trouva moyen de faire parvenir au même duc d'Orléans, contre lequel il avait écrit les *Philippiques*, une *Ode* dans laquelle il avouait sa faute et faisait amende honorable; le régent lui accorda la permission de se promener quelquefois; il en profita; et l'on ne saurait l'en blâmer, pour recouvrer entièrement sa liberté. Il gagna les soldats qui l'escortaient dans ses promenades; ils lui procurèrent une barque qui le conduisit au port de Villefranche, dans le comté de Nice.

M. de Chancel, espérant obtenir de l'emploi en Espagne, se rendit à Madrid; mais l'ambassadeur de France, par ses remontrances et ses plaintes lui enleva l'appui de Philippe V, ce que voyant, il passa en Hollande. Dès son arrivée, il réclama la protection des États-Généraux, qui le firent recevoir bourgeois d'Amsterdam; il se trouva ainsi à l'abri des représentations de l'ambassadeur français. Auguste Ier, électeur de Saxe et roi de Pologne, envoya à M. de Chancel une montre en or d'un très-grand prix, en l'invitant à se rendre auprès de lui; sans doute M. de Chancel eût accepté cette offre, mais la mort du duc d'Orléans apporta dans ses affaires un changement heureux; il obtint son rappel en 1728, et, dès ce moment, vécut tranquille à Paris.

Dans ses dernières années, il se retira au château d'Antoniat, s'occupant de littérature et réunissant des matériaux pour servir à une *Histoire du Périgord* à laquelle il travaillait depuis longtemps; mais son grand âge ne lui permettant pas de continuer ses travaux, il donna ses manuscrits aux chanoines réguliers de Chancelade; il mourut le 27 décembre 1758, âgé de 83 ans. J'ai lu quelque part que la ville de Périgueux n'avait produit qu'un seul homme remarquable, et que ç'avait été un méchant homme: Lagrange-Chancel; malheureusement, il a eu le tort de se laisser entraîner à son penchant à l'épigramme et à la satire contre ses parents, ses amis et ses concitoyens; mais les *Philippiques*, très-violentes, très-méchantes, il faut en convenir, et qui surtout ont fait sa réputation de méchanceté, à qui étaient-elles adressées? Contre qui étaient-elles écrites? Contre Philippe, duc d'Orléans, régent de France, impie, débauché, dilapidateur; sans doute le régent protégea les arts et les artistes, rétablit le commerce, encouragea l'agriculture, réforma vingt-cinq mille hommes de troupes, et en trois ans, par des opérations financières, produisit l'extinction de quatre cents millions de dettes, grâce aux billets de banque de l'écossais Law; mais, croyant trouver là des ressources inépuisables, il en abusa, et bientôt la France fut inondée de papier-monnaie; cet abus devait mener au renversement des fortunes, au bouleversement de l'état et préparer la banqueroute; c'est là que je trouve de la dilapidation. — Les *Philippiques* étaient dirigées contre le plat et misérable Dubois, ancien domestique d'ur abbé, ancien maitre d'écriture du duc d'Orléans, plus tard son précepteur, prêtre indigne, et enfin élevé en 1722, grâce à ses complaisances pour le régent, à la dignité de premier ministre; contre les traitants et les maltôtiers.

Les *Philippiques*, que l'on peut appeler la *Némésis* du temps, contiennent des imputations que le régent a repoussées avec horreur; ainsi, quand il les lut et qu'il en vint aux empoisonnements dont l'accuse Lagrange-Chancel, il versa, dit-on, d'abondantes larmes. — Si ces faits sont vrais, je ne vois que du courage à les révéler et à les flageller; s'ils sont faux, Lagrange-Chancel mérite sa réputation de méchanceté et les tourments de la prison et de l'exil qui pesèrent sur sa vie. — Cependant, n'était-il pas dans le vrai quand il accusait le duc d'Orléans d'impiété et de débauche?

Ces satires ne furent pas dictées seulement par un sentiment de vengeance personnelle; Lagrange-Chancel était poussé, dit-on, par de puissants personnages qui conspiraient contre le régent (le duc et la duchesse du Maine), auxquels il croyait devoir de la reconnaissance, et si c'est une excuse, c'est celle qu'on peut donner de l'animosité de ses virulentes agressions, qui, peut-être, sont trop vraies et trop crues, en partie du moins, ce qu'il faut charitablement croire.

Dᴇ R.

Nᴏᴛᴇ. — M. de Chancel avait épousé en 1709, à Périgueux, la fille de M. du Cluzel, seigneur de la Chabrerie, et de Mˡˡᵉ Marie de Montozon; il eut pour enfants: François de Chancel, tué, en 1743, à Bettingen, à la tête des grenadiers du régiment de Chartres; François-Victor de Chancel, lieutenant au régiment de Poitou, puis capitaine de dragons, fut forcé à 20 ans de quitter la France à la suite d'une affaire d'honneur; il se réfugia à Bruxelles, où il connut J.-B. Rousseau, et lui adressa même une épître en vers. — M. de Chancel eût deux filles: Marie-Constance, qui épousa Nicolas Le Febvre, marquis de Faluere, et Françoise, femme de Jean du Cluzel, ancien capitaine au régiment de Piémont.

—◇◇◇—

## LETTRE-PATENTE

DÉLIVRÉE PAR LOUIS XIV A JEAN-JACQUES DE SAINT-ASTIER,<br>Marquis des Bories (1).

(Pièce inédite.)

LOUIS, par la grâce de Dieu roy de France et de Navarre à nos amez et féaux conseillers tenant notre cour de parlement de Tholoze, salut:

(1) Ce document rappelle les honorables services militaires rendus par un des membres de la famille de Saint-Astier à l'époque des troubles religieux.

Notre bien amé Jean Jacques de Saint-Astier, chevalier marquis des Bories, nous a fait très humblement remontrer que sa dite terre n'étant distante que d'une lieue de notre ville de Périgueux, et au milieu du pariage dans lequel étoit particulièrement les séditieux, vulgairement appelés croquants, et par cette considération le dit château des Bories étant très important au parti qui avoit été formé en la province de Périgord contre notre service, il n'y a point eu de sollicitations ny de menaces qui n'ayent estées employées par notre cousin le prince de Condé, et ses adhérents pour obliger l'exposant à entrer dans la rebellion. Mais étant toujours demeuré affectionné dans la fidélité qu'il doit à notre service, de laquelle il a donné des preuves de sa personne en plusieurs occasions avec toute la générosité possible et d'une fidélité inébranlable que lors même que nos armées étoient fort éloignées du dit château des Bories, et que notre ville de Périgueux, toutes les autres de la province celle seule de Thiviers excepté suivoit le parti des rebelles, le dit exposant fit en conséquence de la commission qui luy fust donnée par notre cher et amé cousin le vicomte d'Harcour lors général de nos armées en Guienne, le dix-neuvième février mille-six-cent-cinquante deux, fortifier son dit château et le pourvût de toutes les munitions de guerre et de vivres nécessaires tant pour luy que pour une garnison de soixante ou quatre-vingt hommes de pied et trente cavaliers qu'il leva et entretint pendant tous les troubles de la dite province. Comme il incommodoit beaucoup les rebelles par ses fréquentes sorties dans lesquelles il fit plusieurs prisonniers et entre autres le chevalier de Bouchet qui portoit des dépêches du chef des rebelles et le sieur Bautauls, lieutenant de la mestre-de-camp du régiment de cavalerie de Nemours et grande partie de sa compagnie qui ensuite prirent tous du service dans nos troupes, les dits rebelles l'assiégerent le quinzième juin mille-six-cent-cinquante-deux avec le canon de la ville de Périgueux. Après avoir défendu ses places jusques au vingt-troisième du dit mois, et attendu l'ordre du sieur vicomte d'Harcour il rendit conformément à icelui le dit château. Ayant été repris par nos troupes commandées par les sieurs Duplessis, Bellièvre et Folleville il fut remis par eux entre ses mains pour y commander comme auparavant. Il repara les fortifications ruinées et leva une seconde garnison. Puis continuant avec plus de vigueur ses sorties sur les dits rebelles, il fut assiégé une seconde fois le huitième jour de mars mille-six-cent-cinquante-trois dont ayant donné avis au sieur de Bousquet de

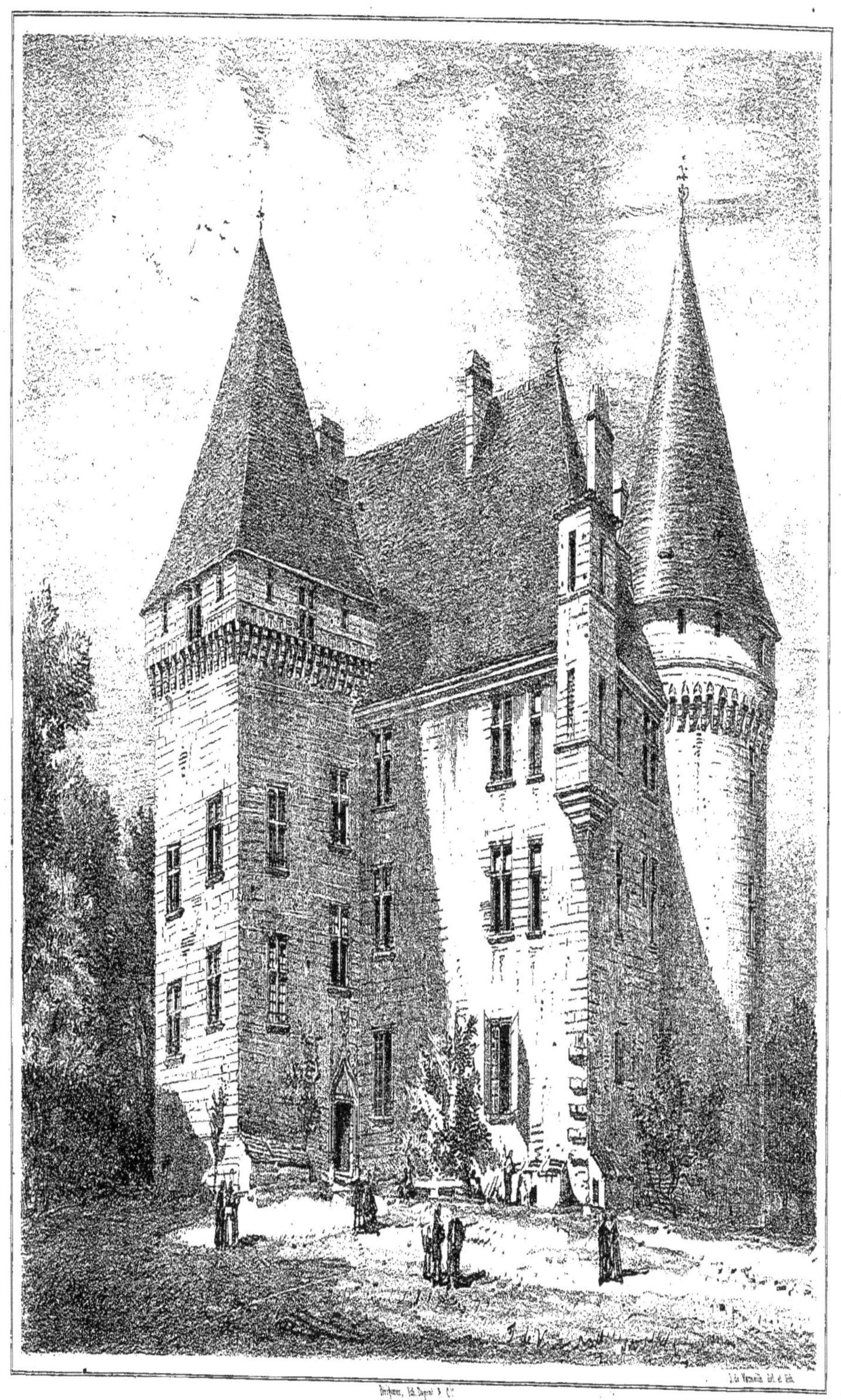

CHATEAU DES BORIES.

havagnac, maréchal de nos camps et armées commandant lors celle de Périgord, il luy donna par sa généreuse résistance le temps de venir avec nos troupes et de défaire entièrement celles des rebelles qui étoient devant le dit château commandées par le sieur marquis d'Aubeterre, laquelle défaite a esté la première cause de la ruine de leur parti. Dans toutes ces occasions il nous a servy de sa personne et de ses biens avec générosité et parce qu'il a pendant les dits troubles et particulièrement lors de son dit siége et le temps que les ennemis se sont emparés du dit château, lui portent préjudice de plus de quarente-mille-livres, que tant que les dits troubles ont duré il n'a point joui de son revenu, au contraire en haine du service qu'il nous a rendu, ses vasseaux et tenanciers ont été pillés et ruinés par les rebelles et qu'il n'a pas même tiré advantage des prisonniers qu'il a fait lesquels il a remis sans aucune rançon entre les mains de ceux qui commandoient nos armées en la dite province qui les ont changés avec d'autres prisonniers de nos troupes. L'exposant ne peut encore espérer si promptement la puissance entière de ses revenus. La pluspart de ses fermiers et tenanciers ayant esté ruinés par les rebelles en haine de la fidélité de l'exposant à notre service, et qu'il y auroit juste sujet de craindre qu'il reçut quelque ressentiment de ce qui s'est passé pendant les dits troubles dans l'esprit des juges de son domicile, si les présentes leur estoient adressées, et que d'ailleurs quelques procès ou il est partie ont été deja renvoyés et sont pendants et indécis par devant vous, il nous à très humblement requis nos lettres nécéssaires. A ces causes désirant subvenir au dit exposant nous vous mandons et ordonnons que les créanciers appelés par devant vous s'il vous appert de ce que dessus et d'autres choses, ou de tant que de suffire d'autre, vous ayez en ce cas à luy donner tel service et delay pour payer ses dites debtes que vous jugerez raisonnables en vos loyautés et consciences, vous en attribuant à cette fin toute cour. De notre grâce spéciale, pleine puissance et autorité royale nous lui avons donné et octroyé, donnons et octroyons par ces présentes signées de notre main, terme et delay de six mois pendant lequel temps nous faisons toutes expresses inhibitions et défenses à ses dits créanciers de faire d'autres exécutions contre le dit exposant et ses enfants ........ à tous huissiers ou sergents de les contraindre et arrêter, à tous geoliers et gardiens de prison de les recevoir en icelles sous peine aux dits propriétaires de pertes de ce qui leur est dû et à nos dits huissiers ou sergents geoliers et gardes de prison de suspension de leurs charges et de cinq-cents-livres d'amende et de tous dépens dommages et intérets mandons au premier notre huissier ou sergent sur ce requis faire pour l'éxécution des présentes tous exploits nécessaires sans pour ce demander autre permission & & &............... Donné à Paris le sixième jour d'aoust, l'an de grâce mille-six-cent-cinquante-cinq et de notre règne le douzième.

LOUIS.

Par le roy : Signé Desvaulx.

Le château des Bories, depuis long-temps la propriété de la maison de Saint-Astier, remonte, tel qu'il est aujourd'hui, à l'année 1497. Dévoué par son maître à la réforme de Calvin, il fut assiégé et pris par les catholiques, en 1592, et plus tard, fidèle au roi, il fut, en 1653, pris par les frondeurs. Son escalier, œuvre de la Renaissance, mérite d'être visité.

La prise du château des Bories est rapportée dans les registres de l'Hôtel-de-Ville.

# TABLE DES LIVRAISONS.

FIN DE LA TABLE.

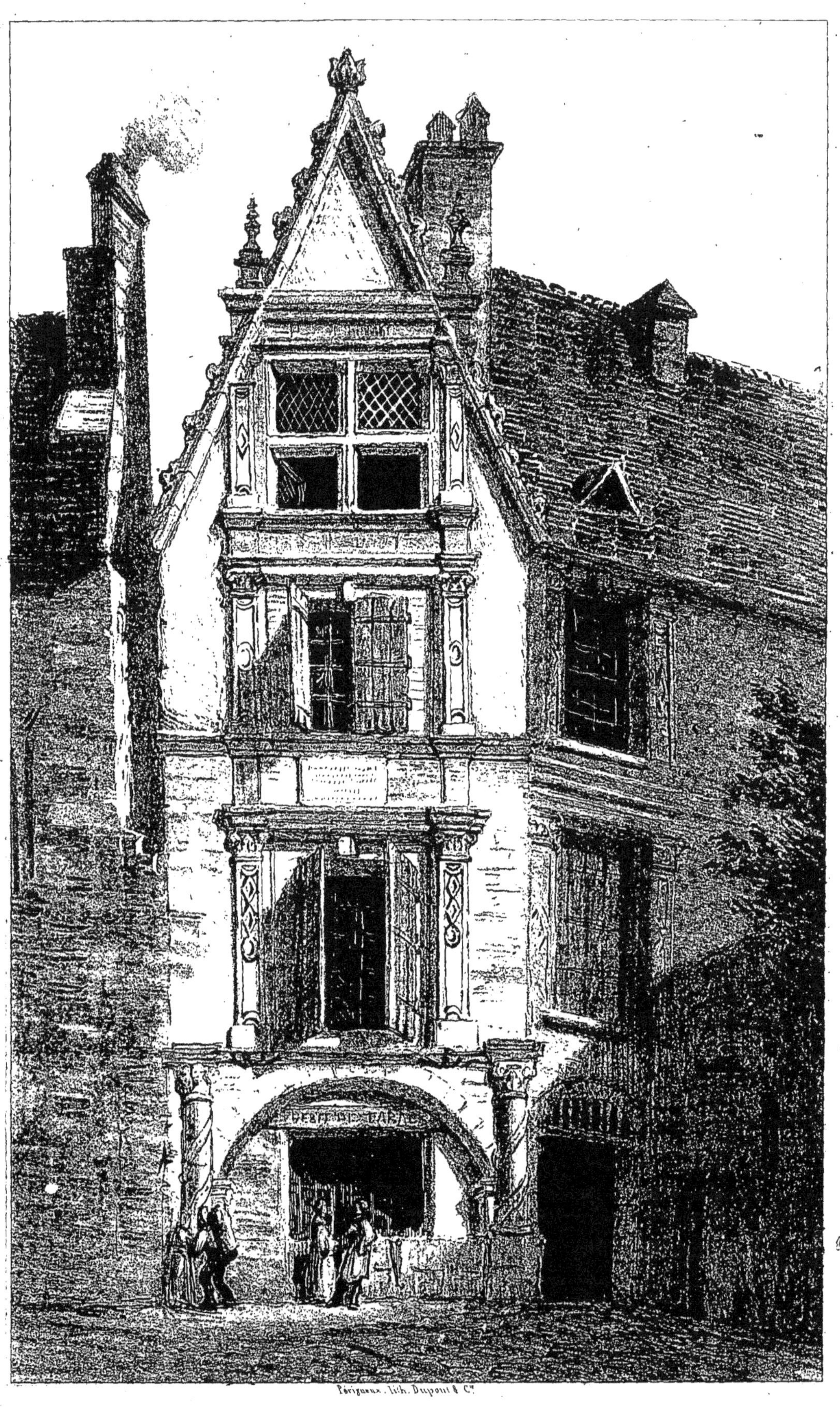



MAISON DE LA BOÉTIE A SARLAT.